RESPONSABILIDADE CIVIL
50 anos em Portugal
15 anos no Brasil

Coordenadores
Mafalda Miranda Barbosa
Francisco Muniz

RESPONSABILIDADE CIVIL
50 anos em Portugal
15 anos no Brasil

2017

O presente livro foi coordenado no âmbito do projeto UID/DIR04643/2013 «Desafios sociais, incerteza e direito», desenvolvido pelo Instituto Jurídico da Faculdade de Direito de Coimbra.

www.editorajuspodivm.com.br

Rua Mato Grosso, 164, Ed. Marfina, 1º Andar – Pituba, CEP: 41830-151 – Salvador – Bahia
Tel: (71) 3045.9051
• Contato: https://www.editorajuspodivm.com.br/sac

Copyright: Edições *Jus*PODIVM

Conselho Editorial: Eduardo Viana Portela Neves, Dirley da Cunha Jr., Leonardo de Medeiros Garcia, Fredie Didier Jr., José Henrique Mouta, José Marcelo Vigliar, Marcos Ehrhardt Júnior, Nestor Távora, Robério Nunes Filho, Roberval Rocha Ferreira Filho, Rodolfo Pamplona Filho, Rodrigo Reis Mazzei e Rogério Sanches Cunha.

Diagramação: Ideia Impressa *(ideiaimpressadesign@gmail.com)*

Capa: Ana Caquetti

R429		Responsabilidade Civil: 50 anos em Portugal e 15 anos no Brasil / coordenadores: Francisco Arthur de Siqueira Muniz e Mafalda Miranda Barbosa – Salvador: Juspodivm, 2017.
		384 p.
		Vários autores.
		ISBN 978-85-442-1683-5.
		1. Direito Civil I. Muniz, Francisco Arthur de Siqueira. II. Barbosa, Mafalda Miranda. III. Título
		CDD 342.1

Todos os direitos desta edição reservados à Edições *Jus*PODIVM.

É terminantemente proibida a reprodução total ou parcial desta obra, por qualquer meio ou processo, sem a expressa autorização do autor e da Edições *Jus*PODIVM. A violação dos direitos autorais caracteriza crime descrito na legislação em vigor, sem prejuízo das sanções civis cabíveis.

APRESENTAÇÃO DA OBRA

Comemorando-se os 50 anos do Código Civil Português e os 15 anos do Código Civil Brasileiro, período durante o qual se verificou uma enorme evolução ao nível da dogmática da responsabilidade civil, considerou-se oportuno assinalar tais datas com a publicação de um volume que, compilando estudos de autores portugueses e brasileiros, nos desse a conhecer alguns dos problemas que enervam atualmente o instituto de direito privado.

É esta obra que aqui se traz à estampa e que, contando com a preciosa colaboração de prestigiados civilistas portugueses e brasileiros, funcionará – assim o esperamos – como um marco na história do direito dos dois países irmãos.

Os coordenadores
Mafalda Miranda Barbosa
Francisco Muniz

SOBRE OS AUTORES

ANTÓNIO PINTO MONTEIRO

Professor Catedrático da Faculdade de Direito da Universidade de Coimbra e da Universidade Portucalense.

DIOGO COSTA GONÇALVES

Professor Auxiliar da Faculdade de Direito da Universidade de Lisboa

FILIPE ALBUQUERQUE MATOS

Professor Auxiliar da Faculdade de Direito da Universidade de Coimbra.

FRANCISCO ARTHUR DE SIQUEIRA MUNIZ

Coordenador e Professor da Graduação em Direito do Centro Universitário Maurício de Nassau (UNINASSAU), Doutorando em Direito Civil pela Universidade de Coimbra, Advogado inscrito na Ordem dos Advogados Portugueses e na OAB-PE, Bel e Mestre em Direito pela UFPE, Especialista em Direito Marítimo e Portuário pela UNINASSAU.

GISELDA MARIA FERNANDES NOVAES HIRONAKA

Professora Titular do Departamento de Direito Civil da Faculdade de Direito da Universidade de São Paulo. Doutora e Livre-Docente em Direito pela Universidade de São Paulo (USP).

GUSTAVO TEPEDINO

Professor Titular e ex-Diretor da Faculdade de Direito da Universidade do Estado do Rio de Janeiro – UERJ.

INGRID ZANELLA ANDRADE CAMPOS

Professora Adjunta da Universidade Federal de Pernambuco (UFPE) – Advogada

MAFALDA MIRANDA BARBOSA

Professora Auxiliar da Faculdade de Direito da Universidade de Coimbra

MANUEL A. CARNEIRO DA FRADA

Professor Associado da Faculdade de Direito da Universidade do Porto

MÁRIO LUIZ DELGADO

Doutor em Direito Civil pela Universidade de São Paulo – USP. Mestre em Direito Civil Comparado pela Pontifícia Universidade Católica de São Paulo -PUC-SP. Advogado. Professor da Faculdade Autônoma de Direito de São Paulo – FADISP. Presidente da Comissão de Assuntos Legislativos do – Instituto Brasileiro de Direito de Família-IBDFAM. Diretor de Assuntos Legislativos do Instituto dos Advogados de São Paulo – IASP. Membro da Academia Brasileira de Direito Civil –ABDC e do Instituto de Direito Comparado Luso-Brasileiro –IDCLB.

RUI MOURA RAMOS

Professor Catedrático da Faculdade de Direito da Universidade de Coimbra

RUTE TEIXEIRA PEDRO

Professora Auxiliar da Faculdade de Direito da Universidade do Porto

SUMÁRIO

PARTE I
50 ANOS DE RESPONSABILIDADE CIVIL EM PORTUGAL

CAPÍTULO 1 – DANO E ACORDO DAS PARTES – *Prof. doutor António Pinto Monteiro* 19

1. O PROBLEMA 19
2. CLÁUSULAS DE EXCLUSÃO DE RESPONSABILIDADE 20
   2.1 Noção e âmbito 20
   2.2 Delimitação perante figuras próximas: as cláusulas limitativas do objecto do contrato 21
3. CLÁUSULAS LIMITATIVAS DA RESPONSABILIDADE 24
   3.1 Cláusulas limitativas dos fundamentos de responsabilidade 24
   3.2 Cláusulas limitativas do montante da indemnização 25
4. REGIME JURÍDICO 25
   4.1 Coordenadas do problema 25
   4.2 Regime jurídico geral 28
   4.3 Regime jurídico especial 29
5. EFEITOS 29
   5.1 Em caso de validade 29
   5.2 Em caso de invalidade 30
6. CLÁUSULA PENAL 30
   6.1 Noção e importância; funções 30

6.2 Espécies de cláusulas penais e outras figuras no direito comparado 32

CAPÍTULO 2 – A COMPENSAÇÃO DOS DANOS NÃO PATRIMONIAIS NO CÓDIGO CIVIL DE 1966 – *Prof. Doutor Filipe Albuquerque Matos* 37

1. INTRODUÇÃO 37

2. RESSARCIBILIDADE EM TERMOS GERAIS DOS DANOS NÃO PATRIMONIAIS: O ART. 496.º 38

3. O RESSARCIMENTO DO DANO DA MORTE 42

4. COMPENSAÇÃO POR DANOS NÃO PATRIMONIAIS E A NATUREZA PUNITIVA DA RESPONSABILIDADE CIVIL 45

5. O BINÓMIO DANOS EM PESSOAS E DANOS EM COISAS A PROPÓSITO DA COMPENSAÇÃO DOS DANOS NÃO PATRIMONIAIS 49

6. RESSARCIMENTO DOS DANOS NÃO PATRIMONIAIS POR DANOS CAUSADOS EM COISAS – A QUESTÃO DOS DANOS NÃO PATRIMONIAIS DECORRENTES DA MORTE DE ANIMAL DE ESTIMAÇÃO 51

CAPÍTULO 3 – SENTIDO E INTENCIONALIDADE DO REQUISITO CAUSAL: O ANTES E O DEPOIS DO CÓDIGO CIVIL DE 1966 – *Prof. Doutora Mafalda Miranda Barbosa* 61

1. INTRODUÇÃO 61

A – O PERÍODO ANTERIOR À CODIFICAÇÃO DE 1966 62

2. A EVOLUÇÃO HISTÓRICA DO REQUISITO CAUSAL 62

   2.1 O direito romano 62

   2.2 O período medieval 88

   2.3 O período jusracionalista 93

   2.4 A degenerescência no positivismo 94

   2.5 A compreensão do requisito causal à luz da conceptualização normativística 104

3. A EXPERIÊNCIA PORTUGUESA ANTERIOR AO CÓDIGO DE 1966 110

B – A CODIFICAÇÃO DE 1966	117
1. A PREVISÃO LEGAL EM MATÉRIA DE CAUSALIDADE...........................	117
2. NOVOS RUMOS DA CAUSALIDADE...	121

CAPÍTULO 4 – DILIGÊNCIA E PROVA DO CUMPRIMENTO DAS OBRIGAÇÕES DA CONCESSIONÁRIA EM ACIDENTES DE VIAÇÃO OCORRIDOS EM AUTOESTRADAS – *Prof. Doutor Manuel A. Carneiro da Frada e Prof. Doutor Diogo Costa Gonçalves* 137

§ 1.º O PROBLEMA..	137
§ 2.º ENQUADRAMENTO DOGMÁTICO E JURISPRUDENCIAL DA RESPONSABILIDADE DAS CONCESSIONÁRIAS POR ACIDENTES DE VIAÇÃO EM AUTOESTRADAS	142
1. A TESE TRADICIONAL: RESPONSABILIDADE AQUILIANA	142
2. A SOLUÇÃO CONTRATUAL..	145
3. RAZÕES DE REJEIÇÃO DAS TESES CONTRATUAIS..................................	146
4 A TERCEIRA VIA DA RESPONSABILIDADE CIVIL: CONTRATO COM EFICÁCIA DE PROTEÇÃO PARA TERCEIROS..	149
§ 3.º A LEI N.º 24/2007, DE 18-JUL. E A RESPONSABILIDADE CIVIL ENVOLVIDA	153
5. SEQUÊNCIA	153
6. AS OBRIGAÇÕES DE SEGURANÇA DA LEI N.º 24/2007: A RESPONSABILIDADE DAS CONCESSIONÁRIAS COMO RESPONSABILIDADE SUBJETIVA, POR FACTO ILÍCITO E CULPOSO	153
7. A NATUREZA DISTINTA DA RESPONSABILIDADE OBJETIVA E SUBJECTIVA, E A ILEGITIMIDADE DA SUA MISCIGENAÇÃO.....................	155
8. A DELIMITAÇÃO DA RESPONSABILIDADE SUBJECTIVA DAS CONCESSIONÁRIAS PELO TEOR DAS RESPECTIVAS OBRIGAÇÕES...........	157
9. (CONT.): AS OBRIGAÇÕES DAS CONCESSIONÁRIAS COMO SIMPLES DEVERES DE MEIOS	159

10. CONSEQUÊNCIAS QUANTO À EXONERAÇÃO DE RESPONSABILIDADE POR CUMPRIMENTO DAS OBRIGAÇÕES DE SEGURANÇA 162

11. OS CASOS DE FORÇA MAIOR 164

§ 3.º A DISTRIBUIÇÃO DO ÓNUS DA PROVA SEGUNDO O N.º 1 DO ART. 12.º DA LEI N.º 24/2007 165

12. O TEMA 165

13. INVERSÃO DERIVADA DO ÓNUS DA PROVA E DISTRIBUIÇÃO DO RISCO 166

14. A PROVA DO CUMPRIMENTO (PELA CONCESSIONÁRIA) E AS REGRAS GERAIS 168

15. (CONT.): A PROVA DO INCUMPRIMENTO DE OBRIGAÇÕES DE DILIGÊNCIA 169

16. (CONT.): PROVA INDICIÁRIA DO INCUMPRIMENTO 171

17. ILISÃO DA PRESUNÇÃO DE INCUMPRIMENTO 174

18. SÍNTESE 175

CAPÍTULO 5 - O DIREITO INTERNACIONAL PRIVADO DA RESPONSABILIDADE CIVIL NOS SISTEMAS JURÍDICOS BRASILEIRO E PORTUGUÊS – *Prof. Doutor Rui Moura Ramos* 177

1. INTRODUÇÃO 177

2. O DIREITO INTERNACIONAL PRIVADO DA RESPONSABILIDADE CIVIL NO SISTEMA JURÍDICO BRASILEIRO 178

3. O DIREITO INTERNACIONAL PRIVADO DA RESPONSABILIDADE CIVIL NO CÓDIGO CIVIL PORTUGUÊS DE 1966 182

4. O DIREITO INTERNACIONAL PRIVADO DA RESPONSABILIDADE CIVIL DA UNIÃO EUROPEIA 189

5. CONCLUSÃO 204

CAPÍTULO 6 – OS DANOS NÃO PATRIMONIAIS (DITOS) INDIRETOS – UMA REFLEXÃO *RATIONE PERSONAE* SOBRE A SUA RESSARCIBILIDADE – *Prof. Doutora Rute Teixeira Pedro* 207

A RESSARCIBILIDADE DOS DANOS NÃO PATRIMONIAIS CAUSADOS A UMA PESSOA EM CONSEQUÊNCIA DA LESÃO DE OUTRA PESSOA – DELIMITAÇÃO DO OBJETO DE REFLEXÃO 207

1. A QUALIFICAÇÃO DOS DANOS COMO DANOS INDIRETOS E A DETERMINAÇÃO DAS CONSEQUÊNCIAS JURÍDICAS QUANTO À SUA RESSARCIBILIDADE 209

    1.1 A rejeição da suscetibilidade de compensação dos danos 209

    1.2 O reconhecimento da suscetibilidade da compensação dos danos.. 212

2. O RECONHECIMENTO DE RELEVÂNCIA JURÍDICA A SE ÀS POSIÇÕES JURÍDICAS DOS LESADOS MEDIATOS E A SUPERAÇÃO, PARA EFEITOS RESSARCITÓRIOS, DO CARÁTER REFLEXO DOS DANOS 214

    2.1 O reconhecimento de relevância a se às posições jurídicas dos lesados mediatos 214

    2.2 A delimitação *ratione personae* da ressarcibilidade dos danos não patrimoniais causados a uma pessoa em consequência de uma lesão corporal de outra pessoa que sobrevive à lesão 220

3. OBSERVAÇÕES CONCLUSIVAS 230

PARTE II
15 ANOS DE RESPONSABILIDADE CIVIL NO BRASIL

CAPÍTULO 1 – DAS RETÓRICAS DA CAUSALIDADE À IMPUTAÇÃO OBJETIVA: LINEAMENTOS PARA A RESPONSABILIDADE CIVIL PELOS DANOS DECORRENTES DE DOENÇAS VETORIAIS – *Prof. Mestre Francisco Arthur de Siqueira Muniz* 233

1. IMPOSTAÇÃO DA PROBLEMÁTICA E DELINEAMENTO DO PERCURSO DA INVESTIGAÇÃO: AS DISTINTAS FORMAS DE COMPREENSÃO DA CAUSALIDADE ALTERNATIVA INCERTA E A EDIFICAÇÃO DE RELAÇÕES DE RESPONSABILIDADE CIVIL EXTRACONTRATUAL NO CONTEXTO DAS EPIDEMIAS DE DOENÇAS VETORIAIS 233

2. DELIMITAÇÃO DO CONTEXTO EM QUE SE INSERE A HIPÓTESE DE PESQUISA: AS DOENÇAS VETORIAIS SOB A ÓTICA DA RESPONSABILIDADE CIVIL 239

3. AS RETÓRICAS DO NEXO DE CAUSALIDADE E SUA (IN)ADEQUAÇÃO À REALIZAÇÃO JUDICATIVO-DECISÓRIA: O PROBLEMA DA CAUSALIDADE ALTERNATIVA INCERTA 247

    3.1 As bases da concepção causalista: a teoria da *conditio sine qua non* .. 248

    3.2 A teoria da causalidade adequada 252

    3.3 A teoria da causa direta e imediata 257

    3.4 Em arremate: a problemática compreensão do nexo de causalidade como pressuposto da responsabilidade civil 261

4. A SUPERAÇÃO DA CAUSALIDADE PELO MODELO IMPUTACIONAL: UM CAMINHO PARA A DELIMITAÇÃO DAS HIPÓTESES DE RESPONSABILIZAÇÃO DOS MANTENEDORES DE FOCOS VETORES DE DOENÇAS 265

5. CONCLUSÕES: A IMPUTAÇÃO OBJETIVA COMO UMA RESPOSTA TELEONOMOLOGICAMENTE ADEQUADA DA RESPONSABILIDADE CIVIL AOS PROBLEMAS DOS DANOS DECORRENTES DE DOENÇAS VETORIAIS 275

CAPÍTULO 2 – RESPONSABILIDADE PRESSUPOSTA – EVOLUÇÃO DE FUNDAMENTOS E DE PARADIGMAS DA RESPONSABILIDADE CIVIL NA CONTEMPORANEIDADE – *Prof. Doutora Giselda Maria Fernandes Novaes Hironaka* **277**

PRIMEIRAS PALAVRAS: AS RAZÕES DE SE BUSCAR A ESTRUTURA DE UMA RESPONSABILIDADE PRESSUPOSTA 278

1. A POSIÇÃO DA RESPONSABILIDADE CIVIL NO DIREITO BRASILEIRO ENTRE 1916 E 2002: DE CLÓVIS BEVILAQUA A MIGUEL REALE 280

2. O INSTITUTO DA RESPONSABILIDADE CIVIL E O PERCURSO ENTRE A CULPA E O RISCO: UM IMPORTANTE PASSO NA EVOLUÇÃO 283

3. O *PASSO ALÉM* QUE TEM SIDO INTENTADO PELOS DOUTRINADORES CONTEMPORÂNEOS E A ADMISSÃO DE UM FUNDAMENTO DISTINTO A JUSTIFICAR A RESPONSABILIDADE CIVIL, HOJE 293

4. EM SÍNTESE: QUAL SERIA O PERFIL DE UMA *MISE EN DANGER OTIMIZADA*, E QUAL SERIA, POR CONSEQUÊNCIA, O PERFIL DO CRITÉRIO QUE SE TEM INTENTADO BUSCAR?................ 300

CAPÍTULO 3 – NEXO DE CAUSALIDADE: ANOTAÇÕES ACERCA DE SUAS TEORIAS E ANÁLISE DE CONTROVERTIDA CASUÍSTICA NO DIREITO BRASILEIRO – *Prof. Doutor Gustavo Tepedino*.................. 303

INTRODUÇÃO 303

1. TEORIAS SOBRE O NEXO DE CAUSALIDADE E O SEU TRATAMENTO PELOS TRIBUNAIS BRASILEIROS 306

2. CONCURSO DE CAUSAS 313

3. SITUAÇÕES CONTROVERSAS EM MATÉRIA DE CAUSALIDADE: FORTUITO INTERNO, CAUSALIDADE ALTERNATIVA E PERDA DA CHANCE 317

4. NOTAS CONCLUSIVAS 325

CAPÍTULO 4 – A RESPONSABILIDADE CIVIL MARÍTIMA POR DANOS AMBIENTAIS CAUSADOS POR POLUIÇÃO POR ÓLEO – *Prof. Doutora Ingrid Zanella Andrade Campos*.................. 327

1. INTRODUÇÃO 327

2. A RESPONSABILIDADE PELA DANOSIDADE AMBIENTAL 329

3. O POLUIDOR E A POLUIÇÃO AMBIENTAL 334

4. AS MODALIDADES DE CONTRATO DE AFRETAMENTO 335

5. OS PRINCÍPIOS AMBIENTAIS 336

6. A RESPONSABILIDADE CIVIL POR DANOS CAUSADOS POR POLUIÇÃO POR ÓLEO 338

7. A RESPONSABILIDADE DO AFRETADOR E A POSIÇÃO DO SUPERIOR TRIBUNAL DE JUSTIÇA NO BRASIL 341

CONSIDERAÇÕES FINAIS 346

CAPÍTULO 5 – RESPONSABILIDADE CIVIL POR VIOLAÇÃO DO DIREITO FUNDAMENTAL À BUSCA DA FELICIDADE: REFLEXÕES SOBRE UM NOVO DANO – *Prof. Doutor Mário Luiz Delgado* **349**

1. NOTAS INTRODUTÓRIAS 349

2. A FELICIDADE COMO VALOR JURÍDICO (E NÃO COMO UM DIREITO SUBJETIVO) 352

3. A BUSCA DA FELICIDADE COMO PRINCÍPIO NORMATIVO: *THE RIGHT TO PURSUIT OF HAPPINESS* 357

4. O PRINCÍPIO DA BUSCA DA FELICIDADE NA LEGISLAÇÃO COMPARADA 360

5. O RECONHECIMENTO DA FORÇA NORMATIVA DA BUSCA DA FELICIDADE NAS CORTES BRASILEIRAS 361

6. UMA PROPOSTA DE POSITIVAÇÃO DA BUSCA DA FELICIDADE NO ORDENAMENTO JURÍDICO BRASILEIRO 363

7. RESPONSABILIDADE CIVIL PELA QUEBRA DO PROJETO DE FELICIDADE: PRESSUPOSTOS E CASUÍSTICA 364

    7.1 Da violação do direito à busca da felicidade 365

    7.2 Dano ao projeto de busca da felicidade. Um novo dano? 366

    7.3 Culpa e relação de causalidade 373

8. PONDERAÇÃO DE INTERESSES E EXCLUSÃO DO DEVER DE INDENIZAR 375

REFERÊNCIAS 378

PARTE I

50 ANOS DE RESPONSABILIDADE CIVIL EM PORTUGAL

1

DANO E ACORDO DAS PARTES

PROF. DOUTOR ANTÓNIO PINTO MONTEIRO[1]

SUMÁRIO • 1. O problema – 2. Cláusulas de exclusão de responsabilidade: 2.1 Noção e âmbito; 2.2 Delimitação perante figuras próximas: as cláusulas limitativas do objecto do contrato – 3. Cláusulas limitativas da responsabilidade: 3.1 Cláusulas limitativas dos fundamentos de responsabilidade; 3.2 Cláusulas limitativas do montante da indemnização – 4. Regime Jurídico: 4.1 Coordenadas do problema; 4.2 Regime jurídico geral; 4.3 Regime jurídico especial – 5. Efeitos: 5.1 Em caso de validade; 5.2 Em caso de invalidade – 6. Cláusula penal: 6.1 Noção e importância; funções; 6.2 Espécies de cláusulas penais e outras figuras no direito comparado.

1. O PROBLEMA

Todos sabemos que o dano constitui um dos requisitos da *responsabilidade civil*. Precisamente, sendo alguém civilmente responsável, terá de *indemnizar* o lesado pelo *dano* causado. Indemnizar é, assim, tornar alguém *indemne*, isto é, *sem dano*. O dano constitui, simultaneamente, o *pressuposto* e o *limite da indemnização*[2]. Ora, pergunta-se, em que medida estará o *dano acessível ao acordo das partes*? Em que medida poderão estas, por acordo prévio, *afastar,* de todo, a indemnização do credor/lesado? Ou limitar o seu montante? Ou, em todo o caso, por acordo prévio, *liquidar* a indemnização, estabelecendo, desde logo, o montante *invariável* ("à forfait") devido ao credor?

A resposta a estas questões leva-nos a caminhos que já percorremos, pois estão em causa, essencialmente, problemas relativos às cláusulas *limitativas* e de *exclusão* de *responsabilidade* e às *cláusulas penais*. Pas-

---

[1]. Professor Catedrático da Faculdade de Direito da Universidade de Coimbra e da Universidade Portucalense

[2]. Ressalva-se a situação abrangida pelo art. 494º do Código Civil, norma que permite ao tribunal atribuir uma indemnização inferior ao dano, uma vez verificadas certas condições. Recorde-se, por outro lado, não admitir o nosso direito os *punitive damages* do direito anglo-americano.

samos a expor, sucintamente, as nossas posições. Começamos pelas cláusulas de exclusão.

2. CLÁUSULAS DE EXCLUSÃO DE RESPONSABILIDADE

2.1 Noção e âmbito

Cláusulas de exclusão de responsabilidade (ou cláusulas de *não indemnizar*[3]) são cláusulas destinadas a excluir antecipadamente a responsabilidade em que, sem elas, incorreria o devedor, pelo não cumprimento (ou pela mora ou cumprimento defeituoso) da obrigação. Assim definidas, o seu âmbito circunscreve-se à *responsabilidade contratual*.

Mas podem surgir também no âmbito da *responsabilidade extracontratual*, caso em que as definimos como convenções destinadas a excluir antecipadamente a responsabilidade pela prática de determinado acto ilícito.

Neste último caso, a convenção pode ter algum interesse prático, designadamente como forma de regulamentação pacífica de problemas emergentes das relações de *vizinhança*. Mas é rara. Apontam-se, por vezes, outros casos, entre os quais o de exclusões de responsabilidade através de *avisos* ou de *cartazes* afixados em locais onde há obras (construção ou reparação de estradas, de edifícios, etc., do género: "atenção, obras, responsabilidade excluída").

Não parece, todavia, que a simples declaração *unilateral* de irresponsabilidade possa valer por si, independentemente da *aceitação* da outra parte, indispensável para haver *acordo*[4]; e não parece, por outro lado, que o normal comportamento do público que passa por esses locais possa ser interpretado como *aceitação tácita* de tal declaração de irresponsabilidade. Igualmente não colheria aqui o recurso a uma pretensa aceitação tácita ou implícita de *riscos* (uma espécie de "Handeln auf eigene Gefahr") para fundar o *consentimento* prévio do lesado[5].

---

3. Como são conhecidas no Brasil, desde, pelo menos, a obra de Aguiar Dias (cfr. AGUIAR DIAS, José de, *Cláusula de não indenizar*, Rio de Janeiro, 1947), embora sejam também frequentes outras expressões, como, por exemplo, cláusulas de *irresponsabilidade* ou cláusulas *exoneratórias* (cfr. PINTO MONTEIRO, António, *Cláusulas limitativas e de exclusão de responsabilidade civil*, Almedina, Coimbra, 1985 (2ª reimpressão, 2011).

4. Cfr. VAZ SERRA, Adriano, *Cláusulas modificadoras da responsabilidade. Obrigação de garantia contra responsabilidade por danos a terceiros*, in "Boletim do Ministério da Justiça" (BMJ) nº 79, pp. 129,ss.

5. STOLL, Hans, *Die Gültigkeit Haftungsausschliessender oder Haftungsbeschränkender Klauseln nach Deutschem Recht*, in "Deutsche zivil-und kollisionsrechtliche Beiträge zum IX Internationalen Kongress für Rechtsvergleichung", Tübingen, 1974, pp. 11,ss, 22.

Isso não significa, porém, que tais declarações, sendo embora irrelevantes do ponto de vista da exclusão da responsabilidade, sejam destituídas de toda a eficácia. Cremos que sempre poderão valer como cumprimento de um dever de *advertência* ou de *prevenção* de um perigo especial, que os trabalhos em curso poderão representar ou envolver (dever esse, de *prevenção de um risco ou perigo especial,* que poderemos considerar incluído nos chamados "Verkehrssicherungspflichten", da doutrina e jurisprudência alemãs).

Mas isso não liberta a empresa, evidentemente, de outras medidas de segurança que deva tomar. Em todo o caso, poderão esses avisos ou cartazes *isentar* de responsabilidade o lesante se o dano ficar a dever-se apenas à falta de *precauções* do lesado perante a situação de *perigo* para que foi *especialmente alertado.* Assim como poderão conduzir a situações de *concorrência de culpas* ou, em todo o caso, a uma *limitação equitativa* da indemnização (arts. 570º e 494º, respectivamente, do Código Civil).

Não podendo o normal comportamento do público que utiliza tais estradas valer como aceitação tácita dessa *declaração unilateral de irresponsabilidade,* também não poderá ele ser visto como aceitação tácita de uma declaração unilateral que afastaria do contrato uma obrigação de cuidado. Além de tal convenção, a existir, isto é, se tiver sido objecto de acordo, dever considerar-se *inválida* – pois seria contrário à *ordem pública* afastar a obrigação de cuidado relativamente ao bem da incolumidade pessoal –, a verdade é que não há, sequer, um *contrato,* cujo *conteúdo* se estivesse a *limitar* desse modo!

2.2 Delimitação perante figuras próximas: as cláusulas limitativas do objecto do contrato

Passamos a distinguir as cláusulas de exclusão de responsabilidade de outras figuras que lhe estão relativamente próximas e com as quais, por vezes, se chegam a confundir. O que nos permitirá, assim, ao mesmo tempo, compreender melhor o funcionamento e o alcance das cláusulas de exclusão de responsabilidade. Restringimos a nossa análise às *cláusulas limitativas do objecto do contrato.*

Para termos uma percepção mais clara desta figura e antes mesmo de avançarmos com qualquer noção, figuremos alguns exemplos práticos.

Uma oficina de reparação de automóveis, uma garagem de recolha de automóveis (de um hotel, por exemplo), ou um qualquer parque de estacionamento (no interior da cidade, num aeroporto, num centro comercial, etc.) declara, através de um aviso ou letreiro afixado no local de cumprimento do contrato ou no "ticket" destinado ao utente do mesmo, que "*não se responsabiliza pelo desaparecimento de objectos deixados no interior dos veículos*"; ou que "*não responde pelo furto dos veículos*"; ou, ainda, de um modo mais explícito, que "*a empresa não assume a obrigação de vigilância*", que "*a empresa limita-se a proporcionar um espaço para estacionamento da viatura*", que "*não há contrato de depósito*", etc.

Este tipo de declarações surge, igualmente, com frequência, em hotéis (e em clínicas de saúde), relativamente aos objectos de valor que os clientes deixem no quarto; ou até em parques de campismo, quanto ao material dos campistas; e não deixam de aparecer, por vezes, em contratos de locação de cofre-forte, desejando os bancos definir as suas obrigações, ou em contratos de seguro, no tocante aos riscos assumidos.

São muitos os problemas suscitados por tais declarações. Elas não deixam de ter, aliás, implicações de vário tipo. No presente contexto iremos reter os aspectos que nos parecem mais importantes, tendo fundamentalmente em conta o seu alcance e condições de validade.

Nos exemplos que figurámos, algumas das declarações afirmam *não se ser responsável*, enquanto outras *afastam determinada obrigação*, seja de modo expresso, seja de modo implícito. Mas mesmo em relação às primeiras, pese embora a terminologia adoptada, do que se trata, muitas vezes, não é propriamente de uma *cláusula de exclusão de responsabilidade,* antes de uma *cláusula limitativa do objecto ou do conteúdo contratual*. Isto é, ambas as situações se reconduzem, com frequência, a esta última cláusula, uma vez interpretada a declaração negocial à luz dos critérios legais pertinentes.

Há que ter em conta, efectivamente, que muitas vezes as partes *acordam no afastamento de determinada obrigação*, ainda que, para o efeito, utilizem impropriamente o termo "responsabilidade". Ora, estamos perante uma cláusula limitativa do *objecto* contratual quando, *por acordo prévio das partes, se afasta do contrato uma obrigação que, sem esse acordo prévio, dele faria parte*, seja por força da lei, seja em atenção ao princípio da boa fé ou ao fim contratual. É o que poderá suceder em todos os exemplos que figurámos: afastamento da *obrigação de guarda*, seja do veículo, seja de objectos deixados no interior do veículo ou no quarto do hotel, no parque de campismo, etc.

Em confronto com as cláusulas de exclusão de responsabilidade, já sabemos que estas constituem um meio de o devedor se prevenir das consequências desfavoráveis que a situação de não cumprimento lhe acarretará. Mais precisamente, o devedor pretende furtar-se antecipadamente à *responsabilidade* que sobre si poderá recair.

Mas para que o devedor se exonere, *graças à cláusula de irresponsabilidade*, é necessário que, *sem ela*, tivesse de indemnizar o credor. Desde logo, terá de tratar-se de um caso de falta de cumprimento de uma obrigação *assumida* pelo devedor, ou, de todo o modo, *compreendida* no âmbito do contrato, atento o fim contratual prosseguido, ou por força de norma legal nesse sentido[6].

Ora, o que pode acontecer, é as partes, ao contratar, afastarem obrigações que, *sem tal acordo*, fariam parte do contrato, nos termos referidos.

Trata-se, neste caso, de cláusulas destinadas a *definir o objecto do contrato*, precisando o seu conteúdo e extensão, ao abrigo da liberdade contratual, na sua vertente de liberdade de *modelação*.

Não estamos, pois, perante uma cláusula de irresponsabilidade (ainda que impropriamente se empregue, muitas vezes, essa expressão, repete-se), quando o escopo das partes for o de precisar o conteúdo da prestação ou balizar os limites da relação contratual, mediante o afastamento expresso de certa obrigação. Não se trata, numa palavra, de excluir a *responsabilidade*, mas de suprimir uma *obrigação* – e ninguém poderá ser responsabilizado pelo não cumprimento de uma obrigação que não faz parte do contrato.

Esta distinção (a que PAUL DURAND deu particular ênfase, já em 1931, na sua tese de doutoramento intitulada *Des conventions d'irresponsabilité*) é em si mesmo correcta. Pois uma coisa é assumir-se determinada obrigação, ainda que afastando previamente a responsabilidade pelo seu não cumprimento, e outra, diferente, é nem sequer assumir o devedor essa obrigação – neste último caso não há responsabilidade porque não há, sequer, incumprimento, visto que *a obrigação não faz parte do contrato*.

Todavia, na prática, acontece frequentemente ser esta uma forma de *iludir* proibições legais às cláusulas exoneratórias, convencionando-se o afastamento de certa obrigação em vez de se excluir a responsabilidade! A situação, neste caso, é ainda *mais grave* do que quando se estipula uma cláusula exoneratória, pois enquanto esta última *só exclui* o direito de *indemnização*, a primeira, pelo contrário, prejudica *todos os direitos* do credor, uma vez que *afasta* do contrato a própria *obrigação*.

Efectivamente, como temos realçado[7], a cláusula exoneratória, se for válida e eficaz, só prejudica o credor quanto à *indemnização*. Permanecem, para sua defesa, *todos os outros direitos* que a lei lhe faculta para reagir contra o

---

6. Pode ver-se, a propósito, PINTO MONTEIRO, António, *Erro e vinculação negocial*, Coimbra, Almedina, 2002, pp. 35,ss, e 43,ss.

7. Para maiores desenvolvimentos e fundamentação das nossas posições, ver a nossa tese sobre *Cláusulas limitativas e de exclusão de responsabilidade civil*, cit., pp. 116,ss., 186,ss e *passim*.

não cumprimento do devedor. Assim, mesmo que a cláusula exoneratória seja válida e eficaz e, portanto, esteja impedido de exigir uma indemnização, o credor pode, por exemplo, resolver o contrato, exigir o cumprimento da obrigação (podendo até requerer, se for o caso, que o tribunal decrete, nos termos do art. 829º-A do Código Civil, uma sanção pecuniária compulsória), recorrer à execução específica, socorrer-se da "exceptio non adimpleti contractus" ou do direito de retenção, etc. É que o credor, ao aceitar uma cláusula exoneratória, *não autoriza o devedor a deixar de cumprir, não prescinde do direito de exigir o cumprimento nem renuncia à protecção jurídica que a lei lhe concede.* Só o direito de indemnização é que fica condicionado.

Já não assim, porém, relativamente às cláusulas limitativas do conteúdo ou objecto contratual, uma vez que estas *afastam* do contrato a própria *obrigação*, o que impede o credor, como é óbvio, de reagir contra o inadimplemento de uma obrigação que o devedor não assumiu, que, numa palavra, *não faz parte do contrato*. A situação do credor é, neste caso, bem mais *grave* e, por outro lado, *diferente* da anterior.

Essa a razão por que, a nosso ver, se deve ser especialmente rigoroso na apreciação da validade de tais cláusulas. Mas o seu controlo, em princípio, deve efectuar-se através de medidas diferentes das que se aplicam às cláusulas de exclusão de responsabilidade propriamente ditas.

Temos entendido, a esse respeito, que as cláusulas limitativas do objecto ou do conteúdo contratual não poderão afastar obrigações impostas por *normas imperativas* e/ou por razões de *ordem pública*, assim como não poderão afastar *obrigações essenciais*, seja em função do *tipo contratual*, seja em função do *fim contratual*[8].

3. CLÁUSULAS LIMITATIVAS DA RESPONSABILIDADE

Estas cláusulas podem dizer respeito aos *fundamentos* ou *pressupostos* da responsabilidade ou aos seus *efeitos*. No primeiro caso, assume especial relevo a cláusula respeitante ao *grau de culpa*; no segundo caso, é a cláusula limitativa do *montante da indemnização* que é mais frequente.

3.1 Cláusulas limitativas dos fundamentos de responsabilidade

Através destas cláusulas, acordam antecipadamente as partes que o devedor só responderá no caso de ter agido com *dolo* ou *culpa grave*.

---

8. Para uma justificação e maiores desenvolvimentos, ver o nosso trabalho sobre *Cláusulas limitativas do conteúdo contratual,* in "Revista Brasileira de Direito Comparado", Instituto de Direito Comparado Luso-Brasileiro, nº 19, Rio de Janeiro, 2001 (nº 6).

Estipulada uma cláusula desta natureza, o credor não poderá, pois, vir a exigir indemnização no caso de o devedor ter actuado com simples *culpa leve*. O que significa, afinal, que esta cláusula *limitativa* – porque limitativa dos fundamentos ou pressupostos da responsabilidade, "rectius", do *grau de culpa* do devedor – acaba por traduzir-se, na prática, numa cláusula de *exclusão por culpa leve*, exonerando-se o devedor sempre que o incumprimentos não lhe seja imputável por dolo ou culpa grave.

3.2 Cláusulas limitativas do montante da indemnização

São estas as modalidades mais generalizadas de cláusulas limitativas[9], acordando-se antecipadamente, através delas, que o devedor só responderá *até* uma determinada quantia, que funciona assim como *limite máximo* da indemnização.

Esse *plafond* estabelecido por estas cláusulas significa que o devedor *só* responde *até* ao limite consagrado, ficando por reparar o dano na parte excedente. Se a indemnização, avaliada nos termos legais, for porém inferior ao *plafond* acordado, a cláusula limitativa será então indiferente, devendo o lesante a totalidade da indemnização.

4. REGIME JURÍDICO

4.1 Coordenadas do problema

Tratar do problema da validade das cláusulas de responsabilidade civil suscita que se aborde, em termos gerais, a questão de saber se, e até que ponto, a responsabilidade deve considerar-se acessível à autonomia privada, mormente se ela poderá ser objecto de convenções antecipadas.

A autonomia privada, enquanto poder "jurisgénico" do homem e expressão jurídica da sua liberdade de determinação[10], postula, a nosso ver, que seja reconhecido aos particulares um certo grau de liberdade no plano da responsabilidade civil, quer na definição dos seus pressupostos, quer na fixação dos seus efeitos.

Afirmação sobretudo válida e pertinente no que toca à responsabilidade contratual, tendo em conta que esta mais não é do que uma das

---

9. Mas a limitação da *extensão* da responsabilidade pode dizer respeito ao tipo de danos a que se *restringe* a responsabilidade do devedor (por ex., este só responderá por danos emergentes, não por lucros cessantes), ou à *percentagem* de danos a que se limita a responsabilidade do devedor.
10. Sobre o relevo deste poder "jurisgénico" ou de autodeterminação, cfr. ORLANDO DE CARVALHO, *Teoria Geral do Direito Civil*, Coimbra, 1981, pp. 15 e ss.

consequências do não cumprimento, ou do não cumprimento rigoroso e perfeito de obrigações livremente assumidas. Sendo as partes livres de se obrigar, implicando essa liberdade, qualitativa e quantitativamente, o poder de conformar o conteúdo e a extensão do vínculo assumido, parece que também ao nível da determinação das consequências do inadimplemento dessas obrigações será de reconhecer aos contraentes uma certa margem de autonomia.

Por outras palavras: na medida em que a responsabilidade contratual resulta da violação de obrigações criadas e conformadas por *acordo* das partes, compreende-se que esta autonomia se *estenda* à fase patológica do vínculo obrigacional, abrangendo, igualmente, o poder de modelar previamente os efeitos da falta de cumprimento e, designadamente, a disciplina da responsabilidade[11].

Considerações que já não colhem nos mesmos termos no âmbito da responsabilidade extracontratual, onde é o ilícito que faz surgir uma relação jurídica, até aí inexistente, uma vez que o mesmo não resulta da violação de um direito de crédito anterior. Não se trata, neste caso, do desrespeito de uma obrigação criada por acordo das partes, antes da violação de um dever imposto por lei.

Ainda assim, todavia, se coloca o problema de saber se as pessoas que receiam poder a sua actividade vir a ser fonte de danos serão livres de acordar previamente com os presumíveis lesados a disciplina da sua eventual responsabilidade.

A questão situa-se dentro da responsabilidade extracontratual, pretendendo com isto *afastar* a ideia de que uma convenção prévia sobre a responsabilidade extracontratual *alteraria* a natureza desta, em termos de poder vir a afirmar-se que, por força dessa convenção, se estabeleceriam entre os pactuantes, relações contratuais que implicariam uma *transformação* da responsabilidade extracontratual em responsabilidade contratual. Esta é contratual ou extracontratual consoante a sua *fonte* resida na violação de uma obrigação em sentido técnico – proveniente, na maioria dos casos, de um contrato –, ou, antes, na violação de um dever geral de abstenção, imposto por lei. Assim, uma convenção destinada a regular antecipadamente uma responsabilidade de fonte delitual mais não representa do que um acordo prévio sobre uma responsabilidade que manterá a sua natureza delitual, atenta a *fonte* da sua proveniência.

---

11. Neste sentido, cfr. Pereira Coelho, *O nexo de causalidade na responsabilidade civil*, Coimbra, 1950, pp. 40-42.

Ora, não intervindo a autonomia privada na *criação* do *dever* cuja violação implica a responsabilidade do lesante, uma vez que esse dever é imposto por lei, já não poderão valer aqui as considerações avançadas para justificar as cláusulas de responsabilidade contratual. Ser-se-ia, assim, à primeira vista, inclinado a recusar qualquer espaço à autonomia privada, no âmbito da responsabilidade extracontratual.

Não se vê, porém, razão idónea e suficiente para recusar, "in limine", esse espaço de atuação, se o bem em risco de vir a ser lesado, fonte de uma eventual responsabilidade extracontratual, for de índole meramente privada e de natureza disponível.

Não são já razões que se prendem com o facto de o dever ter nascido por iniciativa e decisão dos interessados, antes a consideração de que a responsabilidade tem por efeito indemnizar o lesado e que este não deve ser privado do direito de poder antecipadamente dispor de um eventual montante indenizatório, desde que se trate do risco de lesão de bens disponíveis por sua natureza.

Tal como o lesado pode afastar a ilicitude do ato mediante o seu consentimento prévio, poderá ele, *a fortiori*, prescindir antecipadamente da indenização, ou aceitar uma limitação do seu montante.

Em suma, para concluir este ponto, não estando em causa a lesão de bens indisponíveis, em que o consentimento do lesado seria igualmente ilícito, não há razões de ordem pública que obstem, em princípio, a uma disciplina convencional e antecipada da responsabilidade civil. São, por isso, considerações que se prendem com a *natureza* do bem envolvido que justificam poder o princípio da autonomia privada manifestar-se também aqui validamente.

A responsabilidade civil é, no entanto, um valor fundamental da ordem jurídica, podendo suscitar reacções desfavoráveis o facto de alguém lesar outrem, seja em direitos absolutos, seja em direitos relativos, sem ter de sofrer as consequências desfavoráveis daí emergentes.

É certo que a responsabilidade civil acaba por traduzir-se no dever de indemnizar o lesado e, assim, na maioria dos casos, na obrigação de o lesante entregar ao lesado uma quantia em dinheiro capaz de o ressarcir do prejuízo sofrido. Por isso se tem acentuado a função *essencialmente* reparadora que o instituto da responsabilidade civil envolve, deixando para uma posição tão-só *residual ou acessória* a eficácia punitiva ou sancionatória, quando não se exclui de todo esta função daquele instituto.

Mas também não é menos verdade, por outro lado, que a responsabilidade é o corolário da liberdade do homem, assentando no pressuposto ético e salutar de que a liberdade de actuação humana deve implicar a correspondente responsabilização pelos danos causados.

Deste modo, se a redução da responsabilidade a um valor monetário, em que aquela acaba por traduzir-se – de acordo com a função de reparação que lhe é adjudicada, de modo preponderante ou até exclusivo –, sugere que seja reconhecida aos particulares a liberdade de autodisciplina da responsabilidade civil, já as suas notas éticas convidam a uma tomada de posição contrária. Perspectivada a responsabilidade civil, no plano jurídico, como a correspondente, no plano ético, da responsabilidade moral, impressionará alguém causar um dano sem ter de suportar as consequências daí resultantes para o lesado.

Esta consideração, em si mesma importante, e fonte de soluções normativas também neste domínio, não parece, contudo decisiva. Basta atentar que a responsabilidade subjectiva, que lhe está subjacente, correspondendo embora à orientação geral em matéria de responsabilidade civil, não esgota, contudo, as modalidades que esta envolve. Pense-se na responsabilidade objectiva, que prescinde da culpa do lesante e, assim, de qualquer censura sobre o comportamento deste; atente-se no padrão objectivo por que se afere a culpa – ou seja, não "in concreto", segundo a possibilidade de actuação do lesante, antes em abstracto, segundo um modelo ideal de actuação humana; recorde-se, finalmente, que a culpa é perspectivada como conduta deficiente, não se reduzindo a uma deficiência da vontade. Basta pensar em todos estes ingredientes de cariz objectivo – para já não falar do seguro de responsabilidade civil, através do qual o lesante transfere para outrem, a companhia seguradora, o dever de reparar os danos por si causados – para se concluir que aquelas considerações ético-filosóficas não deverão prejudicar, de modo decisivo, a possibilidade de a autonomia privada intervir no domínio da responsabilidade civil.

Restringem-na, no entanto, consideravelmente, não permitindo que essa liberdade seja absoluta, contrariando, designadamente, convenções de responsabilidade que a excluam ou a limitem independentemente do grau de culpa, isto é, do juízo de censura de que é passível o comportamento do devedor/lesante. Esta restrição, no campo das convenções de responsabilidade, tem-se concretizado na proibição de convenções limitativas ou exoneratórias em caso de dolo ou de culpa grave do devedor/lesante.

4.2 Regime jurídico geral

O regime jurídico depende sempre, naturalmente, do que a esse respeito cada ordem jurídica consagrar.

Em Portugal a questão não é pacífica, embora venhamos defendendo – posição que se tornou entretanto doutrina maioritária[12] –, em conformidade com o *entendimento generalizado no direito comparado*, que estas cláusulas são válidas – e só são válidas –, em princípio, em caso de simples culpa leve, sendo *nulas* em caso de *dolo* ou de *culpa grave* do devedor[13].

4.3 Regime jurídico especial

Há situações, no entanto, que requerem um regime especial. Regime especial esse que se traduz numa *maior severidade*, proibindo-se, *em todo e qualquer caso*, tanto as cláusulas limitativas como as cláusulas de exclusão de responsabilidade.

É o que acontece quando há razões de *ordem pública* a justificar essa proibição radical, seja em função da *natureza do bem envolvido* – a *pessoa humana*, como acontece no contrato de transporte relativamente a lesões de carácter pessoal –, seja em função dos *valores* que se pretende proteger – o *consumidor*, designadamente, o que leva a não se admitirem cláusulas limitativas ou de exclusão de responsabilidade nos casos em que a lei prevê a responsabilidade objectiva do produtor.

Também no âmbito dos *contratos de adesão* se estabelecem requisitos de controlo mais rigorosos, seja para considerar *incluídas* no contrato as "condições gerais" da empresa, seja para controlar o seu *conteúdo* e impedir cláusulas *abusivas*[14].

5. EFEITOS

Duas breves palavras: uma, para assinalar os efeitos da cláusula de exclusão em caso de validade; outra, para considerar a situação em que ela seja inválida.

5.1 Em caso de validade

Sendo válida, a cláusula de exclusão afasta o direito do credor à *indemnização* – mas não compromete os demais direitos do credor, desde que se verifiquem os respectivos requisitos.

---

12. Cr. PINTO MONTEIRO, António, *Cláusulas limitativas e de exclusão de responsabilidade civil*, cit., nota de actualização à reimpressão de 2011, pp. 332-a,ss, especialmente pp. 332-j a 332-l.
13. Para uma panorâmica geral, pode ver-se a nossa obra, cit., pp. 159,ss, 258,ss, 304,ss e *passim*.
14. Pode ver-se, a propósito, PINTO MONTEIRO, António, *Contratos de adesão e cláusulas contratuais gerais: problemas e soluções,* in "Revista Trimestral de Direito Civil", ano 2, vol. 7, Rio de Janeiro: Editora Padma, 2001.

Por outro lado, esta cláusula tem eficácia meramente *relativa*, não exonerando o lesante da eventual obrigação de indemnizar terceiros, relativamente aos quais aquela cláusula é *res inter alios acta*.

Finalmente, se a cláusula de exclusão for válida, afastada ficará, em princípio, tanto a responsabilidade *contratual* do devedor como a responsabilidade *extracontratual* que para ele resulte do *mesmo facto*[15], desde que, num caso e no outro, se trate dos danos tidos em vista pelas partes ao estipularem a cláusula exoneratória.

5.2 Em caso de invalidade

Sendo *nula* a cláusula limitativa ou de exclusão de responsabilidade, terá o credor direito a ser indemnizado *nos termos gerais*.

Pode pôr-se o problema de saber se a nulidade desta cláusula, implicando a nulidade *parcial*, não conduzirá à nulidade de todo o contrato. Trata-se, pois, do problema da *redução* do contrato: a nosso ver, *impõe-se essa redução*, sob pena de se frustrar a teleologia da norma (ou do princípio) que determina a nulidade da cláusula.

Assim como se justificará a *redução da própria cláusula*, quando ela for nula porque se destinava a exonerar o devedor mesmo em caso de dolo ou de culpa grave, procedendo-se então à restrição do alcance da sanção da nulidade, de modo a permitir a exoneração do devedor em casos de simples culpa leve.

6. CLÁUSULA PENAL

6.1 Noção e importância; funções

Pode definir-se a cláusula penal, em sentido amplo, como a estipulação em que qualquer das partes, ou uma delas apenas, se obriga antecipadamente, perante a outra, a efectuar certa prestação, normalmente em dinheiro, em caso de não cumprimento ou de não cumprimento perfeito (*maxime*, em tempo) de determinada obrigação, via de regra a fim de proceder à liquidação do dano ou de compelir o devedor ao cumprimento. Trata-se, numa simples palavra, da *promessa* de determinada prestação, caso se verifique o não cumprimento (*lato sensu*) da obrigação principal, isto é, da obrigação cujo cumprimento a pena visa assegurar.

---

15. Temos em vista as situações de *concurso* ou *cúmulo de responsabilidades*, quando o mesmo facto constitua, *simultaneamente*, um facto ilícito contratual e extracontratual: cfr. Pinto Monteiro, António, *Cláusulas limitativas e de exclusão de responsabilidade civil*, cit., pp. 425,ss.

Consoante a pena convencionada vise sancionar o *incumprimento* propriamente dito ou a simples *mora* do devedor, assim estaremos perante uma cláusula penal *compensatória* ou *moratória*, se bem que ela possa igualmente ser estipulada a fim de prevenir o cumprimento *defeituoso* ou *imperfeito* da prestação, ou a respeito de qualquer dever *acessório* ou *lateral*, conforme o exacto alcance que as partes lhe pretendam conferir[16].

Adiantada esta noção, é de observar que ela não coincide com a do Código Civil português, onde a cláusula penal é definida como a fixação, por acordo (prévio) das partes, do montante da indemnização exigível (art. 810º, nº 1). O Código dá uma noção *acanhada* de cláusula penal, *restringindo-a* à fixação prévia e convencional da indemnização, a qual, a meu ver, constitui apenas *uma* das possíveis *espécies* de cláusulas penais – não, porém, a cláusula penal *tout court*. Esse é, aliás, um dos pontos fundamentais da nossa posição, em consonância com as mais recentes teses sobre a cláusula penal, as quais, ainda que divergentes entre si, a respeito de certos aspectos, convergem, no entanto, maioritariamente, na *superação* do tradicional modelo *unitário*.

Daremos notícia disso. Antes, porém, e para concluir esta parte introdutória, vamos referir-nos às *funções* da cláusula penal, o que nos permitirá ajuizar sobre a *importância* da figura e compreender as razões da sua *frequente utilização prática*.

Em síntese, pondo de parte uma inadequada função punitiva e, bem assim, uma imprópria função disciplinar, a cláusula penal pode exercer, de modo típico, uma função *indemnizatória* ou uma função *compulsória*[17].

De facto, os contraentes podem recorrer à cláusula penal a fim de fixarem, desde logo, a *indemnização* que será devida em caso de incumprimento da obrigação principal. O credor, temendo não conseguir provar todos os danos que eventualmente possa sofrer, o que, além disso, implicaria um moroso processo judicial, de resultado sempre incerto, prefere acautelar-se, através de uma avaliação prévia do dano que, *previsivelmente*, o incumprimento lhe causará. O devedor, por seu lado, receando que o dano efectivo possa atingir proporções exageradas, fora das suas previsões, prefere, igualmente, prevenir-se contra essa eventualidade, acordando com o credor a indemnização a que este terá direito. Qualquer das partes retira vantagens, pois, de uma *fixação antecipada da indemnização*, ainda que fi-

---

16. V., a propósito, o art. 409º do Código Civil brasileiro.
17. De modo típico, dizemos, pois a cláusula penal pode servir para exercer uma *multiplicidade* de funções, consoante o interesse das partes ao recorrerem a ela.

cando ambas sujeitas ao *risco* de o dano efectivo poder divergir sensivelmente da soma acordada.

Outras vezes, porém, o escopo das partes não é esse. Dada a especial natureza do contrato e, bem assim, o particular interesse do credor no efectivo cumprimento do mesmo, ele só contrata mediante a inclusão de uma cláusula penal com o fim de *incutir* na outra parte a necessidade de respeitar as obrigações assumidas. O credor, neste caso, utiliza a cláusula penal como instrumento de *pressão, compelindo* a outra parte, através da *ameaça* especial que sobre ela passa a impender, em virtude de ter de efectuar outra prestação – *mais gravosa* –, caso não cumpra ou não cumpra devidamente a prestação a que se obrigou.

No primeiro caso, estipula-se a cláusula penal *a fim* de liquidar o dano, ou seja, com o objectivo de fixar antecipadamente o montante da indemnização. No segundo, recorre-se à cláusula penal *a fim de* incentivar o devedor ao cumprimento, servindo a mesma de medida compulsória, destinada a zelar pelo respeito efectivo das obrigações assumidas.

Sendo estas, pois, as funções que, no essencial, a cláusula penal pode desempenhar – uma função indemnizatória ou uma função compulsória –, convirá referir, desde já, que a pedra de toque da doutrina tradicional foi a de entender que *uma* e a *mesma* figura poderia exercer, *em simultâneo,* ambas as funções. Daí a estafada tese da *dupla função* da cláusula penal, passando a atribuir-se-lhe, maioritariamente, uma *natureza mista* (de sanção e de indemnização), assente numa perspectiva *indiferenciada* e segundo um modelo *unitário*, em que seria irrelevante, do ponto de vista da *qualificação* da figura e do seu *regime*, a intencionalidade das partes ao estipularem-na.

6.2 Espécies de cláusulas penais e outras figuras no direito comparado

Este modelo está hoje em franco declínio. Daí a *crise de identidade* da cláusula penal. Não se contesta, como é óbvio, a *vocação* da cláusula penal para exercer uma *multiplicidade* de funções. Isso dependerá, em concreto, da *intencionalidade* das partes ao recorrerem à figura. Do que se discorda, hoje, um pouco por todo o lado, é que uma e a mesma figura desempenhe, *em simultâneo*, a função indemnizatória e a função compulsória. Esta constitui a tese da *dupla função,* pilar fundamental do tradicional *modelo unitário* da cláusula penal, hoje já em larga medida superado com a *distinção* entre várias figuras, *outrora abrangidas pelo conceito unitário de cláusula penal*[18].

---

18. Para uma visão de conjunto, designadamente para uma apresentação das distinções hoje vigentes nos direitos anglo-americano, alemão, francês e italiano, de que vamos falar de seguida, pode

A este respeito, distingue-se, efectivamente, no direito alemão, entre a *Vertragsstrafe*, que é a cláusula penal prevista no BGB, e a *Schadensersatzpauschalierung* ou *pauschalierter Schadensersatz*, cláusula simplesmente indemnizatória, anteriormente abrangida pela primeira mas que a jurisprudência alemã acabou por distinguir, distinção que obteve depois consagração legislativa (designadamente logo na *AGB-Gesetz* de 9 de Dezembro de 1976)[19].

Esta distinção é, afinal, muito antiga no direito anglo-americano, contrapondo-se, de há muito, a *penalty clause* à *liquidated damages clause*, apesar de tal distinção não ter o mesmo sentido e alcance que apresenta nos direitos continentais[20].

No direito francês, pelo seu lado, a doutrina despertou para uma distinção que, verdadeiramente, estava já no *Code Civil*, desde o início, mas a que só se deu verdadeiro relevo após a reforma de 1975, tendo-se a partir daí procurado fixar o regime jurídico de uma e outra figura, da *clause pénale* e da *clause de dommages-intérêts*[21].

Por último, num breve aceno ao direito italiano, é de referir que distinção paralela se vai aí fazendo, entre a *clausola penale* e a *liquidazione convenzionale del danno*[22].

Temos defendido, a este propósito, que é de distinguir entre várias *espécies* de cláusulas penais. Essa foi a tese que subscrevemos, logo em 1990,

---

ver-se ANTÓNIO PINTO MONTEIRO, *Cláusula penal e indemnização*, Almedina, Coimbra, 1990 (2ª reimpressão, 2014), pp. 499 e ss.

19. Cfr., entre muitos, por ex., LINDACHER, *Phänomenologie der Vertragsstrafe (Vertragsstrafe, Schadensersatzpauschalierung und schlichter Schadensbeweisvertrag)*, Frankfurt/Main, 1972, FISCHER, *Vertragsstrafe und vertragliche Schadensersatzpauchalierung (Eine rechtsvergleichende Darstellung der neueren deutschen und französischen Rechtsentwicklung)*, Frankfurt am Main, 1981, e BEUTHIEN, *Pauschalierter Schadensersatz und Vertragsstrafe*, in FS KARL LARENZ 70, München, 1973, pp. 495,ss. Mais recentemente, v. CLAUS HESS, *Die Vertragsstrafe*, Berlin, 1993.

20. Entre muitos, v., por ex., P. BENJAMIN, *Penalties, liquidated damages and penal clauses in commercial contracts: a comparative study of english and continental law*, in ICLQ, vol. 9, 1960, pp. 600, ss, THOMPSON, *Penalties and liquidated damages*, in Central LJ, vol. 46, 1898, pp. 5,ss e SUSAN FERRIS, *Liquidated damages recovery under the restatement (second) of contracts*, in Cornell LR, vol. 67, 1982, pp. 862,ss.

21. Também aqui, entre muitos, ver, por ex., JACQUES MESTRE, *De la notion de clause pénale et de ses limites*, in RTDC, 1985, pp. 372,ss, GILES PAISANT, *Dix ans d'application de la réforme des articles 1152 et 1231 du Code Civil relative à la clause pénale* (loi du 9 juillet 1975), in RTDC, 1985, pp. 647,ss, e GENEVIÈVE VINEY, *Les obligations. La responsabilité: effets*, tomo V do *Traité de Droit Civil* sob a direcção de J. GHESTIN, Paris, 1988, pp. 318,ss. Mais recentemente, v. DENIS MAZEAUD, *La notion de clause pénale*, Paris, 1992.

22. Cfr., a título exemplificativo, TRIMARCHI, *La clausola penale*, Milano, 1954, MARINI, *La clausola penale*, Milano, 1984, e MAGAZZÙ, *Clausola penale*, in ED., VII, pp. 186,ss. Mais recentemente, v. ANDREA ZOPPINI, *La pena contrattualle*, Milano, 1991.

relativamente ao direito português, e para a qual o Supremo Tribunal de Justiça, já antes, ainda que porventura só intuitivamente, de algum modo já apontava, ao confrontar a cláusula penal dos autos com a que o Código Civil define no art. 810º (Acórdão do STJ de 3 de Novembro de 1983). Limitamo-nos, aqui e agora, a um breve registo[23].

A nosso ver, será de distinguir, designadamente, entre a *cláusula de fixação antecipada da indemnização*, a *cláusula penal puramente compulsória* e a *cláusula penal propriamente dita* ou em *sentido estrito*. Tudo depende, no que respeita à *qualificação* da figura, da *intencionalidade* das partes ao estipularem-na, do *interesse prático* que visam acautelar, da *finalidade*, em suma, que desejam prosseguir. E o seu *regime jurídico* não é inteiramente coincidente, no que respeita às diferentes espécies que acabamos de assinalar.

Chamamos *cláusula de fixação antecipada da indemnização* àquela em que as partes, ao estipulá-la, visam, tão-só, liquidar antecipadamente, de modo *ne varietur*, o dano futuro. Pretendem as partes, desta forma, evitar os litígios, as despesas e demoras que uma avaliação judicial da indemnização sempre acarretará, à qual é inerente, por outro lado, uma certa álea. Ao mesmo tempo que o credor se furta ao encargo de ter de provar a extensão do prejuízo efectivo, o devedor previne-se quanto a uma indemnização avultada, superior às suas expectativas. Numa palavra, acordando-se num *montante indemnizatório predeterminado*, as vantagens e os inconvenientes que daí poderão advir são partilhados pelos dois contraentes: ambos conhecem, de antemão, as consequências de um eventual inadimplemento, e um e outro se submetem ao risco de o prejuízo efectivo ser consideravelmente menor ou maior do que a soma prevista.

Daí, precisamente, que o credor não possa, em princípio, *optar* pela indemnização nos termos gerais, *em vez* da soma prefixada, pois isso implicaria violar o acordo anterior, onde se estabeleceu a *indemnização* a que ele teria direito. Acordo esse que não é estabelecido no seu exclusivo interesse, mas no de *ambos* os contraentes, pelo que se o credor pudesse, sem mais, fazer a referida opção, isso significaria frustrar a expectativa do devedor ao subscrever a cláusula. A pena é estipulada como *substituto* da indemnização, pelo que o acordo *vincula ambas as partes ao montante predeterminado*, sendo este o único exigível *a título de indemnização*.

Por outro lado, uma vez que esta cláusula se destina a liquidar o dano, a fixar o *quantum respondeatur*, naturalmente que o devedor só terá de

---

23. Para uma melhor fundamentação das nossas teses, v., desenvolvidamente, A. Pinto Monteiro, *Cláusula penal e indemnização*, cit., pp. 577,ss, 601,ss, 619,ss e *passim*.

pagar a soma preestabelecida caso seja responsável, o que não sucederá provando ele a sua falta de culpa[24]. Assim como a mesma também não será devida provando o devedor a *inexistência* de qualquer dano: a falta deste retira toda e qualquer base à sua liquidação anterior. Voltaremos a este ponto mais à frente.

Atente-se, porém, que isso não significa que esta cláusula haja de valer como simples *inversão do ónus da prova*, visto que o montante predeterminado entre as partes obsta a que o devedor venha a pretender – ainda que competindo-lhe a ele essa prova – a sua redução até ao montante do dano efectivo, assim como obsta, em princípio, a que o credor obtenha indemnização maior do que aquela que foi previamente fixada. O carácter de liquidação *forfaitaire* impede qualquer pretensão ulterior em ordem a *ajustar* ou a fazer *coincidir* o montante indemnizatório predeterminado com o prejuízo real. Mas isso só significa, convém frisá-lo, que ficam arredadas, com a estipulação da cláusula, discussões posteriores sobre a *extensão* do dano efectivo – não, porém, sobre a *existência* do dano, *base* e *pressuposto* da liquidação operada.

Uma outra espécie de cláusula penal é aquela cujo escopo é *puramente coercitivo* e a sua índole, por isso, *exclusivamente compulsivo-sancionatório*[25]. A especificidade desta cláusula traduz-se no facto de ela ser acordada como um *plus*, como algo que *acresce* à execução específica da prestação ou à indemnização pelo não cumprimento.

Trata-se, como é óbvio, de espécie *diversa* da que é contemplada no art. 810º, nº 1, do CC português: enquanto esta norma define a cláusula penal como a fixação, por acordo, do montante da indemnização exigível, a pena estritamente compulsória, pelo contrário, não visa reparar o credor, o dano do incumprimento não é considerado pelas partes ao ser estabelecido o seu montante. A finalidade da mesma é de ordem exclusivamente compulsória, destina-se, tão-só, a pressionar o devedor ao cumprimento, não a substituir a indemnização a que houver direito, nos termos gerais.

Não cabendo esta figura, manifestamente, na hipótese do art. 810º, nº 1, a sua *legitimidade* decorre do princípio da liberdade contratual, funda-se

---

24. Aspecto este que a cláusula penal, seja qual for a espécie acordada, apresenta como pressuposto indispensável, pelo que a pena não será devida provando o devedor a sua falta de culpa. Assim se distingue esta figura da *cláusula de garantia*. V., a propósito, o art. 408º do Código Civil brasileiro.
25. É a modalidade de pena convencional que TRIMARCHI, MAGAZZÙ e TRABUCCHI, designadamente, no seio do ordenamento italiano, apelidam de *pena pura*, e que a doutrina espanhola (por ex., ALBALADADEJO) denomina de *pena cumulativa*, expressão que, apesar de sugestiva, não parece a melhor, por me parecer que esta pena, por si só, não constitui um cúmulo. No direito alemão, também STAUDINGER/KADUK a consideram como uma "pena pura", que a doutrina dominante entende ser permitida.

no acordo das partes e destina-se a tutelar a própria confiança de que cada contraente honrará os seus compromissos. Eventuais abusos – que não são *privativos* desta espécie de pena – serão combatidos, tanto pelo recurso a meios de controlo geral, como por aplicação do princípio consagrado no art. 812º, em sede de redução de penas manifestamente excessivas.

Por último, quanto à cláusula penal em *sentido estrito*, ela visa *compelir* o devedor ao cumprimento através da ameaça de uma outra prestação, que o credor terá a faculdade de exigir, em vez da primeira, a título *sancionatório*, caso o devedor se recuse a cumpri-la, e que *substituirá* a indemnização, uma vez que o seu valor contempla já a *satisfação* do interesse do credor.

Aqui, sim (de acordo, aliás, com o sentido histórico da figura, designadamente da *stipulatio poenae* do direito romano), a pena será devida *independentemente do dano*, pois ela irá actuar como *sanção*, e não como liquidação prévia do montante da indemnização. É este *um* dos aspectos do regime jurídico que justificam a *diferenciação* entre várias espécies de cláusulas penais, designadamente entre a cláusula penal propriamente dita ou em sentido estrito e a cláusula de fixação antecipada da indemnização. Outros aspectos relevantes dessa diferenciação fazem sentir-se, designadamente, quanto ao modo de solucionar o problema do *dano excedente*, no tocante à opção do credor pela *indemnização* nos termos gerais e relativamente ao momento em que a pena se torna *exigível*[26].

Já quanto à *redução* da pena, entendemos que esse poder abrange *todas* as espécies de cláusulas penais (e não só), ainda que o *grau* dessa redução possa *variar* em função, designadamente, da espécie de cláusula penal acordada.

---

26. Não sendo este o ponto central da nossa intervenção de hoje, limitamo-nos a este breve registo: para mais desenvolvimentos pode ver-se o nosso *Cláusula penal e indemnização*, op. e loc. cits. *supra*, nota 11, esp. pp. 619-646.

A COMPENSAÇÃO DOS DANOS NÃO PATRIMONIAIS NO CÓDIGO CIVIL DE 1966

PROF. DOUTOR FILIPE ALBUQUERQUE MATOS[1]

SUMÁRIO • 1. Introdução – 2. Ressarcibilidade em termos gerais dos danos não patrimoniais: o art. 496.º – 3. O ressarcimento do dano da morte – 4. Compensação por danos não patrimoniais e a natureza punitiva da responsabilidade civil – 5. O binómio danos em pessoas e danos em coisas a propósito da compensação dos danos não patrimoniais – 6. Ressarcimento dos danos não patrimoniais por danos causados em coisas – a questão dos danos não patrimoniais decorrentes da morte de animal de estimação.

1. INTRODUÇÃO

Num momento em que se comemoram 50 anos da vigência do Código Civil Português, considerámos adequado proceder a uma reflexão em torno da disciplina fixada neste diploma sobre os danos não patrimoniais, estabelecendo a este propósito pontos de contacto com o modo como a doutrina e a jurisprudência([2]) têm tratado as questões colocadas sob a alçada do âmbito normativo do art. 496.º

Propomo-nos, assim, analisar o modelo acolhido pelo legislador luso em matéria de danos não patrimoniais, confrontando-o com aqueloutros

---

1. Professor Auxiliar da Faculdade de Direito da Universidade de Coimbra
2. Seguindo de perto a lição de Castanheira Neves, estamos a reportar-nos à dogmática em sentido amplo, no seio do qual se integra não apenas a actividade da doutrina propriamente dita, como ainda o papel desenvolvido pela jurisprudência, destacando no diálogo entre estes dois estratos do sistema jurídico, a complementaridade dos mesmos. Sob estes aspectos, importa sublinhar que a dogmática desempenha uma dupla função relativamente à casuística actuação jurisprudencial, a saber, antecipante e projectante. Antecipante, na medida em que avança critérios norteadores susceptíveis de auxiliar os decidentes na resolução dos concretos casos da vida histórico-social, e projectante, porquanto desempenha um papel decisivo de explicitação da normatividade inerente às concretas decisões judiciais, projectando-a no âmbito do sistema jurídico, cfr. NEVES, A. CASTANHEIRA, *Fontes do Direito,* in Digesta (Escritos acerca do Direito, do Pensamento Jurídico, da sua metodologia e outros), vol. 2, Coimbra, 1995, p. 89-90.

adoptados por outros ordenamentos jurídicos ocidentais, em que o nosso Código Civil se inspirou profundamente. Uma tal análise comparativa será conduzida pelo propósito de avaliar se a solução consagrada no art. 496.º se afigurou como inovadora, bem como por um outro objectivo traduzido em saber se decorridos estes 50 anos de vigência da nossa lei civil, o regime fixado neste preceito ainda mantém a sua vitalidade.

Compreende-se, de resto, que sejamos movidos pelos objectivos acabados de enunciar, pois o momento que passa é fundamentalmente um tempo de balanço.

Neste balanço em torno da problemática dos danos não patrimoniais, pensamos ser particularmente conveniente convocar a experiência jurisprudencial em torno da matéria, a fim de averiguar se a concreta realização do direito, suscita interrogações ou reivindica modificações ou adaptações ao sistema normativo pré-disposto. Expostos em termos muito breves ou problemas que nos propomos analisar e definida, de modo muito esquemática, a metodologia a seguir neste trajecto, passaremos, sem mais delongas, ao desenvolvimento do tema.

2. RESSARCIBILIDADE EM TERMOS GERAIS DOS DANOS NÃO PATRIMONIAIS: O ART. 496.º

O estudo da matéria dos danos não patrimoniais remete-nos ineluctavelmente para a sua sede própria – o art. 496.º –, sistematicamente localizado no universo da responsabilidade civil extracontratual.

Antes de nos debruçarmos sobre o regime consagrado neste preceito do Código Civil, cumpre avançar com o critério tradicionalmente seguido para distinguir os danos não patrimoniais dos danos patrimoniais: por danos patrimoniais entendem-se as ofensas em bens susceptíveis de avaliação pecuniária, enquanto por danos não patrimoniais concebem-se os prejuízos causados em bens de ordem imaterial. Um tal critério que ainda hoje se mantém actual, não deixa de colocar algumas aporias, desde logo, a convicção, segundo a qual é de sustentar uma identidade entre o tipo de bem violado e a natureza do correspectivo dano.

Ora, a doutrina tem ao longo do tempo chamado a atenção para a circunstância da mencionada identidade não se revelar forçosa e necessária. A prática demonstra efectivamente que a violação de direitos de natureza pessoal[3], como os direitos de personalidade, faz suscitar danos de or-

---

3. Cfr., neste sentido, o nosso estudo, *Responsabilidade Civil por Ofensa ao Crédito ou ao Bom Nome*, Coimbra, 2011, p. 569.

dem patrimonial, bem como o contrário é verdadeiro, ou seja, a ofensa de bens de natureza patrimonial gera danos não patrimoniais. Como exemplo paradigmático do primeiro grupo de hipóteses, considerem-se os danos emergentes e os lucros cessantes causados a um advogado ou a um médico, na sequência de ofensas publicamente divulgadas([4]) aos respectivos bom nome e honra, e como situações típicas a incluir no segundo universo atrás mencionado, destaquem-se o sofrimento, angústia e dor provocadas pela morte de um animal de estimação ao respectivo dono, bem como o desgosto causado a um coleccionador de arte com a destruição de uma peça pertencente ao seu acervo.

Como já tivemos ocasião de sublinhar, a doutrina tem alertado para a existência de uma necessária coincidência entre a natureza do bem violado e o tipo de dano surgido na sequência da violação. Nesta sede se pronuncia em obra muito recente Mafalda Miranda Barbosa, "repare-se, contudo, que o carácter patrimonial ou não patrimonial se afere em relação ao dano propriamente dito e não em relação à natureza do direito ou interesse lesado"([5]). Não obstante a pertinência destas observações, importa sublinhar que a maioria das hipóteses onde emergem danos não patrimoniais são precisamente as decorrentes de ofensas em bens de ordem espiritual.

Após estas breves considerações em torno da *summa divisio* danos patrimoniais/danos não patrimoniais e assentes a este propósito um conjunto de premissas fundamentais, cumpre agora avançar em ordem a proceder a uma caracterização do modelo de ressarcimento em termos gerais dos danos não patrimoniais consagrado no art. 496.º.

O legislador de 66, a propósito da *vexata quaestio* da admissibilidade da compensação dos danos não patrimoniais, pronunciou-se em termos afirmativos, conquanto tenha estabelecido cumulativamente dois requisitos: a *gravidade objectiva*([6]) *do dano não patrimonial* e o *merecimento da respectiva tutela pelo ordenamento jurídico*([7]).

---

4. Sobre esta matéria, vide o nosso estudo, *Responsabilidade Civil por Ofensa...*, ob.cit., p. 170 ss., VELOSO, MARIA MANUEL, *Danos não Patrimoniais*, in Comemorações dos 35 Anos do Código Civil, Coimbra, 2007, p. 499.
5. Cfr. BARBOSA, MAFALDA MIRANDA, *Lições de Responsabilidade Civil*, Cascais, 2017, p. 301.
6. A este propósito, Maria Manuel Veloso sustenta que a admissibilidade da compensação dos danos não patrimoniais depende unicamente da gravidade do dano, constituindo o merecimento da tutela pelo Direito uma mera redundância do pressuposto atrás mencionado, cfr. VELOSO, MARIA MANUEL, *Danos não patrimoniais...*, ob. cit., p. 501 (nota 21).
7. No Código Civil não se faz expressamente referência ao carácter objectivo da gravidade dos danos patrimoniais, mas um tal atributo foi sendo pacificamente admitido na doutrina. Cfr., a este propósito, MONTEIRO, ANTÓNIO PINTO, *Cláusula Penal e Indemnização*, Coimbra, 1990, p. 34(nota 77).

Proferindo um juízo de valor sobre esta opção legislativa diríamos, na senda da melhor doutrina, que o art. 496.º consagrou uma solução *generosa* e *inovadora*([8]). Generosa, porque não se deixou aprisionar por espartilhos e obstáculos conceptuais, que apesar de assumirem uma particular relevância, e pela circunstância de a assumirem, foram atendidos na justa medida. No rol desses argumentos conta-se precisamente a ideia, de acordo com a qual, a atribuição de um preço da dor é susceptível de propiciar uma comercialização em torno de bens de ordem espiritual([9]). Porém, um tal argumento acabou por não se revelar um obstáculo intransponível, não impedindo, por conseguinte, alcançar um critério adequado e razoável.

Para além deste, um outro argumento de peso determinou que ordenamentos jurídicos como o alemão e o italiano se tenham orientado para um modelo dominado pela nota de tipicidade – a profunda heterogeneidade entre as grandezas em confronto –: a natureza eminentemente pessoal do dano (os desgostos, as angústias e os sofrimentos), por um lado, e o dinheiro, enquanto instrumento necessário para garantir a compensação dos ditos prejuízos, por outro.

Realmente, não podemos contestar a inaptidão, pela sua própria natureza, do dinheiro para atenuar ou eliminar as dores e os desgostos de ordem moral ou espiritual. Porém, entre admitir a existência de um ressarcimento destes prejuízos malgrado as suas profundas limitações([10]) e a alternativa de "negar essa compensação ao lesado e deixá-lo sem nada"([11]), pensamos que andou bem o legislador ao decidir pela primeira das soluções aqui colocadas em confronto.

Inovadora se revela também a opção do Código Civil, porque ao admitir com grande amplitude o ressarcimento dos danos não patrimoniais, permite aos julgadores atribuir com muito maior segurança aos lesados que sofreram um tal tipo de prejuízos um montante destinado a compensá-los.

---

8. Cfr., neste sentido, SILVA, J. CALVÃO, *Responsabilidade Civil do Produtor*, Coimbra, 1990, p. 682 ss.; VELOSO, M. MANUEL, *Danos Não Patrimoniais...*, ob. cit., p. 501, JORGE, FERNANDO PESSOA, *Ensaio Sobre os Pressupostos da Responsabilidade Civil*, Coimbra, 1995 (reimpressão), p. 376; o nosso estudo, "Culpa exclusiva do condutor e compensação dos danos não patrimoniais ao abrigo do art. 496.º, n.º 2, do Código Civil", in *Cadernos de Direito Privado*, n.º 48, 2014, p. 17 e ss.

9. Cfr, a este propósito, MUGDAN, BENNO, *Die Gesamten Materialen zum Bügerlichen Gesetzbuch für das Deutsche Reich, Bdz, Recht der Schuldverhältnisse*, Berlin, 1899), appud MÄSCH, GERALD, *Chance und Schaden*, Tübingen, 2004, p. 283.

10. Apesar de menos significativas, tais limitações não se deixam também de se afirmar no âmbito do ressarcimento da categoria dos lucros cessantes, que não deixam de consubstanciar uma modalidade específica dos danos patrimoniais.

11. Socorremo-nos aqui das palavras incisivas de Pinto Monteiro, cfr. MONTEIRO, ANTÓNIO PINTO, "Sobre a reparação dos danos morais", in *Revista Portuguesa do Dano Corporal*, ano I, n.º 1, 1992, p. 20 ss.

Com efeito, uma análise comparada de experiência jurisprudencial permite-nos concluir que não se afigura necessário alterar a estrutura ou a fisionomia de uma certa realidade para conseguir alcançar determinados objectivos. Estamos a reportar-nos à tendência registada nos tribunais italianos para patrimonializar figuras ou categorias, por natureza, não patrimoniais. Com efeito, certas categorias dogmáticas emergentes no ordenamento jurídico italiano a partir da década de 90, entre as quais se destacam o dano biológico([12]), o dano existencial([13]), representam tentativas hábeis de conseguir ultrapassar as fortes limitações do art. 2059.º do Codice Civile Italiano para garantir a compensação dos danos não patrimoniais.

De igual modo, também não se torna necessário tentar encontrar para a compensação dos danos não patrimoniais uma fundamentação por via constitucional, tal como se assiste na jurisprudência italiana, ao considerar a constituição como a sede da aludida categoria do dano biológico. O recurso directo à constituição ou o apelo a expedientes hermenêuticos muito em voga, como é o caso da interpretação conforme a constituição([14]), não se revelam necessários no ordenamento jurídico português, atenta a extensão e a ductilidade do critério acolhido no art. 496.º.

Decorridos 50 anos de vida sobre a publicação deste monumento jurídico que é o Código Civil Português, o clima que no essencial reina em matéria de danos não patrimoniais, no âmbito da doutrina e da jurispru-

---

12. Para uma melhor caracterização do dano biológico, que segundo o nosso entendimento se traduz na ofensa à integridade físico-psíquica, cfr. DIAS, J. ÁLVARO, *Procriação Assistida e Responsabilidade Médica*, Coimbra, 1996, p. 390 (nota 326), VELOSO, MARIA MANUEL, *Danos Não Patrimoniais...*, ob. cit., p. 518, PIZZOFERRATO, ALBERTO, *Il danno alla persona: linee evolutive e tecniche di tutela*, in Contratto e Impresa, 1999, n.º 3, pp. 1602-1603.

13. A propósito da caracterização do dano existencial, o qual deve ser concebido como o conjunto de "alterações registadas na vida quotidiana dos lesados, em virtude de estes ficarem impedidos, na sequência da prática do facto lesivo, de se relacionarem e interagirem no plano comunitário nos termos em que faziam até ao momento", cfr. o nosso estudo, *Responsabilidade Civil por Ofensa...*, ob. cit., p. 586. Vide, ainda, CENDON, PAOLO, *Prospettive del danno esistenziale*, in Il Diritto di Famiglia e delle Persona, n.º 1, 2000, p. 257, VITTORIA, DANIELA, *Um "regolamento di confini" per il danno esistenziale*, in Contratto e Impresa, 2003, n.º 3, pp. 1222-1223.

14. Sobre esta matéria, Cfr. NEVES, A. CASTANHEIRA, *Metodologia Jurídica – Problemas Fundamentais*, Stvdia Ivridica, 1, Boletim da Faculdade de Direito, Coimbra, 1993, p. 195 ss., CANOTILHO, J. J. GOMES, *Direito Constitucional e Teoria da Constituição*, 7.ª ed., Coimbra, 2013, p. 1310 e ss., MONIZ, ANA RAQUEL, *A recusa de aplicação de regulamentos pela Administração com fundamento em invalidade: contributo para a Teoria dos Regulamentos*, Coimbra, 2012, p. 290 e ss., *O "Problema da realização da Constituição pela Justiça Constitucional: Ratio e Voluntas, Synépeia e Epieikeia? (Reflexões a partir do pensamento de Castanheira Neves)"*, in *VI Jornadas de Teoria do Direito, Filosofia do Direito e Filosofia Social*, Instituto Jurídico, Coimbra, 2016, p. 300 e ss., HÖPFNER, CLEMENS, *Die Systemkonforme Auslegung*, Tübingen, 2008, p. 171 e ss., SCHILLING, THEODOR, *Rang und Geltung von Normen in Gestuften Rechtsordnungen*, Berlin, 1994, p. 542 e ss.

dência, é um clima pacífico, não podendo ignorar o papel decisivo nesta sede assumido pelo art. 496.º.

Apesar da bondade da solução legislativa portuguesa e do seu carácter inovador, o Código de 66 não deixou de aquilatar devidamente o peso da argumentação contrária à admissibilidade da compensação dos danos não patrimoniais, razão pela qual faz depender o ressarcimento destes prejuízos dos pressupostos ou restrições expressamente referidas no art. 496.º e na nossa exposição já mencionados. Queremos com isto considerar que a circunstância de ser admitida a compensação por danos não patrimoniais em termos gerais, tal não significa que aceite um ressarcimento automático de tais prejuízos.

3. O RESSARCIMENTO DO DANO DA MORTE

Além do princípio regra contido no n.º 1 do art. 496.º, o nosso Código Civil dedica neste mesmo preceito nos restantes números (n.º 2, 3 e 4) uma disciplina especial ao problema do dano da morte. Antes de proceder a uma análise do regime contido nas normas acabadas de mencionar, cumpre referir em termos de oportunidade da intervenção legislativa nesta matéria, que não é de admirar a existência de um regime dedicado a este dano não patrimonial por excelência, porquanto o mesmo resulta da violação do bem pessoal mais valioso: o direito à vida.

Neste preceito ficou expressamente resolvido um problema que no âmbito do ordenamento italiano e alemão continua a suscitar grandes dificuldades: a compensação do dano da morte, enquanto entidade *a se*, ou seja, como dano autónomo (art. 496.º, n.º 2). Neste preceito indicam-se as pessoas com legitimidade para requerer a compensação, uma vez que o lesado no direito à vida já não tem personalidade jurídica, razão pela qual quem requerer a compensação actua com uma legitimidade substantiva([15]).

Ao admitir-se este tipo de legitimidade para deduzir o pedido de ressarcimento regista-se um claro entorse ao princípio-regra em matéria de responsabilidade civil extracontratual: o pedido de indemnização só pode ser deduzido por quem directa e imediatamente sofreu os respectivos prejuízos. Não se pode, no entanto, considerar esta hipótese legal como exemplo único de derrogação ao regime regra em matéria de legitimidade para a dedução de pedidos indemnizatórios que pontifica no universo extra-con-

---

15. De igual modo, têm legitimidade substitutiva as pessoas referidas no n.º 2 do art. 496.º para requerer o ressarcimento dos danos sofridos pela vítima até ao momento da morte, nas hipóteses em que não se registe uma morte imediata.

tratual. Com efeito, uma análise do nosso regime jurídico-positivo permite-nos detectar outros exemplos paradigmáticos, destacando-se nesta sede a disciplina fixada no art. 495.º, n.º 3, e no art. 71.º.

Regressando à disciplina estatuída no art. 496.º, n.º 2, cumpre fazer menção à problemática em seu torno suscitada, traduzida na qualificação do direito à compensação do dano da morte como um direito *de cuius*, transmissível por via sucessório([16]), ou antes, como um direito próprio([17]) dos familiares expressamente mencionados no preceito aqui em análise.

Iguais dificuldades não se suscitam a propósito da dor, sofrimento e angústia sofridos pelas pessoas referidas no art. 496.º, n.ºs 2 e 3, pela morte de quem faz suscitar o ressarcimento de tais danos não patrimoniais na sua esfera jurídica. De quanto acabámos de expor, não restam quaisquer dúvidas que em causa se encontram danos próprios dessas mesmas pessoas([18]). Sem querer penetrar no âmago da discussão em torno

---

16. Neste sentido se pronuncia um certo sector da doutrina, cfr. SILVA, J. CALVÃO, *Responsabilidade Civil do Produtor*, Coimbra, 1990, p. 687, COSTA, M. JÚLIO ALMEIDA, *Direito das Obrigações*, 12.ª ed., Coimbra, 2009, p. 602 (nota 1), TELLES, I. GALVÃO, *Direito das Sucessões, Noções Fundamentais*, 6.ª ed., Coimbra, 1991, p. 96 ss. Igualmente no sentido da hereditariedade, mas numa perspectiva *sui generis*, sufragando que a ressarcibilidade do dano da morte se encontrava no anterior n.º 3 do art. 496.º, uma vez que no n.º 2 deste preceito, a expressão "por morte da vítima", visa reportar-se tão somente ao momento da abertura da sucessão, CAMPOS, D. LEITE, "A indemnização do dano da morte", in *Boletim da Faculdade de Direito*, n.º 50, 1974, p. 247 ss.

17. Cfr., VARELA, J. ANTUNES, *Das Obrigações em geral*, I, 10.ª ed., Coimbra, 2005.

18. Importa, porém, neste contexto sublinhar que as pessoas mencionadas no n.º 2 do art. 496.º apenas podem exigir a compensação de tais prejuízos de um terceiro causador da morte do respectivo familiar. Uma tal conclusão deve considerar-se como uma evidência, em face dos princípios gerais que regem o instituto da responsabilidade civil extra-contratual. Com efeito, se a morte do familiar pela qual os parentes referidos no art. 496.º, n.º 2, vêm solicitar a compensação dos danos não patrimoniais provocados pela mesma, foi causada única e exclusivamente pelo próprio *de cuius*, então não se colocará uma questão de responsabilidade civil extracontratual, e desta feita também não é razoável admitir que a seguradora automóvel responda por tais danos, quando a morte tenha sido provocada por um sinistro automóvel. Tendo em conta a característica de acessoriedade do seguro face à disciplina da responsabilidade civil, o seguro apenas responde se o tomador do seguro for responsável pelos danos por este causados a terceiros. Ora, na hipótese em análise, o *de cuius* não assume a qualidade de terceiro lesado de um sinistro, cuja cobertura dos prejuízos por danos próprios dos familiares do art. 496.º, n.º 2, passa a ser reclamada à seguradora do causador do acidente. Isto porque a morte foi causada por culpa exclusiva do condutor do veículo e tomador do seguro – o *de cuius*. Apesar dos familiares mencionados no art. 496.º, n.º 2, virem deduzir um pedido de indemnização por danos próprios, certo é que tais prejuízos não deixam de estar intrinsecamente dependentes da morte do tomador do seguro, morte essa que não foi provocada por um terceiro. Admitir uma tal hipótese, a cobertura pela seguradora dos danos das pessoas indicadas no n.º 2 do art. 496.º, pela circunstância de estarem em causa danos próprios das mesmas, implicaria uma desconsideração não admissível das regras da responsabilidade civil a que o regime do seguro obrigatório se encontra indelevelmente ligado. Cfr., a este propósito, o nosso estudo, "Anotação ao Acórdão de Uniformização de Jurisprudência n.º 12/2014, de 5 de Junho – Culpa exclusiva do condutor e compensação dos danos não patrimo-

43

da natureza do direito à compensação do dano da morte enquanto dano autónomo([19]), pois tal extravasaria os propósitos desta breve exposição, sempre diremos que nos parece mais razoável a configuração de um tal dano como um dano próprio das pessoas referenciadas no art. 496.º, n.º 2, seguindo, a este propósito, a lição do Doutor Antunes Varela.

Este breve excurso em torno da disciplina estatuída no art. 496.º, n.º 2, 3 e 4, do Código Civil, levam-nos a afirmar, sem margem para hesitações, que o legislador de 66 quis definir, a propósito do dano da morte, um regime excepcional.

Uma tal conclusão surge, desde logo, sustentada pela evolução histórica ocorrida a propósito deste preceito, tendo-se alcançado através da reforma operada pela Lei n.º 23/2010, de 30 de Agosto, a protecção normativa a quem viva em união de facto com o *de cuius* (n.º 3 do art. 496.º). A evolução histórico-social ocorrida no universo familiar reivindicou do direito positivo uma protecção do unido de facto semelhante à do cônjuge em sede de compensação do dano da morte, tendo-se revelado particularmente importante para uma tal equiparação o ambiente que ao longo dos tempos nesse sentido foi sendo criado([20]).

---

niais ao abrigo do artigo 496.º, n.º 2, do Código Civil", in *Cadernos de Direito Privado*, n.º 48, p. 30-33, em sentido contrário, cfr. SILVA, J. CALVÃO, "Anotação ao Acórdão do Supremo Tribunal de Justiça de 5 de Junho de 2014, Compensação de danos não patrimoniais dos familiares do condutor do automóvel", in *Revista de Legislação e de Jurisprudência*, ano 144.º, n.º 3989, p. 182 ss.

19. Bem vistas as coisas, no âmbito do art. 496.º, podemos identificar uma trilogia de danos: a morte como um dano autónomo (art. 496.º, n.º 2), os danos próprios sofridos pelos familiares na sequência das morte (art. 496.º, n.º 4), e os danos do *de cuius* antes da morte quando esta não tenha sido instantânea. Cfr., a este propósito, o nosso estudo, "Anotação ao Acórdão do Tribunal da Relação do Porto, de 19 de Fevereiro de 2015, "A compensação do dano não patrimonial do proprietário por morte do animal de estimação", in *Revista de Legislação e de Jurisprudência*, ano 144.º (n.º 3993), p. 496 (nota 60).

20. Estamos a reportar-nos à alteração levada a cabo pela Lei n.º 23/2010, de 30 de Agosto, que introduziu um novo número a este artigo, no qual se prescreve "se a vítima vivia em união de facto, o direito de indemnização previsto no número anterior cabe, em primeiro lugar, em conjunto, à pessoa que vivia com ela e aos filhos ou outros descendentes". Antes desta alteração legislativa, e por pressão do ambiente social, onde se foi ao longo dos tempos registando um manifesto alargamento das situações de união de facto, os tribunais superiores debruçaram-se sobre pedidos de compensação pelo dano da morte e pelos prejuízos pessoalmente sofridos pelos companheiros na sequência do falecimento do unido de facto, invocando em abono da sua posição a inconstitucionalidade do art. 496.º, n.º 2. O Supremo Tribunal de Justiça, contrariando entendimentos doutrinais e decisões das instâncias inferiores, persistiu ao longo dos tempos em rejeitar esta tese de inconstitucionalidade do art. 496.º, n.º 2. Neste ambiente jurisprudencial vivido antes da alteração de 2010, cumpre fazer menção ao paradigmático Acórdão do Tribunal Constitucional n.º 275/02, no qual se considerou inconstitucional o art. 496.º, n.º 2, "na parte em que, em caso de morte de vítima de um crime doloso, exclui a atribuição de um direito de indemnização por danos não patrimoniais pessoalmente sofridos pela pessoa que convivia com a vítima em situação de união de facto, estável e duradoura, em condições análogas às dos cônjuges". Para uma análise desenvolvida da posição de jurisprudên-

Desta feita, não se manifestou suficiente o recurso aos expedientes facultados pelo ordenamento jurídico para colmatar situações não expressamente previstas no seu seio, desde os mais tradicionais expedientes de que é exemplo paradigmático a analogia, aos mais modernos procedimentos de integração constitutiva integrados no universo do comummente designado desenvolvimento transistemático do Direito([21]).

Tornou-se, na verdade, mister alterar legislação, com o objectivo de integrar o unido de facto no rol das pessoas com legitimidade substitutiva do *de cuius*, para deduzir um pedido de compensação pelo dano da sua morte.

Não admira assim que nos distanciemos do entendimento de acordo com o qual o critério que presidiu à identificação das pessoas mencionadas no n.º 2 do art. 496.º foi o critério dos afectos. Uma tal perspectiva partilhada por autorizadas vozes([22]), revela-se, de resto, mais propícia à admissibilidade de alargamento do âmbito subjectivo deste preceito, por se considerar que o elenco de pessoas aí mencionado se revela meramente enunciativo.

4. COMPENSAÇÃO POR DANOS NÃO PATRIMONIAIS E A NATUREZA PUNITIVA DA RESPONSABILIDADE CIVIL

Sem pretender levar a cabo ma análise exaustiva das finalidades associadas ao instituto da responsabilidade civil, pois tal extravasaria os propósitos da nossa exposição, certo é que numa perspectiva dominante na doutrina e na jurisprudência, identifica-se como objectivo primordial da obrigação de indemnizar o ressarcimento dos prejuízos sofridos pelo lesado([23]).

Repor o lesado na situação em que se encontraria, se não tivesse ocorrido a prática do facto ilícito (art. 566.º, n.º 2), tendo em conta as exigências regulativas da teoria da diferença, constitui uma regra fundamental na definição da tarefa de delimitação do âmbito do objecto da obrigação de indemnizar([24]).

Tornar indemne o lesado, dando-se prevalência ao princípio da restituição natural, de acordo com o prescrito no art. 566.º, n.º 1, e não sancionar ou punir o agente, constitui a finalidade primacial da responsabilidade civil.

---

cia nesta matéria e em particular do Acórdão do Tribunal Constitucional mencionado, cfr. VELOSO, MARIA MANUEL, *Danos Não Patrimoniais...*, ob. cit., p. 529 ss.

21. Cfr. NEVES, A. CASTANHEIRA, *Metodologia Jurídica...*, ob. cit., p. 205 ss.
22. Cfr., a este propósito, SOUSA, RABINDRANATH CAPELO, *Lições de Direito das Sucessões*, I, 3.ª ed., Coimbra, 1993, p. 300, VELOSO, MARIA MANUEL, *Danos Não Patrimoniais...*, ob. cit., p. 524.
23. Cfr., a este propósito VARELA, J. ANTUNES, *Das Obrigações em Geral I...*, ob. cit., p. 542 ss.
24. Sobre esta matéria, Cfr. VARELA, J. ANTUNES, *Das Obrigações em Geral*, I..., ob. cit., p. 906 ss.

Ao invés de quanto sucede no universo da responsabilidade penal, o instituto da responsabilidade na órbita do Direito Civil não é movido por preocupações sancionatórias. Uma tal destrinça entre finalidades ressarcitórias da responsabilidade civil, e o escopo punitivo ou sancionatório da responsabilidade penal, não pode ser aceite como um dogma inultrapassável.

Com efeito, uma análise atenta da disciplina jurídico-positiva dedicada ao ilícito extracontratual, permite-nos concluir pela existência de disposições legais onde a dimensão ou vertente sancionatória não deixa de pontificar.

Reportamo-nos, desde logo, ao preceito que permite graduar o montante indemnizatório em função da culpa do lesante: o art. 494.º. Com efeito, se o facto do agente for praticado com negligência, o juiz na definição do montante indemnizatório pode fixar um *quantum* inferior ao valor dos prejuízos efectivamente sofridos pelo lesado.

Destarte, uma tal opção legislativa conduz a que não sejam respeitadas as exigências do princípio da restituição integral dos danos, em virtude de se atribuir uma especial atenção à gravidade da conduta do agente.

Porém, e bem vistas as coisas, ao juiz apenas é possível atribuir ao lesado um montante inferior ao dano, quando a conduta do agente que o provocou não possa ser qualificada como grave, não lhe sendo, ao invés, permitido a imposição de um valor indemnizatório superior ao dano sofrido pelo lesado[25].

Ora, assim sendo, o poder equitativo[26] concedido ao juiz apenas para as hipóteses de negligência não deixa de evidenciar uma vertente sancionatória à responsabilidade civil, mas não permite, de modo algum, identificar uma dimensão punitiva autónoma num tal instituto. Não se pense, contudo, que um tal entendimento se revela unânime, havendo, com efeito, quem admita a existência de uma autêntica ou verdadeira dimensão punitiva na responsabilidade civil, convocando em abono de uma tal posição o regime vertido no n.º 2 do art. 70.º.

Uma tal orientação não se nos afigura admissível, uma vez que os maiores poderes de intervenção constitutiva conferidos ao juiz fazem-se

---

25. Neste sentido, Cfr. PROENÇA, J. BRANDÃO, *A conduta do lesado como pressuposto e critério de imputação do dano extracontratual,* Coimbra, 1997, p. 162.
26. Como a este propósito justamente sublinha Sinde Monteiro, o princípio regra constante do art. 562.º em termos indemnizatórios implica uma correspondência entre o montante dos danos e o da indemnização, sendo que o poder equitativo conferido pelo art. 496.º só deve ser exercido quando razões ponderosas o justifiquem "embora se note por vezes na jurisprudência uma tendência para aplicar com alguma largueza esta disposição". Cfr. MONTEIRO, J. SINDE, *Dano Corporal (um roteiro do Direito Português),* in Revista de Direito e Economia, 1989, p. 367-368.

sentir num contexto não ocupado pela responsabilidade civil. Na verdade, o espaço ocupado pelas comummente designadas providências preventivas e atenuativas de ofensas à personalidade revela-se distinto daqueloutro preenchido pela responsabilidade civil.

Uma simples análise da parte inicial do preceito: "independentemente da responsabilidade civil a que haja lugar...", permite-nos concluir no sentido de confinar a maior relevância dos poderes instrutórios do juiz, conferindo-lhe uma maior margem de apreciação discricionária([27]) (tendo em conta a adequação das medidas a adoptar face às especificidades dos caos concretos), às hipóteses onde se pode registar um ilícito sem que venha a ocorrer necessariamente um problema de responsabilidade civil.

Razão pela qual nos distanciamos claramente da posição de Paula Meira Lourenço, que sufraga a admissibilidade da cominação pelo juiz de montantes punitivos com fundamento no disposto no n.º 2 do art. 70.º, interpretando a referência à responsabilidade civil aí constante à luz da teoria da diferença, tendo em conta uma interpretação actualizada da mesma. De acordo com a autora, independentemente do dano sofrido pelo lesado, a atribuição a este de um montante indemnizatório "não visaria reparar o dano, mas antes punir o lesante, e prevenir a conduta ilícita e culposa, contribuindo para o reforço da tutela da personalidade" ([28]).

Em face das razões por nós aduzidas nesta sede, não aceitamos, de modo algum, a ressarcibilidade dos danos punitivos([29]), em face do regime

---

27. Como a este propósito claramente refere Capelo de Sousa, o julgador detém aí "uma larga, embora responsabilizante, margem de ponderação de interesses, que lhe permite decretar providências atípicas, não especificadas mas ajustadas à multiplicidade das situações de vida real", SOUSA, R. CAPELO, *O Direito Geral de Personalidade,* Coimbra, 1995, p. 474. No mesmo sentido, a propósito das alterações introduzidas no Código de Processo Civil (art. 1025.º e 1026.º), que revogaram os anteriores arts. 1474.º e 1475.º, Remédio Marques considera que "os critérios de decisão postos à disposição do tribunal gozam de carta de alforria relativamente aos critérios de legalidade estrita, uma vez que aqueles pautam-se por juízos de oportunidade ou conveniência na prolação das suas resoluções assim melhor adequadas ao caso concreto; por outro, o princípio do inquisitório é mais intenso, em particular no domínio da instrução probatória", cfr. MARQUES, J. P. REMÉDIO, *Alguns Aspectos processuais da tutela da Personalidade Humana na Revisão do Processo Civil de 2012,* in Revista da Ordem dos Advogados, ano 72, 2012, p. 658.
28. LOURENÇO, PAULA MEIRA, *A Função Punitiva da Responsabilidade Civil,* Coimbra, 2006, p. 399.
29. Cfr., MONTEIRO, A. PINTO, *Cláusula Penal...,* ob. cit., p. 653-654 (nota 1525); o nosso estudo, *Responsabilidade Civil por Ofensa...,* ob. cit., p. 680 ss., "Anotação ao Acórdão do Supremo Tribunal de Justiça de 24 de Abril de 2013, Reparação dos danos não patrimoniais: inconstitucionalidade da relevância de situação económica do lesado (art. 496.º, n.º 3, e 494.º, do Código Civil), in *Revista de Legislação e de Jurisprudência,* ano 143.º, n.º 3984, p. 198 ss. De igual modo céptico quanto à crescente tendência para a admissibilidade do reforço da função punitiva da responsabilidade civil, se manifesta Rodotá, alertando para o risco do esbatimento dos traços distintivos entre a

jurídico-positivo luso. Todavia, não podemos ignorar que subjacente à disciplina dos danos não patrimoniais se encontra uma dimensão ou vertente punitiva[30], uma vez que a atribuição de uma quantia em dinheiro, em si mesma, inadequada para repor o lesado na situação em que se encontraria se não fosse a lesão, acaba por ir de encontro a uma necessidade da vítima, consubstanciada na ideia de se ter garantido a justiça na resolução do caso concreto. No fundo, a compensação dos danos não patrimoniais, vai proporcionar ao lesado uma certa satisfação, havendo mesmo quem nesta sede considere que nos encontramos perante uma *pena privada*[31], a qual não reverte a favor do Estado, mas sim em proveito da vítima.

Porém, nesta inquestionável vertente sancionatória presente na problemática da compensação dos danos não patrimoniais, assume um relevo nuclear o poder equitativo do juiz, a que se reporta o n.º 4 do art. 496.º, remetendo-nos o legislador para as circunstâncias mencionadas no art. 494.º, entre as quais se destaca a situação económica do agente e do lesado. Situando-nos nos antípodas uma certa orientação jurisprudencial que defende a inconstitucionalidade da referência legislativa à situação económica do lesado[32], consideramos que a análise comparativa das esferas patrimoniais do lesante e do lesado se revela absolutamente fundamental para o juiz poder fixar um montante compensatório mais equitativo, pois uma tal averiguação terá de levar, de modo necessário, em consideração exigências de adequação e proporcionalidade.

Destarte, a atenção dedicada em sede indemnizatória à situação económica do lesado acaba por ir de encontro às importantes exigências regulativas do princípio do ressarcimento integral do lesado, uma vez que permite tomar em consideração circunstâncias relevantes para averiguar em que medida a vítima se pode considerar ressarcida.

---

responsabilidade civil e a responsabilidade penal, cfr. RODOTÁ, STEFANO, *Le nuove frontiere della responsabilitá civile*, in Responsabilitá Civile e Assicurazione Obligatoria, Milano, 1988, p. 30-31.

30. Neste sentido, Cfr. GOMES, JÚLIO, *Uma função punitiva para a responsabilidade civil e uma função reparatória para a responsabilidade penal?*, in Revista de Direito e Economia, 1989, (ano XVI), pp. 119-120.

31. Cfr., neste sentido, HIRSCH, HANS J., *Zur Abgrenzung von Strafrecht und Zivilrecht*, Festschrift für Karl Engisch, Frankfurt am Main, 1969, p. 317.

32. No sentido da inconstitucionalidade da situação económica do lesado se pronunciou o Acórdão do Supremo Tribunal de Justiça de 24 de Abril de 2013. Como em texto mencionámos, discordamos claramente desse entendimento, com fundamento nas razões expostas no nosso estudo, "Reparação por danos não patrimoniais...", ob. cit., p. 194 ss. Ainda acerca da relevância da situação económica do lesante e do lesado no âmbito da compensação dos danos não patrimoniais, *vide* VELOSO, MARIA MANUEL, *Danos Não Patrimoniais...*, ob.cit., p. 540 ss. ZIVIZ, PATRIZIA, "Valutazione del danno morale e realtá sócio-economica: um cunubio inedito", in *Responsabilitá Civile e Previdenza*, 2003, 3, p. 614.

Para além disso, e como a consideração da situação económica do lesado tem de ser necessariamente confrontada com a do agente, então não se corre o risco da compensação por danos não patrimoniais corresponder à satisfação de caprichos da vítima, ou constituir um meio ilegítimo para o seu enriquecimento([33]). Idêntica preocupação resulta, de modo manifesto, na disciplina consagrada no art. 489.º, onde além da fonte do direito de indemnização também se encontra na equidade, existe ainda a clara preocupação legislativa de uma vez satisfeita a indemnização "não privar a pessoa não imputável dos alimentos necessários, conforme o seu estado e condição, nem dos meios indispensáveis para cumprir os seus deveres legais de alimentos".

5. O BINÓMIO DANOS EM PESSOAS E DANOS EM COISAS A PROPÓSITO DA COMPENSAÇÃO DOS DANOS NÃO PATRIMONIAIS

Apesar de, como já deixámos atrás sublinhado, não ser correcto, a propósito da *summa divisio* danos patrimoniais e danos não patrimoniais, admitir uma identificação entre o tipo de dano e a natureza do bem ou interesse atingido, certo é que também continua a ser inquestionável que a generalidade dos danos não patrimoniais continuam a decorrer da violação de bens de natureza pessoal, os quais, por regra, são insusceptíveis de avaliação pecuniária.

Cumpre então questionar se não será de admitir uma diferenciação a nível do tratamento a atribuir às hipóteses de danos não patrimoniais decorrentes de ofensas a bens de natureza pessoal face aqueloutros de danos não patrimoniais resultantes da destruição ou danificação de coisas.

Como atrás já ficou esclarecido, a compensação por danos não patrimoniais não se verifica automaticamente, antes se encontrando dependente da verificação dos requisitos da gravidade (gravidade essa, apreciada objectivamente) e do merecimento da tutela do Direito. Ora, é precisamente em relação à valoração do requisito da gravidade que importa aquilatar se não haverá razões justificativas para qualificar como mais graves os prejuízos não patrimoniais ligados às ofensas em bens pessoais.

Uma resposta adequada a uma tal interrogação, implica uma consulta de consciência axiológica da nossa comunidade, que é fundamentalmente dominada, como sabemos, por uma matriz judaico-cristã.

---

33. Cfr., a este propósito, as nossas considerações no estudo "Anotação ao Acórdão do Supremo Tribunal de Justiça de 24 de Abril de 2013, Reparação dos danos não patrimoniais...", ob. cit., p. 203 ss.

Não obstante as dificuldades registadas nas sociedades plurais e conflituais em definir uma escala hierárquica de valores[34], sempre se terá de admitir que em cada momento histórico devemos aceitar um mínimo consenso axiológico em torno de um conjunto de referências fundamentais[35].

Tendo clara consciência da reversibilidade[36] a que naturalmente se encontra sujeita a imprescindível objectividade autárquico-dogmática[37] do ordenamento jurídico, a verdade é que a aludida matriz judaico-cristã dominante no espectro europeu continental privilegia os bens pessoais, quando confrontados com os valores de ordem patrimonial.

Em face de um tal entendimento, não se revela difícil considerar a propósito dos critérios regulativos acolhidos pelo art. 335.º, que quando se registar uma colisão entre direitos de natureza patrimonial e direitos de ordem pessoal, deverão prevalecer estes últimos[38], assim se devendo resolver as hipóteses subsumíveis no âmbito do n.º 2 do art. 335.º.

Por seu turno, quando se registar um conflito entre direitos que tutelem exigências de índole pessoal devemos considerar tais hipóteses integradas no n.º 1 do preceito em análise, considerando-se paradigmático nesta sede o conflito registado entre a liberdade de expressão e os direitos à honra, bom nome e crédito.

Particularmente relevante se manifesta num tal domínio analisar uma certa evolução registada na jurisprudência acerca do modo como esta tem valorado os mencionados bens em conflito, podendo identificar-se um cer-

---

34. Cfr., a este propósito, ANDRADE, MANUEL DA COSTA, *Liberdade de Imprensa e Inviolabilidade Pessoal – Uma perspectiva Jurídico-Criminal*, Coimbra, 1996, pp. 284-285.
35. Importa nesta sede fazer apelo aos Bons Costumes, cláusula indeterminada que deve ser entendida como uma espécie de um mínimo ético comunitariamente aceite e reclamado pelo Direito. Cfr., a este propósito, FRADA, MANUEL CARNEIRO, *Teoria da Confiança e Responsabilidade Civil*, Coimbra, 2004, p. 844 e ss.
36. Como a este propósito sublinha Sandra Passinhas "(...) cremos de rejeitar uma prioridade definitiva de algum valor relativamente a outro, independentemente das circunstâncias e independentemente do valor cujo sacrifício seja exigido por qualquer regra estrita de prioridade...", Cfr. PASSINHAS, SANDRA, *Propriedade e Personalidade no Direito Civil Português*, Coimbra, 2017, p. 448.
37. Cfr., a este propósito, NEVES, ANTÓNIO CASTANHEIRA, *O Direito (O Problema do Direito), O Sentido do Direito*, Lições policopiadas, p. 46 e ss.
38. (Apesar de como já atrás deixámos sublinhado a ponderação do peso dos valores pessoais e patrimoniais em colisão deve ser apreciado em face das concretas circunstâncias do caso, certo é que como sublinha Capelo de Sousa, "importa, por isso, ter presente a concepção de sociedade juridicamente regulada subjacente ao nosso sistema jurídico e, nomeadamente, os pesos específicos neste atribuído aos bens ou valores pessoais e aos bens ou valores patrimoniais, a retirar igualmente, na unidade do sistema jurídico, do art. 335.º, n.º 2, do Código Civil...", cfr. SOUSA, RABINDRANATH CAPELO, *O Direito Geral...*, ob. cit., p. 539-540.

to período em que claramente se atribuía um maior relevo à honra, e um outro onde se transitou de modo progressivo para uma equiparação ou nivelação dos bens em confronto([39]).

Esta evolução acabada de mencionar foi apenas apresentada em termos muito vagos e tendenciais, porquanto as concretas circunstâncias do caso, valoradas à luz dos critérios regulativos atrás aludidos, podem determinar um modo de valoração diverso daquele que em abstracto se encontrava estabelecido([40]).

6. RESSARCIMENTO DOS DANOS NÃO PATRIMONIAIS POR DANOS CAUSADOS EM COISAS – A QUESTÃO DOS DANOS NÃO PATRIMONIAIS DECORRENTES DA MORTE DE ANIMAL DE ESTIMAÇÃO

Competindo ao juiz em sede de compensação por danos não patrimoniais, apurar acerca da gravidade objectiva das dores, angústias e sofrimentos do lesado, não é de estranhar que sejam de qualificar como mais graves as ofensas a bens de natureza pessoal, que os desgostos sentidos na sequência de destruição ou danificação de coisas.

Não deverão ser consideradas como mais graves as angústias provocadas por uma ofensa corporal de uma pessoa que aqueloutras registadas em virtude da destruição de uma jarra de colecção ou de valor estimativo elevado? Em relação a uma tal pergunta, não se nos suscitam quaisquer dúvidas em responder afirmativamente.

Razão pela qual sempre sentimos muitas dificuldades em admitir a facilidade com que a jurisprudência hodiernamente passou a aceitar o

---

39. Ao longo dos tempos registou-se uma evolução na jurisprudência no sentido de deixar de considerar os direitos ao bom nome e à honra como direitos hierarquicamente superiores à liberdade de expressão, para os qualificar como direitos hierarquicamente equivalentes ou idênticos, cfr., a este propósito, o nosso estudo, *Responsabilidade Civil por Ofensas...*, ob. cit., p. 82 (nota 98). Porém, em face das concretas situações do caso, podemos identificar arestos judiciais que dão prevalência à liberdade de expressão, quando este valor fundamental seja exercido com respeito pelo critério da proporcionalidade, tal como sucede com o recente Acórdão do Supremo Tribunal de Justiça de 31 de Janeiro de 2017.

40. Cfr., a este propósito, o nosso estudo, *Responsabilidade Civil por Ofensas ao Crédito ou ao Bom Nome*, no qual admitimos a prevalência do direito de propriedade face ao direito de liberdade de expressão artística, a propósito da ocupação do espaço de uma pequena sala da junta de freguesia por um grupo folclórico local, invocando o direito de criação artística e de associação como fundamento para uma tal ocupação. Como a este propósito deixámos sublinhado, "na base desta inversão da escala normal de valores encontra-se a falta de adequação registada no modo de exercício do direito de personalidade em causa. Apesar de o grupo pretender utilizar o imóvel como instrumento para a realização do direito à criação artística, certo é, no entanto, que a falta de autorização para o gozo do referido bem fere esta actuação de ilicitude", cfr., ob. ant. cit., pp. 81 e 82 (nota 98).

ressarcimento dos danos não patrimoniais sofridos pelos proprietários de animais estimação na decorrência da morte destes. Maior perplexidade nos suscitava um tal entendimento pela circunstância das decisões judiciais se basearem em considerações de ordem puramente sociológica, evidenciando o relevo acrescido atribuído nas sociedades ocidentais às relações entre as pessoas e os animais([41]).

Com o devido respeito por tais considerações, bem como pela carga emocional que legitimamente lhe pode andar associada, certo é, porém, não se revelar admissível terraplanar a teleologia subjacente à disciplina jurídico-positiva dispensada à compensação por danos não patrimoniais pelo nosso ordenamento.

Importa explicitar que todas as reservas e dúvidas foram avançadas num momento em que o direito positivo português integrava os animais na categoria de coisas, ou seja, antes da reforma empreendida pela lei n.º 8/2017, de 3 de Março, lei essa que introduziu um artigo no Código Civil (art. 201.º-B), de acordo com o qual "os animais são seres vivos dotados de sensibilidade e objecto de protecção jurídica em virtude da sua natureza".

Na senda de outras legislações europeias, o ordenamento jurídico positivo veio a qualificar os animais como um *tertium genus*, uma vez que, por um lado, não foi ao ponto de conferir-lhes personalidade jurídica([42]), e considerando-os apenas "seres vivos dotados de sensibilidade"([43]), e, por outro lado, não deixou de convocar para a definição do estatuto dos ani-

---

41. Como a propósito do Acórdão da Relação do Porto de 19 de Fevereiro de 2015 tivemos oportunidade de referir: "uma análise crítica acerca dos principais fundamentos que sustentaram a decisão contida no Acórdão, evidencia, desde logo, a presença de uma dimensão particularmente empírica, tributária de uma racionalidade sociológica, na primeira ordem de considerações formuladas. Nesta decisão acaba por se fazer depender a necessidade de tutela jurídica para as relações entre os homens e os animais de companhia da constatação de dados sociológicos os quais, como sabemos, revestem uma natureza manifestamente empírica: nas sociedades ocidentais regista-se uma tendência crescente e cada vez mais intensa para valorizar o contexto e o convívio das pessoas com animais de estimação". Cfr., o nosso estudo, *A compensação por danos não patrimoniais...*, ob. cit., p. 477.

42. No plano doutrinal, há quem advogue a atribuição de personalidade jurídica aos animais, cfr. RAMOS, JOSÉ BONIFÁCIO, "O animal: coisa ou *tertium genus*?", in *Estudos Dedicados ao Professor Doutor Luís Alberto Carvalho Fernandes*, vol. 2, Lisboa, 2011, p. 255-256 (o autor defendia ao tempo a necessidade de proceder a alterações não apenas no Código Civil, mas também no plano constitucional, com o objectivo de garantir a unidade sistemática entre os vários ramos do Direito).

43. A caracterização dos animais como seres sensíveis foi particularmente destacada por Menezes Cordeiro antes da recente alteração legislativa, referindo-se o autor nesta sede a "um fundo ético-humanista, que se estende a toda a forma de vida, particularmente à sensível", cfr. CORDEIRO, A. MENEZES, *Tratado de Direito Civil*, vol. I, tomo II, 2.ª ed., Coimbra, 2002, p. 142.

mais as regras respeitantes às coisas, conquanto as mesmas não se revelem incompatíveis com a sua natureza(art. 201.º-D)([44]).

Com a constatação acabada de mencionar, de acordo com a qual a lei portuguesa se inspirou no modelo decorrente de outras legislações europeias, quisemos verdadeiramente evidenciar que foi propósito do nosso Direito Civil acompanhar uma tendência dirigida a não identificar os animais às coisas.

Ora, entre as modificações operadas no Código Civil com a entrada em vigor da atrás referida Lei n.º 8/2017, consta precisamente a inclusão de um novo artigo – o art. 493.º-A, composto por três números, um dos quais – o número três – concede *expressis verbis* ao proprietário dos animais de estimação o direito à compensação pelos danos não patrimoniais decorrentes da sua morte.

Assim sendo, as nossas críticas dirigidas à solução que veio a ser acolhida neste art. 493.º-A, n.º 3, apenas se podem afirmar agora no plano do direito a constituir, uma vez que no âmbito de um sistema romano-germânico de fontes, devemos obediência ao conteúdo das prescrições legislativas.

Importa, porém, sublinhar que o ressarcimento do desgosto, angústia e sofrimento que os donos dos animais de estimação sejam vítimas por causa da morte dos mesmos, não pode fugir ao crivo valorativo plasmado no art. 496.º. Apesar da questão da gravidade (objectiva) e do merecimento da tutela (pelo ordenamento jurídico) jurídica se encontrarem pressupostos, em face do disposto no art. 493.º-A, n.º 3, certo é que não podemos deixar de ter em conta os critérios valorativos mencionados no art. 494.º, para os quais *expressis verbis* remete o art. 494.º, n.º 4, a propósito dos danos próprios sofridos pelos familiares referidos nos n.ºs 2 e 3 do mesmo preceito normativo.

Na verdade, não podemos ignorar a componente sancionatória coenvolvida na compensação dos danos não patrimoniais, e da consequente relevância assumida pela equidade na fixação do montante a atribuir aos lesados. Importa então, que o juiz leve em devida conta as particulares especificidades do caso, e entre tais circunstâncias atendíveis pode assumir um particular destaque a idade do animal morto e a esperança de vida do mesmo.

---

44. Trata-se de uma norma próxima do regime contido no n.º 3 do §90 do BGB, depois de no n.º 1 deste preceito expressamente se prescrever que os animais não são coisas, e no n.º 2 se prever a aplicação de legislação especial destinada a proteger os animais. Com efeito, também no aludido n.º 3 do §90 do BGB se considera que o regime das coisas se aplica subsidiariamente aos animais. Nesta sede, cumpre ainda convocar o exemplo do direito austríaco cujo parágrafo 285 a) do ABGB, prevê um critério idêntico.

Pensamos então que se o animal morto já teria apenas um período de vida previsível muito reduzido ao tempo da ocorrência do acidente, o choque e a angústia sentidos com o desaparecimento daquele será, em princípio, menor que a perturbação emocional causada com a morte de um animal de estimação, de cuja companhia o proprietário contaria ainda usufruir por um período de tempo particularmente longo.

Apesar de numa óptica puramente subjectiva, a dor causada pela privação da companhia de um velho animal de estimação se possa revelar bastante intensa, certo é que, se procedermos a uma apreciação moldada de acordo com as regras normais da experiência e da vida, somos forçados a concluir por uma necessária atenuação ou mitigação da dor sentida pelo seu dono, porquanto o desaparecimento do animal sempre seria esperado a breve prazo, não fora a circunstância da morte ter sido provocada pela prática de um facto ilícito de terceiro.

Na verdade, não podemos ignorar, como atrás deixámos sublinhado, que a compensação pelo dano da morte de animais de estimação não pode fugir ao critério geral do art. 496.º. Uma tal constatação permite-nos, desde já, qualificar como descabida a localização sistemática do novo art. 493.º-A, uma vez que os problemas nucleares sobre os quais versa o novo preceito reportam-se ao universo dos danos ressarcíveis e não aos problemas da culpa, tal como sucede com o art. 493.º, artigo este onde se encontram consagradas, nos seus dois números, presunções legais de culpa([45]).

Desta feita, ter-se-ia revelado mais conforme com a arrumação sistemática definida no Código Civil em matéria da responsabilidade extracontratual, integrar esta nova regra no âmbito dos preceitos dedicados à "indemnização dos danos" em situações onde se verifique a morte ou a lesão corporal do ofendido.

Bem vistas as coisas, o número 1 do art. 493.º-A tem um conteúdo muito próximo do disposto nos números 1 e 2 do art. 495.º, sendo que o n.º 2 do art. 493.º-A se encontra profundamente conexionado com o primeiro número deste mesmo artigo. Razão pela qual não se revelaria descabido que estes dois números se incluíssem no art. 495.º.

Por seu turno, o n.º 3 do art. 493.º-A, ao reportar-se à questão da compensação do dano sofrido pelo proprietário do animal de estimação pela morte deste, encontraria no artigo 496.º do Código Civil a sua localização

---

45. Estamos a reportar-nos à presunção legal de culpa do n.º 1 do art. 493.º, que recai sobre quem tenha o dever de vigilância de qualquer coisa móvel ou imóvel, ou de animais, e à presunção de culpa constante do n.º 2 do mesmo preceito, a qual incide sobre quem exerça actividades perigosas, por sua própria natureza, ou pelo tipo de meios utilizados.

adequada, uma vez que os números 2, 3 e 4 do art. 496.º versam precisamente sobre a *vexata quaestio* do ressarcimento do dano da morte.

Como teremos ocasião de sublinhar, este n.º 3 do art. 493.º-A tem um âmbito mais amploque o do n.º 4 do art. 496.º, pois não se reporta apenas aos casos de lesão da qual proveio a morte, mas também às situações em que se registe "a privação de importante órgão ou membro ou a afectação grave e permanente da sua capacidade de locomoção([46]).

Porém, e bem vistas as coisas, este grupo de hipóteses mencionado em último lugar, não se encontrando expressamente regulado no art. 496.º, corresponde precisamente a uma omissão legislativa do n.º 4 do art. 496.º(ou de uma opção do legislador), porquanto é este artigo que se pronuncia sobre os *danos não patrimoniais próprios* sofridos pelos familiares ou pessoas próximas do *de cuius* referidas nos n.ºs 2 e 3 do art. 496.º, na sequência da morte daquele. Razão pela qual a questão de saber se os danos não patrimoniais sofridos pelos familiares próximos na sequência de incapacidade corporal grave, e não de morte, deveria ser tratada no âmbito deste preceito.

Na verdade, tem sido a propósito desta omissão legislativa do n.º 4 do art. 496.º que se tem discutido com particular ênfase na doutrina e na jurisprudência se não fará sentido estender o âmbito normativo deste preceito às hipóteses em que do facto ilícito de terceiro não decorre a morte, mas antes a incapacidade corporal grave do lesado. Paradigmático neste contexto se manifesta o Acórdão do Supremo Tribunal de Justiça de 22 de Maio de 2014([47]), onde a questão acabada de expor foi resolvida no sentido afirmativo.

Após estas breves considerações de ordem sistemática, e retomando a problemática da delimitação dos critérios orientadores da compensação dos danos não patrimoniais por morte dos animais de estimação, importa referir que no próprio n.º 3 do art. 493.º-A se faz expressa menção à cir-

---

46. Procedemos em texto à transcrição parcial do n.º 3 do novo art. 493.º-A.
47. Como já a propósito desta matéria tivemos ocasião de expor, "uma tal posição não pode deixar de levantar perplexidades, uma vez que, por um lado, defende a extensão de um regime de excepção a situações valoradas como substancialmente idênticas e, por outro, não tem em conta que constitui igualmente o entorse à regra geral da legitimidade directa do pedido indemnizatório que suportou os danos a dedução de pedidos indemnizatórios de prejuízos por alguém cuja fonte se encontra em danos que atingiram a esfera jurídica de outrem", cfr., o nosso estudo, "Culpa exclusiva do condutor...", ob. cit., p. 37. Em sentido diverso, seguindo a orientação de Vaz Serra ("Reparação do dano não patrimonial", in *Boletim do Ministério da Justiça*, n.º 83, 1959, p. 99), Mafalda Miranda Barbosa propende a admitir a extensão do regime definido no n.º 4 do art. 496.º, às hipóteses de incapacidade corporal grave, *vide* BARBOSA, MAFALDA MIRANDA, "Impertinência da autonomização dos danos morais? Considerações a propósito dos danos morais reflexos", in *Cadernos de Direito Privado*, n.º 45, 2014, p. 18.

cunstância da fixação de um montante indemnizatório adequado ao desgosto ou sofrimento moral do proprietário ter de se efectuar nos termos do art. 496.º, n.º 1.

Para além disso, o legislador, afastando quaisquer dúvidas susceptíveis de serem levantadas, explicita que a equidade se revela uma fonte determinante na fixação do quantitativo a conceder ao lesado nestas hipóteses de morte ou de afectação grave e permanente da locomoção de animal de companhia. Ao proceder deste modo, o legislador mais não fez do que seguir o trilho traçado pelo art. 496.º, onde no seu n.º 4 se começa por sublinhar a relevância atribuída à equidade na fixação do montante indemnizatório a atribuir aos lesados.

Encontrando-se definitivamente assente que a compensação pelo dano da morte ou de afectação grave e perante da locomoção de animal de companhia se opera através da concreta mobilização dos critérios contidos no art. 496.º, n.º 1, então importa explicitar a propósito da gravidade objectiva dos prejuízos não patrimoniais decorrentes destas hipóteses, que nunca se poderá equiparar a dor pela morte de uma pessoa àqueloutra provocada pela morte de um animal de companhia.

Sufragar posição diversa da acabada de sustentar, significa necessariamente sobrepor ao entendimento dogmático-jurisprudencial firmado ao longo dos cinquenta anos de vigência do Código Civil a propósito do requisito da gravidade dos danos não patrimoniais, uma perspectiva marcadamente subjectivista, perspectiva essa que devemos por ter rejeitada nesta sede.

Para além do entendimento segundo o qual se deve admitir uma equiparação entre a valorização dos desgostos e sofrimentos pela morte dos animais de companhia e das angústias provocadas pela morte de pessoas com o grau de proximidade mencionado no art. 496.º, n.º 2, representar um entorse não justificado face ao modelo de compensação dos danos não patrimoniais definido pelo ordenamento jurídico civilista, constitui ainda algo de substancialmente mais grave e complexo: a erosão de uma concepção antropocêntrica ao serviço do qual o Direito tem necessariamente de se encontrar.

Não se nos afiguram razoáveis os argumentos neste contexto avançados, segundo os quais aos animais devem ser reconhecidos direitos, podendo assim afirmar-se com propriedade a existência de direitos dos animais, considerando-se, de igual modo, inadmissível, qualificar como uma espécie de pecado capital a tutela juscivilística dos animais, radicada unicamente a partir do impacto ou reflexo dos danos sofridos pelos seus proprietários na sequência da morte ou afectação grave e permanente da sua capacidade de locomoção. Uma tal concepção apenas se revelaria inteligível na medida em que se viesse a reconhecer aos animais personalidade jurídica, solução essa que a Lei n.º 8/2017 não acolheu.

Parece-nos manifestamente descabido e desproporcionado este ataque feroz a uma concepção antropocêntrica do Direito([48]), propondo em contrapartida uma tutela conjunta dos homens, animais, e até das plantas, tal como sufragam as perspectivas zoocentristas e ecocentristas([49]) profundamente influenciadas por exigências regulativas de natureza ecológica([50]). Será, na verdade, admissível uma tutela jurídica paritária([51]), de realidades com uma natureza tão diversa? Não representará a defesa de uma tal concepção uma manifesta violação das mais elementares exigências da igualdade, axiologicamente garantidas pelo art. 13.º da Constituição da República Portuguesa?

No tocante à primeira das interrogações colocadas, teremos de responder forçosamente no sentido negativo, sendo que as razões conducentes a uma tal conclusão condicionam claramente a resposta à segunda questão, devendo considerar-se que um tal entendimento coenvolve uma clamorosa violação do princípio da igualdade. Apesar de termos uma particular relutância em encontrar para os problemas do Direito Civil uma resposta no plano constitucional, certo é que a opção por um determinado modelo de tutela juscivilística dos animais, contendendo tão indelevelmente com uma ordem estruturante de valores comunitariamente relevantes, implica um particular diálogo necessário entre o Direito Civil e aqueloutro ramo do Direito.

---

48. Cfr., neste sentido, FERNANDO ARAÚJO quando afirma "por isso há que transcender o radicalismo antropocêntrico – que em breve assimilaremos ao preconceito do "especismo" – através do "descentramento da (bio)ética", o remate de outros "descentramentos" anti-narcísicos a que a história cultural tem submetido a nossa espécie, reconhecendo que as similaridades básicas que se tornam por relevantes para unirem todos os humanos transcendem as fronteiras da espécie, havendo entre as espécies de animais sensíveis diferenças de grau apenas, e não de uma índole mais profunda e irredutível". Cfr., ARAÚJO, FERNANDO, *A Hora dos Animais*, Coimbra, 2003, pp. 26-27.

49. Um tal entendimento encontra outras vozes críticas na doutrina nacional, cfr., a este propósito, GARCIA, MARIA DA GLÓRIA, *O lugar do direito na protecção do ambiente*, Coimbra, 2007, p. 115 ss.

50. Acerca da influência do ambientalismo no tocante à definição do estatuto jurídico dos animais, cfr., ARAÚJO, FERNANDO, *A hora dos direitos...*, ob. cit., p. 265 ss. Na doutrina nacional, há mesmo quem defenda a inclusão dos direitos dos animais no universo das preocupações ambientais, *vide*, GOUVEIA, JORGE BACELAR, "A prática de tiro aos pombos, a nova lei de protecção dos animais e a Constituição Portuguesa", in *Revista do Urbanismo e Ambiente*, n.º 13, 2000, p. 239. No âmbito da doutrina estrangeira, Cfr., HOTCOMBE, JUSTIN, "Protecting Ecosystems and Natural Resources by Revising Concepts of Ownerships, Rights, and Valuation", in *Journal of Law*, n.º 26, 2005, p. 83 ss.

51. Destacado defensor na defesa deste movimento de afirmação paritária entre as pessoas e os animais, sufragando que o princípio da igualdade se deve analisar ao nível dos interesses, e assim sendo, também os seres não humanos têm interesse em não sofrer. Particularmente crítico desta orientação de cunho manifestamente utilitarista se manifesta Aroso Linhares, cfr., a este propósito, LINHARES, J. AROSO, "A ética do *continuum* das espécies e a resposta civilizacional do direito. Breves reflexões", in *Boletim da Faculdade de Direito*, 2003, p. 207.

Por muita relevância que seja atribuída à relação de estima e afecto dos proprietários pelos seus animais de estimação, sempre terá de se admitir como um dado adquirido da consciência comunitária das modernas sociedades ocidentais, que os animais se encontrarão sempre numa relação de dependência ou de subordinação com os homens.

Esta relação de dependência terá de ser, desde logo, afirmada para defesa dos próprios animais, que não obstante poderem ser qualificados enquanto seres vivos sensíveis, acabam por ocupar um espaço dominado pelos instintos e irracionalidade.

Para além disso, manifestam-se anacrónicas as posições extremistas que se foram definindo nesta batalha em prol da defesa dos "direitos dos animais", porquanto as mesmas acabam por bulir com indeclináveis exigências da vida em sociedade que ao direito cumpre acautelar, desde logo, o valor da segurança. Uma análise dos arts. 493.º, n.º 1, onde se consagra a presunção legal de culpa a cargo de quem tenha a incumbência de vigiar animais e do art. 502.º, no qual se consagra a responsabilidade objectiva fundada nos riscos próprios da utilização dos animais, permitir-nos-á concluir, sem margem para hesitações, que a disciplina jurídica nestes definida tem como principal escopo a protecção das pessoas e bens de terceiros contra possíveis agressões desferidas por animais.

Não pode, na verdade, ignorar-se que a utilização de animai (conquanto aos mesmos seja atribuído o epíteto de animais de companhia ou de estimação) pode coenvolver particulares perigos e riscos. A valorização dos afectos e o clima de intensificação das relações de estima para com os animais que hodiernamente se vive impede, com frequência, a aceitação de certas realidades evidentes em si mesmas, e perturba a possibilidade de desenvolver um debate sereno em torno desta questão da tutela civilística dos animais.

Com este discurso não se quer colocar minimamente em causa a necessidade de proteger os animais dos abusos e da violência a que a sua dependência face aos homens os torna naturalmente expostos, sendo que uma tal protecção, e uma maior consciência a fomentar nesta sede, se alcança de modo mais adequado através de uma tutela de direito público, mormente por via do Direito Administrativo([52]).

Razão pela qual não se nos afigura correcto a inclusão no Código Civil de um conjunto de regras (art. 1305.º-A)([53]), cuja localização se revelaria

---

52. A este propósito, Cfr. ainda BARBOSA, MAFALDA MIRANDA, *Breve reflexão acerca do estatuto jurídico dos animais. Perspectiva juscivilística*, in B.F.D., tomo I, 2013, p. 210.
53. Neste preceito, para além da enunciação no seu primeiro número de um princípio geral onde se encontra plasmado o dever do proprietário assegurar o bem estar do animal e o objectivo de pro-

muito mais oportuna em legislação administrativa. Sob este aspecto, a reforma legislativa sobre que nos estamos a debruçar, além de representar um desarranjo sistemático notório, traduz ainda uma desconsideração (tendo em conta a natureza das matérias reguladas), pelo acervo de valores nucleares tutelados pelo Direito Civil.

Ainda a propósito do rol de anacronias aportadas à lei fundamental reguladora das relações entre privados, pela Lei n.º 8/2017, cumpre destacar a norma contida no n.º 2 do art. 493-A([54]), cujo alcance se nos afigura por demais duvidoso. Ao prescrever-se aí que a indemnização prevista no número anterior (leia-se – a decorrente das despesas implicadas no socorro do animal ou no seu tratamento), se mantém mesmo quando o respectivo montante ultrapassa o valor do animal, acaba então por se colocar a *vexata quaestio* da admissibilidade dos danos punitivos.

Desde logo, o legislador ao reportar-se ao valor do animal está claramente a admitir que o mesmo é uma coisa, evidenciando-se então mais um vez a natureza híbrida dos animais.

Porém, e no tocante à questão em discussão: a questão de saber se o valor a atribuir ao dono do animal de companhia, ultrapassando o valor dos prejuízos, não constituirá um dano punitivo, questiona-se verdadeiramente se não se estará então a afirmar uma autêntica dimensão punitiva na responsabilidade civil, dimensão tradicionalmente apenas admitida em termos acessórios ou secundários([55]). Com efeito, o art. 494.º permite-nos sufragar, sem grande

---

tecção das espécies em risco, consagra-se ainda no número seguinte um conjunto de garantias dirigidas a concretizar o aludido princípio de protecção do bem estar animal. Npo rol de tais garantias, que o legislador estabelece a título meramente exemplificativo, destacam-se os deveres de propiciar aos animais o acesso à água e a uma alimentação conforme às necessidades da respectiva espécie, bem como aqueloutros destinados a assegurar os cuidados médico-veterinários adequados. De referir ainda, a proibição constante no n.º e do preceito em análise, de acordo com a qual o proprietário do animal se encontra impedido de, *sem motivo legítimo*, infligir dor, sofrimento ou quaisquer outros maus tratos que determinem o sofrimento injustificado, abandono ou morte. Trata-se de um preceito com uma amplitude muito vasta, que se encontra, de resto, vertido, de modo mais especificado, em outros lugares sistemáticos, tal como sucede com a lei n.º 69/2014, de 29 de Agosto, que criminalizou os maus tratos aos animais. Aliás, a definição do que consiste a ausência de motivo legítimo para infligir dor ou sofrimento implica uma remissão para legislação especial, em regra, oriunda da área ddo direito administrativo.

54. No essencial, esta norma reproduz no essencial o §1332 a) do ABGB.
55. A propósito de disposição semelhante a este preceito – art. 1332.º, al. a) do ABGB, Mafalda Miranda Barbosa considera que "o montante de indemnização não se determina pelo valor objectivo do objecto danificado, até porque o valor de afeição também deve ser contemplado". Sob este aspecto a autora chama a atenção para o entorse provocado por esta disciplina ao art. 566.º, onde se consagra a prevalência pela restituição natural, ficando a mesma afastada (entre outras razões) quando a mesma se revele excessivamente onerosa para o devedor. Assim sendo, o tratamento do animal que seria a forma privilegiada de ressarcimento (restituição *in natura*), deixa de se

margem para hesitações, que é concedido ao juiz, nas hipóteses de mera culpa, um poder de graduação do montante indemnizatório norteado por uma dimensão premial: atento o menor grau de culpa patenteado pela conduta do agente, o decidente pode fixar uma indemnização inferior ao dano.

Ora, ao permitir-se na hipótese referida no n.º 2 do art. 493.º-A, a atribuição de um montante indemnizatório superior ao valor do animal, então parece que se está a admitir uma autónoma, autêntica ou verdadeira função punitiva no âmbito de responsabilidade civil, transpondo-se para este universo a marca de água da responsabilidade penal.

Poder-se-á objectar que está em causa na hipótese em análise uma indemnização com contornos especiais, porquanto, como a lei refere *expressis verbis*, no n.º 1 do art. 493.º-A, a esta indemnização pelas despesas com a assistência ao animal deve cumular-se a indemnização em termos gerais. Conquanto este montante indemnizatório revista um conteúdo e um âmbito especifico, limitado como está aos gastos implicados na assistência com o animal lesado, certo é que não deixa de estar em causa uma verdadeira indemnização. Ora, assim sendo, ao atribuir-se ao dono do animal um valor superior ao custo do mesmo, esse excesso do *quantum* indemnizatório não pode deixar de consubstanciar uma sanção para o agente causador do facto danoso.

Em face de todas as considerações expostas ao longo deste estudo, concluímos da mesma forma como já a propósito desta matéria nos pronunciámos antes da entrada em vigor da Lei n.º 8/2017, de 3 de Março: "Na nossa perspectiva, e tendo em conta a profunda afinidade entre os animais e as coisas, quer de um ponto de vista material, quer na óptica do regime jurídico aplicável às realidades em confronto, não vislumbramos razões justificativas para conceber os animais como uma categoria híbrida de contornos indefinidos, apesar de termos de reconhecer a especificidade do respectivo estatuto, à luz da legislação que lhes é aplicável"[56][57].

---

apresentar excessivamente oneroso pelo facto das despesas de tratamento excederem o valor do animal. Ora, tal entendimento a que se é conduzido por normas como o art. 493.º-A, n.º 2, encontram-se em manifesta rota de colisão com as regras fundamentais respeitantes à obrigação de indemnizar, entre as quais se destaca o mencionado art. 566.º.

56. Cfr., a este propósito, o nosso estudo, "A compensação do dano não patrimonial do proprietário...", ob. cit., p, 493.

57. Na doutrina nacional, e reflectindo sobre as várias alterações registadas a nível de outros ordenamentos europeus a propósito do estatuto jurídico dos animais, Mafalda Miranda Barbosa considera "que, pese embora a nova qualificação que os animais recebem em alguns ordenamentos estrangeiros, a sua posição jurídica não se alterou sobremaneira", cfr. BARBOSA, MAFALDA MIRANDA, "Breve reflexão acerca...", ob. cit., p. 222.

3
SENTIDO E INTENCIONALIDADE DO REQUISITO CAUSAL: O ANTES E O DEPOIS DO CÓDIGO CIVIL DE 1966

PROF. DOUTORA MAFALDA MIRANDA BARBOSA[1]

SUMÁRIO • 1. Introdução – A – O período anterior à codificação de 1966: 2. A evolução histórica do requisito causal; 2.1 O direito romano; 2.2 O período medieval; 2.3 O período jusracionalista; 2.4 A degenerescência no positivismo; 2.5 A compreensão do requisito causal à luz da conceptualização normativística – B – A codificação de 1966: 1. A previsão legal em matéria de causalidade; 2. Novos rumos da causalidade; 3. A experiência portuguesa anterior ao Código de 1966.

1. INTRODUÇÃO

Cinquenta anos volvidos sobre a data da aprovação do Código Civil português, e quase cinquenta anos volvidos sobre a data da sua entrada em vigor, é tempo de refletir criticamente acerca de muitas das soluções aí consagradas e de compreender, numa dinâmica diacrónica, as disciplinas que estabelece a diversos níveis. Nas páginas que se seguem, não pretendemos fazê-lo de uma forma exaustiva. Pelo contrário, fixar-nos-emos num único instituto, aquele que dá unidade à obra coletiva onde este escrito se insere[2], a responsabilidade civil, e dentro deste, olharemos exclusivamente para o requisito causal.

O nosso objetivo é claro: precisar as alterações no sentido e intencionalidade do pressuposto. Importa, contudo, sublinhar que não se detetam alterações normativas no tocante ao preceito que, no Código Civil português, lida com a causalidade. As normas que regem esta matéria são as mesmas que foram consagradas há cinquenta anos atrás. No entanto, po-

---

1. Professora Auxiliar da Faculdade de Direito da Universidade de Coimbra
2. O texto que se dá à estampa foi escrito para ser publicado na obra *Responsabilidade civil: 50 anos em Portugal; 15 anos no Brasil*.

61

demos afirmar, sem margem para dúvida, que elas são hoje outras. Alterações na forma como se perspetiva a concreta realização do direito e a constante redensificação da normatividade, que se opera sempre que um caso reclama uma resposta jurídica que se alicerça naquelas normas, não deixam incólume o sistema ressarcitório. Torna-se, por isso, importante (ou mesmo imprescindível) o exercício.

Para o levar a cabo, começaremos por tentar perceber a intencionalidade do nexo de causalidade antes da entrada em vigor do Código Civil de 1966, para depois darmos conta da interpretação que passou, nesse momento, a ser maioritária, em face da disciplina legal. *In fine*, estaremos aptos a tecer as devidas críticas a essa perspetiva e a propor uma alternativa que começa a encontrar ecos na doutrina e na jurisprudência.

O tempo, enquanto categoria *a priori* da sensibilidade de que falava Kant, na sua Crítica da Razão Pura Teórica, é, portanto, mobilizado como guia orientador do nosso discurso, que assim acompanhará três andamentos diversos: o passado, o presente e o futuro (que, em certa medida, já se faz – ele mesmo – presente!).

A – O PERÍODO ANTERIOR À CODIFICAÇÃO DE 1966

2. A EVOLUÇÃO HISTÓRICA DO REQUISITO CAUSAL

2.1 O direito romano

Quando tentamos perceber a evolução histórica do requisito causal, há que ter consciência de que o que hoje vem conhecido por *causalidade ou nexo de causalidade* começou por não existir na sua autonomia dogmática. Longe do sistematismo jusracionalista, nos ordenamentos jurídicos clássicos não houve lugar à conceptualização que ulteriormente se conheceu. Toda a estrutura do discurso do jurisprudente – e com isto mergulhamos já no quadro do direito romano – parecia contrapor-se a isso, pela mobilização de uma racionalidade de índole analógica e pela estrutura casuística do direito.

Com o diagnóstico queremos, no entanto, significar mais. Aquele mais que, indo para além da aparência comunicada pelo perfunctoriamente percecionado, consegue discernir que a diferença a que se alude resulta sobretudo do diverso modo como os problemas são encarados na sua materialidade.

Recuando a montante do direito romano em que, por breves momentos nos centrámos, podemos dizer que a responsabilidade começou por não ser polarizada no indivíduo, mas no grupo ou comunidade, não estando, na retaliação que se seguia a uma qualquer lesão perpetrada, evitado o excesso, nem se almejando o equilíbrio sancionatório. A responsabilidade civil, tal como ela vai hoje pensada, na distância que a separa da sua congénere penal, era incompreendida[3]. Na génese aglutinadora das duas realidades, era o próprio monopólio do poder público na aplicação das sanções que devem acompanhar a reação a um comportamento desvalioso que se desconhecia, só através de um lento trajeto se transferindo para as mãos do monarca a função, que era, nesses primórdios, sobretudo punitiva, embora já orientada pela ideia de equilíbrio a partir do momento em que se assume a Lei de Talião como critério e limite da retribuição, a fazer equivaler a proporção à identidade[4].

O *olho por olho e dente por dente* Bíblicos surgiriam, no mundo romanístico, consagrados na Lei das XII Tábuas, onde se limitava a sua relevância à ausência de acordo entre ofensor e ofendido, abrindo-se as portas a um percurso gradativo de patrimonialização da reação delitual, lentamente a cindir-se em penal e civil, para o que muito terá contribuído a *lex Poetelia Papiria de nexis*, sem que nos esqueçamos do âmbito de relevância com que ela vem informada.

Note-se, porém, e sem preocupações de maior na descoberta da génese do modelo ressarcitório, que esta ideia não é, à época, mais do que embrionária. Como salienta Antonio La Torre, a plenitude da ideia de ressarcimento ainda estava para vir. E é num contexto socioeconómico menos primitivo que se começa a desenhar "timidamente no direito romano" a noção: "a exigência de relacionar o delito (causa) à valoração económica do dano por ele produzido (efeito) faz emergir o fundamento do *il quod interest* (interesse do equivalente pecuniário da coisa)"[5].

Com isso, aventamos nós, estava lançado o primeiro pilar de problematização da causalidade. Sem que, contudo, ela se transmutasse no centro nevrálgico do debate dos jurisconsultos romanos. Duas notas parecem justificar a a-problematicidade com que a categoria era tratada.

---

3. Cf., a este propósito, FRANCESCA LAMBERTI, " Principio responsabilità a Roma ? ", *Labeo Rassegna di Diritto Romano*, Jovene, 45, Napoli, 1999, 1, 128 a 131.
4. Cf. SANTOS JUSTO, *Direito Privado Romano II, Direito das Obrigações*, Coimbra Editora, Coimbra, 2ª edição, 2006, 120.
5. Cf. ANTONIO LA TORRE, "Genesi e metamorfosi della responsabilità civile", *Roma e America. Diritto romano comune. Rivista di diritto dell'integrazione e unificazione del diritto in Europa e in america latina*, 8/1999, 71. Vide, ainda, FRANCESCO GALGANO, *Trattato di diritto civile*, vol. 3, CEDAM, 2010, 105 e ss.

Sobre a génese histórica do *quod il interest*, veja-se também, com amplo desenvolvimento que suplanta o nosso horizonte discursivo, PAULO MOTA PINTO, *Interesse contratual negativo e interesse contratual positivo*, volume I, Coimbra, Coimbra Editora, 2008, 89 s.

Se com ela se pretende ligar o comportamento de um sujeito aos danos subsequentes, a partir dos quais se há-de determinar o montante indemnizatório, para o que também concorrem, hodiernamente, outros nódulos problemáticos atinentes já não ao nexo que se pretende erigir, mas outrossim e especificamente à questão da determinação daquele *quantum*, então falece *a priori* a razão da sua construção doutrinal em Roma, pois que o sucedâneo patrimonial seria fixado *a forfait* pela norma[6].

---

6. Veja-se, porém, D. 9.2.21 ULPIANUS: *Ait lex:* "*quanti is homo in eo anno plurimi fuisset". quae clausula aestimationem habet damni, quod datum est. § Annus autem retrorsus computatur, ex quo quis occisus est: quod si mortifere fuerit vulneratus et postea post longum intervallum mortuus sit, inde annum numerabimus secundum iulianum, ex quo vulneratus est, licet celsus contra scribit. § Sed utrum corpus eius solum aestimamus, quanti fuerit cum occideretur, an potius quanti interfuit nostra non esse occisum? et hoc iure utimur, ut eius quod interest fiat aestimatio*. E concentremo-nos no último dos parágrafos citados, onde Ulpianus questiona se apenas devemos ter em conta o valor do corpo do escravo quando ele é morto ou se devemos estimar também os outros interesses do proprietário em que não perdesse a vida. Para concluir que a regra aponta que também estes devam ser tidos em conta.

Continua, porém, a perspetivar-se a questão sob a ótica do cálculo do dano e não propriamente da causalidade.

No mesmo sentido, cf. D. 9.2.22 PAULUS: *Proinde si servum occidisti, quem sub poena tradendum promisi, utilitas venit in hoc iudicium*, evidenciando-se que os benefícios que se obteriam com o escravo devem ser tidos em conta e bem assim as qualidades específicas do escravo, tal como a depreciação dos bens que remanescem, como no caso de morrer um cavalo de uma quadra que operava conjuntamente (*§ Item causae corpori cohaerentes aestimantur, si quis ex comoedis aut symphoniacis aut gemellis aut quadriga aut ex pari mularum unum vel unam occiderit: non solum enim perempti corporis aestimatio facienda est, sed et eius ratio haberi debet, quo cetera corpora depretiata sunt*).

Veja-se, também, uma importante referência ao que hodiernamente poderia ser visto na perspetiva da problematização dos danos morais ou mais amplamente extrapatrimoniais: D. 9.2.23 PAULUS: *Si servum meum occidisti, non affectiones aestimandas esse puto, veluti si filium tuum naturalem quis occiderit quem tu magno emptum velles, sed quanti omnibus valeret. sextus quoque pedius ait pretia rerum non ex affectione nec utilitate singulorum, sed communiter fungi: itaque eum, qui filium naturalem possidet, non eo locupletiorem esse, quod eum plurimo, si alius possideret, redempturus fuit, nec illum, qui filium alienum possideat, tantum habere, quanti eum patri vendere posset. in lege enim Aquilia damnum consequimur: et amisisse dicemur, quod aut consequi potuimus aut erogare cogimur* (O valor afetivo de um escravo não deve ser tido em conta. Do mesmo modo que, quando morre um filho sobre o qual se exerça o *pater potestas*, não deve ser tido em conta. Mas o problema é saber qual o seu valor. Sextus Pedius afirma que essa avaliação não deve ser levada a cabo com base em afetos e benefícios, mas sim de acordo com princípios gerais. A sublinhar a introdução no debate da possibilidade extensão da indemnização quer ao dano emergente, quer ao lucro cessante.)

Dando conta do problema, cf. SANTOS JUSTO, *Direito Privado Romano II*, 133, nota 11. Afirma aí o romanista que "o maior valor que a *res* teve no último ano podia conduzir a uma condenação elevada: *v.g.*, se o *servus* morto tivesse sido nomeado herdeiro naquele tempo, o autor do dano seria condenado pelo valor do *servus* e da herança. Também o *servus* que integrasse uma companhia de músicos tinha um valor superior, atendendo à depreciação do grupo formado pelos seres vivos. GAIUS 3,212"

Adiante-se, contudo, que o problema passa pelo correto entendimento do que é o *damnum* ao nível da *Lex Aquilia*. Saber se ele corresponde ao depauperamento ou ao dano material de um

Se com ela se interroga pela ligação entre a ação do agente sobre a coisa e a destruição ou deterioração que resulta[7], será a simplicidade da tessitura social a determinar uma menor complexidade no tratamento da autoria da lesão e bem assim a restrição do âmbito de relevância da previsão legislativa às situações de contacto corporal a concorrer sinergicamente para o estado da questão que se observa[8].

---

objeto é algo que tem dividido os romanistas, sem que, contudo, isso desmereça o segundo vetor alternativamente por nós considerado. Nesse sentido, cf. SANTOS JUSTO, "Lex Aquilia", Estudos em honra de Ruy de Albuquerque (coord. JORGE MIRANDA), vol. I, Coimbra Editora, Coimbra, 2006, 13-52 (aqui pág. 17, 18 e n. 20). Na verdade, considera o autor que o dano corresponde a "uma perda patrimonial sofrida pelo proprietário", invocando para a dicotomia relativamente à lesão material da coisa o facto de se empregar a expressão *damnum* e não *nocere* ou *noxa* que, na época clássica, corresponderia à segunda, mas compatibiliza o entendimento com a noção de *causalidade* explicada pela necessidade de "a atividade danosa (*occidere, urere, frangere, rumpere*) [pressupor] um contacto material entre a *res* e o agente, que a *iurisprudentia* traduziu na expressão *corpore et corpori*" (cf. pág. 18).

Sublinhe-se, ainda, a autonomização de um outro elemento no âmbito da *lex Aquilia*: a *aestimatio*, ou seja do "*pretium corporis* através do qual se protegia a propriedade". (cf. *op. cit. loc cit.*). Note-se que será na ligação entre esta e o dano que se situará o *busílis* da questão no tocante à quantificação daquele para efeitos ressarcitórios. Jogando-se aqui a própria finalidade da lei, é neste ponto que se mostrará, a um tempo, quer o carácter inovador da jurisprudência romanista, quer a cisão entre o cálculo do *quantum indemnizatório* e o problema da causalidade propriamente dito.

Do autor, cf., ainda, *As actiones do dano aquiliano*, Edisofer, Libros Jurídicos, Madrid, 2005, 573-575.

Refira-se, a título de anúncio, que os exemplos avançados e a controvérsia assinalada apontam para uma evolução no seio do próprio direito romano que, a seu tempo tomada em devida conta, permitirá equacionar outros arrimos problemáticos atinentes à causalidade.

Para uma diferença entre o *damnum dare* e o *damnum facere*, cf, CARLOS CANNATA, "Il terzo capo della Lex Aquilia", *Bulletino dell'Istituto di Diritto Romano Vittorio Scialoja*, vol. 37-38, 1996, 114-115. O binómio parece apontar para a dicotomia anteriormente referida entre o dano como lesão material da *res* e o dano como perda patrimonial. A apontar, também, para diferentes consequências em sede de causalidade.

7. Cf. ANTONIO LA TORRE, "Genesi e metamorfosi", 75. Note-se, porém, que a formulação do autor parece apontar claramente no primeiro sentido, deixando antever alguns dos problemas com que os jurisconsultos romanos tiveram de lidar e que hoje podem ser ancorados, não *in totu*, mas em parte, no problema do cálculo do dano.

8. Cf. NILS JANSEN, "Conditio sine qua non in general: historical report", Essential Cases on Natural Causation: 1 (Digest of European Tort Law), (ZIMMERMANN, Reinhard / KOCH, Bernhard A./ KOZIOL, Helmut/ WINIGER, Bénédict coord.), Springer-Verlag KG, 2007, 10 s. Adianta o autor que os juristas romanos não garantiam uma pretensão indemnizatória sem descobrir uma relação causal entre o comportamento do lesante e os danos resultantes. No entanto, nem eles, nem os juristas do direito comum identificaram esse requisito como um elemento independente da responsabilidade. Em vez de uma discussão abstrata, trataram os problemas da causalidade em termos de senso comum e discutiram a questão segundo uma lógica de atribuição ou sob o signo da culpa. Mais adiante que assistimos ou a uma discussão acerca da culpa ou a uma interpretação dos verbos contidos na *Lex Aquilia*. Veja-se, também, pág. 12: rememorando ULPIANUS, D.9,2,7,5 (A forçou demasiado o escravo que não estava nas melhores condições físicas e morreu, tendo sido considerado responsável), Jansen aduz que os jurisprudentes romanos anteciparam a regra do *eggshell-skull-rule* ao mesmo tempo que mostra que a *Lex Aquilia* não pressupõe mais requisitos para além do *occidere*. Nesse sentido, adianta que a mera *conditio sine qua non* poderia ser

Note-se que não estamos – porque longe da exclusividade da investigação histórica – a referir-nos senão àquela que representaria, precocemente, um modelo do que atualmente é conhecido pela responsabilidade extracontratual, da qual recebe, aliás, o nome – a *Lex Aquilia de Damno*, plebiscito rogado em 287 ou 286 a. C[9] – e que resulta já de um longo processo evolutivo[10-11].

---

suficiente para estabelecer a responsabilidade, embora advirta que os romanos jamais teriam concebido o problema nesses termos.

Veja-se, ainda, com amplo desenvolvimento sobre o tema, CONSTANTIN KRUSE, *Alternative Kausalität im Deliktsrecht: eine historische und vergleichende Untersuchung*, Verlag, Berlin, 2006, 6 s. (mostra o autor que, no direito romano, o lesante tem de ter causado o dano, de tal modo que, sem o seu comportamento, ele não teria surgido. Adverte, contudo, que o entendimento não foi explicitado pelos jurisprudentes e que a *conditio sine qua non* era aplicada sem consciência disso); D. NÖRR, "Kausalitätsprobleme im klassischen römischen Recht: ein theoretischer Versuch Labeos", *Festschrift für F. Wieacker zum 70. Geburtstag*, Göttingen, 1978, 115

9. Sobre a datação da *Lex Aquilia* e as dúvidas que a mesma comporta, não se gerando a esse propósito consenso na doutrina, cf. SANTOS JUSTO, "Lex Aquilia", 16; ID., *As actiones do dano aquiliano*, Edisofer, Libros Juridicos, Madrid, 2005, 573; REINHARD ZIMMERMANN, *The Law of Obligations. Roman Foundations of the Civilian Tradition*, Juta & Co. Ltd., Joanesburgo, 1992, 955-957 (apresentando-se inúmeros argumentos que, lidando com o uso terminológico do legislador e as mutações do contexto histórico na antiga Roma, permitem apontar ora no sentido de uma data, ora no sentido de outra); CARLOS AUGUSTO CANNATA, "Sul testo originale della lex Aquilia: premese e ricostruzione del primo capo", *Studia et Documenta Historiae et Iuris*, LVIII, 1992, 195-201; HONORÉ, "Linguistic and social context of the lex Aquilia", *The Irish Jurist*, 7, 1972, 145 s.; FRANCA LA ROSA, "Il valore originário di iniuria nella lex aquilia", *Labeo, Rassegna di Diritto Romano*, ano 44, nº3, 1998, 370 s.; GUARINO, "La data della lex aquilia", *Labeo, Rassegna di Diritto Romano*, ano 14, 1968, 120 s.; NÖRR, *Causa mortis. Auf den Spuren einer Redewendung*, München, 1986, 124 s.

10. Depondo no sentido com que anunciamos a *Lex Aquilia* em texto, cf. ANTONIO LA TORRE, "Genesi e metamorfosi", 74. Sobre ela, cf., igualmente, ANTÓNIO SANTOS JUSTO, *Direito Privado Romano*, 126 s.; ANTÓNIO SANTOS JUSTO, "Lex Aquilia", 13-51; ID., *As actiones*.; RENÉ ROBAYE, "Remarques sur le concept de faut dans l'interprétation classique de la lex Aquilia", *Revue Internationale des Droits de l'Antiquité*, tome 38, 1991, 333-384; CARLO AUGUSTO CANNATA, "Sul testo originate della lex aquilia: premesse e ricostruzione del primo capo", cit., p. 194-214; ID., "Il terzo capo della lex Aquilia", *Bulletino* 111-146; O. E. TELLEGEN-COUPERUS, "The tenant, the borrower and the lex Aquilia", *Revue Internationale des Droits de l'Antiquité*, tome 42, 1995, 415-426; FRANCA LA ROSA, "Il valore originário di iniuria nella lex Aquilia", *Labeo, Rassegna di Diritto Romano*, ano 44, nº3, 1998, 366-376; ALESSANDRA BIGNARDI, "Gai 3.219 e il principio del damnum corpore datum", *Archivio Giuridico Filippo Serafini*, vol. 220, fasc. 4, 2000, 487-540; GIUSEPPE VALDITARA, "Dalla lex Aquilia all'art. 2043 del Códice Civile", *Seminários Complutenses de Derecho Romano*, nº15, 2003, 247 s.; CRIFÒ, "Danno", *Enciclopedia del Diritto*, XI, Milano, 1962, 615 s.

11. Para outras considerações acerca da *Lex Aquilia*, cf. NILS JANSEN, *Die Struktur des Haftungsrechts*, Mohr Siebeck, 2003, 202 a 266, dando conta da lenta evolução que a mesma sofreu ao longo dos tempos, permitindo a construção de um modelo delitual com determinados contornos de que ainda hoje somos herdeiros e procurando, numa perspetiva estrutural e conjuntural, justificar a patrimonialidade que haveria de predicar a mesma. Veja-se, também, p. 222 e 266, onde nos confrontamos com a ideia de que lentamente o âmbito de aplicação do plebiscito se alargou, transformando-se numa lei para compensar todos os prejuízos resultantes de danos físicos e lesões pessoais.

Do autor, veja-se, igualmente, "Conditio sine qua non in general: historical report", *Digest*, 9 s.

Prevê a mesma três capítulos. A saber:

I – *Quando alguém, com injúria, matar um escravo ou animal doméstico quadrúpede, deve pagar ao dono o valor máximo que eles atingiram, esse ano, no mercado;*

II – O *adstipular que, enganando o stipulador, aceitasse o dinheiro deste deveria pagar-lhe outro tanto*[12]*;*

III – *Se alguém, com injúria, provocar a um escravo, a uma escrava ou a um quadrúpede alheios outro dano, que não o da morte, deve pagar, ao dono, o preço que a coisa em questão atingiria, nos trinta dias subsequentes*[13]*.*

Trata-se, e voltando-nos uma vez mais para as palavras de La Torre, de uma conceção rigidamente materialista do ilícito[14], já que a conduta surge

---

12. Sobre o cap. II da *Lex Aquilia*, cf. ZIMMERMANN, *The Law of Obligations...* cit., p. 954.

    Veja-se, ainda, CARLO CANNATA, "Il terzo capo...", ... cit., p. 128, considerando que ele caiu em desuso, e p. 129.

13. A própria literalidade do preceito não gera unanimidade. Assim, embora pareça que na versão originária a expressão latina correspondesse aos "trinta dias subsequentes", interpretações posteriores vieram alterá-la no sentido de se substituir *erit* ou *fuerit* por *fuit*. Em causa estaria a coerência sistemática entre o primeiro e o terceiro capítulo da *lex*. Nesse sentido, cf. ZIMMERMANN, *The Law of Obligations, Roman Foundations of the Civilian Tradition*, Juta & Co. Ltd., Joanesburgo, 1992, 963; GEOFFREY MACCORMACK, "On the third chapter of the lex aquilia", *The Irish Jurist*, 5, 1970, 169 s.; SANTOS JUSTO, "Lex aquilia", 16, n. 15 (que, embora não se referindo à problemática, traduz a expressão latina para "... seja condenado a pagar ao dono o valor dessa coisa nos últimos trinta dias").

    Saliente-se que o problema ganha particular importância prática. De um lado, é o valor da coisa que pode não ser o mesmo retrospetiva e prospetivamente. De outro, ela colima-se com a própria aferição do valor da *res*. Na verdade, também não é indiferente saber se apenas temos em conta o valor venal ou se há-de ser mensurado o interesse do proprietário na coisa lesada. Para quem encontre, nas subtis diferenças entre o primeiro e o terceiro capítulo, a consagração de uma fórmula da diferença, a apontar para a relevância, em matéria de dano, não do objeto lesado ou da globalidade do valor dele, mas da diferença entre o valor da coisa e a redução que ela sofreu depois da interferência lesiva, então justificar-se-ia o hiato temporal de 30 dias para que, durante esse período, se pudesse averiguar do desenvolvimento da lesão. Dando conta da interpretação, mas apontando as suas fragilidades, cf. ZIMMERMANN, *The Law of Obligations*, 964.

    Referindo-se ao problema, mas considerando que o emprego de *fuit* exclui qualquer consideração do significado que o bem tenha no património do seu proprietário e da utilidade que eventualmente possa vir a ter no futuro, cf. GIUSEPPE VALDITARA, "Dalla lex aquilia", 249. Veja-se, porém, o desenvolvimento do pensamento do autor a págs. 268 s., explicitando a passagem da finalidade penal e reipersecutória para uma finalidade reintegrativa da *lex aquilia*.

    Sobre o problema da reconstrução do texto da *lex aquilia*, veja-se, ainda, CARLOS CANNATA, "Sul testo originale della lex aquilia", em especial, no que ao terceiro capítulo diz respeito, 211. Para maiores desenvolvimentos, do autor, cf., também, "Il terzo capo della lex aquilia", 111-146. Como fontes para a reconstituição do terceiro capítulo, aquele que considera levantar maiores dificuldades, o autor convoca Gai 3,217; I. 4,3,13; D. 9,2,27,5; D. 9.2.29.8.

    Veja-se, ainda, DAUBE, "On the use of the term damnum", *Collected Studies in Roman Law*, I, Frankfurt, 1991, 330.

14. Cf. ANTONIO LA TORRE, "Genesi e metamorfosi", 77.

descrita de uma forma vinculada e o nexo de causalidade limitado à ligação material corpo-corpo, ficando ainda fora da sua alçada quer o dano provocado sem um contacto físico direto[15], quer as condutas omissivas[16].

A limitação do dano ressarcível ao *corpore-corpori* justificava a pequena importância dada à causalidade[17]-[18].

Contudo, a nossa análise não se pode circunscrever a estes dados. Fazê-lo era negar, afinal, a estrutura do *ius romano* e o labor pretoriano no alargamento do âmbito da responsabilidade por danos, pela concessão de ações, que estenderam a relevância daquela aos danos não causados por ações corpóreas, aos danos sofridos por quem não fosse proprietá-

---

15. Determinante seria, portanto, a diferença entre matar e dar a morte. Cf. HONORÉ, "Causation and remoteness of damage", *International Encyclopedia of Comparative Law*, vol. XI, *Torts* (ANDRE TUNC, ed.), chapter 7, Tübingen, Paris, New York, 1971, 30 s.

    Sobre a mobilização do conceito *matar* no direito romano aquiliano, veja-se a explicitação de ULPIANUS: D. 9.2.7: § *"Occisum" autem accipere debemus, sive gladio sive etiam fuste vel alio telo vel manibus (si forte strangulavit eum) vel calce petiit vel capite vel qualiter qualiter.*

    O alargamento posterior seria já obra do labor jurisprudencial e da atribuição de uma *actio in factum* – § *Celsus autem multum interesse dicit, occiderit an mortis causam praestiterit, ut qui mortis causam praestitit, non Aquilia, sed in factum actione teneatur. unde adfert eum qui venenum pro medicamento dedit et ait causam mortis praestitisse, quemadmodum eum qui furenti gladium porrexit: nam nec hunc lege Aquilia teneri, sed in factum.*

    Note-se, porém, o preciosismo que se segue: § *Sed si quis de ponte aliquem praecipitavit, celsus ait, sive ipso ictu perierit aut continuo submersus est aut lassatus vi fluminis victus perierit, lege Aquilia teneri, quemadmodum si quis puerum saxo inlisisset.*

    Veja-se, ainda, a distinção entre ministrar veneno a uma mulher ou fornecer-lho para que o faça: D. 9.2.9 ULPIANUS: *Item si obstetrix medicamentum dederit et inde mulier perierit, labeo distinguit, ut, si quidem suis manibus supposuit, videatur occidisse: sin vero dedit, ut sibi mulier offerret, in factum actionem dandam, quae sententia vera est: magis enim causam mortis praestitit quam occidit.*

    Sobre o ponto veja-se a posição de NILS JANSEN, "Conditio sine qua non in general: historical report", *Digest*, 11, considerando que a diferença entre matar e dar a morte era importante apenas por razões processuais e que uma pessoa podia também ser responsabilizada pelas consequências indirectas das suas acções.

    Acerca do caso em que o senhor deixa morrer o escravo, cf. CONSTANTIN KRUSE, *Alternative Alternative Kausalität im Deliktsrech*, 6, citando o fragmento do Digesto D. 9,2,9,2.

16. Cf. ANTONIO LA TORRE, "Genesi e metamorfosi", 77. Acresce que, como o autor sublinha, a legitimidade para a *actio legis Aquiliae* confinava-se ao proprietário da coisa destruída ou deteriorada, negando-se a qualquer lesado diferente do *dominus*.

    Donde assertivamente depõe no sentido da sua insuficiência, por excesso, no que respeita ao critério de imputação do dano, e por defeito, no que concerne à noção puramente material de ilícito, no facto e no nexo causal.

17. Testemunhando no mesmo sentido, ao afirmar que os problemas relativos à causalidade não eram sistematicamente discutidos, embora alguns emergissem em conexão com a *Lex Aquilia*, cf. HONORÉ, "Causation and remoteness of damage", 30 s.

18. Cf. CONSTANTIN KRUSE, *Alternative Kausalität*, 6, considerando que a exigência da causalidade estava já definida pelo elemento do *Tatbestand* delitual *occidere*, tendo de se verificar uma lesão direta do corpo.

rio[19] e aos danos físicos perpetrados por pessoas livres[20-21]. Ao mesmo tempo que era pôr em causa a importância do estabelecimento da ligação entre a lesão material do bem jurídico protegido e o comportamento do lesante. Ora, não só é imperiosa a presença desse primeiro segmento causal no tempo histórico que é o nosso, como a emergência, ainda que embrionária, de uma nota de desvalor associada à *iniuria*, orientando-se "o conceito de dano injusto (...) na direção do sujeito ativo"[22], não obstante o carácter objetivo com que aquela surge edificada, tornaria imprescindível a sua consideração[23]. O que curiosamente nos permite retirar, da aná-

---

19. Cf. D. 9.2.11 ULPIANUS: *§ An fructuarius vel usuarius legis Aquiliae actionem haberet, Iulianus tractat: et ego puto melius utile iudicium ex hac causa dandum*.Veja-se, igualmente, D. 9.2.12 PAULUS: *Sed et si proprietatis dominus vulneraverit servum vel occiderit, in quo usus fructus meus est, danda est mihi ad exemplum legis Aquiliae actio in eum pro portione usus fructus, ut etiam ea pars anni in aestimationem veniat, qua nondum usus fructus meus fuit* e D. 9.2.17 ULPIANUS: *Si dominus servum suum occiderit, bonae fidei possessori vel ei qui pignori accepit in factum actione tenebitur* (o proprietário passa a poder ser demandado se matar um escravo que esteja na posse de boa fé ou na detenção de um terceiro).

20. Cf. D. 9.2.13 ULPIANUS: *Liber homo suo nomine utilem Aquiliae habet actionem: directam enim non habet, quoniam dominus membrorum suorum nemo videtur. fugitivi autem nomine dominus habet.*

21. Cf. ANTÓNIO SANTOS JUSTO, *Direito Privado Romano* II, 135 s.

22. Cf. ANTONIO LA TORRE, "Genesi e metamorfosi", 75.

    Veja-se, entre outros exemplos do desvalor que anda já associado à ideia de iniuria, D. 9.2.3 ULPIANUS, *Si servus servave iniuria occisus occisave fuerit, lex Aquilia locum habet. iniuria occisum esse merito adicitur: non enim sufficit occisum, sed oportet iniuria id esse factum*; D. 9.2.4 GAIUS *Itaque si servum tuum latronem insidiantem mihi occidero, securus ero: nam adversus periculum naturalis ratio permittit se defendere. § Lex duodecim tabularum furem noctu deprehensum occidere permittit, ut tamen id ipsum cum clamore testificetur: interdiu autem deprehensum ita permittit occidere, si is se telo defendat, ut tamen aeque cum clamore testificetur*; D. 9.2.5 ULPIANUS. *Sed et si quemcumque alium ferro se petentem quis occiderit, non videbitur iniuria occidisse: et si metu quis mortis furem occiderit, non dubitabitur, quin lege Aquilia non teneatur. sin autem cum posset adprehendere, maluit occidere, magis est ut iniuria fecisse videatur: ergo et Cornelia tenebitur. § Iniuriam autem hic accipere nos oportet non quemadmodum circa iniuriarum actionem contumeliam quandam, sed quod non iure factum est, hoc est contra ius, id est si culpa quis occiderit: et ideo interdum utraque actio concurrit et legis Aquiliae et iniuriarum, sed duae erunt aestimationes, alia damni, alia contumeliae. Igitur iniuriam hic damnum accipiemus culpa datum etiam ab eo, qui nocere noluit. § Et ideo quaerimus, si furiosus damnum dederit, an legis Aquiliae actio sit? et Pegasus negavit: quae enim in eo culpa sit, cum suae mentis non sit? et hoc est verissimum. Cessabit igitur Aquiliae actio, quemadmodum, si quadrupes damnum dederit, Aquilia cessat, aut si tegula ceciderit. Sed et si infans damnum dederit, idem erit dicendum. Quodsi impubes id fecerit, Labeo ait, quia furti tenetur, teneri et Aquilia eum: et hoc puto verum, si sit iam iniuriae capax. § Si magister in disciplina vulneraverit servum vel occiderit, an Aquilia teneatur, quasi damnum iniuria dederit? et Iulianus scribit Aquilia teneri eum, qui eluscaverat discipulum in disciplina: multo magis igitur in occiso idem erit dicendum. proponitur autem apud eum species talis: sutor, inquit, puero discenti ingenuo filiofamilias, parum bene facienti quod demonstraverit, forma calcei cervicem percussit, ut oculus puero perfunderetur. Dicit igitur Iulianus iniuriarum quidem actionem non competere, quia non faciendae iniuriae causa percusserit, sed monendi et docendi causa: an ex locato, dubitat, quia levis dumtaxat castigatio concessa est docenti: sed lege Aquilia posse agi non dubito.*

23. Sobre a problemática da configuração do direito romano da responsabilidade civil como um instituto de índole objetiva ou subjetiva, ou mais concretamente sobre o papel que à culpa foi ou

lise histórica de qual se extirpa um pendor enciclopédico, uma conclusão de não pequena monta. Pois que, a despeito do que se generalizou entre os estudiosos da matéria, é este e não a ligação ao dano subsequente o polo que predica a causalidade delitual *ab initio*.

Tornando explícito o que porventura possa ter ficado implícito: a consideração da causalidade não visa, ao nível da *Lex Aquilia*, determinar o *quantum* indemnizatório, uma vez que ele é firmado no plano normativo, mas garantir que o ressarcimento será assegurado pelo autor do dano, o qual surge conotado negativamente pela sua ligação ao comportamento daquele que atua sem estar a coberto de um direito[24].

Estávamos, porém, longe da abstração conceptualizante de que somos herdeiros diretos. A causalidade era tão-só material e o juízo entretecido para a descobrir situar-se-ia, segundo parecer de Honoré, próximo da *conditio sine qua non*[25]-[26], a indiciar a predominância de uma matriz fáctica de abordagem do problema, consonante com a corporeidade que predicava os comportamentos juridicamente relevantes.

Mas, se num primeiro momento, o previsto normativamente apenas se derramava sobre a conduta que se consubstanciasse num comportamento corpóreo físico com incidência sobre a coisa[27], ainda assim a criação jurisprudencial parece apontar linhas de solução de casos problemáticos que anunciam o que modernamente viria a ser conhecido por quebra do nexo de causalidade. Quem o afirma é Honoré, em análise de alguns fragmentos do *Digesta*[28], sem que se desvelassem, contudo, soluções conformadoras

---

    não reservado no tratamento dos casos submetidos as *actiones aquiliae*, depõem alguns autores no sentido da prescindibilidade da culpa no seu seio. Unanimidade parece haver em torno da aferição dela segundo um padrão de normalidade. Sem que se possam, contudo, ignorar referências à culpa que vão sendo feitas. Cf. D. 9.2.44 ULPIANUS: *In lege Aquilia et levissima culpa venit. § Quotiens sciente domino servus vulnerat vel occidit, Aquilia dominum teneri dubium non est.*

24. Cf., na explicitação do conceito de *iniuria*, ANTONIO LA TORRE, "Genesi e metamorfose", 75.
25. Cf. HONORÉ, "Causation and remoteness of damage", *30* s.
26. Depõem em sentido contrário outros estudiosos da matéria.
27. Cf. ANTONIO LA TORRE, "Genesi e metamorfosi", 75, n. 60.
28. Cf. HONORÉ, "Causation and remoteness of damage", 31. Cita-se aí, *inter alia*, D. 9.2.II.3, dando conta do caso do escravo que, tendo sido lesado, morre prematuramente pela queda de um edifício, excluindo-se a responsabilidade. Veja-se, contudo, também no estudo do autor, a referência a outro fragmento do *Digesta* onde se colhe, embora com reflexos penalistas, uma solução inversa: D. 9.2.51.

    Na nossa pesquisa, deparámo-nos sobre o ponto com o seguinte fragmento, lidando com a mesma problemática: D. 9.2.15 ULPIANUS: *§ Si servus vulneratus mortifere postea ruina vel naufragio vel alio ictu maturius perierit, de occiso agi non posse, sed quasi de vulnerato, sed si manumissus vel alienatus ex vulnere periit, quasi de occiso agi posse Iulianus ait. haec ita tam varie, quia verum est eum a te occisum tunc cum vulnerabas, quod mortuo eo demum apparuit: at in superiore non est passa ruina apparere an*

de um nível de pensamento que se apartasse da materialidade com que a causalidade ia pensada[29].

As nervuras problemáticas ganham novo fôlego com a inclusão da omissão no âmbito de relevância aquiliana[30]. E se mais uma vez é ao "casuísmo jurisprudencial romano, atento à realidade prática e colimado ao *aequum et bonum*"[31], que se fica a dever o mérito, nem por isso se pode depor no sentido da tematização não fisicista da causalidade[32].

---

sit occisus. sed si vulneratum mortifere liberum et heredem esse iusseris, deinde decesserit, heredem eius agere Aquilia non posse. (quando um escravo é ferido mortalmente e depois perde a vida através da queda de um edifício, de um naufrágio ou de um simples golpe, antecipando a morte, só pode haver responsabilidade pelo ferimento e não pela morte. Se, no entanto, ele foi ferido e depois vendido, e morreu posteriormente em virtude da ferida, Julianus entende que uma ação pode ser proposta com base na morte pelo primitivo proprietário. Esta diferença existe na medida em que ele foi morto no momento em que foi ferido, embora isso só se torne evidente num momento posterior, mas no caso da queda do edifício não é discernível se a morte lhe foi dada no momento do ferimento ou não).

Cf., a esse propósito, MARTIN GEBAUER, *Hypothetische Kausalität und Haftungsgrund*, Mohr Siebeck, Tübingen, 2007, em análise dos fragmentos de ULPIANUS D. 9,2,11,3; D. 9,2,15,1; D. 9, 2,51 pr. e de JULIANUS 9,2,51,1, onde busca os alicerces históricos da causalidade hipotética.

29. Veja-se, porém, D. 9.2.11 ULPIANUS: *Item Mela scribit, si, cum pila quidam luderent, vehementius quis pila percussa in tonsoris manus eam deiecerit et sic servi, quem tonsor habebat, gula sit praecisa adiecto cultello: in quocumque eorum culpa sit, eum lege Aquilia teneri. Proculus in tonsore esse culpam: et sane si ibi tondebat, ubi ex consuetudine ludebatur vel ubi transitus frequens erat, est quod ei imputetur: quamvis nec illud male dicatur, si in loco periculoso sellam habenti tonsori se quis commiserit, ipsum de se queri debere.* (várias pessoas estão a jogar com uma bola. Esta é atirada com demasiada força, indo embater em alguém que apara a barba ao escravo. Em virtude disso, o último acaba por ser ferido. Considera-se que o barbeiro deve ser responsabilizado se aquele lugar era um lugar onde habitualmente se praticava o desporto mencionado) e mais à frente § *Item cum eo, qui canem irritaverat et effecerat, ut aliquem morderet, quamvis eum non tenuit, Proculus respondit Aquiliae actionem esse: sed Iulianus eum demum Aquilia teneri ait, qui tenuit et effecit ut aliquem morderet: ceterum si non tenuit, in factum agendum.* (A provoca um cão, levando-o a atacar B. Segundo Proculus, ele deve ser responsabilizado *vis lex aquilia*; já para Julianus, só o será se deter o cão. Caso contrário, ele deverá ser responsabilizado através de uma *actio in factum*.)

30. Cf. VALCAVI, "On juridical causation in civil liability due to non-performance and unlawful conduct", *Rivista di Diritto Civile*, 2001, 409 e ss. (disponível em http://www.fondazionegiovannivalcavi.it/english/writings-on-civil-law/2_On-juridical-causation-in-Civil-Liability.pdf, 34 s. (versão digital do artigo), considerando que, num segundo momento, o direito romano dá relevo às omissões (*corpori ma non corpore*), através da concessão de uma *actio in factum o utilis ad exemplus legis aquiliae*.

31. A expressão é de PINTO BRONZE, *in Lições de Introdução ao Direito*, 2ª edição, Coimbra Editora, Coimbra, 2006, 760-761.

32. Cf., a este ensejo, ULPIANUS, D. 9,2,27, 9: um de dois escravos de um proprietário de uma quinta fez uma pequena fogueira e outro adormeceu quando devia guardar a referida fogueira. O dono da quinta demandou o dono dos escravos, porque o fogo, entretanto, alastrou a toda a quinta. Veja-se o comentário de NILS JANSEN, "Damage caused by omission. Historical report", *Digest*, 103: considera o autor que a *actio legis Aquiliae* só seria garantida excepcionalmente em casos de mera omissão. Estas só dariam lugar a responsabilidade em casos excecionais, quando estivessem conexionadas com uma ação positiva. Ademais refere o autor que a questão da causalidade não era tratada por referência à omissão, mas no contexto da culpa.

71

Paradigmático disso é a diferença que se constata entre a legitimidade para a *actio* ao abrigo da *Lex Aquilia* e aqueloutra que apenas permite a reação através de uma *actio in factum*.

Só que se a *décalage* permite ao jurista perceber que a base da analogia que se estabelece continua a ser, na pureza do consagrado pela *legis*, a corporeidade do nexo que se almeja edificar, nem por isso nos agrilhoa, dando antes nota da não circunscrição do direito ao legislado. Em homenagem ao carácter criativo da judicatura pretoriana, crê-se não se errar se adiantarmos que o direito aquiliano era já outro no final da época justiniana, comportando novos problemas e prevendo soluções também elas inovadoras que, se não acompanhadas, desmentirão o sentido simplificado que ficou inscrito em texto. Pelo que se impõem mais algumas reflexões acerca da causalidade neste período.

A *Lex Aquilia* – descontada que seja a consideração do capítulo II – contemplava duas situações danosas juridicamente relevantes. À morte de escravo, escrava ou quadrúpede doméstico juntava-se, em termos de relevância aquiliana, o dano perpetrado em escravo ou quadrúpede alheio[33]. Descoberto que está o *damnum*, enquanto pressuposto tanto mais central quanto mais se acentue o caráter ressarcitório da *actio*[34], era necessário que o mesmo fosse causado pelo demandado naquela. Mas aquilo que hoje poderia ser entendido num sentido causalista conhece em Roma um sentido interpretativo estrito. Vejamos. O que se procurava não era um critério que garantisse determinar quando é que o escravo ou o quadrúpede tinha sido morto. O busílis da questão passava por saber que comportamentos poderiam ser reconduzidos ao *occidere* ou, mais explicitamente, quando é que se poderia considerar que uma pessoa tinha morto o escravo ou animal[35].

---

33. Esbarramos, pois, com a primeira grande dificuldade. Na verdade, importava saber quais os animais quadrúpedes que podiam ser tidos em conta para os devidos efeitos. E, mais amplamente, interessava saber se também as coisas inanimadas poderiam ser consideradas. Sobre o ponto, cf. ZIMMERMANN, *The Law of Obligations*, 976. Veja-se, ainda, Santos Justo, citando D. 9,2,27,5 "em relação às restantes coisas, excepto o escravo e o animal doméstico mortos, se alguém tiver feito dano a outro, por ter queimado, quebrado ou rompido com injúria, seja condenado a pagar ao dono o valor dessa coisa nos últimos trinta dias" – "Lex Aquilia", 16, n. 15. Não hesita, por isso, o autor, na página seguinte, em definir o *damnum* como "a morte de escravo, escrava ou quadrúpede dum rebanho (cap. I); ou no ferimento de escravo ou animal, na morte de quadrúpede sem rebanho ou na destruição ou deterioração de res inanimada (cap. III)"

34. Não é pacífica a finalidade e sentido da *lex aquilia*. Sobre o ponto, cf. ZIMMERMANN, *The Law of Obligations*, 969 s.; GIUSEPPE VALDITARA, "Dalla lex aquilia", 248 s. Entre as principais finalidades que podem ser descobertas encontra-se a defesa da propriedade e um sentido penal da *actio*, desvelável na noxalidade, na intransmissibilidade do lado passivo, na solidariedade cumulativa. Contudo, os desenvolvimentos jurisprudenciais na matéria acabam por acentuar o carácter ressarcitório dela, deixando-nos a braços com novos problemas no que concerne à causalidade.

35. Cf. ZIMMERMANN, *The Law of Obligations*, 977. Note-se que, estabelecendo o cotejo com o actual § 823 I BGB, ZIMMERMANN conclui estar-se hoje nos antípodas. São suas as palavras "if a delinquent

Zimmermann refere-se acutilantemente a esta problemática: "a lex aquilia não tornava o demandado responsável por ter causado a morte do animal, antes descrevendo o comportamento antijurídico com o termo *occidere*"[36]. No fundo, o que o autor pretende sublinhar é que, no quadro da estreiteza inicialmente comunicada pelo direito romano, não bastava provocar a morte, sendo fulcral, portanto, a subtil diferença entre aquele vocábulo e *mortis causam praestare*[37]. Por outras palavras, a morte teria de ser causada pela força e por meio da ação direta e corporal do lesante sobre a vítima[38], isto é, impunha-se que o dano fosse uma consequência direta da ação física do demandado[39], lançando-se para os casos de ação indireta mão da *actio in factum*[40].

Analogamente, no que tange ao terceiro capítulo da *lex*, o âmbito de relevância dele ficava circunscrito às ações materiais e diretamente causadoras do dano. *Corpore suo damnum dare* era ainda o conceito chave que orientaria o jurista[41] na interpretação das noções de *urere, frangere, rumpere*[42].

---

who finds himself trapped by a police squad runs away, and one of the policeman chasing him falls to his death, the delinquent is usually taken to have injured the policeman's life, although, strictly speaking, he has merely caused his death". Entende ainda residir aqui o foco de problematicidade com que os juristas hodiernamente se digladiam, procurando critérios de limitação do dano.

36. V., também, CONSTANTIN KRUSE, *Alternative Kausalität*, 28, tecendo considerações acerca do *occidere* como um comportamento (*Verhalten*). Fazendo apelo à posição de JULIANUS, sublinha que "matar" deve ser entendido de acordo com o potencial que a conduta encerra para a produção do resultado e não tendo em conta o resultado em si mesmo. Segundo o testemunho de KRUSE, o jurisprudente romano não se orientaria pelo resultado, isto é, negaria uma posição *erfolsorientiert*.

37. Cf., uma vez mais, CONSTANTIN KRUSE, *Alternative Kausalität*, 6 s, considerando que a responsabilidade se estenderia mais tarde aos casos de *casum mortis praestare*, para os quais foi concedida uma *actio utilis*, e mostrando que os conceitos serviriam para uma demarcação entre a causalidade direta e a causalidade indireta.

No mesmo sentido e uma vez mais, cf. NILS JANSEN, "Conditio sine qua non in general. Historical Report", *Digest*, 9 s., evidenciando a importância da cisão entre matar e *causam mortis praestare*, mas sublinhando que aquela relevância era sobretudo processual, atendendo ao tipo de acção que era atribuída ao lesado, e evidenciando que para juristas como CELSUS e ULPIANUS o lesante podia ser responsável pelas consequências indirctas da sua ação.

38. Sobre o ponto, veja-se uma vez mais ZIMMERMANN, *The Law of Obligations*, 978. Alerta-nos o autor que nem sempre se podem ler as palavras dos jurisconsultos romanos na sua linearidade. De tal modo que nem sempre o emprego da força foi requerido. Pense-se no caso da morte provocada pela administração de veneno, sendo inclusivamente irrelevante saber se a pessoa foi forçada a ingeri-lo ou persuadida a tal.

39. Cf. ZIMMERMANN, *The Law of Obligations*, 979: "the death must have been brought about by the wrongdoer with his own body (...)".

40. Sobre as diferentes ações de que se podia lançar mão, consoante a finalidade que se almejava, cf. SANTOS JUSTO, "Lex Aquilia", 25 s.

41. Sobre o ponto, veja-se, ainda, ZIMMERMANN, *The Law of Obligations*, 984.

42. Não se tome a formulação no sentido da afirmação do perfeito paralelismo entre os dois capítulos da *lex aquilia*. Referindo-se a essa problemática, CARLOS CANNATA, "Il terzo capo", 126.

Mas, os problemas não diminuíram. Antes pelo contrário, a complexidade comunicada pelo capítulo III da *Lex* abriu as portas à extensão do âmbito de relevância dela mesmo ao nível do que tradicionalmente vem identificado com a simples interpretação da lei, posto que a possibilidade de ser cometida diretamente uma ação sobre um dado objeto que, permanecendo incólume, se repercute num outro, que se deteriora, levou os jurisconsultos romanos a fazer equivaler o *rumpere* ao *corrumpere*, que identifica muito mais a deterioração, a quebra de qualidade do que a pura lesão material da coisa.

Quem o constata é, mais uma vez, Zimmermann, no quadro do apurado estudo que levou a cabo a propósito da conceção delitual na antiga Roma[43], mostrando que já ao nível da interpretação da *lex*, ao que se jun-

---

Veja-se, também, JOLOWICZ, "The original scope of Lex aquilia and the question of damages", *Law Quarterly Review*, vol. XXXVIII, 1922, 220-230 (aqui 221). Na página seguinte, refere explicitamente que o paralelismo entre o primeiro e o terceiro capítulo não é completo.

Salienta o autor que *frangere* implicava quebrar em pedaços; urere, queimar; *rumpere*, sendo embora uma palavra neutral, pelo menos indica uma destruição parcial.

43. Cf. ZIMMERMANN, *The Law of Obligations*, 984 s., dando conta da posição de Celsus e da equiparação levada a cabo pelo jurisconsulto entre *rumpere* e *corrumpere*, com o que se tornava irrelevante a indagação acerca do tipo de resultado físico que ocorreu. A limitação continuava a operar-se por via do caráter direto ou não da ação que tinha dado origem à deterioração constatada. Se não houvesse a suficiente ligação, então, o jurista deveria ser encaminhado para o âmbito de uma *actio in factum*. Do autor, cf. pág. 985.

Saliente-se, ainda, que o alargamento interpretativo do vocábulo *rumpere* não poderia significar a ausência de limitação. E por isso, sem contrariar o seu próprio testemunho, Zimmermann alerta-nos para o facto de se terem de cumprir dois requisitos a propósito do resultado que se obtém. De um lado, haveria de ser constatável a deterioração da coisa (não importando, consequentemente, a lesão física do objeto que o tornasse mais valioso); do outro, importava que houvesse uma alteração na substância do bem, o que acarretaria dificuldades acrescidas sempre que, por exemplo, um determinado objecto fosse lançado ao rio, sem destruição ou danificação. Cf. p. ZIMMERMANN, *The Law of Obligations*, 986.

Sobre o alargamento do terceiro capítulo da *lex aquilia*, no sentido de incluir nela a mera desvalorização da coisa, cf., tomando como referente de argumentação o exemplo do animal que aborta em virtude da actuação do demandado, CARLOS CANNATA, "Il terzo capo", 133 s. A sua tarefa é, com apelo às fontes romanistas, reconstruir o terceiro capítulo da referida *lex*. Entre outras questões, aflora o problema de saber se ele inclui, na sua previsão normativa, a desvalorização da coisa não acompanhada da sua eliminação ou destruição. Cannata considera que a inclusão da hipótese no âmbito de relevância da norma constituiria uma antinomia, porquanto ali se preveja uma única sanção, sendo um absurdo que o montante da condenação seja igual quer haja, quer não haja destruição da coisa. Por isso, a solução que faz equivaler o *rumpere* ao *corrumpere*, considerando relevante a conduta que, não produzindo a destruição da coisa, a desvaloriza, não poderia estar contida no sentido originário daquela, mas teria resultado do labor jurisprudencial. É a prática que alarga o sentido literal do preceito, contemplando a destruição de qualquer coisa inanimada, e erigindo-o em norma geral aquiliana (cf. p. 128).

Várias são as interpretações possíveis para a compatibilização dos termos aparentemente em dessintonia. Entre elas, salientem-se três referidas a pág. 121 s.: 1) a incoerência desapareceria ao nível da prática judiciária, porquanto no caso de desvalorização/deterioração da coisa a condenação seria fixada tendo em conta o correspondente à perda de valor que aquela teria causado, calculada

taria o alargamento da concessão de uma miríade de ações pretorianas, se caminha para lá do caráter material e direto da lesão[44].

A abertura à ação indireta, ao mesmo tempo que contorna problemas atinentes ao justo, parece instar o jurisprudente a uma consideração detida acerca do nexo de causalidade[45-46-47]. E justifica a conclusão liminar de

---

    como se tivesse tido lugar no momento em que, nos trinta dias precedentes, a coisa tenha atingido um maior valor; 2) a condenação reportar-se-ia ao futuro e não ao passado, pelo que se poderia ter em conta o dano concretamente causado e sofrido, que podia variar entre um mínimo de zero e um máximo igual ao valor da coisa; 3) falando de um valor referido a um período de trinta dias, ele não podia ser nem o valor do mercado, nem o valor da desvalorização, mas significaria o dano que o proprietário sofreu desde que ele fosse da espécie de perda que o ferimento causou.

    Refira-se que a segunda tese é de DAUBE, "On the use of the term damnum", 283 s.

    Duas notas avultam, portanto, como necessárias. A questão da equiparação aludida importa consequências ao nível da compreensão do dano, como lesão física da coisa ou como prejuízo patrimonial, ao mesmo tempo que surge paredes-meias com aqueloutra problemática do cálculo da indemnização. Aspetos como o momento temporal determinante para o efeito ou o padrão de referência a ter em conta avultam no espetro do jurista. A implicar, como se comprova pela terceira doutrina elencada, a reproblematização da causalidade, uma vez que hodiernamente ela surge sobretudo pensada por referência aos danos subsequentes.

    Pela importância do ponto, o mesmo será desenvolvido *infra*, de modo autónomo. Veja-se, ainda a propósito do ponto, JOLOWICZ, "The original scope of the lex aquilia and the question of damages", 220-230.

44. A este propósito, cf. NILS JANSEN, "Damage caused by psychological influence", *Digest*, 193 s., em comentário ao fragmento de PAULUS, D. 21, 1, 43, 2: um escravo foi persuadido por uma terceira pessoa a fugir do seu dono. A questão que se colocou passava por saber até que ponto o escravo devia ser legalmente tratado como *fugitivus*, mesmo que ele não tivesse fugido se não fosse o conselho da terceira pessoal. À interrogação oferece-se uma resposta afirmativa, sendo que o problema emerge no contexto da responsabilidade do vendedor pelos defeitos do objeto vendido. Entre os defeitos acerca dos quais o comprador deveria ser informado estava o facto de o escravo ser fugitivo, uma vez que isso alterava o seu valor. Mas a questão tinha também impacto ao nível extracontratual, conforme esclarece Jansen: o primitivo proprietário poderia querer demandar aquele que influenciou a fuga, lançando para isso mão de uma *actio de servo corrupto*. A questão causal não era, contudo, problemática, facto que era evidenciado por ser suficiente para a responsabilização do sujeito, mesmo no quadro da *Lex Aquiliae*, a simples influência psicológica.

45. Para um elenco das situações problemáticas a que se fazia face, já não mediante a *interpretatio*, mas lançando mão de uma ação pretoriana, cf. SANTOS JUSTO, "Lex Aquilia", 34 s.

46. Note-se estarem em causa dois critérios, como bem nota ALESSANDRA BIGNARDI, "Gai 3.219 e il principio del *damnum corpore datum*", 493. De um lado, é a exigência de que o dano seja corpóreo *damnum sia corpori*, a contender especificamente com a interpretação do capítulo III e a equiparação do *rumpere* a *corrumpere*. Do outro, a imperiosa presença do *corpore datum*, a comunicar a necessidade de uma "relação imediata entre aquele que é responsável e o evento". Cada um deles responde, pois, a necessidades diversas: "l'uno riguardando il danno e l'altro il nesso causale" (Cf. p. 494). Note-se que a autonomia de que fala Bignardi não pode ser atomisticamente considerada, posto que a desmaterialização do dano arrasta consigo novos problemas concernentes ao nexo causal. Pelo que o alargamento hermeneuticamente viabilizado para a expressão *rumpere* não pode deixar incólumes as soluções que os autores foram forjando.

47. Acerca da lição romana sobre a causalidade, cf. CONSTANTIN KRUSE, *Alternative Kausalität im Deliktsrecht* 6 a 44, em especial 29.

Santos Justo, quando afirma "a ideia de causalidade, que na *Lex Aquilia* traduz uma ligação física, imediata e direta, duma ação qualificada (*occidere, urere, frangere, rumpere*) à *res* danificada, que a jurisprudência expressava com os vocábulos *corpore et corpori*, perdeu este sentido estrito e estendeu-se à causa indireta, mesmo omissiva, deslocando-se a ideia de *damnum facere* para *damnum dare*"[48-49].

É pois mister perceber qual o recorte final que a causalidade conheceu no quadro do direito romano. Não se crê, contra o que poderia resultar do anúncio, que tenha havido uma verdadeira tematização da categoria[50]. É certo que, para avultar a responsabilidade, tem de existir uma qualquer ligação entre o comportamento e o resultado. Não menos verdadeira é a exigência de qualificação dela, mas, e voltando a Zimmermann, ao nível do direito romano, tal não implicou "qualquer conceptualização ou a aplicação de noções lógicas ou filosóficas"[51]. Mais especificamente, e continuando a acompanhar os ensinamentos do autor, "mesmo a frase *causam mortis praestare* foi usada mais no sentido da linguagem comum do que como veículo de receção do debate grego acerca da causalidade. E a ideia de *conditio sine qua non*, embora conhecida e mobilizada para estabelecer a causalidade, não surge nos textos sobre a *lex aquilia*"[52]. No fundo, o que era discutido era "em que medida o específico modo como a lesão surgiu justificava ou não a aplicação da *lex* ou apenas de uma *actio in factum*"[53]. Ora, entende Zimmermann que a resposta a esta questão não depende de

---

48. Cf. SANTOS JUSTO, "Lex Aquilia", 46.
49. A este propósito, cf. o testemunho de Valcavi. Procurando argumentar no sentido da irrelevância jurídica da causalidade material, quer porque ela pode inexistir (como no caso das omissões), quer porque ela coincide com a causalidade jurídica no seio do facto que funciona como antecedente causal, Valcavi aduz que, para o jurista romano, o mais importante eram as condutas ligadas a um evento natural e ao contacto físico do agente com a coisa (*corpore corpori*), mas, "mesmo aqui, no centro da relação causal está o dano e não a *ruptio* (o evento físico)". Cf. "On juridical causation in civil liability due to non-performance and unlawful conduct", 34 s. (na versão digital do artigo).
50. Neste sentido, cf. ZIMMERMANN, *The Law of Obligations*, 988 s.
    Veja-se, ainda, a este propósito, CONSTANTIN KRUSE, *Alternative Kausalität im Deliktsrecht*, 29.
51. ZIMMERMANN, *The law of Obligations*, 991.
52. ZIMMERMANN, *The law of Obligations*, 991.
    Sobre o ponto, cf., ainda R. WILLVONSEDER, *Die Verwendung der Denkfigur der condicion sine qua non bei den römischen Juristen*, Boehlau Verlag, Dusseldorf, 1984, 12 s.
    Veja-se, ainda, NILS JANSEN, "Conditio sine qua non in general", 12, em comentário ao fragmento de ULPIANUS D. 9,2,7,5: o lesante agrediu um escravo que não estava na sua melhor condição física e, em consequência, o segundo morreu, tendo aquele sido considerado responsável, com base no argumento de que diferentes coisas são letais para diferentes pessoas. Segundo Jansen, a decicão parece denotar em certo sentido que a *conditio sine qua non* seria suficiente.
53. ZIMMERMANN, *The law of Obligations*, 991.

considerações atinentes à causalidade, não se ficando a dever a estreiteza aquiliana à incapacidade de os juristas romanos conceberem o conceito indiretamente[54-55]. Remete, portanto, a apurada solução dos casos sobrevindos à interpretação da letra da lei, sendo esta que comunica o desiderato restritivo, já que qualquer dos verbos utilizados implicaria que a morte ou a lesão tivesse sido causada pelo lesante[56].

A lição do insigne jurista torna-se evidente se tivermos em conta a estrutura romana da responsabilidade aquiliana. Na verdade, não se focaliza o olhar no resultado morte ou lesão, mas outrossim na conduta do agente, a qual surge matizada pela nota de violência[57]. Parte-se desta para averiguar se o resultado a que chega é bastante ou não para desencadear a reação prevista, e, de permeio, para indagar se ela surge entretecida com as notas predicativas que permitam a sua assimilação pelos comportamentos descritos na prescrição legislativa.

A problematicidade da matriz responsabilizadora aquiliana avulta, porém, mesmo que não conscientemente, maior do que aquilo que parece transparecer do excurso apresentado. Basta pensar, para tanto, em alguns dos exemplos que podemos confrontar quando contemplamos as fontes romanísticas. Rememoremos, na verdade, o célebre caso do escravo que é ferido e antes de morrer acaba por ser atingido por um edifício em ruínas, negando-se aí a responsabilidade pela morte tão-só porque não se poderia saber se a morte ocorreu ou não, na simplicidade linguística do jurista daquele tempo, longe das lucubrações filosóficas e científicas, no momento do ferimento[58].

---

54. ZIMMERMANN, *The law of Obligations*, 991.
55. Cf., ainda, CONSTANTIN KRUSE, *Alternative Kausalität*, 6 s. O autor considera que determinante para a imputação do resultado seria a interpretação dos conceitos legais. Mais concretamente, o verbo *occidere* incluiria a ação (*Handlung*), o resultado (*Erfolg*) e a causalidade (*Kausalität*) como elementos vinculativos. Segundo os seus ensinamentos, a causalidade não teria sido tematizada neste período.
56. Cf. a este propósito ALESSANDRA BIGNARDI, "Gai 3.219 e il principio del *damnum corpore datum*", 488. Apresenta aí a tese segundo a qual a exigência do requisito *damnum corpore datum* teria origem jurisprudencial, não decorrendo diretamente do texto legislativo originário.
57. No mesmo sentido, cf. ALESSANDRA BIGNARDI, "Gai 3.219", 495 s.
58. Casos problemáticos haveria, por certo. A eles fazia-se face, ainda e sempre, lançando mão da interpretação de *occidere*. Era, de facto, assim, que se lidava com as situações de causalidade concorrente (cf. ZIMMERMANN, *The law of Obligations*, 992) e bem assim com aquelas que implicavam o que modernamente vem designado por interrupção do nexo de causalidade. Veja-se, a este propósito, o exemplo citado em texto e recolhido do *Digesta*, no qual o jurista é confrontado com o caso do escravo que, sendo ferido, vem a morrer por ser entretanto atingido por um edifício que desaba. Dando também conta do exemplo, ZIMMERMANN, *op. cit. loc. cit.*

A este ensejo, *v.*, também, CONSTANTIN KRUSE, *Alternative Kausalität*, 28 s. Citando dois fragmentos do *Digesta* (D. 9,2,11,2 e D. 9,2,11,3), referentes, respetivamente, a casos de causalidade alternativa e de interrupção do nexo de causalidade (também conhecida por causalidade ultrapassante), Kruse mostra que, naquele período, no caso de responsabilidade alternativa, se entende que todos os

Mostra isto duas coisas. Por um lado, a *causalidade* era pressuposto da *actio legis aquiliae*. Por outro, ela não era decidida com base numa conceção causalista sendo antes remetida para o plano hermenêutico da interpre-

---

potenciais lesantes devem responder pelo dano, sendo outra a solução predisposta por Ulpianus para os casos de causalidade antecipada. Já para Julianus, a solução deveria ser idêntica nas duas situações (cf. D. 9,2,51 e D.9,2,51,1). Para o último autor citado, a semelhança entre os dois casos determinaria a identidade de soluções. Em suma, Ulpianus e Julianus concordam quanto à responsabilização de todos os potenciais lesantes no caso de causalidade alternativa, mas já dissidem no tocante à causalidade ultrapassante. Na verdade, como se salientou, Ulpianus nega a possibilidade de responsabilidade dos diversos intervenientes no evento (apenas deveria ser sancionada a causalidade da última ação causal), porque, quando a contribuição causal dos diversos intervenientes for clara, apenas aqueles que efetivamente geraram o dano podem ser responsabilizados, já que os outros não cometeram um *occidere*. Cf. NILS JANSEN, "Damage caused by less than all possibly harmful events outside the victim's sphere. Historical report", *Digest*,. 353.

Cf., ainda, na obra de KRUSE, pág. 44 s., onde o autor aduz que o conceito de responsabilidade pela ação de Julianus não é, por si só, adequado a clarificar por que razão no caso de causalidade alternativa e causalidade ultrapassante todos devem ser responsabilizados. Em causa estaria, então, não uma distribuição dos riscos, mas uma ideia de pena privada a que não seria alheia o carácter penal que revestia a *Lex Aquilia*. Por outro lado, procurar-se-ia salvaguardar o interesse dos proprietários, ao mesmo tempo que não se olvidaria o ponto de partida para a imputação de que se cura. Afinal, "todos intervieram no *maleficium*". Não se trata, aí, de uma solução desenvolvida especificamente para este caso, mas de uma prática jurisdicional apta a resolver todas as situações em que vários agentes, conjuntamente, cometem um crime e que se justifica, não só pela necessidade de "vingança" que é exigida pela vítima, como também pelo imperioso objetivo de prevenção geral de futuros danos.

Kruse conclui, de facto, que a solução em matéria de causalidade alternativa resulta do caráter penal da *Lex Aquilia*, tanto no exemplo oferecidos por ULPIANUS (D. 9,2,11,2), como naqueloutro imortalizado por JULIANUS (D. 9,2,51,1). Se esta conclusão é válida para tais situações, ela pode ser transposta, *mutatis mutandi*, para as hipóteses de causalidade ultrapassante ou antecipada.

No fundo, o que se consegue antever por força desta exposição de Kruse que acompanhamos é que – e porque os juristas romanos estavam "conscientes de que a responsabilidade por causalidade alternativa não pode fundar-se numa conexão naturalística entre uma acção e um resultado" – o requisito causal não assume importância preponderante no quadro da *Lex Aquilia*.

Sobre o ponto, cf. J.S. KORTMANN, "Ab alio ictu(s): Misconceptions about Julian's view causation", *Journal of Legal History*, 20, 1999, 95 s.

Veja-se, ainda, NILS JANSEN, "Damages caused by several sucessive, but independent events outside the victim's sphere. Historical Report", *Digest*, 479 s., em comentário a JULIANUS, D. 9,2,51, pr. 51-2: um escravo foi lesado e é certo que morreria da lesão, mas é subsequentemente morto por um outro evento, questionando-se se ambos os lesantes devem ser responsabilizados pela morte. Julianus considera que sim, partindo para o efeito de uma interpretação do conceito de *occidere*. Este implica "uma relação causal entre o ato lesivo e a morte e uma ação lesiva praticada pelo lesante com as suas próprias mãos", pelo que – e continuando a acompanhar a explicitação de Jansen – ambos os elementos estão presentes não só quando a morte é consequência da conduta do lesante, mas também quando uma lesão é infligida de modo que se prove ser fatal. Nesta medida, são os dois responsáveis, embora sejam diferentes os montantes dos danos a que se obrigam. Tal como Kruse também já tinha mencionado, Julianus traça, portanto, a analogia com as situações de causalidade alternativa incerta. E na linguagem de Jansen, tal justifica-se para o autor porque também na hipótese em análise a *conditio sine qua non* é incerta, já que o escravo teria morrido se o segundo agente não tivesse actuado. Diversa a opinião de Celsus – *apud* JANSEN, loc. cit. – para quem o primeiro lesante é tão-só responsável pelo ferimento, mas não pela morte, já que um ulterior evento teria impedido a sua acção de se tornar efectiva

tação das expressões textuais[59]. De acordo com o que nos diz Giuseppe Valditara, o termo *occidere* usado pela lei pressupunha já uma dada concretização causal, consagrando a causa material eficiente, ou seja, apontando para a relevância do último ato fatal e excluindo a intermediação de factos alheios[60].

E se o mesmo se pode dizer dos termos contidos no capítulo III, nem por isso o último autor citado deixa de chamar a atenção para as nervuras problemáticas que parecem decorrer ao nível jurisprudencial da mobilização do pressuposto causal, dizendo, então, que os jurisconsultos romanos terão consagrado algo próximo à moderna doutrina da causa suficiente e desconsiderado outros fatores meramente condicionais, ao mesmo tempo que parecem apontar no sentido da desresponsabilização em face de situações de interrupção da concatenação exigida[61-62].

Insatisfaz, porém, que se fique preso a este nível de considerações. Repare-se que o argumento central de justificação do modesto papel assumido pela causalidade em Roma passa pela natureza apriorística da resolução do problema em sede interpretativa. O que, por si só, impõe uma breve explicitação. Na verdade, sabemo-lo hoje, não é possível interpretar a norma em abstrato, antes requerendo-se o cotejo com os casos concretos que a mobi-

---

59. Cf. GIUSEPPE VALDITARA, "Dalla lex aquilia all'art. 2043 del Codice Civile", 259, afirmando que "para a *Lex Aquilia* a decisão sobre se um determinado ato era causa direta ou indireta do dano não dependia de um abstrato conceito de causalidade, mas era estritamente ancorada na interpretação de um dos *verba* qualificadores da *fattispecie* típica. Por outro lado, a lei não estabelecia quando um evento deveria considerar-se consequência de um certo comportamento, mas indicava qual o tipo de comportamento relevante; a interpretação da lei individualizava pois as características que deveria revestir determinado comportamento para se considerar causa do dano." E acrescenta que a consagração do termo *occidere* traduz uma opção clara por um particular nexo de causalidade: causalidade material imediata e direta.
Veja-se, igualmente, CONSTANTIN KRUSE, *Alternative Kausalität*, 6 s.

60. Cf. GIUSEPPE VALDITARA, "Dalla lex aquilia", 259. Veja-se, também, PAOLA ZILIOTTO, *L'imputatizione del danno aquiliano tra inuria e damnum corpore datum*, CEDAM, Padova, 2000 e D. NÖRR, "Kausalitätsprobleme", 115 s.

61. Cf. GIUSEPPE VALDITARA, "Dalla lex aquilia", 260. Saliente-se que, no cotejo entre a solução plasmada hodiernamente no ordenamento jurídico italiana e aqueloutra que era comunicada pelos jurisconsultos romanos, VALDITARA alerta para o facto de estes terem em conta o escopo da norma, qual seja o de reprimir as situações que segundo a normalidade fossem aptas a causar o dano.

62. Mais se diga que, sempre que não fosse possível discernir quem teria causado o dano, a solução passava pela responsabilização dos diversos agentes. O ponto não é, contudo, como se viu pacífico. Cf. *supra* os fragmentos do Digesta de Ulpianus e Julianus e o tratamento que Kruse dispensa à problemática da causalidade alternativa na Roma antiga.
Apontando este aspecto, cf. GIUSEPPE VALDITARA, "Dalla lex aquilia", 260. Veja-se também o acompanhamento que se fez de alguns fragmentos do *Digesta*. Para outras considerações, cf. ULPIANUS, D. 9,2,11,1; ULPIANUS, D. 9,2,11,4; ULPIANUS, D. 9,2,11,2; ULPIANUS, D. 39, 2, 24, 4; JULIANUS, D. 9,2,51, pr. 51, 2; ULPIANUS, D. 43, 24, 7, 4; e as anotações de Nils Jansen, em *Digest*, 9 s.; 103 s.; 193 s.; 265 s.; 353 s.; 390 s. de que já demos conta.

lizam. Do mesmo modo, os jurisprudentes romanos, com a sua técnica dos *exempla*, não o ignoravam, embora não o assumissem de forma racionalizada, pelo que, em bom rigor, o que está em causa não é a pressuposição legiferante da causalidade, como se o que fica decidido a montante pelo legislador já não importe ao julgador, mas outrotanto a raiz materialista e corpórea da ação e do dano. Ao que se alia a simplicidade do acontecer real.

Simplesmente a realidade não é imutável e, fazendo emergir novos problemas, acabou por convocar soluções que ultrapassaram o primitivo sentido literal da *lex aquilia*, pressupondo-se aproblematicamente que este se desvela no autismo da consideração textual. E com isso é a pureza da materialidade quer do dano, quer da ação que acabam por ser postas em causa, paulatinamente. Exemplo paradigmático é a já mencionada equiparação entre o *rumpere* e o *corrumpere*[63]. Claro que, também não o esquecemos, a abertura não correspondia, *mutatis mutandi*, à abdicação do mínimo de incidência física sobre a coisa. Mas a evolução não se queda nesta situação, passando, por meio das já referidas *actiones* do pretor, a responsabilizar-se ações indiretas e, inclusivamente, omissões.

Só que, se tal garante a expansão da questão causal, o ponto de partida para a construção do juízo decisório era ainda material. E na equiparação que se pretendia estabelecer, a causalidade era, afinal, chamada a cumprir o papel de imputação do evento a um determinado sujeito.

A *lex aquilia* emerge com um sentido marcadamente penal e repressivo. A sua função era reprimir determinados comportamentos e tutelar, por essa via, a propriedade. Para tanto, a tarefa judicativa centrar-se-ia na recondução das situações concretas a um dos tipos sancionados nas previsões normativas. *Occidere* avultava como verbo central, a identificar qualquer comportamento que pudesse causar a morte. E por isso levava ínsita uma ideia de causa material. O mesmo se passando com os *verba* elencados no capítulo III da *lex*.

Da solução de casos concretos retirar-se-ia, passo a passo, uma *ratio decidendi*, a permitir a generalização do juízo e a desvelar a violência física como a nota predicativa da imputação a que juridicamente se devia ater o jurisconsulto. Caracterizada assim a conduta, perder-se-ia a pertinência congénita entre ela e o resultado. Isto é, o matar e a morte já não seriam uma e a mesma coisa, sem que a primeira deixasse de ser essencial. Voltan-

---

63. Referindo-se à evolução a que se faz referência em texto, cf. GIUSEPPE VALDITARA, "Dalla lex aquilia", 262. Note-se que a exposição do autor entronca diretamente na problemática do nexo de causalidade em Roma, porquanto afirma, previamente, que a assunção do princípio da *conditio sine qua non* ficaria sempre dependente da superação do requisito da corporeidade do dano que só poderia alcançar-se depois de se ultrapassar a ideia de tipicidade da ação lesiva (cf. p. 261).

do agora a Bignardi, podemos afirmar com a autora que "era imprescindível que existisse uma responsabilidade e que o dano fosse referido à conduta. Prospectivamente, a identificar a elaboração do critério subjectivo da culpa e o critério objectivo do *damnum corpore datum*"[64].

O nexo de causalidade é assim erigido em critério de imputação. E entendido num sentido restritivo, para o que aponta a delimitação do significado de *occidere*. Com isto procurava-se quer a individualização do evento, quer a visibilidade do mesmo, facilitando-se, em sede aquiliana, a prova da morte. Ou seja, razões atinentes ao sentido penal e processual determinariam que a causa fosse a actuação corporal direta sobre o bem lesado[65].

Dois factores viriam, no entanto, perturbar o *status quo* na matéria: de um lado, a realidade a fazer emergir casos eivados de uma complexidade crescente; de outro lado, a evolução do pensamento jurídico, já pressentida e evidenciada posteriormente, a acentuar o sentido reparatório da responsabilidade. Eis pois que surgem casos em que não há uma atuação direta sobre a coisa lesada e que, não obstante, convocam, pela ideia de justo que se pressupõe, a mobilização da *lex aquilia*, ainda que, *in fine*, a decisão implique a não aplicação da mesma.

Os exemplos são nossos conhecidos e constam dos fragmentos do *Digesta* que tivemos oportunidade de transcrever *supra*. Aí, agiganta-se a questão causal, porquanto seja ela que vai permitir a atribuição do evento à conduta[66], avultando como critério de valoração da responsabilidade[67].

Joga-se, então, a dupla problematicidade que enerva as nossas lucubrações e que, uma vez percepcionada, garantirá prévias conclusões em matéria de causalidade.

---

64. Cf. ALESSANDRA BIGNARDI, "Gai 3.129", 502. Justifica, assim, a autora a génese jurisprudencial e não legal do critério causal.
65. Cf. ALESSANDRA BIGNARDI, "Gai 3.129", 505.
66. Não curamos, agora, das soluções concretamente predispostas para fazer face a cada um dos casos controversos. Apontaremos, apenas, algumas, a título ilustrativo. Afirmou-se, assim, que a responsabilidade se individualizaria pelo colocar em marcha das condições pelas quais emerge o comportamento do qual deriva o dano. Outras vezes assumiu-se o bem sobre o qual incidiu directamente a conduta do demandado como um simples veículo para o evento danoso. Imperioso, para tal, seria que não houvesse qualquer intromissão nessa sequência condicional que se reconstruía.

    Cf., sobre o ponto, ALESSANDRA BIGNARDI, "Gai 3.129", 517 a 519, que aqui continuamos a acompanhar de muito perto. Veja-se, igualmente, p. 524, onde a autora sustenta que a investigação acerca da responsabilidade se efectua em torno da causa, isto é, do comportamento que deu origem ao encadeamento de eventos que se vai consumar no dano.
67. A conclusão é, uma vez mais, de BIGNARDI, que afirma buscar-se com a causalidade o enquadramento do caso na *fattispecie* legislativa. Cf. ALESSANDRA BIGNARDI, "Gai 3.129", 526.

Rememoremos as nossas perplexidades, dando como assente que a descoberta da causalidade leva à conclusão acerca do preenchimento da factualidade típica plasmada na hipótese normativa. Qual o papel da culpa neste contexto? Por que razão se não há-de conferir legitimidade em sede aquiliana a quem não atue direta e corporeamente sobre o bem lesado, remetendo-se a vítima para o âmbito das *actiones* pretorianas?

Nas hipóteses em que não exista a referida conexão, o nexo de causalidade é chamado a depor no sentido da recondução do evento ao comportamento, abrindo-se duas alternativas no horizonte discursivo do intérprete[68].

Ou a causalidade direta é entendida como um requisito implícito da conduta, e, em homenagem a esta interpretação estrita do princípio, procurar-se-ia a analogia de situações, já que, e com a acentuação do carácter ressarcitório da *lex*, passam a ser contempláveis outros comportamentos que não aqueles que literalmente se inscrevem no seu texto[69].

Ou o princípio da causalidade passa a ser assumido como critério de individualização da responsabilidade num sentido mais material e, entroncando na culpa, deixa de postular uma conexão direta entre o comportamento e o evento, podendo a conduta culposa preceder uma série de acontecimentos dos quais derivaria o evento. Nessa medida, o nexo causal só se autonomizaria quando fosse importante individualizar os elementos idóneos a interromper a continuidade pressuposta[70-71-72].

Algumas conclusões são, então, possíveis.

A causalidade é chamada a cumprir um papel de imputação do dano a um determinado comportamento, assumindo-se como índice de valoração

---

68. Cf. ALESSANDRA BIGNARDI, "Gai 3.129", 528 s., em especial 530.
69. Cf. ALESSANDRA BIGNARDI, "Gai 3.129", 530. Note-se que, nesta hipótese, apesar da analogia, não seria conferida uma *actio legis* diretamente, mas remeter-se-ia a vítima para o âmbito da legitimidade das *actiones in factum*. A explicação não decorre de forma lógica do que ficou explicitado, mas envolve a chamada à colação de outras ideias já anteriormente sublinhadas. Rememoremo-las, alertando que também aqui continuamos a colher frutos do trabalho da autora que temos vindo a citar. A *Lex Aquilia* surge com um sentido estritamente penalista e reipercursório. Apesar do convite ao alargamento do âmbito de relevância jurídica da responsabilidade dita aquiliana, a verdade é que o traço originário daquela determinaria a restrição em nome da tipicidade com que surge desenhada. Mais se diga que questões atinentes à facilidade de prova instavam à restrição sublinhada.
70. Cf. ALESSANDRA BIGNARDI, "Gai 3.129", 534, também aqui seguida de muito perto.
71. Tal é notório no exemplo do barbeiro que fere o escravo que está a barbear depois de ter sido atingido pela bola daqueles que ali jogavam futebol.
72. Para uma visão do papel e sentido da causalidade em alguns casos reportados no *Digesta*, cf. VISKY, "Die Frage der Kausalität aufgrund des D.9.2 ad legem Aquiliam", *Revue Internationale des Droit de L'Antiquité*, 26, 1979, 503 s.

de uma conduta. O seu sentido imputacional não apaga, contudo, o mesmíssimo carácter material com que vem pensada *ab initio*. Ainda que, em determinadas nervuras problemáticas, dialogue com a culpa[73], nem por isso se perde o sentido fisicista de descoberta da causa do dano, com o que se liga a solução causal a uma dada conceção de ação: uma ação corpórea, ainda que superada a estreiteza da tipologia inicial, da qual se partia para aferir da legitimidade para a *actio*. Percebe-se, pois, que, à medida que essa estrutura tipológica fosse paulatinamente dando lugar à atipicidade do ilícito, os problemas que enervariam a causalidade passariam a ser outros.

O que ficou impresso anteriormente mostra-se suficiente, em nosso entender, para, longe da exaustividade do tema, argumentar no sentido da missão imputacional que o nexo de causalidade é chamado a cumprir na antiga Roma, a despeito de a categoria vir desacompanhada de uma especulação teórica que logre a sua sedimentação.

Note-se, porém, que tal não equivale a uma assunção do princípio da causalidade como pilar fundacional da responsabilidade. Na verdade, ficou claro que a culpa, ainda que não prevista expressamente no texto da *lex*, emerge no sistema aquiliano, comunicando a nota do desvalor subjetivo à condenação do agente no pagamento do montante calculado segundo os parâmetros naquela fixados.

Simplesmente, e reconhecendo a distância que separa um princípio da causalidade da mobilização materialmente conformada do nexo de causalidade, este entra em jogo, entre outras hipóteses, sempre que, diante da pluricausalidade, seja imperioso discernir se houve ou não quebra da concatenação exigida. Que, advirta-se, continua, neste tempo histórico em que mergulhámos, pese embora a abertura desvelada, a ser pensada em termos empiricamente constatáveis e a despir-se de qualquer lastro filosófico e científico com que o jurídico haveria, posteriormente, de ser contaminado, porquanto o juízo se continue a entreter a partir da corporeidade da lesão, do carácter direto dela e de uma noção de ação materialmente conformada.

Se tudo isto é claro, nem por isso se mostra bastante. Com efeito, ainda que apodadas por nós de conclusivas, as linhas de orientação expendidas esgotam-se num primeiro segmento de indagação causal, ou dito de outro modo, na causalidade fundamentadora da responsabilidade. Há, pois, toda uma panóplia de questões às quais se não deu ainda resposta e que se prendem com a ligação da conduta desvaliosa aos danos subsequentes,

---

[73]. A culpa emerge, de facto, como já tínhamos também anunciado, no quadro da responsabilidade em Roma. Ainda que o requisito não venha explicitado na literalidade da *lex aquilia*, não raras são as vezes a que os jurisprudentes romanos se lhe referem.

sendo certo que são estas e não aquelas, fruto do pendor do pensamento que foi sendo derramado sobre a responsabilidade civil, que têm colhido a atenção da generalidade dos autores hodiernamente.

Não podemos, por isso, silenciá-las. Se o seu obscurecimento se justificou até agora pela solução plasmada no texto da *Lex Aquilia*, as inovações introduzidas pela interpretação que dela se foi fazendo não podem deixar incólume o nosso discurso, forçando-nos, outrossim, a mergulhar no seio da problematicidade com que os remédios indemnizatórios nela contidos surgem eivados.

É, desde logo, o escopo da *lex aquilia* que é chamado à liça, numa demonstração clara da íntima relação que se estabelece entre a problemática causal e a teleonomologia do instituto[74]. Na verdade, pensada *ab origine* como um remédio de índole penal[75], era o intuito repressivo que lhe ia associado. Ao que acrescia, também primitivamente, a função de defesa da propriedade, então encarada em termos absolutos[76]. Percebia-se, por isso, que a sanção por ela predisposta fosse pensada em termos fixos. Se o que se pretendia era reprimir um determinado grupo de atos, tipologicamente nela identificados, a imutabilidade do remédio era consentânea com essa finalidade.

Simplesmente, o direito, com a sua marca de historicidade, não se queda no dado, antes se vertendo no construindo, pelo que, à medida que o Império Romano foi evoluindo, o olhar que os juristas derramaram sobre o sistema aquiliano passou a ser também diverso[77].

As dificuldades resultam hoje da necessidade de reconstituir o texto da lei, estripando dela as interpolações que se lhe foram associando posteriormente. E de perceber, nesse *puzzle* sempre complexo, qual o referente a partir do qual se há-de calcular a soma devida ao demandante. Mas também da intuição do justo com que os jurisprudentes da época foram pensando os casos concretos.

---

74. Esta é, aliás, outra das lições a que o breve excurso histórico nos conduz.
75. Entre os índices que demonstram a natureza de penalidade da sanção cominada, salientem-se, sem demérito para prévias considerações acerca do ponto, os seguintes aspetos: a) a intransmissibilidade passiva; b) o facto de, estando mais do que uma pessoa envolvidas na morte de um escravo, serem todos responsáveis, a não ser que se pudesse efectivamente determinar o autor dela; c) a possibilidade de o demandante cumular a ação; d) a não extinção da responsabilidade dos coautores com o pagamento do montante devido por um deles; e) a noxalidade da ação. Cf. Zimmermann, *The Law of Obligations,* 973.
76. Cf. Giuseppe Valditara, "Dalla lex aquilia", 248.
77. Sobre o ponto, cf. Zimmermann, *The Law of Obligations*, 969 s.
    Refira-se, contudo, que a *Lex Aquilia* comportava já, na matéria, uma importante componente inovadora, porquanto, pese embora as sanções fossem fixas no sentido de que, *ab origine*, irrelevasse o interesse do lesado, elas não eram caracterizadas pela rigidez de outras previsões, polarizando-se, pelo contrário, no valor da coisa lesada. Veja-se Zimmermann, *The Law of Obligations*, 961.

À tendencial inflexibilidade dos remédios ressarcitórios previstos no capítulo I da *Lex Aquilia* contrapõe-se a consideração de outros elementos para além do valor venal da coisa. Designadamente, e se voltarmos a pensar nas hipóteses transcritas de fragmentos do *Digesta*[78], procura-se ressarcir o demandante pelo dano efetivamente sofrido. São, contudo, as nervuras entretecedoras do capítulo III que mais terão contribuído para a superação da linearidade com que a temática surge de início matizada. A explicação surge-nos, novamente, pela mão de Zimmermann, que aqui distinguimos não tanto pelo caráter inovador do pensamento na matéria, mas mais pela assertividade com que nos comunica a ideia: "since one was dealing with the complete destruction of an object, reference to its real value made good sense". Ao que acrescenta, ainda atendo-se ao parágrafo que contempla o *occidere*, "we can hardly expect to find a refined assessment of the concrete *quod actoris interest* in these early days, and restoration of the value of slave (or animal) provided the plaintiff with what he was at least typically interested in"[79].

Se já aqui a simplicidade não deixa, bem o sabemos hoje, de ser aparente, há que reconhecer ser no âmbito da deterioração da coisa não acompanhada pela sua destruição total que se levantam maiores problemas. Que, tal como tivemos oportunidade de referir anteriormente, se prendem logo com a expressão textual originária da *lex aquilia*. Em causa estava – rememoremo-lo, então – saber se a soma pecuniária nela prevista devia ser calculada retrospetivamente ou prospetivamente. Isto é, seriam os 30

---

78. Os mesmos são, aliás, amiúde citados pela generalidade dos autores que sobre estas temáticas se debruçam. Cf., nesse sentido, ZIMMERMANN, *The Law of Obligations*, 971. O autor esclarece que, no final do período clássico, já não se radicava a solução no valor venal da coisa ao que se acresciam certas formas típicas de dano consequencial, mas procurava-se o *quod actoris interest*. A posição não é, contudo, unânime. Veja-se, contra, MEDICUS, *Id quod interest. Studien zum römischen Recht des Schadensersatzanspruches*, Köln, 1962, 238 s.

No que ao capítulo III respeita, Zimmermann adverte que similares problemas se colocam a propósito do *aestimatio vulneris*, considerando que se indemnizava quer o dano emergente, quer o lucro cessante. Sofreria o último de uma intencionalidade restritiva que mais não pretendia do que circunscrever as hipóteses de emergência do lucro cessante àquelas que efetivamente pudessem receber tal qualificativo. Dito de outro modo, e recorrendo ao exemplo fornecido pelo autor, se o barco de A fosse danificado, nem por isso se poderia compensar o lesado pelo peixe que ele teria deixado de pescar, porquanto a "mera chance de que algum peixe pudesse ser capturado é demasiado vaga e não especificada para merecer proteção legal enquanto dano" (cf. p. 974).

79. Cf. ZIMMERMANN, *The Law of Obligations*, 962.

A explicitação serve ao autor, tal como a nós, de intróito para a exposição acerca das dificuldades a que aportamos quando temos de lidar com o capítulo III da *Lex Aquilia*.

No mesmo sentido, cf. JOLOWICZ, "The scope of lex aquilia and the question of damages", 229.

Veja-se, ainda, J. M. KELLY, "The meaning of the lex aquilia", *The Law Quarterly Review*, vol. 80, 1964, 73 s.

dias mencionados respeitantes ao passado ou ao futuro[80]? As vozes não são concordantes[81]. E o problema vai além da mera formalidade, porque em causa estaria, na busca da congruência normativa, a própria definição do dano como uma lesão da coisa ou como um prejuízo patrimonial.

Pelo menos é isso que decorre da posição de Daube. Fiel à prospetividade, é aí que encontra um expediente de compatibilização entre a solução predisposta para a morte do animal ou escravo e aqueloutra que o terceiro capítulo consagra, já que só na referência ao futuro é possível ter em conta o dano concretamente causado ao lesado e, com isso, avaliar-se a desvalorização da coisa[82].

E não é menos certo pensar que é nessa mesma equação que se centram os autores que defendem a solução oposta pois, ao olhar para o passado, ou se compensa o lesado por algo diferente que o valor da coisa, ou se chega a uma solução antinómica, face ao que ocorre diante da morte.

Em tudo isto joga-se, afinal, a própria noção de dano. Na verdade, se o debate gira em torno da concretização do vocábulo *rumpere* e da possibilidade de ele integrar a deterioração da coisa que não vá além do *corrumpere*, o certo é que tal se projeta em sede de definição da outra categoria que com ela anda ligada, comportando uma alteração significativa na forma como o dano vai pensado. Com isto é a lesão material da coisa que acaba por dar lugar ao prejuízo patrimonial como estrutura predicativa daquele.

Dir-se-ia, pois, que a previsão de formas de destruição parcial da coisa abriu as portas à indagação acerca da natureza do dano e dos critérios para o cálculo da indemnização[83].

Torna-se, portanto, translúcida a interrogação que serviu de mote ao ponto expositivo que actualmente temos em mãos. Na verdade, mobilizando uma memória pré-disponível do *status quo* em matéria de causalidade, actualizada pelos apontamentos jurisprudenciais e doutrinais já firmados neste nosso percurso dialógico, somos instados a procurar saber se a causalidade, tal como era pensada e caracterizada, nas notas predicativas que

---

80. Cf. ZIMMERMANN, *The Law of Obligations*, 962. E, novamente, conforme constante da nota inscrita *supra*, GEOFFREY MACCORMACK, "On the third chapter of the lex aquilia", 169 s.; SANTOS JUSTO, "Lex aquilia", 16, nota 15; GIUSEPPE VALDITARA, "Dalla lex aquilia", 249 e 268 s.; CARLOS CANNATA, "Sul testo originale della lex aquilia", 211 e "Il terzo capo della lex aquilia", 111-146; DAUBE, "On the use of the term damnum", 330.
81. Cf. nota anterior.
82. Cf. DAUBE, "On the use of the term damnum", 10 s.
83. Veja-se, sobre o ponto, também, a explicação oferecida por GIUSEPPE VALDITARA, "Dalla lex aquilia", 266.

a informavam, se esgota no que referimos ou se, pelo contrário, se derrama sobre o dano subsequente, impondo considerações de outra índole.

No sentido da segunda hipótese avançada depõe o facto de hodiernamente ser esse, e não outro, o segmento causal normalmente autonomizado pelos autores; em abono da primeira alternativa chamar-se-á à liça a estrutura sancionatória do modelo de *actio* pensado ao abrigo da *lex aquilia*. Pois que não nos podemos esquecer que, mesmo calculado o dano por referência a circunstâncias concretas e ao *interesse*, sempre se haveria de compatibilizar a pressuposição de sentido com o consagrado no texto da lei.

Ao que acresce a necessidade de dirigir breves palavras ao pensamento de Valditara quanto ao ponto. Efectivamente, cremos que algumas das regras restritivas de que o autor lança mão se cumprem no momento da imputação de um dano evento ao comportamento do lesante. Donde, e porque é mister não ignorar os *verba* aquilianos, algumas das cogitações que com somos confrontados parecem ter ficado resolvidas a montante.

Mais se impõe, contudo. Aquele mais que, na clara dissensão entre o dano como lesão material da coisa – que não deveria estar ausente – e o dano como prejuízo patrimonial, nos faz olhar para o segundo. E nessa medida cremos não errar se afirmarmos que a perspetiva dos jurisprudentes romanos era aí a do cálculo do dano, segundo determinados critérios de relevância forjados, sem que a ligação causal fosse pioneira das diversas soluções postuladas. Ainda que categorias como a evitabilidade do dano, agora subsequente, pudessem vir imbuídas de um pendor contrafáctico, a fazer lembrar as modernas teorias causais, o prisma sob o qual eram captadas eivava-se mais pelas notas de temporalidade do que por aqueloutras da condicionalidade. Peça fulcral do jogo que se operava era, não o podemos olvidar, o momento temporalmente determinante que condicionava o ressarcimento. A diferença que paulatinamente se introduz no espetro do discurso do decidente era pensada, não em termos de cômputo diferencial entre a situação atual e a situação hipotética em que o lesado estaria se não fosse a lesão, mas em termos de subtração patrimonial entre a sua situação e aqueloutra em que estaria no momento em que a *res* tivesse adquirido um maior valor. Donde o juízo hipotético não ficaria dependente da ligação à conduta do lesante, mas tão só da contrafáctica constatação acerca das potencialidades oferecidas pela coisa. No que à situação actual respeita, o importante também não seria a condicional concatenação ao ato, mas tão só a constatação da perda, parcial ou total, daquela. E se pensarmos no preenchimento do *occidere*, do *urere*, do *fungere*, e do *rumpere*, a dar lugar ao *corrumpere*, estaremos em condições de perceber que era aí, imputacionalmente, na concretização dos *verba*, que se cumpria a intencionalidade causal.

Tal só é possível em face da estrutura da responsabilidade do direito romano. Pois que se parte da ação, em termos materiais, e não do resultado. E aquela só existirá, ao ponto de ser assimilada pelo juízo legal, quando se concretize no segundo. A simbiose a que se alude destrona ulteriores problemas, podendo afirmar-se que a ligação dos danos subsequentes ao comportamento do lesante é mediada pela destruição ou deterioração da coisa.

2.2 O período medieval

Três notas caracterizam o direito da responsabilidade civil na Idade Média. Melhor dizendo, a nota predicativa indelevelmente ligada ao modo de ser do pensamento jurídico à época ao que acresceria o estado evolutivo da tutela aquiliana no final do Império Romano ditaram aqueles que seriam os contornos de tratamento da problemática nos reinos europeus[84].

Chegados à Idade Média a tutela dispensada pela via aquiliana era já muito diversa daquilo que originariamente tinha sido. A tendência para a afirmação da atipicidade do ilícito continuava a desenhar-se, sendo vincada pela grande generalidade dos autores que, direta ou incidentalmente, se referem a este momento histórico[85], ao mesmo tempo que se acentua a índole ressarcitória do instituto[86]. Ela ficaria, contudo, paralisada. Ou seja,

---

84. Não se pense, contudo, haver um *continuum* linear na evolução cujo bosquejo se traça. Se a complexidade do devir histórico não fosse, como é, bastante para desmentir tal simplismo, a constatação do modo como os povos bárbaros lidaram com o modelo aquiliano viria confirmá-lo. Veja-se a propósito A. LA TORRE, "Genesi e metamorfose", 93 e n. 122. Considera haver dois períodos naquilo que designa por direito intermédio: o primeiro, do direito romano-bárbaro, também conhecido por direito vulgar; o segundo, do direito comum, que, iniciando-se no século XII, com a receção do direito romano clássico, viria a ser conotado com o direito científico, por oposição àquele.

    No que respeita ao período influenciado pelos povos bárbaros, sustenta La Torre que não só não foi possível discernir qualquer evolução, como se não errará se falarmos de um retrocesso, denotando-se a existência de um sistema que não andaria longe da ideia de vingança e que comportava um sentido arcaico pouco distante da Lei das XII Tábuas (p. 94).

    Sobre o ponto, consulte-se, ainda, para mais desenvolvimentos MASSETTO, "Responsabilità extracontrattuale (Diritto intermédio)", *Enciclopedia del Diritto*, XXXIX, Milano, 1988, 1099 e ss. (aqui 1100-1106);

    Do mesmo modo importa não esquecer, para lá da uniformidade racionalizante, a distância que, mesmo ténue numa abordagem macroscópica, é discernível entre a Escola dos Glosadores e a Escola dos Comentadores.

85. Cf., *inter alia*, GIUSEPPE VALDITARA, "Dalla lex aquilia", 280 s.

86. Cf. A. LA TORRE, "Genesi e metamorfose", 97. Ilustrando o carácter mais marcadamente civilistico da tutela inspirada na *lex aquilia*, pense-se, tal como ensina o autor, na eliminação da regra da temporalidade retroativa ou prospetiva para se calcular o valor do dano (sobre o ponto, veja-se, ainda, com maior desenvolvimento ZIMMERMANN, *The Law of Obligations*, 1019); a exclusão da noxalidade; a consagração da regra da transmissibilidade passiva da obrigação.

    Saliente-se, uma vez mais, que a evolução reportada a propósito da teleologia ressarcitória vai ter influência determinante no modo como vai problematizada a questão da causalidade. De um

a receção do direito romano operada pela Escola dos Glosadores e dos Comentadores não teve como repercussão uma reforma profunda do *status quo*. Bem se entende, aliás, que assim seja. A racionalidade hermenêutica, justificada pelo princípio da autoridade tido como central para os grandes pensadores medievais, dita uma estrita fidelidade ao texto da lei. Se não à expressão verbal do plebiscito rogado no séc. III a. C., pelo menos à literalidade da compilação justiniana e aos casos nela pensados[87].

O *Corpus Iuris Civilis* continuaria, de facto, a ser fonte de direito durante o período medieval[88]. À culpa seria reservado um lugar de destaque. Tendo-se desenhado o seu papel no seio da doutrina romanística, o certo é que, fruto da influência do Cristianismo, ela iria ser erigida em nódulo central da imputação. Assimilada ao pecado, passa a ser vista como o fundamento daquela e, concomitantemente, de toda a responsabilidade que continuaria, pese embora a gradual atipicização a que já se aludiu, a estribar-se em previsões atomísticas de delitos[89].

O discurso recentra-se no fundamento desvalioso da obrigação de indemnizar, pelo que, continuando a discutir-se a distinção entre dar a morte e matar, nunca se chegou a elaborar uma doutrina acerca da causalidade. Como salienta Zimmermann, "o que importava era saber em que medida o lesante criou ou não a ocasião do dano, mas essa indagação era muitas vezes anexada ao problema da culpa"[90]. Também aqui três razões logram explicar

---

lado, sendo eliminada qualquer referência à litiscrescência, avulta maior a complexidade no que concerne ao cálculo da diferença para que apontava o *id quod interest*. De outro, parece encaminhar a nova intencionalidade para uma identificação entre o dano sofrido e a indemnização percebida, extirpando do montante apurado quaisquer danos que não tenham sido causados pelo demandado.

É, aliás, no mesmo sentido que joga a gradual afirmação do carácter atípico do ilícito. Pois que, à medida que se perde o centro de gravitação do juízo que é a ação bem delineada pela norma, haverá toda uma tarefa judicativa de recondução do resultado lesivo ao comportamento do agente que de outro modo sairia atenuado. Ao que acresce o facto de, perdendo-se a materialidade com que ia pensada a ação, se agudizarem os arrimos problemáticos quando confrontados com o *modus* de solução dispensado à questão nos alvores da *lex aquilia*.

87. Salientando o carácter exegético do pensamento medieval, cf. NILS JANSEN, *Die Struktur*, 272
88. Cf., sobre o ponto, NILS JANSEN, *Die Struktur*, 271 s. Veja-se, também, FRIED, "The Lex Aquilia as a source of Law for Bartolus and Baldus", *American Journal of Legal History*, nº 4, 1960, 142 s.
89. Sobre o ponto, em geral, cf. GENEVIÈVE VINEY, *Traité de droit civil sous la direction de Jacques Ghestin: Introduction à la responsabilité*, 2e édition, LGDJ, Paris, 1995, 9 s. Entre nós, as Ordenações pouco adiantam sobre o tema. Só nas Ordenações Filipinas, já finda a Idade Média, encontrámos referências à responsabilidade civil e exclusivamente no domínio contratual.
90. Cf. ZIMMERMANN, *The Law of Obligations*, 1029. Cf. NILS JANSEN, "Damages caused by psychological influence", *Digest*, 194/195, em comentário a WILHELM DURANTIS, *Speculum indiciale, lib. IV, partic. IV, De Iniuriis & Damno Dato, § 2 Sequitur, n. 16*: A matou um homem. Mais tarde, por vingança, o filho deste homem pegou fogo à casa de A e o incêndio propagou-se à propriedade vizinha. O pro-

a aproblematicidade com que a categoria vinha tratada: fidelidade ao direito romano, que não tinha ido além disso; centralidade da culpa, chamada a resolver a ligação do resultado danoso ao comportamento do agente[91]; estrutura do real, eivada por alguma linearidade que descomplexifica as hipóteses de surgimento dos danos, não forçando o jurista a procurar novas formas de com elas lidar. A tudo isto, e unificando os diversos dados, juntar-se-ia a ausência de um sistema que desse coerência à multiplicidade de fontes, obviando assim a concetualização categorial com que se lidaria mais tarde.

Há, no entanto, e no tocante à problemática causal, que sublinhar alguns aspectos não despiciendos. Diz-nos Jansen que, a partir da década de 90 do século XIII, passa a ser concedida, embora com carácter de excecionalidade, uma pretensão aquiliana diante de uma perda económica que não tenha sido causada *corpore ad corpori*[92]. No que tange às lesões indiretas, há um aumento significativo das indemnizações concedidas para cobrir os danos que ali se inscrevam[93]. Por outro lado, ainda que algumas

---

prietário vizinho demandou A, argumentando que ele era responsável pelo dano na sua propriedade. A foi considerado responsável, apesar de não ter despoletado o fogo. Na verdade, ele foi apenas responsável por uma morte que ocorreu há muito mais tempo. Simplesmente, ele deu ocasião ao dano (*occasionem damni dare*), que era equivalente a causar do dano (*damnum dare*).

91. Veja-se, a este propósito, Manuel Dias da Silva, *Estudo sobre a responsabilidade civil conexa com a criminal*, Coimbra, 1886, 46 s. No tocante ao direito português, Manuel Dias da Silva vem mostrar como, na Península, se sofreu a influência do direito dos povos germânicos, fruto das invasões bárbaras. O direito visigótico, que aqui passou a ser vigente, determinou, na confluência com o direito romano, no tocante à responsabilidade civil, um sistema em que continuava a existir a vigança privada, exercida sem limites pela vítima e seus parentes, mas onde, fruto da influência do Cristianismo, se passa a admitir a possibilidade de prevenir futuras consequências do seu crime entregando ao ofendido ou à sua família uma compensação em dinheiro (*Wehrgeld*). Esta composição, entendida como o preço pelo qual se renunciava à vingança, era acordada pelas partes, passando depois a ser fixada pelo costume e sancionada pelas leis. Com a codificação das leis visigóticas, elas passariam a ser obrigatórias.

No território hoje ocupado por Espanha e Portugal, vigorava o *Código Alariciano* ("extraído em grande parte das leis romanas, especialmente do *Código Theodosiano*", seria o diploma pelo qual se regiam os hispano-romanos) e a *Antiqua Collectio* (a parte que se conhece do direito privado dos godos). Mais tarde, foi criado um código para toda a nação: o *Código Wisigothico* ou *Lex Visigothorum*, que fundiu o sistema penal do direito romano com o sistema das compensações dos visigodos. A partir deste momento, o sistema romano terá prevalecido e ter-se-á estabelecido a pretensão de apreciar a moralidade do acto e de castigar mais a má vontade do que a lesão material. Mostra este breve excurso que paulatinamente se traça a distinção entre a responsabilidade penal e a responsabilidade civil, remetendo-se para esta o ideal reparatório, ao mesmo tempo que, por influência do Cristianismo, se humanizam as sanções e se vinca a importância da culpa, que já estava presente como requisito fundamental no período romanísta.

92. Nils Jansen, *Die Struktur*, 275. Mais acrescenta o autor que, em determinadas situações, é possível a cobertura do dano pela *Lex Aquilia* quando a única coisa que se verifica é a violação de uma disposição legal.

93. Refere-se Jansen à equiparação entre o *occasionem damnim dare* e o *damnum dare*. Cf. Nils Jansen, *Die Struktur*, 275.

soluções permaneçam inalteradas, importa não esquecer, na explicitação interpretativa que se faz do *Corpus Iuris Civilis* e na procura de coerência por parte, primeiro, dos Glosadores, e depois, dos Comentadores, que os fundamentos para elas convocados podem divergir nesta época medieval, relativamente àqueles que eram avançados na Roma Antiga. Exemplo paradigmático disso parece ser o tratamento que alguns juristas medievais dispensam à questão da responsabilidade de múltiplos lesantes[94]. Azo Portius[95], jurista da Escola de Bolonha, ao cuidar do problema da causalidade alternativa, adere à solução de Ulpianus e de Julianus, vertida em D. 9,2,11,2 e D. 9,2,51,1, mas fundamenta-a numa outra *ratio*. Pese embora a finalidade sancionatória, a determinar a importância subordinada da ideia de compensação, e o argumento da impunidade possam fazer rememorar a lição de Julianus[96], ensina Kruse que, enquanto para este estaria em causa uma ideia de prevenção geral, Azo olharia para o tópico do ponto de vista do indivíduo e do seu comportamento culposo[97]. Já não seria assim com Placentinus, outro dos juristas da Escola dos Glosadores, que também terá chamado à colação o argumento da impunidade. Para ele, diferentemente do primeiro, a punição necessária de um ilícito relacionar-se-ia com o argumento do bem-estar geral e não com a relação concreta entre lesante e lesado[98], sem que isso implicasse, é bom de notar, uma perfeita adesão aos fundamentos romanísticos. Nunca se tendo desprendido verdadeiramente da letra dos textos justinianeus, houve uma clara tentativa de conciliação de princípios, edificando uma estrutura doutrinal de conjunto. Nessa empresa ecoa com particular importância o nome de Acúrsio. Na sua glosa de D. 9,2,11,2[99], esclarece-se que, se muitos lesaram um escravo, mas não se sabe qual deles causou a morte, todos devem ser responsabilizados, o

---

Em debate estaria, também, a possibilidade de se estender a responsabilidade em caso de morte ou de ferimentos, designadamente a eventualidade de ser atribuída uma indemnização por despesas médicas, perda de rendimentos e de serem ressarcidos terceiros prejudicados com a situação lesiva.

94. Lançaremos aqui a mão do exaustivo tratamento histórico que Kruse nos oferece acerca da causalidade alternativa. Assim, CONSTANTIN KRUSE, *Alternative Kausalität*, 46 s.
95. Cf. *Azo Summa Codicis C,3,35 De Lege Aquilia*, apud CONSTANTIN KRUSE, *Alternative Kausalität*, 46 s, que aqui, como anunciado, acompanharemos de muito perto.
96. Cf. D. 9,2,51,3: *cum neque impunita maleficia esset oporteat*. Ou seja, as más ações não devem ficar impunes. O jurisprudente romano terá mobilizado o argumento a propósito da causalidade ultrapassante ou da quebra do nexo de causalidade. Como vimos, a responsabilidade é estabelecida independentemente de os factos que a alicerçam não terem sido causais em relação à morte da vítima.
Cf., a este propósito, MARTIN GEBAUER, *Hypothetische Kausalität*, 17 s., e a propósito dos glosadores e dos comentadores p. 30.
97. Cf. CONSTANTIN KRUSE, *Alternative Kausalität*, 52.
98. Novamente, CONSTANTIN KRUSE, *Alternative Kausalität*, 52.
99. Cf. CONSTANTIN KRUSE, *Alternative Kausalität*, 54.

que só aparentemente gera uma contradição com a ideia de base segundo a qual, na dúvida, ninguém deve ser sancionado. É que, ali, ao contrário de outras situações, parte-se de um grupo claramente definido de onde provém a indemnização, sendo que, noutras hipóteses, resulta absolutamente indeterminado o que é que foi causal para a lesão. Note-se, ademais, que Acúrsio não olha para a causalidade alternativa como uma exceção ao princípio da causalidade, mas como uma exceção ao princípio da prova (*in dubio nemninem tenutur*)[100].

Com Kruse, podemos concluir que os juristas medievais não "assumiram a causalidade alternativa como uma oportunidade para abordar os fundamentos teóricos da causalidade"[101]. Pelo contrário, eles contentaram-se em "retratar os casos tradicionais solucionados por Julianus e Ulpianus e em explicar os factos, aceitando a consequência jurídica"[102]. A verdade é que, a despeito do manancial de possibilidades discursivas que as situações de multiplicidade de lesantes ofereciam, não só não foram além da busca da congruência exigível, como não aproveitaram os ensinamentos a esse ensejo recolhidos para dar um novo fôlego à construção dogmática do requisito causal. Apenas em relação aos segmentos que se mostravam falhos na fundamentação – *v.g.*, no que toca à causalidade alternativa e à quebra do nexo de causalidade – se pode constatar a preocupação de aprofundamento por parte dos juristas deste período.

A fidelidade aos textos do *Corpus Iuris Civilis* cimentava as soluções predispostas à época. Um aspeto merece, no entanto, ser valorizado. Com efeito, nessa procura de fundamentos não superadora da pretérita atividade judicativa, transpirava já a importância da consideração da finalidade do ressarcimento, primitivamente perspetivado sob a chancela sancionatória, e, bem assim, da estrutura delitual onde o pressuposto em análise se integra. Não é, por isso, de estranhar que o progressivo realce dos aspetos reipercusórios e compensatórios determine preocupações acrescidas com as situações de responsabilidade sem causalidade a que fizemos referência. Do mesmo modo, torna-se percetível que o caminho em direção à formulação de uma cláusula delitual mais ampla, que fique longe da tipicização da *Lex Aquilia*, faça suscitar novos e mais complexos problemas a este nível[103].

---

100. Cf. Constantin Kruse, *Alternative Kausalität*, 55.
101. Cf. Constantin Kruse, *Alternative Kausalität*, 76.
102. Cf. Constantin Kruse, *Alternative Kausalität*, 76.
103. Cf., a este propósito, Nils Jansen, *Die Struktur*, 291, considerando que a transformação da ação aquiliana numa cláusula geral de responsabilidade se deve a dois fatores independentes. Por um lado, verifica-se o alargamento do âmbito das ações, passando os danos puramente patrimoniais a ser indemnizados no quadro da *actio in factum*, ao mesmo tempo que se torna possível avultar

2.3 O período jusracionalista

Um sistema unitário de responsabilidade civil só viria a surgir fruto do labor dos autores jusracionalistas. Com eles, é toda a compreensão da juridicidade que se transmuta, abrindo as portas à passagem do período pré-positivista, em que o direito surgia incluído no âmbito da filosofia prática, para aqueloutro positivista em que se perde a referência ao plano de fundamentação extralegal. A obrigação de indemnizar os danos causados a terceiros é, então, repensada. Aquela já não é vista como um mecanismo de reintegração patrimonial, como o fora depois de extirpados os segmentos de *vindicta* que a predicavam *ab initio*, mas passa a ser compreendida sob o prisma da salvaguarda de direitos naturais do ser humano. Grócio define o delito, considerando que *maleficium hic appellamus culpam amnem, sive un faciendo sive in non faciendo, pugantem cum eo quod...homines...facere debaut. Ex tali culpa obligatio naturaliter oritur, si damnum datum est, rempe ut id resarciatur*. A culpa é erigida, pelo autor, em fundamento da imputação delitual, mas não aparece desacompanhada. Por influência do tomismo, o sistema delitual por si delineado é pensado na óptica da violação dos direitos absolutos, tendo uma finalidade essencialmente reipersecutória. Daí a importância da causalidade, embora surgissem casos complexos em que se admitia a responsabilização sem que aquele pressuposto estivesse preenchido. Mas, se no centro da sua doutrina Grócio colocou o direito subjetivo absoluto, entendido como mecanismo de proteção da liberdade dos indivíduos, então torna-se clara a predicação da responsabilidade por meio do resultado e, portanto, a necessidade de recondução daquele à conduta de um sujeito, tanto mais que, neste sistema, a culpa surge separada da *iniuria*. Com Pufendorf o conceito de imputação, que tem subjacente a si a vontade e o discernimento, torna-se evidente. Mas, curiosamente, o autor vem admitir a existência, embora excecional, de casos de responsabilidade sem culpa, designadamente nas situações de danos provocados pelos escravos ou pelos animais. A imputação de que se cura implicaria

---

uma responsabilidade por lesões indiretas e por omissões. Por outro lado, esbate-se o segmento penal para se apresentar o instituto em termos meramente compensatórios. Será, segundo o autor, no quadro do *usus modernus* que a pena privada deixará de ter lugar e a *actio damno dato* assume a forma de uma cláusula geral, sendo, por isso, necessário encontrar um fundamento em termos normativos que muitos vêm a descobrir na regra do *alterum non laedere*.

Sobre o *usus modernus*, cf., *inter alia*, ALMEIDA COSTA, *História do Direito Português*, 2ª Edição, Almedina, Coimbra, 1996, 348. A corrente terá surgido na Alemanha, "como uma nova metodologia do estudo e aplicação do direito romano. Dentro da linha evolutiva do direito romano, o *usus modernus* significa um ciclo de passagem da Escola dos Comentadores para a Escola Histórica". Marcada pelo racionalismo e pelo nacionalismo, a Escola deixa-se penetrar pelas ideias jusracionalistas, primeiro indiretamente (pelo esforço de adatação do direito romano, continuando os métodos a ser idênticos aos dos comentadores), depois ao nível da doutrina e da prática.

que o sujeito estivesse apto a prever as consequências do seu ato e que pudesse reconhecer a antijuridicidade do seu comportamento, envolvendo a *imputatio* um juízo de reprovação próximo da culpabilidade, ao mesmo tempo que se estribaria na constatação de um desvio relativamente ao que era exigido. Para Thomasius, não se justificaria em determinados casos a exigência da culpabilidade, bastando, para que aquele juízo imputacional pudesse ter lugar, que uma pessoa tivesse causado o dano. A imputação, para o autor, mais não significa do que a atribuição das próprias ações e das suas consequências aos seus autores, prescindindo-se da culpa no que concerne à obrigação de indemnizar. Normativamente, o autor parece encontrar uma justificação e um critério para a imposição de uma obrigação ressarcitória: a criação de um risco impende sobre aquele que o gerou no seu próprio interesse, dado que não deixa de ser problemático em termos de fronteiras, fazendo apelo a uma ideia de *Handelns auf eigene Gefahr*. À atomística individualização romanística, convertida dogmaticamente em tipicidade, sucede-se a generalização acompanhada da tendencial atipicidade do ilícito cujos contornos se vinham delineando progressivamente. Neste período, ou o acento tónico é colocado nos direitos a salvaguardar e se parte da responsabilidade compensatória para a limitação da mesma, em nome da preservação, identicamente válida, dos direitos de ação do outro; ou o acento tónico se fixa na liberdade exercitável e (in)compreendida em termos negativos e a regra é a restrição, buscando-se passo a passo um fundamento específico para a responsabilidade. A amplitude das cláusulas delituais passa a ser a regra, concebendo-se de forma também ampla o dano e reservando-se um papel central para a culpa. Em tudo o resto, a concetualização mostrava-se ainda incipiente, não se tendo arredado o legado do direito romano, nem se tendo logrado obter uma visão da causalidade que se apartasse da busca da causa material.

2.4   A degenerescência no positivismo

À atomística individualização romanística, convertida dogmaticamente em tipicidade, sucedeu a generalização acompanhada da tendencial atipicidade do ilícito cujos contornos se vinham delineando progressivamente[104].

Tal justifica-se, a par do pano do fundo que a matriz do pensamento agora abraçado faz recair, de forma contaminante, sobre toda a juridicidade, pela diversa intencionalidade com que é captada a essência do ser humano. Repare-se que da plena imersão no cosmos natural, passando pela compreensão de si mesmo na referência teológica, se cai na afirmação contundente

---

104. Cf. A. La Torre, "Genesi e Metamorfosi", 98.

do homem individual de cariz racional. A abstração fundadora dos contratualismos que à época se esboçam acaba por ser determinante de um olhar diverso sobre o problema da responsabilidade. O homem já não é responsável pela perturbação de um elemento do todo onde se integra, que deveria ser proscrita preventivamente pela previsão normativa, mas é responsável pela interferência com os direitos naturais e inelienáveis, nessa medida absolutos, dos outros seres humanos. O que se joga neste período, também ao nível civilístico, são as condições de compatibilização de individualidades que se confrontam. A estrutura delitual vem, então, pensada em termos de conflitualidade de esferas individuais, encerradas sobre si mesmo. De um lado, o sujeito lesado que, portador de um círculo autistamente delineado de direitos, dirige, contra todos, uma pretensão de respeito, no sentido de abstenção de todo e qualquer comportamento que os possa pôr em causa. De outro lado, o sujeito lesante que, também portador dos mesmos direitos, analisáveis sob a óptica da liberdade, negativamente entendida, enquanto magma unificador daquele círculo a que se aludiu, exige, em nome da salvaguarda daquela, a restrição da responsabilidade[105].

Dois são, pois, os pilares de intelecção do instituto. Um e outro actuam de forma não convergente, digladiando-se na medida em que representem interesses contrapostos. A tensão que perpassa a responsabilidade civil, quando contemplada na ótica dos sujeitos atuantes, figuras processuais de relevo, afigura-se ser, afinal, de forma não harmonizável a que matiza estrutural e fundacionalmente todo o instituto. E a falta de harmonia a que se alude, só contornável numa perspectiva dialética de compreensão conjunta da liberdade *versus* responsabilidade, determina que o juízo a entretecer deva privilegiar um dos polos em confronto.

A afirmação do *neminem laedere* outra coisa não representa do que a busca de salvaguarda, por via repressiva, dos direitos naturais a que se alude e a cuja inteleção se chega pela contemplação da natureza racional do ser humano. A liberdade, na medida em que informa, afinal, nos moldes individualistas em que é conceptualizada, esses direitos inalienáveis, exigiria, porém, a demarcação das esferas de ação, assumindo-se a culpa como expediente técnico de concretização delas.

Neste caleidoscópico enquadramento, podemos, assim, aventar duas possibilidades teóricas. Ou o acento tónico é colocado nos direitos a sal-

---

105. Cf. NILS JANSEN, *Die Struktur*, 353, considerando que, nesta época, o direito delitual "define o que é, ao nível do direito privado, permitido e proibido". Trata-se de um domínio onde a liberdade individual encontra a liberdade do outro, para aí definir o seu limite. Assim sendo, a responsabilidade civil transforma-se num instrumento de definição das esferas subjetivas de liberdade – *subjektiver Freiheitssphären*.

vaguardar e se parte da responsabilidade compensatória para a limitação da mesma, em nome da preservação, identicamente válida, dos direitos de ação do outro; ou o acento tónico se fixa na liberdade exercitável e (in)compreendida em termos negativos e a regra é a restrição, buscando-se, passo a passo, um fundamento específico para a responsabilidade.

Aquela seria a posição firmada pelo jusracionalismo; esta anuncia já a degenerescência dele no positivismo.

E com isto, embora de forma perfunctória, acedemos à chave de compreensão da causalidade no quadro do pensamento moderno.

As diversas compilações codicísticas que surgem à época revelam-nos dois dados: a incontornabilidade da culpa na afirmação da responsabilidade e uma concepção ampla de dano. Em Grócio, como se viu, a causalidade foi claramente identificada como requisito delitual, mas foi estimada sem o apelo ao rigor conceptual a que seríamos conduzidos posteriormente[106]. Em Pufendorf, encontraríamos pela primeira vez o conceito de *imputatio*, como expressão técnica, a partir da qual o autor procura solucionar alguns dos problemas que tradicionalmente eram tratados a propósito do requisito[107]. Não se errará, por isso, se adiantarmos que a preocupação com a causalidade se liga, sobretudo, ao aparecimento de amplas cláusulas delituais e à ênfase dada ao ideário reparatório (na senda da dimensão reipercusória que ao instituto aquiliano passa a ser reconhecido). A permanência de arrimos sancionatórios e a importância conferida à assunção de determinados deveres de comportamento – uns e outros a fazer apelo à culpa – ditariam a falta de necessidade de aprofundamento da temática. Em certa medida, os autores afloram-na mais do ponto de vista fundacional do que dogmático.

Os dados estavam, contudo, lançados e seriam jogados no período subsequente. Com o jusracionalismo estavam, de facto, lançadas as bases do positivismo legalista. Quer a conceção do direito como um conjunto de

---

106. A conclusão é colhida em GRÓCIO, *De iure belli ac pacis*, Lib. II, cap. 17, § 10 (*The Law of War and Peace in Three Books*, tradução inglesa de FRANCIS W. KELSEY (1925) com a colaboração de ARTHUR E. R. BOAK, HENRY A. SANDERS, JESSE S. REEVES e HERBERT F. WRIGHT (http://www.lonang.com/exlibris/grotius/gro-217.htm)). Cf. CONSTANTIN KRUSE, *Alternative Kausalität*, 95 s.

107. Dando conta disso, v., novamente, CONSTANTIN KRUSE, *Alternative Kausalität*, 101, nota 481.

Veja-se, na página 100 e ss., a referência ao tratamento que Pufendorf dispensa à questão da causalidade múltipla. No seu sistema de direito natural, o argumento já antes por nós referido da impunidade pode não colher no sentido da imposição de responsabilidade a todos os participantes. Importante será saber se houve ou não uma decisão conjunta e se os agentes agiram ou não em mão comum. Quando este critério falha e a contribuição individual puder ser estimada, então deve-se responsabilizar individualmente cada um dos participantes pelo dano que causou. Casos haverá de responsabilidade alternativa em que se impõe a regra da solidariedade, por oposição à responsabilidade cumulativa, contrária a uma finalidade reipercusória.

normas, quer a racionalidade subjacente a este pensamento, quer a desconsideração do caso concreto como único e infungível são características comuns a ambos. A diferença está na pressuposição pelo primeiro de um fundamento extralegal, identificado com um direito natural puramente racional, que o segundo desconsidera. Em certa medida, pode afirmar-se mesmo que o jusracionalismo iluminista já continha em si o gérmen do que viria a ser o positivismo jurídico.

Ou seja, o jurista, que já entendia o jurídico como a normatividade, desprendendo-se de toda e qualquer ordem pressuposta, afirmando como valor máximo a sua liberdade, acaba por confundir o direito com o direito posto pela instância politicamente legitimada para o efeito, o legislador, para o que também terá contribuído a aversão criada aos abusos cometidos durante as monarquias absolutas e despóticas anteriores. Direito e lei passam a ser conceitos confundíveis.

No fundo, podemos tentar sintetizar a complexidade da génese do positivismo na ideia de que esta foi uma época de excessos. Partindo da ruptura com a transcendência, os autores oitocentistas acabam por afirmar o indivíduo solitário que reivindica uma liberdade negativa no confronto com o Estado e com o outro; acabam por afirmar o secularismo, como exasperação da secularização, que não implicaria a negação da transcendência. Acabam por assumir a racionalidade dedutiva, de que Descartes foi o primeiro teorizador, como a única racionalidade pressuposta. Os interesses de cada um passam a ser o móbil da sociedade. O indivíduo, inteiramente livre e inteiramente igual por referência aos demais, deve prover pela satisfação das suas finalidades, sendo essa busca o motor de todo o desenvolvimento. Entendida a liberdade e a igualdade como valores formais, a vivência social deveria ser regulada por leis, caracterizadas pela sua abstracção e generalidade. A Revolução Francesa seria o facto que transforma a potência em acto[108]. Ou seja, que converte o pensamento que se vinha delineando numa realidade, traduzida no Estado de legalidade formal.

Formalismo, redução do direito à lei, sistematizações abstratas e completas, pretensão de exaustividade do sistema, cuja lacunosidade se recusava, mediante a crença num sistema pleno e autossuficiente, são algumas das coordenadas que nos permitem compreender o pensamento positivis-

---

108. Afirmando-se que o direito é igual à lei, com a Revolução Francesa passa a postular-se o princípio da separação de poderes, entendido de uma forma exageradamente rígida, cuja sistematização coube a Montesquieu. Para o autor, o juiz, no quadro da separação de poderes, é "*o instrumento que pronuncia as palavras da lei*" (*Esprit des lois*, XI, 6, vol. I), na esteira do entendimento formalista e legalista do direito.
Sobre o ponto, cf., novamente, PINTO BRONZE, *Lições*.

ta. Todas elas estavam já anunciadas no pensamento e nos acontecimentos que permitiram a sua emergência.

A evolução operada não se apresentou, contudo, linear. O caminho traçado pelo pensamento jurídico não foi o mesmo em França, onde se desenvolveu sob a égide do positivismo exegético, pelas mãos da Escola da Exegese, e na Alemanha, onde aquele apenas surge fruto da degenerescência da Escola Histórica do Direito na Pandetística e, posteriormente, na Jurisprudência dos Conceitos.

A Escola da Exegese surge como a escola dos intérpretes do Código Civil. Na interpretação que faziam dos preceitos procuravam apenas descobrir a vontade do legislador histórico, numa intenção de cariz subjetivista, que proclamava uma total e incondicional fidelidade aos textos da lei. O artigo 1382º consagra que *tout fait quelconque de l'homme, qui cause à autrui un dommage, oblige celui par la faute duquel il est arrivé, à le réparer*. E o artigo seguinte continua dizendo que a pessoa é responsável mesmo que tenha atuado negligentemente ou imprudentemente. O que quer dizer que toda a imputação delitual se baseava na *faute*, um conceito amplo, que carecia de ser concretizado pela prática jurisprudencial. Este conceito de *faute* já vinha de Domat, um jusnaturalista cristão, sendo este o verdadeiro fundamento da responsabilidade civil. Para Domat, aquela que no direito canónico era mais um instrumento de moralização das condutas humanas, do que um instrumento destinado a indemnizar as vítimas seria, simultaneamente, critério, causa e condição da responsabilidade civil. Na sua obra *Les loix civiles dans leur ordre naturel*, podemos ler *On peut distinguer trois sortes de fautes dont il peut arriver quelque dommage. Celles qui vont à un crime ou à un delit: celles des personnes qui manquent aux engagements des conventions, celles qui n'ont point de rapport aux conventions, qui ne vont pás à un crime ou à un délit*. E continua afirmando que *toutes les pertes et toutes les dommages qui peuvent arriver par le fait de quelque personne, soit imprudence, légèreté, ignorance de ce que l'on doit savoir ou autres fautes semblables, si légères qu'elles puissemt être, doivent être réparées par celui dont l'imprudence ou autre faute y a donné lieu*[109]. Domat dá-nos, pois, uma noção lata de *faute*, que no seu pensamento acaba por ser o único critério de imputação[110]. Não se ignora que fala, igualmente, de ilicitude; contudo,

---

109. Domat, *Les lois civiles dans leur ordre naturel*, Paris, (1756) 1771, Livre II, Titre VIII, Section IV, article premier.

110. Cf. Nils Jansen, "Duties and Rights in Negligence: A comparative and Historical Perspective on the European Law of Extracontractual Liability", *Oxford Journal of Legal Studies*, vol. 24, n.3, 2004, 462, considerando que Domat terá interpretado a fórmula de Grócio no sentido de "incluir os danos puramente patrimoniais. Pothier segue o mesmo caminho e rejeita a diferença do direito

os dois conceitos tendem a coincidir, porquanto os factos ilícitos surjam definidos não somente como *ceux qui sont défendus par des lois expresses*, mas também como aqueles que *blessent l'equité, l'honnêté ou les bonnes moeurs, quoiqu'il ne se trouvât point de loi écrite qui les exprimât car tout ce qui est contraire à l'équité, à l'honnêteté ou aux bonnes moeur est contraire aux príncipes des lois divines et humaines*[111]. Pothier, na linha de uma grande amplitude que era conferida à responsabilidade civil, define delito como *le fait par lequel une personne, par dol ou malignité, cause du dommage ou quelque tort à une autre*. E fala ainda de quase delito, considerando que é *le fait par lequel une personne, sans malignité mais par une imprudence qui n'est pas excusable, cause quelque tort à un autre*[112]. Tanto num caso como no outro, o autor do dano deve responder civilmente. Os redatores do Code Civil assumem, então, a *faute* como o conceito central do modelo delitual. Os primeiros comentadores do Código de Napoleão viriam, depois, alterar o sentido amplo com que a cláusula geral de responsabilidade civil deveria ser entendida. Presos à ideia de segurança e certeza jurídica, os autores da escola da exegese trataram de restringir o conceito de *faute*, de forma a circunscrever exatamente o seu âmbito. Era a ideia de liberdade negativa a triunfar. De facto, a liberdade de cada um seria limitada na exata medida em que ela contendesse com a liberdade do outro. Dentro destes limites, o indivíduo poderia actuar a seu contento, sem que sobre ele recaísse qualquer possibilidade de vir a ser demandado. Neste sentido, os primeiros comentadores do Código de Napoleão passam a entender que é necessária, para que se verifique uma situação de responsabilidade civil, a violação de um direito subjetivo de outrem, só se voltando a alargar o conceito de *faute* já no século XX, quando se passa a defender que basta a lesão de um interesse legítimo juridicamente protegido e mais recentemente a ideia de que a simples violação de uma situação de facto mesmo que não protegida pela lei pode desencadear uma pretensão indemnizatória. Contra o que expressamente sustentava o Código de Napoleão, em obediência ao pensamento dos autores que o elaboraram, os exegetas franceses acabaram por consagrar a doutrina segundo a qual só se verificaria uma situação de responsabilidade civil naquelas hipóteses em que ocorresse a violação de

---

romano entre os diversos tipos de danos ". Explicar-se-ia, por esta via, de acordo com JANSEN o modelo cristalizado no artigo 1382º Code Civil Francês, no qual o ressarcimento é restringido com apelo à culpa, causalidade e dano.

111. DOMAT, *Les lois civiles*, Livre II, Titre VII, Section II, Preambule. Como se pode constatar, pela expressão do autor, ele não se insere na linha do jusracionalismo. O direito natural a que faz apelo está intimamente relacionado com a transcendência.

112. POTHIER, *Traité des obligations,* tome I, Bruxelas, 1835, 69

Para uma análise do papel que o jurista teve no quadro da responsabilidade civil em França, cf., também, GIUSEPPE VALDITARA, "Dalla lex aquilia", 285.

um direito subjetivo alheio, tendo mesmo alguns autores sustentado que seria necessária a lesão de um direito absoluto.

A diversa índole do pensamento jurídico alemão associada a uma codificação tardia determinaram outro rumo para a responsabilidade civil germânica. Ihering haveria de ser, neste contexto, um nome incontornável. E é a Ihering que se deve uma importante obra em matéria de responsabilidade civil – *Das Schuldemoment im römischen Privatrecht* – *O momento da culpa no Direito privado romano* – da qual resulta um modelo diferente daquele que já analisámos. Ihering passa a distinguir duas instâncias de imputação delitual. À culpa acresce a ilicitude, um filtro objetivo que irá seleccionar as hipóteses relevantes em matéria de obrigação ressarcitória[113]. Em 1900, entraria em vigor o BGB, que consagraria a distinção entre culpa e ilicitude. E para isso, com o objetivo de salvaguardar ao limite a distinção, fixam-se três cláusulas de ilicitude. O § 823º I prevê que *quem com dolo ou negligência violar ilicitamente a vida, o corpo, a saúde, a liberdade, a propriedade fica obrigado a indemnizar (...)*. Tutela-se, por esta via, toda a intromissão culposa em direitos absolutos alheios, prevendo-se no número II daquele preceito as hipóteses de responsabilidade decorrente da violação culposa de normas que visem proteger interesses alheios. Por último, o § 826 comina a obrigação ressarcitória para os casos de danos causados dolosamente contra os bons costumes[114]. Em qualquer um destes modelos, a causalidade assume um papel fundamental. O Código Napoleónico previa, no tocante ao ressarcimento, que todo o facto humano que cause a outrem um dano, por culpa sua, fizesse impeder sobre o lesante a obrigação de o reparar. A abertura é plena e consentânea, como vimos, com a matriz jusracionalista em que o preceito é forjado. E se o pensamento exegeta ulterior haveria de estabelecer restrições a essa amplitude originária, o certo é que o único critério de imputação ali consagrado é a *faute*. Pelo que é a partir das nervuras que a entretecem que há-de ser pensado o enquadramento da causalidade na economia do instituto. Aquele que comete a *faute* actua culposamente. Simplesmente, esta culpa não é aqui, pela falta de cisão entre ela e a ilicitude, um mero juízo de desvalor subjetivo, antes sendo integrada por uma dimensão objetiva de quebra do dever. Incorpora, por isso, enquanto não seja formalisticamente encarada, uma concatenação estrita entre o dano que ocorre e o comportamento do agente. Deixa, porém, sem

---

113. Cf. MENEZES CORDEIRO, *Da responsabilidade civil dos administradores das sociedades comerciais*, Lex, Lisboa, 1997, 432 s.
114. Cf. NILS JANSEN, "Duties and Rights", 461, considerando que a doutrina pandetística distingue dois tipos de ilicitude – a violação de um direito individual e a violação de um dever legal, tendo-se a dicotomia tornado a base do modelo do BGB. Frisa o autor que, "ironicamente, os direitos tornaram-se um limite da responsabilidade"!

filtro os prejuízos patrimoniais que subsequentemente avultem, já que, inexistindo a ilicitude do resultado, eles não podem ser reconduzidos a nenhum polo de sindicância da responsabilidade para lá do comportamento do dito agente. Colocar-se-ia, então, posteriormente, o problema da limitação daquela. É, pois, neste contexto que se recupera a lição romanística da distinção entre danos diretos e imediatos e danos indiretos e mediatos para a consagrar positivamente no Código de Napoleão. A inspiração vem de Domat e Pothier e visa, ao erigi-lo em critério guia do julgador, com assento normativo, coartar a possibilidade de serem ressarcidos os danos em cascata e em ricochete[115].

Domat considera que, "se um dano resulta de um facto inocente de uma forma imprevista, sem que se possa imputar a *faute* ao autor de tal facto, ele não tem de suportar o resultado". Mais adiante que, "se o facto fortuito é uma consequência de um facto ilícito, e dele resulta um dano, aquele que com o facto estabelece uma ligação, então, deve ser responsabilizado, pela simples razão de que o caso fortuito é, aí, uma consequência de tal imprudência"[116]. No tocante ao que se viria a desenhar como requisito causal, Domat aponta como arrimo a previsão. Fácil é, também, perceber que a forma como vai pensada a imputação anda, pela convocação da *faute* como suporte do juízo delitual, longe de uma estrita quantificação do dano. Pelo contrário, a lição do jusracionalista cristão que aqui acompanhamos mostra-se necessária para o preenchimento do próprio conteúdo daquela *faute*. A duplicidade funcional do requisito torna-se, neste seu embrião, evidente.

Em Pothier, parece ressaltar, sobretudo, a dimensão limitativa do ressarcimento. Diz-nos o autor que a indemnização dos danos resultantes da não execução do pactuado não tem de cobrir todas as perdas que resultem do não cumprimento[117]. Há, na verdade, que distinguir diferentes casos e diferentes espécies de *dommages et intérêts*: não havendo dolo e havendo apenas uma *faute* ligeira, ele só terá de indemnizar os danos que haja

---

115. Veja-se, a este propósito, o artigo 1151º Código Civil Francês, que afirma que no caso de não cumprimento do contrato as perdas e danos só devem abranger o dano sofrido e o ganho de que o credor foi privado que representem uma consequência imediata e directa da inexecução da obrigação.

116. Cf. JEAN DOMAT, *Les lois civiles dans leur ordre naturel*, lib. II, título VIII, § 9 e § 10.

Refira-se que o autor apresenta outros critérios de imputação. Assim, cf., § 4º (quando haja necessidade de adotar medidas de precaução em obras e outros trabalhos das quais possam resultar danos, haverá imputação se não for tomado o cuidado que se impunha); § 6º (considerando que, no caso de se verificar um incêndio, haverá responsabilidade porque aquele resulta sempre de uma *faute*, ao menos por imprudência ou por negligência); § 7º (se um dano é causado voluntariamente para evitar um perigo, não há responsabilidade); § 8º (pode haver responsabilidade pelos danos que se causam e que poderiam ser evitados).

117. POTHIER, *Traité des Obligations*, 93 s.

previsto ou que pudesse prever; havendo dolo, devem ser todos indemnizados. Adianta o autor que, "normalmente, as partes previram apenas os danos que o credor, pelo não cumprimento da obrigação, pode sofrer por referência à coisa que é objeto do acordo e não têm em conta que ele pode ocasionar ulteriores danos nos seus outros bens". Nessa medida, a responsabilidade não abrangerá toda e qualquer perda, mas tão-só as que diretamente atinjam a coisa objeto da obrigação. A indemnização circunscreve-se aos danos *propter rem ipsam*.

As considerações do autor não ficariam assim completas. Ilustrando o seu pensamento com aquele que viria a ser um caso de escola, diz-nos Pothier que, se A vende uma vaca doente com dolo e ela contagia todos os outros animais do comprador, o ressarcimento estende-se à perda de todo o gado, para depois questionar qual será o limite a partir do qual devemos reputar de demasiado longínqua e indireta a consequência do dolo do devedor[118]. Imagine-se que a vaca doente não só contagiou os outos animais como impediu o cultivo das terras: deverá por este dano ser compensado o comprador da vaca doente? E se com isso o credor ficar impossibilitado de pagar as suas dívidas e abrir falência? Nestas sub-hipóteses, considera Pothier que não se devem indemnizar tais danos, porque eles são uma consequência demasiado longínqua. O mesmo é dizer que eles não são uma consequência necessária da *faute*, podendo ter tido outras causas. Designadamente, explicita o autor, o credor poderia ter obstado à perda das terras ou à sua ruína económica por outras vias. Pothier expõe o problema a propósito da responsabilidade contratual. Duas razões tornam perceptível a opção dialógica. Por um lado, o autor remonta ao direito romano, onde o critério da distinção entre os danos *circa rem* e os danos *extra rem* foi cristalizado no âmbito negocial. Por outro lado, a amplitude comunicada pela noção de ilícito do autor viabiliza o tratamento conjunto dos dois hemisférios em que, no nosso mundo e no nosso tempo, cindimos a responsabilidade civil.

Embora na lição de Pothier se denote menos a necessidade de preenchimento da *faute*, o certo é que a limitação da responsabilidade opera menos por via da ligação naturalística entre um resultado e um comportamento do que por meio de critérios que fazem apelo à exigibilidade, ao convocar a ideia de inevitabilidade para concretizar a noção de dano indireto. Pesará na orientação tanto a matriz jusracionalista do pensador, como a estrutura delitual com que o mesmo se confronta. Os seus ensinamentos não estão, contudo, isentos de dificuldades, abrindo as portas a dúvidas e incertezas, algumas das quais permanecem até hoje. Na recusa já dogmaticamente funda-

---

118. Pothier, *Traité des Obligations*, 100.

da da interpretação do arrimo legal no sentido material da não interposição de nenhum dano entre aquele que se pretende reparar e o comportamento do agente, os autores acabariam por confluir, as mais das vezes, em posições similares àqueloutras que serão firmadas ao nível dos ordenamentos jurídicos de inspiração tudesca[119]. Esta confluência experimenta-se quer pela tendencial convergência – que não identidade – dos critérios de solução do problema, quer pela partilha de um substrato funcional comum, pese embora a distância que, estruralmente, separa os modelos francês e alemão. Na verdade, neste quadro, a causalidade visaria reconstituir historicamente a trajetoria que vai desde o comportamento *fautif* até à produção do dano, encontrando, embora despido de um sentido imputacional materialmente inucleado, o autor daquele e garantindo que não é outro que não o seu autor a repará-lo. Por outro lado, procurar-se-ia prospectivamente encontrar balizas para a limitação da indemnização, pelo que o critério da condicionalidade faleceria rapidamente, dando origem a uma intensa discussão em torno da previsibilidade, probabilidade como modelos conformadores do critério consagrado legalmente. Ora, este papel não seria diverso, segundo a visão maioritária, daquele que ocuparia no âmbito da mobilização do sistema aquiliano previsto no BGB. E não falamos, importa referi-lo, das cláusulas secundárias de previsão de relevância danosa. Na verdade, o formalismo com que se olhou, à época, para a violação de direitos absolutos teve como resultado imediato o esquecimento quer do desvalor com que ela não poderia deixar de ser contaminada, quer da ancoragem dos danos subsequentes na preterição daqueles. À causalidade é também aqui reservada a função de reconstituição do percurso traçado pelo real desde a conduta do lesante até à produção dos danos. Repare-se que assim não teria de ser, na medida da existência daquele primeiro dano, identificável com a ilicitude desvelada pelo resultado, desde que, depois de devidamente reconduzido à atuação do responsável – sem o qual perde todo o sentido responsabilizante –, se procurasse apenas a pertinência do prejuízo à violação da esfera alheia. Perspetivada a ilicitude na pureza do resultado – descontados os casos de interferência de uma causa de justificação –, o prejuízo patrimonial que consubstanciava o dano teria de ser unido por alguma via ao sujeito[120], numa

---

119. A causalidade adequada acabará, portanto, por ser aceite no espetro dos ordenamentos de influência napoleónica.

120. O que ficou dito em texto pode, ademais, ser atestado pela também já referida confluência de critérios. Saliente-se, porém, não se poder falar de identidade no tratamento da questão. Na verdade, enquanto no quadro de inspiração germânica o critério é o da probabilidade, domina no horizonte de influência francesa a ideia de previsibilidade. Não se confundindo um com o outro na sua pureza, a verdade é que a necessidade de corrigir as soluções a que se aportava no seio da causalidade adequada determinou a degenerescência do primeiro no segundo. Tratar-se-ia de uma previsibilidade abstrata, aferida pelo padrão de medianidade do homem razoável, que

preocupação intimamente ligada ao sentido indemnizatório do instituto, tanto mais que o problema avultava em sede de cálculo da reação predisposta pelo ordenamento.

2.5 A compreensão do requisito causal à luz da conceptualização normativística

O tratamento que é dispensado à causalidade, com a sua dupla inquiriação condicional e causal, torna-se, ademais, espelho da conceptualização normativística. Consoante nos diz Castanheira Neves, a verdadeira actividade jurídica viria a densificar-se na obtenção, a partir das normas, de uma rede de conceitos aos quais se subsumiriam, posteriormente, os factos[121]. Mais especificamente, para o positivismo, bem como para o escolaticismo medieval e o racionalismo jusnaturalista, o processo de aplicação do direito seria meramente lógico-dedutivo, o que seria possibilitado pelo acompanhamento de um *monismo conceitual naturalista*[122]: "pensa os conceitos como abstrações dos atos da vida social e natural e a norma jurídica como o resultado de uma abstração conceitual de numerosos sucessos da vida jurídica". Por isso, "entre os conceitos jurídico-legais e os factos era possível estabelecer uma relação lógica"[123]. Assim, e continuando a acompanhar a exposição do autor, "os primeiros [conceitos de facto] seriam conceitos empírico-naturais de determinação causal; conceitos de ser. Os segundos conceitos normativo-teleológicos, de determinação normativa, de valor, de dever-ser"[124], colocando-se posteriormente o problema do inter-relacionamento entre ambos[125]. Ou, de outro modo, mas igualmente signi-

---

seria chamada à liça. Referindo-se, pela desconsideração a este nível do pilar fundacional que constitui a violação de direitos absolutos, porquanto os vários pressupostos de procedência de uma pretensão ressarcitória fossem vislumbrados no isolamento concetual, a probabilidade/previsibilidade aos prejuízos patrimoniais ulteriores, os mesmos problemas com que o decidente se confrontaria em terras gaulesas afetariam o juízo alemão. Paradigmático disso mesmo é o ordenamento jurídico italiano que, situando-se a meio termo entre o modelo da cláusula geral e o sistema da quase tipicidade alemã, visa ressarcir os danos consequência sem que deixe de olhar para um primeiro dano ou dano evento. Mostra-se, portanto, que as soluções pensadas foram não só condicionadas estruturalmente, mas determinadas intencionalmente.

121. Cf. CASTANHEIRA NEVES, *Questão de Facto e Questão de Direito ou o Problema Metodológico da Juridicidade (ensaio de uma reposição crítica). A Crise*, Almedina, Coimbra, 1967, 53.
122. Cf. CASTANHEIRA NEVES, *Questão-de-facto*, 130, n. 2.
123. Cf. CASTANHEIRA NEVES, *Questão-de-facto*, 130, n. 2.
124. Cf. CASTANHEIRA NEVES, *Questão-de-facto*, 134.
125. Fala-nos, em relação com o problema, CASTANHEIRA NEVES (*Questão-de-facto*, 135, nota 8) da teoria da redução, a qual aceitaria a especificidade metodológca dos conceitos jurídicos, nisto se distanciando da pureza inicial do naturalismo jurídico. Simplesmente, esta especificidade residiria no critério de seleção, limitando-se o conceito jurídico a optar, no acervo geral dos factos, por aqueles que teriam relevo jurídico, pelo que era possível reduzir os conceitos normativos a conceitos de facto.

ficativo, "deste nominalismo jurídico podia inferir-se serem apenas conceitos jurídicos aquelas significações pela lei enunciadas com uma explícita intencionalidade jurídica (...) – i.é, a que quisesse (querer reconhecido por interpretação) ligar um particular relevo ou sentido normativo. Todos os outros seriam, ainda que utilizados em normas, conceitos de facto"[126].

Tentemos explicitar o que porventura possa ter ficado implícito, orientando-nos simultaneamente para a compreensão do modo como a imposição metodológica se projetou em sede causal.

O neo-kantismo, à sombra do qual se foi edificando o positivismo jurídico, terá comunicado aos cultores de tal paradigma de pensamento o dualismo entre o ser e o dever ser. Ora, se o jurídico se realizava de forma logicista, pela pura subsunção, haveria que encontrar mecanismos – ou uma explicação do ponto de vista teorético – que viabilizassem a transposição entre os dois mundos. Pelo que, em bom rigor, e antes de se poder tecer qualquer comentário acerca do juízo apofântico que aquela encerra, haveria de procurar saber qual a natureza que revestiam os conceitos jurídicos. Isto é, haveria de determinar qual a relação que apresentavam com os conceitos de facto. Para se concluir, então, relevadas que estejam as *nuances* das diversas posições sobre o problema, não ser o conteúdo da norma mais do que um correlato, também ele lógico, das hipóteses suscitadas pelos casos concretos. Sem que tal esgote o paradigma. Patenteia-se, antes, a propósito, uma dupla alternativa: ou o jurídico se reduz à facticidade, permitindo a subsunção; ou o que vem inscrito na norma jurídica ganha o lastro de juridicidade. Apenas lógico-formalmente eles apareceriam como entidades diversas[127]. Na verdade, se para uns o conteúdo da norma refletia a realidade do ser, outros houve que se pronunciaram no sentido da juridificação dos conceitos, não deixando, porém, de ser esta uma posição

---

126. Cf. CASTANHEIRA NEVES, *Questão-de-facto*, 137 e n. 10.

Opor-se-ia esta tese àqueloutra segundo a qual "toda a conceptualização que tenha sede nas fórmulas legais é direito ou conceito jurídico" (cf. CASTANHEIRA NEVES, *Questão-de-facto*, 139).

Castanheira Neves acabaria por se referir, mais detidamente, à posição de autores como Lask, Radbruch, Binder, Kohlrausch, Schwinge, Wolf, Mittasch, Schaddestein: "todos os conceitos enunciados nas normas jurídicas têm o seu sentido e fundamento no *telos* ou em valores que essas normas pressupõem. O fundamento metodológco não reside na referência significativa a uma realidade objetiva pura e simples, mas no particular *modus* de consideração da realidade do ponto de vista dos valores ou pela referência teleológica da realidade a valores. Todos os conceitos jurídicos seriam teleológico-normativos" (cf. CASTANHEIRA NEVES, *Questão-de-facto*, 148). Com isto é já a superação do estrito positivismo originário que se vislumbra, sem que, contudo, a superação logre ser cumprida. Mais se diga que neste ponto conseguimos perceber a necessidade de passar da *conditio sine qua non* para a causalidade adequada no quadro das doutrinas emergentes em torno da causalidade.

127. Cf. CASTANHEIRA NEVES, *Questão-de-facto*, 133.

consentânea com a gnoseologia neo-kantiana, posto que se continue a ver "na realidade intencionada pelas normas uma realidade cultural específica, constituída e objetivada por uma referência a valores e assim irredutível a uma comum e indiferenciada realidade natural"[128], ou seja, posto que se continue a postular a dualidade atrás mencionada[129]. Abre-se, contudo, uma dupla vertente na abordagem da temática. De um lado, o positivismo mais estrito, fiel ao legalismo, a sustentar ser direito tudo aquilo que for prescrito em forma de lei[130]. De outro lado, uma perspetiva que protagoniza uma aproximação paulatina a uma destrinça em termos materialmente cunhados, ao sustentar, na esteira do entendimento gnoseológico explicitado, que os elementos do real, quando incorporados na norma, adquirem um sentido normativo[131]. No fundo, e reduzindo a complexidade em que se

---

128. Esta seria a posição de autores como Mannheim, *apud* CASTANHEIRA NEVES, *Questão-de-facto*, 139 e n. 11.

129. Sobre o problema da conceptualização jurídica, cf. KAUFMANN, *Filosofia do Direito*, 2ª edição, Fundação Calouste Gulbenkian, Lisboa, 2007 (tradução de ANTÓNIO ULISSES CORTÊS), 140 s.

130. Cf. CASTANHEIRA NEVES, *Questão-de-facto*, 139, nota 11.

131. Cf. CASTANHEIRA NEVES, *Questão-de-facto*, 139 s., que aqui continuamos a acompanhar de muito perto. Note-se estarmos ainda longe de uma verdadeira materialização da dicotomia. Basta atentar no pensamento de Zitelmann, citado pelo insigne jurista português. Ao falar de conceitos descritivos e de conceitos normativos, reserva para os primeiros as descrições, efetuadas pelo legislador, dos pressupostos factuais dos efeitos jurídicos, considerando que os segundos "se referiam a objetos de carácter estritamente jurídico ou enunciavam uma significação que implicava um juízo de avaliação, jurídico ou outro" (cf. p. 147, nota 17).

Diferente seria, pois, uma posição que defendesse uma autonomia "não apenas formal, mas materialmente qualificativa dos conceitos e significações jurídicas". Cf. p. 148. Salientando que o ponto de vista é aqui diverso, Castanheira Neves sublinha que "todos os conceitos enunciados nas normas jurídicas têm o seu sentido e fundamento no *telos* ou em valores que essas normas pressupõem. O fundamento metodológico não reside na referência significativa a uma realidade objetiva pura e simples, mas no particular *modus* de consideração da realidade do ponto de vista dos valores ou pela referência teleológica da realidade a esses valores", pelo que, para autores como Wolf, todos os conceitos "têm uma natureza axiológico-normativa que os torna absolutamente distintos de quaisquer outros conceitos que utilizem a mesma expressão verbal", com o que são os factos que perdem a pureza inicial para se converterem em factos jurídicos, passando a exigir-se "a mediação de um específico e autónomo ato constitutivo" que seria reconhecido na segunda fase da teoria subsuntiva (cf. p. 152).

Saliente-se, *in fine*, no quadro da teoria subsuntiva, que àqueles que sustentam uma relação estabelecida entre dois conceitos se opõem, pela insustentabilidade da posição mesmo do ponto de vista idealista, para quem a realidade, a que só se acede por meio das categorias *a priori* do sujeito, não deixa por isso de existir, aqueloutros para quem o facto se refere, efetivamente, a factos reais que são depois predicados juridicamente. Cf. págs. 156 e 159. No fundo, a teoria subsuntiva viria já a considerar, numa fase posterior do seu desenvolvimento, que "a aplicação do direito implica sempre um ato constitutivo de uma unidade de síntese entre o factual e o jurídico", mas só aparentemente porque, embora compreenda "a aplicação concreta do direito em termos materiais, não a reduzindo a uma simples relação estática de conceitos", "insiste em tratar a sua estrutura segundo o esquema lógico-subsuntivo" e continua a pensar a relação entre facto e direito "como aquela que medeia duas entidades objetivamente dadas" (cf. p. 180).

Que o normativismo não constitui um magma uniforme já todos o sabemos. Que o silogismo se não identifica totalmente com a teoria subsuntiva também não ignoramos (cf. p. 207). Que tal não

106

mergulhou ao ousarmos tratar desta temática, "quer se acentue a subsunção para dar preferência aos conceitos jurídicos, quer se acentue a redução para dar preferência aos conceitos de facto, a conclusão será sempre a mesma no que toca à nossa distinção: num caso tudo será questão-de-direito, no outro tudo será questão-de-facto"[132]. Recorrendo, agora ao nosso verbo, e procurando projectar as considerações expendidas em sede de percepção do modo como vai construída, à época, a noção de causalidade, isto é, passando do plano puramente metodológico para aqueloutro dogmático, torna-se claro o esboço discursivo de que a seguir daremos conta.

Assim, no quadro de um legalismo estrito e primário, que fazia do silogismo a pedra de toque da realização/aplicação do direito, os factos corresponderiam logicamente aos conceitos previstos na hipótese normativa, sendo, por isso, consentâneo com ele um monismo conceptual naturalista. Nesse sentido, o nexo de causalidade, mesmo que apreendido pelo legislador, e ainda que convertido formalmente em jurídico, mais não seria do que o espelho fiel da causalidade natural, como ela surge na realidade do ser.

E tal mostrava-se em sintonia com o sentido da liberdade negativa que invocámos preteritamente. A relação de exterioridade entre ação e resultado a que aludimos, a apelar para uma conexão material entre duas esferas estanquemente concebidas, acaba por se cumprir na perfeição segundo o esquema naturalista assim gizado.

Não seria substancialmente díspar a solução pensada no quadro de uma perspetiva subsuntiva que se afastasse do primitivo silogismo judiciário. Espelhando um grau de conceptualização acrescido, a que não seria indiferente o périplo traçado pelo pensamento jurídico alemão, privilegiar-se-ia a normativização da facticidade, fazendo-a revestir da especificidade jurídica. E assim ia realizado o direito no plano logicista da relação entre dois conceitos ou entre um facto e um conceito, quando se recuse a negação da realidade do ser, para o que se pressuporia, em qualquer dos casos, a redução do conceito ao mero facto, na medida em que aquele se limitaria a "selecionar, no acervo geral dos factos, aqueles que teriam relevo jurídico"[133].

é bastante para considerar superado o pensamento positivista, no sentido amplo que ele ganha, parece resultar claro do pequeno excurso que trouxemos a lume. Pelo que, verdadeiramente, teremos de concluir não serem substancialmente diversas as considerações dos autores que, fiéis ao estrito legalismo ou ao conceptualismo normativistas, se pronunciaram acerca da causalidade relativamente às outras que os juristas, abraçando já formas predicativas da juridicidade com suporte teleológico material, firmaram.

132. Cf. Castanheira Neves, *Questão-de-facto*, 208.
133. Cf. Castanheira Neves, *Questão-de-direito*, 134.

Também não se distanciaria daqueloutra posição ainda mais desenvolvida que implicaria um ato de constituição das premissas a apelar à contemplação dos casos, posto que, em qualquer delas, "da realidade só se selecionarão os momentos que cumpram a intencionalidade conceitual"[134]. Donde, e de um modo mais direto, da realidade colher-se-ia o sentido da causalidade natural para dela relevar as notas que se revelassem aptas a cumprir a teleologia normativa.

Em qualquer dos casos, porque a continuidade logicista haveria de ser garantida, pelo não reconhecimento do papel autonomamente constitutivo do labor jurisprudencial, era o sentido tendencialmente determinista da causalidade natural a ser importado para o jurídico que assim cumpria na perfeição as duas funções que lhe reconhecemos: contenção da indemnização nos limites da causação do dano; correspondência entre o plano normativo e o fáctico. E isto mostrava-se, novamente, em consonância com o sentido da ação, entendida em termos materiais[135].

Só que o que na aparência da aproblematicidade com que ia pensado configurava um esquema perfeito mostrar-se-ia de duvidosa prestabilidade. Por um lado, porque metodologicamente irrealizável e axiologicamente desvalioso; por outro lado, e confluindo com esses dados, porque a paulatina superação do positivismo conduziu a lucubrações diferentes, a instar o jurista a percorrer outros caminhos.

Tais caminhos anunciavam-se, afinal, com a conceptualização da realidade do ser e a chamada à liça da teleologia do jurídico[136], fazendo antever o longo caminho que se teria de percorrer até ao presente e mostrando o

---

134. Cf. CASTANHEIRA NEVES, *Questão-de-direito*, 210.
135. Tal conflui, aliás, numa das preocupações cimeiras do tipo de pensamento com que lidamos. Na verdade, e acompanhando novamente Castanheira Neves, cujos ensinamentos nestas matérias nunca serão demais, podemos afirmar que, "tentando que o direito fosse uma ciência, o positivismo traçou uma exigência quanto ao conteúdo ou pelo menos natureza dos seus objectos. Estes teriam de ser dados positivos, logo a natureza desses dados teria de ser tal que levasse assegurada a exigida positividade". E com isto o resultado era claro: "simples fórmulas significativas nos enunciados verbais das normas, natureza de factos empíricos, sociológicos, psicológicos" [cf. *Questão-de-facto*, 595].

Escusamo-nos a tratar agora da controvérsia que agita uma conceção normativa da norma, encabeçada por Kelsen. O nosso propósito não é, de facto, apresentar uma abordagem exaustiva da história do pensamento jurídico, mas tão-só perceber em que medida ele se refrate na conceção do nexo de causalidade enquanto pressuposto de procedência de uma pretensão indemnizatória. Ora, o que ficou dito permite perceber perfeitamente a simbiose entre o paradigma de racionalidade mobilizado pelo positivismo jurídico e o modo como aquela ia pensada.

136. É nesta longa estrada que vamos encontrar a Jurisprudência dos Interesses. No entanto, e pese embora o reconhecimento da persistência de dados especificamente característicos do normativismo, não hesitamos em autonomizar a perspetiva, já porque informada por um finalismo espúrio ao formalismo que predicou o primeiro; já porque denunciador das próprias aporias dele.

continuum evolucional que muitas vezes se invoca, desnudado de qualquer inteleção do tipo de pensamento subjacente, entre as doutrinas fisicistas e meramente condicionais e a causalidade adequada.

A doutrina da *conditio sine qua non* acaba por cumprir o desiderato almejado. Importando-se o sentido tendencialmente determinista da causalidade natural para o mundo jurídico, compreende-se que, fruto do frevor cientifista da época, tivesse sido colhido nas concepções dominantes na cultura científica.

No primitivo positivismo, o que se buscava era a sintonia entre o termo causa e o conceito homólogo da natureza, permitindo-se, deste modo, operar o silogismo judiciário. Seria, então, em Mill e na sua noção de causa como "soma das condições positivas e negativas postas em conjunto que, uma vez realizadas, levam invariavelmente a uma consequência"[137] que os autores se baseariam para defender a indivisibilidade do efeito e a indistinção do poder causal das condições postas ao serviço de um resultado e para edificar a teoria da *conditio sine qua non*. Com isso vemos Von Büri[138], e os que se lhe seguiram, a sustentar que toda a condição sem a qual de um dano é causa dele, segundo um raciocínio de tipo contrafactual[139]. O conceito jurídico, em obediência ao paradigma de pensamento do momento histórico-filosófico em que mergulhámos, refletia a realidade do ser e prestava homenagem ao tipo de racionalidade mobilizada. Simplesmente, ele viria a mostrar-se imprestável a dois níveis. No plano do que é, torna-se evidente a incapacidade do critério para responder a muitas das dúvidas patenteadas a propósito da causalidade, com o que se assiste à paulatina abertura a índices de probabilidade. A aplicação da teoria, a instar o jurista a abraçar uma lógica contrafactual, impõe a construção de um cenário hipotético, conforme à realidade habitual. Ora, tal exercício implica a noção da existência de diferentes graus de possibilidade. Ou seja, há que pensar num mundo ideal no qual o ato ilícito e culposo não teria ocorrido, pelo que se torna patente o recurso às regras da experiência e a generalizações causais e se apresenta a resposta à *conditio sine qua non* em termos de probabilidade[140]. Acresce que o mundo determinista pensado por Hume cede lugar a um espaço onde a causalidade é tão-só probabilística. A palavra é

---

137. Cf., novamente, STUART MILL, *A system of logic raciocinative and inductive*, John W. Parker, London, 1843, 392 s.
138. Cf. *Über Kausalität und deren Verantwortung*, Leipzig, 1873 e *Lehre von der Teilnahme an dem Verbrechen und der Begünstigung*, Gessen, 1860.
139. Cf. FLORENCE G'SELL-MACREZ, *Recherches sur la notion de causalité*, Université Paris I – Pantheon – Sorbonne, 2005, 157 s.
140. Cf., neste sentido, uma vez mais, FLORENCE G'SELL-MACREZ, *Recherches*, 171 e ss., realçando a proximidade das noções de condição sem a qual e de causa adequada.

dada a Von Kries que, partindo da ideia de que todas as condições necessárias são equivalentes, procura, na recondução dos factos a tipos, saber se o tipo de condição considerada é apta a produzir o tipo de efeito em consideração. A causa – dita adequada – seria aquela que aumenta de maneira significativa a possibilidade objetiva de surgimento do dano[141]. Não seria, contudo, apenas a este nível que a imprestabilidade se denotaria. No plano da validade, as soluções a que se chegava – também o sabemos – com a doutrina da condicionalidade *sine qua non* não se mostravam satisfatórias. O arrimo criteriológico encontrado ao nível da adequação, entretanto popularizada por Rümelin e Träger, permitia uma abertura às preocupações atinentes ao justo, ao mesmo tempo que se mostra em consonância com uma evolução do pensamento metodologicamente cunhado. O formalismo positivista haveria, de facto, de esbarrar com críticas várias a denotar a insuscetibilidade de realização do direito de acordo com o esquema do silogismo judiciário. A permeabilidade aos interesses, protagonizada pela Jurisprudência do mesmo nome, enquanto orifício de entrada da materialidade subjacente à juridicidade, torna premente a consideração da teleologia da norma na hermenêutica que dela se faça. Surge, então, como viável um olhar diverso sobre o critério guia do jurista na questão causal. A adequação perde, na voz de muitos autores, o cunho matematicista e rigoroso que nos encaminha para um simples cálculo de probabilidades para ter em atenção índices cognitivos do agente e atender às finalidades do instituto.

3. A EXPERIÊNCIA PORTUGUESA ANTERIOR AO CÓDIGO DE 1966

No nosso direito mais antigo, são vários os contributos que podemos colher acerca do nexo de causalidade. Corrêa Telles[142] considerava que "só é indemnizada a perda e interesse que é consequência imediata da inexecução da obrigação. A perda ou interesse remoto, que não foi ou não podia ter sido previsto no tempo da obrigação contraída, não deve ser indemnizado. Havendo dolo ou culpa grave, é indemnizável não só o dano como o lucro cessante. Verificando-se uma situação de multiplicidade causal, isto

---

141. Cf. VON KRIES, "Über den Begriff der objektiven Möglichekeit und einiger Anwendungen desselben", *Vierteljahrschrift für wissenschaftliche Philosophie*, 12, 1888, 179 s., 287 s., 393 s. O acento tónico é colocado pelo autor na ideia de aumento de probabilidades.

Cf., quanto ao ponto, FLORENCE G'SELL-MACREZ, *Recherches*, 99, considerando que esta formulação da doutrina da causalidade adequada se aproxima de um "modelo indutivo-estatístico elaborado posteriormente pela epistemologia neo-positivista que atribui o título de causa ao facto que aumentou significativamente a probabilidade do efeito".

142. H. CORRÊA TELLES, *Digesto Portuguez ou Tratado dos Direitos e Obrigações civis, Accommodado às leis e costumes da Nação Portuguez para servir de subsídio ao novo Código Civil*, tomo I, Imprensa da Universidade, 1835 (3ª edição de 1909), 35 s.

é, havendo mais do que um autor para o dano, cada uma deve responder pelo que fez, conforme o grau de culpa. Mas, "se muitas pessoas causaram o dano de propósito ou por culpa grave, e não se pode individualizar qual delas o causou, um responde por todos e todos por um"[143]. Do mesmo modo, se for impossível determinar a porção da perda por que cada um é responsável, cada um dos co-réus responde pela totalidade. A responsabilidade excluir-se-ia por via do caso fortuito, entendido como o acontecimento que não pode ser previsto ou que, ainda que o fosse, não se lhe podia resistir.

Mais próximo da lição de Pothier parece ter andado Coelho da Rocha[144]. Para ele, a indemnização por perdas e interesses variaria conforme as diferentes causas: dolo, culpa, mora ou acaso (sendo este entendido como "todo o acontecimento que o homem não pode prever nem desviar naturalmente. É tido como uma desgraça e ninguém é obrigado a indemnizar a perda que dele proveio, excepto se o tomou expressamente sobre si ou se foi precedido de culpa ou mora"). Para o cáculo da indemnização, apenas se atende aos prejuízos que resultam imediatamente da falta de cumprimento e não aos remotos. Na concretização do que são os danos imediatos, o autor remete expressamente para a lição do civilista francês, sem, no entanto, oferecer um critério. De acordo com a lição de Coelho da Rocha, a obrigação de indemnizar seria, ainda, diferente consoante o grau de culpa: no caso de dolo ou culpa lata, todos os danos seriam ressarcidos; no caso de culpa levíssima, excluir-se-iam da compensação os lucros cessantes. Não só a relevância conferida à culpa permite antever o pendor não formalista do pensamento do autor, como Coelho da Rocha se preocupa em, lidando com exemplos concretos, sedimentar algumas regras imputacionais que andam longe de uma estrita matematização causalista dos danos. Assim, refere que "não se deve se o dano proveio do acaso ou do uso que se faz do direito próprio, excepto se o danificante, tendo outros meios de usar o seu direito, escolheu aquele por dolo ou emulação". Do mesmo modo, "o dono de um animal feroz é responsável por todo o dano que este causar", mas, "se o animal causou o dano por ser provocado, quem o provocou fica responsável pela indemnização"[145].

Ainda na vigência do Código de Seabra, a propósito do artigo 707º[146], Guilherme Moreira, no quadro da responsabilidade contratual, afirma que

---

143. H. CORRÊA TELLES, *Digesto Portuguez ou Tratado dos Direitos e Obrigações civis*, 77.
144. COELHO DA ROCHA, *Instituições de Direito Civil Portuguez*, vol. I-2, 8ª edição, Lisboa, 1917, 84.
145. COELHO DA ROCHA, *Instituições de Direito Civil*, 91.
146. Segundo o preceito, só podem ser tomados em conta de perdas e danos as perdas e danos que necessariamente resultam da falta de cumprimento do contrato. Sobre o artigo 707º, veja-se, também, JOSÉ DIAS FERREIRA, *Código Civil Portuguez annotado*, Lisboa, 1871, tomo 2, p. 215, con-

se deve ter em consideração se, "posteriormente ao não cumprimento do contrato, existe qualquer outro facto danoso que não seja uma consequência necessária dele e que pudesse ser evitado pelo credor", acrescentando que, "quando o facto danoso seja fortuito, torna-se necessário verificar se o caso fortuito deve ou não considerar-se como representando uma consequência da inexecução da obrigação, sendo só nesse caso que o devedor deve considerar-se responsável pelos prejuízos que dele derivem"[147]. No tocante à responsabilidade delitual, Guilherme Moreira diria que "em teoria a doutrina que se nos afigura mais defensável é a que torna o autor do facto ilícito responsável pelos prejuízos que sejam devidos a esse facto, ou que não se haveriam dado pela superveniência de causas fortuitas, se não fora o facto ilícito. A situação em que a autor do facto ilícito se coloca deve torná-lo responsável pelas consequências que dele resultarem, e, provando-se que o prejuízo, embora seja motivado por um caso fortuito, não se teria dado se não fosse o facto ilícito, a vítima deste deve ter direito a ser indemnizado"[148]. Depois de sustentar que "não basta violar materialmente um direito", tendo de se acrescentar à autoria material a autoria moral, pelo que a responsabilidade, em regra, fica dependente de culpa, não bastando o nexo de causalidade que alguns pretendem erigir em fundamento da obrigação de indemnização (até porque "elas contrariam o conceito de direito, porque este constitui uma lei não de causalidade, mas de finalidade"[149]), o insígne civilista determina que, "para que o autor do facto ilícito seja responsável pelo dano é necessário que entre este e o facto ilícito haja uma relação de causalidade, ou melhor, que entre o prejuízo e o facto ilícito haja uma relacção de conexidade tal que, sem o facto ilícito, o dano não se teria produzido". Concretizando a lição que Guilherme Moreira retira dos artigos 707º e 2361º CC, "se o facto ilícito consiste numa ação, o seu autor deve responder por todos os prejuízos que dela resultem direta e imediatamente e, se é uma omissão, pelos danos que desta são consequência necessária. Quando haja circunstâncias que, dando-se ao mesmo

---

siderando que só podem ser tomados em conta de perdas e danos aqueles que necessariamente resultam da falta de cumprimento do contrato e realçando, na sua anotação, a diferença entre a necessidade e a eventualidade. Assim, "não são tomados em conta os lucros que eventualmente proviriam do contrato. Pela sua natureza contingente não podem apreciar-se e fixar-se com tanta facilidade". Lida-se aqui, sobretudo, com a questão atinente aos danos e, sublinhe-se, pese embora o critério de que parte, não se exclui do ressarcimento o lucro cessante. Cf., também, tomo 5, 1876, 129, em anotação ao artigo 2396º.

147. GUILHERME MOREIRA, *Instituições do Direito Civil Português*, vol. 2º, *Das Obrigações*, 2ª edição, Coimbra Editora, Coimbra, 192, 145 s.
148. GUILHERME MOREIRA, "Estudo sobre a responsabilidade civil", *Revista de Legislação e de Jurisprudência*, 38º, 4. Acerca do tratamento que GUILHERME MOREIRA dispensou à causalidade, cf. *Instituições de Direito Civil Português,* vol. I, *Parte Geral*, Imprensa da Universidade, 1907, 594
149. GUILHERME MOREIRA, *Instituições do Direito Civil Português*, I, 588

tempo que o facto ilícito ou posteriormente, venham determinar o dano ou o agravem, é necessário verificar se essas circunstâncias formam, com o facto ilícito, um todo incindível, ou representam, segundo a ordem natural das coisas, uma consequência necessária desse facto, sendo nestes casos que ao autor do facto ilícito deve imputar-se a responsabilidade"[150]. Assim, e continuando a acompanhar a lição do mestre, se A lança uma pessoa para um poço onde existem objetos perfurantes, então ele deve responder pelos prejuízos que resultem dos ferimentos causados por esses objetos, do mesmo modo que é responsável pela morte de um cavalo resultante da queda num precipício a pessoa a quem ele foi entregue e o abandonou. No tocante aos "prejuízos devidos a factos supervenientes, nos casos em que estes não possam considerar-se consequência necessária do facto ilícito, mas que todavia se não haveriam dado se não fosse o facto ilícito, como se, havendo sido furtada uma coisa, esta perecer num incêndio que casualmente houver deflagrado na casa onde a colocaram, é necessário verificar se há ou não responsabilidade por esses danos, por isso que o autor do facto ilícito apenas é responsável pelos prejuízos que dele sejam consequência necessária. Há responsabilidade se o incêndio não tiver atingido a casa onde o objeto estava anteriormente", porque aí aquele não teria perecido[151]. Para Guilherme Moreira, o mais justo é considerar que "o autor do facto ilícito é responsável por todos os prejuízos dele resultantes, no caso em que esses prejuízos, sendo devidos a causas fortuitas que não se possam considerar uma consequência necessária desse facto, não se haveriam dado se não for o facto ilícito".

    A causalidade é, igualmente, objeto de atenção por parte de Manuel Dias da Silva[152]. O autor começa por identificar os elementos constitutivos da responsabilidade civil: a) o dano tem de ser causado; b) tem de envolver a ofensa de direitos de outrem; c) o dano tem de resultar de um facto positivo ou negativo imputável a alguém. Apresentando a responsabilidade civil como uma via de salvaguardar os direitos do homem na sociedade civil, o autor indaga se basta, para a imputação de que fala, a simples relação material de causalidade entre o dano e o ato praticado por um indivíduo sem atenção à sua vontade. Já antes[153], Dias da Silva tinha mostrado que houve um trabalho de séculos para "substituir, em relação às perdas e danos, o ponto de vista da causalidade externa do facto pelo da causalidade interna da culpabilidade, e o das penas privadas pelo da reparação do dano". Ou

---

150. GUILHERME MOREIRA, *Instituições do Direito Civil Português*, 594.
151. GUILHERME MOREIRA, *Instituições do Direito Civil Português*, 595.
152. MANUEL DIAS DA SILVA, *Estudo sobre a responsabilidade civil conexa com a criminal*, Coimbra, 1886, cap. II.
153. MANUEL DIAS DA SILVA, *Estudo sobre a responsabilidade civil*, 25.

seja, e dito de um modo mais direto, ao longo de toda a obra, percebe-se a lenta evolução no sentido da afirmação quer do carácter reparatório do instituto, quer da imprescindível presença da culpa como fundamento da imputação delitual. Qualquer um dos dados, sendo absolutamente conciliável com o outro, acaba por ter impacto ao nível do tratamento da causalidade. Em consonância com as linhas de evolução traçadas, Manuel Dias da Silva sustenta que, ao nível da responsabilidade, porque ela implica a ofensa à ordem moral – a violação de um dever do homem em sociedade (o dever primário de não ofender direitos alheios) –, não é suficiente a dita causalidade para se impor uma obrigação ressarcitória, uma vez que ela é cega. Há que jogar com a inteligência e liberdade do agente, supondo-se assim mobilizável o conceito de imputabilidade[154]. Só em casos excecionais aquela obrigação de indemnização "remonta ao autor material do facto ilícito" (cf. artigo 2377º, 2379º Código de Seabra[155]). O facto de se exigir, em regra, a culpa como fundamento da imputação delitual não significa que a causalidade não seja chamada à liça. A culpa não soluciona todos os problemas com que o jurista, a este nível, há-de lidar. Do mesmo modo, teremos ocasião de sublinhar que a necessidade de um segmento de imputação objectivo não nos remete insofismavelmente para o limbo da causalidade. De todo o modo, por ora, importa acompanhar o pensamento de Dias da Silva a este ensejo. Diz-nos o civilista[156] quais são os requisitos que o dano deve revestir para que seja indemnizado. Assim, em atenção ao artigo 2361º, que fala em *causa*, muitos sustentam que "só os danos que sejam consequência direta e imediata do crime é que obrigam à reparação. Todos os outros são tidos como danos remotos, que, podendo ter outras causas, não são uma consequência necessária. Só que, para o civilista, esta regra não é admissível: "se os danos remotos não são consequência necessária do crime e podem ter outras causas, também podem não ter e ser consequência do facto criminoso". Em alternativa, considera que "deve recusar-se a imputação dos danos a que o crime tenha dado ocasião, mas que derivem do dolo ou da culpa do próprio lesado ou de um terceiro", sendo estes os danos indiretos. No fundo, e continuando a acompanhar os seus escritos, "a responsabilidade do autor deve ampliar-se até onde começa a culpa ou dolo de outrem". Num exemplo que nos oferece, o grão que tinha sido comprado para alimentar os escravos foi furtado. Em virtude disso, os servos acabaram por morrer à fome. Poderá haver imputação, respondendo o ladrão pelo dano da vida? De acordo com a posição do autor, a resposta terá

---

154. Manuel Dias da Silva, *Estudo sobre a responsabilidade civil*, 116.
155. Manuel Dias da Silva, *Estudo sobre a responsabilidade civil*, 119.
156. Manuel Dias da Silva, *Estudo sobre a responsabilidade civil*, 193 s.

de ser negativa, porque "podia ter-se evitado a morte deles suprimindo a carência de grão"[157]. Quando haja agravamento do dano em virtude de uma falha da parte lesada, "os tribunais deverão arbitrar até que ponto a culpa de um e de outro intervieram como elemento na perda e fazer suportar a cada um uma parte do valor à sua culpa"[158].

Gomes da Silva viria repensar a responsabilidade civil e reelaborar os seus pressupostos. Em *O dever de prestar e o dever de indemnizar*, 1944, defende uma conceção normativa do nexo de causalidade[159]. Aí, o insigne professor atesta que o problema da causalidade só pode ser corretamente configurado se pensado em termos de nexo de imputação e acrescenta que "o nexo de causalidade não constitui um elemento autónomo da responsabilidade civil, antes representa um simples aspeto por que se encara a imputação do dano ao responsável", afastando-se de todas as conceções teóricas já propostas por entender que assentam numa visão naturalística das coisas. No fundo, o autor parece advogar um nexo entre a conduta do lesado e o dano assente na culpa e na previsibilidade. Mais concretamente, diz-nos Gomes da Silva: "em primeiro lugar, importa averiguar se certo dano teve por condição necessária algum dos factos que a lei considera fontes de responsabilidade civil; em segundo lugar, deve investigar-se se o facto danoso, pertencendo embora a alguma das categorias legais de factos criadores de responsabilidade, na realidade produziu os danos, em certo caso concreto, pela forma a que a lei atendeu ao incluí-lo no número de circunstâncias de que pode emergir a responsabilidade (...). Se a lei fundamenta a responsabilidade em certa relação entre o dano e uma pessoa, é indispensável, para se verificar a responsabilidade, que esse dano haja sido produzido pela forma que a lei teve em vista ao estabelecer essa relação. Nisto consiste o nexo de causalidade: um facto diz-se causa do dano, para efeitos de responsabilidade civil, quando o produz pela forma que a lei tinha em vista ao considerar os factos da mesma espécie fontes de responsabilidade civil". Para o autor, o tratamento da causalidade, assim convertida

---

157. MANUEL DIAS DA SILVA, *Estudo sobre a responsabilidade civil*, 199.
158. MANUEL DIAS DA SILVA, *Estudo sobre a responsabilidade civil*, 201.
　　Neste período, as posições entre os autores são particularmente oscilantes. Sidónio Rito sustenta que a indemnização abrange os prejuízos relativamente aos quais a conduta ilícita é condição e que não podiam ser evitados pelo lesado ("Elementos da responsabilidade civil delitual", *Jornal do foro*, ano 9º, pág. 289 e ss. e ano 10º, 31 s.); CUNHA GONÇALVES defende a doutrina da eficiência; JAIME DE GOUVEIA adere à doutrina da *conditio sine qua non*; MANUEL DE ANDRADE (*Teoria Geral das Obrigações* (com a colaboração de RUI DE ALARCÃO), 3ª edição, 1966, adere à doutrina da causalidade adequada. No entanto, afirma que "o devedor será responsável pelos danos que efectivamente previu ou até tenha querido provocar, mesmo que porventura o inadimplemento constitua para esses danos uma causa inadequada".
159. GOMES DA SILVA, *O dever de prestar e o dever de indemnizar*, 1944, 151 e 233

em nexo de imputação, seria, pois, diverso consoante estivessemos diante de uma responsabilidade objetiva ou de uma responsabilidade subjetiva.

É Pereira Coelho quem mais profundamente mergulha na problemática do nexo de causalidade[160]. Não escondendo a influência da Jurisprudência dos Interesses, o autor adere expressamente à doutrina da causalidade adequada, para, mais tarde, tratar de forma pormenorizada a questão da relevância da causa virtual. Pereira Coelho, ao debruçar-se sobre a questão da causalidade, não esconde que a construção do conceito de causa não fica imune às influências da orientação metodológica que se abrace em concreto. A este propósito, diz-nos expressamente que, "no quadro duma jurisprudência dos interesses (...), não partiremos dedutivamente da noção de causa para a solução dos casos que nesta matéria nos possam vir a surgir; antes, analisando a necessidade e os interesses da prática e seguindo a dialética das valorações legais, ou emitindo, em último recurso, juízos de valor autónomos"[161], "(...) não tendo os conceitos que construirmos mais do que uma função de (...) instrumentos de expressão dos conteúdos das normas a que pudermos chegar". E acrescenta que, "tradicionalmente, [na causalidade], tem-se partido dos conceitos para chegar às soluções. E não se tem partido sequer de conceitos jurídicos, construídos por via de abstração sobre as disposições legais, mas de conceitos transportados de outras ciências, com aquela mesma estrutura e aquele mesmo conteúdo com que tais ciências os utilizam. Assim, (...) os autores foram buscar a noção físico-natural de causa e trouxeram-na para a ciência do direito. Mas isto sem ao menos ter o cuidado de verificar se essa noção (...) era aquela que conduzia a resultados mais justos, aquela por cuja via melhor eram salvaguardados aqueles interesses fundamentais para que o direito a ela recorria"[162]. Ora, considera o insigne jurista que a aplicação da noção científica de causa ao direito conduz a resultados inaceitáveis e advoga a autonomia dos conceitos jurídicos – "quando o legislador utiliza (...) conceitos que fazem parte do património de outros saberes, tem forçosamente de remodelar ou reelaborar em função do especial dever ser que tem em vista"[163]. No que à causalidade respeita, explica Pereira Coelho que o legislador usa o conceito de causa das ciências exactas, mas não tem de ficar vinculado ao exato sentido que ele tem no mundo das ciências da natureza, podendo "chamar causa ao que muito bem quiser (...)"[164]. Só que "dizer-se que a noção natu-

---

160. F. PEREIRA COELHO, "O nexo de causalidade na responsabilidade civil", *Boletim da Faculdade de Direito*, suplemento IX, 1951
161. Cf. PEREIRA COELHO, "O nexo de causalidade", 78.
162. Cf. PEREIRA COELHO, "O nexo de causalidade", 80.
163. Cf. PEREIRA COELHO, "O nexo de causalidade", 81.
164. Cf. PEREIRA COELHO, "O nexo de causalidade", 86.

ralística de causa carece de ser reelaborada e adequada aos fins do direito não quer evidentemente dizer que ela tenha de sofrer uma remodelação ou adequação substancial", podendo acontecer que "interesse ao direito que a noção de causa seja usada com aquela mesma estrutura e aquele mesmo conteúdo que possui no mundo das ciências da natureza"[165].

Não é, porém, esta a solução protagonizada pelo autor, que anuncia, logo na abertura do seu estudo, a necessidade de reelaboração não só formal, mas também substancial do conceito[166]. A ela chega, não obstante, não por via da necessidade de afastamento da *conditio sine qua non* pelo cunho naturalístico dela, mas pela análise dos interesses e necessidades comunicadas pela prática.

Aderindo à causalidade adequada, no decurso do estudo que faz acerca do tema, Pereira Coelho acaba por nos elucidar no sentido da intencionalidade do critério. Não surge já como um simples conceito de facto que, sendo incorporado na norma jurídica, mantém o conteúdo naturalista, embora ganhe outra forma, mas, em homenagem à jurisprudência superadora do positivismo, adquire um sentido próprio de acordo com as finalidades do instituto em que se insere.

B – A CODIFICAÇÃO DE 1966

1. A PREVISÃO LEGAL EM MATÉRIA DE CAUSALIDADE

Dispõe o artigo 563º CC, sob a epígrafe *nexo de causalidade*, que "a obrigação de indemnização só existe em relação aos danos que o lesado provavelmente não teria sofrido se não fosse a lesão".

A partir de uma enunciação aparentemente simples, suscita-se um intenso debate na doutrina nacional, a gerar evidentes clivagens entre os autores. A justificá-las, encontramos a complexidade do problema que o preceito trata e a própria formulação legal com que somos confrontados[167]. A

---

165. Cf. PEREIRA COELHO, "O nexo de causalidade", 86.
166. Cf. PEREIRA COELHO, "O nexo de causalidade", 86-87.
167. A este propósito, cf. ANTUNES VARELA, *Das obrigações em geral*, vol. I, 10º edição, Almedina, Coimbra, 2003, 899 s.; ID., "Rasgos Inovadores do Código Civil Português em matéria de responsabilidade civil", *Boletim da Faculdade de Direito da Universidade de Coimbra*, vol. XLVIII, 1972, 98; ALMEIDA COSTA, ""Reflexões sobre a obrigação de indemnização. Confrontos luso-brasileiros", *Revista de Legislação e de Jurisprudência*, nº3931 e 3932, 291; PESSOA JORGE, *Ensaio sobre os pressupostos da responsabilidade civil*, Almedina, Coimbra, 1999 (reimpressão), 410 s.; PAULO MOTA PINTO, *Interesse contratual negativo e interesse contratual positivo*, volume I e II, Coimbra, Coimbra Editora, 2008, 641 e nota 1839 s.

própria consagração legal de uma doutrina que não colhe unanimidade. Antunes Varela[168] e Menezes Cordeiro[169] explicam que a teoria da causalidade adequada teria sido consagrada nos trabalhos preparatórios do Código Civil[170], mas não explicitamente no corpo normativo em que aqueles, posteriormente, foram vertidos. Assim, e desde que não aderíssemos cegamente a uma interpretação histórica de tipo subjetivista, abrir-se-ia um leque de possibilidades hermenêuticas ao jurista. Tanto mais que aquela interpretação há-de ser vista como um problema prático-normativo e não orientado pela pressuposição de uma racionalidade do primeiro tipo. Talvez por isso, partindo da mesma constatação de base, os autores cheguem a conclusões diversas. Enquanto Antunes Varela – não obstante a introdução de elementos corretores do critério – permanece fiel à teoria; Menezes Cordeiro mostra-se muito crítico da mesma[171].

---

168. ANTUNES VARELA, *Das obrigações*, I, 916.

    Consideram que o artigo 563º CC consagra a doutrina da causalidade adequada, *inter alia*, autores como PEREIRA COELHO, *Obrigações, sumários das lições ao curso de 1966-1967*, Coimbra, 1967, 163 s.; CALVÃO DA SILVA, *Responsabilidade civil do produtor*, Almedina, Coimbra, 1990, 712; RUI DE ALARCÃO, *Direito das Obrigações* (texto elaborado por J. Sousa Ribeiro, J. Sinde Monteiro, Almeno de Sá e J.C. Proença. Com base nas lições do Prof. Doutor Rui de Alarcão ao 3º ano jurídico), policopiado, Coimbra, 1983, 280; ALMEIDA COSTA, "Reflexões sobre a obrigação de indemnização. Confrontos luso-brasileiros", *Revista de Legislação e de Jurisprudência*, nº3931 e 3932, 291; PESSOA JORGE, *Ensaio*, 412; PAULO MOTA PINTO, *Interesse contratual*, 641 s.; MENEZES LEITÃO, *Direito das Obrigações*, vol. I, 9ª edição, Almedina, Coimbra, 2010, 343; SINDE MONTEIRO, "Rudimentos da responsabilidade civil", *Revista da Faculdade de Direito da Universidade do Porto*, ano 2º, 2005, 379; JOSÉ ALBERTO GONZÁLEZ, *Responsabilidade civil*, 2ª edição, Quid Iuris, Lisboa, 2009, 79; RIBEIRO DE FARIA, *Direito das Obrigações*, vol. I, Almedina, Coimbra, 2003, 505 s.

    Trata-se, pois, notoriamente da posição maioritária entre nós.

169. MENEZES CORDEIRO, *Da responsabilidade civil dos administradores das sociedades comerciais*, Lex, Lisboa, 1997, 533, nota 225.

170. VAZ SERRA, "Obrigação de indemnização. Colocação. Fontes. Conceito e espécies de dano. Nexo causal. Extensão do dever de indemnizar. Espécies de indemnização. Direito de abstenção e de remoção", *Boletim do Ministério da Justiça*, nº84, Março 1959, 22, 123, 284. Veja-se, também, PEREIRA COELHO, "O nexo de causalidade". As formulações dos dois autores não são, porém, coincidentes. O teor literal do preceito em análise corresponde à proposta de Pereira Coelho, tendo Vaz Serra admitido, como texto alternativo, embora ligeiramente alterado, a formulação do primeiro. Cf. "Direito das obrigações – Anteprojecto (parte resumida)", *Boletim do Ministério da Justiça*, vol. 100, 127, nota 269.

171. Menezes Cordeiro (*Da responsabilidade civil dos administradores*, 532 e ss.) e Menezes Leitão (*Direito das Obrigações*, I, 362), que advogam uma conceção normativa de causalidade e abrem a porta a outro tipo de considerações partilhadas recentemente por variados autores (Menezes Leitão afirma contundentemente que "a obrigação de reparar os danos causados constitui uma consequência jurídica de uma norma relativa à imputação de danos, o que implica que a averiguação do nexo de causalidade apenas se possa fazer a partir da determinação do fim específico e do âmbito de proteção da norma que determina essa consequência jurídica"). Veja-se, quanto ao ponto, a crítica de Oliveira Ascensão a Menezes Cordeiro, centrada na responsabilidade contratual e vertida na arguição do curriculum apresentado pelo segundo no concurso a professor agregado – "Arguição do currículo apresentado pelo Doutor António Menezes Cordeiro nas provas

O último autor citado chega mesmo a defender que, "ao contrário do que se entende em decisões jurisdicionais", o artigo 563º CC "não impõe a causalidade adequada como direito vigente. De resto, nem faria sentido prescrever teorias obrigatórias. O artigo 563º em causa, como compete, aliás, a uma ação legislativa, apenas afasta, como princípio, a causalidade virtual, como fonte de imputação[172] (...) e, tão-só, arreda, como regra, a necessidade da absoluta confirmação do decurso causal: não há que provar tal decurso mas, simplesmente, a probabilidade razoável da sua existência"[173].

Torna-se, assim, problemática a própria relação entre a causalidade adequada e a doutrina da *conditio sine qua non*. Paulo Mota Pinto, a este propósito, considera que da formulação do artigo, "ao exigir a conclusão contrafactual (...) no sentido da provável falta de verificação dos danos, não resulta (...) o afastamento da exigência de uma (segura, e não apenas provável) condição *sine qua non* e a consequente possibilidade de resolução do problema da causalidade da causa virtual logo por esta via – até porque o critério da probabilidade não seria adequado para tanto"[174].

---

para obtenção do título de professor agregado", *Revista da Faculdade de Direito de Lisboa*, 1998, 826). Para um novo posicionamento de Menezes Cordeiro, cf. *Tratado de Direito Civil Português*, II, *Direito das Obrigações*, III, 2010

172. Em causa, nas palavras de MENEZES Cordeiro, parece estar mais a questão da relevância positiva da causa virtual: "não se responde, civilmente, por condutas que, embora ilícitas e culposas, não chegaram a provocar danos".

173. A propósito do artigo 562º CC, cf. ANTUNES VARELA, *Das obrigações*, I, 878, nota 3; PAULO MOTA PINTO, *Interesse contratual*, 643, nota 1843. Segundo a posição dos autores, o artigo citado também não depõe em matéria de causalidade, estabelecendo, apenas, um princípio geral, nos termos do qual ressalta a finalidade essencialmente compensatória da responsabilidade civil. Nas palavras de Antunes Varela, "visa apenas definir a função genérica do dever de indemnizar". Paulo Mota Pinto adianta que o artigo 562º CC remete, ainda, para a primazia da reconstituição natural, "pois esta é que melhor (ou, mesmo, muitas vezes unicamente) corresponde a reconstituição da situação em que o lesado estaria se não tivesse verificado o evento que obriga à reparação". Nas palavras do insigne civilista, há que sublinhar, também, que "deste artigo 562º não resulta (...) qualquer disposição relativa ao critério de causalidade entre o evento lesivo e os danos, nem quanto à exigência de adequação causal (o que é óbvio logo no plano literal, não existindo na disposição qualquer elemento que o inculque), nem quanto à exigência de condicionalidade, nos termos das doutrinas da equivalência das condições ou da conditio sine qua non (condição necessária) (...)".

174. PAULO MOTA PINTO, *Interesse contratual*, 641. Mais acrescenta o autor em nota (1839) que "não parece que o legislador tenha querido com tal formulação nem simplesmente consagrar a teoria da conditio sine qua non, nem, pelo contrário, afastar a exigência de uma relação de necessidade entre a lesão e os danos, como a que seria claramente exigida se se referisse simplesmente apenas "aos danos que o lesado não teria sofrido se não fosse a lesão – isto é, afastar a exigência de uma absolutamente segura conditio sine qua non, prevendo que basta uma condição sine qua provavelmente (e não com inteira certeza) non, podendo, pois, acontecer que sem se verificar a condição os danos tivessem igualmente ocorrido. Pela limitação à exigência de uma condição necessária, a ser procedente tal interpretação, ela poderia, aliás, ser aproveitada no sentido de se afirmar a irrelevância da causa virtual, nos casos em que a produção de danos pela causa real fosse de todo o modo provável".

119

Com isto, parece ser a própria segurança da consagração da doutrina da causalidade adequada a este nível que é posta em causa. Na verdade, encontramos autores que, ora de forma assertiva, ora em jeito de possibilidade, nos alertam para a viabilidade de, numa dada interpretação da norma, podermos encontrar ali a consagração da doutrina da *conditio sine qua non*[175]. Acresce que, atentas as múltiplas explicitações da fórmula da causalidade adequada, emergem novas dificuldades quando ponderados os termos da putativa consagração da doutrina. Ou seja, e de modo mais direto, questiona-se, para quem aceite de forma inequívoca o dado, se o artigo 563º CC adotaria a formulação negativa ou positiva da teoria probabilística[176].

Para lá de toda a controvérsia, a jurisprudência nacional parece aderir maioritariamente à ideia de que o nosso Código Civil consagra *expressis verbis* a doutrina da causalidade adequada, da qual não se afasta sobremaneira.

Temos, porém, as maiores dúvidas que esta corresponda à melhor posição sobre a matéria e a justificá-lo podemos convocar uma série de argumentos mais ou menos concludentes.

Desde logo, e fazendo eco do que já foi dito acerca da posição – nesse ponto convergente – de Antunes Varela e Menezes Cordeiro, é dubitativo que o legislador tenha querido cristalizar normativamente uma solução que deve ser encontrada pela doutrina. Se tivermos em conta a distância que separa a decisão judicativa da prescrição legislativa, percebemos que não é tarefa da segunda, personificada pelo legislador, a cristalização de conceitos, quadros operatórios ou categorias normativas que só poderão ser radicalmente compreendidas quando reportadas aos casos concretos e aos princípios informadores do sistema em que se louvam. O seu preenchimento compete, sobretudo e conjuntamente, à jurisprudência judicial e dogmática.

---

175. Cf., a este propósito, ANTUNES VARELA, *Das obrigações*, I, 899. Veja-se, também, RIBEIRO DE FARIA, *Direito das obrigações*, 505, considerando que o teor literal do preceito viabiliza a sua interpretação no sentido do acolhimento da doutrina da *conditio sine qua non*, embora resolvendo o problema hermenêutico no sentido da consagração da causalidade adequada, com fundamento no argumento histórico.

176. Cf., novamente, PAULO MOTA PINTO, *Interesse contratual*, 642 e nota 1840. Conclui, também, o autor que não se pode inferir do preceito qualquer solução em matéria de prova da causalidade virtual, sobretudo porque, mesmo se se aceitar a formulação negativa da adequação, esta só terá impacto em sede de prova da causalidade e não em matéria de prova dos danos.

Para o autor, "a boa compreensão do artigo 563º é facilitada pela relação, que se deve fazer, entre o seu teor e a parte final do preceito anterior – isto é, a reconstituição da situação que existiria, se não se tivesse verificado o evento que obriga à reparação". Diz-nos, portanto, que "a intenção do legislador foi a de limitar os danos relevantes para a (...) construção da situação hipotética em que o lesado se encontraria sem a lesão àqueles para os quais a lesão era causa adequada (...)" – cf. p. 644/645.

Claro que isso não obsta a que a norma legal funcione como um arrimo mobilizável na orientação da solução materialmente justa e normativamente adequada dos diversos casos *sub iudice*. Até porque, verdadeiramente, não só o legislador não está impedido de assumir o papel referido, como o fornecimento de dados operativos não se traduz na conceptualização em sentido estrito. Mas, se assim é, há que compreender que, afinal, a interpretação que se faça do preceito há-de resultar não só da remissão para os casos concretos, mas ainda para os fundamentos supra-positivos e transsistemáticos que informam o sistema, e que o desenho concreto de uma doutrina ou categoria dogmática há-de ir para além da mera imposição legiferante.

Talvez por isso se afigure, também, extremamente frágil o argumento histórico que, fazendo apelo aos trabalhos preparatórios do Código Civil e aos estudos que, direta ou indiretamente, os inspiraram, encontra ali o sustentáculo mais seguro para a defesa da tese da consagração da doutrina da causalidade adequada ao nível do artigo 563º CC.

A fragilidade a que se alude resulta, ademais, da impossibilidade de, em termos metodológicos, continuarmos a olhar para a norma como se de um simples enunciado linguístico se tratasse. A outrora norma-texto deu lugar, nos nossos dias, à norma-problema, com todas as consequências que a transformação acarreta, designadamente ao nível dos objetivos da interpretação: já não procuramos colher do texto a vontade subjetiva do legislador histórico ou o sentido objetivo incorporado pela norma, mas complementamos uma perspetiva dogmática e teleológica, o que não pode deixar de legitimar um desvio ao apego histórico se ulteriores argumentos concorrerem para a clivagem.

Impõe-se, por isso, um novo entendimento acerca da causalidade.

Se algumas conclusões podem ser extraídas do artigo 563º CC, elas são, por um lado, a primazia da função ressarcitória da responsabilidade civil (a implicar a exigência de um nexo de causalidade) e, por outro, o afastamento da relação de necessidade, pela substituição por uma relação de probabilidade, entre a lesão e os danos. Ora, se partirmos do princípio que o direito subjetivo absoluto define uma área de autonomia orientada para a prossecução de interesses definidores do seu conteúdo, a lesão daquele permite com toda a probabilidade considerar como dano a repercussão que a frustração das utilidades por ele asseguradas acarrete.

2. NOVOS RUMOS DA CAUSALIDADE

O que ficou dito é bastante para perceber que, pese embora a posição maioritária da doutrina e jurisprudência, a causalidade não pode continuar a ser entendida nos moles em que o era à data da entrada em vigor do Código de 1966[177]. Não obstante, podemos acrescentar, em abono dessa necessidade de mutação de perspetiva, dois argumentos de não pequena valia.

Em primeiro lugar, a doutrina da causalidade adequada – entendida ou não como complemento da doutrina da *conditio sine qua non* – mostra-se imprestável para solucionar todos os problemas que a este nível se coloca. Assim, colocam-se desde logo problemas ao nível da descrição dos *relatas*, isto é, dos termos a relacionar. Na verdade, se se perguntar "é normal e provável que um pequeno golpe na face provoque a morte de uma pessoa", a resposta será, em princípio, negativa. Mas se se perguntar "é normal e provável que um pequeno golpe na face provoque a morte de um hemofílico em último grau", a resposta pode já ser afirmativa. Quer isto dizer que consoante a descrição que se faça dos eventos, assim a resposta já vai contida na indagação. E não será fácil optar por uma descrição dos *relata* em abstrato – porque se perde a necessária relevância do caso concreto – ou em concreto, porque a pormenorização pode, de facto, condicionar uma solução que, *a priori*, não deveria estar estabelecida. Isto quer dizer, no fundo, que – consoante afirmam certos autores – a adequação é critério de coisa alguma, uma fórmula vazia (*Leeformel*)[178]. Por outro lado, coloca-se o problema de saber qual o ponto de vista que se deve adotar nesta indagação: o ponto de vista do sujeito que atuou, o ponto de vista do homem médio ou o ponto de vista do observador ótimo e experiente? E devem ou não ter-se em conta os conhecimentos efetivos do lesante que, em concreto, podem alterar o juízo de prognose a encetar? Basta pensar, por exemplo, na hipótese em que o sujeito sabia da hemofilia da vítima e por isso desfere contra ela um golpe. Ao considerarmos esta probabilidade corrigida por índices de subjetividade, não estamos a aproximar-nos da culpa e da previsibilidade, sendo certo que os autores a rejeitam – e bem – para estabelecer o nexo de causalidade? O mesmo não se poderá perguntar se o nosso juízo um juízo *ex ante?* Por outro lado, se o juízo for absolutamente objetivo e formulado *ex post*, não estaremos a condenar-nos a uma resposta de tipo estatístico que quadra mal com a intencionalidade predicativa da

---

177. Para outros desenvolvimentos acerca do modo como devemos compreender a causalidade, cf. MAFALDA MIRANDA BARBOSA, *Do nexo de causalidade ao nexo de imputação. Contributo para a compreensão da natureza binária e personalística do requisito causal ao nível da responsabilidade civil extracontratual*, Princípia, 2013; MAFALDA MIRANDA BARBOSA, *Responsabilidade civil extracontratual: novas perspetivas em matéria de nexo de causalidade*, Princípia, 2014

178. MENEZES CORDEIRO, *Da responsabilidade*, 534, ao afirmar que ela não é bitola de coisa nenhuma, mas "espaço que iremos preenchendo com base no senso comum e em juízos de tipo ético"; MENEZES LEITÃO, *A responsabilidade do gestor,*325; GÜNTHER BERNERT, "Die Leeformel von der Adäquanz", *Archiv für die civilistische Praxis*, 169, 1969,421-442

juridicidade e nos afasta de soluções justas, como no exemplo apresentado anteriormente? E, *in fine*, qual o grau de probabilidade que deve ser requerido? A causalidade adequada mostra-se ainda falha noutras situações: não nos oferece uma resposta satisfatória sempre que esteja em causa a chamada causalidade psicológica, isto é, sempre que o sujeito atua para levar o lesado ou um terceiro a agir. Do mesmo modo, mostra-se insuficiente nas hipóteses de causalidade cumulativa necessária. Por último, ao partir de uma ideia de condicionalidade, acaba por ficar refém dos problemas patenteados pela *conditio sine qua non*. Esta, ao fazer apelo a uma lógica determinística, quadra mal com a intencionalidade jurídica. Parte de uma visão determinística do mundo, que não é sequer aceite no campo das ciências exatas, esquecendo que, ao nível jurídico, o direito não pode ser determinado pelo ser, na medida em que se traduz num dever-ser. Por outro lado, deixa-nos sem resposta em todos os casos em que o dano tem origem no comportamento da vítima. Desde logo, há a considerar todos aqueles casos em que se desvela um comportamento do lesado que, concorrentemente, desempenha um papel ativo no processo causal. E não falamos só das hipóteses de concorrência de culpas do lesado – a encerrar a *vexata quaestio* da qualificação do seu âmago como um problema atinente à culpa ou à causalidade –, mas também daqueloutras em que o processo causal tem início num comportamento da vítima, adotado em face da influência psicológica que um terceiro sobre ela exerceu. Lembramo-nos, num exercício de chamada à colação de uma memória predisponível dos problemas com que o sistema se vai debatendo, das situações de responsabilidade por informações. Ao mesmo tempo, conduz a uma extensão desmedida da responsabilidade. Do mesmo passo, mas sem contradição, restringe, noutras situações, a responsabilidade, impedindo uma decisão justa. Pense-se no âmbito de relevância dos casos em abstrato assimiláveis pela intencionalidade problemática do conceito de causalidade cumulativa e alternativa.

Em segundo lugar, se as diversas normas e critérios do sistema, para serem interpretados, têm de ser remetidos para o caso concreto – que os mobiliza – e para os princípios em que se fundam (sob pena de se incompreender a intencionalidade normativa dos mesmos), então isso significa que na concretização-interpretação dos diversos pressupostos de procedência de uma pretensão indemnizatória temos de ter em conta os princípios normativos, que nos remetem para o princípio da responsabilidade, a entroncar, em última análise, na ideia de pessoa positivamente livre.

É, portanto, à luz da pessoalidade livre e responsável que vamos ter de compreender o pressuposto causal. Ora, se assim é, então isso significa que o que se debate não é o estabelecimento de uma relação causa-efeito, mas a justeza de se imputar objetivamente uma lesão ao comportamento de um sujeito, tido como autor daquela. Ou seja, o nosso problema não reside na causalidade, mas na imputação objetiva, o que, por seu turno, implica que a própria estrutura do ilícito de que se parte condicione os exatos termos de estabelecimento dessa imputação.

Ademais, esta causalidade vertida em imputação deve deixar de ser pensada em termos unitários, para passar a ser compreendida em termos binários. Se, tradicionalmente, o nexo de causalidade era entendido de forma unívoca, estabelecendo a ligação entre a conduta ilícita e culposa e os danos sofridos pelo lesado, embora os autores acabassem por evidenciar – de forma mais ou menos clara – que este liame era chamado a cumprir uma dupla função: ao mesmo tempo que seria entendido como um pressuposto da responsabilidade, era visto como um problema atinente ao cálculo da indemnização[179], hoje, fruto da boa influência de além-fronteiras, a doutrina portuguesa passou a distinguir dois nexos de causalidade. Melhor dizendo, o nexo de causalidade comunga, naquela que nos parece ser a melhor visão do problema, de uma natureza binária. Lado a lado concorrem a causalidade fundamentadora da responsabilidade e a causalidade preenchedora da responsabilidade. A primeira liga o comportamento do agente à lesão do direito ou interesse protegido[180]; a segunda liga a lesão do direito ou interesse protegido aos danos consequenciais (segundo dano) verificado. A bifurcação a que se alude é análoga à estabelecida no quadro do ordenamento jurídico germânico, onde os autores distinguem a *haftungsbegründende Kausalität* da *haftungsausfüllende Kausalität*[181] e acaba por

---

179. Entre nós, abordando unitariamente o problema, PEREIRA COELHO, "O nexo de causalidade na responsabilidade civil", 113 a 115. Tradicionalmente o problema da causalidade era tratado ao nível da obrigação de indemnizar. Tal corresponde à estrutura sistemática das diversas codificações e, entre nós, respeita a orientação expendida nos trabalhos preparatórios do diploma mãe em matéria de direito civil – cf. VAZ SERRA, "Obrigação de indemnização. Colocação. Fontes. Conceito e espécies de dano. Nexo causal. Extensão do dever de indemnizar. Espécies de indemnização. Direito de abstenção e de remoção", *Boletim do Ministério da Justiça*, nº 84, 1959, 5 a 301, 7.

180. Problematizar-se-á, portanto, sempre que a nossa perspetiva se centre na lesão de um direito subjetivo absoluto, seja ela uma lesão primária ou subsequente à prévia lesão de outro direito absoluto.

181. Cf. TRAEGER, *Der Kausalbegriff im Straf und Zivilrecht*, Elwert, Malburg, 1904, 219; ESSER/SCHMIDT, *Schuldrecht I Allgemeiner Teil*, Teilband 1, 8 Aufl., 1995, 210 (cf. também pág. 521, afirmando que o nexo de causalidade cumpre uma função positiva de imputação e uma função negativa de delimitação dos danos); LARENZ, *Lehrbuch*, I, 432; ENNECCERUS-LEHMANN, *Lehrbuch des bürgerlichen Rechts, Recht der Schuldverhältnisse*, 15 Aufl., Mohr, Tübingen, 1958, 60; ULRICH MAGNUS, "Causation in german tort law", *Unification of Tort Law: causation*, J. SPIER (ed.), *Principles of European Tort Law*, vol. 4, European Centre of Tort and Insurance Law, Kluwer Law International, London, Boston, 2000, 63; GERT BRÜGGEMEIER, *Haftungsrecht*, 545 s.; FIKENTSCHER, *Schuldrecht*, 9 Aufl., De Gruyter, Berlin, New York, 1997, 290-292 (Cf., também, FIKENTSCHER/HEINEMANN, *Schuldrecht*, 10 Aufl., De Gruyter, Berlin, 2006, 299 s.); ERWIN DEUTSCH, *Allgemeines Haftungsre-*

ser conexa com cisões estabelecidas no quadro de outros ordenamentos jurídicos. A nitidez da cisão pode esbater-se em face de determinadas formas de desvelação da ilicitude, mas afigura-se tanto mais imprescindível quanto mais vincada seja a predicação daquela ilicitude no resultado.

A responsabilidade deixa, nesta perspetiva, de ser entendida exclusivamente do ponto de vista dogmático, mas ser compreendida do ponto de vista ético-axiológico[182]. A própria ação, de onde se parte, deve ser vista como uma categoria onto-axiológica o que, no diálogo com a pressuposição do risco, nos permite inverter alguns dos aspetos tradicionais do problema. Assim, e desde logo, podemos afirmar que o filão fundamentador da imputação objetiva não pode deixar de se encontrar numa *esfera de risco que se assume*. Não basta contemplar a esfera de risco assumida pelo agente de uma forma atomística, desenraizada da tessitura antropológico-social e mundanal em que ele está inserido. Dito de outro modo, e relacionando--se isso com o pertinentemente aceite em matéria de definição da condu-

---

cht, 2. völlig neugestaltete end erw. Aufl., Carl Heymanns Köln, Berlin, Bonn, München, 1996, 84 (considerando, ademais, que a causalidade fundamentadora da responsabilidade não necessita de ser adequada, não tendo de se verificar o requisito da adequação também ao nível das disposições de proteção de interesses alheios); HERMANN LANGE, GOTTFFRIED SCHIEMANN, *Handbuch des Schuldrechts. Schadensersatz*, 3 Aufl., Mohr, Tübingen, 2003, 77 s.; HENNIG LÖWE, *Der Gedanke der Prävention im deutschen Schadensersatzrecht. Die Flucht in den Geldersatz immaterieller Schäden. Zugleich eine Besprechung der Caroleine – Urteil des Bundesgerichtshofs und des Draehmpaehl – Urteil des Europäischen Gerichtshofs*, Peter Lang, Europäische Hochschuldschriften, Reihe II, Rechtsissenschaft, Frankfurt, Berlin, Bern, Bruxelles, New York, Oxford, Wien, 1999/2000, 106, 115 e 230 s.; HANS STOLL, *Haftungsfolgen im bürgerlichen Recht. Eine Darstellung auf rechtsvergleichender Grundlage*, C.F. Müller, Heidelberg, 1993, 392 s.; CEES VAN DAM, *European Tort Law*, 270 s.; B. WINIGER/H. KOZIOL/B.A.KOCH/R. ZIMMERMANN (eds.), *Digest of European Tort Law*, vol. 1, *Essential Cases on Natural Causation*, Springer, Wien, New York, 2007, 7 e 593 s.; KRAMER, "Schutzgesetze und adäquate Kausalität", *Juristenzeitung*, 31, Heft 11/12, 1976, 338 s., onde, estabelecendo-se a mesma distinção, o autor fala de *Folgesschäden* como sinónimo de *haftungsausfüllende Kausalität*; GOTZLER, *Rechtsmässiges Alternativverhalten im haftungsbegründenden Zurechnungszusammenhang*, Beck, München, 1977, 101 s.; FRITZ LINDENMAIER, "Adäquate Ursache und nächste Ursache. Zur Kausalität im allgemeinen bürgerlichen Recht und in den Allgemeinen Deutschen Seeverischerungsbedingungen", *Festschrift für Wüstendörfer, Zeitschrift für das Gesamte Handelsrecht und Konkursrecht*, Hundertdreuzehnter Band (113), 1950, 207 s., em especial pág. 214 s. (distinguindo a dupla função da causalidade: *haftungsauslösender Kausalität* e *haftungsbegründende Kausalität*); ULRICH HUBER, "Normzwecktheorie und Adäquanztheorie. Zugleich eine Besprechung des Urteils des BGH v. 7.6.1968", *Juristenzeitung*, 21, 1969, 678; GREGOR CHRISTANDL, "BHG, 12 febbraio 2008, VI ZR 221/06 (OLG Saarbrücken) – Responsabilità medica: causalità e onere della prova nel diritto tedesco", *Persona e Danno*, www.personaedanno.it/cms/data/articoli/010849.aspx; HEIN KÖTZ, / GERHARD WAGNER, *Deliktsrecht*, 11. neu bearbeitete Auflage, Verlag Franz Vahlen, München, 2010, 59; STEPHAN PHILIPP FORST, *Grenzen deliktischer Haftung bei psychisch Vermittelter haftungsbegründender Kausalität*, Rechtswissenschaftliche Forschung und Entwicklung, München, 2000, 25-29

182. Cf., para maiores desenvolvimentos, Mafalda Miranda BARBOSA, *Do nexo de causalidade ao nexo de imputação*, 890 s. e 1130 s., bem como a demais bibliografia aí citada e que aqui damos por reproduzimos. Repristinamos algumas das conclusões a que, naquela investigação, chegámos.

ta juridicamente relevante, salienta-se aqui que, porque o referencial de sentido de que partimos é a pessoa humana, matizada pelo dialéctico encontro entre o *eu*, componente da sua individualidade, e o *tu*, potenciador do desenvolvimento integral da sua personalidade, há que cotejá-la com a *esfera de risco encabeçada pelo lesado, pelos terceiros* que compõem teluricamente o horizonte de atuação daquele, e ainda com a *esfera de risco geral da vida*. Ao que, aliás, não será também estranho o facto de todo o problema vir enervado pela teleologia primária da responsabilidade delitual, ou seja, pelo escopo eminentemente reparador do instituto. A pessoa, ao agir, porque é livre, assume uma *role responsibility*, tendo de, no encontro com o seu semelhante, cumprir uma série de deveres de cuidado. Duas hipóteses são, então, em teoria, viáveis: ou a pessoa atua investida num especial papel/função ou se integra numa comunidade de perigo concretamente definida e, neste caso, a esfera de risco apta a alicerçar o juízo imputacional fica *a priori* desenhada; ou a esfera de risco/responsabilidade que abraça não é suficientemente definida para garantir o acerto daquele juízo. Exige-se, por isso, que haja um aumento do risco, que pode ser comprovado, exatamente, pela preterição daqueles deveres de cuidado. Estes cumprem uma dupla função. Por um lado, permitem desvelar a culpa (devendo, para tanto, haver previsibilidade da lesão e exigibilidade do comportamento contrário tendo como referente o homem médio); por outro lado, alicerçam o juízo imputacional, ao definirem um círculo de responsabilidade, a partir do qual se tem de determinar, posteriormente, se o dano pertence ou não ao seu núcleo. A culpabilidade não se confunde com a "causalidade". Pode o epicentro da imputação objetiva residir na imputação subjetiva firmada, sem que, contudo, os dois planos se confundam. Condicionam-se dialeticamente, é certo, não indo ao ponto de se identificar. O condicionamento dialéctico de que se dá conta passa pela repercussão do âmbito de relevância da culpa em sede de imputação objetiva. Isto é, a partir do momento em que o agente atua de forma dolosa, encabeçando uma esfera de risco, as exigências comunicadas em sede do que tradicionalmente era entendido como o nexo de causalidade atenuam-se. Acresce que, ainda que a previsibilidade releve a este nível, o ponto de referência dela será diferente. Assim, a previsibilidade de que se cura deve ser entendida como cognoscibilidade do potencial lesante da esfera de risco que assume, que gera ou que incrementa. Ela não tem de se referir a todos os danos eventos. Designadamente, não terá de se referir aos danos subsequentes ou àqueles que resultem do agravamento da primeira lesão. Por isso, quando afirmamos que, ao nível da primeira modalidade de ilicitude, a culpa tem de se referir ao resultado, acompanhamos, entre outros, autores como Lindenmaier, Von Caemmerer ou Till Ristow, para sustentar que a previsibilidade que enforma a culpa deve recuar, no seu ponto referencial, até ao momento da edificação da esfera de risco que se passa a titular. Assim, para que haja imputação objetiva, tem de verificar-se a *assunção de uma esfera de risco*, donde a primeira tarefa do julgador será a de procurar o gérmen da sua emergência. São-lhe, por isso, em princípio, imputáveis todos os danos que tenham a sua raiz naquela esfera, donde, *a priori*, podemos fixar dois polos de desvelação da imputação: um negativo, a excluir a responsabilidade nos casos em que o dano se mostra impossível (*impossibilidade do dano*), ou por falta de objeto, ou por inidoneidade do meio; outro positivo, a afirmá-la diante de situações de *aumento do risco*.

Exclui-se a imputação quando o risco não foi criado (*não criação do risco*), quando haja *diminuição do risco* e quando ocorra um *facto fortuito ou de força maior*. Impõe-se, ademais, a ponderação da problemática atinente ao *comportamento lícito alternativo*. Em termos práticos, não há unanimidade no tocante ao significado da invocação de um comportamento lícito alternativo. Se muitos advogam a sua procedência, baseando-se para o efeito na ideia de que, nestes casos, a ilicitude não teria cumprido a sua verdadeira função como elemento crucial de edificação do dever de indemnizar, outros parecem remeter a relevância dele para o âmbito da finalidade de protecção da norma, ficando a solução concreta dependente desse escopo. Seja como for, e independentemente das posições particulares que vão sendo firmadas, descontadas as tentativas de abordagem do tema à lupa da causalidade hipotética, é na ligação ao requisito da ilicitude que se joga o cerne da problemática. E por isso entende-se que, ultrapassada a visão mais ortodoxa dela, a sua mobilização surja com particular acuidade ao nível da segunda modalidade de ilicitude. A descoberta da falta de relevância da norma violada para a emergência do dano vem mostrar, afinal, que a intencionalidade normativa do caso não é assimilada pela intencionalidade normativa daquela. Do que se trata é de saber se o dano teria tido lugar sensivelmente do mesmo modo, no mesmo tempo e nas mesmas condições ainda que a preterição do dever não se tivesse verificado. Ou dito de outro modo, pergunta-se em que medida a conduta conforme ao direito teria diminuído de forma significativa o risco de realização do evento lesivo, quebrando-se, em caso de resposta afirmativa, o nexo de ilicitude que se começava a desenhar com a violação normativa. Se nos afastarmos do quadro da segunda modalidade de ilicitude delitual e nos deixarmos orientar pela ilicitude desvelada por via da lesão de direitos subjetivos absolutos, facilmente nos aperceberemos da dificuldade de mobilização de um comportamento lícito alternativo. Na verdade, se a ilicitude fica confinada à violação do bem jurídico, isto é, ao resultado, não faz sentido falar-se de uma alternativa lícita. Arredado que esteja o formalismo, sabemos que –

embora perspetivado na ótica do resultado – o ilícito tem subjacente a si uma conduta, traduzindo-se a ligação entre estes dois elementos no nexo de imputação que estamos a erigir.

Adequadamente compreendida a ação, conformada pela liberdade do sujeito, inseparável da correspondente responsabilidade, a conexão de que falamos não é matizada pela nota da exterioridade, mas predica-se na interioridade do dever. E traduz-se, em termos práticos-normativos, na constatação da assunção de uma esfera de risco, indagando-se, posteriormente, acerca da pertinência do dano àquele círculo de responsabilidade que se encabeça. Se a simples possibilidade é bastante para se integrar a lesão na esfera gerada ou incrementada, então é, em teoria, possível conceber que o lesante venha provar que o mesmo dano teria sido causado mesmo que o comportamento tivesse sido outro. Note-se, obviamente, que em rigor não estaria em julgamento um comportamento lícito alternativo, porquanto, ao não se estabelecer a conexão que buscamos, é o próprio nexo de ilicitude que falece e, consequentemente, o carácter ilícito do resultado. Não se trata de apurar da relevância negativa de uma causalidade hipotética, mas de saber se o lesante logrará afastar a sua responsabilidade ao provar a irrelevância do comportamento para a emergência do dano.

Pressuposta que seja a finalidade primacial do ressarcimento como a reparação, e não esquecido que o sentido pessoalista da responsabilidade não nos pode afastar da determinação do agente, torna-se simples o sentido da solução. Deve-se, de facto, admitir a invocação do comportamento conforme ao direito como expediente de exclusão da imputação que se traça. A este nível colhe a invocação do comportamento alternativo conforme ao direito, porque, ao mostrar que a lesão surgiria do mesmo modo independentemente da licitude ou ilicitude do comportamento, consegue-se obter a prova do não incremento do risco. No fundo, o lesante demonstra que o dano que emerge não se conexiona funcionalmente com a esfera de responsabilizadade atualizada a partir da obliteração dos deveres de conduta. A dificuldade passa, portanto, a ser outra, qual seja a de saber qual a prova que deve ser oferecida pelo obrigado a indemnizar. O julgador só deve recusar a imputação quando haja prova da efetiva causa do dano ou quando haja prova da elevada probabilidade de que a lesão se teria realizado mesmo sem o desvio na conduta. Note-se que o grau de probabilidade de que aqui se fala deve andar próximo da certeza, o que se entende se se considerar que a assunção da esfera de risco coenvolve igualmente o risco processual.

Na indagação da pertinência funcional da lesão do direito à esfera de responsabilidade que se erige e assume, importa ter sempre presente que esta é mais ampla que o círculo definido pela culpa, como atrás se constatou.

Contudo, pese embora a ideia da extrapolação da vontade que acompanha o resultado, há que ter em conta, no juízo imputacional, uma ideia de *controlabilidade* do dado real pelo agente. Esta controlabilidade há-de, pois, ser entendida no sentido da evitabilidade do evento lesivo. Com isto, exclui-se a possibilidade de indemnização dos danos que resultem de acontecimentos fortuitos ou de casos de força maior. No fundo, o que se procura com as categorias é retirar da esfera de risco edificada algumas das consequências que, pertencendo-lhe em regra, pela falta de controlabilidade (inevitabilidade, extraordinariedade, excecionalidade e invencibilidade), não apresentam uma conexão funcional com o perigo gerado. Note-se, porém, que a judicativa decisão acerca da existência ou não de um facto fortuito ou caso de força maior poderá implicar, em vez de uma estanque análise das características elencadas, um cotejo de esferas de risco. De facto, poderá haver situações em que o pretenso lesante não tem controlo efetivo sobre a situação que gera o dano, mas pode e deve minorar os efeitos nefastos dela. Com isto, mostramos que não é ao nível da culpa que as duas categorias derramam a sua eficácia. No entanto, isso não nos leva a optar inexoravelmente por uma perspetiva que as funde no conceito de causalidade. Num dado sentido, o facto fortuito e a força maior retiram do núcleo de responsabilidade do lesante o resultado verificado. Num outro sentido, reclamam a repartição de esferas de risco, convidando-nos a um cotejo entre elas. Abre-se, portanto, o segundo patamar da indagação "causal" do modelo que edificamos.

Este segundo patamar terá lugar depois de se constatar que o dano--lesão pertence ao núcleo da esfera edificada. Para tanto, é necessário que haja possibilidade do dano e que ele se integre dentro dos eventos que deveriam ser evitados com o cumprimento do dever. Só depois faz sentido, confrontar a esfera titulada pelo potencial lesante com outras esferas de risco/responsabilidade.

Contemplando, *prima facie*, a *esfera de risco geral da vida*, diremos que a imputação deveria ser recusada quando o facto do lesante, criando embora uma esfera de risco, apenas determina a presença do bem ou direito ofendido no tempo e lugar da lesão do mesmo. O cotejo com a esfera de risco natural permite antever que esta absorve o risco criado pelo agente, porquanto seja sempre presente e mais amplo que aquele. A pergunta que nos orienta é: um evento danoso do tipo do ocorrido distribui-se de modo substancialmente uniforme nesse tempo e nesse espaço, ou, de uma forma mais simplista, trata-se ou não de um risco a que todos – indiferenciadamente – estão expostos?

O confronto com a *esfera de risco titulada pelo lesado* impõe-se de igual modo. São a este nível ponderadas as tradicionais hipóteses da existência de uma predisposição constitucional do lesado para sofrer o dano. Lidando-se com a questão das debilidades constitucionais do lesado, duas hipóteses são cogitáveis. Se elas forem conhecidas do lesante, afirma-se, em regra, a imputação, exceto se não for razoável considerar que ele fica, por esse especial conhecimento, investido numa posição de garante. Se não forem conhecidas, então a ponderação há-de ser outra. Partindo da contemplação da esfera de risco edificada pelo lesante, dir-se-á que, ao agir em contravenção com os deveres do tráfego que sobre ele impendem, assume a responsabilidade pelos danos que ali se inscrevam, pelo que haverá de suportar o risco de se cruzar com um lesado dotado de idiossincrasias que agravem a lesão perpetrada. Excluir-se-á, contudo, a imputação quando o lesado, em face de debilidades tão atípicas e tão profundas, devesse assumir especiais deveres para consigo mesmo. A mesma estrutura valorativa se mobiliza quando em causa não esteja uma dimensão constitutiva do lesado, mas sim uma conduta dele que permita erigir uma esfera de responsabilidade, pelo que, também nos casos de um comportamento não condicionado pelo seu bio-psiquismo, a solução alcançada pelo cotejo referido pode ser intuída, em termos sistemáticos, a partir da ponderação aqui posta a nú. Há que determinar nestes casos em que medida existe ou não uma atuação livre do lesado que convoque uma ideia de auto-responsabilidade pela lesão sofrida. Não é outro o raciocínio encetado a propósito das debilidades constitucionais dele, tanto que a imputação só é negada quando se verifique a omissão de determinados deveres que nos oneram enquanto pessoas para salvaguarda de nós mesmos.

Não se estranha, por isso, que o pensamento jurídico – mormente o pensamento jurídico transfronteiriço – tenha gizado como critério guia do decidente o *critério da provocação*. Tornam-se, também, operantes a este nível ideias como a autocolocação em risco ou a heterocolocação em risco consentido. ´

Havendo essa atuação livre do lesado, temos que ver até que ponto os deveres que oneravam o lesante tinham ou não como objetivo obviar o comportamento do lesado. Tido isto em mente, bem como a gravidade da atuação de cada um, poderemos saber que esfera de risco absorve a outra ou, em alternativa, se se deve estabelecer um concurso entre ambas.

O juízo comparatístico encetado e justificado não dista sobremaneira pelo facto de a titularidade da segunda *esfera de risco*, concorrente com aquela, vir *encabeçada por um terceiro*. A triangular assunção problemática a que nos referimos leva implícita uma prévia alocação imputacional, posto que ela envolve que, a jusante, se determine que o comportamento dele não é simples meio ou instrumento de atuação do primeiro lesante.

130

Donde, afinal, o que está em causa é a distinção entre uma autoria mediata e um verdadeiro concurso de esferas de risco e responsabilidade, a fazer rememorar a lição de Forst, embora não a acolhamos plenamente. O segundo agente, que causa efetivamente o dano sofrido pelo lesado, não tem o domínio absoluto da sua vontade, ou porque houve indução à prática do ato, ou porque não lhe era exigível outro tipo de comportamento, atento a conduta do primeiro agente (o nosso lesante, a quem queremos imputar a lesão). Neste caso, ou este último surge como um autor mediato e é responsável, ou a ulterior conduta lesiva se integra ainda na esfera de responsabilidade por ele erigida e a imputação também não pode ser negada.

Maiores problemas se colocam, portanto, quando existe uma atuação livre por parte do terceiro que conduz ao dano. Há, aí, que ter em conta alguns aspetos. Desde logo, temos de saber se os deveres do tráfego que coloram a esfera de risco/responsabilidade encabeçada pelo lesante tinham ou não por finalidade imediata obviar o comportamento do terceiro, pois, nesse caso, torna-se líquida a resposta afirmativa à indagação imputacional. Não tendo tal finalidade, o juízo há-de ser outro. O confronto entre o círculo de responsabilidade desenhado pelo lesante e o círculo titulado pelo terceiro – independentemente de, em concreto, se verificarem, quanto a ele, os restantes requisitos delituais – torna-se urgente e leva o jurista decidente a ponderar se há ou não consunção de um pelo outro. Dito de outro modo, a gravidade do comportamento do terceiro pode ser de molde a consumir a responsabilidade do primeiro lesante. Mas, ao invés, a obliteração dos deveres de respeito – deveres de evitar o resultado – pelo primeiro lesante, levando à atualização da esfera de responsabilidade a jusante, pode implicar que a lesão perpetrada pelo terceiro seja imputável àquele. Como fatores relevantes de ponderação de uma e outra hipótese encontramos a intencionalidade da intervenção dita interruptiva e o nível de risco que foi assumido ou incrementado pelo lesante. Entre ambas, pode também estabelecer-se o devido concurso[183].

As consequências do entendimento proposto são claras. Para além das vantagens na obtenção de uma resposta que se procura que seja normativamente fundada e materialmente justa, elas projetam-se em sede de repartição do ónus da prova (entendendo-se, a partir daqui, que o lesado tem de provar a ocorrência do evento lesivo e o envolvimento do comportamento do lesante na história do surgimento do dano. Mas não mais. Na verdade, ao ser tratada como uma questão imputacional, a causalidade passar a ser compreendida como uma questão normativa, dependente, portanto,

---

183. Para outros desenvolvimentos, cf. MAFALDA MIRANDA BARBOSA, *Do nexo de causalidade ao nexo de imputação*, cap. XVIII.

de um juízo do julgador) e em matéria do que anteriormente era entendido por condicionalidade. Na verdade, para a constatação do envolvimento do evento lesivo na história do surgimento do dano, não temos de recorrer a um qualquer teste assente na condicionalidade, redunde ele na pura *conditio sine qua non*, ou aproxime-nos ele de um *but-for test* ou de um *NESS-test* de que fala a doutrina e jurisprudência anglo-saxónica. Pelo contrário, podemos chegar à conclusão que a ideia de condicionalidade, como juízo prévio à causalidade, é prescindível a este nível. No mais, sempre que se enfrentem problemas atinentes à causalidade cumulativa, designadamente atinentes à causalidade alternativa incerta, podemos concluir que o ordenamento jurídico viabiliza a responsabilização solidária dos diversos sujeitos. É que, embora não seja possível provar em relação aos vários comportamentos a condicionalidade *sine qua non*, eles permitem a edificação de diversas esferas de risco que chamam para si a imputação objetiva e, na presença de mais do que um responsável, aplicam-se, nos termos do artigo 497º CC, as regras da solidariedade[184]. Naqueles casos em que se verifica um dano sem que se consiga determinar qual de duas potenciais causas foi aquela que realmente o gerou, principal argumento aduzido no sentido da não responsabilização dos agentes repousava na impossibilidade de prova da *conditio sine qua non*. Havendo duas causas alternativas incertas, cada uma delas pode ser entendida como virtual, em virtude da incerteza sobre a causa real. Mas, se nos mantivermos presos ao pensamento tradicional, teremos de chegar à conclusão que ele se deixa enredar numa contradição interna. Na verdade, advoga-se usualmente que a causalidade virtual não releva positivamente (não é apta a alicerçar a responsabilidade) e que não releva negativamente. Simplesmente, como explica Menezes Cordeiro, a sua não relevância negativa teria de ser acompanhada pela sua relevância positiva. Ora, o que isto nos mostra é que o pensamento tradicional assente na ideia de condicionalidade não é realizável. Se mantivermos a ancoragem da resposta logicista, somos confrontados com o seguinte cenário: não se dá relevância negativa à causalidade hipotética do ponto de vista da fundamentação da responsabilidade, porque se mantém intocável a relação de condicionalidade de facto entre o evento e o dano. Isso significa que, se forem duas as causas hipotéticas, nenhuma conduz à exclusão da responsabilidade do agente da outra. Por outro lado, sendo duas as causas hipotéticas, porque a mera hipótese de dano não funda a responsabilidade, nenhum dos agentes será obrigado ao pagamento de uma indemnização, excluindo-se a relevância positiva. Só que, ao excluir-se a relevância positiva, está-se, do mesmo passo, a afirmar a relevância negativa das duas

---

184. Para outros desenvolvimentos, cf. MAFALDA MIRANDA BARBOSA, *Do nexo de causalidade ao nexo de imputação*, cap. X.

causas hipotéticas, donde os termos lógicos da equação falham. Pelo que ou se insiste na manutenção da pura logicidade e se compromete a justeza material das soluções, ou se abdica dela. E fazendo-o, legitimamos a prescindibilidade da condicionalidade sem a qual a este nível, tornando-a também irrelevante do ponto de vista da causalidade concorrente. Acresce que a falta de determinismo da realidade impõe que a *conditio* se exprima em termos probabilísticos, donde, também na presença de uma só causa, não há evicção de toda a dúvida acerca da autoria da lesão, distinguindo-se as situações por uma questão de grau. Quer isto dizer que, no fundo, não conseguiremos saber com absoluta certeza qual o grau de contribuição causal de uma eventual causa. Mesmo se nos ativermos a uma solução de tipo estatístico, a incerteza não é totalmente apagada. E, no fundo, isto permite-nos rememorar o que é ensinado por Bydlinski: também nas situações de causalidade cumulativa responsabilizamos dois sujeitos, sem que se determine, em concreto, aquele grau de contribuição causal, que pode, aliás, ser mínimo.

Não estamos, porém, condenados a esta aporética impostação dos problemas. Basta alterar a perspetiva, partindo não da *conditio* mas da edificação de uma esfera de responsabilidade. Se ela se erige polarizada em mais do que um agente, então duas são as vias heuristicamente a considerar: ou uma das esferas consome a outra e só um é responsável; ou nenhuma delas exerce uma força consumptiva sobre a outra, havendo lugar à responsabilidade solidária nos termos do artigo 497º CC. Repare-se: a intencionalidade problemática do preceito assimila perfeitamente a intencionalidade do caso concreto. Quando A e B disparam sobre C, podem não ter causado a morte de C em conjunto, mas, na dúvida, ambos edificaram uma esfera de responsabilidade, por ela sendo chamados à liça. É ela e não a factualidade neutral que é ajuizada pelo direito. Não é, portanto, uma tomada de posição acerca da questão da relevância positiva da causalidade virtual que entra em cena. Em rigor, a dita virtualidade nem chega a ser, aos nossos olhos, tematizada, pois o jurista derrama o seu olhar não sobre factos puros, mas sobre aqueles que consegue inteligir à luz da intencionalidade predicativa da juridicidade. No fundo, ao partirmos de uma dada compreensão da causalidade como imputação, a ser afirmada, em homenagem à pessoalidade livre e responsável e tendo por base uma conceção de ação ético-axiologicamente densificada, a partir da edificação de uma esfera de risco e do cotejo com outras esferas de risco, estamos em condições de afirmar a solidariedade com base na constatação de mais do que uma esfera de responsabilidade, independentemente da prova da condicionalidade. O artigo 497º CC não exigiria, para a sua aplicação, a verificação de dois nexos causais em termos naturalísticos, mas a presença de dois segmentos imputacionais. Podem, aliás, detetar-se pontes de comunicação com situações em que é discernível a cumplicidade. Pense-se, por exemplo, no caso em que A e B disparam sobre C dois tiros a partir de armas com o mesmo calibre, só um dos projéteis tendo atingido C. Simplesmente, em vez de estarmos diante de um normal caso de causalidade alternativa incerta, B falha intencionalmente o alvo, de modo a impedir a prova da autoria da lesão e assim obviar a responsabilidade de A. Havendo auxílio material à prática do facto, poder-se-ia aventar a hipótese de cumplicidade, convocadora do artigo 490º CC, sendo em tudo análoga a situação àqueloutra em que apenas se deteta a incerteza causal alternativa. A aplicação da norma aos casos de coautoria, instigação ou auxílio à prática do ato ilícito é determinada pelo artigo 490ºdo mesmo diploma. Para lá da força cogente do direito positivo, temos a justificar a solução o facto de existir uma concertação entre os agentes que determina a existência de um só (e conjunto) comportamento lesivo. Assumindo cada um o seu papel, mas todos sendo determinantes para a emergência do dano, não faria sentido que apenas um pudesse ser obrigado ao pagamento de uma indemnização. Donde, e sem embargo de ulteriores explicitações acerca da solidariedade ao nível da responsabilidade extracontratual, a pluralidade reclamada pelo artigo 497º CC harmoniza-se com a unicidade de comportamentos pressuposta pelo artigo 490º CC por via da desvelação de plúrimas esferas de responsabilidade, por meio das quais se vai edificar a imputação. Quer isto dizer que aquela norma deve ser interpretada não no sentido de exigir a pluralidade fisicamente comprovada de condutas ilícitas, mas no sentido de impor a existência de mais do que um responsável.

Sendo certo que esta não é uma posição unânime na doutrina portuguesa, cremos que ela é a que melhor corresponde ao sentido do justo. E, curiosamente, parece receber acolhimento recente na jurisprudência. Em dois acórdãos de 2015, os Tribunais portugueses vieram pronunciar-se sobre a questão da causalidade alternativa incerta. Em acórdão datado de 5 de Maio de 2015, o Tribunal da Relação de Coimbra considerou que "provado o facto ilícito – invasão de terreno alheio e corte de árvores propriedade de um terceiro não interveniente no negócio – e o dano – árvores cortadas e destruição de um muro aí existente – e que tais factos ocorreram na sequência de um negócio de venda de árvores que o 1º réu fez ao 2º réu, tendo sido este quem procedeu ao respetivo corte, a falta de prova sobre qual deles se terá enganado na indicação ou perceção da estrema não poderá acarretar a isenção da responsabilidade de ambos os réus". E mais acrescenta, apelando a uma ideia de esfera de risco para edificar a imputação (que não causalidade) de que se cura, que "encontrando-se em causa a alienação de pinheiros existentes no prédio do 1º réu até à estrema com o prédio confinante do autor, e sendo obrigação do Réu vendedor proceder à identificação precisa dos pinheiro a vender, e ainda que encarregando outem do respetivo corte, se vêm a ser cortadas árvores do prédio vizinho por erro na identificação das estremas, tal dano situa-se ainda dentro da esfera de risco ou de responsabilidade criada pelo negócio de alienação dos pinheiros", pelo que, conclui, ambos deverão ser responsabilizados nos termos do artigo 497º CC. Também o Supremo Tribunal de Justiça, num acórdão datado de 19 de Maio de 2015, vem admitir a responsabilização solidária no caso de uma participação em rixa da qual resultaram danos, não sendo possível imputá-los à conduta de cada um dos participantes. Embora continue a fazer apelo a uma ideia de *conditio sine qua non*, abre a possibilidade de responsabilização sem que esta seja provada.

4

DILIGÊNCIA E PROVA DO CUMPRIMENTO DAS OBRIGAÇÕES DA CONCESSIONÁRIA EM ACIDENTES DE VIAÇÃO OCORRIDOS EM AUTOESTRADAS*

PROF. DOUTOR MANUEL A. CARNEIRO DA FRADA[1]
PROF. DOUTOR DIOGO COSTA GONÇALVES[2]

SUMÁRIO • § 1.º O problema – § 2.º Enquadramento dogmático e jurisprudencial da responsabilidade das concessionárias por acidentes de viação em autoestradas: 1. A tese tradicional: responsabilidade aquiliana; 2. A solução contratual; 3. Razões de rejeição das teses contratuais; 4. A *terceira via* da responsabilidade civil: contrato com eficácia de proteção para terceiros; § 3.º A Lei n.º 24/2007, de 18-jul. e a responsabilidade civil envolvida; 5. Sequência; 6. As *obrigações de segurança* da Lei n.º 24/2007: a responsabilidade das concessionárias como responsabilidade subjetiva, por facto ilícito e culposo; 7. A natureza distinta da responsabilidade objetiva e subjectiva, e a ilegitimidade da sua miscigenação; 8. A delimitação da responsabilidade subjectiva das concessionárias pelo teor das respectivas obrigações; 9. (*cont.*): as obrigações das concessionárias como simples deveres de meios; 10. Consequências quanto à exoneração de responsabilidade por cumprimento das obrigações de segurança; 11. Os casos de força maior; § 3.º A distribuição do ónus da prova segundo o n.º 1 do art. 12.º da Lei n.º 24/2007; 12. O tema; 13. Inversão derivada do ónus da prova e distribuição do risco; 14. A *prova do cumprimento* (pela concessionária) e as regras gerais; 15. (*cont.*): a prova do incumprimento de obrigações de diligência; 16. (*cont.*): prova indiciária do incumprimento; 17. Ilisão da presunção de incumprimento; 18. Síntese.

§ 1.º O PROBLEMA

I – Desde a década de 90, a jurisprudência tem sido chamada a pronunciar-se, repetidamente, acerca dos pressupostos e regime da respon-

---

* Homenagem singela dos autores ao Senhor Doutor Eduardo Santos Júnior, colega e amigo que prematuramente partiu e recordamos com saudade.
1. Professor Associado da Faculdade de Direito da Universidade do Porto
2. Professor Auxiliar da Faculdade de Direito da Universidade de Lisboa

sabilidade civil das concessionárias por acidentes de viação ocorridos em autoestradas.

A factualidade relevante é quase sempre a seguinte: o condutor ou o passageiro de um veículo ligeiro ou pesado, a circular em autoestrada, é vítima de um acidente de viação causado por animais, por peças ou substâncias provenientes de outros veículos espalhadas pela via (pneus, óleos, restos de carga, etc.), por pedras arremessadas ou presentes na estrada, ou ainda por elementos naturais que afetam a via (lençóis de água, gelo, etc.).

II – A controvérsia sobre os termos da responsabilidade civil das concessionárias neste tipo de casos deu origem a debates doutrinários propiciados por estudos e posições como os de SINDE MONTEIRO, CARDONA FERREIRA, MENEZES CORDEIRO ou GRAÇA TRIGO[3]. Também o primeiro autor do presente estudo (MANUEL CARNEIRO DA FRADA) se pronunciou sobre o assunto[4].

A matéria toca linhas dogmáticas importantes no direito da responsabilidade civil. Tem-se discutido, *inter alia*, *(i)* a natureza contratual ou extracontratual da responsabilidade, testando os limites do contrato e do delito; *(ii)* a hipótese de verificação de uma situação de contrato com eficácia de proteção para terceiros, a convocar uma *terceira via* da responsabilidade civil alicerçada no contrato de concessão, mas beneficiando terceiros estranhos a esse contrato; e *(iii)* a possibilidade de subsumir a responsabilidade das concessionárias na violação de normas de proteção para terceiros de natureza delitual.

III – Perante as oscilações da jurisprudência, o legislador resolveu aproveitar o diploma em que consagrou os direitos dos utentes das vias rodoviárias classificadas como autoestradas concessionadas para clarificar o respetivo regime de responsabilidade civil das concessionárias por danos ocorridos nas autoestradas.

Neste sentido, dispõe hoje o art. 12.º da Lei n.º 24/2007, de 18-jul.:

---

3. Respetivamente: "Anotação ao Acórdão do STJ, de 12 de Nvembro de 1996", *RLJ* 131 (1998), 48-50, 106-113, 378-380 e 132 (1999), 28-32, 60-64, 90-96; *Acidentes de viação em autoestradas – Casos de responsabilidade contratual?*, Coimbra, 2004; *Igualdade rodoviária e acidentes de aviação nas autoestradas – Estudo de Direito civil português*, Coimbra, 2004 e *Responsabilidade Civil – Temas especiais*, Lisboa, 2015, 88 e ss.

4. MANUEL CARNEIRO DA FRADA, "Sobre a responsabilidade das concessionárias por acidentes ocorridos em autoestradas", *Estudo em Homenagem ao Professor Doutor Manuel Henrique Mesquita*, I, Coimbra, 2009, 827-849, mais recentemente coligido em *Forjar o Direito*, Coimbra, 2015, 129-155. O presente estudo cita-se doravante por este último local.

Artigo 12.º

Responsabilidade

1 – Nas autoestradas, com ou sem obras em curso, e em caso de acidente rodoviário, com consequências danosas para pessoas ou bens, o ónus da prova do cumprimento das obrigações de segurança cabe à concessionária, desde que a respectiva causa diga respeito a:

a) Objectos arremessados para a via ou existentes nas faixas de rodagem;

b) Atravessamento de animais;

c) Líquidos na via, quando não resultantes de condições climatéricas anormais.

2 – Para efeitos do disposto no número anterior, a confirmação das causas do acidente é obrigatoriamente verificada no local por autoridade policial competente, sem prejuízo do rápido restabelecimento das condições de circulação em segurança.

3 – São excluídos do número anterior os casos de força maior, que directamente afectem as actividades da concessão e não imputáveis ao concessionário, resultantes de:

a) Condições climatéricas manifestamente excepcionais, designadamente graves inundações, ciclones ou sismos;

b) Cataclismo, epidemia, radiações atómicas, fogo ou raio;

c) Tumulto, subversão, actos de terrorismo, rebelião ou guerra.

IV – Apesar da intervenção legislativa, as dúvidas não se dissiparam. À luz do novo enquadramento legal, tem vindo a colocar-se a questão de saber como pode, a concessionária, mostrar que cumpriu as suas obrigações de segurança: o que é que lhe cabe provar, em concreto?

V – O Tribunal Constitucional foi chamado a pronunciar-se sobre a constitucionalidade do art. 12.º/1 do referido diploma. Fê-lo (pelo menos) por seis vezes[5]:

– Acórdão n.º 596/2009, de 18-nov.-2009 (Benjamim Rodrigues): alegou-se, em síntese, a violação do princípio da separação de poderes uma vez que, ao fixar, por lei, o ónus da prova, estar-se-ia a desconsiderar a natureza contratual da concessão; as garantias de um processo judicial equitativo e a liberdade de iniciativa económica. O Tribunal decidiu pela não inconstitucionalidade.

– Acórdão n.º 597/2009, de 18-nov.-2009 (João Cura Mariano): alegou-se, igualmente, a violação do princípio da separação de poderes, do princípio da tutela da confiança, da igualdade, da violação do direito de propriedade e do direito a um processo equitativo. O Tribunal decidiu pela não inconstitucionalidade.

– Acórdão n.º 629/2009, de 02-dez.-2009 (Joaquim de Sousa Ribeiro): os fundamentos invocados eram os mesmos dos últimos acórdãos e a mesma é também a decisão – a não inconstitucionalidade.

---

5. Acórdãos disponíveis *in* www.tribunalconstitucional.pt

– Acórdão n.º 98/2010, de 03-mar.-2010 (Joaquim de Sousa Ribeiro): os fundamentos invocados eram os mesmos da jurisprudência anterior. O Tribunal decidiu pela não inconstitucionalidade.

– Acórdão n.º 375/2010, de 11-out.-2010 (Maria Lúcia Amaral): os mesmos fundamentos e a mesma decisão no sentido da não inconstitucionalidade.

– Acórdão n.º 224/2011, de 03-mai.-2011 (José Borges Soeiro): os fundamentos eram uma vez mais os mesmos. O Tribunal decidiu pela não inconstitucionalidade.

VI – Para o que nos ocupa são especialmente relevantes os Acórdãos n.ºs 596/2009, de 18-nov.-2009, e 224/2011, de 03-mai.-2011.

Com efeito, no Acórdão n.º 596/2009, o objeto do recurso de constitucionalidade foi a interpretação do art. 12.º/1 segundo a qual, *"em caso de acidente rodoviário em autoestradas, em razão do atravessamento de animais, o ónus de prova do cumprimento das obrigações de segurança pertence à concessionária e esta só afastará essa presunção se demonstrar que a intromissão do animal na via não lhe é, de todo imputável, sendo atribuível a outrem, tendo de estabelecer positivamente qual o evento concreto, alheio ao mundo da sua imputabilidade moral que não lhe deixou realizar o cumprimento"*[6]: teria havido violação dos arts. 2.º, 13.º/1, 20.º/4 e 62.º/1 CRP.

O Tribunal julgou não inconstitucional tal interpretação.

Daqui não se segue, naturalmente, que esse sentido que considerou não ser inconstitucional, seja o correto. Conclui-se, apenas, que – a ser correto – não é desconforme com a Lei Fundamental.

Por outras palavras: o Tribunal Constitucional não faz – nem pode fazer – qualquer interpretação autêntica do art. 12.º/1. Apenas se pronuncia sobre se certo sentido atribuído à norma é desconforme com a Constituição. Que o não seja não garante que se trate do sentido correto, porque pode haver vários outros sentidos igualmente não desconformes com a Constituição, e algum ou alguns deles preferíveis.

É o caso: a interpretação em causa não é a única possível, não é a melhor e não constitui seguramente, como se verá, a mais adequada do ponto de vista jurídico.

VII – Indicia-o o facto de a referida decisão de não inconstitucionalidade daquele sentido não ter sido pacífica. O voto vencido no Acórdão

---

6. Disponível in http://www.tribunalconstitucional.pt/tc/acordaos/20090596.html

n.º 224/2011, de CARLOS PAMPLONA DE OLIVEIRA, sustenta, justamente, a inconstitucionalidade de um sentido do art. 12.º/1 que também nós rejeitamos:

> *"(...) tenderia a julgar inconstitucional a norma que impõe à ré, para lograr afastar a presunção de incumprimento do dever que a onera, a prova de que o obstáculo colocado na faixa de rodagem "surgiu de forma incontrolável para si, ou foi lá colocado, negligente ou intencionalmente, por outrem", por violação do disposto na parte final do n.º 4 do artigo 20º da Constituição."*[7]

VIII – No presente estudo, debruçar-nos-emos sobre o regime previsto no art. 12.º da Lei n.º 24/2007.

Importa, para esse efeito, começar por elucidar a natureza das obrigações de segurança das concessionárias. Constituindo tais obrigações – como se verá – deveres de diligência para a proteção para terceiros, deve ser claramente afastada qualquer interpretação do art. 12.º/1 que redunde numa forma de imputação objetiva de responsabilidade, ainda que sub-repticiamente desenvolvida sob a égide da responsabilidade delitual.

Uma vez caraterizados deste modo os deveres de segurança da concessionária, proceder-se-á à consideração da prova necessária para o seu cumprimento.

Adiantando, em parte, conclusões, diremos que *não é exigível à concessionária, para ver afastada a sua responsabilidade, que faça prova da factualidade positiva que esteve na origem do acidente.*

Tal exigência levaria, na prática, a formas de imputação objetiva de responsabilidade que a Lei n.º 24/2007 não prevê em absoluto.

Basta-lhe, na verdade, *provar de que usou da diligência razoável e legal ou contratualmente exigível* para evitar a perigosidade em causa, como bem se sustentou no Acórdão RCb, de 30-jun.-2015 (ARLINDO OLIVEIRA), Proc. n.º 820/12.3TBCNT.C1: *"tendo a ré efectuado a vigilância e manutenção adequadas e exigíveis para evitar a produção de acidentes, designadamente provocados pelo aparecimento de um objecto, no caso, a roda de um pesado, na via, logrou ilidir a presunção de ilicitude e culpa que* ab initio *a onerava".*

IX – Por fim, debruçar-nos-emos sobre o tipo de ónus da prova estabelecido no art. 12.º/1, tendo em conta os pressupostos gerais da responsabilidade civil e as teses dogmáticas que se mantêm em aberto.

---

7. Disponível: http://www.tribunalconstitucional.pt/tc/acordaos/20110224.html

§ 2.º ENQUADRAMENTO DOGMÁTICO E JURISPRUDENCIAL DA RESPONSABILIDADE DAS CONCESSIONÁRIAS POR ACIDENTES DE VIAÇÃO EM AUTOESTRADAS

1. A TESE TRADICIONAL: RESPONSABILIDADE AQUILIANA

I – Até à entrada em vigor da Lei n.º 24/2007, nenhum diploma legal referente à concessão de autoestradas previa qualquer regime específico de responsabilidade civil aplicável às concessionária por acidentes de viação ocorridos nos lanços concessionados[8].

Na ausência de previsão especial, entendeu a jurisprudência ser de aplicar às concessionárias, em caso de acidente ocorrido em lanço concessionado, o regime geral da responsabilidade civil delitual (comummente identificado como da responsabilidade civil extracontratual ou por factos ilícitos[9]).

Este corresponde ao enquadramento tradicional (e maioritário) da responsabilidade civil das concessionárias, formulado em instâncias superiores ainda na primeira metade de 2007.

---

8. Na verdade, o primeiro regime de concessão da construção, conservação e exploração de autoestradas – em que foi concessionária a BRISA – remonta a 1972. Dispunha, ao tempo, a Base XLIII do Decreto 467/72, de 22-nov., com a epígrafe *"indemnizações a terceiros"*: *"Serão da inteira responsabilidade da concessionária todas as indemnizações decorrentes da concessão que, por direito, sejam devidas a terceiros."*

   O legislador não previa, pois, nenhum regime especial de responsabilidade. Remetia implicitamente para as regras gerais, reconhecendo a sua aplicação, sem particularidades, às situações em causa.

   Até 2007, assim se passou. Com efeito, o Decreto n.º 467/72 foi alterado pelo Decreto Regulamentar n.º 5/81, de 23-jan. No entanto, a redação da Base XLIII não conheceu modificação.

   Com o Decreto-Lei n.º 458/85, de 30-out., a matéria referente a indemnizações a terceiros passou, por sua vez, a estar prevista na Base LVI: *"1 – Serão da inteira responsabilidade da concessionária todas as indemnizações que, nos termos da lei, sejam devidas a terceiros em consequência de qualquer actividade decorrente da concessão. 2 – Se por força dos contratos de empreitada que a concessionária celebrar com empreiteiros a responsabilidade consignada no número antecedente for por estes assumida, sobre eles poderá a concessionária repercutir a obrigação de indemnizar."*

   O preceito em causa veio, depois, a conhecer outra numeração, sem alteração significativa da sua redação: passou a Base LIII, com o Decreto-Lei n.º 317/91, de 20-ago., e a Base XLIX, com o Decreto-Lei n.º 294/97, de 24-out. As alterações posteriores não tocaram no preceito.

9. Na realidade, também a responsabilidade contratual é, fundamentalmente, uma responsabilidade por factos ilícitos. Por outro lado, a responsabilidade extracontratual não é constituída apenas pela responsabilidade delitual, englobando outros tipos de responsabilidade.

   Para diversas destas questões, cfr. MANUEL CARNEIRO DA FRADA, *v.g.*, *Uma "terceira via" no direito da responsabilidade civil?/O problema da imputação dos danos causados a terceiros por auditores de sociedades*, Coimbra, 1997, *passim*.

II – Assim, por exemplo, pode ler-se no Ac. RLx de 15-mai.-2007 (PIMENTEL MARCOS), Proc. n.º 6060/2006-7:

> "A Base LIII do regime de concessão de obra pública quando prescreve que "serão da inteira responsabilidade da concessionária todas as indemnizações que, nos termos da lei, sejam devidas a terceiros em consequência de qualquer actividade decorrente da concessão", remete, para a lei geral, sobre o dever de indemnizar fundado em responsabilidade civil, não existindo um regime especial, aplicando-se, assim, o regime da responsabilidade civil extracontratual previsto nos artigos 483.º e seguintes do Código Civil."[10].

III – Especial relevo tem, evidentemente, a jurisprudência do STJ. Encontram-se aí abundantes decisões neste sentido.

A título exemplificativo, vejam-se os seguintes acórdãos[11]:

> – STJ de 30-Abr.-2002 (REIS FIGUEIRA), Proc. n.º 02A635: "o utente da auto-estrada, terceiro em relação ao contrato de concessão, que se considere lesado por falta de conservação e/ou manutenção da mesma, e que, por isso, pretenda exigir indemnização da concessionária, tem de alegar e provar todos os requisitos da responsabilidade civil por facto ilícito"; e

> – STJ de 14-out.-2004 (OLIVEIRA BARROS), Proc. n.º 04B2885: "a responsabilidade da Brisa perante os utentes das auto-estradas cuja exploração lhe foi concedida é de natureza extracontratual, regulada no art. 483.º e ss".

IV – No âmbito deste entendimento, a doutrina viu nas normas que regulam a atividade das concessionárias (em regra, consagradas em lei) a presença de disposições de proteção, elaboradas para garantir, entre outros fins, os interesses juridicamente atendíveis dos utentes das vias concessionadas[12].

De harmonia com esta conceção, a responsabilidade das concessionárias consubstancia, assim, uma responsabilidade aquiliana por violação de normas de proteção (segunda modalidade básica deste tipo de responsabilidade, de acordo com o disposto no art. 483.º/1[13]).

---

10. Disponível in www.dgsi.pt. O acórdão refere-se à Base LIII porquanto entende aplicável ao caso sinistro, ocorrido em 1996, o Decreto-Lei n.º 317/91.
11. Todos disponíveis in www.dgsi.pt.
12. Com referências, veja-se MANUEL CARNEIRO DA FRADA, "Sobre a responsabilidade das concessionárias por acidentes ocorridos em autoestradas" cit., 139-140. Foi esta a posição sustentada por ANTÓNIO MENEZES CORDEIRO, Igualdade rodoviária e acidentes de aviação nas autoestradas cit., 5253.
    Neste sentido, veja-se, por exemplo, o já citado Acórdão do STJ, de 14-out.-2004 (OLIVEIRA BARROS), Proc. n.º 04B2885.
13. Cfr., por exemplo, MANUEL CARNEIRO DA FRADA, Direito Civil/Responsabilidade Civil (O método do caso), Coimbra, 2006, 72 e ss.

V – Ainda no âmbito de um enquadramento delitual, discutiu-se a eventual aplicação dos arts. 492.º e 493.º/1 às concessionárias, por violação de deveres de tráfego ou de prevenção de perigo[14].

Em ambos os preceitos se estabelece uma (comummente referida) "presunção de culpa". A sua aplicação à responsabilidade civil das concessionárias permite obter um efeito similar ao verificado na responsabilidade civil obrigacional, representando uma assinalável vantagem para os lesados.

Com efeito, nos termos dos arts. 492.º/1 e 493.º/1, cabe à concessionária provar que agiu sem culpa ou que, mesmo conformando a sua conduta com o que lhe era juridicamente exigível, não se teriam evitado os danos. Aos lesados bastará provar a *base da ilação* constituída pela previsão dos citados preceitos.

VI – A maior parte dos acidentes documentados na jurisprudência escapa, no entanto, com facilidade, ao âmbito de aplicação do art. 492.º: poucos se podem enquadrar na "ruína do edifício" (mais a mais a admitir a qualificação, duvidosa, de uma autoestrada como edifício)[15].

Já a aplicação do art. 493.º foi sugerida por SINDE MONTEIRO[16] e seguida em algumas (aliás, parcas) decisões jurisprudenciais[17].

Não obstante, a identificação do que sejam danos causados pelo *específico perigo da coisa* – já que é apenas deste que se trata no art. 493.º/1 – resulta, na prática, questionável. A aplicação do preceito não pode contornar esta exigência, pois só ela justifica a referida presunção: a ilação em que esta consiste apenas tem razão de ser se situada no âmbito dos riscos particulares da coisa e a ela inerentes[18].

O risco, dir-se-á, não é tanto da autoestrada em si, quanto da circulação nela, e encontra-se coligado, por isso, a uma vontade de utilização da coisa por parte do lesado.

---

14. MANUEL CARNEIRO DA FRADA, "Sobre a responsabilidade das concessionárias por acidentes ocorridos em autoestradas" cit., 141-144.
15. MANUEL CARNEIRO DA FRADA, "Sobre a responsabilidade das concessionárias por acidentes ocorridos em autoestradas" cit., 141. A própria interpretação extensiva tem sempre os seus limites, manifestamente estreitos para abarcar a realidade que nos ocupa.
16. "Anotação ao Acórdão do STJ, de 12 de Nvembro de 1996", *RLJ* 131 (1998) 107.
17. Por exemplo, Ac. STJ de 11-mai.-2000 (COSTA SOARES), Proc. n.º 00B242 e Ac RCb de 01-out.-2002 (HELDER ALMEIDA), Proc. n.º 1220/02 (disponíveis em www.dgsi.pt).
18. MANUEL CARNEIRO DA FRADA, "Sobre a responsabilidade das concessionárias por acidentes ocorridos em autoestradas" cit., 142.

Por esse motivo, a aplicação do preceito é complexa e difícil: o art. 493.º não é uma disposição que possa usar-se indiscriminadamente. O seu campo de ação é, na realidade, bastante inseguro e, assim, de eficácia limitada[19].

Os deveres que impendem sobre as concessionárias não estão associados à prevenção do perigo implicado pela coisa *per se*, mas sim à prevenção dos danos que, pese embora associados à utilização da coisa, transcendem os riscos que dela fluem, em si mesma considerada[20].

VII – A jurisprudência que recorre aos arts. 492.º e 493.º visa, sobretudo – num propósito de aplaudir – estabelecer uma distribuição do ónus da prova adequada à situação do lesado.

Contudo, é possível alcançar uma equilibrada distribuição do *onus probandi* sem forçar o teor ou a teleologia dos preceitos referidos.

Representará também um uso transviado do art. 493.º/1 transformá-lo numa imputação objetiva de risco a cargo das concessionárias, pois esse preceito pressupõe e implica um facto ilícito e culposo[21].

Voltar-se-á, com maior detalhe, a estes pontos.

2. A SOLUÇÃO CONTRATUAL

I – O entendimento delitual acabado de referir é predominante.

Ao lado dele existe, porém uma corrente (minoritária) da jurisprudência que reconduziu a relação estabelecida entre os utentes das autoestradas e as concessionárias à figura do contrato[22].

II – Especial menção merece o Acórdão do STJ, de 17-fev.-2000 (MIRANDA GUSMÃO), Proc. n.º 99B1092, aparentemente pioneiro na qualificação como contratual da responsabilidade civil das concessionárias.

---

19. Com maiores desenvolvimentos, veja-se RUI ATAÍDE, *Responsabilidade civil por violação de deveres no tráfego*, Coimbra, 2015, 351 e ss. e *passim*.
20. MANUEL CARNEIRO DA FRADA, "Sobre a responsabilidade das concessionárias por acidentes ocorridos em autoestradas" cit., 2015, 142. Uma aplicação analógica tem de fundamentar a *ratio* da analogia, o que equivale à fundamentação de deveres no tráfego *ex vi* do art. 483.º/1 do Código Civil.
21. MANUEL CARNEIRO DA FRADA, "Sobre a responsabilidade das concessionárias por acidentes ocorridos em autoestradas" cit., 143.
22. Seguindo esta orientação, vejam-se, por exemplo, os acórdãos STJ de 17-fev.-2000 (MIRANDA GUSMÃO), Proc. n.º 99B1092; RCb de 08-mai.-2001 (PIRES DA ROSA), Proc. n.º 3289/2000; RCb de 08-mai.-2001 (Pires da Rosa), Proc. n.º 3096/2000; RPt de 31-out.-2002 (OLIVEIRA VASCONCELOS), Proc. n.º 0231478; REv de 02-out.-2003 (ACÁCIO LUÍS DAS NEVES), Proc. n.º 2633/02-2; REv 30out.2003 (TEIXEIRA MONTEIRO), Proc. n.º 863/03-2, referindo-se às *"obrigações contratuais em relação ao seu cliente/utente, o autor"* e RLx de 05-mai.-2005 (GIL ROQUE) Proc. n.º 3346/2005-6, todos disponíveis em www.dgsi.pt.

O referido acórdão, recorrendo à dogmática dos comportamentos concludentes e das relações contratuais de facto[23], entendeu que entre a concessionária e os utentes das autoestradas se celebrava um *contrato inominado* no qual o pagamento da portagem surgia como a contra-prestação devida pela *"circulação nas auto-estradas, com comodidade e segurança"*.

Este acórdão foi objeto da atenção de SINDE MONTEIRO[24] – que já antes havia anotado o Acórdão STJ, de 12-nov.-1996 (CARDONA FERREIRA), Proc. n.º 96A373[25] – sustentando, pelo menos quanto aos lanços portajados, a existência de um *contrato inominado* entre os utentes e a concessionária, e, em consequência, a recondução da imputação dos danos aos quadros dogmáticos da responsabilidade contratual[26].

III – Na busca de uma solução contratual, foi ainda aventado o recurso à figura do *contrato a favor de terceiro*. Estaria em causa, não já um contrato celebrado entre os utentes e a concessionária, mas o próprio *contrato de concessão*, celebrado entre a concessionária (promitente) e a entidade concedente (promissária), contrato esse que outorgaria a terceiros – os utentes – o direito a uma concreta prestação (envolvendo a segurança da circulação), autonomamente exigível à concessionária promitente (art. 444.º/1 e 2 do Código Civil).

Esta tese foi sustentada pelo Conselheiro CARDONA FERREIRA[27], e aflorada em alguma jurisprudência[28]. Conduziu, naturalmente, ao enquadramento da responsabilidade civil das concessionárias como responsabilidade contratual.

3. RAZÕES DE REJEIÇÃO DAS TESES CONTRATUAIS

I – As teses contratuais apresentadas merecem, todavia, críticas várias[29].

---

23. Para um enquadramento geral, veja-se PAULO MOTA PINTO, *Declaração tácita e comportamento concludente no negócio jurídico*, Coimbra, 1995, em especial 438 e ss.
24. "Anotação ao Acórdão do STJ, de 17 de Fevereiro de 2000", *RLJ* 133 (2000), 27-32, 59-66.
25. "Anotação ao Acórdão do STJ, de 12 de Novembro de 1996", *RLJ* 131 (1998), 48-50, 106-113, 378-380 e 132 (1999), 28-32, 60-64, 90-96. O Acórdão STJ, de 12-nov.-1996 (disponível in www.dgsi.pt) havia, contudo, qualificado a hipotética responsabilidade civil da BRISA como um caso de responsabilidade aquiliana.
26. No mesmo sentido veio a pronunciar-se ARMANDO TRIUNFANTE, "Responsabilidade civil das concessionárias das autoestradas", *Direito e Justiça* XV (2001), 45-100, 67 e ss.
27. CARDONA FERREIRA, *Acidentes de viação em autoestrada* cit., 70 e ss. e 88.
28. Veja-se a citada por CARDONA FERREIRA, *Acidentes de viação em autoestrada* cit., 2004.
29. Em especial, MANUEL CARNEIRO DA FRADA, "Sobre a responsabilidade das concessionárias por acidentes ocorridos em autoestradas" cit., 131-139 e ANTÓNIO MENEZES CORDEIRO, *Igualdade rodoviária e acidentes de aviação nas autoestradas* cit., 45-51.

Antes de mais, a celebração de qualquer contrato exige a presença de declarações negociais que, mesmo quando deduzidas de comportamentos que com toda a certeza as revelem, não parecem poder deixar de corresponder a um mínimo de consciência de se querer a celebração de um contrato.

Ora, como é da experiência comum, tal não ocorrerá senão em casos contados. Os utentes de uma autoestrada, quando nela circulam, não têm, nem a consciência, nem a remota vontade de concluir qualquer contrato com a entidade concessionária. O facto de ser comum e acessível a circulação em auto-estradas não favorece qualquer consciência da subordinação dessa atividade a um estatuto contratual, normalmente inexistente.

Afirmá-lo redunda, ou numa mera *ficção*[30], ou numa reconstrução *a posteriori de uma realidade via de regra inexistente ao tempo dos factos relevantes. Como já dissemos, "[e]x post, sobretudo depois de um acidente, é sempre possível reconstruir a vontade que se quereria ter tido, e com ela substituir a que na altura própria se não teve. Mas reconstituir uma realidade em moldes contratuais não é o mesmo que celebrá-lo."*[31].

Seria, aliás, muito estranho e profundamente desigual que a responsabilidade das concessionárias seguisse regimes diferenciados, e enquadramentos dogmáticos distintos, consoante houvesse ou não vontade de celebração de um contrato, um fator mais bem aleatório do que de importância substantiva.

E intolerável se apresentaria também que, posto que tivesse havido utilização da autoestrada, a responsabilidade e o seu regime pudessem ficar dependentes da eficácia do contrato e variar em função, por exemplo, de erro na formação da vontade, de dolo, de incapacidades de celebração, etc.

II – Do mesmo modo, não é inevitável que a liquidação do valor da portagem corresponda à atuação de um sinalagma contratual. Esse valor pode, nomeadamente, ser devido como imposição unilateral da concessionária – no âmbito dos poderes que integram o seu *ius in re* – a quem pretenda circular por ela, o que, realmente, tem por si a vantagem de corresponder à consciência – que todos terão – de que esse valor é devido por quem circule, queira ou não.

Sem dúvida que os utentes de uma autoestrada entendem que o pagamento da portagem – preço ou taxa, não importa para este efeito – lhes confere a possibilidade de exigir a utilização da rodovia em condições de segurança, celeridade, etc.

---

30. MANUEL CARNEIRO DA FRADA, "Sobre a responsabilidade das concessionárias por acidentes ocorridos em autoestradas" cit., 132.
31. MANUEL CARNEIRO DA FRADA, "Sobre a responsabilidade das concessionárias por acidentes ocorridos em autoestradas" cit., 132-133.

Mas tal não significa que essa exigibilidade radique num contrato, podendo basear-se numa consciência geral de justiça retributiva ligada à possibilidade de determinação unilateral das condições de utilização pelo proprietário da coisa: *ubi commoda, ibi incommoda*. Como já escrevemos, *"da reciprocidade social porventura existente para a reciprocidade jurídica instituída por contrato vai uma enorme distância que só se vence pela demonstração da vontade efectiva de celebrar um negócio jurídico, nesses termos sinalagmático"*[32].

III – Na verdade, a consciência e a vontade das partes, no âmbito da utilização de uma autoestrada, não visam tipicamente instituir deveres de segurança. Quando muito dirigir-se-iam a obter (ou proporcionar) uma utilizabilidade da coisa, um *direito pessoal de gozo*[33] – de aproveitamento da via para circulação – mediante uma condição ou uma contraprestação.

Quer dizer que os deveres de segurança não surgem, no comum dos casos, *ex voluntate*: decorrem antes do direito objetivo, o que significa que a fonte destes deveres não está, ao menos habitualmente, na autonomia privada exercida pelos sujeitos que celebram um contrato.

IV – Considerações similares podem ser aduzidas quando a tese contratual que consideramos é perspetivada a partir da posição jurídica das concessionárias. Estas não têm a liberdade de recusar a utilização das autoestradas por quem queira fazê-lo, o que não se compatibiliza com a liberdade de celebração e de estipulação inerente, precisamente, ao contrato[34].

É certo que o comportamento das concessionárias para com os utentes corresponde, sem dúvida, habitualmente, ao padrão comportamental definido no contrato de concessão. Mas esse contrato apresenta-se celebrado, não com os utentes, antes com a entidade concessionária.

As vinculações emergentes são-no, portanto, perante a entidade concedente, não face aos utentes. Outro entendimento levaria à conclusão inverosímil de ser vontade das concessionárias aceitar consequências (contratuais) para si desfavoráveis. Não pode presumir-se que queira assumir posições irrazoáveis ou desnecessariamente onerosas de um ponto de vista económico-financeiro[35].

---

32. Manuel Carneiro da Frada, "Sobre a responsabilidade das concessionárias por acidentes ocorridos em autoestradas" cit., 133.
33. Assim qualificaríamos de facto o direito dos utentes.
34. Nesse sentido, já Manuel Carneiro da Frada, "Sobre a responsabilidade das concessionárias por acidentes ocorridos em autoestradas" cit., 134-135.
35. Cfr. Manuel Carneiro da Frada, "Sobre a responsabilidade das concessionárias por acidentes ocorridos em autoestradas" cit., 134.

Do mesmo modo, quando uma concessionária "autoriza", no espaço concessionado, um determinado utente da autoestrada, fá-lo certamente com a consciência geral de estar vinculada a um conjunto de deveres que direta ou indiretamente a afetam, mas não atribui a esse facto o significado da formação de um contrato autónomo e distinto do contrato de concessão.

A realidade desdiz, portanto, de uma fenomenologia negocial[36].

O contrato entre as concessionárias e os utentes, quando afirmado, redunda, portanto, numa recriação do intérprete-aplicador que só artificialmente pode ser construída.

V – Aliás, mesmo que se aceitasse a tese do contrato, ficaria por provar o exato conteúdo contratual fixado pelas partes. Na ausência de declarações negociais tal reconstrução seria, também ela, em boa medida artificial. Fazê-lo *a posteriori* e à medida do litígio ou do acidente verificado não é metodologicamente correto, pela petição de princípio envolvida.

VI – Presente o exposto, afiguram-se também muito claras as dificuldades da tese do *contrato a favor de terceiro*. Estaria em causa, como foi assinalado, não um contrato entre a concessionária e os utentes das autoestradas, mas o próprio contrato de concessão, qualificado como contrato a favor de terceiro, os utentes.

Só que, para que fosse legítimo falar de tal figura, seria necessário poder imputar às partes – concedente e concessionária – a vontade de outorgar a terceiros (*in casu* os utentes das autoestradas) o direito de exigir autonomamente à concessionária uma concreta prestação. Tal vontade teria de estar consubstanciada nas declarações negociais do contrato de concessão, o que manifestamente não acontece[37].

4 A *TERCEIRA VIA* DA RESPONSABILIDADE CIVIL: CONTRATO COM EFICÁCIA DE PROTEÇÃO PARA TERCEIROS

I – Distinta das teses ponderadas é a identificação da concessão como um contrato com eficácia de proteção para terceiros[38].

---

36. MANUEL CARNEIRO DA FRADA, "Sobre a responsabilidade das concessionárias por acidentes ocorridos em autoestradas" cit., 134.
37. Neste sentido, também já MANUEL CARNEIRO DA FRADA, "Sobre a responsabilidade das concessionárias por acidentes ocorridos em autoestradas" cit., 138-139.
38. Neste sentido, veja-se, por exemplo, o Ac. RGm de 26-abr.-2007 (ROSA TCHING), Proc. n.º 494/07-2 (disponível em www.dgsi.pt): *"O contrato de concessão celebrado entre o Estado e a Brisa Auto-Estradas de Portugal, S.A., nos termos do DL n.º 294/97, de 24-out., é dotado de eficácia de proteção para terceiros – os utentes da utilizaçãoo das auto-estradas"*. Não obstante,

> "O cerne desta figura está em admitir que determinados negócios são susceptíveis de conferir uma certa tutela a quem não é neles parte; essencialmente através da atribuição (a esses terceiros) da possibilidade de deduzirem pedidos indemnizatórios contra as partes nesse contrato, não em virtude do incumprimento de um dever de prestar – pois este existe apenas, salvo excepções como a do contrato a favor de terceiro, entre os contraentes –, mas pelo não acatamento de outros deveres que integram a relação obrigacional no seu todo, tendo por objeto ou finalidade a sua protecção"[39].

II – Com efeito, a relação obrigacional é complexa. Para além dos deveres de prestar – que estruturam a identidade do contrato e, sendo ele sinalagmático, o sinalagma contratual – existem outros comportamentos juridicamente exigíveis às partes num contrato, que também podem visar a tutela de terceiros.

O contrato de concessão rodoviária, tendo por objeto a construção, conservação e exploração de autoestradas, pode apresentar-se como um contrato desse tipo.

À sua celebração estão de facto – e naturalmente – associados interesses que dizem diretamente respeito aos utentes das autoestradas. Concedente e concessionária sabem-no bem. Sem o reconhecimento da presença de tais interesses, a inteligibilidade do próprio contrato de concessão, e a compreensão do seu conteúdo, ficariam comprometidas.

Daqui não se retira que as partes tenham querido outorgar aos utentes o direito a uma qualquer prestação juridicamente autónoma. Extrai-se, isso sim, que com a celebração do contrato de concessão, as partes quiseram vincular-se a um conjunto de comportamentos suscetível de conferir um *espaço de proteção* a terceiros.

Nestes termos, os terceiros não gozam de qualquer pretensão contratual contra a concessionária no que toca ao cumprimento das obrigações para esta última emergentes do contrato que celebrou com o Estado; podem, todavia, legitimamente peticionar o ressarcimento dos danos ocorridos na esfera de proteção criada pelo contrato [40].

III – Está em causa o espaço do que pode designar-se uma *terceira via (da responsabilidade civil)*[41]. A (eventual) responsabilidade da con-

---

   o acórdão identifica, seguidamente, a existencia de um outro contrato inominado, celebrado entre os utentes e a concessionária.
39. Manuel Carneiro da Frada, "Sobre a responsabilidade das concessionárias por acidentes ocorridos em autoestradas" cit., 145.
40. Manuel Carneiro da Frada, "Sobre a responsabilidade das concessionárias por acidentes ocorridos em autoestradas" cit., 145-147.
41. Manuel Carneiro da Frada, *Contrato e deveres de proteção*, 1994, 43 e ss. e 97 e ss; *Uma "terceira via" no Direito da Responsabilidade Civil* cit., 88 e ss. e *Teoria da Confiança e Responsabilidade Civil*, 2003, 135 e ss.

cessionária perante os utentes das autoestradas não é, rigorosamente falando, obrigacional, porque não se verifica propriamente a violação de um qualquer dever de prestar (em relação aos quais apenas a entidade concedente é credora).

Mas também não se enquadra facilmente no paradigma habitual da responsabilidade aquiliana, uma vez que o ilícito gerador de responsabilidade não corresponde a nenhum dever geral de respeito perante um qualquer direito subjetivo, nem a um dever de acatamento de uma norma legal geral destinada a proteger um interesse alheio: os direitos e deveres dos utentes de que se trata acautelam-se *por causa* do contrato de concessão, porque ele prescreve a consideração e a atenção para com tais direitos e interesses. É por isso que terceiros são protegidos.

A conduta devida não consiste em nenhum dever de prestar, mas funda-se no contrato, é exigível *ex contractu*. A responsabilidade encontra-se pois de algum modo intercalada entre a responsabilidade obrigacional e aquiliana.

O facto de o conteúdo do contrato de concessão ter sido, frequentemente, modelado por uma lei não obsta ao contrato com eficácia de proteção para terceiros: na medida em que os deveres da concessionária para com os terceiros se fundem no contrato de concessão é este a sua base: não obsta que o seu conteúdo tenha sido determinado por lei.

IV – Em tese, a qualificação do contrato de concessão como contrato com eficácia de proteção para terceiros também não impede ou preclude a possibilidade de se identificar, nas fontes legais da concessão, verdadeiras disposições legais destinadas a proteger interesses alheios, de natureza delitual, impostas pelo legislador independentemente de qualquer vontade contratual das concessionárias nesse sentido. Pode mesmo dizer-se que essa qualificação tem a vantagem de a tutela dos terceiros ser totalmente independente das vicissitudes contratuais.

Nada obsta, em princípio, a uma natureza dúplice das normas em causa.

Em tal caso, se as condutas exigíveis à concessionária se encontrarem simultaneamente tituladas em fonte legal e no contrato (com eficácia de proteção para terceiros), a sua violação determinará um *concurso de fundamentos para a mesma pretensão*. Uma mesma e única pretensão indemnizatória apresenta-se duplamente fundamentada. Não se trata de permitir uma duplicação ou cumulação de ressarcimentos[42].

---

42. MANUEL CARNEIRO DA FRADA, "Sobre a responsabilidade das concessionárias por acidentes ocorridos em auto-estradas" cit., 148.

Contudo, disposições legais que imponham a sujeitos individualizados – concretas concessionárias – condutas em prol de terceiros não gozam da generalidade e abstração que caracterizam normalmente as regras jurídicas. Em qualquer caso, não constituirão deveres ou proibições genéricos típicos do direito delitual e da dogmática comum das disposições de proteção.

V – De todo o modo, as soluções que se obtêm através do contrato com eficácia de proteção para terceiros não diferirão (para os nossos propósitos[43]) das que resultam da qualificação da lei de bases da concessão como fonte de disposições legais de proteção.

É que os deveres de que falamos são idênticos, fundados uma vez num contrato de concessão, e outra de uma lei que subjaz a esse contrato e cujo conteúdo modela. Por isso, o regime desta *terceira via* da responsabilidade civil que o contrato com eficácia de proteção para terceiros representa não é substancialmente diverso do que resulta da dogmática das normas de proteção da responsabilidade aquiliana[44]. (Poderia diferir, claro está, se o contrato de concessão não replicasse apenas, ou fosse mais além, do que as normas de proteção; tenha-se presente que estas podem consistir noutras que não as regras da concessão: não sendo os deveres sobrepostos, tornam-se sensíveis as diferenças entre estas linhas dogmáticas.)

VI – No contexto das hipóteses que nos ocupam, as diferenças de qualificação têm pois um alcance limitado no que respeita ao teor dos deveres constantes do contrato de concessão e da sua base legal.

Confirmado este ponto que poderia ser condicionante, o que sobretudo importa no que toca à responsabilidade das concessionárias por acidentes ocorridos em auto-estradas é conhecer o alcance e o regime dos seus deveres face à lei que veio, entretanto, veio disciplinar a matéria.

O intérprete-aplicador, por outras palavras, pode debruçar-se sobre o disposto no art. 12.º da Lei n.º 24/2007 sem que, para apurar o conteúdo de tais deveres e o regime do *onus probandi* respetivo, tenha de permanentemente questionar o enquadramento dogmático da responsabilidade envolvida.

---

43. É esse, e não outro, aquele que temos em mente: saber, portanto, qual o regime da responsabilidade das concessionárias por acidentes. Noutros planos, e para outros fins, a destrinça entre contrato com eficácia de proteção para terceiros e disposições legais de proteção (do direito delitual) teria seguramente interesse.

44. Manuel Carneiro da Frada, "Sobre a responsabilidade das concessionárias por acidentes ocorridos em autoestradas" cit., 149 e ss.

§ 3.º A LEI N.º 24/2007, DE 18-JUL.
E A RESPONSABILIDADE CIVIL ENVOLVIDA

5. SEQUÊNCIA

I – Conforme vimos, aquando da aprovação da Lei n.º 24/2007, a jurisprudência refletia os diversos enquadramentos jurídicos possíveis para os acidentes ocorridos em autoestrada por facto imputável às concessionárias:

> *(i)* a responsabilidade civil aquiliana, por violação de normas de proteção (art. 483.º), ou por violação de deveres no tráfico (arts. 492.º 493.º);

> *(ii)* a responsabilidade civil contratual, por violação de um contrato inominado (celebrado entre a concessionária e os utentes), ou por violação de um contrato a favor de terceiro (o contrato de concessão); e

> *(iii)* o recurso a uma "terceira via" da responsabilidade civil (com resultados práticos próximos da responsabilidade aquiliana), por violação de um contrato com eficácia de proteção para terceiros.

II – É com este pano de fundo que surge o art. 12.º da Lei n.º 24/2007, com o qual se pretendeu operar uma clarificação do regime aplicável aos acidentes ocorridos em autoestrada por facto imputável às concessionárias[45], poupando, tanto quanto possível, os tribunais a complexas operações de qualificação dogmática.

Os grupos de casos a que o art. 12.º se aplica correspondem assim a uma tipificação, *pragmaticamente orientada*, dos sinistros mais recorrentes conhecidos pela jurisprudência.

Trata-se, do mesmo modo, de *direito especial* que, no respetivo âmbito e de harmonia com as regras gerais, se sobrepõe ao direito comum da responsabilidade civil no que toca à responsabilidade civil das concessionárias.

6. AS *OBRIGAÇÕES DE SEGURANÇA* DA LEI N.º 24/2007: A RESPONSABILIDADE DAS CONCESSIONÁRIAS COMO RESPONSABILIDADE SUBJETIVA, POR FACTO ILÍCITO E CULPOSO

I – Nesta linha, o art. 12.º/1 não esclarece também qual a natureza das "obrigações de segurança" da concessionária, nem qual a sua fonte: se a

---

45. Quanto à origem do diploma, veja-se as referência de ANTÓNIO MENEZES CORDEIRO, "A lei dos direitos dos utentes das autoestradas e a constituição (Lei n.º 24/2007, de 18 de Julho)", *ROA* 67 (2007) II, 551-572.

lei, o contrato de concessão, ou um outro contrato (inominado) celebrado entre as concessionárias e os utentes.

No âmbito do direito dos contratos, tais "obrigações" poderão constituir obrigações em sentido técnico – nos termos do art. 397 do Código Civil – ou, em qualquer caso, deveres de proteção[46]. Diferentemente, no âmbito delitual, essas obrigações de segurança representarão *positivações* de deveres no tráfico convolados pela Lei nº. 24/2007 em disposições de proteção.

Ciente ou não da susceptibilidade de importância prática deste tipo de questões, o legislador não tomou partido, e concentrou-se no que lhe pareceu verdadeiramente importante.

II – O primeiro ponto a sublinhar é que a lei não desenhou uma imputação objetiva, mas sim uma *responsabilidade por inobservância de condutas humanas tidas como devidas*[47]. De outro modo não imporia às concessionárias *obrigações* de segurança: estabeleceria *tout court* a sua responsabilidade verificados determinados eventos.

A responsabilidade funda-se, pois, em comportamentos violadores de obrigações de segurança por parte da concessionária, por ação ou por omissão.

É inequívoca a opção da lei: apenas porque se está perante uma responsabilidade derivada de uma conduta ilícita e culposa é possível compreender que a lei exonere de responsabilidade a concessionária que demonstre o *"cumprimento das obrigações de segurança"* (cfr. o n.º 1 do citado art. 12.º).

A obrigação de indemnizar não se conexiona pois, tão-somente – repete-se –, a algum facto, ou a alguma situação objetiva da concessionária (portadores de um perigo). O legislador pressupõe um nexo entre um seu comportamento concreto e o dano ocorrido: por isso exime da obrigação de indemnizar aquele que cumpriu a obrigação, ainda que o dano se tenha produzido. O reconhecimento de eficácia excludente da obrigação de indemnizar à demonstração probatória do cumprimento de deveres de segurança é incompatível com o conceito de responsabilidade objetiva. *Não há, pois, insofismavelmente, nenhuma imputação a título de risco às concessionárias.*

Não obstante, embora só a violação juridicamente censurável de tal dever (ilicitude/culpa) justifique a responsabilização das entidades visa-

---

46. Para a destrinça e as consequências implicadas, cfr. MANUEL CARNEIRO DA FRADA, *Contrato e Deveres de Protecção*, Coimbra, 1994, 86 ss, 101, 155 ss.
47. Neste sentido, MARIA DA GRAÇA TRIGO, *Responsabilidade Civil – Temas especiais* cit., 101.

das, a lei pode naturalmente facilitar – mais ou menos –, a demonstração do nexo entre um comportamento das concessionárias e o dano, e apetrechar, em maior ou menor medida, os lesados com presunções e facilitações de prova desse nexo.

Nada colide, contudo com a asserção fundamental de que a responsabilidade das concessionárias não é, *de lege lata*, uma responsabilidade objetiva[48].

7. A NATUREZA DISTINTA DA RESPONSABILIDADE OBJETIVA E SUBJECTIVA, E A ILEGITIMIDADE DA SUA MISCIGENAÇÃO

I – É ilegítima a miscigenação da responsabilidade objetiva e subjetiva[49]. Com efeito, os princípios de imputação que lhes subjazem são distintos, havendo pois de distinguir-se entre elas.

A responsabilidade subjetiva, isto é, por facto ilícito-culposo, deriva de um comportamento pessoal danoso; já na responsabilidade objetiva, a indemnização imputa-se, em termos puramente objetivos, àquele que retira vantagens ou beneficia de um risco específico, que autorizadamente cria ou mantém (segundo o mote *ubi commoda, ibi incommoda*[50]).

Por essa razão, quando se encontra estabelecida, é coerente que o legislador a exclua, apesar de tudo, nas hipóteses de força maior ou de facto de terceiro (art. 505.º CC); porque, nesses casos, o dano não se pode dizer que tenha brotado daquele risco específico de dano que a lei teve em mente ao determinar a responsabilidade (objectiva).

II – A responsabilidade por facto ilícito-culposo é expressão indiscutida da justiça comutativa – *rectius*, de uma *justiça correctiva* –, enquanto a segunda se conexiona predominantemente com uma justiça de tipo distributivo, de harmonia com a conhecida distinção aristotélico-tomista: e, com efeito, ela funda-se em qualidades ou circunstâncias objectivas (não de comportamento) do sujeito – detentor de coisas perigosas, autor de atividades perigosas, etc. – que justificam, precisamente, um pensamento distributivo.

---

48. A terminologia é fluida na doutrina. Tomamos, por isso, as expressões como equivalentes. (Mas elas têm nuances: cfr. MANUEL CARNEIRO DA FRADA, *Contrato e Deveres de Protecção* cit., 161 ss, 206 ss.).
49. Para o exposto, já MANUEL CARNEIRO DA FRADA, *Contrato e Deveres de Protecção* cit., *ibidem*, e 117 ss., bem como LARENZ/CANARIS, *Lehrbuch des Schuldrechts*, II/2, 13ª ed., München, 1994, 605 ss., que aqui levamos especialmente em conta.
50. O que não quer dizer que esse mote seja suficiente, de modo algum, para o estabelecimento de uma responsabilidade deste tipo.

À primeira subjaz uma finalidade correctiva – reconstitutiva ou compensatória – daquilo que o próprio responsável "tirou", com a sua conduta, ao lesado, ou de que ele o "privou". Não assim na segunda, ordenada antes a uma justiça distributiva[51].

III – Há portanto que distinguir entre a conduta ilícita e o *infortúnio*. A responsabilidade pelo risco lida com este último. Por isso mesmo se percebe que na responsabilidade pelo risco a suscetibilidade de prevenção de danos através do comportamento correto do sujeito não desempenha nenhuma função relevante: seja ou não prevenível o dano, tal não é importante para a responsabilidade (antes o benefício do risco autorizado)[52]. Por essa razão não cremos que se possa compreender a responsabilidade pelo risco como horizonte-limite de uma responsabilidade por factos ilícitos, baseada numa ilicitude imperfeita[53].

Dada a diferente natureza das duas ordens de responsabilidade, a responsabilidade subjetiva é abstractamente preferível à objetiva, no sentido preciso de que se coliga de forma mais intensa com o princípio da autonomia e da auto-responsabilidade do sujeito.

Não se nega, em qualquer caso, que importa ancorar também a responsabilidade objectiva numa concepção ética da pessoa; pessoa que, por assim se apresentar, há-de ser socialmente responsável pelos riscos específicos que decide abraçar com a sua conduta. Ambas as modalidades da responsabilidade podem pois ser unificadas numa fundamentação axiológica comum[54]. Contudo, são dogmaticamente distintas e obedecem a paradigmas e regras diferentes, não obstante a inevitável ocorrência de zonas fluidas e de "transição".

IV – É, assim, totalmente ilegítimo arbitrar uma indemnização apenas a pretexto de que o dano ocorreu. Pois a pergunta crucial é saber se, e porque é que, certo sujeito – no caso, uma concessionária – há-de ser condenado a suportá-lo.

---

51. Nesse sentido também Ana Mafalda Miranda Barbosa, *Estudos a propósito da responsabilidade objectiva*, Lisboa, 2014, 84.
52. Essa, no fundo, a razão pela qual não aderimos ao pensamento do risco como ilicitude imperfeita que se encontra em alguma literatura.
53. Em sentido distinto, Menezes Cordeiro, *Da responsabilidade civil dos administradores*, Lisboa, 1996, 484.
54. Fundamental, para esta perspectiva, hoje, Ana Mafalda Miranda Barbosa, *Do nexo de causalidade ao nexo de imputação/Contributo para a compreensão da natureza binária e personalística do requisito causal ao nível da responsabilidade civil extracontratual*, Lisboa, 2013, 890 e ss., 1130 e ss. (retomada, com síntese, em *Lições de Responsabilidade Civil*, Lisboa, 2017, 265 e ss., 269 e ss.).

Danos há certamente, que, não sendo da responsabilidade de ninguém, merecem ser "coletivizados", suportados por sistemas gerais de proteção contra prejuízos (seguros, segurança social, etc.). Mas torna-se necessária uma base para o efeito.

V – Tudo explica porque seria delicada a oneração das concessionárias com uma responsabilidade objetiva[55].

Na verdade, a sua introdução colocaria sempre o problema da sua inserção valorativamente coerente num sistema – como o nosso – que *não consagra nenhuma cláusula geral de responsabilidade independente de culpa*, sequer no plano rodoviário geral e impendendo sobre as entidades várias (nomeadamente, públicas) que são responsáveis por tais vias. A desigualdade seria flagrante.

Mas sê-lo-ia do mesmo modo em relação ao que se passa quanto aos danos provocados por construções, portos e outros edifícios, ainda quando explorados por razões comerciais ou utilizados no âmbito de uma actividade económica (por exemplo, escritórios, grandes superfícies ou centros comerciais).

As concessionárias não poderiam, pois, por violação da igualdade – e sob pena, até, de um juízo provável de inconstitucionalidade[56] –, ser unilateral ou singularmente oneradas, no confronto com outras entidades que justificariam idêntica oneração (como o Estado ou as autarquias, no que concerne à generalidade das estradas portuguesas).

Bem andou, pois, o legislador, ao conceber a responsabilidade das concessionárias como decorrente de um facto ilícito-culposo.

A introdução de uma responsabilidade pelo risco das concessionárias de auto-estradas implicaria, em suma, ponderações mais vastas, no sentido do alargamento de tal tipo de responsabilidade a todos os responsáveis por rodovias e a outros sectores congéneres.

8. A DELIMITAÇÃO DA RESPONSABILIDADE SUBJECTIVA DAS CONCESSIONÁRIAS PELO TEOR DAS RESPECTIVAS OBRIGAÇÕES

I – A lei assume que as concessionárias não são capazes de prevenir, de forma alguma, toda a perigosidade rodoviária associada à circulação

---

55. Nesse sentido, já o nosso MANUEL CARNEIRO DA FRADA, "Sobre a responsabilidade das concessionárias por acidentes ocorridos em autoestradas" cit., *passim*, que acompanhamos aqui de perto.
56. Cfr., a respeito, a obra já citada de ANTÓNIO MENEZES CORDEIRO, *Igualdade rodoviária e acidentes de aviação nas autoestradas* cit., onde este tópico se encontra especialmente desenvolvido.

em auto-estrada. Caso contrário não estabeleceria que lhes era facultada a prova do cumprimento das obrigações de segurança como forma de ficarem excluídas de responsabilidade.

Reconhece, pois, a lei que uma parte, maior ou menor, dos acidentes em autoestrada não é evitável pelo cumprimento dos deveres de conduta/segurança/diligência que o Direito exige às concessionárias.

II – Por outro lado, ao relacionar a responsabilidade civil das concessionárias com as obrigações de segurança que sobre elas impendem, a Lei nº. 24/2007 determina que aquilo que é juridicamente exigível às concessionárias se encontra delimitado por *essas* obrigações de segurança, não lhes reclamando, para além delas, outros comportamentos.

Não lhes pede, por outras palavras, uma conduta suscetível de evitar sinistros cuja possibilidade de ocorrência esteja associada a uma factualidade diversa daquela a que se reportam as obrigações assumidas pelas concessionárias na concessão.

Verifica-se, assim, uma *conexão genética* entre os deveres assumidos pela concessionária junto da entidade concedente e a proteção que é conferida aos utentes pela Lei nº. 24/2007. As específicas obrigações de segurança da concessionária são as resultantes das estipulações da concessão que visem conferir uma proteção a terceiros[57]. Trata-se, sobretudo, de deveres de manutenção, conservação, vigilância e fiscalização das autoestradas.

Há responsabilidade se esses deveres não forem cumpridos. Caso, porém, eles se mostrem cumpridos, exclui-se a responsabilidade.

III – O reconhecimento, no art. 12.º/1 da Lei n.º 24/2007, de obrigações de segurança geneticamente dependentes, quanto à sua origem e delimitação, do contrato de concessão e/ou da lei ao abrigo da qual ele tenha sido celebrado, corrobora o entendimento de que a responsabilidade das concessionárias é contratual e se funda no contrato de concessão como *contrato com eficácia de proteção para terceiros*; como justifica, igualmente, que essa responsabilidade possa ser construída delitualmente, sendo a lei de bases da concessão uma daquelas disposições destinadas a proteger interesses alheios cuja infração conduz a uma responsabilidade aquiliana (art. 483.º/1) (sem prejuízo, como dissemos, de que se tratará de normas que incidem tão-só sobre concretas concessionárias e, como tal, se afasta-

---

[57]. Neste sentido, MARIA DA GRAÇA TRIGO, *Responsabilidade Civil – Temas especiais* cit., 91, referindo--se à prova do cumprimento das obrigações de segurança: *"estão em causa, naturalmente, as obrigações a que a concessionária está adstrita pelo próprio contrato de concessão".*

rem do paradigma delitual dos deveres genéricos, assente na igualdade e generalidade dos sujeitos [58]).

Pode, portanto, nessa medida afirmar-se – como já fizemos –, que o disposto no art. 12.º/1 da Lei n.º 24/2007 "dá novo alento, quer ao entendimento de que as disposições legais que consagram essas obrigações são normas de protecção para efeito do art. 483.º, n.º 1, do CC, quer à hipótese de considerar que os contratos de concessão são, nesta matéria, contratos com eficácia de protecção para terceiros. Em ambos os casos, sem estender a responsabilidade das concessionárias para além dos limites dessas obrigações"[59].

9. (*CONT.*): AS OBRIGAÇÕES DAS CONCESSIONÁRIAS COMO SIMPLES DEVERES DE MEIOS

I – Uma outra consequência significativa deriva do teor do art. 12/1º: ao excluir a responsabilidade das concessionárias em caso de cumprimento das obrigações de segurança, o legislador mostra insofismavelmente que tais obrigações são apenas *de meios*.

Não configuram, pois, obrigações de resultado. Se o fossem, a responsabilidade apenas poderia excluir-se, em princípio, em caso de não verificação do resultado.

Os casos de força maior, guerras, tumultos, etc., previstos nas alíneas do art. 12/1º, não são, pois, excepções a uma obrigação de resultado: representam antes circunscrições do âmbito do regime especial instituído pela lei em matéria de obrigações de segurança das concessionárias.

II – Há razões evidentes para o legislador ter considerado que as concessionárias não deviam ficar obrigadas ao resultado da não verificação de acidentes nas autoestradas concessionadas.

É que, por mais que se queira, a não ocorrência de acidentes não pode ser prometida ou garantida por ninguém. *V.g.*, o rebentamento inopinado de um pneu, o derrame súbito de óleo, o desprendimento da carga de um camião na via, causando o despiste do veículo que segue atrás: ninguém está em condições de impedir absolutamente este tipo de ocorrências.

---

58. Cfr., com mais desenvolvimento, MANUEL CARNEIRO DA FRADA, *Teoria da Confiança e Responsabilidade Civil*, cit., 270 ss, 287 ss, 307 ss.
59. MANUEL CARNEIRO DA FRADA, "Sobre a responsabilidade das concessionárias por acidentes ocorridos em autoestradas" cit.,154. É esta também a posição de MARIA DA GRAÇA TRIGO, *Responsabilidade Civil – Temas especiais* cit., 101.

Ora, em Direito, *impossibilium nulla obligatio est*, como não pode deixar de ser. Deste modo, se a segurança não pode garantir-se, o que se trata para a ordem jurídica é de impor obrigações de diligência com vista a proporcionar essa segurança.

É isso que reconhece o art. 12.º da Lei 24/2007.

A segurança que a lei almeja corresponde àquela que é suscetível de ser proporcionada pela *diligência conveniente* para evitar, de acordo com o que a experiência mostra, os sinistros pertencentes à *área típica de risco* visada pelos deveres de manutenção, conservação, vigilância e fiscalização das autoestradas, decorrentes do contrato de concessão e/ou da lei de bases da concessão respetiva.

III – *A posteriori* é por vezes possível identificar outros meios que, se observados, poderiam ter evitado certo sinistro.

Só que as concessionárias não estão vinculadas à prática de todos e quaisquer comportamentos que retrospetivamente poderiam ter impedido um acidente. Encontram-se antes vinculadas à prática das medidas razoáveis, *prospectivamente*, para evitar perigos de acidente.

Apenas essa *diligência razoável* lhes é juridicamente exigível. E é também tão só a inobservância de tal diligência que gera responsabilidade civil.

Se se aceitassem deveres de comportamento insuscetíveis, na prática, de serem cumpridos pelo seu grau desmesurado de esforço, se se colocassem obstáculos praticamente intransponíveis à desoneração do sujeito, então ocorreria na realidade uma manipulação da responsabilidade por factos jurídico-culposos: encapotadamente, proceder-se-ia a uma repartição de um dano na verdade fortuito aí onde não é possível divisar nenhuma censura dos intervenientes[60]. O que contraria o disposto no art. 12/1.º da Lei 24/2007.

V – Nem sempre este ponto foi suficientemente atendido pelos tribunais.

Pode por exemplo ler-se no sumário do Acórdão STJ 09-set.-2008 (GARCIA CALEJO), Proc. n.º 08P1856:

> *"I – Perante o art. 12.º da Lei n.º 24/2007 de 1807 é hoje claro que, em caso de acidente rodoviário em autoestradas, em razão do atravessamento de animais, o ónus da prova do cumprimento das obrigações de segurança pertence à concessionária.*

---

60. Advertindo contra este tipo de perigo, embora noutro contexto, já MANUEL CARNEIRO DA FRADA, *Contrato e Deveres de Protecção* cit.,166.

II – Esta norma tem o carácter de interpretativa pelo que deve ter aplicação imediata.

III – Entendemos ser impróprio falar-se que a Lei introduziu a responsabilidade objectiva para a concessionária. Não o fez, apesar de se considerar, face ao nosso entendimento, ter-se tornado mais difícil, mas não impossível, o afastamento da presunção de incumprimento que impende sobre si.

IV – A concessionária só afastará essa presunção, se demonstrar que a intromissão do animal na via, não lhe é, de todo, imputável, sendo atribuível a outrem. Terá de estabelecer positivamente qual o evento concreto alheio ao mundo da sua imputabilidade moral, que lhe não deixou realizar o cumprimento."[61]

O Tribunal afirma perentoriamente – e bem – que a Lei n.º 24/2007 não introduz qualquer responsabilidade objetiva para a concessionária.

Todavia, ao exigir a prova do facto positivo que esteve na origem do sinistro, assume que a concessionária era responsável por não ter usado quaisquer outros meios para evitar o acidente, mesmo não se tendo conseguido fazer a demonstração de como ele ocorrera e ainda que se tivesse provado ter actuado com a diligência razoavelmente exigível perante as circunstâncias.

No fundo, se se aceita a responsabilidade da concessionária quando se não conhece a origem concreta do acidente e se demonstra que ela cumpriu tudo o que razoavelmente devia fazer, estabelece-se uma responsabilidade independente de culpa pelo resultado que redunda, materialmente, numa imputação objectiva pelo risco.

Ultrapassou, pois, a referida decisão, o âmbito da responsabilidade por uma conduta em direcção a uma verdadeira *imputação objectiva*, que, todavia, nem a Lei n.º 24/2007, nem o nosso sistema de responsabilidade civil – atendendo ao caráter excepcional da responsabilidade independente de culpa que o art. 483, n.º 2 do Código Civil estabelece – autorizam[62][63].

---

61. Do mesmo relator, o Acórdão STJ 16-set.-2008, Proc. n.º 08A2094 (também disponível in www.dgsi.pt): *"Face à presunção de incumprimento que sobre si impende, a Concessionária só afastará essa presunção, se demonstrar que a intromissão do animal na via, não lhe é, de todo, imputável, sendo atribuível a outrem. Terá de estabelecer positivamente qual o evento concreto alheio ao mundo da sua imputabilidade moral, que lhe não deixou realizar o cumprimento."*

62. Mais ainda: parece sugerir que o cumprimento das obrigações de segurança da concessionária se não dê ainda quando a causa radique num evento concreto alheio ao mundo da imputabilidade moral da concessionária, o que é transformar as obrigações de segurança em obrigações de resultado.

63. Esta orientação encontra-se, também, em instâncias inferiores (sobretudo na Relação de Coimbra). Por exemplo: RCb 15-mar.-2011 (CARLOS MOREIRA), Proc. n.º 77-09.3T2ALB.C1 e RCb 04-nov.-2011(ALBERTO RUÇO), Proc. n.º 199-08.8TBSRE.C1.

Mas não é legítimo, pelo manuseamento do ónus da prova, converter uma hipótese de responsabilidade delitual numa imputação objetiva de responsabilidade[64].

10. CONSEQUÊNCIAS QUANTO À EXONERAÇÃO DE RESPONSABILIDADE POR CUMPRIMENTO DAS OBRIGAÇÕES DE SEGURANÇA

I – Deste modo, sendo o art. 12/1º da Lei 24/2007 um caso de responsabilidade por facto ilícito-culposo, há que excluir uma distribuição do ónus da prova que redunde substancialmente numa forma imputação objetiva de responsabilidade às concessionárias, contrariando os propósitos e o sentido da referida lei.

Na verdade, aquilo que exime a concessionária de responsabilidade é a diligência razoável para evitar a ocorrência do acidente, de acordo com o que os seus deveres – legais ou contratuais – de segurança lhe imponham.

Uma vez demonstrada a realização desse esforço, há cumprimento das obrigações de segurança e, com ele, exclui-se a sua responsabilidade.

II – A concessionária não tem, para o efeito, de conhecer e apresentar a concreta factualidade que conduziu ao acidente. O que é justo.

Com efeito, mesmo tendo cumprido – porventura, até desmedidamente, ou por excesso – os seus deveres, ainda assim pode não conseguir dilucidar a causa concreta do acidente, que pode permanecer oculta (como surgiu o óleo na estrada, como conseguiu o animal entrar na via, como apareceu o obstáculo – pneu, pedaço de ferro, etc. – que obstruiu a passagem).

Nessas hipóteses, caso se continuasse a pedir-lhe tal indicação, estaria a exigir-se-lhe mais do que a demonstração do cuidado que a concessionária haveria de ter. Nalgumas situações, solicitar-se-lhe-ia mesmo um impossível; o que, na prática, levaria a concessionária a ter de indemnizar quando a causa do acidente não fosse imputável a qualquer negligência sua.

Tal é inadmissível *de lege lata*.

Basta, portanto, à concessionária usar (e provar que usou) – como lhe competia – a diligência devida para evitar o perigo, à luz do quadro normativo que resulta da concessão.

---

64. Autores há que propugnam mesmo a inconstitucionalidade. Diz MENEZES CORDEIRO, "A lei dos direitos dos utentes das autoestradas e a constituição (Lei n.º 24/2007, de 18 de Julho)" cit., 568 – *"(...) a ideia de responsabilidade objetiva – isto é: independente de culpa – pode ser materialmente expropriativa. Quando conseguida através de uma manipulaçãoo de regras sobre o ónus da prova, ela junta, à natureza expropriativa não consentânea com o art. 62.º/1 da Constituição, uma iniquidade processual, vedada pelo art. 26.º/4 da mesma Lei Fundamental."*.

III – Neste sentido se tem pronunciado – a nosso ver, corretamente – a jurisprudência (já sob a vigência da Lei n.º 24/2007):

- Ac. RLx 22-jul.-2007 (Pedro Lima Gonçalves), Proc. n.º 2536-2006-8: *"II – Verificado o embate de um veículo numa pedra de 30 a 40 kg que se encontrava na via na A5 e que originou acidente em que o veículo sofreu danos no montante de € 4.281,37, não incorre a ré concessionária em responsabilidade com base em negligência, provando-se: (i) que o embate se verificou às 7.30 do dia 15 Fevereiro; (ii) que estava bom tempo; (iii) que são efectuados patrulhamentos tanto pela concessionária como pela BT da GNR; (iv) que o último patrulhamento se verificou às 6.05, não se verificando nenhuma anomalia. III – A concessionária só seria responsável se tivesse conhecimento da ocorrência e não diligenciasse pela remoção da pedra ou se não efectuasse qualquer tipo de vigilância ou se esta fosse insuficiente.".*

- Ac. RCb 02-set.-2009 (Jaime Ferreira), Proc. n.º 1095/07.1TBCVL.C1: *"VII – Se resultar dos factos apurados que a Ré B... cumpriu com as suas obrigações de vigilância e de manutenção das vedações da via, afigurasenos que nenhuma culpa poderá serlhe imputada face ao aparecimento de um animal na estrada, se tal aparecimento se tiver dado por razões conhecidas mas fora do controlo de segurança a cabo dessa concessionária(...).VIII – Não podia nem pode a Ré vigiar e controlar, em permanência, esses nós de acesso à autoestrada, pelo que a possibilidade de entrada de um animal por esses pontos sempre será uma realidade (...)"*

- Ac. RCb 09-mar.-2010 (Jacinto Meca), Proc. n.º 2610-07.6YXLSB.C1: *"VIII – Não basta uma vedação em bom estado de conservação para elidir a presunção de culpa da concessionária da autoestrada, sendo exigível que a vedação existente responda com eficácia à tentativa de entrada de animais na autoestrada.".* Note-se que o Tribunal não exigiu a prova da factualidade contrária que deu origem ao acidente. Estava em causa, apenas, o cumprimento (cabal) de deveres de diligência.

- Ac. RCb 01-jun.-2010 (Carlos Moreira), Proc. n.º 312-07.2TBCNT.C2: *"Os concessionários de autoestradas têm, para elidir a legal presunção de culpa que sobre eles impende, de provar factos pelos quais se possa razoavelmente concluir que cumpriram as suas obrigações de segurança e zelo pelo seu bom estado de conservação, vg. que a vedação estava erigida de acordo com as dimensões e materiais legalmente exigidos e que se encontrava em bom estado de conservação numa dimensão ou distancia adequadas atento o tipo de obstáculo que originou o embate.".*

- Ac. RLx 24-mar.-2011 (Catarina Arêlo Manso), Proc. n.º 1633-05.4TBALQ.L1-8: *"VI Nas auto-estradas não deve haver lençóis de água, mas a Brisa só responde se houver defeito de concepção, deficiência do pavimento ou dos sistemas de drenagem, de falta de manutenção do sistema de escoamento em boas condições."*

- Ac. STJ 15-nov.-2011 (Nuno Cameira), Proc. n.º 1633-05.4TBALQ.L1.S1: *"V – A presunção de incumprimento contra a concessionária da autoestrada – presunção de ilicitude e de culpa – só pode funcionar quando, na realidade, ocorra uma situação susceptível de integrar a omissão do seu dever de manter a autoestrada em boas condições de segurança."*

- Ac. RCb 18-nov.-2014 (Anabela Luna de Carvalho), Proc. n.º 7604.1TB-MGL.C1: *"Ainda que entendêssemos que a cadência de patrulhamentos – de*

3 em 3 horas – é diligente e aceitável, não sendo possível à Ré ter câmaras ou vigilantes em número tal e para áreas de tal modo reduzidas que, em absoluto, eliminassem qualquer risco de intrusão de um animal, a verdade é que não é aceitável haver zonas fora de controlo, como são as zonas cobertas de vegetação, que não permitem verificar o estado das vedações.". O acórdão é especialmente elucidativo. A prova para ilidir a presunção é a conduta *"diligente e aceitável"*. *In casu*, tal diligência não se encontra verificada, mas o Tribunal acertou no critério adequado.

– Ac. RLx 27-dez.-2014 (Tomé Ramião), Proc. n.º 3485-12.9TBFUN.L1-6: *"Compete à concessionária ilidir a presunção de culpa que a onera no cumprimento das obrigações de segurança a que está adstrita, demonstrando que o acidente não se deveu a qualquer quebra ou violação dos deveres gerais de manutenção da referida via, em perfeitas condições de utilização e de assegurar que a circulação ocorra em boas condições de segurança."* A demonstração de que o acidente não se deu por causas ligadas à violação de deveres da concessionária (ainda que essas causas possam permanecer ocultas) é, efetivamente, suficiente para afastar a responsabilidade: se não se pode conexionar tal acidente a qualquer conduta negligente, a que propósito impor uma obrigação de indemnizar?

– Ac. RCb 14-abr.-2015 (Maria João Areias), Proc. n.º 9-13.4TBCLB.C1: *"Para que se mostre satisfeito o ónus da prova do cumprimento das obrigações de segurança, contido n.º 1 do artigo 12.º do DL 24/2007, não é exigível a prova do concreto evento que levou à intromissão do animal na via e que tal processo lhe foi inteiramente alheio, sob pena de deturpação da natureza culposa da responsabilidade que incide sobre a concessionária.".* Não diríamos melhor.

11. OS CASOS DE FORÇA MAIOR

I – O cumprimento das obrigações de segurança não é a única forma de afastar a responsabilidade das concessionárias. Atenda-se ao disposto no n.º 3 do art. 12.º:

3 – São excluídos do número anterior [leia-se: do n.º 1, mercê de uma manifesto lapso de redação[65]] *os casos de força maior, que directamente afectem as actividades da concessão e não imputáveis ao concessionário, resultantes de:*

a) Condições climatéricas manifestamente excepcionais, designadamente graves inundações, ciclones ou sismos;

b) Cataclismo, epidemia, radiações atómicas, fogo ou raio;

c) Tumulto, subversão, actos de terrorismo, rebelião ou guerra.

Nessas hipóteses não há responsabilidade.

II – *Prima facie*, o n.º 3 estabelece que em casos de força maior não cabe à concessionária provar o cumprimento. Mas naturalmente que o sen-

---

65. Cfr. também Maria da Graça Trigo, *Responsabilidade Civil – Temas especiais* cit., 93.

tido do preceito não pode ser tão-só o de determinar uma certa distribuição do ónus da prova nessa matéria, verificada dada circunstância.

O alcance é outro, material-substantivo: estabelecer que não há lugar a responsabilidade da concessionária se o acidente se ficar a dever a causas de força maior (e não a uma violação das obrigações de segurança por parte da concessionária).

Na realidade, se a força maior – tal como o facto de terceiro – exclui a própria responsabilidade pelo risco, com muito mais razão se tem de admitir que há-de impedir a responsabilidade civil por facto ilícito e culposo, por isso que, como sempre foi reconhecido neste âmbito, quebra o nexo entre o dano e a conduta do sujeito, impedindo que ele se estabeleça e inviabilizando que se possa atribuir o prejuízo a uma conduta ilícita e censurável dele[66]. A força maior rompe o ligame que, no plano ético-jurídico, justifica a responsabilidade do sujeito.

§ 3.º A DISTRIBUIÇÃO DO ÓNUS DA PROVA SEGUNDO O N.º 1 DO ART. 12.º DA LEI N.º 24/2007

12. O TEMA

I – Esclarecido o teor das obrigações de segurança a que as concessionárias estão adstritas, importa fazer algumas considerações suplementares sobre a distribuição do *onus probandi* da ilicitude e da culpa das concessionárias.

Para o efeito, a Lei n.º 24/2007 constitui direito especial que se sobrepõe, como tal, às regras gerais.

O que, atendendo ao pragmatismo que orientou a mão do legislador, não quer dizer que não haja coincidência com a distribuição do ónus da prova resultante do direito civil geral. Tenha-se especialmente em mente as hipóteses de presunção de "culpa" do art. 799.º (dentro do enquadramento da responsabilidade da concessionária como contratual), ou as consagradas nos arts. 492.º e 493.º (dentro de um enquadramento delitual dessa responsabilidade).

---

66. Neste sentido se pronuncia, muito justamente, MARIA DA GRAÇA TRIGO, *Responsabilidade Civil – Temas especiais* cit., 93-94. Diz a Autora: "(...) a norma do n.º 3 não faz senão reafirmar que a responsabilidade do concessionário será excluída se os deveres de segurança a que está adstrito pelo contrato de concessão não forem cumpridos por caso de força maior, qualquer que seja a forma que este assuma." E conclui: "(...) a responsabilidade da concessionária poderá ser excluída pela prova do cumprimento dos deveres de segurança, mas também, nos termos gerais, pela prova de caso de força maior, de facto de terceiro ou de culpa do lesado."

II – Supomos que o art. 12.º/1, com a linguagem da clarificação do ónus da prova, estabelece, em caso de dano, uma *presunção de incumprimento das obrigações de segurança a cargo das concessionárias*: o insucesso da prova do cumprimento, por elas, determina a respectiva responsabilidade[67].

Mas não parece que o art. 12.º/1 tenha querido proceder a uma realocação do risco da responsabilidade derivado de regras gerais. É que esse resultado era já suscetível de ser obtido pela aplicação de tais regras. Com efeito, a prova do incumprimento – que normalmente recai sobre o credor (*ex vi* do art. 798.º, ou sobre o lesado, *ex vi* do art. 487.º/1) – raramente pode fazer-se, no caso da violação das obrigações de segurança, de forma direta.

Ora, mostra a experiência abundante da jurisprudência que a verificação dos sinistros previstos no art. 12.º/1 aponta, com intensidade diversa consoante o caso concreto, para uma *probabilidade* de estes terem origem na violação de deveres destinados a evitá-los.

O legislador *confirmou*, por via legal, tal juízo de inferência, mandando presumir o incumprimento. Mas o âmbito e natureza de tal presunção legal não pode ser acriticamente estendida além das suas fronteiras devidas.

Desenvolvamo-lo.

13. INVERSÃO DERIVADA DO ÓNUS DA PROVA E DISTRIBUIÇÃO DO RISCO

I – A fixação de presunções repercute-se, como é sabido, na distribuição do ónus da prova. Alude-se, por regra, a uma *inversão*: aquele a quem caberia, nos termos gerais, provar certo facto, fica dispensado de o fazer, recaindo sobre outro sujeito a ónus de provar o facto contrário.

Todavia, como sublinha Teixeira de Sousa, as inversões do ónus não são todas da mesma natureza, cabendo distinguir a *inversão originária* da *derivada*[68].

Importa tê-lo presente para melhor perceber a solução da Lei nº. 24/2007.

---

67. Neste sentido, por exemplo, Maria da Graça Trigo, *Responsabilidade Civil – Temas especiais* cit., 90 e ss. e António Menezes Cordeiro, "A lei dos direitos dos utentes das auto-estradas e a constituição (Lei n.º 24/2007, de 18 de Julho)" cit., 563.
68. Miguel Teixeira de Sousa, *Análise lógico-jurídica da decisão de improcedência – Uma reflexão sobre a evidentiary defeasibility e a dupla ordem jurídica*, 2014, 14 (disponível in https://www.academia.edu/6324516). Segui-lo-emos na exposição seguinte.

Numa primeira possibilidade, a lei exige àquele a quem aproveita a inversão a prova de um conjunto de factos instrumentais. Estabelecida a certeza quanto a tais factos (cujo ónus recai sobre o autor), o Direito considera verificado um facto desconhecido, até que seja provado (pelo demandado) o contrário desse facto (ou afastada a certeza quanto à factualidade que está na base da inversão)[69].

Nestas hipóteses, a inversão do *onus probandi* é *derivada*: apenas ocorre mediante a prova dos factos instrumentais que integram o fundamento factual da inversão[70].

Não assim na inversão *originária*. Nesta última, a inversão do ónus opera sem que aquele a quem a inversão aproveita seja onerado com qualquer esforço. O facto desconhecido é firmado pelo Direito, sem que aquele a quem aproveita tenha realizado qualquer diligência probatória.

II – A distinta natureza da inversão do ónus da prova reflecte-se em dois aspetos: *(i)* no que toca à natureza lógico-normativa da decisão de improcedência da causa; e *(ii)* quanto à distribuição do risco do insucesso probatório.

Com efeito, sempre que existe uma *inversão derivada* do *onus probandi*, a decisão sobre a improcedência da ação configura, do ponto de vista lógico-normativo, um caso *vel-vel* (ou de alternatividade não exclusiva, inclusiva ou fraca)[71]. Podem ficar simultaneamente provados – continuamos a seguir Teixeira de Sousa –, quer os factos instrumentais que fundamentam a inversão, quer o facto contrário ao facto desconhecido, firmado pelo Direito.

E tal é assim porque na inversão derivada há ainda uma repartição do ónus da prova entre demandante e demandado. Ao demandante cabe provar a base factual da inversão e ao demandado a inexistência do facto desconhecido firmado pelo Direito.

Ambas as partes podem ter sucesso no esforço probatório que lhes é exigido. Nesses casos, o Tribunal dará por provado quer (*vel*) os factos que fundamentam a inversão, quer (*vel*) o facto contrário ao facto desconhecido, que a inversão postula[72].

---

69. Sobre o significado da contrariedade do facto, cfr. a reflexão de João Marques Martins, *Prova por presunções judiciais na responsabilidade civil aquiliana*, Lisboa, 2016, (policop.), 342 e 346.
70. Miguel Teixeira de Sousa, *Análise lógico-jurídica da decisão de improcedência* cit., 14.
71. Miguel Teixeira de Sousa, *Análise lógico-jurídica da decisão de improcedência* cit., 2 e 7 e ss.
72. Sobre o sentido não disjuntivo da utilização latina da conjunção *vel/vel*, veja-se Miguel Teixeira de Sousa, *Análise lógico-jurídica da decisão de improcedência* cit., 2.

Diferente é a situação na inversão originária. Aqui, o juízo apresenta-se disjuntivo: ou é provado o contrário do facto desconhecido, ou nada é provado (casos *aut-aut*, de alternatividade exclusiva ou forte[73]), porque o único objeto de prova – que onera exclusivamente o demandado – é o facto contrário.

À inversão *derivada* preside ainda a intenção de proceder a uma *repartição* do esforço probatório e do consequente risco de insucesso da ação. Com efeito, uma vez que cabe ao demandante provar os factos instrumentais que integram a base da inversão, o insucesso probatório de tais factos é um risco alocado ao próprio demandante.

Não assim na inversão originária. Aí, todo o risco do insucesso probatório é alocado ao demandado, já que o demandante aproveita do facto desconhecido, firmado pelo Direito, sem que qualquer diligência de prova lhe seja exigida. Não há repartição do ónus, mas a sua *transferência exclusiva* para outrem[74].

14. A *PROVA DO CUMPRIMENTO* (PELA CONCESSIONÁRIA) E AS REGRAS GERAIS

I – O exposto permite colocar a questão de saber até que ponto uma presunção fixada pelo legislador desloca efetivamente para a esfera do demandado um risco que, de outro modo, seria suportado pelo demandante; pois podemos estar perante um esforço de balanceamento adequado do esforço probatório exigido às partes à luz de outras regras; sem que ocorra, portanto, uma plena ou autêntica inversão do respectivo ónus, antes a preocupação com uma modelação justa do sacrifício probatório.

II – Voltemos pois ao art. 12.º/1 da Lei n.º 24/2007. As circunstâncias descritas nas suas alíneas integram a base de uma presunção ilidível de incumprimento das obrigações de segurança, que corresponde a uma inversão derivada do ónus da prova.

Ao lesado cabe provar que o acidente se ficou a dever *(i)* a objetos arremessados para a via ou existentes nas faixas de rodagem; *(ii)* ao atraves-

---

73. MIGUEL TEIXEIRA DE SOUSA, *Análise lógico-jurídica da decisão de improcedência* cit., 2 e 10 e ss.
74. Diz MIGUEL TEIXEIRA DE SOUSA, *Análise lógico-jurídica da decisão de improcedência* cit., 14, que a inversão originária do ónus da prova traduz *"uma transferência do risco que é inerente a qualquer ação, dado que, após a inversão, o autor deixa de correr o risco da improcedência e é o réu que assume o risco da procedência da causa"*.

Não são fáceis os exemplos, pois a presunção requer em princípio uma base "ontológica". Um dos exemplos equacionáveis será, porventura, o do art. 1260º/2 CC.

samento de animais; ou *(iii)* a líquidos na via, quando não resultantes de condições climatéricas anormais. Daqui infere a lei um incumprimento de tais obrigações.

Se o lesado não lograr provar a base da presunção – o circunstancialismo concreto do acidente, previsto no art. 12.º/1 –, a ação improcede, suportando o autor o risco do insucesso probatório.

III – Não se poderá, todavia, dizer que o lesado – ao provar a base da presunção – ficou em absoluto dispensado de provar o incumprimento. Com efeito, os factos instrumentais que integram a base da presunção concorrem para a prova da violação de um dever de diligência.

Eles podem não permitir, por si só, provar de forma completa o incumprimento; podem não representar indícios suficientemente seguros que possibilitem, segundo as regras de experiência, dar como demonstrada a violação dos deveres da concessionária. Mas integram, sem dúvida, o esforço probatório exigido ao lesado.

Perante tais factos, poderá o lesante:

(i) tornar duvidosos os factos que indiciam o incumprimento (alegando, por exemplo, que o acidente ficou a dever-se ao rebentamento do pneu e não ao animal que se encontrava na estrada);

(ii) provar positivamente o cumprimento das obrigações de segurança (poderá depois o lesado pôr em dúvida esse cumprimento através de contraprova). Relembre-se que as presunções legais (como a do 12.º/1 Lei n.º 24/2007) só cedem perante prova em contrário. (O que não basta, pois, à concessionária é limitar-se a colocar em dúvida o valor da conclusão presuntiva, ou seja, tornar o incumprimento meramente incerto; v. o artigo 346.º CC).

IV – Supomos que a presunção do art. 12º/1 não contesta, nem se desvia, em bom rigor, da regra de que o incumprimento de uma obrigação é, em princípio, prova do (credor) lesado (cfr. os arts. 798.º e 799.º do Código Civil). Apenas concorre para a sua aplicação em hipóteses em que, sem essa presunção, o incumprimento não se poderia provar facilmente.

Aprofundemo-lo um pouco mais.

15. (*CONT.*): A PROVA DO INCUMPRIMENTO DE OBRIGAÇÕES DE DILIGÊNCIA

I – As obrigações segurança a que as concessionárias se encontram adstritas, dissemo-lo, são *obrigações de meios* (de *diligere*) e não de resultado. Esta distinção é elementarmente importante no plano probatório.

Como é sabido, na responsabilidade obrigacional, verificada a falta de cumprimento, presume-se – nos termos do art. 799.º – que o inadimplemento é imputável ao devedor. A presunção pode abranger, portanto, a *ilicitude* e a *culpa*, mas não a falta de cumprimento propriamente dito. Ambas aquelas integram a chamada causalidade *fundamentante* (da responsabilidade) do incumprimento, distinta da que intercede entre o facto ilícito e culposo e o dano (a que habitualmente nos referimos quando falamos do nexo de causalidade como pressuposto da responsabilidade civil e a que pode chamar-se a *causalidade preenchedora* dos danos a ressarcir verificado o fundamento da responsabilidade)[75].

Esta alocação da actividade probatória é paradigmática para as demais hipóteses de responsabilidade resultantes de *deveres de resultado*, ainda que não tendo por objecto prestações propriamente ditas e não sejam, assim, consubstanciadores de obrigações em sentido próprio.

II – Sucede, porém, que tal presunção de ilicitude e culpa se justifica essencialmente na presença de obrigações (*rectius*, de deveres) de *resultado*.

Como já escrevemos, uma presunção deste género – abrangente da ilicitude e da culpa – compreende-se quando o vinculado ao dever há-de garantir ou atribuir ao beneficiário dele um *resultado*. A ausência desse resultado prometido pelo devedor consubstancia objetivamente uma falta de cumprimento que indiciará então a responsabilidade do devedor, havendo este portanto de esclarecer que a sua não produção se deveu a motivos que lhe não são imputáveis e correndo plenamente o risco de não o lograr (cfr. o art. 799.º/1 do Código Civil)[76].

III – Quando estão, porém, em causa meras obrigações, ou deveres, de meios ou de diligência – como sucede quanto às obrigações de segurança das concessionárias –, o sujeito adstrito apenas está vinculado a empregar determinados procedimentos ou a adotar certos esforços em ordem ao interesse do credor ou de terceiros (*in casu*, os utentes das autoestradas). O incumprimento respectivo tem de ser demonstrado porque não se justifica então a sua (como que automática) admissão só porque o interesse que o dever visava alcançar se não atingiu (*v.g.*, se a cura do doente que o médico havia de tratar se não deu). Não se podendo, consequentemente, dar por presumida qualquer conduta ilícita ou culposa tão-só na base de tal frustração do interesse visado pelo dever.

---

75. Cfr. Manuel Carneiro da Frada, *Contrato e deveres de proteção* cit., 188 ss (aliás, distinguindo entre deveres de resultado e deveres de meios: vide já de seguida o texto).

76. Manuel Carneiro da Frada, "Sobre a responsabilidade das concessionárias por acidentes ocorridos em autoestradas" cit., 149.

Nas obrigações de meios, na medida em que não pode, pois, presumir-se o incumprimento a partir da falta do resultado, é ao credor que compete fazer a respetiva prova, isto é, que ocorreu a falta de emprego dos meios devidos ou de que o devedor não adotou a diligência devida.

Tal significa que a presunção de "culpa" do art. 799º/1, por causa da prova especialmente complexa do incumprimento, tenderá a confinar-se à mera censurabilidade subjetiva do devedor na exata medida em que ao mostrar o incumprimento o beneficiário do dever tenha demonstrado também a ilicitude da conduta. Por outras palavras, a prova do incumprimento traduzir-se-á, o mais das vezes, em termos práticos, na demonstração da ilicitude da conduta do devedor[77].

16. (CONT.): PROVA INDICIÁRIA DO INCUMPRIMENTO

I – Só que esta demonstração – do incumprimento nas obrigações de diligência ou de meios – pode ser muito difícil.

Daí a pertinência das provas indiretas ou indiciárias da sua ocorrência, alicerçadas nas regras da experiência.

E também a justificabilidade da decisão do legislador em certos domínios de não deixar os lesados à mercê das ponderações dos julgadores – infalivelmente desiguais, sendo que a desigualdade pode tornar-se crítica em sectores homogéneos e sensíveis (como o dos acidentes em autoestrada) – apetrechando-os com presunções de incumprimento, nomeadamente quando considera também que devem ser os lesantes típicos a ficar onerados com o risco da impertinência concreta de uma regra de experiência (assim favorecendo a justiça comutativa, *rectius*, correctiva). *A fortiori* se o risco da responsabilidade deveria onerar os lesantes independentemente da formulação de uma regra de experiência a justificá-la (em virtude de ponderações de justiça distributiva).

As presunções legais corresponderão, ordinariamente, a institucionalizações de regras de experiência mais ou menos intensas, mas não se detêm nesse papel. Carecerão de ser, nessa medida, fundamentadas[78], importando justificá-las em ponderações substantivas (e não apenas probatórias) de alocação do risco.

---

77. MANUEL CARNEIRO DA FRADA, "Sobre a responsabilidade das concessionárias por acidentes ocorridos em autoestradas" cit., 150.
78. Como é mister, e se desenvolve no conhecido título de PEDRO MÚRIAS, *Por uma distribuição fundamentada do ónus da prova*, Lisboa, 2000.

II – Estamos perante uma presunção *hominis* quando, independentemente da lei, as regras de experiência permitem, a partir de certos factos instrumentais, a formulação razoável de um juízo de probabilidade quanto à ocorrência de factos cuja certeza é relevante para a decisão do caso concreto[79].

A maior ou menor exigência ou suficiência de tais factos de base encontrase na génese da prova indiciária. Com este tipo de demonstração permite-se, em alguns casos, uma *moderação do sacrifício imposto pelo ónus da prova*, dispensando-se a sua produção em situações nas quais se revelaria excessivamente difícil o esforço necessário para o efeito.

Importa acrescentar que a presunção judicial não cumpre apenas a função de acudir ao onerado quando a prova é difícil. Com efeito, a própria natureza do facto sob demonstração poderá impor a intervenção desta técnica probatória: assim sucederá quando se tratar, por exemplo, de factos hipotéticos, futuros ou internos, bem como de relações causais. Nestes casos, a comumente designada "prova direta" é, atenta a sua índole, inoperante; todavia, tal circunstância não implica, necessariamente, que estejamos perante uma *dificuldade probatória*[80].

III – O recurso à prova indiciária é antigo na responsabilidade civil – especialmente naqueles domínios em que mais delicada ou difícil se torna, para o lesado, a demonstração dos pressupostos de que depende o seu direito[81] – e hoje amplamente sancionado pela doutrina[82] e pela jurisprudência[83].

Assim, também no campo dos acidentes de viação ocorridos em autoestrada é possível ponderar uma prova indiciária da violação dos deveres de segurança da concessionária.

---

79. O ponto é muito amplo e não pode ser aqui desenvolvido. De todo o modo, veja-se João Marques Martins, *Prova por presunções judiciais na responsabilidade civil aquiliana*, Lisboa, 2016, (policop.), cit.. Quanto ao conceito de regra de experiência, propõe-se nesta obra (p.434), o seguinte:: "relação abstracta de carácter nómico, que supomos detectar no mundo".
80. Neste sentido, v. João Marques Martins, *Prova por presunções judiciais na responsabilidade civil aquiliana*, Lisboa, 2016, (policop.), cit., pp. 568 e ss., 614.
81. Nos casos, por exemplo, de responsabilidade do fabricante ou do produtor, reconheceu-se há muito a importância da presunção *hominis* para a prova da negligência através das regras da experiência. Cfr. João Calvão da Silva, *Responsabilidade Civil do Produtor*, 1990, 388.
82. Entre nós, é em especial demonstrativa a recente obra de João Marques Martins, *Prova por presunções judiciais na responsabilidade civil aquiliana*, Lisboa, 2016, (policop.), cit.
83. A jurisprudência reconhece, portanto, nestes e noutros domínios, a produção de prova indiciária, usando, com flexibilidade, as presunções naturais. A título meramente exemplificativo, veja-se os acórdãos STJ 14-out.-2004 (Oliveira Barros), Proc. 04B2885; STJ 19-out.-2004 (Oliveira Barros), Proc. 04B2638; STJ 19-mai.-2005 (Salvador da Costa), Proc. 05B1627; STJ 9-jun.-2005 (Oliveira Barros), Proc. 05B1337 e STJ 07-mar.-2007 (Sousa Brandão), Proc. 06S1824, todos disponíveis in www.dgsi.pt

Com efeito, os deveres de segurança que impendem sobre as concessionárias visam prevenir ou evitar, como se disse, danos em conjunturas ou circunstâncias de perigo. Ora, o perigo não existe em abstrato: resulta de um conjunto de factores típicos cuja ocorrência os deveres de segurança visam prevenir. É a natureza de tais eventos que permite densificar e concretizar os próprios deveres de segurança.

Daqui decorre que, em alguns casos ao menos, a verificação do evento susceptível de conduzir à perigosidade que se procura prevenir é suficientemente indiciária da violação daqueles meios que, na normalidade do tráfego, são adequados à sua prevenção.

Mas outras vezes não, sendo que por vezes se torna mesmo difícil avaliar se há indício suficiente ou não.

Tomemos a hipótese prevista no próprio art. 12.º/1 a) da Lei n.º 24/2007: *"objetos existentes nas faixas de rodagem"*.

Se o utente de uma autoestrada se depara com o resto de um pneu de camião em plena faixa de rodagem, no qual se enleou, teve um acidente, qual o papel da prova indiciária quanto ao cumprimento do dever de vigilância da concessionária?

A factualidade descrita parece não ser suficiente para concluir com probabilidade mínima que houve violação de um dever por parte da concessionária. O pneu pode, designadamente, ter sido deixado na via escassos minutos antes: pode ser que aí se encontrasse há tão pouco tempo que nenhuma responsabilidade se possa imputar à concessionária.

Além disso, uma grande parte dos acidentes em autoestradas ocorre precisamente por desrespeito dos limites de velocidade pelos utentes, consubstanciando um caso claríssimo de culpa do lesado (em grande parte dos casos excludente de responsabilidade nos termos do art. 570.º do Código Civil).

O incumprimento não se apresenta, portanto, certo. Mas pode ser mais ou menos plausível, consoante as circunstâncias do caso.

É justamente nas situações em que a plausibilidade é fraca, não permitindo, por isso, uma prova indiciária do incumprimento, que o art. 12.º/1 se evidencia no auxílio do autor, suprindo – por força de lei – o que falta para um indício. A regra sobre a prova converte-se aqui numa norma substantiva de distribuição do risco de responsabilidade, que aproxima o regime jurídico das concessionárias do regime das obrigações de resultado e do disposto no art. 493 do CC.

17. ILISÃO DA PRESUNÇÃO DE INCUMPRIMENTO

I – Desta forma, a intervenção do legislador na Lei n.º 24/2007 representa uma *clarificação da distribuição do ónus da prova*[84], aliviando o *onus probandi* do lesado ao fazer presumir um incumprimento, a partir de uma factualidade típica (a das alíneas a), b) e c) do n.º 1 do art. 12.º).

Uma vez provada a base da presunção, o risco da improcedência deixa de correr por conta do autor.

Desta forma, constituindo o cumprimento da obrigação que impende sobre a concessionária, por exemplo, a remoção de objectos da via, a vistoria a uma rede de vedação há pouco tempo ou a vigilância periódica da via para assegurar a inexistência de perigos, concluir-se que a verificação dos factos previstos nas alíneas artigo 12.º/1 constitui um indício do incumprimento. Se se verifica o nexo causal entre um dos factos previstos no artigo 12.º/1 e o acidente, caberá à concessionária provar que observou as obrigações de segurança (tinha vigiado a via 30 minutos antes do sinistro; havia feito uma vistoria à rede na semana precedente, etc.), afastando, assim, a ilicitude, e consequentemente, a culpa e a responsabilidade.

II – Tudo se reflecte, por sua vez, na prova necessária para ilidir a presunção.

O incumprimento que é presumido nos termos do art. 12.º/1 corresponde a um incumprimento plausível – ainda que a prova da base da pre-

---

[84] Este entendimento parece estar de acordo, aliás, com a preocupação da jurisprudência em sublinhar o caráter meramente consolidativo ou aclaratório da Lei n.º 24/2007. Neste sentido, por exemplo: STJ 09-set.-2008 (Garcia Calejo), Proc. n.º 08P1856; RCb 17-dez.-2008 (Regina Rosa), Proc. n.º 1204-06.8TBAND.C1; REv 30-abr.-2009 (Manuel Marques), Proc. n.º 2557-06.3TBSTR.E1; STJ 01-out.-2009 (Santos Berbardino), Proc. n.º 1082-04.1TBVFX.S1; RCb 09-mar.-2010 (Jacinto Meca), Proc. n.º 2610-07.6YXLSB.C1; REv 15-set.-2010 (António Cardoso) Proc. n.º 115-09.0TBSTB.E1; REv 27-out.-2010 (Bernardo Domingos), Proc. n.º 235-07.5TBMMN.E1; RCb 15-mar.-2011 (Carlos Moreira), Proc. n.º 77-09.3T2ALB.C1; RGm 28-jun.-2011 (Rosa Tching), Proc. n.º 6912-06.0TBGMR.G2; STJ 15-nov.-2011 (Nuno Cameira), Proc. n.º 1633-05.4TBALQ.L1.S1; RLx 16-mai.-2013 (Maria José Mouro), Proc. n.º 5719-07.2TBVFX.L1-2; STJ 13-nov.-2007 (Sousa Leite), Proc.n.º 07A3564 e RCb 18-nov.-2014 (Anabela Luna de Carvalho), Proc. n.º 76-04.1TBMGL.C1.

A jurisprudência citada assume que a Lei n.º 24/2007 consubstancia uma *lei interpretativa* e, como tal, aplicável aos sinistros ocorridos antes da sua entrada em vigor (art. 13.º do Código Civil). Em sentido contrário, negando caráter interpretativo e, em consequência, sustentando que o art. 12.º Lei n.º 24/2007 só pode aplicar-se a factos ocorridos após sua entrada em vigor, veja-se o Acórdão RGm 23-set.-2010 (Amílcar Andrade), Proc. n.º 7665-08.3TBBRG.G1.

Não importa aqui apreciar a correção da classificação proposta. Sublinhe-se, todavia, que se a Lei n.º 24/2007 for uma lei interpretativa, como entende a jurisprudência dominante – tal significa que o sentido do art. 12.º/1 não pode ser outro do que a clarificação de uma repartição do ónus da prova, ao qual sempre se poderia chegar no quadro normativo anterior.

sunção não seja *in casu* a bastante para obter uma prova *prima facie* – em larga medida sustentado em regras de experiência.

Assim sendo, o equilíbrio probatório exige que também o cumprimento possa ser provado de modo indiciário.

É o que também sucede, por exemplo, quanto à ilisão da presunção de paternidade. Dispõe o art. 1839.º/2 do Código Civil que caso o interessado deseje provar que o pai da criança concebida ou nascida na constância do matrimónio não é o marido da mãe (art. 1826.º/1), deve fazer prova que *"de acordo com as circunstâncias, a paternidade do marido da mãe é manifestamente improvável"*.

A prova do facto contrário ao presumido – isto é: a prova de que o pai não é o marido da mãe – pode portanto ser obtida por prova indiciária, através dos factos que tornem manifestamente improvável a *probabilis conjectura* que subjaz à presunção de paternidade.

III – Assim, a prova do cumprimento das obrigações de segurança das concessionárias é também – reitere-se – tão só e apenas a prova de que actuaram com a *diligência normativamente devida*, própria de uma obrigação de meios.

Não é, portanto, porque a lei impõe à concessionária o ónus da prova do cumprimento das suas obrigações de segurança que estas deixam de ser o que são: deveres que vinculam a concessionária tão só a empregar os meios convenientes, adequados e razoáveis – legal ou contratualmente exigíveis no quadro da concessão – para evitar certos danos.

18. SÍNTESE

Pode pois concluir-se, com MARIA DA GRAÇA TRIGO, que *"[a] relevância do regime de 2007 é menor do que poderia parecer à primeira vista, na medida em que a adopção de uma presunção de desrespeito de deveres de segurança não cria nem altera a natureza e âmbito desses deveres."* [85]

Nem, como vimos, os mecanismos básicos da sua prova.

Devidamente interpretado, permite – cremos – alcançar uma distribuição equilibrada do risco de danos derivados de acidentes ocorridos em autoestradas entre os utentes lesados e as concessionárias, assim como do esforço probatório correspondente.

Talvez se aquiete assim o ímpeto precipitado de lançar a responsabilidade das concessionárias e a tutela conveniente dos lesados para o campo da responsabilidade objectiva.

---

85. Cfr., da autora, *Responsabilidade Civil – Temas especiais* cit., 91.

5

O DIREITO INTERNACIONAL PRIVADO DA RESPONSABILIDADE CIVIL NOS SISTEMAS JURÍDICOS BRASILEIRO E PORTUGUÊS*

PROF. DOUTOR RUI MOURA RAMOS[1]

SUMÁRIO • 1. Introdução; 2. O direito internacional privado da responsabilidade civil no sistema jurídico brasileiro; 3. O direito internacional privado da responsabilidade civil no Código Civil Português de 1966; 4. O direito internacional privado da responsabilidade civil da União Europeia; 5. Conclusão.

1. INTRODUÇÃO

Cumpre-me agradecer o amável convite que me foi dirigido para participar na celebração dos dois Códigos Civis dos países irmãos, sublinhando o gosto e a honra com que nela participo. E adianto que, constituindo o instituto da responsabilidade civil extracontratual, tal como ele nos surge nos dois sistemas jurídicos em cotejo, o objecto da nossa reflexão, me pareceu interessante dedicar alguma atenção ao regime actualmente vigente nestes ordenamentos para a responsabilidade civil no plano das relações plurilocalizadas, o mesmo é dizer, ao direito internacional privado da responsabilidade civil. Na verdade, e por um lado, trata-se de uma matéria em que são hoje bem distintas as soluções dos dois sistemas, o que facilita a comparação, tornando-a particularmente expressiva. Por outro lado, não se ignora que o domínio da responsabilidade civil constituiu o lugar por excelência da renovação metodológica por que passou, a partir dos anos sessenta do século passa-

---

* O presente estudo foi realizado no âmbito do projecto UID/DIR04643/2013 "Desafios sociais, incerteza e direito", desenvolvido pelo Instituto Jurídico da Faculdade de Direito de Coimbra, de que o autor é investigador integrado.

1. Professor Catedrático da Faculdade de Direito da Universidade de Coimbra

do, o direito internacional privado, sobretudo na sequência da *conflicts revolution* desencadeada na doutrina e jurisprudência estadunidenses. Esta circunstância permite assim sedear a nossa reflexão num contexto mais geral, situando-a num plano (o da sensibilidade revelada pelos dois sistemas jurídicos em presença às motivações desse movimento) que ultrapassa o desígnio que nos congregou.

Analisaremos pois as soluções consagradas nos dois sistemas jurídicos a propósito do direito internacional privado da responsabilidade civil. Para o efeito, iniciaremos a nossa exposição pelo direito brasileiro, cujas soluções são as mais antigas e que se reconduzem a um módulo explicativo mais simples e claro. Para passar em seguida ao direito português, começando pelas regras consagradas há meio século no Código Civil de 1966, para considerar em seguida as criadas há uma década, através de instrumentos normativos de direito da União Europeia mas que integram hoje por igual o nosso ordenamento. E ensaiaremos a final a formulação de breves conclusões.

2. O DIREITO INTERNACIONAL PRIVADO DA RESPONSABILIDADE CIVIL NO SISTEMA JURÍDICO BRASILEIRO

No sistema jurídico brasileiro, e diferentemente do que se passa a este propósito em Portugal, o regime internacionalprivatístico da responsabilidade civil extracontratual não se encontra no Código Civil (actualmente o Código de 2002[2], de que ora celebramos os primeiros três lustros), constando antes da Lei de Introdução ao Código Civil Brasileiro, de 4 de Setembro de 1942[3], que veio a ser posteriormente crismada de Lei de Introdução às normas do direito brasileiro, pela Lei n.º 12.376 de 30 de Dezembro de 2010[4]. Na verdade, e diversamente do que sucedeu em Portugal, onde a codificação do direito internacional privado surgiu verdadeiramente apenas com o Código Civil de 1966, no Brasil ela remonta já à Introdução ao

---

2. Aprovado pela Lei n.º 10406, de 10 de Janeiro de 2002 (Institui o Código Civil), publicada no *Diário Oficial* da União do dia seguinte.

    O Código Civil [no Título IX (Da Responsabilidade Civil) do Livro I (Do Direito das Obrigações) da Parte Especial] ocupa-se apenas, em dois capítulos (Da Obrigação de Indemnizar e Da Indemnização), nos artigos 927 a 954, do direito material da responsabilidade civil.

3. Aprovada pelo Decreto-lei 4.657, daquela data, que entrou em vigor em 24 de Outubro do mesmo ano, por força do Decreto-lei n.º 4.707, de 17 de Setembro do mesmo ano.

4. Esta lei, publicada no *Diário Oficial* da União de 31 de Dezembro de 2010, e que entrou em vigor nesse dia (artigo 3.º), limitou-se a ampliar o campo de aplicação do Decreto-Lei n.º 4.657, de 4 de Setembro de 1942 e a alterar a sua ementa (artigo 1.º), que passou a vigorar com a redacção de "Lei de Introdução às normas do Direito Brasileiro" (artigo 2.º).

Código Civil Brasileiro[5], de 1916, texto que seria substituído em 1942 pelo que ainda hoje se encontra em vigor[6].

Neste diploma, a matéria da responsabilidade civil é tratada no artigo 9.º, dedicado indistintamente às obrigações[7], em cujo corpo principal se dispõe que "Para qualificar e reger as obrigações, aplicar-se-á a lei do país em que se constituíram"[8]. Trata-se pois do recurso à conexão clássica nesta matéria, a da *lex loci delicti*, que nos surge de resto formulada em termos que cremos menos felizes dos utilizados pela Introdução de 1916, onde se escrevera, no artigo 13, que "Regulará, salvo estipulação em contrário, quanto à substância e aos efeitos das obrigações, a lei do lugar onde foram contraídas"[9], sendo

---

5. Que, com os seus 21 artigos (catorze dos quais dedicados ao direito internacional privado) precedia a Parte Geral e a Parte Especial do Código de 1916, aprovado pela Lei n.º 3071, de 1.º de Janeiro de 1916.

 Para a aprofundada análise do sistema de regras de conflitos de leis contido neste texto, cfr. o estudo, hoje clássico, de Machado Villela, *O Direito Internacional Privado no Código Civil Brasileiro*, Coimbra, 1921, Coimbra Editora, que o considerou um sistema bastante completo de princípios gerais, (...) o qual poderia ser imitado pelo nosso legislador, que, mais tarde ou mais cedo, tem de remodelar as disposições legais sobre o assunto, que são das mais pobres e menos definidas no direito europeu" (p. V)

6. O Decreto-lei 4.657 (a nova Lei de Introdução) seria modificado pela Lei n.º 3.238, de 1 de Agosto de 1957.

7. Neste sentido Jacob Dolinger, *Direito Internacional Privado (Parte Especial), Direito Civil Internacional*, vol. II, *Contratos e Obrigações no Direito Internacional Privado*, Rio de Janeiro, 2007, Renovar, p. 531.

 Quer esta orientação quer a solução foram também acolhidas tanto no Código Bustamante, no artigo 168 ("As obrigações que derivem de atos ou omissões, em que intervenha culpa ou negligência não punida pela lei, reger-se-ão pelo direito do lugar em que tiver ocorrido a negligência ou culpa que as origine"), como no artigo 43 do Tratado de Montevidéu ("Las obligaciones que nacen sin convención, se rigen por la ley del lugar en donde se produjo el hecho lícito o ilícito de que proceden y, en su caso, por la ley que regula las relaciones jurídicas a que responden").

 Sobre o texto indicado em primeiro lugar, para além das referêcias de Clóvis Bevilaqua em *Direito Internacional Brasileiro* (Conferência), Rio de Janeiro, 1930, Besnard Frères, p. 9-10 e 37-47, cfr. essencialmente Jurgen Samtleben, *Internationales Privatrecht in Lateinamerika. Der Código Bustamante in Theorie und Praxis*, Tubingen, 1979, J.C.B. Mohr (Paul Siebeck); e, para o lugar destes instrumentos no sistema de direito internacional privado brasileiro, cfr. Jacob Dolinger, "The Bustamante Code and the Inter-American Conventions in the Brazilian system of private international law", in *Avances del Derecho Internacional Privado en América Latina. Liber Amicorum Jurgen Samtleben* (Coordinadores Jan Kleinheisterkamp/Gonzalo A. Lorenzo Idiarte), Montevideo, 2002, Fundación de Cultura Universitaria, p. 133-169.

8. É este o único preceito pertinente para o que nos importa, uma vez que as disposições dos parágrafos 1º ("Destinando-se a obrigação a ser executada no Brasil e dependendo de forma especial, será esta observada, admitidas as peculiaridades da lei estrangeira quanto aos requisitos extrínsecos do acto") e 2º ("A obrigação resultante do contrato reputa-se constituída no lugar em que residir o proponente") se dirigem exclusivamente (quer o façam expressa, como no segundo caso, quer implicitamente, como no primeiro) às obrigações contratuais.

9. Mais preciso, a este respeito, era o Projecto de Clóvis Beviláquia, que, na Introdução ao Código, previa expressamente uma disposição (o artigo 36) onde se dispunha que "as obrigações resul-

179

que se dispunha adicionalmente no ponto III do parágrafo único que "sempre se regerão pela lei brasileira[10] as obrigações contraídas entre brasileiros em país estrangeiro".

Esta solução não foi durante algum tempo posta verdadeiramente em causa na ordem jurídica do país irmão. Assim, Oscar Tenório[11] limita-se a referir que "Nas obrigações oriundas de ato ilícito aplicamos a lei do lugar do ato" enquanto Haroldo Valladão, na sua Lei Geral de Aplicação das Normas Jurídicas[12], de 1964, trataria a questão no artigo 54, dispondo que "As obrigações decorrentes de atos ilícitos se regem segundo a lei do lugar do ato, mas a indenização a ser concedida ou reconhecida, no Brasil, não poderá ser inferior à prevista, para o caso, pela lei brasileira"[13]. Uma mudança de rumo anunciar-se-ia contudo, já mais perto de nós, no último ensaio de alteração legislativa[14], igualmente malogrado, que viria a dedicar um

---

tantes de actos ilícitos são regidas pela lei do lugar onde se houverem realizado os fatos que lhe deram causa".

Sobre a interpretação da regra que citamos em texto, cfr. Machado Villela, *O Direito Internacional Privado no Código Civil Brasileiro* (cit. supra, nota 4), p. 304-321.

10. Este preceito abrangia ainda "os contratos ajustados em países estrangeiros, quando exequíveis no Brasil" (I), "os actos relativos a imóveis situados no Brasil" (III), e "os actos relativos ao regime hipotecário brasileiro" (IV).

11. Na 2.ª Edição do seu *Direito Internacional Privado*, Rio de Janeiro, 1957, Livraria Freitas Bastos, p. 354.

    Para uma análise contextualizada desta solução, cfr. Haroldo Valladão, *Direito Internacional Privado*, vol. II -- Parte Especial. Conflitos de Leis Civis, Rio de Janeiro, 1973, Livraria Freitas Bastos, p. 195-202.

12. Que constituía, como se sabe, o seu Anteprojecto (tornado oficial) de reforma da Lei de Introdução ao Código Civil, publicado no *Diário Oficial* da União de 15 de Maio de 1964, Suplemento ao n.º 92. Ver ainda, Haroldo Valladão, *Material de Classe de Direito Internacional Privado*, 11.ª Edição, revista, ampliada e actualizada, Rio de Janeiro, 1980, Freitas Bastos, p. 119-149. Sobre esta codificação, que, com ligeiras alterações estaria na base do Projecto de Código de Aplicação das Normas Jurídicas, de 1971 (para o respectivo texto, cfr. *ibidem*, p. 159-180), que não chegaria porém a entrar em vigor, cfr., a p. 150-158 da mesma obra, o "Método e orientação geral do Anteprojecto".

13. Atente-se porém na parte final desta regra, onde aflora um princípio de tutela da parte mais fraca (o lesado), na medida em que se erige em *standard* mínimo de protecção o nível de reparação consagrado por aplicação da lei brasileira. Neste sentido, cfr. também Jacob Dolinger, *Direito Internacional Privado (Parte Especial), Direito Civil Internacional*, vol. II, Contratos e Obrigações no Direito Internacional Privado (cfr. supra, nota 6), p. 537-538.

14. Falamos do Projecto de Lei do Senado Nº 269, de 2004 (Do Senador Pedro Simon). Trata-se de um texto elaborado por solicitação do Executivo na década de noventa por uma comissão integrada pelos Professores João Grandino Rodas, Jacob Dolinger, Rubens Limongi França e Inocêncio Mártires Coelho (que daria origem ao Projecto de lei 4.905/95), e que foi actualizado, quando da entrada em vigor do Código Civil, em 2003, pelos membros da comissão (à excepção do Prof. Limongi França, entretanto falecido). O direito internacional privado é aí objecto do Capítulo III (artigos 8 a 28, sendo a matéria subdividida em quatro secções, dedicadas, respectivamente, às Regras de Conexão (artigos 8 a 14), à Aplicação do Direito Estrangeiro (artigos 15 a 20), às Pessoas Jurídicas (artigos 21 e 22) e ao Direito Processual e Cooperação Jurídica Internacional (artigos 23 a 28).

    O Projecto trata ainda, no Capítulo I, da Norma Jurídica em Geral (artigos 1º a 4º), e, no Capítulo II, do Direito Intertemporal (artigos 5º a 7º).

artigo às obrigações por atos ilícitos, onde se dispunha que "as obrigações resultantes de atos ilícitos serão regidas pela lei que com elas tenha vinculação mais estreita, seja a lei do local da prática do ato ou a do local onde se verificar o prejuízo, ou outra lei que for considerada mais próxima às partes ou ao ato ilícito[15]"[16]. Propunha-se assim expressamente o abandono da consagração da *lex loci delicti*, substituindo-lhe o princípio geral da conexão mais estreita[17], surgindo a enumeração da lei do facto gerador, como da *lex damni*, apenas como meros índices possíveis, no mesmo plano que quaisquer outros, de concretização daquele princípio.

Se este abandono da *lex loci delicti* preconizado pelo Projecto a que nos referimos não pôde todavia ser concretizado nestes termos, o certo é que, de forma diversa embora, ele penetrou já no sistema jurídico brasileiro, através do *Protocolo de San Luiz en matéria de responsabilidad civil emergente de accidentes de transito entre los Estados Partes del Mercosur*, de 25 de Junho de 1996[18], que, depois de prescrever, no primeiro parágrafo do artigo 3º, que "La responsabilidad civil por accidentes de tránsito se regulará por el derecho interno del Estado Parte en cuyo territorio se produjo el accidente", assim se atendo à regra clássica da *lex loci delicti*, acrescentava, no parágrafo segundo, que "Si en el accidente participaren o resultaren afectadas unicamente personas domiciliadas en otro Estado Parte, el mismo se regulará por el derecho interno de este último"[19].

---

15. Esta terceira possibilidade de concretização da conexão mais estreita não constava da versão inicial do projecto (a de 1995), tendo sido acrescentada na actualização a que nos referimos *supra*, na nota 13. Cremos que o acrescento se justifica, pois a sua ausência poderia sugerir que a conexão mais estreita seria forçosamente com a lei do facto gerador ou a *lex damni*, o que seria contraditório, em nosso entender, com o princípio que se pretende consagrar.
16. Trata-se do artigo 13 do Projeto.
17. Otto Kahn-Freund fala impressivamente, a este propósito, em termos críticos, de "substitution de la raison de faire une règle à la règle elle même", acrescentando tratar-se de "l'abdication de la norme en faveur de la décision, un pis-aller, un *consilium desperationis*" [("La notion anglaise de la "proper law of the contract" devant le juge et devant les arbitres. Ses développements récents et ses affinités avec l'Avant-projet européen d'unification des règles de conflit en la matière", *Revue Critique de Droit International Privé*, 62 (1973), p. 607-627 (614-615)]. Para um enquadramento do contexto em que surge esta tendência, cfr. Moura Ramos, *Da Lei Aplicável ao Contrato de Trabalho Internacional*, Coimbra, 1990, Almedina, p. 379-398.
18. Decisión del Mercosur 1/1996. Este acto seria aprovado, no Brasil, pelo decreto legislativo número 259, de 15 de dezembro de 2000, e promulgado por meio do decreto número 3 856, de 3 de julho de 2001.
19. Sobre as dificuldades de interpretação deste texto, cfr. Jacob Dolinger, *Direito Internacional Privado (Parte Especial), Direito Civil Internacional*, vol. II, *Contratos e Obrigações no Direito Internacional Privado* (cfr. *supra*, nota 6), p. 534.
    Saliente-se ainda que, noutro rasgo de modernidade, se dispunha, no artigo 5.º que "Cualquiera fuere el derecho aplicable a la responsabilidad, serán tenidas en cuenta las reglas de circulación y seguridad en vigor en el lugar y en el momento del accidente".

Pode assim concluir-se que o direito internacional privado brasileiro se continua a manter fiel, na matéria que nos ocupa, à clássica regra da *lex loci delicti*, apenas admitindo um pequeno desvio a esta solução, e numa hipótese bem delimitada. Isto apesar de projectos recentes, ainda que não concretizados, terem vindo preconizar o seu abandono, em favor da consagração directa do princípio da conexão mais estreita, e de se poder dizer que a doutrina do país irmão não ficou de modo algum alheia ao debate que a este propósito se tem travado no direito comparado[20].

3. O DIREITO INTERNACIONAL PRIVADO DA RESPONSABILIDADE CIVIL NO CÓDIGO CIVIL PORTUGUÊS DE 1966

No que diz respeito ao Código Civil Português, é sabido que a matéria da responsabilidade civil surge regulada no seu artigo 45.º, que contém um regime de natureza geral e único, desenhado para todos os casos de responsabilidade extracontratual[21]. Esta disposição também começa por consagrar, no seu número 1, a solução clássica da *lex loci delicti*[22], ao estabelecer que "A responsabilidade extracontratual fundada, quer em acto ilícito, quer no risco ou em qualquer conduta lícita, é regulada pela lei do Estado onde decorreu a principal actividade causadora do prejuízo; em caso de responsabilidade por omissão, é aplicável a lei do lugar onde o responsável deveria ter agido". Porém, o alcance desta solução é francamente

---

Note-se ainda que o Protocolo não consagra regras de aplicação universal, aplicando-se apenas à determinação do "derecho aplicable y la jurisdicción internacionalmente competente en casos de responsabilidad civil emergente de accidentes de tránsito ocurridos en territorio de un Estado Parte, en los que participen o resulten afectadas personas domiciliadas en otro Estado Parte". O seu alcance é pois bem limitado, deixando intocada a aplicação das regras da Lei de Introdução sempre que o acidente não ocorra num dos quatro Estados Partes no Protocolo (Argentina, Brasil, Paraguai e Uruguai) ou em que não estejam envolvidas pessoas domiciliadas nestes Estados.

20. Como ilustração do que se afirma, cfr. a bem documentada exposição de Jacob Dolinger, no seu *Direito Internacional Privado (Parte Especial), Direito Civil Internacional*, vol. II, *Contratos e Obrigações no Direito Internacional Privado* (cfr. *supra*, nota 6), p. 351-419.

21. Regime que, nos seus números 1 e 2, se não afasta do estabelecido no Anteprojecto de 1964 [*in* Ferrer Correia (com a colaboração de Baptista Machado), "Aplicação das Leis no Espaço. Direitos dos Estrangeiros e Conflitos de Leis", *in Boletim do Ministério da Justiça*, n.º 136 (Maio de 1964), p. 17-72], com a diferença de o Código não ter reproduzido o número 3 do artigo correspondente (o 29.º) daquele texto, que enumerava as questões reguladas pela lei designada pelos números 1 e 2 dessa disposição. Diversamente, o Anteprojecto de 1951 [*in* Ferrer Correia, "Direito Internacional Privado. Direito dos Estrangeiros", *in Boletim do Ministério da Justiça*, n.º 24 (Maio de 1951), p. 9-71], limitava-se a consagrar, no seu artigo 26.º, a regra clássica da *lex loci delicti*: "As obrigações não abrangidas na previsão do artigo 23.º [que se referia às "obrigações que nascem de negócio jurídico"] serão reguladas pelas leis do lugar onde se tiver dado o facto do qual elas derivam".

22. Que já era acolhida no direito anterior. Assim, Machado Villela, *Tratado Elementar (Teórico e Prático) de Direito Internacional Privado*, Livro II – Aplicações, Coimbra, 1922, Coimbra Editora, p. 136-137.

atenuado, pelo número 2 do mesmo artigo, onde se dispõe que "Se a lei do Estado onde se produziu o efeito lesivo considerar responsável o agente, mas não o considerar como tal a lei do país onde decorreu a sua actividade, é aplicável a primeira lei, desde que o agente devesse prever a produção de um dano, naquele país, como consequência do seu acto ou omissão".

A primeira regra especifica assim que se dirige a todos os casos (responsabilidade fundada, quer em acto ilícito, quer no risco, quer em qualquer conduta lícita)[23], e, ao concretizar a conexão do *locus delicti*, pressupõe a distinção (e/ou a possível dissociação) entre o lugar da conduta ou facto gerador (*Handlungsort*) e o lugar do resultado ou da verificação do dano (*Erfolgsort*), optando claramente pelo primeiro[24], ao referir-se à principal actividade causadora do prejuízo, e resolve ademais a questão da pluralidade de factos geradores, privilegiando nitidamente a lei do facto que tiver desempenhado o papel principal na cadeia que levou à geração dos prejuízos. Disciplina igualmente a questão da responsabilidade por omissão, recorrendo, em tal caso, em obediência à mesma lógica, à lei do lugar onde o responsável deveria ter agido.

O legislador não se limitou, porém a esta previsão, que até ao presente pode parecer constituir claramente uma concretização do critério clássico do *locus delicti*. Assim, afasta-se manifestamente desta possível interpretação ao dispor, no número 2 já referido, que quando a lei do Estado onde se produziu o efeito lesivo (a lei do *locus damni* ou *Erfolgsort*, portanto) considerar responsável o agente, mas não o considerar como tal a lei do país onde decorreu a sua actividade (a lei do facto gerador ou *Handlungsort*), é aplicável a primeira lei, desde que o agente devesse prever a produção de um dano, naquele país, como consequência do seu acto ou omissão. A *ratio legis* desta

---

23. Recorde-se que o n.º 3 do artigo 29.º do Anteprojecto de 1964 (*cit. supra*, na nota 20) dispunha que "À lei indicada nos números precedentes compete decidir quanto a todos os elementos em função dos quais se organiza o regime da responsabilidade civil, designadamente quanto à capacidade delitual, à responsabilidade dos pais por factos praticados pelos filhos, à responsabilidade do comitente pelos actos do seu proposto, à solidariedade entre os co-autores do facto lesivo e às pessoas com direito a indemnização". A circunstância de o Código não ter consagrado este preceito não afasta o acerto da doutrina nele contida, que pode assim servir de guia em sede de âmbito da lei designada como competente na matéria.

24. Sobre a controvérsia entre os títulos respectivos destes dois critérios, cfr. Pierre Bourel, *Les conflits de lois en matière d'obligations extracontractuelles*, Paris, 1961, L.G.D.J., p. 69 e s., A. Weill, "Un cas épineux de compétence législative en matière de responsabilité délictuelle: dissociation de l'acte générateur de responsabilité et du lieu du préjudice", in *Mélanges offertes à Jacques Maury*, t. I – Droit International Privé et Public, Paris, 1960, Dalloz-Sirey, p. 545-561, Lawrence Collins, "Where is the *Locus Delicti*? (Based on *Moran v. Pyle National (Canada) Ltd*)", 24 *International and Comparative Law Quarterly* (1975), p. 325-328, e C. G. J. Morse, *Torts in Private International Law*, Amsterdam, 1978, North-Holland, p. 111-157, e, na doutrina portuguesa, Baptista Machado, *Lições de Direito Internacional Privado*, 2.ª edição, Coimbra, 1982, Almedina, p. 367-373.

disposição parece ser, muito claramente, a protecção do lesado (o *favor laesi*), na medida em que o afastamento da solução anterior por ela provocado ocorre nitidamente quando a lei em princípio competente[25] não considere o agente responsável, e, portanto, não assegure essa protecção. É este o facto que desencadeia a modificação da solução inicialmente preconizada, podendo assim afirmar-se, sem qualquer dúvida, que o que com ela se visa é garantir a protecção do lesado. Finalidade que, no entanto, o legislador não persegue incondicionalmente, pois subordina a sua obtenção à circunstância de o agente dever prever "a produção de um dano, naquele país, como consequência do seu acto ou omissão". A tutela do lesado fica assim dependente da censurabilidade da conduta do agente, traduzida na possível previsão, por parte deste, de que a sua conduta (activa ou omissiva) era susceptível de gerar a produção de um dano no país onde ele se veio a verificar[26].

O que acaba de dizer-se permite claramente considerar a regra que se acaba de analisar como uma regra de conflitos de conexão material[27], na medida em que o seu fundamento não é mais a intensidade da conexão que liga a lei escolhida à matéria em questão, mas a procura de um dado resultado material: na circunstância, a protecção do lesado. Na verdade, o que podemos concluir é que a localização que em primeira linha merecia a preferência do legislador é preterida em benefício de uma outra, numa apli-

---

25. A indicada no número 1.
26. Ou seja, a alteração do critério não tem lugar quando se puder dizer que o agente não tinha possibilidade de prever que o dano poderia ocorrer no local onde ele afinal se verificou. Por outras palavras, a promoção da tutela do lesado tem por limite a previsibilidade, pelo agente, da ocorrência do dano no país que por ele o considera responsável.

    Também no sentido de que "parece que se pretendeu (...) evitar a aplicação ao agente de uma lei com a qual este não pudesse contar", cfr. Florbela de Almeida Pires, *Conflitos de Leis. Comentário aos artigos 14.º a 65.º do Código Civil*, Coimbra, 2009, Coimbra Editora, p. 116.
27. Sobre esta figura, cfr. Paolo Michele Patocchi, *Règles de rattachement localisatrices et règles de rattachement à caractère substantiel. De quelques aspects récents de la diversification de la méthode conflictuelle en Europe*, Genève, 1985, Georg, *maxime* p. 241-317. Sobre a materialização do direito internacional privado, ver também Júlio Gonzalez Campos, "Diversification, spécialisation, flexibilisation et matérialisation des règles de droit international privé. Cours général", *Recueil des Cours*, t. 287 (2000), p. 11-426, *maxime* p. 309-411, Paloma Abarca Junco, "Un ejemplo de materialización en el derecho internacional privado español. La reforma del art. 107 del Código Civil", *in Pacis Artis. Obra Homenaje al Professor Júlio D. Gonzalez Campos*, t. II – Derecho Internacional Privado, Derecho Constitucional y Varia, Madrid, 2005, Eurolex, p. 1097-1115, Alegria Borras, "La proteccion internacional del niño y del adulto como expresion de la materializacion del derecho internacional privado: Similitudes y contrastes", *ibidem*, p. 1287-1308, Marc Fallon, "La materialisation du nouveau droit international privé projeté en Belgique", *ibidem*, p. 1493-1511, Mª Elena Zabalo Escudero, "Mecanismos de flexibilazion y materializacion en la regulacion del contrato internacional de trabajo", *ibidem*, p. 1815-1835, e, na doutrina portuguesa, Moura Ramos, *Da Lei aplicável ao contrato de trabalho internacional* (cit. *supra*, nota 16), p. 364-373, e Eugénia Galvão Teles, "Sobre o critério da "lei mais favorável nas normas de conflitos", *in Estudos em Memória do Professor Doutor António Marques dos Santos*, vol. I, Coimbra, 2005, Almedina, p. 193-238.

cação do princípio da lei mais favorável ao lesado (*Gunstigkeitsprinzip*)[28]. Ou seja, e numa outra impostação, a regra de conflitos é aqui uma regra semi-aberta[29], configurando uma cláusula de excepção[30] especial fechada de carácter material[31], na medida em que a vontade de garantir um determinado resultado substancial leva o legislador a modificar o juízo da regra de conflitos, optando por um ordenamento diverso do que em princípio escolhera, unicamente com o fito de o alcançar.

Mas não se fica por aqui o legislador português, que acrescentou uma nova previsão legal ao artigo 45.º, ao dispor, no número 3, que "Se, porém, o agente e o lesado tiverem a mesma nacionalidade ou, na falta dela, a mesma residência habitual, e se encontrarem ocasionalmente em país estrangeiro, a lei aplicável será a da nacionalidade ou a da residência comum, sem prejuízo das disposições do Estado local que devam ser aplicadas indistintamente a todas as pessoas". Trata-se neste caso de algo distinto da situação que acabámos de considerar, e que decorre de considerações de natureza bem diversa. Na verdade, o que aqui temos é, de novo, uma ponderação manifestamente localizadora: o legislador entende que a circunstância de o agente e o lesado terem a mesma nacionalidade ou, na falta dela, a mesma residência habitual, adicionada ao facto de se encontrarem ocasionalmente no país onde decorreram os factos geradores da responsabilidade, enfraquecem manifestamente a vocação

---

28. Sobre este princípio, cfr. Margarete Muhl, *Die Lehre von "besseren" und "gunstigeren" Recht im Internationalen Privatrecht. Zugleich eine Untersuchung des "better-law approach" im amerikanischen Kollisionsrecht*, Munchen, 1982, C. H. Beck, especialmente p. 42-99.

29. Num sentido distinto do utilizado por Th. M. De Boer, que assim designa as regras "usually based on an open-ended proper law formula, restricted by a presumption as to the normally applicable law (*In Beyond Lex Loci Delicti. Conflicts methodology and multistate torts in american case law*, The Netherlands, 1987, Kluwer, p. 33-34.

   David F. Cavers ["Contemporary conflicts law in american perspective", *Recueil des Cours*, t. 131 (1970-III), p. 75-308 (167)] refere que a regra assegura "partial flexibility and partial certainty".

30. Sobre esta figura, cfr. Claus Dubler, *Les Clauses d'exception en droit international privé*, Genève, 1983, Georg, Pauline Rémy-Corlay, "Mise en oeuvre et regime procédural de la clause d'exception dans les conflits de lois", 92 *Rev. crit. DIP* (2003), p. 37-76, Johan Meeusen, "Exception clauses and conflict of laws: new legislation, same issues", in *Mélanges en l'honneur de Spyridon Vl. Vrellis*, Athens, 2014, Nomiki Bibliothiki, p. 569-578, e, na doutrina portuguesa, Moura Ramos, *Da Lei Aplicável ao Contrato de Trabalho Internacional* (cit. supra, nota 16), p. 379-410, e "Previsão normativa e modelação judicial nas convenções comunitárias relativas ao direito internacional privado", in *O Direito Comunitário e a Construção Europeia* (Stvdia Ivridica, 38. Colloquia – 1), Coimbra, 1999, Coimbra Editora, p. 93-124 (109-117), e Maria João Matias Fernandes, *A Cláusula de Desvio no Direito de Conflitos. Das condições de acolhimento da cláusula de desvio geral implícita no direito português*, Coimbra, 2007, Almedina.

31. Cfr. Moura Ramos, "Les clauses d'exception en matière de conflirs de lois et de conflits de juridictions – Portugal", in *Exception Clauses in Conflict of Laws and Conflicts of Jurisdictions – or the Principle of Proximity* [D. Kokkini-Iatridou (ed.)], Dordrecht, 1994, Martinus Nijhoff Publishers, p. 273-298 (281-282).

de aplicabilidade da *lex loci delicti*, justificando por isso a aplicação da lei que é comum[32] ao lesante e ao lesado. Como que há aqui o relevo de uma relação de acessoriedade[33], uma vez que face ao carácter fortuito do *locus delicti* a relevância desta conexão surge enfraquecida, perdendo a autonomia que em princípio lhe é reconhecida, e arrastando a relação de responsabilidade para a lei que é comum ao agente e ao lesado. Isto, porém, sem embargo de se continuar a reconhecer, acrescentando-se expressamente esse ponto, que a atracção da situação pela lei comum tem lugar "sem prejuízo das disposições do Estado local que devam ser aplicadas indistintamente a todas as pessoas"[34], o que significa que as regras de segurança e de conduta em vigor no lugar e no momento em que ocorre o facto que dá origem à responsabilidade relevam (falando-se pois aqui da sua tomada em consideração, *Berucksichtigung*, ou *prise en considération*[35]) em sede de avaliação do comportamento da pessoa cuja responsabilidade é invocada, como dados de facto e na medida em que tal for apropriado.

Como resulta do que acima[36] deixámos dito, esta disposição não figurava no Anteprojecto de 1964, podendo possivelmente ter sido inspirada pela jurisprudência *Babcock v. Jackson*[37] (uma vez que consagra a solução perfilhada nesse caso). O que, metodologicamente, o nosso legislador vem a fazer é afinal inserir uma nova cláusula de excepção especial fechada[38], que afasta a competência da lei em princípio escolhida uma vez que se entende que ela se não encontra ligada ao caso pela conexão mais estreita (*most significant relationship*, na terminologia dos autores norte-americanos e do *Second Restatement*), substituindo-

---

32. Em razão da nacionalidade ou da residência habitual.
33. Sobre o princípio que comanda que se lhe reconheça relevância, cfr. Karl Firsching, "Das Prinzip der Akzessorietat im deutschen internationalen Recht der unerlaubten Handlungen – deutsche IPR-Reform", *in Festschrift fur Imre Zajtay*, p. 143, e G. Gonzenbach, *Die Akzessorische Anknupfung. Ein Beitrag zur Verwirklichung der Vertrauensprinzips im internationalen Deliktsrecht*, Zurich, 1986, Schulthess Polygraphischer Verlag.
34. Sobre este aspecto da regra, cfr. Moura Ramos, *Da Lei Aplicável ao Contrato de Trabalho Internacional* (*cit. supra*, nota 16), p. 676, nota 642.
35. Para a distinção destas situações de *Berucksichtigung* das que envolvem uma autêntica *Verweisung*, cfr. Moura Ramos, *Da Lei Aplicável ao Contrato de Trabalho Internacional* (*cit. supra*, nota 16), p. 699-720. Veja-se ainda, sobre aquela figura, Estelle Fohrer-Dedeuwaerder, *La Prise en considération des normes étrangères*, Paris, 2008, L.G.D.J.
36. *Supra*, na nota 20.
37. Cfr. o texto da decisão de 9 de Maio de 1963 do *New York Court of Appeals*, e as reacções de David F. Cavers, Elliott E. Cheatham, Brainerd Currie, Albert A. Ehrenzweig, Robert A. Leflar e Willis L. M. Reese no v. 63 (1963) da *Columbia Law Review*, p. 1212-1257 ("Comments on Babcock v. Jackson, a recent development in conflict of laws").
38. Cfr. *supra, op. et loc. cit.* na nota 30.

-a por outra que se considera, numa determinada hipótese, apresentar com aquele aquela relação. Mas se, diferentemente do que sucede na situação que começámos por referir, a finalidade perseguida é agora pertinente à realização do princípio da proximidade[39], e não de natureza substancial, já é comum a ambas o não reconhecimento ao juiz de poderes de modelação, sendo sempre o legislador que guarda para si o exclusivo na indicação da lei a aplicar[40].

Pode questionar-se, ainda, qual o alcance deste segundo desvio, ou seja, se, além de valer, como é notório, em relação à regra do número 1, ele permite igualmente afastar, uma vez verificados os seus pressupostos, a regra do número 2. A letra da lei parece apontar neste segundo sentido, ou pelo menos não o excluir, o que daria a esta cláusula de excepção fechada de carácter localizador o mesmo estatuto que a cláusula de excepção aberta da mesma natureza tem nos artigos 4.º, n.º 3, 5.º, n.º 2, 10.º, n.º 4, 11.º, n.º 4, e 12.º, n.º 2, alínea c), do Regulamento Roma II[41], ainda que nesses casos o legislador da União tenha sido explícito a reconhecer--lhe esse carácter. A dúvida pode resultar de a índole dos dois desvios à regra do número 1 ser completamente distinta, e de se poder pretender que o número 3 tem um fundamento específico, distinto da lógica conflitual, e que por isso o carácter material da escolha por ele feita justificaria que ela não fosse afectada pelo condicionalismo a que o número 3 dá relevância. Mas, em sentido contrário, dir-se-á que o elemento de materialização só intervém na particular hipótese em que exista dissociação dos elementos atendíveis para a caracterização do *locus delicti* (e em que o critério de localização adoptado inicialmente não dava relevância ao *locus damni*), pelo que a solução continua ainda a ter uma lógica conflitual, não podendo por isso considerar-se refractária à correcção (dessa natureza) operada pela regra do número 3.

Se procurarmos agora caracterizar o tratamento dado pelo Código Civil Português a esta questão, diremos que ele revela nitidamente a ultrapassagem da referência (tradicional na matéria) à *lex loci delicti*, con-

---

39. Para utilizarmos a terminologia de Paul Lagarde, no seu "Le principe de proximité dans le droit international privé contemporain. Cours général de droit international privé", *Recueil des Cours*, t. 196 (1986-I), p. 9-238.

40. O reconhecimento ao juiz de um poder de modelação no que poderemos chamar a *most closest relationship* apenas viria a surgir, na ordem jurídica portuguesa, e como que em *consilium desperationis*, com a Reforma de 1977 (vide o novo texto dos artigos 52.º, n.º 2 e 60.º, n.º 2, e Moura Ramos, "A reforma de 1977 e o direito internacional privado da família", in *Comemorações dos 35 Anos do Código Civil e dos 25 Anos da Reforma de 1977*, v. I – *Direito da Família e das Sucessões*, Coimbra, 2004, Coimbra Editora, p. 725-742.

41. Cfr. *infra*, n.º 4.

cretizando a mudança de paradigma[42] que constituiu a pedra de toque da *conflicts revolution* norte-americana[43] e que viria por igual a marcar o continente europeu[44]. Ultrapassagem que se traduziu, para além do afastamento em si do próprio critério, ao menos com o carácter geral que inicialmente lhe era associado, na introdução de elementos de materialização da escolha conflitual (aqui, claramente identificados com a preocupação de protecção do lesado), e, ainda quando esta continua a ter por fundamento a conexão mais estreita, na preocupação que esta se refira à situação a regular tal como ela em concreto aparece configurada e não apenas ao instituto em si. E anote-se que os termos daquela materialização se não afastam significativamente das propostas que David Cavers viria a fazer a este respeito quando em 1965 revisitou a sua proposta inicial[45], formulando os *principles of preference*[46], o que de algum modo explica o aplauso com que este autor saudaria as soluções do Código Civil Português, quando teve ocasião de as analisar[47].

---

42. Para utilizar a feliz expressão de Anabela Susana de Sousa Gonçalves na sua dissertação de doutoramento. Cfr., desta autora, *Da Responsabilidade Extracontratual em Direito Internacional Privado. A Mudança de Paradigma*, Coimbra, 2013, Almedina.
43. Sobre este movimento, cfr. David F. Cavers, "Contemporary conflicts law in american perspective" (*cit. supra*, nota 28), Peter Hay, "Flexibility versus predicability and uniformity in choice of law. Reflections on current european and United States conflicts law", *Recueil des Cours*, t. 226 (1991-I), p. 281-412, Eugene F. Scoles/Peter Hay/Patrick J. Borchers/ Symeon C. Symeonides, *Conflict of Laws*, Third Edition, St. Paul, Minn, 2000, WestGroup, p. 25-102, e Symeon C. Symeonides, "The american choice-of-law revolution in the courts: Today and tomorrow", *Recueil des Cours*, t. 298 (2002), p. 9-448, e, por último, *Choice of Law*, New York, 2016, Oxford University Press, p. 93-174. Salientando contudo que, mesmo nos Estados-Unidos, nem todos os Estados abandonaram aquela orientação, cfr. Françoise Monéger, "*The Last Ten* ou les derniers États des États-Unis d'Amérique fidèles à la *Lex Loci Delicti*", in *Le Droit International Privé: esprit et méthodes. Mélanges en l'honneur de Paul Lagarde*, Paris, 2005, Dalloz, p. 575-588.
44. Para uma síntese da influência deste movimento de ideias no direito internacional privado europeu, cfr., recentemente, Peter Hay, "European Conflicts Law after the American "Revolution" – Comparative Notes", 15 *The European Legal Forum* (2015), 1, p. 1-10. E sublinhando a sua influência no direito internacional privado da União Europeia, cfr. por exemplo, Peter E. Herzog, "Le début de la "revolution" des conflits de lois aux États-Unis et les principes fondamentaux de la proposition "Rome II". Y a-t-il un "paralélisme inconscient"?", *in Vers de nouveaux équilibres entre ordres juridiques. Mélanges en l'honneur d'Hélène Gaudemet-Tallon*, Paris, 2008, Dalloz, p. 71-83.
45. Contida no seu "A critique of the choice-of-law problem", 47 *Harvard Law Review* (1933-1934), p. 173-208.
46. Cfr. o resumo que o Autor viria posteriormente a dar da sua posição *in* David F. Cavers, "Contemporary conflicts law in american perspective" (*cit. supra*, nota 28), p. 151-162 (*maxime* 154-138).
47. Considerando-as as mais interessantes de entre as contidas num conjunto de textos que tomou por objecto de uma reflexão comparatística. Cfr. o seu "Legislative Choice of Law: Some European examples", 44 *Southern California Law Review* (1970-1971), p. 340-361 (348), onde o nosso direito, em matéria de obrigações contratuais e extracontratuais, surge a par de outras soluções normativas, como as das Disposições Preliminares ao Código Civil Italiano de 1942, do Projecto de reforma do Código Civil francês em matéria de direito internacional privado elaborado por uma comissão presidida por Henri Batiffol nos finais da década de sessenta, e do Projecto Benelux de 1969.

4. O DIREITO INTERNACIONAL PRIVADO DA RESPONSABILIDADE CIVIL DA UNIÃO EUROPEIA

É agora a altura de salientar que as soluções que acabamos de referir têm hoje uma aplicação bastante limitadano sistema jurídico português, e isto após a entrada em vigor, na ordem jurídica da União Europeia e portanto em Portugal, em 20 de Agosto de 2007[48], do Regulamento (CE) n.º 864/2007, do Parlamento e do Conselho, de 11 de Julho de 2007, relativo à lei aplicável às obrigações extracontratuais (Roma II)[49]. Na verdade, e a partir de 11 de Janeiro de 2009[50], este acto passou a aplicar-se, em situações que envolvam um conflito de leis, às obrigações extracontratuais em

---

48. O Regulamento não fixa a data da sua entrada em vigor, que se obtém segundo a regra geral hoje enunciada no artigo 297.º, n.º 1, terceiro parágrafo, do Tratado sobre o Funcionamento da União Europeia (vigésimo dia seguinte ao da sua publicação). Tendo este acto sido publicado no *Jornal Oficial da União Europeia* em 31 de Julho de 2007, ele entrou pois em vigor no vigésimo dia seguinte à sua publicação, ou seja, a 20 de Agosto de 2007.

49. In *JOUE*, L 199, de 31.07.2007, p. 40-49. Sobre este instrumento, cfr. Alfonso Luis Calvo Caravaca/Javier Carrascosa Gonzalez, *Las Obligaciones extracontractuales en Derecho internacional privado. El Reglamento "Roma II"*, Granada, 2008, Comares, Trevor C. Hartley, "Choice of Law for non-contractual liability: Selected problems under the Rome II Regulation", 57 *I.C.L.Q.* (2008), p. 899-908, Andrew Dickinson, *The Rome II Regulation. The Law Applicable to Non Contractual Obligations*, Oxford, 2008, Oxford University Press, Thomas Kadner Graziano, "Le nouveau droit international privé en matière de responsabilité extracontractuelle (règlement Rome II)", *Rev. crit. DIP* 97 (2008), p. 445-511, *Le Règlement Communautaire "Rome II" sur la loi applicable aux obligations non contractuelles* (sous la direction de Sabine Corneloup et Natalie Joubert), Paris, 2008, Litec, Bernard Dutoit, "Le droit international privé des obligations non contractuelles à l'heure européenne. Le Règlement Rome II", *in Nuovi Strumenti del Diritto Internazionale Privato. Liber Fausto Pocar*, Milano, 2009, Giuffrè Editore, p. 309-329, e, na doutrina portuguesa, Moura Ramos, "O direito internacional privado das obrigações extracontratuais na União Europeia", *in Estudos de Direito Internacional Privado da União Europeia*, Coimbra, 2016, Imprensa da Universidade de Coimbra, p. 109-144, Lima Pinheiro, "O direito de conflitos das obrigações extracontratuais entre a comunitarização e a globalização – Uma primeira aproximação do Regulamento comunitário Roma II", 139 *O Direito* (2007), p. 1027-1071, e *Direito Internacional Privado*, v. II – Direito de Conflitos. Parte Especial, 4.ª edição refundida, Coimbra, 2015, Almedina, p. 471-499 e 509-515, e Anabela Susana de Sousa Gonçalves, *Da Responsabilidade Extracontratual em Direito Internacional Privado. A Mudança de Paradigma* (cit. supra, nota 41), e "A Responsabilidade civil extracontratual em direito internacional privado – Breve apresentação das regras gerais do Regulamento (CE) N.º 864/2007, 61 *Scientia Iuridica* (2012), n.º 329, p. 357-390; e, para os antecedentes deste texto, Moura Ramos, "Le droit international prive communautaire des obligations extracontractuelles", *Revue des Affaires Européennes* (2001-2002), p. 415-423 (417-419), Symeon C. Symeonides, "Tort conflicts and Rome II; A view from across", *in Festschrift fur Erik Jayme*, Band I, Munchen, 2004, Sellier, p. 935-954, Pascal de Vareilles-Sommières, "La responsabilité civile dans la proposition de règlement communautaire sur la loi applicable aux obligations non contractuelles ("Rome II")", *in Les conflits de lois et le système juridique communautaire* (sous la direction de: Angelika Fuchs, Horatia Muir-Watt, Étienne Pataut), Paris, 2004, Dalloz, p. 185-203, e Karl Kreuzer, "La comunitarizzazione del diritto internazionale privato in materia di obbligazioni extracontrattuali ("Roma II")", *in Diritto Internazionale Privato e Diritto Comunitario* (a cura di Paolo Picone), Padova, 2004, Cedam, p. 421-447.

50. Data indicada para o início da sua aplicação no artigo 32.º do Regulamento.

matéria civil e comercial[51], passando por isso, a reger, em todos os Estados-Membros da União[52] com excepção da Dinamarca[53], os actos danosos que tenham ocorrido após a sua entrada em vigor[54]. Nestes termos, as disposições estaduais correspondentes (em Portugal como nos demais Estados-Membros) só puderam continuar a ser aplicadas quando não contendessem com os preceitos deste acto[55].

No domínio da responsabilidade civil, e uma vez que o n.º 1 do artigo 2.º do Regulamento precisa que o dano abrange, *inter alia*[56], todas as consequências decorrentes da responsabilidade fundada em acto lícito, ilícito ou no risco[57], tal significa que as regras contidas no artigo 45.º do Código Civil a que atrás nos referimos[58] se continuarão essencialmente a aplicar às obrigações extracontratuais que decorram da violação da vida privada

---

51. Cfr. o seu artigo 1.º, n.º 1, primeira frase.
52. Nos termos da doutrina hoje constante do número 2 do artigo 288.º do Tratado sobre o Funcionamento da União Europeia.
53. Cfr. o n.º 4 do seu artigo 1.º.
54. Cfr. o seu artigo 31.º.
55. É o que se passa com as matérias que ficaram excluídas do campo de aplicação das regras uniformes que o Regulamento veio aprovar e que são elencadas no n.º 2 do seu artigo 1.º.: as obrigações extracontratuais que decorram de relações de família ou de relações que a lei aplicável às mesmas considere terem efeitos equiparados, incluindo as obrigações de alimentos [alínea a)]; as obrigações extracontratuais que decorram de regimes de bens no casamento, de regimes de bens em relações que a lei aplicável às mesmas considere terem efeitos equiparados ao casamento e as sucessões [alínea b)]; as obrigações extracontratuais que decorram de letras de câmbio, cheques, livranças, bem como de outros títulos negociáveis, na medida em que as obrigações decorrentes desses outros títulos resultem do seu carácter negociável [alínea c)]; as obrigações extracontratuais que decorram do direito das sociedades e do direito aplicável a outras entidades dotadas ou não de personalidade jurídica, como em matéria de constituição, através de registo ou por outro meio, de capacidade jurídica, de funcionamento interno ou de dissolução das sociedades e de outras entidades dotadas ou não de personalidade jurídica, de responsabilidade pessoal dos sócios e dos titulares dos órgãos que agem nessa qualidade, relativamente às obrigações da sociedade ou de outra entidade, e de responsabilidade pessoal dos auditores perante uma sociedade ou perante os titulares dos seus órgãos no exercício do controlo legal de documentos contabilísticos [alínea d)]; as obrigações extracontratuais que decorram das relações entre os constituintes, os *trustees* e os beneficiários de um *trust* voluntariamente criado [alínea e)]; as obrigações extracontratuais que decorram de um dano nuclear [alínea f)]; e as obrigações extracontratuais que decorram da violação da vida privada e dos direitos de personalidade, incluindo a difamação [alínea g)].

    Isto para além de o Regulamento referir também não ser "aplicável (...) às matérias fiscais, aduaneiras e administrativas, nem à responsabilidade do Estado por actos e omissões no exercício do poder público (*acta iure imperii*)" (artigo 1.º, n.º 1), assim como à prova e ao processo (n.º 3 do artigo 1.º).
56. Trata-se das consequências decorrentes do enriquecimento sem causa, da *negotiorum gestio* e da *culpa in contrahendo*.
57. Sendo igualmente aplicável às obrigações extracontratuais susceptíveis de surgir (cfr. o n.º 2 do artigo 2.º).
58. *Supra*, n.º 3.

e dos direitos de personalidade[59]. As demais matérias, pelo contrário, passarão a ser reguladas pelos comandos legais constantes dos Capítulo II e IV do Regulamento[60], para além de a aplicação das tais regras deixar de se fazer com referência ao disposto nos artigos 16.º a 22.º do Código Civil, mas antes tendo em conta os artigos 16.º, 17.º, e 23.º a 26.º daquele acto. Sucede porém que a estrutura como a inspiração das normas que foram objecto de uniformização é algo distinta das que anteriormente considerámos.

A disciplina da responsabilidade civil assenta numa regra geral (o artigo 4.ª) que parte (no n.º 1) da lei do país onde ocorre o dano, precisando-se que esta determinação não é afectada pela circunstância de ser eventualmente outro o país onde tenha ocorrido o facto que lhe deu origem ou o país ou países onde ocorram as consequências indirectas desse facto. A primeira escolha do legislador da União é pois em favor da lei do lugar do evento lesivo (a *lex loci damni*), afastando-se assim da opção tradicional, que tendia a privilegiar a lei do facto gerador da responsabilidade (a *lex loci delicti commissi*)[61]. Mas não é apenas este afastamento, e a preferência pela lei do país da realização do dano (*Erfolgsort*), que se tem vindo a impor ao menos como critério mais adequado à ponderação de interesses que deve estar presente na matéria que nos ocupa que se impõe registar[62], uma vez que, como veremos, foi igualmente posta em causa a opção por uma regra única, neste domínio, e reconsiderada a sua configuração. Na verdade, a possibilidade de também este local se poder revestir de natureza fortuita levou o regulamento a ensaiar outras tentativas de concretização de uma *most significant relationship*, nesta matéria. Assim, o n.º 2 do referido artigo 4.º adianta que "sempre que a pessoa cuja responsabilidade é invocada e o lesado tenham a sua residência habitual no mesmo país no momento em que ocorre o dano, é aplicável a lei desse país", solução que não pode deixar de recordar a jurisprudência *Babcock v. Jackson* como o n.º 3 do artigo 45.º do Código Civil Português[63]. Finalmente, saliente-se que a referida regra inclui ainda uma

---

59. A este propósito, cfr. Ursula Kerpen, *Das internationale Privatrecht der Personlichkeitsrechtsverletzungen. Eine Untersuchung auf rechtsvergleichende Grundlage*, Frankfurt am Main, Peter Lang, Laura García Gutierrez, "Reglamento Roma II y derechos de la personalidad: reflexiones para formular una norma de conflicto que preserve adequadamente el ejercicio del derecho a la información y a la liberdad de expressión", 16 *Revista Española de Derecho Comunitario* (septiembre--deciembre 2012), N.º 43, p. 851-874, e, entre nós, desenvolvidamente, Elsa Dias Oliveira, *Da Responsabilidade Civil Extracontratual por Violação de Direitos de Personalidade em Direito Internacional Privado*, Coimbra, 2011, Almedina, p. 327-665.
60. Respectivamente, artigos 4.º a 9.º, e 14.º.
61. Como vimos que acontecia no artigo 45.º, n.º 1, do nosso Código Civil (*supra*, n.º 3).
62. Preconizando em princípio esta mesma orientação, cfr., entre nós, Baptista Machado (*op. cit.*, nota 23), p. 368-373.
63. Cfr. *supra*, n.º 3.

cláusula de excepção[64] especial aberta, ao determinar, no seu n.º 3, que "se resultar claramente do conjunto das circunstâncias que a responsabilidade (...) tem uma conexão manifestamente mais estreita[65] com um país diferente do indicado nos n.ºs 1 ou 2, é aplicável a lei desse outro país".

Pode assim concluir-se que a regra geral de que parte o regulamento é uma regra de conflitos flexível, uma vez que se faz acompanhar de uma cláusula de excepção[66], e que tem um carácter localizador, assentando como ponto de partida no *locus damni*, circunstância cujo relevo é afastado quando o lesante e o lesado têm a sua residência habitual no mesmo país no momento em que ocorre o dano, em benefício deste último elemento (mas também aqui sob o controlo da cláusula de excepção). Isenta da influência de considerações de ordem material, a regra pode assim inserir-se na linhagem clássica que tem presidido à modelação do sistema conflitual, preferindo o lugar do dano ao lugar do facto gerador como elemento de conexão de base e admitindo o seu afastamento por força da residência habitual comum do lesante e do lesado no momento do dano, sendo que a aplicação de qualquer destas leis pode sempre ser afastada pela actuação da cláusula de excepção (integrada como a vimos ser pelo princípio do acessório)[67]. Definida nestes termos a regra geral, resta ver em que termos a sua actuação pode ser circunscrita pelas regras especiais que lhe limitam o âmbito.

Em matéria de responsabilidade por produtos defeituosos[68], a regra de conflitos especial contida no n.º 1 do artigo 5.º considera que, sem

---

64. Cfr. *supra*, nota 26.
65. Saliente-se que o mesmo preceito acrescenta que "Uma conexão manifestamente mais estreita com um outro país poderá ter por base, nomeadamente, uma relação preexistente entre as partes, tal como um contrato, que tenha uma ligação estreita com a responsabilidade fundada no acto lícito, ilícito ou no risco em causa".
66. Diversamente do que sucedia com as que analisámos supra, no n.º 3, a propósito do nosso artigo 45.ª, trata-se manifestamente de uma cláusula de excepção aberta, que inclui expressamente (cfr. a nota anterior) a consideração, como elemento relevante para desencadear a sua aplicação, da existência de uma relação juridicamente relevante entre o lesante e o lesado, relação à qual o dano aparece ligado como que por uma relação de acessoriedade. Sobre este princípio, que se reclama de uma ideia de protecção da confiança, cfr. os autores e obras citados *supra*, na nota 32.
67. *Supra*, nota 32.
68. Sobre a questão, cfr. H. Duintjer Tebbens, *International Product Liability. A study of comparative and international legal aspects of product liability*, The Hague, 1979, T. M. C. Asser Institute, David F. Cavers, "The proper law of the producer's liability", 26 *International and Comparative Law Quarterly* (1977), p. 703-733, Marc Fallon, "Responsabilité du fait des produits et accidents industriels majeurs", *in La réparation des dommages catastrophiques. Les risques technologiques majeurs en droit international et en droit communautaire*, Bruxelles, 1990, Bruylant, p. 111-143, J.J. Fawcett, "Products liability in private international law: A European perspective", *Recueil des Cours*, t. 238 (1993-I), p. 9-246, e, por último, Chiara Marenghi, "The law applicable to product liability in context: Article 5 of the Rome II Regulation and its interaction with other EU instruments", 16 *Yearbook of Private International Law* (2014/2015), p. 511-537.

prejuízo do n.º 2 do artigo 4.º, a lei aplicável a uma obrigação extracontratual decorrente de um dano causado por um produto é a lei do país onde o lesado tenha a sua residência habitual no momento em que ocorre o dano, se o produto aí tiver sido comercializado [a)], ou, não sendo assim, a lei do país onde o produto tenha sido adquirido, se o produto aí tiver sido comercializado [b)], ou, a não ser assim, a lei do país onde o dano tenha ocorrido, se o produto tiver sido comercializado nesse país [c)] (primeiro arágrafo). No entanto, a lei aplicável é a lei do país onde a pessoa cuja responsabilidade é invocada tiver a sua residência habitual, se essa pessoa não puder razoavelmente prever a comercialização do produto, ou de um produto do mesmo tipo, no país cuja lei é aplicável, ao abrigo das alíneas a), b), ou c) (segundo parágrafo).

A previsão legal começa assim, partindo de uma preocupação com o *favor laesi*, por apontar para a lei da residência habitual do lesado no momento em que ocorre o dano, desde que o produto tenha sido comercializado nesse país, assegurando-se em princípio, com esta cumulação de conexões, uma potencial previsibilidade da ocorrência dos danos por parte do lesante (que decorrerá da comercialização do produto nesse país). Caso aquela cumulação de conexões entre a residência habitual do lesado e a comercialização do produto se não verifique, será então aplicável a lei do país onde o produto haja sido adquirido, caso ele aí tenha sido igualmente comercializado, só por último, e na falta desta cumulação de conexões, se recorrendo à *lex damni*, cuja aplicação supõe também que o produto aí haja sido comercializado. Importa assim notar que o legislador não parte das tradicionais conexões do lugar do facto gerador ou do resultado, mas do domicílio do lesado, desde que este coincida com um lugar onde o produto seja comercializado. Subsidiariamente (isto é, faltando uma tal coincidência de conexões), recorrer-se-á à lei do local da aquisição do produto, mas também apenas caso se verifique uma cumulação de conexões com o local de comercialização do produto, devendo por último, caso esta não ocorra, aplicar-se a *lex damni*, também apenas se o produto aí for comercializado. Assume-se assim a necessidade de aplicar a lei de um país onde o produto seja comercializado, optando-se, por razões de protecção do lesado, pela lei da sua residência habitual no momento do dano (país onde ocorrerão em princípio as consequências deste). Não sendo o produto comercializado no país desta residência, o recurso à lei do país onde o produto foi adquirido, mantendo-se a condição ligada à sua comercialização nesse local, justifica-se por ele fornecer uma ligação menos fortuita aos factos desencadeadores da responsabilidade. E a aplicação em último lugar da lei do local do dano constitui ainda uma manifestação das razões que em geral recomendam o recurso a esta conexão.

De todo o modo, note-se que se não limita ao referido (a garantia da aplicação da lei de um país onde o produto seja comercializado) a preocupação com a tutela da previsibilidade da pessoa cuja responsabilidade é invocada, uma vez que se dispõe expressamente que "se essa pessoa não puder razoavelmente prever a comercialização do produto, ou de um produto do mesmo tipo" nesses países será aplicável a lei da sua residência habitual. E recorde-se que estas soluções cedem perante a existência de uma residência habitual num mesmo país do lesado e da pessoa cuja responsabilidade é invocada, caso em que será aplicada a lei desse país, e que esta outra lei, como as anteriormente referidas, se encontra sujeita ao mecanismo da cláusula de excepção, nos mesmos termos anteriormente mencionados[69].

A regra de conflitos especial para a responsabilidade por produtos defeituosos é pois uma regra de conflitos particularmente complexa: uma regra de conflitos flexível (pois que se encontra sujeita ao funcionamento de uma cláusula de excepção), inspirada pela procura da lei que apresente com a situação a *most closest connection*[70], mas simultaneamente influenciada por preocupações materiais[71] (de garantia de uma tutela do lesado que não desacautele no entanto a necessária previsibilidade da pessoa cuja responsabilidade é invocada -- quando se recorre à lei da sua residência habitual nos casos em que ela não pudesse razoavelmente contar com a comercialização do produto nos países cujas leis seriam, em princípio, aplicáveis)[72].

O Regulamento prevê depois, no seu artigo 6.º, regras especiais para as obrigações extracontratuais decorrentes de actos de concorrência desleal ou que restrinjam a livre concorrência, regras que apresentam a particula-

---

69. Cfr. *supra*, e nota 65.
70. Veja-se a aplicação da lei da residência habitual comum, no momento do dano, ao lesado e à pessoa cuja responsabilidade é invocada.
71. A este propósito, cfr. os autores e obras citados *supra*, na nota 26.
72. Anote-se que o *balancing* aqui efectuado se apresenta muito próximo do levado a cabo nos n.ºs 1 e 2 do artigo 45.º do nosso Código Civil (*cit. supra*, n.º 3). E isto apesar das soluções serem diferentes, desde logo porque não estão aqui em causa o *Handlungsort* e o *Erfolgsort*, mas a residência habitual do lesado (ou as conexões dela subsidiárias) e a da pessoa cuja responsabilidade é invocada. Deve ter-se ainda em conta que a regra do regulamento é uma regra específica para uma dada situação (a responsabilidade por produtos defeituosos) enquanto a regra do Código Civil é uma regra de carácter geral sobre a responsabilidade, e que, enquanto no regulamento a circunstância que faz aplicar a lei da residência habitual da pessoa cuja responsabilidade é invocada é a impossibilidade de ela prever a comercialização do produto no país cuja lei seria em princípio aplicável, no nosso Código Civil a aplicação da lei do efeito lesivo (em lugar da do facto gerador) ocorre por o agente dever prever a possibilidade de o seu comportamento (activo ou omissivo) gerar a produção do dano nesse país.

ridade de excluírem, nestas matérias, a possibilidade de exercício da autonomia das partes na eleição da lei aplicável (n.º 4)[73].

De acordo com o n.º 1 deste artigo, a lei aplicável a uma obrigação extracontratual decorrente de um acto de concorrência desleal[74] é a lei do país em que as relações de concorrência ou os interesses colectivos dos consumidores sejam afectados ou sejam susceptíveis de o ser, sendo que, nos termos do n.º 2, se regressa à aplicação da regra geral do artigo 4.º[75] no caso de os actos de concorrência desleal afectarem apenas os interesses de um concorrente específico, tendo-se pois entendido que, nessas circunstâncias, a questão não suscitava quaisquer especificidades que justificassem o afastamento da regra geral contida nesta disposição[76]. A aplicação da lei do país em que as relações de concorrência ou os interesses colectivos dos consumidores sejam afectados ou sejam susceptíveis de o ser constitui uma manifestação da *effects doctrine*[77] que de há muito se impôs nesta ma-

---

73. Sobre a *professio iuris*, vide infra, neste número.
74. Sobre esta problemática, cfr. Adair Dyer, "Unfair competition in private international law", *Recueil des Cours*, t. 211 (1998-I), p. 373-446, Hans Djuinter Tebbens, "Les conflits de lois en matière de publicité déloyale à l'épreuve du droit communautaire", 83 *Rev. crit. dr. internat. privé* (1994), p. 451-481, Bernard Dutoit, "Une convention multilatérale de droit international privé en matière de concurrece déloyale: Mythe ou nécessité?", in *E Pluribus Unum. Liber Amicorum Georges A. L. Droz. On the progressive unification of private international law*, The Hague, 1996, Martinus Nijhoff Publishers, p. 51-66, Valerie Pironon, "Les pratiques commerciales déloyales entre droit international privé et droit communautaire", in *Vers de nouveaux équilibres entre ordres juridiques. Mélanges en l'honneur d'Hélène Gaudemet-Tallon* (cit. supra, nota 43), p. 545-557, e Moura Vicente, "La propriété intellectuelle en droit international privé", *Recueil des Cours*, t. 335 (2008), p. 105-504 (361-375).
75. Cfr. *supra*, neste número.
76. Para além da especificidade, esta em razão da natureza da matéria e não da do caso em si, que resulta de a autonomia das partes se encontrar excluída nestes domínios. Vide supra, em texto.
77. Inicialmente formulada em 1945, no caso *Alcoa*, numa decisão da *Supreme Court* americana redigida pelo juiz Learned Hand. Sobre este aresto, cfr., entre muitos outros, R. Y. Jennings, Extraterritorial jurisdiction and the United States antitrust law", *British Yearbook of International Law*, 33 (1957), p. 146-175, e John M. Raymond, "A new look at the jurisdiction in *Alcoa*", *American Journal of International Law*, 61 (1967), p. 558-570. E quanto à doutrina nele formulada, e que se viria a impôr em muitas legislações, cfr. Eckard Rehbinder, *Extraterritoriale Wirkungen des deutschen Kartellrechts*, Baden-Baden, 1965, Nomos Verlagsgesellschaft, D. J. Gerber, "The extraterritorial application of german antitrust law", *American Journal of International Law*, 77 (1983), p. 756-783, M. Martinek, *Das internationale Kartellprivatrecht. Ein Beitrag zur Kollisionsrechtliches Sonderanknupfung im internationalen Wirtschaftsrecht*, Heidelberg, 1987, Verlag Recht und Wirtschaft, Jean-Michel Jacquet, "La norme juridique extraterritoriale dans le commerce international", *Journal de Droit International*, 112 (1985), p. 327-405, Eva Buchmann, *Positive Comity im internationalen Kartellrecht. Aktuelle Beitrage zum Wirtschaftsrecht*, Frankfurt am Main, 2004, sellier, e, entre nós, Maria Isabel Jalles, *Extraterritorialidade e Comércio Internacional, Um exercício de direito americano*, Lisboa, 1986, Bertrand, e Moura Ramos, *Da Lei aplicável ao contrato de trabalho internacional* (cit. supra, nota 16), p. 15-20, e 51-61. Criticamente, veja-se, por todos, a posição de F. A. Mann, "The doctrine of jurisdiction in international law", *Recueil des Cours*, t. 111 (1964-I), p. 1-162, e "The doctrine of international jurisdiction revisited after twenty years", *Recueil des Cours*, t. 186 (1984-III), p. 9-115.

téria, facilmente se compreendendo o seu afastamento nos casos em que se não encontrem em causa interesses gerais, o que acontece, designadamente, quando apenas são afectados interesses de um contraente específico.

No que tange, agora, às obrigações extracontratuais decorrentes de uma restrição de concorrência, considera o n.º 3 do mesmo artigo, na sua alínea a), que a lei aplicável é a lei do país em que o mercado seja afectado ou seja susceptível de o ser[78]. E, para a hipótese de o mercado ser afectado ou ser susceptível de ser afectado em mais do que um país, dispõe-se na alínea b) do mesmo número que a pessoa que requer a reparação do dano e propõe a acção no tribunal do domicílio do réu pode optar por basear o seu pedido na lei do tribunal em que a acção é proposta, desde que o mercado desse Estado-Membro seja um dos que são directa e substancialmente afectados pela restrição à concorrência de que decorre a obrigação extracontratual em que se baseia o pedido[79]. A possibilidade assim reconhecida ao requerente de fundar o seu pedido na *lex fori* (quando o mercado desse Estado for um dos afectados pela restrição à concorrência) não contraria as linhas orientadoras seguidas nesta matéria, e permite ademais a realização da coincidência *forum-ius*[80].

---

78. Salientando que este critério se tem imposto nesta matéria, cfr. os trabalhos de Georges van Hecke, "Le droit antitrust: Aspects comparatifs et internationaux", *Recueil des Cours*, t. 106 (1962-II), p. 253-356, Berthold Goldman, "Les champs d'application territoriale des lois de concurrence", *ibidem*, t. 128 (1969-III), p. 631-730, J.-G. Castel, "The extraterritorial effects of antitrust laws", *ibidem*, t. 179 (1983-I), p. 9-144, e Jurgen Basedow, "Souveraineté territoriale et globalisation des marchés: le domaine d'application des lois contre les restrictions de la concurrence", *ibidem*, t. 264 (1977-II), p. 9-178.

79. Porém, se o requerente pretender exercer essa faculdade, propondo nesse tribunal, de acordo com as regras aplicáveis em matéria de competência judiciária, uma acção contra mais do que um réu, só pode optar por basear o seu pedido na lei desse tribunal se a restrição à concorrência em que se baseia a acção contra cada um desses réus também afectar directa e substancialmente o mercado do Estado-Membro em que se situa esse tribunal. O que se afigura constituir uma consequência da competência reconhecida à lei do mercado afectado.

80. Sublinhando a importância de uma tal coincidência, em geral, na nossa disciplina, cfr., por exemplo, B. Nolde, "Andwendbares Recht und Gerichtstand im Internationalen Privatrecht", *Zeitschrift fur Vergleichende Rechtswissenschaft*, 54 (1941), p. 292-317, Graveson, "Choice of law and choice of jurisdiction in the english conflict of laws", 38 *B.Y.I.L.* (1951), p. 273-290, P. Neuhaus, "Internationales Zivilprozessrecht und Internationales Privatrecht. Eine Skizze", 20 *RabelsZ* (1955), p. 201-269, Henri Batiffol, "Observations sur les liens de la compétence judiciaire et de la compétence législative", 9 *Netherlands International Law Review* (1962), n.º 4 (Special Issue: De Conflictu Legum. Essays presented to R.D.Kollewijn and J.Offerhaus), p. 55-66, P. Hébraud, "De la corrélation entre la loi applicable à un litige et le juge compétent pour en connaître", *Revue critique de DIP*, 57 (1968), p. 205-258, Andreas Heldrich, *Internationales Zustandigkeit und andwendbares Recht*, Berlim, 1969, Walter de Gruyter, Gonzalez Campos, "Les liens entre la compétence judiciaire et la compétence législative en droit international privé", *Recueil des Cours*, t. 156 (1977-III), p. 225-376, P. Hay, "The interrelation of jurisdiction and choice-of-law in United States conflict law", 28 *I.C.L.Q.* (1979), p. 161-183, J. Kropholler, "Internationales Zustandigkeit", *in Handbuch des Internationales Zivilverfahrensrecht*, v. I, Tubingen, 1982, J.C.B. Mohr (Paul Siebeck), p. 183-533

A especificidade deste tipo de obrigações extracontratuais encontra-se assim bem presente na sua sujeição imperativa à lei em que, num caso, o país em que as relações de concorrência ou os interesses colectivos dos consumidores, no outro, o mercado, sejam afectados, respectivamente, pelos actos de concorrência desleal ou pelos comportamentos restritivos da concorrência, assim se confirmando a força dos interesses de natureza pública que se manifestam neste domínio[81].

As obrigações extracontratuais que decorram de danos ambientais ou de danos não patrimoniais ou patrimoniais deles decorrentes são sujeitas pelo artigo 7.º do Regulamento à norma geral resultante da aplicação do n.º 1 do artigo 4.º[82], salvo se a pessoa que requer a reparação do dano escolher basear o seu pedido na lei do país onde tiver ocorrido o facto que lhe deu origem[83]. A remissão contida nesta norma não se dirige à regra geral do artigo 4.º, na sua globalidade, mas apenas à parte dela que se encontra reflectida no n.º 1 daquela disposição, ou seja, a que se refere à lei do país onde ocorre o dano (*lex loci damni*). É pois desta lei do país da realização

---

(239-250), Evangelos Vassilakakis, *Orientations méthodologiques dans les codifications récentes du droit international privé en Europe*, Paris, 1987, L.G.D.J., p. 48-77, e Moura Ramos, *Da Lei aplicável ao contrato de trabalho internacional* (*cit. supra*, nota 16), p. 165-194.

81. Para a sua expressão no plano do direito internacional, cfr. Paolo Picone, "Diritto internazionale dell'economia e costituzione economica dell'ordinamento internazionale", *in* P. Picone/G. Sacerdoti, *Diritto Internazionale dell'Economia*, 2.ª edição, Milano, 1986, Franco Angeli, p. 31-105.

82. Cfr. *supra*, no início deste número.

83. Em especial sobre esta disposição, cfr. Michael Bogdan, "Some reflections regarding environmental damage and the Rome II Regulation", *in Nuovi Strumenti del Diritto Internazionale Privato. Liber Fausto Pocar* (*cit. supra*, nota 48), p. 95-105, Spyridon Vrellis, "The law applicable to environmental damage. Some remarks on Rome II Regulation", *in Entre Bruselas y La Haya. Estudios sobre la unificación internacional y regional del Derecho Internacional Privado. Liber amicorum Alegria Borràs*, Madrid, 2013, Marcial Pons, p. 869-887, Paola Ivaldi, "European Union, environmental protection and private international law. Article 7 of Rome II Regulation", 13 *The European Law Forum* (2013), 5/6, p. 137-144 [também publicado em língua italiana *in Rivista di Diritto Internazionale Privato e Processuale*, 49 (2013), N.º 4, p. 861-882], e Moura Ramos, "A responsabilidade pelo dano ambiental nas relações privadas internacionais", *in Risco Ambiental. Actas do Colóquio de Homenagem ao Senhor Professor Doutor Adriano Vaz Serra*, Coimbra, 2015, Instituto Jurídico, p. 13-32.

Para os desenvolvimentos verificados no seio do direito interamericano, cfr. Cecilia Fresnedo de Aguirre, "Responsabilidad por hecho ilícito en el ámbito internacional com especial referencia a la responsabilidad civil por contaminación transfronteriza. Recientes desarrolos y perspectivas para la convención regional en la matéria", *in Liber Amicorum en Homenaje al Profesor Dr. Didier Opertti Badán*, Montevideo, 2005, Fondación de Cultura Universitaria, p. 193-222, e o anteproyecto de Convención Interamericana sobre ley aplicable y jurisdicción internacional competente en casos de responsabilidad civil por contaminación transfronteriza, discutido na CIDIP VI (2002), em Washington.

E para um estudo de caso, nesta matéria, *La Responsabilidad por los Daños Causados por el Hundimiento del* Prestige [Maria Paz Garcia Rubio/Santiago Álvarez González (Coordinadores Científicos)], Madrid, 2007, Iustel.

do dano (*Erfolgsort*) que se parte em matéria de dano ambiental, sendo que ela cede, porém, nos termos da parte final do artigo 7.º, em favor da lei do país onde tiver ocorrido o facto gerador (*Handlungsort*), se a pessoa que requer a reparação do dano escolher basear o seu pedido nesta lei. A localização que em princípio merece a preferência do legislador é assim preterida em benefício de uma outra[84], numa aplicação do princípio da lei mais favorável ao lesado (*Gunstigkeitsprinzip*)[85], quando esta seja por ele escolhida como base legal da acção. E a correcção desta forma operada à primeira indicação do legislador conflitual vem por isso possibilitar a qualificação da regra do artigo 7.º, no seu todo, como uma regra de conflitos de conexão substancial[86].

Quanto às obrigações extracontratuais decorrentes da violação de um direito de propriedade intelectual, determina o artigo 8.º do Regulamento, no seu n.º 1, que a lei aplicável é a lei do país para o qual a protecção é reivindicada, assim se fazendo eco de uma orientação largamente consolidada[87]. Porém, o legislador não poderia ter deixado de prever as consequências da uniformização comunitária levada a cabo no plano do direito material[88], tendo a esse respeito disposto, no n.º 2 do mesmo artigo, que se

---

84. Algo de semelhante ocorria, inversamente, com a regra do n.º 2 do artigo 45.º do Código Civil (*cit. supra*, no n.º 3). Mas existem obviamente diferenças entre as duas normas: para além da circunstância de nos encontrarmos num caso perante uma regra geral para todas as hipóteses de responsabilidade extracontratual, e, no outro, perante uma regra específica para a responsabilidade proveniente de danos ambientais, são desde logo diversos os elementos de conexão que num caso como noutro servem quer de critério-base (o facto gerador, no Código Civil, o efeito lesivo, no Regulamento) quer de critério a que se recorre num segundo momento (o efeito lesivo, no nosso Código Civil, o facto gerador no Regulamento). Por outro lado, a aplicação deste segundo critério (determinada, como se referiu, pela ideia de *favor laesi*) tem lugar, no regulamento, quando o lesado invoque a lei para que ele aponta, enquanto que, no nosso direito, a aplicação da lei por ele designada se impõe sem mais ao juiz, sendo condição necessária e suficiente dessa aplicação a circunstância de o agente dever prever a possibilidade de o seu comportamento (activo ou omissivo) gerar a produção do dano nesse país.
85. A respeito de um tal princípio, cfr. *supra*, nota 27.
86. Para uma densificação desta categoria, cfr. a obra de Paolo Michele Patocchi referida *supra*, na nota 26.
87. Cfr., entre outros, os trabalhos de Eugen Ulmer, *La propriété intellectuelle et le droit international privé*, Munich, 1978, Commission des Communautés Européennes, James J. Fawcett/Paul Torremans, *Intellectual property and private international law*, 2.ª edição, Oxford, 2011, Oxford University Press, e, na doutrina portuguesa, Moura Vicente, "La propriété intellectuelle en droit international privé" (*cit. supra*, nota 73), p. 344-361, e Alexandre Dias Pereira, "Intellectual Property. Jurisdiction and Applicable Law in Portugal: An Overview", *Boletim da Faculdade de Direito*, v. LXXXVI (2010), p. 149-207, e "Cases on International Private Law in Matters of Intellectual Property", *ibidem*, p. 639-682.
88. Assim, os Regulamentos nº 40/94, de 20 de Dezembro de 1993, sobre a marca comunitária, 2100/94, de 27 de Julho de 1994, sobre o regime comunitário da protecção das variedades vegetais, e 6/2002, de 12 de Dezembro de 2001, relativo aos desenhos ou modelos comunitários. So-

PARTE I • 50 ANOS DE RESPONSABILIDADE CIVIL EM PORTUGAL

a obrigação extracontratual decorre da violação de um direito de propriedade intelectual comunitário com carácter unitário, a lei aplicável a qualquer questão que não seja regida pelo instrumento comunitário pertinente é a lei do país em que a violação tenha sido cometida[89].

As soluções que se acabam de referir[90] parecem impor-se por si, sendo objecto de um largo consenso e correspondendo à natureza dos direitos de propriedade intelectual como direitos de exclusivo. Uma razão que poderá igualmente justificar a previsão do n.º 3 do artigo em apreço que, com vimos acontecer também em matéria de concorrência desleal e de actos que restringem a livre concorrência[91], exclui a autonomia das partes, ao dispor que a lei aplicável ao abrigo do presente artigo não pode ser afastada por acordos celebrados em aplicação do artigo 14.º[92].

A última regra especial do Regulamento relativa à responsabilidade civil, o seu artigo 9.º, contém o regime das acções colectivas, ao dispor que sem prejuízo das situações em que a pessoa cuja responsabilidade é invocada e o lesado tenham a sua residência habitual no mesmo país no momento em que ocorre o dano[93], a lei aplicável a uma obrigação extracontratual no que diz respeito à responsabilidade de uma pessoa que age na qualidade de trabalhador ou de empregador, ou das organizações que representam os respectivos interesses profissionais, pelos danos decorrentes de acções colectivas, pendentes ou executadas, é a lei do país no qual a acção tenha ocorrido ou venha a ocorrer, solução que, realizando a coincidência *forum--ius*, se compreende pela natureza e especificidade destas acções[94], sendo igualmente compreensível a excepção acima referida, que faz prevalecer,

---

bre as questões de direito de conflitos postas pelo primeiro daqueles textos, cfr. Christian Kohler, "Kollisionsrechtliche Anmerkungen zur Verordnung uber die Gemeinschaftsmarke", *in* Ole Due/Marcus Lutter/Jürgen Schwarze (Hrsg.), *Festschrift für Ulrich Everling*, Band I, Baden-Baden, 1995, Nomos Verlagsgesellschaft, p. 651, e Manuel Lobato Garcia-Mijan, *La Marca Comunitaria. Aspectos procesales y de Derecho Internacional Privado del Reglamento sobre la marca comunitaria*, Bolonia, 1997, Publicaciones del Real Colegio de España.

89. Saliente-se que se recorre aqui ao *Handlungsort* (lugar do facto gerador da responsabilidade), e não, como em geral sucede, ao *Erforgsort* (lugar em que se produziram os efeitos do facto danoso).

90. E que, nos termos do artigo 13.º do regulamento, se aplicam também às obrigações extracontratuais que decorram da violação de um direito de propriedade intelectual para efeitos de enriquecimento sem causa, *negotiorum gestio*, e *culpa in contrahendo*.

91. Cfr. *supra*, neste número.

92. Vide *infra*, neste número.

93. Caso em que será aplicável a lei desse país.

94. Em que a sua admissibilidade no plano processual exerce uma forte *vis attractiva* sobre a lei aplicável. Sobre estas acções, cfr. Catherine Kessedjian, "Les actions collectives en dommages et intérêts pour infraction aux règles communautaires de la concurrence et le droit international privé", *in Nuovi Strumenti del Diritto Internazionale Privato. Liber Fausto Pocar* (cit. *supra*, nota 48), p. 533-547.

199

em caso de residência habitual comum das partes na relação de responsabilidade, esta última lei[95].

Finalmente, tenha-se presente que, para além das regras de conflitos relativas às obrigações extracontratuais decorrentes da responsabilidade civil, o Regulamento consagra, no seu Capítulo IV, o princípio da autonomia das partes, admitindo com particular latitude[96] a liberdade de designação, por elas, da lei aplicável[97]. Esta previsão surge-nos no artigo 14.º, que permite que as partes possam subordinar as obrigações extracontratuais à lei da sua escolha mediante convenção posterior ao facto que dê origem ao dano, ou, caso todas as partes desenvolvam actividades económicas, também mediante uma convenção livremente negociada, anterior ao facto que dê origem ao dano. Para tanto, requer-se[98] que a escolha seja expressa ou decorra, de modo razoavelmente certo, das circunstâncias do caso, e não prejudique os direitos de terceiros (n.º 1). Trata-se de uma possibilidade que, além de admitida por outros instrumentos de direito internacional privado da União Europeia[99], tem vindo a ser objecto de largo consenso doutrinal[100], sendo

---

95. Cuja aplicação não pode deixar de corresponder às expectativas das partes.
96. Mas não com carácter geral. Recorde-se que as leis que o Regulamento considera competentes em matéria de concorrência desleal e actos que restrinjam a livre concorrência (artigo 6.º), e em sede de violação de direitos de propriedade intelectual (artigo 8.ª) não podem ser afastadas por acordo das partes, nos termos, respectivamente, do n.º 4 e do n.º 3 daqueles dois artigos. Cfr. *supra*, neste número.
97. Sobre o ponto, veja-se P. Bertoli, "Party autonomy and choice of law. Methods in the Rome II regulation on the law applicable to non-contractual obligations", *Il Diritto dell'Unione Europea*, 2/2009, p. 231-260. Sobre a questão, cfr. também Marc Fallon, "L'incidence de l'autonomie de la volonté sur la détermination du droit applicable à la responsabilité non contractuelle", *in Mélanges Roger O. Dalq. Responsabilité et assurances*, Bruxelles, 1994, Larcier, p. 159-187.
98. Como sucedia já no artigo 3.º, n.º 1, da Convenção de Roma, e viria a ocorrer, também no artigo 3.º, n.º 1, do Regulamento n.º 593/2008.
99. Para além do texto citado em último lugar na nota anterior, cfr., ainda que em termos diversos, o artigo 8.º do Protocolo da Haia sobre a lei aplicável às obrigações de alimentos, de 2007, para que remete o artigo 15.º do Regulamento (CE) n.º 4/2009, do Conselho, de 18 de Dezembro de 2008, relativo à competência, à lei aplicável, ao reconhecimento e à execução das decisões e à cooperação em matéria de obrigações alimentares, o artigo 5.º do Regulamento (UE) n.º 1259/2010, do Conselho, de 20 de Dezembro de 2010, que cria uma cooperação reforçada no domínio da lei aplicável em matéria de divórcio e separação judicial, os artigos 22.º e 25.º, n.º 3, do Regulamento (UE) n.º 650/2012, do Parlamento Europeu e do Conselho, de 4 de Julho de 2012, relativo à competência, à lei aplicável, ao reconhecimento e execução das decisões, e à aceitação e execução dos actos autênticos em matéria de sucessões e à criação de um certificado sucessório europeu, e o artigo 22.º, tanto do Regulamento (UE) n.º 2016/1103, do Conselho, de 24 de Junho de 2016, que implementa a cooperação reforçada no domínio da competência, da lei aplicável, do reconhecimento e da execução de decisões em matéria de regimes matrimoniais, como do Regulamento (UE) n.º 2016/1104, do Conselho, da mesma data, que implementa a cooperação reforçada no domínio da competência, da lei aplicável, do reconhecimento e da execução de decisões em matéria de efeitos patrimoniais das parcerias registadas.
100. Para a sua fundamentação, cfr. A. Curti-Gialdino, "La volonté des parties en droit international privé", *Recueil des Cours*, t. 137 (1972-III), p. 743-914, Alfred von Overbeck, "L'irrésistible extension

igualmente acolhida, no domínio que nos ocupa, em diversos sistemas estaduais de direito internacional privado.

Cumpre porém sublinhar que esta possibilidade de *electio iuris* não é irrestricta, sendo afectada por limites. Nestes termos, não só se especifica que "sempre que todos os elementos relevantes da situação se situem, no momento em que ocorre o facto que dá origem ao dano, num país que não seja o país da lei escolhida, a escolha das partes não prejudica a aplicação das disposições da lei desse país não derrogáveis por acordo" (n.º 2)[101], como se adianta que "sempre que todos os elementos relevantes da situação se situem, no momento em que ocorre o facto que dá origem ao dano, num ou em vários Estados-Membros, a escolha, pelas partes, de uma lei aplicável que não a de um Estado-Membro, não prejudica a aplicação, se for esse o caso, das disposições de direito comunitário não derrogáveis por convenção, tal como aplicadas pelo Estado-Membro do foro" (n.º 3). Trata-se aqui de, no caso particular de todos os elementos relevantes da situação se situarem, no momento em que ocorre o facto que dá origem ao dano, num país que não seja o país da lei escolhida, salvaguardar a aplicação das disposições da lei desse país não derrogáveis por acordo, assim se evitando a sua frustra-

---

de l'autonomie en droit international privé", in *Nouveaux itinéraires en droit. Hommage à François Rigaux*, Bruxelles, 1993, Bruylant, p. 619-636, Moura Ramos, *Da Lei Aplicável ao Contrato de Trabalho Internacional* (*cit. supra*, nota 16), p. 429-453, António Marques dos Santos, "Algumas considerações sobre a autonomia da vontade no direito internacional privado em Portugal e no Brasil", in *Estudos em Homenagem à Professora Doutora Isabel de Magalhães Collaço* v. I, Coimbra, 2002, Almedina, p. 379-429, Dieter Henrich, "Parteiautonomie, Privatautonomie und kulturelle Identität", in *Festschrift fur Erik Jayme* (*cit. supra*, nota 48), p. 320-329, Stefan Leible, "Parteiautonomie im IPR – Allgemeines Anknupfungsprinzip oder Verlegensheitslosung?", *ibidem*, p. 484-503, Jean-Michel Jacquet, "Le principe d'autonomie entre consolidation et évolution", in *Vers de nouveaux équilibres entre ordres juridiques. Mélanges en l'honneur d'Hélène Gaudemet-Tallon* (*cit. supra*, nota 43), p. 727-745, e, mais perto de nós, Jurgen Basedow, "Theorie der Rechtswahl oder Parteiautonomie als Grundlage des Internationalen Privatrechts", *RabelsZ*, 75 (2011), p. 32-59, Pilar Blanco-Morales Limones, "La autonomia de la voluntad en las relaciones plurilocalizadas. Autonomia de la voluntad. Elección de ley aplicable: Consentimiento y forma de los actos", in *Autonomia de la Voluntad en el Derecho Privado. Estudios en conmemoración del 150 aniversario de la Ley del Notariado*, t. V – Derecho internacional privado e interregional, 2012, Consejo General del Notariado, p. 1-166, Alfonso-Luis Calvo Caravaca, "La autonomia de la voluntad como principio informador del derecho internacional privado en la sociedad global", *ibidem*, p. 167-301, Guillermo Palao Moreno, "La autonomia de la voluntad y la resolución de las controvérsias privadas internacionales", *ibidem*, p. 817-956, Christian Kohler, "L'Autonomie de la Volonté en Droit International Privé: Un Principe universel entre libéralisme et étatisme", *Recueil des Cours*, t. 359 (2013), p. 285-478, Sergio M. Carbone, "Autonomia privata nel diritto sostanziale e nel diritto internazionale privato: diverse technische e un'unica funzione", 49 *Rivista di diritto internazionale privato e processuale* (2013), p. 569-592, e Symeon C. Symeonides, "Party autonomy and the *lex limitativa*", in *Mélanges en l'honneur de Spyridon Vl. Vrellis* (*cit. supra*, nota 29), p. 909-924.

101. Circunstancialismo paralelo ao que existia já no artigo 3.º, n.º 3, da Convenção de Roma, e que passou depois a constar também do artigo 3.º, n.º 3 do Regulamento n.º 593/2008 (citados *supra*, na nota 97).

ção por um acordo das partes que como que se furtariam deste modo ao cumprimento de disposições inderrogáveis numa situação que só se tornou verdadeiramente plurilocalizada (e não meramente interna) por força da escolha da lei (ou da eleição da jurisdição) que as partes exprimiram[102]. E que se entendeu dever ser equacionada da mesma forma, por identidade de razão e em nome da salvaguarda do direito da União, no caso em que aquela concentração dos elementos relevantes da situação ocorre num ou vários Estados-Membros e a lei escolhida pelas partes é a lei de um Estado não--Membro, em relação às disposições de direito da União não derrogáveis por convenção, tal como aplicadas pelo Estado-Membro do foro[103].

Mau grado estes limites, que como que mais não fazem que prevenir situações de abuso na possibilidade de escolha da lei, a autonomia das partes encontra assim uma ampla consagração no domínio do Regulamento. Consagração que não deixa de respeitar o objectivo de protecção da parte mais fraca, que sabemos percorrer o actual direito internacional privado[104]. Na verdade, ao admitir-se tão só a escolha da lei posterior ao facto que dê origem ao dano (apenas lhe podendo ser anterior, e mediante convenção livremente negociada, no caso de todas as partes desenvolverem actividades económicas)[105], estará em princípio assegurada a genuinidade da manifestação de vontade dos interessados e a sua plena informação sobre o alcance do acordo a que por esta forma chegam.

O que deixamos dito sobre o Regulamento n.º 864/2007 atesta de forma muito clara que, no domínio da responsabilidade civil, este texto marca visivelmente a superação do direito internacional privado das obrigações

---

102. Para uma mais larga justificação deste ponto de vista, veja-se o que dissemos a propósito do lugar paralelo dos contratos, in *Da Lei Aplicável ao Contrato de Trabalho Internacional* (cit. supra, nota 16), p. 449-453, especialmente nota 140.

103. Vide, no mesmo sentido, o artigo 3.º, n.º 4, do Regulamento n.º 593/2008 (citado *supra*, na nota 97).

104. Sobre o ponto, em geral, cfr. Fausto Pocar, "La protection de la partie faible en droit international privé", *Recueil des Cours* t. 188 (1984-V), p. 339-417, Anne Sinay-Cytermann, "La protection de la partie faible en droit international privé. Les exemples du salarié et du consommateur", *in Le droit international privé: esprit et méthodes. Mélanges en l'honneur de Paul Lagarde* (cit. supra, nota 42), p. 737-748, Giesela Ruhl, "Der Schutz des "Schwacheren"im europaischen Kollisionsrecht", *in Grenzen Uberwinden – Prinzipien Bewahren. Festschrift fur Bernd von Hoffmann zum 70. Geburtstag* (Herausgegeben von Herbert Kronke/Karsten Thorn), Bielefeld, 2011, Verlag Ernst und Werner Gieseking, p. 364-377, Mohamed Salah, "Loi d'autonomie et méthodes de protection de la partie faible en droit international privé", *Recueil des Cours*, t. 315 (2005), p. 141-264, e, entre nós, Moura Ramos, "Contratos internacionais e protecção da parte mais fraca no sistema jurídico português", *in Contratos: Actualidade e Evolução*, Porto, 1997, Universidade Católica Portuguesa, p. 331-357.

105. Sobre os particulares limites à autonomia das partes em matéria de responsabilidade extracontratual, cfr. Wolf Richard Herkner, *Die Grenzen der Rechtswahl im internationalen Deliktsrecht*, Frankfurt am Main, 2003, Peter Lang.

extracontratuais que preexistiu à *conflicts revolution* americana e entrou verdadeiramente em crise nos inípios da segunda metade do século que findou. Na verdade, aquele instrumento abandonou de todo o monopólio inicialmente reconhecido à *lex loci delicti commissi*, optando claramente por uma via de especialização[106], que conduziu à fragmentação do estatuto delitual, pela formulação de regras de conflitos flexíveis, que não deixam igualmente de procurar atender ao meio social em que se fazem sentir as consequências do facto ilícito e do dano, e por uma atenção a considerações de justiça material. Pode assim falar-se, verdadeiramente, da concretização de uma mudança de paradigma, como já referimos e sugestivamente se escreveu entre nós[107], que de resto acompanha claramente o movimento de ideias de além-Atlântico[108]. A regulamentação a que se chegou procura atentar nas diferentes situações que dão origem a obrigações extracontratuais e pondera a especificidade de cada uma, em sede de determinação da lei aplicável[109]. E, sem o ter conseguido fazer na totalidade[110], afigura-se ter logrado ponderar adequadamente os interesses em jogo nas várias situações, procurando conciliar a previsibilidade do direito aplicável[111] com os esforços empreendidos no sentido de uma maior materialização e flexibilidade das regras de conflitos nesta matéria.

---

106. E que por isso se distancia de um quadro unitário de soluções, como o que encontramos no nosso Código Civil a este propósito (*supra*, n.º 3).
107. *Vide supra*, nota 41.
108. Salientando este facto, cfr. a análise de Peter Herzog (*cit. supra*, nota 43).
109. Sobre este ponto, cfr. os estudos de Gunther Beitzke, "Les obligations délictuelles en droit international privé", *Recueil des Cours*, t. 115 (1965-II), p. 63-146, Otto Kahn-Freund, "Delictual liability and the conflict of laws", *Recueil des Cours*, t. 124 (1968-II), p. 1-166, Pierre Bourel, "Du rattachement de quelques délits spéciaux en droit international privé", *Recueil des Cours*, t. 214 (1989-II), p. 251-398, Michael C. Pryles, "Tort and related obligations in private international law", *Recueil des Cours*, t. 227 (1991-II), p. 9-206, Eugene F. Scoles/Peter Hay/Patrick J. Borchers/Symeon C. Symeonides, *Conflict of Laws* (*cit. supra*, nota 42), p. 685-855, Jacob Dolinger, "Evolution of principles for resolving conflicts in the field of contracts and torts", *Recueil des Cours*, t. 283 (2000), p. 187-512 (452-496), e Symeon C. Symeonides, *Choice of Law* (*cit. supra*, nota 42), p. 177-341.
110. Recorde-se que a matéria das obrigações extracontratuais decorrentes da violação da vida privada e dos direitos de personalidade, incluindo a difamação, foi excluída do âmbito material do regulamento. Cfr. *supra*, neste número, e nota 54.
111. Para a importância desta ideia, na nossa disciplina, cfr. Wilhelm Wengler, "L'évolution moderne du droit international privé et la prévisibilité du droit applicable", *Rev. crit. de DIP*, v. 79 (1990), p. 657-674, que se revela reticente face às novas orientações nesta matéria, Peter Hay, "Flexibility versus predicability and uniformity in choice of law. Reflections on current european and United States conflicts law" (*cit. supra*, nota 42), P. E. Nygh, "The reasonable expectations of the parties as a guide to the choice of law in contract and in tort", *Recueil des Cours*, t. 251 (1995), p. 269-400 (com especial referência à matéria da responsabilidade extracontratual, a p. 350-375), e, recentemente Thalia Kruger, "The quest for legal certainty in international civil cases", *Recueil des Cours*, t. 380 (2015), p. 281-444.

5. CONCLUSÃO

A breve revisitação, a que se acaba de proceder, do regime internacionalprivatístico da responsabilidade civil constante dos sistemas jurídicos brasileiro e português (e também, no seio deste último, do criado no e pelo direito da União Europeia) permitiu-nos acompanhar as vicissitudes por que passou este sector do direito internacional privado, na evolução sofrida após a década de sessenta do século passado e na ultrapassagem da *lex loci delicti*.

Assim, e num primeiro momento, se o actual direito de conflitos brasileiro ainda essencialmente sedeado na Lei de Introdução de 1942 continua fiel a essa orientação de base, não é menos verdade que os vários projectos de reforma que lhe têm sido dedicados já se orientam em sentido algo diverso, dando sinais quer de uma materialização (como no caso do Anteprojecto de Haroldo Valladão), quer de uma flexibilização das soluções conflituais (com o Projeto de 2004 e a sua consagração da cláusula geral da conexão mais estreita), do mesmo modo que o direito de influência mercosulina se orienta nesta última direcção, ainda que manifestando agora resistências à consagração do poder modelador do juiz, nesta matéria. De todo o modo, a ideia de superação da rigidez do critério clássico parece fazer carreira, acompanhando de resto a reflexão doutrinal que vai claramente nesse sentido, ao menos nas contribuições mais recentes.

Se passarmos agora ao direito internacional privado português, e nos detivermos perante as soluções do Código Civil de 1966, poderemos notar, neste texto, a par da conservação da *lex loci delicti* como ponto de partida, a consagração nesta matéria das mesmas tendências de materialização e flexibilização da escolha conflitual que pudemos notar no sistema brasileiro, mas agora através do recurso a cláusulas de excepção especiais fechadas (tanto de natureza material como de carácter conflitual), mantendo-se portanto a recusa de confiar à intervenção judicial qualquer poder modelador, em sede tanto de concretização do princípio da conexão mais estreita, como de escolha da lei em função do resultado.

Ao alargarmos por último a nossa atenção às normas do direito da União Europeia (na circunstância, os comandos do Regulamento n.º 864/2007), pudémos constatar, para além das referidas preocupações de materialização e flexibilização (mas agora através do recurso a cláusulas de excepção abertas de natureza conflitual) das soluções conflituais, a emergência de uma clara tendência quer no sentido da especialização da regra de conflitos relativa à responsabilidade civil[112], quer no do reconhecimento

---

112. Que levou à previsão, no âmbito material do Regulamento (recorde-se que dele ficou excluída, designadamente, a questão das obrigações extracontratuais que decorram da violação da vida

da autonomia das partes, ainda que sem prejuízo da tutela da parte mais débil. Isto sem prejuízo de, nas regras de conflitos especiais, aflorarem em maior ou menor medida outras preocupações, por exemplo com a tutela da previsibilidade do agente e com a protecção de interesses gerais.

Do exposto resulta de forma nítida, para além da superação da *lex loci delicti*, reduzida a um de entre distintos elementos susceptíveis de ser considerados nesta matéria, a emergência de distintas linhas de força que, de modo distinto de caso para caso, mas em termos bem nítidos no domínio da responsabilidade civil, têm marcado a evolução do direito internacional privado: a especialização, a materialização, a flexibilização, e o reconhecimento da autonomia das partes[113]. O que permitiu assim que o caminho que fizemos através do direito internacional privado da responsabilidade civil em vigor nos dois países irmãos se transformasse numa viagem pelas orientações metodológicas que marcaram, no último meio século, a evolução da nossa disciplina.

---

    privada e dos direitos de personalidade), para além da regra geral, de cinco regras de conflitos especiais (relativas à responsabilidade por produtos defeituosos, à concorrência desleal e actos que restrinjam a livre concorrência, aos danos ambientais, à violação de direitos de propriedade intelectual e às acções colectivas).

113. Sobre as três primeiras, cfr. o que escrevemos em *Da Lei Aplicável ao Contrato de Trabalho Internacional* (*cit. supra*, nota 16), p. 364-410, e Julio Gonzalez Campos, "Diversification, spécialisation, fléxibilisation et matérialisation des règles de droit international privé. Cours général" (*cit. supra*, nota 26).

6

OS DANOS NÃO PATRIMONIAIS (DITOS) INDIRETOS – UMA REFLEXÃO *RATIONE PERSONAE* SOBRE A SUA RESSARCIBILIDADE

PROF. DOUTORA RUTE TEIXEIRA PEDRO[1]

SUMÁRIO • A ressarcibilidade dos danos não patrimoniais causados a uma pessoa em consequência da lesão de outra pessoa – delimitação do objeto de reflexão – 1. A qualificação dos danos como danos indiretos e a determinação das consequências jurídicas quanto à sua ressarcibilidade: 1.1 A rejeição da suscetibilidade de compensação dos danos; 1.2 O reconhecimento da suscetibilidade da compensação dos danos – 2. O reconhecimento de relevância jurídica a se às posições jurídicas dos lesados mediatos e a superação, para efeitos ressarcitórios, do caráter reflexo dos danos: 2.1 O reconhecimento de relevância a se às posições jurídicas dos lesados mediatos; 2.2 A delimitação *ratione personae* da ressarcibilidade dos danos não patrimoniais causados a uma pessoa em consequência de uma lesão corporal de outra pessoa que sobrevive à lesão – 3. Observações conclusivas.

A RESSARCIBILIDADE DOS DANOS NÃO PATRIMONIAIS CAUSADOS A UMA PESSOA EM CONSEQUÊNCIA DA LESÃO DE OUTRA PESSOA – DELIMITAÇÃO DO OBJETO DE REFLEXÃO

I. Para objeto da presente reflexão escolhemos a problemática da ressarcibilidade de danos não patrimoniais[2] sofridos por uma pessoa, em consequência da lesão infligida a outrem. Trata-se de danos que, muito frequentemente, são denominados como "danos indiretos" ou "danos reflexos" ou ainda como "danos por ricochete"[3]. Através do emprego de tais expressões é

---

1. Professora Auxiliar da Faculdade de Direito da Universidade do Porto
2. Acolhemos o entendimento segundo o qual os danos não patrimoniais serão aqueles que se produzem em virtude da frustração de utilidades insuscetíveis de avaliação pecuniária que o bem afetado proporciona. Sobre esta noção, *vide* L. Menezes LEITÃO, *Direito das Obrigações*, Vol. I. Introdução da Constituição das Obrigações, 13.ª Ed., Coimbra: Almedina, 2016, 300.
3. Por trás da utilização de tais fórmulas terminológicas poderia, ademais, como veremos *infra*, encontrar-se já uma tomada de posição sobre o enquadramento jurídico a dar ao ressarcimento destes danos e um princípio de resposta à problemática que a este propósito se coloca. Não é,

posto em destaque o nexo existente entre os danos não patrimoniais[4] – cuja compensabilidade é discutida – causados, mediatamente, a uma pessoa e os danos produzidos na esfera jurídica de outra pessoa, que é aquela que é lesada, imediatamente, pelo ato fundante da responsabilidade civil do seu autor[5].

II. Uma particular constelação de situações fácticas em que a questão da compensabilidade dos danos referidos se coloca é aquela em que o lesado imediato morre. A própria lei destacou esse género de *factispecies*, consagrando, para ela, regras especiais em que se procede à definição do círculo de pessoas com legitimidade para requerer a compensação de danos não patrimoniais decorrentes da morte de uma outra pessoa (n.º 2, 3 e 4 do art. 496.º do Código Civil[6]).

Outra constelação de situações fácticas em que a mesma problemática emerge é aquela em que o lesado imediato não morre, mas sofre lesões (corporais)[7] graves suscetíveis de afetar, negativamente, a esfera jurídica de outras pessoas, causando-lhes danos[8]. Quanto aos danos não patrimoniais produzidos numa situação da espécie referida não existe nenhuma norma especial. À míngua de uma disciplina adrede prevista para a matéria, surge a questão de saber se aqueles danos merecem ressarcimento. Poderá o princípio geral consagrado no art.º 496.º, 1, conjugado com o regime geral da responsabilidade civil, fundar a compensação de tais danos? Que pessoas podem invocar o direito à sua reparação?

III. Nas páginas que se seguem, vamos, procurar responder a essas questões, tomando para objeto principal da nossa reflexão as situações em que o causador do dano praticou um ato ilícito e culposo e em que, por isso,

---

no entanto, uma inferência que, necessariamente, se imponha. Por isso, formulamos já uma prevenção contra a atribuição deste segundo significado à utilização das referidas expressões que, outrossim, têm o mérito de pôr a nu a especificidade do encadeamento que, na problemática em análise se pressupõe, das lesões produzidas a duas pessoas distintas.

4. Tal nexo também pode existir quanto aos danos patrimoniais, concitando a aplicação de idêntica opção terminológica. Neste trabalho, vamos concentrar-nos apenas na reflexão sobre a compensabilidade dos danos não patrimoniais.

5. Para nos referirmos a essas duas pessoas, usaremos, respetivamente, as expressões "lesado mediato" e "lesado imediato", destacando o nexo que entre as duas lesões existe.

6. Usaremos a abreviatura CC, para nos referirmos ao Código Civil Português de 1966. Ademais prevenimos que sempre que sejam citados artigos sem referência expressa ao diploma a que pertencem, deve entender-se que integram o referido Código.

7. Vamos centrar-nos na hipótese de o lesado imediato sofrer uma lesão corporal, mas as observações que teceremos valerão para qualquer hipótese em que exista uma pessoa que sofra, imediatamente, um dano por causa de um ato ilícito e culposo de outrem que, consequentemente, se constituirá na obrigação de indemnizar o primeiro.

8. Esta hipótese encontra-se contemplada na lei, no art. 495.º, mas apenas no que respeita aos danos patrimoniais sofridos por terceiros.

a sua responsabilidade se afirma quanto ao lesado imediato ao abrigo do art. 483.º, n.º 1 do CC[9].

1. A QUALIFICAÇÃO DOS DANOS COMO DANOS INDIRETOS E A DETERMINAÇÃO DAS CONSEQUÊNCIAS JURÍDICAS QUANTO À SUA RESSARCIBILIDADE

I. Na operação de definição do enquadramento jurídico da ressarcibilidade dos danos não patrimoniais anteriormente identificados, importa considerar, em primeiro lugar, uma perspetiva que corresponde à visão – que podemos apelidar como tradicional – da problemática em análise. Trata-se de um entendimento que se baseia num raciocínio que gravita em torno da distinção entre danos diretos e danos indiretos. Assim, nas hipóteses *supra* recortadas, os danos (patrimoniais e não patrimoniais) sofridos pelo lesado imediato – aquele a quem é produzida a lesão corporal – são danos diretos; diversamente, os danos causados a outras pessoas (lesados mediatos) como consequência daquela lesão são danos indiretos.

II. À luz de um tal entendimento, para que se possa definir se os danos não patrimoniais sofridos pelo lesado mediato são suscetíveis de compensação, impõe-se determinar em que situações se reconhece, no nosso ordenamento jurídico, relevância, para efeitos ressarcitórios, aos danos indiretos. Na esteira deste raciocínio, os entendimentos sobre a questão, à luz do direito constituído, agrupam-se, fundamentalmente em duas linhas, detetando-se, ao longo das últimas décadas, um gradual abandono da primeira acompanhado de um crescente acolhimento da segunda.

1.1 A rejeição da suscetibilidade de compensação dos danos

I. Por um lado, à luz de um primeiro entendimento, perfilam-se aqueles que, na doutrina[10] e na jurisprudência[11], defendem que a ressarcibilida-

---

9. A questão surge, frequentemente, num cenário em que funciona a responsabilidade objetiva, como ocorre no âmbito dos acidentes de circulação automóvel. Neste contexto devem considerar-se outras regras – nomeadamente as do regime jurídico do seguro obrigatório – que importam, em certos pontos, a aplicação de soluções distintas daquelas que resultariam do *mero* funcionamento do instituto da responsabilidade civil e das normas que o compõem, nomeadamente a do art. 496.º. A esse propósito o Supremo Tribunal de Justiça (STJ) proferiu o Acórdão de Uniformização de Jurisprudência (AUJ) 12/2014, de 5 de junho de 2014. Considerando os limites definidos para este trabalho, teremos que nos concentrar nas situações em que se equaciona a afirmação da responsabilidade civil extracontratual, nos termos previstos no art. 483.º, n.º 1 do CC.

10. É o caso de J. Antunes Varela, *Das Obrigações em geral*, Vol. I, 10.ª edição, Coimbra: Almedina, 2015, 644 s, e de J. Sinde Monteiro, "Dano corporal (um roteiro do direito português)", *Revista de Direito e Economia*, XV, 1989, 370.

11. *Vide*, a título ilustrativo, os Acórdãos do STJ de 17/09/2009 (N.º 292/1999-S1; João Moreira Camilo) e de 26.02.2004 (N.º 3036/03; Duarte Soares). Todos os acórdãos estão acessíveis em *www.dgsi.pt*.

de dos danos reflexos apenas merece acolhimento, *de iure constituto*, nas situações, expressamente, previstas na lei.

II. Em abono desse entendimento invoca-se, por um lado, o regime consagrado no art.º 495.º, relativamente a danos patrimoniais sofridos por certos sujeitos em consequência da lesão corporal de uma outra pessoa[12] e que, em princípio, – não fora a consagração das soluções vertidas neste artigo – não seriam indemnizados. Tal resultaria, desde logo, do facto de não se poder afirmar, quanto aqueles danos patrimoniais, a violação de uma relação obrigacional entre o lesante e o lesado (mediato) – que permitiria a aplicação da responsabilidade obrigacional (art. 798.º e ss) –, nem a infração de deveres jurídicos gerais[13], que possibilitariam o funcionamento da responsabilidade aquiliana (art. 483.º). São, portanto, as normas contidas no art. 495.º que vêm permitir, excecionalmente, o seu ressarcimento.

Paralelamente, no que respeita aos danos não patrimoniais, os n.º 2 e 3 do art.º 496.º na sua versão original e os seus n.º 2, 3 e 4 na versão daquele artigo reformada em 2010, pela Lei n.º 23/2010, de 30 de Agosto, reconhecem a compensabilidade de danos indiretos de natureza não patrimonial sofridos por certas pessoas[14]. Trata-se de danos associados à morte de um familiar[15] próximo e que não se confundem com os danos sofridos pelo próprio

---

12. Não nos vamos debruçar sobre as diferenças que distanciam as previsões normativas de cada um dos números deste artigo.

13. Quer se trate deveres jurídicos gerais que, consubstanciando a denominada obrigação passiva universal, constituem o contrapolo da titularidade pelo lesado de um direito subjetivo absoluto, quer se trate de deveres cujo cumprimento decorre do respeito por normas que visam proteger os interesses de outra pessoa, ainda que não lhe atribuam, para o efeito, um direito subjetivo (as denominadas normas de proteção). Em ambas as hipóteses de inobservância dos referidos deveres, haverá a prática de um ato ilícito suscetível de desencadear, à luz do art. 483.º, a responsabilidade aquiliana.

14. Falamos, aqui, da reparação dos danos sofridos por pessoas diversas do falecido. E esses danos, por força do art. 496.º, n. 4, só são reparáveis quanto às pessoas indicadas nos números 2 e 3. Estes dois números referem-se, diretamente, à reparação dos danos não patrimoniais sofridos pelo próprio falecido e que a lei determina que caibam (*de iure proprio* ou por transmissão) às mesmas pessoas. No que concerne à reparação destes últimos danos os três círculos de sujeitos relevam, hierarquicamente, à luz de um princípio de preferência de classes idêntico ao que vale no âmbito sucessório. Questão diversa é a de saber se a ordenação hierárquica valerá também para a compensação dos danos sofridos diretamente pelas pessoas enunciadas, em consequência da morte do seu ente querido (i.e., um irmão só será compensado na falta de pessoas que se reconduzam aos primeiros círculos?). Sobre esta questão, vide D. Maya Lucena, *Danos não patrimoniais. O dano da morte*, Coimbra: Almedina, 2006, 35.

15. Usamos, aqui, a expressão para abranger o cônjuge, o unido de facto e os parentes elencados nos n.ºs 2 e 3 do art. 496.º. Sabemos, no entanto, que a qualificação da união de facto como relação familiar não é isenta de discussão. Na verdade, à luz de um entendimento tradicional, o perímetro jurídico da família era delimitado com base no disposto no art. 1576.º. Nessa perspetiva, a relação de união de facto era, portanto, qualificada como uma relação parafamiliar. As características da comunhão de vida *more uxoria* e a densificação da proteção jurídica que lhe é reconhecida,

falecido – sejam, quanto a este, danos intercalares consumados entre o momento da lesão e o momento da sua morte, seja o dano da perda da vida. Correspondem ao sofrimento, à angústia e à perturbação provocados pela ocorrência da morte de alguém com que se tem grande proximidade existencial.

À míngua das normas referidas, também os danos não patrimoniais sofridos pelas pessoas aí elencadas ficariam sem cobertura jurídica, na medida em que não se pudesse invocar a violação, pelo responsável pela morte do familiar falecido, quanto àquelas pessoas, de direitos (encabeçados pelas mesmas) ou de interesses protegidos por normas de proteção, suscetíveis de desencadear a tutela aquiliana[16]. Ademais, o caráter taxativo atribuído ao elenco de pessoas previstas nos n.º 2 e 3 art. 496.º apresentava-se como mais uma marca da natureza excecional da compensabilidade dos danos indiretos ali consagrada.

III. Chama-se, também, à colação, quanto aos danos não patrimoniais, um argumento de índole histórica alicerçado no processo preparatório do Código Civil. Assim, destaca-se o facto de, na proposta apresentada por Vaz Serra, se conter uma norma que reconhecia legitimidade para demandar uma compensação por danos não patrimoniais a outras pessoas que não apenas aquela que foi vítima de uma lesão corporal, quando o lesado direto não falecesse em consequência dessa lesão[17]. À rejeição de tal norma se associa, à luz da perspetiva que estamos a analisar, o significado de se ter querido, intencionalmente, consagrar o entendimento contrário que, portanto, circunscreve o reconhecimento de relevância ressarcitória apenas aos danos sofridos pelo lesado direto e, excecionalmente, aos danos sofridos por outra pessoas nas situações reconduzíveis ao art.º 495.º, quanto aos danos patrimoniais, e ao art. 496.º, n.º 2 e – desde 2010, também – ao n.º 3, quanto aos danos não patrimoniais (neste caso, prevê-se apenas a hipótese de morte do lesado imediato).

---

levam a que cada vez mais vozes na doutrina revejam a noção jurídica de família, nela incluindo também a relação entre unidos de facto. Veja-se Pereira COELHO e Guilherme de OLIVEIRA que, na última edição do Curso de Direito da Família, passam a qualificar a união de facto como relação familiar. *Curso de Direito da Família*, Vol. I. Introdução e Direito Matrimonial, 5.ª Edição, Coimbra: Imprensa da Universidade de Coimbra, 2016, 55.

16. A afirmação de que, quanto aos lesados mediatos, não existe a lesão de direitos próprios merecedores de tutela delitual não é insuscetível de contestação, nomeadamente através de um raciocínio idêntico ao que formularemos *infra* na secção III, quanto à hipótese de sobrevivência do lesado imediato.

17. No n.º 5 do art.º 759.º da proposta de A. Vaz SERRA, lia-se: "No caso de dano que atinja uma pessoa de modo diferente do previsto no § 2.º [no caso de morte], têm os familiares dela direito de satisfação pelo dano a eles pessoalmente causado. Aplica-se a estes familiares o disposto nos parágrafos anteriores; mas o aludido direito não pode prejudicar o da vítima imediata". "Direito das Obrigações", *Boletim do Ministério de Justiça (BMJ)*, 101, Dezembro 1960, 15 s.

1.2 O reconhecimento da suscetibilidade da compensação dos danos

I. Ao longo do tempo, várias vozes se foram ouvindo na doutrina e na jurisprudência, pondo em crise a inequivocidade do entendimento que acabou de ser exposto, nomeadamente no que concerne aos danos de natureza não patrimonial[18]. Algumas dessas vozes, não contestando o caráter excecional da compensabilidade dos danos não patrimoniais, põem em destaque as virtualidades do recurso à interpretação extensiva para alargar o âmbito da compensação daqueles danos para além dos estritos limites traçados na letra dos preceitos interpretados[19].

Nesse sentido se pronunciou J. RIBEIRO DE FARIA, no primeiro volume das suas lições de "Direito das Obrigações"[20]. Também A. VAZ SERRA defendia o mesmo entendimento. Este Autor, reconhecendo embora bondade às razões que justificam a enunciação na lei de certas situações suscetíveis de dar lugar à compensação de danos não patrimoniais, não associava a essa previsão, "o inconveniente" de denegar idêntica compensação a danos não patrimoniais produzidos noutras situações em que, igualmente ou mais intensamente, se justificasse aquela compensação[21]. Ademais, o insigne jurista entendia que a não transposição para o Código Civil da norma sobre esta matéria por ele proposta não impedia que, à luz do direito constituído, se pudesse afirmar a ressarcibilidade dos danos patrimoniais indiretos para além das situações em que o lesado imediato morre, através do recurso à interpretação extensiva do art.º 496.º, 2[22].

---

18. É apenas na possibilidade de ressarcimento desses danos que nos vamos concentrar a partir de agora. Na verdade, a referência ao tratamento jurídico previsto para os danos patrimoniais (indiretos) visou apenas explicitar a perspetiva que destaca a natureza excecional das normas que contêm a previsão da possibilidade de reparação dos danos produzidos na esfera jurídica de uma pessoa como consequência de um dano provocado a outra.

19. Outras vozes alcançavam idêntico resultado reparatório, rejeitando a natureza excecional da norma que contemplava a compensação dos danos não patrimoniais indiretos. Assim, o Juiz Conselheiro SALRETA PEREIRA no seu voto de vencido ao Acórdão (Ac.) do STJ de 17 de setembro de 2009 (vide nota 11).

20. O saudoso Professor alertava para a necessidade de "entender o princípio da ressarcibilidade dos danos morais, formulados pela nossa lei, num sentido amplo", denotando que "se é certo que a disposição do art.º 496.º é uma disposição excecional, ela não é insuscetível de interpretação extensiva, e, portanto, de ser alargada a casos que caibam no espírito da lei". *Direito das Obrigações*, Volume I, Coimbra: Livraria Almedina, 1990, 491, em especial nota 2.

21. Na verdade, a enunciação legal dos casos considerados mais importantes teria "a vantagem de impedir, quanto a eles, as incertezas de uma apreciação judicial sobre se é justificável a compensação". A. Vaz SERRA, "Reparação do dano não patrimonial", *BMJ*, 83, Fevereiro de 1959, 90.

22. A. Vaz SERRA, em comentário ao Ac. do STJ de 13 de janeiro de 1970, manifesta-se contra o entendimento acolhido pelo Tribunal na referida decisão, de rejeição da compensação de um pai pelo sofrimento decorrente da lesão corporal grave do filho que sobrevive à lesão, por reservar tal compensação aos casos de morte. *Revista de Legislação e Jurisprudência*, ano 104, 1970, 16.

Em comum às posições enunciadas encontra-se a ideia de extensão de compensabilidade ancorada na afirmação da idêntica gravidade das consequências danosas. Para a procedência de tal argumento necessário se torna, portanto, que a lesão corporal, apesar de não produzir a morte, provoque afetações muito graves da saúde do lesado imediato.

II. É esse o raciocínio que subjaz a várias decisões judiciais que, nas últimas décadas, vinham acolhendo a possibilidade de compensação de danos não patrimoniais indiretos, para além dos casos previstos nos art. 496.º, n.º 2 e 3 do CC e que se encontra, também, presente no Acórdão de Uniformização de Jurisprudência 6/2014, de 9 de janeiro de 2014[23]. Nesta decisão tirada por maioria e com nove votos de vencido[24], trilha-se um percurso idêntico de "extensão compensatória", como é afirmado no texto do Acórdão[25]. Operando uma interpretação atualista dos art.º 483.º, n.º 1 e do art.º 496.º, nº 1 do CC[26], o Supremo Tribunal de Justiça acolhe, com finalidades de uniformização da jurisprudência, o entendimento de que esses artigos "devem ser interpretados no sentido de abrangerem os danos não patrimoniais, particularmente graves, sofridos por cônjuge de vítima sobrevivente, atingida de modo particularmente grave".

Reconhecendo, portanto, a outras pessoas que não aquela que sofreu a lesão corporal[27], o direito ao ressarcimento por danos não patrimoniais,

---

23. Publicado no Diário da República, I.ª Série, n.º 98, 22 de maio de 2014, 2926-2943.
24. Por outro lado, para além das nove declarações de voto dos Juízes Conselheiros que votaram vencido, há mais nove Juízes que, votando a favor do teor que fez vencimento, subscrevem declarações de voto.
25. Para confortar o seu entendimento invoca a transformação operada na responsabilidade civil com uma "ampliação do leque indemnizatório" em homenagem a um favorecimento da "proteção das vítimas", na sociedade caracterizada pela abertura e pelo pluralismo. Nesse sentido, não se pode denegar, portanto, a tutela ressarcitória a danos correspondentes a "sofrimentos intensíssimos" que podem não estar associados à morte de um ser querido, mas *apenas* à verificação de uma (grave) lesão corporal do mesmo. Em abono da solução, convoca também argumentos extraídos do Direito Constitucional, da União Europeia, de instrumentos internacionais de natureza convencional vinculativa ou não, e de ordenamentos estrangeiros. Diário da República, I.ª Série, n.º 98, 22 de maio de 2014, 2933 s.
26. Sem se acantonar, portanto, no regime dos n.º 2 e 3 do art. 496.º. Da formulação do teor uniformizador podemos concluir, então, que o STJ não assacará natureza excecional a tais normas, já que chega, a partir das normas gerais dos art. 483.º, n.º 1 e art. 496.º, n.º 1, a resultados reparatórios idênticos para a compensação, em outras situações, de danos não patrimoniais de "terceiros". Não parece, portanto, estar a operar uma interpretação extensiva dos n.º 2 e 3 do art. 496.º, apesar da referência à concretização de uma "extensão compensatória".
27. A evolução de entendimento ocorrida em Portugal que deixamos descrita na secção anterior – e que se refletiu, no teor do AUJ 6/2014 – corresponde à tendência evolutiva verificada em vários ordenamentos estrangeiros no sentido de aceitação crescente da ressarcibilidade dos danos não patrimoniais sofridos, reflexamente, por uma pessoa em consequência de uma lesão corporal a outra. Quanto a Itália, considere-se, Giovanni Facci, *Lesioni non mortali cagionate ad un familiare*

aquele Tribunal afirma a necessidade de uma rigorosa delimitação objetiva e subjetiva das situações em que tal direito pode ser reconhecido[28]. Assim, quanto ao primeiro plano (objetivo), propugna a exigência de "uma particular gravidade em duas vertentes": dos danos sofridos pelo lesado imediato e dos danos sofridos pelo lesado mediato. E quanto ao segundo plano (subjetivo), o Supremo Tribunal de Justiça defende que o círculo de pessoas abrangidas deverá apenas constituído pelos "chegados ao lesado", onde não tem dúvidas em integrar o cônjuge, pessoa que no caso *sub iudice* formulava o pedido em apreciação. Admitindo que a outras pessoas se possa reconhecer idêntico direito compensatório, precata-se contra o perigo de exceder o objeto do processo em recurso, não se pronunciando, portanto, sobre quem mais aí se incluíra, remetendo essa definição para o poder legislativo.

III. Ora, a propósito desta segunda exigência, cumpre refletir de modo mais detido sobre a posição jurídica dos lesados mediatos para circunscrever o círculo de pessoas que beneficiarão da tutela ressarcitória, nas situações referidas. Este ensejo permitirá considerar um modo diferente de perspetivar a problemática em análise.

2. O RECONHECIMENTO DE RELEVÂNCIA JURÍDICA *A SE* ÀS POSIÇÕES JURÍDICAS DOS LESADOS MEDIATOS E A SUPERAÇÃO, PARA EFEITOS RESSARCITÓRIOS, DO CARÁTER REFLEXO DOS DANOS

2.1 O reconhecimento de relevância *a se* às posições jurídicas dos lesados mediatos

I. Na esteira do que fica dito, julgamos que um caminho diverso pode (e deve) ser trilhado. Na verdade, pensamos que a chave da solução da problemática em análise se encontra, não tanto no caráter indireto[29] do dano

---

e risarcimento del danno a favore dei congiunti, Torino: Utet, 2008, 447 s. Em França, o reconhecimento do direito à compensação por danos não patrimoniais causados na esfera jurídica de uma pessoa diversa da lesada imediata é idêntico, independentemente de se produzir ou não a morte daquela. Jacques GHESTIN/Patrice JOURDAIN/ Geneviève VINEY, *Les conditions de la responsabilité. Dommage, fait générateur, régimes spéciaux, causalité*, 4.ª edição, LGDJ, 2013, 221. Expressões do mesmo entendimento encontram-se, aliás, quer na Resolução 75-7 do Conselho da Europa de 14.03.1975, quer nos Princípios de Direito Europeu da Responsabilidade Civil (art. 10:301).

28. Afirmando considerar estar a operar "uma brecha na dogmática geral de que é a vítima, se sobreviver, a pessoa a indemnizar", o STJ é, particularmente cauteloso, nos termos escolhidos para a fórmula uniformizadora de jurisprudência. Diário da República, I.ª Série, n.º 98, 22 de maio de 2014, 2935.

29. Não se nega o caráter indireto, na medida em que a lesão em análise é mediatizada pela lesão de outros bens jurídicos de uma pessoa diversa daquela a que são produzidos os danos sobre cuja ressarcibilidade vimos refletindo. Nessa medida, há um lesado direto (imediato) e outro indireto (mediato), mas em ambos os casos os danos derivam de uma atuação ilícita – numa ilicitude que

produzido aos lesados mediatos, mas antes na exigência legal de que os danos não patrimoniais, para serem compensáveis, têm que *merecer* a tutela do direito, como se lê na parte final do art. 496.º, n.º 1. E, se, como resulta da própria letra do artigo, tal importa um juízo sobre a gravidade do dano produzido, não deixa, no entanto, de ser necessário aferir, a montante, se os bens atingidos pelo ato lesivo – do que resultará a produção dos danos, cuja ressarcibilidade se equaciona –, apesar de não serem titulados pela pessoa que é vítima direta da lesão corporal, são também eles merecedores de tutela jurídica.

Nos casos que tomamos para objeto de reflexão, decisivo será, então, apreciar se o interesse do "lesado mediato" atingido, negativamente, por aquela lesão beneficia de proteção jurídica civilística, nomeadamente de tutela ressarcitória. Importa, portanto, considerar se está em causa a afetação de um bem pessoal titulado por aquele sujeito reconduzível ao âmbito de proteção coberto pelo art. 70.º, n.º 1, e se a sua lesão é apta a desencadear a reação ressarcitória delitual, nos termos do art. 483.º, n.º 1, seja porque o respetivo interesse é objeto de um direito, seja porque o mesmo é tutelado por intermédio de uma norma de proteção.

Trata-se, aliás, de uma apreciação que deve ser feita sempre que se considera a compensação de danos não patrimoniais, qualquer que seja o sujeito que os reclama e o encadeamento causal – direto ou indireto – que subjaz à sua produção. Mais precisamente, aliás, trata-se de uma exigência omnipresente no funcionamento do regime jurídico da responsabilidade civil por factos ilícitos, pressupondo-se a sua observância sempre que se formula um pedido ressarcitório, qualquer que seja a espécie de danos produzidos[30]. Na verdade, no âmbito da responsabilidade civil delitual, a reparação de danos pressupõe sempre que o bem jurídico afetado pelo ato lesivo seja tutelado por uma das duas vias previstas no n.º 1 do art.º 483.º[31].

---

se manifesta na lesão de interesses protegidos dos vários lesados – de um sujeito que se pode constituir, por isso, em responsabilidade civil. Não nos referimos ao primeiro como lesado principal e ao segundo como lesado secundário, já que tal uma opção terminológica parece apontar para uma ordenação hierárquica das lesões em função da importância que cada uma reveste. Parece-nos mais acertado considerar que há danos indiretos que assentam, no entanto, de uma lesão de bens jurídicos próprios do lesado indireto, no que irá contida uma antinormatividade suscetível de ser autonomamente apreciada.

30. M. Carneiro da Frada formula tal prevenção "Nos 40 anos do Código Civil Português. Tutela da Personalidade e dano existencial", in Gilmar Ferreira Mendes/Diogo Leite de Campos/ Ives Gandra Martins, coord., *A evolução do direito no século XXI. Estudos em homenagem do Professor Doutor Arnold Wald*, Coimbra: Almedina, 2007, 379.
31. Sobre o requisito da ilicitude e as duas modalidades principais que a mesma pode revestir, *vide* J. Antunes Varela, *Das obrigações em geral*, 152 s.

II. Ora, a dificuldade, quanto ao ponto em análise, deriva, nas hipóteses que consideramos, da circunstância de o ato que se equaciona ser fundante da responsabilidade civil, apesar de poder importar uma lesão simultânea de posições jurídicas de várias pessoas, aparecer, em primeira linha, como um ato consubstanciador da violação dos direitos (absolutos) de personalidade (direito à integridade física, direito à saúde, e quando se produz a morte, direito à vida) de uma delas: a pessoa que sofre a lesão corporal. Tal violação pode ser acompanhada da violação de posições jurídicas de outras pessoas, em virtude do nexo juridicamente relevante que entre elas exista (nos termos em que analisaremos *infra*). No entanto, em virtude da proeminência do ataque ao bem jurídico pessoal daquele que sofre a lesão corporal, a violação dessas outras posições nem sempre mereceu destaque *a se*.

Uma consideração mais atenta permite descortinar o feixe de posições jurídicas que um mesmo ato pode atingir, não sendo todas elas encabeçadas pelo sujeito que é vítima da lesão corporal, podendo algumas ser tituladas por outros sujeitos, que, nessa medida, também são perspetivados como lesados. Para o efeito, impõe-se uma reflexão autónoma sobre a posição jurídica em que está investido cada um dos lesados[32] – nomeadamente, os mediatos –, que reclamam a reparação dos danos não patrimoniais.

Esta forma de perspetivação da problemática da ressarcibilidade dos danos mediatos foi logo apresentada por A. VAZ SERRA e por J. RIBEIRO DE FARIA[33] que, ao lado do entendimento a que nos referimos *supra*, admitiam que se pudesse trilhar esta via para fundar o direito à compensação de outros lesados distintos daquele que sofreu o dano corporal[34]. No mesmo sentido se manifestou A. ABRANTES GERALDES que, sendo crítico face ao entendimento demasiado formalista que grassou durante muito tempo no ordenamento jurídico português, defendeu que a solução se devia buscar "direta e prioritariamente" nos artigos 483.º e 496.º, n.º 1[35].

---

32. Perfilhando esta posição, considere-se o voto de vencido do Juiz Conselheiro Salazar CASANOVA no Ac. do STJ de Justiça de 17 de setembro de 2009 (referido na nota 11).
33. J. Ribeiro de FARIA, *Direito das Obrigações,* 491, em especial nota 2.
34. Em comentário ao Ac. do STJ referido na nota 22, *RLJ* n.º 104, p. 16.
35. Este autor estudou detalhadamente a problemática em análise, tomando em consideração dados recolhidos na doutrina e na jurisprudência, não só portuguesa, mas também estrangeira. Veja-se *Temas da Responsabilidade Civil, II – Indemnização dos danos reflexos,* 2.ª edição, Coimbra: Almedina, 2007, em especial, para a explanação da posição adotada pelo Autor, 75 s. Não negligenciando os argumentos em que se sustenta uma visão restritiva da compensabilidade dos danos não patrimoniais (da letra da lei, à história dos artigos, aos valores de segurança jurídica), entende que os mesmos não devem inibir a busca de soluções diferentes que aproveitem as "potencialidades do sistema" que se encontram através da "verificação do âmbito de proteção das normas sobre a responsabilidade civil" e da "ponderação do critério legal da causalidade adequada". *Temas da Responsabilidade Civil,* 77. Em sentido idêntico, Maria Manuel Veloso, "Danos não

III. Ora, trilhando esse entendimento, julgamos que os casos em que se verifica uma lesão corporal de uma pessoa que revista gravidade elevada, em virtude de dela decorrer a morte dessa pessoa ou uma afetação grave de outros bens de natureza pessoal (nomeadamente a saúde da mesma), com consequências sérias – com diminuição acentuada ou total da sua autonomia no desempenho de tarefas básicas do quotidiano – se verifica, concomitantemente, uma lesão de bens jurídicos de outras pessoas que com aquela se relacionam em intensa proximidade. Na verdade, atenta a sua natureza gregária, cada ser humano entretece relações pessoais com outros seres humanos, no sentido de a existência de cada um deles ser profundamente influenciada pela existência do(s) outro(s). Por consequência, a lesão de uma pessoa comporta um potencial de afetação de bens jurídicos encabeçados por outras pessoas. Sem nos determos, neste momento, na definição do círculo de pessoas (o que faremos na próxima subsecção) que assim se relacionam e que, por consequência, podem ser afetadas nos termos expostos, podemos, aqui, tomar como exemplos (que importará validar *infra*) o de um cônjuge ou o de um progenitor (pai ou mãe) em relação, respetivamente, à lesão, nos termos referidos, do outro cônjuge ou de um filho.

Nos casos considerados, o significado desvalioso do ato que se considere como fundante da responsabilidade civil de alguém não se circunscreve à esfera jurídica daquele que sofre a lesão corporal (nos exemplos acabados de dar, o cônjuge ou o filho corporalmente atingidos), antes se estendendo à esfera jurídica de outra(s) pessoa(s) (respetivamente, o outro cônjuge ou o pai e a mãe, fisicamente incólumes), na medida em que, por força daquela lesão[36], se verifique a lesão de bens jurídicos protegidos das últimas[37].

A conexão entre lesões não elimina a possibilidade de configuração autónoma do desvalor do ato, tomando por referência, separadamente, os

---

patrimoniais", in *Comemorações dos 35 anos do Código Civil e dos 25 anos da Reforma de 1977*, Volume III – Direito das Obrigações, Coimbra: Coimbra Editora, 2007, 495 s e Guilherme Cascarejo, *Danos não patrimoniais dos familiares da vítima de lesão corporal grave*, Coimbra: Almedina, 2016. Também L. Menezes Leitão entende ser de admitir a extensão da compensação por danos não patrimoniais a terceiros a "outros casos de lesão corporal grave da vítima que não a morte", ilustrando com a hipótese de os pais se confrontarem com uma "deficiência profunda do filho". *Direito das Obrigações*, 365, nota 910.

[36]. Referimo-nos à antijuridicidade por nos estarmos a reportar à responsabilidade por factos ilícitos. Mas o mesmo poderá valer para outras espécies de responsabilidade se se puder afirmar que o mesmo ato importa a concretização múltipla de títulos de responsabilização.

[37]. Em sentido próximo, referindo-se à hipótese de o lesado imediato falecer, Mafalda Miranda BARBOSA afirma que "a morte de uma pessoa pode configurar uma lesão à personalidade dos que se integram no seu núcleo familiar". "(Im)pertinência da autonomização dos danos puramente morais? Considerações a propósito dos danos morais reflexos", *Cadernos de Direito Privado*, 45, Jan./Março 2014, 3 s.

interesses das várias pessoas titulares dos bens atingidos pelo mesmo. Não é, portanto, apenas uma questão de produção plural de danos por um mesmo ato fundante de uma obrigação de indemnizar, mas de o mesmo ato importar a concretização múltipla da antijuridicidade a que se associa o funcionamento da responsabilidade civil[38].

IV. Nesta linha de raciocínio, haverá que deslocar o enfoque da atenção do requisito do dano para o requisito da ilicitude[39] e, em vez de se dar protagonismo à querela da compensabilidade ou não dos danos reflexamente causados a uma pessoa pela lesão de uma outra (atendendo ao específico *modus* lesivo nas hipóteses em análise), aquilatar se, concomitantemente, à lesão de uma posição jurídica desta se verifica, por força do mesmo ato, uma lesão de uma posição jurídica daquela para depois averiguar se ela merece tutela ressarcitória, nomeadamente no plano delitual. Nas situações consideradas, o ataque desferido à primeira atinge-a na conformação que a sua existência assumia no momento em que a lesão corporal da segunda ocorre, perturbando o desenvolvimento que havia imprimido à sua vida, na vertente eminentemente pessoal da mesma[40]. A este propósito, se chama, por isso, à colação a figura do dano existencial[41].

Neste ataque à configuração existencial de uma pessoa[42], pode ver-se uma ofensa a bens de natureza pessoal merecedores de tutela jurídica,

---

38. Em Itália fala-se em "*plurioffensività del fatto*". Adalgisa FRACCON, *Relazioni Familiari e responsabilità civile*, Milano: Giuffrè Editore, 2003, 345.

39. Sobre a deslocação a questão do plano da causalidade ("*rapporto eziologico*") para o do desvalor objetivo do comportamento ("*profili di antigiuridicità*"), Adalgisa Fraccon, *Relazioni Familiari e responsabilità civile*, 353 s.

40. Fazemos esta precisão, para excluir as situações em que a perturbação se dá na componente patrimonial. Pensemos num sujeito que é reflexamente afetado pela morte de outra pessoa que era o seu melhor cliente. O ataque dá-se em primeira linha na vertente patrimonial da sua vida ainda que possa ter consequências pessoais (depressão ...). Já nas situações que configuramos o ataque é desferido à componente pessoal, embora possa ter repercussões patrimoniais.

41. Sobre esta categoria, sublinhando a heterogeneidade da mesma, e a consequente falta de autonomia dogmática, e do mesmo passo destacando a interpelação que o "dano existencial" colocada ao direito, ao pôr a nu que a tutela de personalidade não se esgota na proteção proporcionada pelos direito de personalidade, M. Carneiro da FRADA, "Nos 40 anos do Código Civil Português. Tutela da Personalidade e dano existencial", 371 s.

42. Impõe-se, no entanto, uma precisão imediata, a que voltaremos na próxima subsecção. Para que a afetação da configuração da existência de uma pessoa como consequência da lesão corporal perpetrada a outra possa releve juridicamente, nomeadamente para efeitos ressarcitórios, necessário se torna que exista um nexo entre a existência de ambas que mereça o reconhecimento pelo direito, nomeadamente em termos de possibilitar a aplicação do art. 483.º. Neste ponto sobressai a particular feição que a lesão em análise reveste e que se refletiu na tradicional recondução do tratamento da questão à problemática da reparação dos danos indiretos. É que a existência de uma pessoa só é afetada – no que poderá ir contida uma lesão a interesses merecedores de proteção delitual – pela lesão corporal produzida noutra pessoa, em virtude da ligação que entre as duas exista. Só esta liga-

seja no plano civilístico, seja no plano constitucional. Nesse sentido, pode ser invocada a proteção proporcionada pela consagração de um direito geral de personalidade previsto no art. 70.º do Código Civil, por um lado, e pela previsão constitucional dos direitos fundamentais da integridade pessoal (art. 25.º) e do livre desenvolvimento da personalidade (art. 26.º), por outro lado.

V. Ora, em virtude da assinalada conexão, no âmbito das hipóteses consideradas, a relevância do ato como produtor da lesão simultânea do interesse delitualmente tutelado de outro sujeito que não aquele que sofreu a lesão corporal dependerá de dois fatores: da gravidade da lesão daquele que corporalmente foi afetado e da existência de uma proximidade existencial, juridicamente relevante, entre ambas as pessoas que, por essa circunstância, se apresentam, concomitantemente, como lesadas por força do mesmo ato que, corporalmente, atinge apenas uma delas.

Quanto ao primeiro ponto, torna-se necessário que a afetação da pessoa que sofre a lesão corporal revista um nível de gravidade tal que provoque uma alteração no seu quotidiano suscetível de se refletir na existência de outra pessoa. Não falamos, aqui, do patamar mínimo de gravidade que o dano não patrimonial deve revestir, em qualquer caso, e relativamente a ambos os lesados, para poder ser compensado, nos termos do art. 496.º, n.º 1 do CC[43]. Para além dessa exigência geral aplicável a todos os danos não patrimoniais, a particular forma de produção dos danos não patrimoniais em análise, requererá que a afetação corporal de um lhe importe limitações relevantes ao gozo e exercício das suas faculdades relacionais que, por esse facto, se repercutam na vida de outrem que lhe é próximo.

Relativamente ao segundo aspeto, a relevância da lesão *simultânea* nos termos referidos pressupõe uma proximidade entre ambos os lesados que permita que a perturbação da existência de um se projete na perturbação da existência do outro. Trata-se de uma proximidade existencial que é característica das relações familiares. Por esse facto, para afirmar a ilicitude do ato quanto ao sujeito que não sofreu a lesão corporal, se chama à colação a violação das posições que cada um dos sujeitos assume no âmbito do grupo

---

ção explica que se possa afirmar que o mesmo ato importa a lesão das posições jurídicas de ambas as pessoas e que, por consequência, os danos causalmente ligados a cada uma dessas lesões devem ser reparados, através do funcionamento da responsabilidade civil.

[43]. No Ac. Tribunal da Relação de Coimbra de 13.07.2016 (N.º 338/14.0GBFND.C1; INÁCIO MONTEIRO), o Tribunal não reconheceu o direito a uma mãe e à sua filha, ambas atropeladas, na mesma ocasião pelo mesmo automóvel, de serem ressarcidas pelos danos sofridos por causa da lesão corporal da outra, em virtude desses danos reflexos não revestirem a gravidade exigida pelo art. 496.º, n.º 1 do CC.

familiar e que são, negativamente, afetadas por aquela lesão[44]. O contexto familiar é, aliás, um espaço privilegiado para o desenvolvimento da personalidade[45] e as posições jurídicas que nesse contexto se formam servem também esse propósito de autodefinição existencial a que o direito dá proteção[46].

2.2 A delimitação *ratione personae* da ressarcibilidade dos danos não patrimoniais causados a uma pessoa em consequência de uma lesão corporal de outra pessoa que sobrevive à lesão

I. Reconhecendo relevância *a se* à violação da posição jurídica daquele que é afetado pela lesão corporal sofrida por outra pessoa que sobrevive à lesão, importa, com mais detalhe delimitar *ratione personae* o âmbito da ressarcibilidade dos danos não patrimoniais nas hipóteses consideradas. Devemos, pois, curar de identificar em que situações é que a afetação da existência de um sujeito, em consequência da lesão produzida noutro sujeito, deve merecer tutela ressarcitória, nomeadamente por a posição jurídica do primeiro poder ser enquadrada nas categorias merecedoras de proteção delitual.

Aceitando que um conjunto de pessoas pode ser afetado gravemente com a lesão corporal de outrem, quando poderá essa afetação relevar juridicamente, para efeitos ressarcitórios ao abrigo das disposições conjuga-

---

44. A. Abrantes Geraldes, *Temas da Responsabilidade Civil – Vol. II*, 77. Numa reflexão que considera "todo o ordenamento jurídico em mar aberto, toma em consideração, em primeira linha, a tutela constitucional da família (art.º 36.º, n.º 5 e art. 67.º da CRP), sem esquecer, por outro lado, as previsões normativas ordinárias relativas ao teor das relações conjugais e paterno-filiais (art. 1672.º e 1878.º e a tutela civil da personalidade jurídica (art.º 70.º). *Idem*, pp. 81 e ss. Pondo também em destaque as posições eminentemente familiares, *vide* a declaração de voto ao AUJ 6/2014, da Juíza Conselheira Maria dos Prazeres Pizarro Beleza (I.ª Série, n.º 98, 22 de maio de 2014, 2937).

45. Sobre a tutela do direito ao livre desenvolvimento da personalidade, *vide* R. Capelo de Sousa, *O Direito Geral de Personalidade*, Coimbra: Coimbra Editora, 1995, 352 s e Paulo Mota Pinto, "O Direito ao livre desenvolvimento da personalidade", *Portugal-Brasil Ano 2000: tema direito, Congresso Portugal-Brasil Ano 2000*, Studia Iuridica 40, Coimbra: Coimbra Editora, 1999, 149 s.

46. O reconhecimento de relevância, nomeadamente para efeitos ressarcitórios, às posições jurídicas individualmente encabeçadas pelos membros de uma família é o resultado da evolução sentida no âmbito familiar (sobre essa evolução, *vide* o nosso Convenções matrimoniais: *A autonomia na conformação dos efeitos patrimoniais do casamento*, Dissertação apresentada na Faculdade de Direito da Universidade do Porto, ainda inédito, pp. 113 e ss.). É, aliás, o que explica o florescimento da atividade negocial no âmbito familiar (para mais desenvolvimentos, considere-se o trabalho anterior) e a multiplicação dos pedidos ressarcitórios fundados na violação das referidas posições. Considere-se, a este propósito, o que dissemos *in* "A visão personalista da família e a afirmação de direitos individuais no seio do grupo familiar – a emergência de um novo paradigma decorrente do processo de constitucionalização do direito da família", *in* Nuno Pinto de Oliveira e Benedita Mac-Crorie, *Pessoa, Direito e Direitos. Colóquios 2014/2015*, Direitos Humanos – Centro de Investigação Interdisciplinar, Escola de Direito da Universidade do Minho, Campus de Gualtar, 2015, 339 s.

das do art.º 483.º, 1, e art.º 496.º, 1? Quando devem os laços que dão significado à existência humana relevar para aqueles efeitos? Quando é que a perturbação do quadro existencial de uma pessoa consequencial à lesão de outra pessoa provocada por um ato de terceiro deve fundar um pedido ressarcitório dos danos não patrimoniais sofridos pela primeira?

II. A personalidade e o desenvolvimento da personalidade de cada pessoa merece proteção jurídico-civilística (art. 70.º), nomeadamente através do funcionamento da responsabilidade civil (art. 483.º), também na vertente relacional. Ora, quando outros bens jurídicos civilmente tutelados são diretamente afetados (a saúde, a integridade física, ...) a ponto de perturbar a existência do respetivo titular, interrompendo, de forma significativa (como reflexo da gravidade da lesão), a configuração que ela, até então, apresentava – porque ele sofre lesões corporais graves que impedem que o mesmo atue como até aí fazia, relacionando-se com os que lhe são próximos – a tutela deste *dano existencial* não merece, atualmente[47], dúvidas. Na tutela juscivilística da personalidade compreendem-se, hoje, atributos relacionais que pressupõem a aptidão para a abertura ao mundo e para o estabelecimento de conexão com os outros[48]. É que aquela perturbação impede – de forma temporária ou definitiva, mas, em qualquer caso, pelas razões já apontadas, de forma grave – o gozo e o exercício das qualidades relacionais daquele sujeito com os demais, não só com os que, concretamente, se relacionavam com ele, no momento da lesão, mas com quaisquer sujeitos que nessa posição se pudessem, eventualmente, encontrar (e com os que, com ele, se viessem, hipoteticamente, a relacionar-se, no futuro). A afetação daquele concreto quadro existencial é, portanto, *apenas* o sintoma da afetação da aptidão relacional, nos termos em que até então ocorria ou poderia ocorrer. Sem prejuízo do relevo que a esse concreto quadro deva ser dado[49], o desvalor compreendido naquele ato não advém, necessariamente, da afetação daquela específica configuração existencial, mas da lesão da faculdade de desenvolvimento da componente relacional que é atin-

---

47. O reconhecimento de relevância jurídica – nomeadamente para efeitos de funcionamento da responsabilidade civil – a uma panóplia de bens pessoais intangíveis é resultado de uma evolução recente. Vide, quanto à "*violation of intangible rights to personality*", Christian von BAR, *The common European Law of Torts*, Vol. II, Oxford: Clarendon Press, 2000, 93 s e, quanto aos "*personal family rights*", 119 s.

48. A componente relacional é um elemento constitutivo da realidade pessoal de cada sujeito. Nesse sentido R. Capelo de SOUSA, *O Direito Geral de Personalidade*, 244 e Diogo Costa GONÇALVES, *Pessoa e Direitos de Personalidade. Fundamentação ontológica da tutela*, Coimbra: Almedina, 2008, 46-47.

49. Nomeadamente para efeitos de delimitação dos danos ressarcíveis e de mensuração da compensação devida.

gida pelo ato lesivo[50]. O ato é desvalioso, não só por ter atingido, os bens jurídicos pessoais da integridade física ou moral (como seria num quadro grave em que o lesado recupera totalmente e pode retomar a sua vida nos termos que deseje), mas também por, em virtude dessa afetação, ter atingido a componente relacional da personalidade, nas suas projeções atuais e futuras, reais e potenciais. O ato comporta essa múltipla carga desvaliosa[51].

III. As dificuldades aparecem quando a afetação do quadro existencial de uma dada pessoa é mediatizada pela lesão de bens jurídicos pessoais de outra pessoa e não pela lesão de outros bens jurídicos da primeira. Ocorrendo esta dissociação, quando poderá a existência do lesado mediato ser tutelada para efeitos ressarcitórios? Por outras palavras, quando é que um concreto quadro existencial[52] constitui manifestação ou "mostração" de um bem jurídico delitualmente protegido daquele que é afetado mediatamente por aquela lesão?

Quando a morte do lesado imediato não sobrevenha[53], à míngua de uma norma que precipuamente responda à questão, a resposta passará pela afirmação da relevância jurídica da posição afetada do lesado mediato[54].

---

50. Nessa medida, também esta lesão é indireta, por se ligar causalmente à afetação de outros bens pessoais do mesmo sujeito. A diferença em relação aos apelidados danos reflexos resulta, como referiremos, em texto da *dissociação pessoal* da titularidade das posições jurídicas afetadas.

51. Poderíamos, aqui, resolver tudo no plano do dano e do nexo causal, afirmada a ilicitude pela lesão dos bens jurídicos pessoais da integridade física e moral. Parece-nos, no entanto, que o reconhecimento autónomo desta vertente relacional e dinâmica da personalidade se manifesta logo no plano da ilicitude, do conjunto de bens jurídicos violados.

52. Falamos de um contexto em que o lesado imediato se enquadrava de uma determinada forma, antes da lesão, e cuja persistência se apresenta inviável por causa das consequências de tal lesão. Pensemos na vida conjugal, cujo desenvolvimento nos termos anteriores fica truncado por força da incapacidade grave que afeta um dos cônjuges e o destitui de autonomia para reger a sua pessoa. Consideremos a situação de um jovem adolescente que fica confinado a uma vida vegetativa, afetando, reflexamente, a existência dos seus pais. O cônjuge no primeiro caso e o filho no segundo deixam de poder relacionar-se com outras pessoas nos termos em que o faziam, havendo uma afetação do quadro existencial dos primeiros e das segundas.

53. Quando se produz a morte daquele que sofre a lesão corporal, a lei recortou esse círculo subjetivo no n.º 2 e no n.º 3 do art. 496.º.

54. Admitindo, a ressarcibilidade de outras pessoas que não o lesado direto, A. Abrantes GERALDES encontra no art.º 496.º, n.º 2, o critério delimitador do círculo subjetivo relevante para o efeito e fá-lo apesar de rejeitar a utilização do elenco legal de pessoas com direito a compensação para circunscrever o âmbito de aplicação do princípio geral da ressarcibilidade dos danos não patrimoniais que se extrai do art. 496.º, n.º 1. Desde que a relação dessas pessoas com a pessoa diretamente atingida "fique gravemente prejudicada" ou quando as lesões da última lhe "causem grande dependência ou perda de autonomia que interfira fortemente na esfera jurídica" das primeiras. *Temas da Responsabilidade Civil – Vol. II*, 77. No Ac. de 17.12.2015 (N.º 3558/04.1TBSTB. E1.S1; MARIA DOS PRAZERES PIZARRO BELEZA), o STJ parece fazer coincidir o âmbito de proteção ressarcitória no caso da lesão corporal não provir a morte com o âmbito definido no art. 496.º,

O lesado mediato poderá guardar intactas as suas aptidões relacionais (vamos pressupor que as guarda), *só* não pode fruir das mesmas ou exercitá-las (nomeadamente nos termos em que o fazia) em relação àquele concreto sujeito que sofreu a lesão corporal. Neste caso, o que é afetado não são os atributos da pessoa, mas a específica configuração que a sua existência tinha no momento da lesão. Consequentemente ganham protagonismo as concretas posições que conexionam aquele sujeito com a pessoa que sofreu a lesão. Merecerão essas posições abrigo na previsão normativa do art. 483.º, n.º 1, constituindo a sua lesão um ato ilícito? Para o efeito, necessária se torna a afirmação de que se trata de um direito ou de um interesse reconduzível ao mesmo preceito. No primeiro caso, deverá tratar-se de um direito absoluto oponível *erga omnes*, não bastando, segundo a doutrina maioritária em Portugal, que se trate de um direito relativo invocável apenas em relação a uma ou mais pessoas determinadas (ou, em certos casos, determináveis). No segundo, deverá constituir um interesse protegido por uma norma que mereça a qualificação de norma de proteção.

Consideremos o caso da lesão de um cônjuge que afeta o desenvolvimento quotidiano da vida do seu consorte, para além do sofrimento decorrente do estado em que se encontra o primeiro: não pode mais dedicar-se à vida profissional como no passado, nem abraçar outras atividades de ocupação de tempos livres, para cumprir o dever conjugal de cooperação, e vê a sua componente sexual afetada, em consequência da impossibilidade de cumprimento do débito conjugal pela contraparte conjugada com a restrição a que, voluntariamente, se vinculou em consequência da assunção do dever de fidelidade, pela celebração do contrato de casamento (art. 1672.º).

Conjeturemos, agora, a situação em que um filho sofre uma lesão grave que o coloca num estado vegetativo, cuidando os seus progenitores dele, em cumprimento dos deveres que os vinculam como pai e mãe juridicamente estabelecidos. A hipótese pode ser configurada em termos inversos: a de o pai ou a mãe sofrerem a lesão, assumindo o seu filho o seu auxílio e assistência (*ex vi* do art. 1874.º, em ambos os casos[55]).

---

n.º 2. "A interpretação fixada pelo Ac. de Uniformização de Jurisprudência de 16 de Janeiro de 2014 para os artigos 483.º, n.º 1 e 496.º, n.º 1 do Código Civil não pode ser estendida a fam.liares não contemplados no n.º 2 do artigo 496.º do Código Civil, como sucede com a recorrente", Em sentido semelhante, o Trib. da Relação de Coimbra, no Ac. de 16.12.2015 (N.º 18/13.3GAFIG.C1; ABÍLIO RAMALHO) e no 26.01.2016 (N.º 6707/08.7TBLRA.C1; CATARINA GONÇALVES), estendendo nesta última decisão o entendimento plasmado no AUJ 6/2014, aplica-se aos filhos da vítima.

55. No caso de o filho ser menor, para além dos efeitos gerais associados à relação entre pais e filhos, existem efeitos pessoais que se reconduzem à figura das responsabilidades parentais (art. 1877.º e ss).

Para além da componente deveral – associada, respetivamente, à relação parental e à relação filial – que assim se concretiza, as faculdades inerentes à qualidade de pai ou de mãe e de filho são atingidas, negativamente, no seu desenvolvimento. Na verdade, os pais/ as mães e os filhos assumem, reciprocamente, o dever de assistência, mas, do mesmo passo, encontram-se investidos nos correspondentes direitos familiares.

Assim, todas aquelas posições relevam juridicamente, na medida em que estão em causa comportamentos cuja adoção é devida (por força dos deveres de cooperação e assistência conjugais, nos termos do art. 1672.º, e dos deveres de auxílio e assistência paterno-filiais, à luz do art. 1874.º) ou condutas humanas que constituem objeto de um direito, em consequência do vínculo interpessoal (matrimonial ou paterno-filial) existente (direitos conjugais, plasmados no art. 1672.º e direitos dos pais e dos filhos decorrentes do art. 1874.º). O consorte daquele que sofreu a lesão corporal deve-lhe comportamentos de auxílio e assistência, cujo teor obrigatório se alterou em virtude da lesão (a *atualização* da configuração importa uma intensificação do que é devido). Mas, do mesmo passo, ele é titular, em relação ao consorte corporalmente lesado, de idênticos direitos de cooperação e assistência, bem assim como do direito de coabitação (art. 1672.º), todos eles atingidos, negativamente, por aquela lesão. Paralelamente, se passam as coisas quanto às relações entre pais e filhos, em que a lesão de um dos sujeitos da relação afeta, simultaneamente, os deveres (que ganham contornos diferentes, adensando a intensidade e a variedade dos comportamentos em dívida) entre eles assumidos, e os direitos em que os mesmos se encontram encabeçados (art.º 1874.º do CC). Pode também convocar-se o disposto na Constituição, nomeadamente o previsto nos números 1 a 5 do art. 36.º, em abono da afirmação da complexidade dos estados familiares referidos, que congregam componentes ativas e passivas (direitos e deveres).

IV. Trata-se, portanto, de posições jurídicas que surgem no contexto de uma relação que une duas pessoas determinadas e que são reciprocamente oponíveis entre eles[56]. Mas poderão relevar em relação a terceiros,

---

56. Trata-se de deveres que revestem o manto da juridicidade, ainda que as marcas dessa juridicidade possam, em certa medida, ser especiais. Na verdade, nas manifestações da natureza jurídica revela-se a sua imersão na realidade familiar. Tradicionalmente, aliás, as reações associadas à afetação dessas posições jurídicas eram, exclusivamente, de natureza especial: o divórcio no âmbito conjugal, a inibição do exercício das responsabilidades parentais. Hoje, ao lado dos mecanismos especificamente familiares, perfilam-se os mecanismos gerais, nomeadamente a responsabilidade civil. Restará saber que atos desencadearão esse funcionamento: apenas os que são praticados pelo sujeito ligado pelo vínculo familiar ou os atos de terceiros estranhos a esse vínculo? A resposta a esta pergunta encontrar-se-á perscrutando a natureza das posições jurídicas em análise, o que se fará em texto de seguida.

nomeadamente em relação àqueles que, com os seus atos, atinjam negativamente essas posições (impedindo o cumprimento por um deles e, no que para qui releva,), importando a violação do direito encabeçado pelo correspondente titular ativo o funcionamento da responsabilidade civil? Para a resposta a essa pergunta é decisiva a qualificação desses direitos[57].

Várias vozes na doutrina qualificam os direitos familiares como direitos de natureza relativa[58], do que resultará, como regra, uma força jurídica circunscrita aos sujeitos que se encontram unidos pelo vínculo familiar (nos exemplos dados, entre os cônjuges ou entre o pai/mãe e o filho(a)). Para os terceiros, a relação familiar constituirá uma *res inter alios* a cujo respeito[59] não se encontram, portanto, juridicamente vinculados. Para quem perfilhe este entendimento, a aceitação da afirmação da responsabilidade de um terceiro pelas consequências derivadas da violação de um direito familiar, constituirá uma questão próxima da problemática da eficácia externa das obrigações[60], que como sabemos fora dos casos excecionais previstos na lei (nomeadamente os do art.º 495.º, n.º 3), tem recebido uma resposta negativa entre nós. Assim, também no âmbito familiar se aceita, excecionalmente, que, não obstante o caráter relativo dos direitos, eles gozem de proteção absoluta, em certos casos recortados na lei, que se ilustram como os que se encontram vertidos no art.º 495.º, 3 e no art. 496.º, n.º 2 e n.º 3[61].

Um tal entendimento que revista, portanto, as normas referidas de natureza excecional e que sublinhe o caráter relativo dos direitos familiares, inviabilizará a afirmação, para efeitos de responsabilidade delitual, da verificação da ilicitude de um ato por violação desses direitos e remeterá a reflexão para a tradicional discussão quanto à ressarcibilidade dos danos não patrimoniais indiretos. A afirmação da possibilidade de compensação

---

57. Sobre a natureza dos direitos familiares de natureza pessoal, em especial do direito à fidelidade e direito à coabitação, enquanto direitos de índole "sexual", vide J. Duarte PINHEIRO, *O núcleo intangível da relação conjugal. Os deveres conjugais sexuais*, Coimbra: Almedina, 2004, 313 s.
58. Pereira COELHO e Guilherme de OLIVEIRA, *Curso de Direito da Família*, 185. Em sentido próximo, D. Leite CAMPOS/Mónica MARTINEZ, *Lições de Direito da Família*, 3.ª ed., Coimbra: Almedina, 2016, 132. Rejeitando, de forma absoluta a eficácia *erga omnes* dos direitos familiares pessoais, Miguel Teixeira de SOUSA, "Do direito da Família aos direitos familiares", *in* Guilherme de OLIVEIRA, coord., *Textos de Direito da Família para Francisco Pereira Coelho*, Coimbra: Imprensa da Universidade de Coimbra, 2016, 569 s e recusando, também, a subsunção dos direitos familiares ao art. 483.º, J. Antunes VARELA, *Das obrigações em geral*, 543.
59. Dizemos respeito e não cumprimento. À semelhança do que acontece quanto aos direitos de créditos, a afirmação da eficácia externa ditará apenas a necessidade de os terceiros adotarem comportamentos (em regra, omissivos) de respeito dessas posições.
60. Sobre esta problemática, *vide*, entre outros, J. RIBEIRO DE FARIA, *Direito das Obrigações*, 41 s.
61. Pereira COELHO e Guilherme de OLIVEIRA, *Curso de Direito da Família*, 186.

de tais danos ficará, portanto, dependente da possibilidade de interpretação extensiva das normas previstas no art. 496.º, n.º 2 e n.º 3 para a hipótese de verificação de uma lesão de que proveio a morte.

Diversamente, outra parte da doutrina atribui natureza absoluta aos direitos familiares, nomeadamente no que respeita à sua dimensão pessoal[62]. Nesse sentido, podem destacar-se certas características que afastam os direitos familiares dos direitos de crédito e os aproximam dos direitos reais. Na verdade, apesar da transformação que vem sendo operada no âmbito familiar, há determinadas propriedades que ainda podem ser assacadas, em especial, à componente pessoal da relação matrimonial e da relação parental-filial: os seus efeitos encontram-se definidos na lei[63], mesmo quando, como no caso do casamento, a sua fonte é de natureza contratual; originam estados duradouros[64] e, em larga, medida, indisponíveis[65]; ademais, a lei cuida de garantir a sua cognoscibilidade por terceiros, através do mecanismo do registo (art.1.º, n.º 1, al. b), c) e d) do C. Registo Civil)[66].

Todas estas características permitem defender o entendimento de que os direitos familiares em análise beneficiam de oponibilidade *erga omnes*, e assim afirmar a ilicitude em caso de violação dos mesmos, o que franque-

---

62. H. Ewald HÖRSTER destaca a estrutura "complexa" dos direitos familiares pessoais, "na medida em que mostram, nas relações entre os cônjuges, características de direitos obrigacionais duradouros e manifestam, em relação a terceiros, características de direitos absolutos enquanto direitos de exclusão". *In* "A respeito da responsabilidade civil dos cônjuges entre si (ou: A doutrina da "fragilidade da garantia" será válida?)", *Scientia Iuridica*, T. XLIV, n. 253/255, 1995, 116. Defendendo a oponibilidade *erga omnes* das situações jurídicas familiares, J. Duarte PINHEIRO, *O direito da família contemporâneo*, 5.ª edição, Coimbra: Almedina, 2016, 65 s, *O núcleo intangível da comunhão conjugal*, 735 s, e Cristina Araújo DIAS, "Responsabilidade e indemnização por perda do direito ao débito conjugal – considerações em torno do artigo 496.º do Código Civil", *Scientia Iuridica*, T. LXI, n.º 329, 2012, 408 s.

63. Quanto à relação matrimonial, considerem-se artigos 1672.º e ss conjugado com o art. 1618.º. Quanto à relação de filiação, vejam-se os arts. 1874.º e ss.

64. Os estados familiares de que falamos constituem-se para durar. No que respeita à filiação, descontada a hipótese de adoção (que, por força do art. 1986.º, n.º 1, importará um efeito extintivo dos vínculos de parentesco com a família biológica), valem as regras da perpetuidade e da imutabilidade. No que concerne ao casamento, não obstante o reconhecimento da possibilidade de extinção por divórcio (art. 1773.º), e de modificação por decretamento da separação de pessoas e bens (art. 1794.º e ss) e da separação judicial de bens (arts. 1767.º e ss), o vínculo constitui-se para perdurar, tendencialmente de forma imutável.

65. Mesmo no que respeita à relação matrimonial, a extinção do vínculo e a modificação dos efeitos patrimoniais ou pessoais e patrimoniais, não depende apenas da vontade dos cônjuges. É necessária sempre a intervenção de uma autoridade pública, mesmo quando haja acordo dos cônjuges no sentido do divórcio ou da separação de pessoas e bens. E quando esta não exista ou não seja suficiente (como acontece no caso de se solicitar a separação judicial de bens), requer-se a verificação de um conjunto de requisitos fixados na lei.

66. O que se acaba de dizer é relevante não porque torne cognoscível a situação familiar, mas para identificar atributos da posição jurídica que a aproximam das posições oponíveis *erga omnes*.

ará as portas para a aplicação do art. 483.º[67] e a constituição da obrigação de ressarcimento dos danos que causalmente se liguem ao ato ilícito[68].

V. As observações que formulámos tiveram por referência as posições jurídicas dos sujeitos de duas espécies de relações jurídico-familiares: relação matrimonial e a relação parental-filial (a esta última deve equiparar-se, para este efeito a relação entre adotante e adotado, atendendo ao previsto no art. 1986.º). O raciocínio expendido justifica-se em função da caracterização do conteúdo jurídico que as densifica – e que possibilita, nos termos acabados de referir, a autonomização de situações jurídicas ativas configuráveis como direitos merecedores da tutela prevista no art. 483.º – e da proximidade existencial que as caracteriza – que potencia a produção de danos não patrimoniais sofridos por uma pessoa em consequência da lesão de outra.

Em virtude da verificação cumulativa destas duas condições[69], se deverão considerar merecedores de tutela ressarcitórias outras pessoas incluídas no art. 496.º, n.º 2. Falamos dos ascendentes ou descendentes de grau mais distante do que o primeiro grau – ainda que, em regra, a proximidade existencial referida possa, de facto, circunscrever a tutela a parentes de grau mais próximo – e dos irmãos[70]. Quer naqueles casos[71],

---

67. Julgamos, aliás, que se assim não fosse o complexo normativo, nomeadamente no plano constitucional, permitiria descortinar normas de proteção, cuja violação importava a ocorrência de um ato ilícito.
68. Em regra, atenta a natureza dos bens violados, os danos cobertos pelo nexo causal serão danos de caráter não patrimonial. No entanto, afirmado o desvalor objetivo (ilicitude) e subjetivo (culpa) do ato fundante da responsabilidade não haverá razão para excluir a indemnização de danos patrimoniais que causalmente se liguem, nos termos dos arts. 562.º e 563.º do CC daquele ato.
69. Que não se reunirão, por exemplo, no âmbito da relação de afinidade, atentos os diminutos efeitos que lhe são associados.
70. Já os sobrinhos que representem, a nível sucessório, o irmão daquele que foi lesado corporalmente não nos parece que possam merecer a tutela referida. Do que defendemos resulta um tratamento diverso entre a hipótese que consideramos e a da lesão de que não provém a morte do lesado direto. Trata-se, no entanto, de um resultado que nos parece difícil de ultrapassar atendendo a que minguam os elementos normativos que nos permitam afirmar a existência de uma posição jurídica ativa tutela delitualmente. O único dado de maior relevo – a previsão dos descendentes de irmãos do *de cuius* como herdeiros legais legítimos *ex vi* do art. 2133.º, 1 c) que representam o seu ascendente nos termos do art. 2042.º – não nos parece ser de arrimo suficiente, nem mesmo para considerar que estejamos perante uma norma merecedora da qualificação como norma de proteção. De igual forma, a inclusão desses sujeitos no art. 496.º, 2 não nos parece ser decisiva para um entendimento diverso, já que a explicação para tal pode encontrar-se no facto de, no caso de se produzir a morte, haver a abertura da sucessão do falecido, dado que não foi negligenciado na definição da solução prevista para o ressarcimento dos danos não patrimoniais associados à morte que é, simultaneamente, o facto desencadeador do fenómeno sucessório. Está, aliás, presente na discussão sobre várias querelas relacionadas com a matéria, nomeadamente a titularidade do direito da compensação pela perda do direito à vida do falecido
71. A consideração da solução consagrada no artigo 1887.º-A permite afirmar a existência de um direito ao relacionamento interpessoal (de natureza familiar) entre parentes na linha reta as-

quer nestes[72], a lei reconhece relevância jurídica específica à relação pessoal existente entre os sujeitos durante a vida da relação, através de posições jurídicas dotadas das características *supra* assinaladas[73].

O recurso às regras gerais do art. 483.º, 1 e 496.º, 1, reconhecendo relevância jurídico-ressarcitória à lesão das posições jurídicas dos familiares referidos, inviabilizará a transplantação para este domínio da hierarquia traçada no art. 496.º, n.º 2. No entanto, pensamos, que a possibilidade de, em concreto, se poder perfilar um conjunto numeroso de pessoa será travada pela exigência da gravidade dos danos de que a lei faz depender o ressarcimento dos mesmos.

VI. E fora deste círculo acabado de referir? Emerge a este propósito a questão de saber se, para fundar um pedido ressarcitório pelos danos não patrimoniais consequenciais à lesão de outra pessoa, bastará a existência de uma relação a que corresponda uma materialidade idêntica à das relações referidas anteriormente[74]. Equiparar-se-ão, para efeitos ressarcitórios, a uma relação matrimonial outras formas de convivência paraconjugal, nomeadamente em união de facto? Equiparar-se-á a uma relação de filiação uma outra relação afetiva que replique o vínculo parental-filial? Pensamos, aqui, por exemplo, na figura primária de referência em relação a uma criança e a um jovem e que pode não coincidir com nenhum dos progenitores[75].

Julgamos que, em ambos os casos, à luz do direito constituído, a resposta terá que ser negativa. Em qualquer das hipóteses falta às relações a cobertura jurídica que permita a afirmação, no seu seio, de interesses merecedores da proteção delitual à luz do art. 483.º.

---

cendente e descendente para além do primeiro grau. Em abono do mesmo entendimento, podia chamar-se à colação o disposto no art. 2009.º, n.º 1, al. b).

72. A consideração conjugada do regime previsto nos artigos 1887.º-A, 1932.º, 1986.º, n.º 3, 1989.º, n.º 4 permitem fundar a afirmação de um direito ao relacionamento interpessoal (de natureza familiar) entre os irmãos.

73. No que se distingue da proteção que é conferida à relação de união de facto, que apenas se concretiza nos momentos de crise, de extinção da relação, seja por morte de um dos companheiros, seja por rutura unilateral ou por mútuo consentimento.

74. A. Vaz SERRA entendia que o critério não tinha que ser de natureza jurídica, podendo ser meramente de facto. Aceitando que "por família, para este efeito, deveriam entender-se aquelas pessoas que, segundo as circunstâncias materiais do caso concreto, desempenham de facto as funções de família". Por isso, abrangia a concubina, mas também aquele que atuou como pai ou como mãe ainda que não o fosse. "Reparação do dano não patrimonial", 97, em texto e em notas 56 e 57.

75. Trata-se de uma figura que tem relevado, juridicamente, no âmbito do exercício das responsabilidades parentais, para efeitos da aplicação dos arts. 1903.º e 1904.º, e, por força da intervenção jurisprudencial, da extensão teleológica do art. 1887.º-A.

Nem mesmo, quanto à união de facto, a multiplicação de efeitos jurídicos que, ao longo do tempo, a lei lhe vem associando[76] permitirá uma conclusão diversa. A tutela prevista na lei (nomeadamente na Lei 7/2001, de 11 de maio) continua a ser fragmentária e meramente assistencial (dirigida aos momentos de crise). Trata-se, portanto, ainda de uma relação de facto que se desenvolve, sobretudo, num espaço de não direito. Os unidos de facto não assumem um compromisso juridicamente relevante, inexistindo um mecanismo de registo da relação. Não se vinculam reciprocamente a quaisquer deveres, não ficando encabeçados, portanto, num direito relativo àquela concreta relação familiar[77]. É reconhecido a cada companheiro a faculdade de livre desvinculação unilateral *ad nutum*[78]: os unidos de facto não são, portanto, titulares de qualquer direito ou interesse juridicamente protegido à manutenção da relação de união de facto que possam invocar nem mesmo *inter partes,* quanto mais face a terceiros.

Neste contexto normativo não se descortinam normas qualificáveis como normas de proteção, nem dele se consegue extrair a afirmação da titularidade pelos unidos de facto de direitos, cuja violação possa desencadear o funcionamento da responsabilidade civil, nos termos do art. 483.º. Faltará, portanto, a verificação de um dos requisitos de que depende o surgimento de uma pretensão ressarcitória: a ilicitude[79].

---

76. Sobre este movimento, *vide* Pereira COELHO e Guilherme de OLIVEIRA, *Curso de Direito da Família*, 67 s.

77. Mesmo considerando que o art. 36.º, n.º 1 da CRP consagra o direito (fundamental) a constituir família e aceitando que a união de facto constitui uma formação familiar, a afirmação formulada em texto mantém o seu acerto. Na verdade, da afirmação de um direito a viver em união de facto como corolário do direito a constituir família resulta que os particulares têm a faculdade de viver em comunhão de leito, mesa e habitação, sem que a essa convivência *more uxorio* se associem penalizações por parte do Estado. A consagração de uma tutela residual, como ocorre *de iure constituto*, não converte essa forma de organização familiar numa entidade constituída sob a égide do direito, conformada por ele, e à luz do qual se constitui um entramado jurídico em que se incluem posições jurídicas *familiares* merecedoras de tutela delitual.

78. E tal faculdade poderá, portanto, ser exercida por um dos companheiros sem que o outro possa, com base nesse facto, requerer o ressarcimento dos danos que decorram do ato radical de extinção Admite-se apenas que a faculdade de desvinculação possa ser exercida de forma abusiva. Ultrapassados os limites previstos no art. 334.º, o ato será ilícito podendo neste caso fundar um pedido ressarcitório nos termos do art. 483.º. Pereira COELHO e Guilherme de OLIVEIRA, *Curso de Direito da Família*, 93.

79. Um tal entendimento conduzirá a um tratamento diferenciado, consoante da lesão resulte a morte do companheiro – caso em que se aplicará o art. 496.º, n.º 3 – ou apenas uma incapacidade grave. Trata-se de um diferença que, no nosso entendimento, só poderá ser vencida através de uma intervenção legislativa que estenda à união de facto proteção ressarcitória nos termos referidos – à semelhança do que aconteceu quando a Lei 23/2010, de 30 de agosto introduziu o n.º 3 no art. 496.º. Julgamos, ademais, que de uma tal intervenção não resultará, uma equiparação, para o efeito referido entre a união de facto e o casamento. A aceitação do ressarcimento dos danos no primeiro caso (vencendo-se o obstáculo que o direito constituído apresenta nos termos

3. OBSERVAÇÕES CONCLUSIVAS

No presente trabalho considerámos a problemática da ressarcibilidade de danos não patrimoniais sofridos por uma pessoa, em consequência da lesão infligida a outra pessoa, por um ato suscetível de gerar a responsabilidade civil do seu autor.

Procurámos delimitar o círculo de pessoas que, à luz do direito positivo, merecem tutela reparatória nesse caso. Para o efeito, depois de considerarmos as perspetivas que se têm desenvolvido no ordenamento jurídico português, buscámos a resposta no quadro geral da responsabilidade civil, retirando consequências ao nível ressarcitório do reconhecimento de relevância *a se* aos direitos familiares. Chegámos a resultados próximos, embora não inteiramente coincidentes, com os que resultam do esforço de extensão teleológica das soluções previstas no art.º 496.º, n.º 2, para a situação em que da lesão corporal proveio a morte. Julgamos que o cônjuge não separado de pessoas e bens, os filhos ou outros descendentes, aos pais ou outros ascendentes, bem como aos irmãos se pode reconhecer um direito à compensação pelos danos sofridos, pessoalmente, em consequência da lesão de que o seu familiar foi vítima. Idêntica ilação não nos parece fundada perante os dados de direito positivo quanto aos unidos de facto.

À míngua de uma intervenção legislativa, pensamos que não se poderá ir mais longe, nesta problemática que constitui mais um dos desafios que a compensação de danos não patrimoniais coloca à responsabilidade civil.

---

referidos em texto) não obnubila o facto de as consequências negativas da lesão corporal de um dos cônjuges inviabilizar o cumprimento de deveres conjugais e consequentemente importar a violação de direitos conjugais dos consortes que inexistem na união de facto (e inexistirão, apesar de uma alteração que estenda a proteção ressarcitória união de facto, nos casos que vimos considerando). Da violação desses direitos resultarão danos que causalmente, à luz do critério normativo incorporado na causalidade adequada, se ligarão ao facto fundante da responsabilidade civil. Assim, no caso de se estar perante um lesado casado, serão ressarcíveis não só os danos não patrimoniais (nomeadamente a angústia e o sofrimento) que se liguem, retrospetivamente à afetação do quadro familiar existente à data, mas também às projeções futuras que daí advenham e se protraiam no tempo (sofrimento pelas maiores dificuldades na organização da vida familiar e pelos sacrifícios decorrentes do auxílio que – não sendo juridicamente devido – venha a ser prestado ao companheiro). Diversamente, no caso da união de facto, esta avaliação prospetiva é inviabilizada pela falta de um compromisso jurídico que permita fazer relevar danos que concernem ao sofrimento adveniente à afetação futura da vida familiar: haverá apenas a consideração dos danos não patrimoniais traduzidos no sofrimento provocado pela afetação do quadro existencial anterior. Tratar-se-á de uma consequência da não assunção do vínculo jurídico que o casamento acarreta.

PARTE II

15 ANOS DE RESPONSABILIDADE CIVIL NO BRASIL

1

DAS RETÓRICAS DA CAUSALIDADE À IMPUTAÇÃO OBJETIVA: LINEAMENTOS PARA A RESPONSABILIDADE CIVIL PELOS DANOS DECORRENTES DE DOENÇAS VETORIAIS

PROF. MESTRE FRANCISCO ARTHUR DE SIQUEIRA MUNIZ[1]

SUMÁRIO • 1. Impostação da problemática e delineamento do percurso da investigação: As distintas formas de compreensão da causalidade alternativa incerta e a edificação de relações de responsabilidade civil extracontratual no contexto das epidemias de doenças vetoriais – 2. Delimitação do contexto em que se insere a hipótese de pesquisa: as doenças vetoriais sob a ótica da responsabilidade civil – 3. As retóricas do nexo de causalidade e sua (in)adequação à realização judicativo-decisória: o problema da causalidade alternativa incerta: 3.1 As bases da concepção causalista: a teoria da *conditio sine qua non*; 3.2 A teoria da causalidade adequada; 3.3 A teoria da causa direta e imediata; 3.4 Em arremate: a problemática compreensão do nexo de causalidade como pressuposto da responsabilidade civil – 4. A superação da causalidade pelo modelo imputacional: um caminho para a delimitação das hipóteses de responsabilização dos mantenedores de focos vetores de doenças – 5. Conclusões: a imputação objetiva como uma resposta teleonomologicamente adequada da responsabilidade civil aos problemas dos danos decorrentes de doenças vetoriais.

1. IMPOSTAÇÃO DA PROBLEMÁTICA E DELINEAMENTO DO PERCURSO DA INVESTIGAÇÃO: AS DISTINTAS FORMAS DE COMPREENSÃO DA CAUSALIDADE ALTERNATIVA INCERTA E A EDIFICAÇÃO DE RELAÇÕES DE RESPONSABILIDADE CIVIL EXTRACONTRATUAL NO CONTEXTO DAS EPIDEMIAS DE DOENÇAS VETORIAIS

Compreender que o direito se consubstancia no próprio plexo de liames entre o sistema normativo e os problemas a que busca solucio-

---

1. Coordenador e Professor da Graduação em Direito do Centro Universitário Maurício de Nassau (UNINASSAU), Doutorando em Direito Civil pela Universidade de Coimbra, Advogado inscrito na Ordem dos Advogados Portugueses e na OAB-PE, Bel e Mestre em Direito pela UFPE, Especialista em Direito Marítimo e Portuário pela UNINASSAU.

nar[2], um conjunto de vínculos dialeticamente constituídos e norteados pela intencionalidade predicativa da juridicidade[3], evidencia a centralidade do papel assumido pelas relações jurídicas[4] no sistema normativo. No direito da responsabilidade civil extracontratual, as relações jurídicas assumem um sentido ainda mais expressivo: é apenas após a construção do referido nexo – a princípio inexistente na seara em questão, e consequente alocação dos sujeitos envolvidos em dois polos distintos e caracterizados como lesante e lesado – é que surge a exigibilidade da prestação indenizatória do dano[5].

Assumidos esses pressupostos, entende-se, portanto, que a relação jurídica geradora da obrigação de indenizar atribuída ao responsável pelo dano constitui e, também, deriva de uma conexão deôntica entre pessoas, implicada a partir de fatos jurídicos forjados e selecionados pelo próprio direito[6].

A referida pressuposição não superou, entretanto, a tormentosa tarefa de definição dos critérios de construção, seleção e análise metódica dos vínculos entre os fatos jurídicos (em outros termos, o(s) fato(s) jurídico(s) que consubstancia(m) o dano-evento e aquele(s) que enforma(m) o dano subsequente[7]) aptos a gerar uma relação de responsabilidade. Trata-se de

---

2. Parte-se, pois da compreensão do fenômeno jurídico descrita por Kaufmann, para quem: "o direito, no sentido exacto do termo, não se encontra nem só na norma, nem apenas no caso, mas na sua recíproca referência, na sua relação. (...) E é precisamente esta relação que constitui aquilo que nós chamamos 'direito'."(KAUFMANN, Arthur. Prolegómenos a uma lógica jurídica e a uma ontologia das relações: fundamento de uma teoria do direito baseada na pessoa. In *Boletim da Faculdade de Direito da Universidade de Coimbra*, Vol. 78, 2002, p. 193)

3. Acerca da relação dialética entre o sistema e o problema que estrutura a racionalidade do modelo metódico jurisprudencialista e o princípio normativo que o norteia, vide: NEVES, A. Castanheira. *Metodologia jurídica*: problemas fundamentais. Coimbra: Coimbra editora, 2013, p. 155-163

4. Conceito que pode ser definido como os vínculos construídos para atribuir direitos e impor obrigações às pessoas a partir de premissas normativas. Nesse sentido: ANDRADE, Manuel A. Domingues de. *Teoria geral da relação jurídica*, vol. I: sujeitos e objecto. Coimbra: Almedina, 2003, p. 2; BETTI, Emílio. *Teoria geral do negócio jurídico*, T. 1. Coimbra: Coimbra Editora, 1969, p. 26

5. Acentuando a temática central da responsabilidade civil extracontratual na construção e imposição de relações jurídicas: JACOISTE, José Javier López. *La responsabilidad civil extracontratual*: una exploración jurisprudencial y de filosofía jurídica. Madrid: Editorial Universitaria Ramón Areces, 2010, p. 57. Percepção semelhante, no âmbito do direito anglo-saxônico, especificamente neste ponto, é exposta por RIPSTEIN e ZIPURSKY, ao afirmarem, em conclusão, que "*The norms of tort law are relational*" (RIPSTEIN, Arthur; ZIPURSKY, Benjamin C. Corrective justice in an age of mass torts. In POSTEMA, Gerald J. (editor). *Philosophy and the law of torts*. Cambridge: Cambridge University Press, 2007, p. 218-219)

6. "Factos jurídicos são, portanto, aqueles factos a que o direito atribui relevância jurídica, no sentido de mudar as situações anteriores a eles e de configurar novas situações, a que correspondem novas qualificações jurídicas." (BETTI, Emílio. Op. cit., 1969, p. 20). No mesmo sentido: ANDRADE, Manuel A. Domingues de. Op cit, 2003, p. 6

7. O fato jurídico que compreende a ilicitude cometida pelo lesante e outro fato jurídico que consubstancia o dano consequente à ação. Nesse sentido, vide: BARBOSA, Ana Mafalda Castanheira Neves Miranda. *Do nexo de causalidade ao nexo de imputação*: contributo para a compreensão da natureza binária e personalística do requisito causal ao nível da responsabilidade civil extracon-

construção relacional jurídica tradicionalmente vinculada a pensamentos condicionais ou causalistas[8] – ideias complexas e problemáticas[9], cujas divergências quanto às distintas formas de análise dos problemas transcendem o direito da responsabilidade civil extracontratual[10] – e que hoje também é pensada por parte da doutrina a partir de um prisma imputacional[11], outrossim, não sem autorizados opositores[12].

---

    tratual, Vol. II. Lisboa: Princípia Editora, 2013, p. 1403; Idem. *Estudos a propósito da responsabilidade objetiva*. Lisboa: Principia, 2014, p. 48, nota de rodapé 62

8. A condicionalidade, ainda que juridicizada, compreende-se a partir de uma concepção fisicista de vinculação dos acontecimentos, enquanto a causalidade, em todas as suas vertentes e não obstante a dimensão normativa que a delineia, não descura de uma tendencial correspondência naturalística. Nesse sentido: Idem. *Do nexo de causalidade ao nexo de imputação*: contributo para a compreensão da natureza binária e personalística do requisito causal ao nível da responsabilidade civil extracontratual, Vol. II. Lisboa: Princípia Editora, 2013, p. 1137

9. Problema considerado central e um dos maiores tormentos dos juristas: "*Causation has plagued courts and scholars more than any other topic in the law of torts.*" (FLEMING, John G. *The law of torts*. 8. ed. Berkeley: The law book company, 1992, p. 218)

10. "nos últimos dois mil e quinhentos anos, o conceito de causa tem sido discutido sob os pontos de vista filosófico e epistemológico, de maneira que se pode dizer tudo, menos que se trata de um conceito simples e elementar." (TARUFFO, Michele. *A prova*. São Paulo: Marcial Pons, 2014, p. 274)

11. Trata-se de um pensamento multifacetado, cujas origens no direito civil deita raízes no pensamento exposto por Karl Larenz, em tese de doutoramento intitulada "A teoria da imputação de Hegel e o conceito de imputação objetiva" (1927). Compreende-se aqui a imputação da responsabilidade, em suma, a partir do cotejo de esferas de risco realizados a partir de um juízo teleonomologicamente configurado. Adota-se, pois, por marco teórico nesta investigação a concepção imputacional desenvolvida em: BARBOSA, Ana Mafalda Castanheira Neves Miranda. *Do nexo de causalidade ao nexo de imputação*: contributo para a compreensão da natureza binária e personalística do requisito causal ao nível da responsabilidade civil extracontratual, 2 Vols., Lisboa: Princípia Editora, 2013

12. E em distintos ordenamentos. Para uma exemplificação da crítica doutrinária realizada em Portugal, ainda que superficial e sem combater os pressupostos que justificam a concepção imputacional adotada neste trabalho, vide: PEREIRA, Rui Soares. Modelos de prova e prova da causalidade. In BRONZE, Fernando José; LINHARES, José Manuel Aroso; MARQUES, Mário Alberto Reis; GAUDÊNCIO, Ana Margarida Simões (coords.). *Juízo ou decisão? O problema da realização jurisdicional do direito*. Coimbra: Instituto Jurídico da Faculdade de Direito da Universidade de Coimbra, 2016. Em Espanha, acerca das objeções à teoria da imputação objetiva, observe-se, entre outros: MONTIJANO, Martín García-Ripoll. *Imputación objetiva, causa próxima y alcance de los daños indemnizables* Granada: Editorial Comares, 2008, p. 209; YÁGÜEZ, Ricardo de Ángel. *Causalidad en la responsabilidad extracontractual*: sobre el arbitrio judicial, la "imputación objetiva" y otros extremos. Cizur Menor: Editorial Aranzadi (Civitas/Thomson Reuters), 2014, p. 276; AMADO, Juan Antonio García. Sobre algunos mitos del Derecho de daños.: Causas que no causan e imputaciones objetivas bastante subjetivas. In GUARDIA, Mariano José Herrrador (Dir.) *Derecho de Daños*. Cizur Menor: Aranzadi/Thomson Reuters, 2013, p. 165. Frise-se que a oposição aqui referenciada contrapõe-se ao pensamento imputacional tal qual defendido por: PANTALEÓN PRIETO, Fernando. Causalidad e imputación objetiva: criterios de imputación. In *Centenario del Código Civil*. Madrid: Editorial Centro de Estudios Ramón Areces, 1991, II, p. 1561-1591. No Brasil, a partir de uma leitura e transposição de pensamentos com matizes diversas como o de CLAUS ROXIN e LARENZ, critica-se a teoria da imputação objetiva por considerá-la mais uma teoria que visa mais a excluir o nexo causal do que erigir pressupostos de existência, ou a partir da transposição. Nesse sentido: GAGLIANO, Pablo Stolze; PAMPLONA FILHO, Rodolfo. *Novo curso*

A construção, seleção e análise dos fatos jurídicos e dos vínculos que justificam a edificação de uma relação de responsabilidade civil extracontratual entre aquele configurado lesante e o declarado lesado tornam-se ainda mais problemáticas no contexto das sociedades excessivamente dinâmicas e complexas[13] do Século XXI, nas quais agudizam-se e proliferam-se os danos surgidos com a "marca do anonimato"[14] para além do contexto industrial moderno.

Se a sociedade industrial transformou em riscos calculáveis a miríade de ameaças que criou mediante a formação dos diversos sistemas de seguros de responsabilidade, a sociedade atual se depara com inúmeros riscos que ultrapassam o manto de proteção anteriormente calculado pelo Estado-providência[15]. Entre as principais características dos novos riscos estão a pluralidade de agentes a que se vinculam os danos, muitas vezes lesantes anônimos, e a impossibilidade de se (re)construir narrativamente o percurso real dos eventos que constituíram a lesão, dada a incerteza ou desconhecimento quanto à totalidade do(s) fato(s) passado(s) que pode(m) ser reconduzido(s) até o fato jurídico que consubstancia o dano e, em certos casos, a incerteza quanto a extensão futura dos danos[16]. Esses riscos aqui retratados são marcados, portanto, pelo problema da denominada causalidade alternativa incerta[17], e sobre a qual debruça-se a presente investigação.

---

de direito civil brasileiro, vol. 3. São Paulo: Saraiva, 2003, p. 110; RODRIGUES JUNIOR, Otavio Luiz. Causalidade, imputação objetiva e novos paradigmas da dogmática penal. In *Revista dos Tribunais*, Vol. 849. São Paulo: RT, jul. 2006, p. 441. A concepção espanhola da teoria da imputação objetiva e aquela em que se baseia o pensamento brasileiro são distintas, entretanto, daquela defendida nesta investigação a partir do pensamento lusitano de BARBOSA, já referenciado.

13. Para a compreensão, com esteio na teoria dos sistemas, da sociedade atual a partir da sua característica hipercomplexidade: NEVES, Marcelo. *Entre Têmis e Leviatã*: uma relação difícil. São Paulo: Martins Fontes, 2008, p. 10

14. MONTEIRO, Jorge Ferreira Sinde. *Estudos sobre responsabilidade civil*. Coimbra: Coimbra Editora, 1983, p. 18

15. BECK, Ulrich. *Sociedade de risco mundial* – em busca da segurança perdida. Lisboa: Edições 70, 2015, p. 208

16. A compreensão desta impossibilidade de (re)construção, e da compreensão de que "em qualquer série complexa de eventos na qual cada evento se desenrola com algum elemento de incerteza, existe uma assimetria fundamental entre o passado e o futuro.", é vista na matemática e aplicada a diversos outros campos do conhecimento humano em: MLODINOW, Leonard. *O andar do bêbado*: como o acaso determina nossas vidas. Rio de Janeiro: Zahar, 2011, p. 254

17. Não obstante ser frequente na doutrina a compreensão desta hipótese como problema de "causalidade alternativa", segue-se aqui a denominação com o acréscimo do adjetivo que reflete a incerteza sobre as múltiplas causas que se apresentam igualmente aptas a resultar o dano. Nesse sentido: PINTO, Paulo Mota. *Interesse contratual negativo e interesse contratual positivo*, vol. I. Coimbra: Coimbra Editora, 2008, p. 653. Assim conceitua estas hipóteses o referido autor: "do concurso cumulativo, (...) importa distinguir o concurso alternativo ou causalidade alternativa

O estudo ora empreendido do referido problema visará, ao final, apresentar possíveis respostas do direito da responsabilidade civil extracontratual a um desafio contemporâneo que configura uma emergência mundial ligada ao surgimento dos danos de origem complexa[18], cujas consequências são cada vez mais ameaçadoras à humanidade: a expansão das doenças vetoriais[19] e os nefastos danos delas decorrentes. Trata-se de um problema que pode ser visto por distintos vieses, dentro e fora do espectro do sistema jurídico, por isso é aqui recortado a partir da seguinte hipótese de pesquisa: sob a ótica do direito civil, é possível responsabilizar uma pessoa que mantém focos reprodutores de agentes vetores de doenças pelos danos sofridos por terceiros que contraíram doenças metaxênicas? Em quais hipóteses e a partir de quais pressupostos metódicos apresenta-se uma solução mais adequada ao atendimento dos fins específicos da responsabilidade civil? Tratar-se-ia a hipótese de uma situação de causalidade alternativa incerta?

Ressalte-se, desde logo, que o âmbito de análise do problema é limitado aos questionamentos que podem ser vinculados à causalidade fundamentadora da responsabilidade civil[20] e a partir da intencionalidade problemática que move a responsabilidade civil, sem descurar de múltiplas

---

incerta, em que existe incerteza sobre qual foi, das diversas causas, aquela que produziu o resultado. Nestes casos, uma de várias acções foi causal, mas não se consegue determinar qual, existindo dúvida sobre a própria autoria." (Idem. Sobre condição e causa na responsabilidade civil (nota a propósito do problema de causalidade da causa virtual). In *ARS IVDICANDI – Estudos em homenagem ao Prof. Doutor António Castanheira Neves*, Vol. III. Coimbra: Coimbra Editora, 2008, p. 934)

18. No direito anglo-saxão, os problemas da causalidade alternativa incerta são conhecidos como situações de causas indeterminadas: "*The principal situation to consider is that in which the claimant's injury could only have been caused by the fault of one out of several careless defendants, in circumstances where the individual in question cannot be identified: this may be called the case of 'indeterminate cause'.*" (MARKESINIS, Basil; DEAKIN, Simon; JOHNSTON, Angus. *Markesinis and Deakin's Tort Law*. 6. ed. Oxford: Clarendon Press/Oxford, 2007, p. 252)

19. Também conhecidas por doenças metaxênicas, são as patologias cuja transmissão depende da participação de organismos (mosquitos, carrapatos, caramujos, ratos, entre outros) que transportam os vírus, bactérias e/ou parasitas que desencadeiam a patogênese.

20. Pressuposta à análise da causalidade preenchedora da responsabilidade, conforme dicotomia originariamente cunhada no âmbito do ordenamento jurídico alemão entre a haf*tungsbegründende Kausalität* e a *haftungsausfüllende Kausalität*. A primeira, acerca da qual iremos nos debruçar, busca estabelecer o nexo entre o ato do agente e a lesão do direito sofrida pela vítima, enquanto a segunda, trata das consequências advindas e quais danos podem ser vinculados à lesão do direito. Acerca da bifurcação de que aqui se trata, vide: BARBOSA, Ana Mafalda Castanheira Neves Miranda. Op. cit., Vol. I, 2013, p. 12-21. Apesar de expor o sentido das expressões de forma semelhante ao acima sintetizado, traduzem-se os termos por "causalidade fundante da responsabilidade" (*haftungsbegründende Kausalität*) e "causalidade limitativa da responsabilidade" (*haftungsausfüllende Kausalität*) em: PROENÇA, José Carlos Brandão. *A conduta do lesado como pressuposto e critério de imputação do dano extracontratual*. Coimbra: Almedina, 2007, p. 428

possíveis análises da questão sob o viés de distintos nichos dogmáticos que ultrapassam os limites desta investigação, a exemplo do direito ambiental e do direito penal e processual penal[21].

Para responder às questões colocadas na hipótese de pesquisa, buscar-se-á inicialmente apresentar a relevância da problemática e realizar a impostação detalhada do contexto em que se desenrola a hipótese de pesquisa aventada.

Em seguida, será delineada a compreensão e as soluções apresentadas para o problema da causalidade alternativa incerta pelas principais teorias que buscam a delimitação metódica da construção, seleção e análise dos vínculos entre os fatos jurídicos (o dano-evento e o dano subsequente) que ensejam a formação da relação jurídica na base da responsabilidade civil extracontratual.

Na sequência, será evidenciado como as teorias em questão são recepcionadas para a realização judicativo-decisória nas situações denominadas por causalidade alternativa incerta no direito português e em sistemas estrangeiros.

Por fim, buscar-se-á perquirir se as teorias e a jurisprudência que se arvoram na necessidade de definição de um nexo de causalidade para a vinculação do dano-evento aos danos consequenciais apresentam respostas metodonomologicamente adequadas para a construção da relação de responsabilidade em casos de causalidade alternativa incerta, ou se se impõe a superação da ideia de causalidade pelo modelo imputacional, para melhor responder à teleonomologia[22] subjacente ao direito da responsabilidade civil, quando se trata da análise dos problemas causados pelos danos decorrentes de doenças vetoriais.

---

21. Para uma análise do tema sob a ótica penal, vide: SOUSA, Suzana Aires de. *A responsabilidade criminal pelo produto e o topos causal em direito penal: contributo para uma proteção penal de interesses do consumidor*. Coimbra: Coimbra Editora, 2014.
22. Expressão trabalhada por Fernando José Bronze e sintetiza "um teleologismo de fins e de valores", cfr. LINHARES, José Manuel Aroso. Juízo ou decisão? Uma interrogação condutora no(s) mapa(s) do discurso jurídico contemporâneo. In BRONZE, Fernando José; LINHARES, José Manuel Aroso; MARQUES, Mário Alberto Reis; GAUDÊNCIO, Ana Margarida Simões (coords.). *Juízo ou decisão? O problema da realização jurisdicional do direito*. Coimbra: Instituto Jurídico da Faculdade de Direito da Universidade de Coimbra, 2016, p. 233. A respeito da teleonomologia da responsabilidade civil, tem-se que é "encontrada na ideia de pessoalidade a matriz ética em que radica o sentido do direito, e estruturando-se aquela numa dialéctica entre liberdade e responsabilidade, à responsabilidade civil não pode deixar de ser reconhecida uma intencionalidade última que seja diretamente comunicada pelo princípio normativo do direito enquanto direito." (BARBOSA, Mafalda Miranda. Reflexões em torno da responsabilidade civil – teleologia e teleonomologia em debate. *In Boletim da Faculdade de Direito da Universidade de Coimbra*, Vol. 81, 2005, p. 558)

2. DELIMITAÇÃO DO CONTEXTO EM QUE SE INSERE A HIPÓTESE DE PESQUISA: AS DOENÇAS VETORIAIS SOB A ÓTICA DA RESPONSABILIDADE CIVIL

A percepção que as sociedades construíram[23] das doenças que as afetam e a forma como as encaram foram substancialmente modificadas ao longo da história: não só a visão sobre determinada doença está relacionada com as contingências históricas, como determinam os rumos do próprio contexto social em que se inserem[24]. Com regularidade, entretanto, as doenças são encaradas como uma oportunidade para legitimar políticas públicas[25], definição de ferramentas de controle social e de rótulos para comportamentos desviantes[26] do que se pode esperar de uma pessoa, a partir da ótica de um ou de vários determinados sistemas regulatórios das sociedades (o jurídico, a moral, a religião...).

O desenvolvimento das ciências naturais e, em especial, da medicina, acarretou uma série de novos debates acerca das causas dos males que assolam a humanidade e uma viragem epistemológica no método de análise das doenças, na percepção dos valores e das responsabilidades sociais[27]. Concomitantemente, a construção de políticas públicas e novas relações de responsabilidade e culpa pelas doenças passaram a ser moldadas por esses novos conhecimentos científicos[28].

---

23. A compreensão das doenças configuram, pois, ideias abstraídas formuladas em um dado momento a partir de uma específica realidade empírica, cfr. LE GOFF, Jacques. Uma história dramática. In LE GOFF, Jacques (org). *As Doenças tem história*. Lisboa: Terramar, 1985, p. 7. Nesse sentido, "As doenças têm apenas a história que lhe é atribuída pelo homem" (SOURNIA, Jean-Charles. O homem e a doença. In LE GOFF, Jacques (org). Op. cit, p. 395)

24. Exemplifica-se esta relação dialética pela história da Febre Tifóide e da Cólera em meados do Séc. XIX: "*Perceptions of disease are context-specific, but also context-determining. For example, when it was recognized in the mid-nineteenth century that typhoid and cholera were discrete diseases spread through the water supply, policy choices were reframed not only in practical engineering terms but in political and moral ones.*" (ROSEMBERG, Charles E.; GOLDEN, Janet (orgs.). *Framing disease*: studies in cultural history. New Jersey: Rutgers University Press, 1997, p. XX)

25. "*disease is at once (...) an occasion of and potential legitimation for public policy, an aspect of social role...*" (Ibidem, p. XIII)

26. "*is a growing interest in the way disease definitions and hypothetical etiologies can serve as a tool of social control, as labels for deviance, and as a rationale for the legitimation of status relationships.*" (Ibidem, p. XV-XVI)

27. "*The expansion of diagnostic categories in the late-nineteenth century created a new set of putative clinical entities that seemed controversial at first and introduced a new variable in defining the feelings of particular individuals about themselves, and of society about those individuals. Inevitably, these often contentious social negotiations evoked questions of value and responsibility as well as epistemological status. Was the alcoholic a victim of sickness or of willful immorality?*" (Ibidem, p. XVIII)

28. "*Disease thus became both the occasion and the agenda for an ongoing discourse concerning the interrelationship of state policy, medical responsibility, and individual culpability. It is difficult in-*

Com a evolução das ciências e dos estudos que desnudaram a etiologia das patogêneses, possibilitou-se a definição de políticas públicas mais efetivas para o combate aos males que afetam as sociedades. É exemplo dessa abertura cognitiva[29] para as descobertas científicas pelo sistema político-jurídico a atribuição, com base em critérios motivados pelas conclusões da racionalidade epistêmica das ciências naturais, de responsabilidades individuais e coletivas, a exemplo da proibição de utilização ou comercialização de amianto ou produtos que o contenham a partir de 1 de janeiro de 2005, de acordo com o disposto na Diretiva 2003/18/CE, transposta para o direito interno português através do Decreto-Lei nº 101/2005, de 23 de junho.

Especificamente quanto à compreensão etiológica das doenças vetoriais, a partir das quais abordar-se-á a problemática referida no capítulo anterior, verifica-se decorrerem de um processo evolutivo cujas primeiras evidências foram comprovadas apenas no final do Século XIX[30]. O surgimento da ciência entomologia médica se deu após um estudo que vinculou os insetos culicídeos à transmissão da filariose bancroftiana, na sequência de pesquisas que levantaram as primeiras hipóteses sobre o papel dos artrópodes na transmissão da febre amarela[31].

Os estudos anteriores ao referido período elencavam uma miríade de causas de ordens distintas para as doenças vetoriais. Em um dos primeiros livros de medicina escritos no Brasil, datado do fim do Século XVII, atribui-se à febre amarela causas das mais diversas naturezas que teriam "corrompido o ar" e acarretavam a propagação da doença: desde vapores de águas de lagos, poços e imóveis fechados, de corpos, de

---

deed to think of any significant area of social debate and tension – ideas of race, gender, class, and industrialization – in which hypothetical disease etiologies have not served to project and rationalize widely held values and attitudes." (Ibidem, p. XXII)

29. Por evidente, conforme alerta a própria teoria dos sistemas de Luhmann, uma abertura limitada pelo fechamento operacional, limites definidos pelo próprio sistema jurídico que irão também configurar a sua compreensão como um sistema autopoiético, cf.: LUHMANN, Niklas. El derecho como sistema social. In DIEZ, Carlos Cómez-Jara (Ed.). *Teoria de sistemas y derecho penal*: fundamentos y posibilidades de aplicación. Granada: Comares, 2005, p. 75. Também nesse sentido, conclui NEVES, A. Castanheira. Op. cit., 2013, p. 159

30. Não obstante a literatura especializada anotar a existência de associações de doenças com sintomas compatíveis com a dengue a picadas de insetos voadores em registros de uma enciclopédia médica chinesa do século X, cf.: DOMINGUES, Ana Luísa Costa. *A dengue: um (novo) problema de saúde pública em Portugal e na Europa*. Coimbra: Tese de Mestrado em Saúde Pública da FMUC, 2015, p. 29

31. SILVA, Edson. *Reprodução do Aedes Aegypti em fossas de esgotamento sanitário no bairro dos Pioneiros, zona urbana de Pimenta Bueno – Rondônia, Amazônia Ocidental*. 2007. 72 f. Dissertação (Mestrado em Ciências da Saúde) – Universidade de Brasília, Brasília, 2007, p. 1. Disponível em: http://repositorio.unb.br/handle/10482/3389 Acesso em: 25/03/2016

carnes podres, lombrigas, eclipses, até a "ira de Deus pelo pecado dos homens"[32]. Neste contexto de desconhecimento acerca da etiologia das doenças, seria, pois, inimaginável pensar em uma relação de responsabilidade que pudesse vincular fatos jurídicos atribuídos a uma pessoa aos danos sofridos por outra pessoa acometida por determinadas doenças em contextos específicos.

A realidade contemporânea atual é, entretanto, bem diversa daquela em que se verificava uma incipiente compreensão da etiologia das doenças vetoriais. É consenso que a principal doença metaxênica no mundo, em números de frequência e casos de mortalidade, ainda é a malária, cujo agente vetor é o mosquito *Anopheles* fêmea. Não obstante, o protagonismo da malária está atualmente a ser posto em xeque por doenças causadas por espécies de mosquitos da mesma família do *Anopheles* (a *Culicidae*), porém, de outro gênero: o *Aedes*[33].

Sabe-se que mosquitos do gênero *Aedes* possuem capacidade de recepção e transmissão de dezenas de vírus distintos[34], dentre eles, os sorotipos da Dengue, uma das arboviroses que mais crescem em números de vítima no mundo. O Zika Vírus e o Chicungunya, outras doenças vetoriais associadas ao mesmo gênero de mosquitos, também estão a apresentar números e casos alarmantes, mormente em razão das recentes descobertas da vinculação do Zika Vírus a uma série de doenças neurológicas graves e à má formação de nascituros (ocorrência de microcefalia)[35].

---

32. ROSA, Joam Ferreyra da. *Trattado único da constituiçam pestilencial de Pernambuco*. Lisboa: Officina de Miguel Manescal, Impressor do Principe Nosso Senhor, 1694, p. 8-15

33. De acordo com a Organização mundial da Saúde as doenças vetoriais respondem atualmente por 17% das doenças infecciosas conhecidas e, anualmente, mais de um milhão de pessoas morrem em decorrência dessas mazelas, das quais, mais de seiscentos mil pessoas falecem apenas em razão da malária, apesar de as estatísticas indicarem uma queda de mais da metade no número de casos e mortes nos últimos quinze anos. A dengue, por outro lado, transmitida por mosquitos do gênero *Aedes*, está em franca expansão e já é uma ameaça a mais de 2.5 mil milhões de pessoas em mais de cem países Cf.: WORLD HEALTH ORGANIZATION. *Vector-borne diseases*. Feb. 2016. Disponível em http://www.who.int/mediacentre/factsheets/fs387/en/ acesso em 02/04/2016.

34. O *Aedes Albopictus*, por exemplo, largamente encontrado também na Europa possui capacidade, de acordo com estudos laboratoriais, para transmitir pelo menos 26 arboviroses, dentre as quais, os quatro sorotipos de Dengue, Febre amarela, Chikungunya, Ross river e o Vírus do Oeste do Nilo. GUEDES, Duschinka Ribeiro Duarte. *Análise da competência vetorial para o vírus dengue em populações naturais de Aedes aegypti e Aedes albopictus de Pernambuco*. 2012. 100 f. Tese de Doutorado em Saúde Pública, Centro de Pesquisas Ageu Magalhães da Fundação Oswaldo Cruz, Recife, 2012., p. 34. Disponível em: http://arca.icict.fiocruz.br/bitstream/icict/10805/1/378.pdf Acesso em 25/03/2016

35. HIGGS, Stephen. Zika Virus: Emergence and Emergency. In *Vector-Borne and Zoonotic Diseases*. February 2016, vol.16 (number 2), p. 75. Disponível em: http://online.liebertpub.com/doi/pdf/10.1089/vbz.2016.29001.hig. Acesso em 28/03/2016

Inicialmente ligados a zonas rurais de regiões periféricas do globo, os agentes das doenças vetoriais adaptaram-se ao ambiente antrópico[36] e invadiram as grandes cidades. Com a globalização e a evolução dos meios de transportes a facilitar o deslocamento de pessoas e mercadorias, restou ainda mais facilitada a transmissão de doenças para regiões distantes dos focos originários de surtos das mazelas[37]. Estudos indicam que a Europa, região que já foi afetada por surtos isolados de arboviroses causadas principalmente pelos mosquitos *Aedes Aegypti* e o *Aedes Albopictus* (na ilha da Madeira e no sul da Europa), não só já possui ambientes propícios à difusão dos agentes vetores[38], como, em decorrência das alterações climáticas previstas para as próximas décadas, criará um campo ainda maior para a expansão dos vetores por áreas do interior da Europa[39].

Evidenciada, portanto, a relevância do problema das doenças vetoriais a nível global, bem como sua relação com a construção de políticas públicas e do próprio direito, faz-se mister, diante da natureza e limitação espacial do presente estudo, selecionar um paradigma de análise dentro do grupo de patologias e vetores possíveis, para apresentar as principais características de seu desenvolvimento e transmissão. Será, então, a partir do delineamento da etiologia das arboviroses causadas pelos mosquitos *Aedes Aegypti* e *Aedes Albopictus* que se olhará posteriormente para o problema dos danos sofridos por aqueles infectados, a partir das possíveis respostas que o sistema jurídico pode propor no campo da responsabilidade civil extracontratual.

---

36. Trata-se do fenômeno denominado na epidemiologia de "domiciliação" ou "sinantropia", cf.: SILVA, Edson. *Op. cit.*, p. 6

37. Foi, por exemplo, a partir do transporte de pneus usados e de plantas decorativas conhecidas como "Lucky Bamboo", que o *Aedes Aegypti* e o *Aedes Albopictus* foram encontrados na Holanda. O primeiro, menos adaptado a países com baixas temperaturas, não encontrou ambiente para se difundir naquela região, ao contrário do segundo, que já foi encontrado em mais de vinte países europeus. MEDLOCK, J. M.; HANSFORD, K. M.; SCHAFFNER, F.; VERSTEIRT, V.; HENDRICKX, G., et. al. (2012) A review of the invasive mosquitoes in Europe: ecology, public health risks, and control options. In *Vector Borne Zoonotic Diseases*, vol 12, jun. 2012, p. 439-440. Disponível em: http://online.liebertpub.com/doi/pdf/10.1089/vbz.2011.0814 Acesso em: 10/03/2016

38. "*A. aegypti does not overwinter like A. albopictus, but can utilize sheltered sites in a domestic setting, which provides protection against environmental conditions and numerous aquatic habitats suitable for oviposition. There are no climatic reasons why this species could not become widely established in southern Europe, if re-introduced (Reiter 2010).*" (Ibidem, p. 439) Outras espécies que integram o mesmo subgênero do *Aedes Aegypti* e do *Aedes Albopictus* também podem ser consideradas potenciais vetores e estão largamente difundidas mesmo em partes mais frias da Europa, a exemplo do *Aedes Japonicus*. O alerta é feito por: DOMINGUES, Ana Luísa Costa. *Op. cit.*, p. 8

39. Ibidem, p. 41. Previsões semelhantes são feitas a partir da utilização de algoritmos genéticos, conforme: BENEDICT, M. Q.; LEVINE, R. S.; HAWLEY, W.A.; LOUNIBOS, L.P. Spread of the tiger: global risk of invasion by the mosquito Aedes albopictus. In *Vector Borne Zoonotic Diseases*, Vol. 7, 2007, p. 76–85. Disponível em: http://online.liebertpub.com/doi/abs/10.1089/vbz.2006.0562 Acesso em 11/03/2016

Em razão dos conhecimentos atualmente disponíveis acerca das principais doenças vetoriais transmitidas pelos mosquitos do gênero Aedes, conclui-se que o único elo vulnerável na cadeia de transmissão é o vetor. À inexistência de vacinas e tratamentos etiológicos eficazes, soma-se a ineficácia do isolamento dos portadores dos vírus, pois a maior parte dos infectados são assintomáticos ou oligossintomáticos, o que não permite a identificação dos casos de forma oportuna. Por enquanto, combater a proliferação das larvas e dos mosquitos adultos, desenvolvidos principalmente[40] a partir de reservatórios artificiais de água limpa e parada[41] é o único caminho vislumbrado para a contenção das doenças vetoriais em questão[42].

O ambiente dos agentes vetores ora estudados são principalmente áreas urbanas (especialmente o ambiente doméstico e periférico às casas, no caso *Aedes Aegypti*, e, no caso do *Aedes Albopictus*, quando em área urbana, encontrado comumente nos parques e grandes jardins). A dispersão dos mosquitos é realizada em um raio máximo de trezentos metros em torno do local de reprodução, embora, normalmente, a fêmea, responsável pela transmissão das arboviroses, não costume ultrapassar um raio de voo de cem metros[43]. Reservatórios de água, vasos de plantas, piscinas inutilizadas, pneus, garrafas e até as respectivas tampas são exemplos dos inúmeros locais ideais para a procriação e desenvolvimento das larvas dos mosquitos.

A contaminação dos artrópodes vetores pelas arboviroses pode ser realizada por ingestão de sangue contaminado de um hospedeiro vertebrado (transmissão horizontal) ou por transmissão vertical (transovariana e transmissão venérea)[44]. O homem, por seu turno, é contaminado apenas através do mosquito vetor[45] e é o principal responsável pela

---

40. Mas não exclusivamente. Pesquisas encontraram não só o *Aedes Albopictus* (originariamente adaptado à procriação em pequenos reservatórios naturais criados por plantas como os bambus), mas também larvas e mosquitos do *Aedes Aegypti* em parques na cidade brasileira de São Paulo: CERETTI-JÚNIOR, Walter; MEDEIROS-SOUSA, Antônio R.; MULTINI, Laura C.; et. al. Immature Mosquitoes in Bamboo Internodes in Municipal Parks, City of São Paulo, Brazil. In *Journal of the American Mosquito Control Association*, Vol. 30(n. 4), 2014, p. 268-274. Disponível em: http://dx.doi.org/10.2987/14-6403R.1 Acesso em: 10/03/2016

41. Já existem estudos que indiciam, em áreas de grande endemia e precário esgotamento sanitário, a adaptação do *Aedes Aegypti* às águas sujas das fossas domésticas, o que, se vier a ser comprovado por estudos mais aprofundados, pode maximizar exponencialmente os desafios de combate aos vetores. Apresenta esta evidência a pesquisa de: SILVA, Edson. *Op. cit.*, p. 64

42. TAUIL, Pedro Luiz. Perspectivas de controle de doenças transmitidas por vetores no Brasil. *Revista da Sociedade Brasileira de Medicina Tropical* [online]. 2006, vol.39, n.3, p. 276. Disponível em: http://dx.doi.org/10.1590/S0037-86822006000300010. Acesso em 10/03/2016

43. SILVA, Edson. *Op. cit.*, p. 9; DOMINGUES, Ana Luísa Costa. *Op. cit.*, p. 9.

44. GUEDES, Duschinka Ribeiro Duarte. *Op. cit.*, p. 30

45. Há, entretanto, pesquisas que associam um tipo específico de arbovirose, o Zika Vírus, à transmissão venérea, através do sêmen de um homem infectado: HIGGS, Stephen. Zika Virus: Op. cit., p. 75

difusão do agente transmissor. Impõe-se, pois, perquirir e densificar o âmbito desta responsabilidade.

Apesar de pesquisas de campo por vezes expressarem uma falsa dicotomia acerca de quem é o responsável pelo combate e pela propagação dos agentes vetores de arboviroses, se seria o Estado ou a população[46], um esforço conjunto e coordenado é fundamental para o controle dos vetores, conforme demonstrou a experiência cubana[47]. A definição de políticas públicas e a formação dos *role responsibility* de cada cidadão estão há muito vinculadas à história do combate às doenças, e as pesquisas recentes, a exemplo da já referenciada acima, demonstram que as sociedades incutiram essa cultura, igualmente refletida no sistema jurídico.

Em países cuja realidade é o combate diuturno a uma epidemia já instaurada, como é o caso do Brasil, o Poder Judiciário rotineiramente se depara com a necessidade de resolver problemas decorrentes da necessidade de controle e extinção dos focos transmissores, bem como a atribuição de responsabilidades para a consecução desta atividade. Mesmo em caso de imóveis privados, diante da omissão do particular e do dever constitucionalmente imputado ao Estado brasileiro de garantir o direito fundamental à saúde das pessoas, a jurisprudência entende cabível impor ao ente público obrigação de fazer para realizar a retirada de lixo e entulhos, ou realizar o aterro de locais que acumulem água[48]. Também em casos de comprovada omissão do dever estatal de realizar ações específicas de controle de agentes vetores de doenças e de informação da

---

46. Em Santiago de Cuba, no ano de 2000, após o controle de uma epidemia de Dengue ocorrida em 1997, a população havia expressado ao pesquisador que a responsabilidade pelo controle do *Aedes Aegypti* seria do setor de saúde. No Brasil, em plena epidemia de 3 arboviroses (Dengue, Zika e Chikungunya), uma pesquisa da Confederação Nacional dos Transportes afirmou entre outros números, que, para 74,7% da população do país, o culpado pela proliferação do mosquito é a população, e que 93,2% da população passou a combater o mosquito no ambiente doméstico. Respectivamente acerca das pesquisas em Cuba e no Brasil, vide: TOLEDO-ROMANÍ, María Eugenia; BALY-GIL, Alberto; CEBALLOS-URSULA, Enrique; et. Al. Participación comunitaria en la prevención del dengue: un abordaje desde la perspectiva de los diferentes actores sociales In *Salud Pública de México*, vol. 48, n. 1, jan.-fev 2006, p. 43. Disponível em: http://www.scielosp.org/pdf/spm/v48n1/v48n1a07.pdf. Acesso em 27/03/2016; SAÚDE ESTADÃO. *85,2% tomam medidas para combater Aedes, diz pesquisa*. São Paulo: Versão Eletrônica do Jornal Estado de São Paulo de 24/02/2016. Disponível em: http://saude.estadao.com.br/noticias/geral,85-2-tomam-medidas-para-combater-o-aedes–diz-pesquisa,10000018032. Acesso em 15/03/2016
47. DOMINGUES, Ana Luísa Costa. Op. cit., p. 28
48. Nesse sentido, evidenciam os seguintes julgados: BRASIL. Tribunal de Justiça do Mato Grosso do Sul. Apelação Cível n.º 2008.011478-1; Órgão Julgador: Quarta Turma Cível; Relator: Desembargador Atapoã da Costa Feliz; julgado em 02.06.2009; BRASIL. Tribunal de Justiça de Pernambuco. Apelação Cível nº: 0000804-76.2004.8.17.0810, Relator: Desembargador Antenor Cardoso Soares Junior, Data de Julgamento: 06/12/2012, 3ª Câmara de Direito Público.

população, foi imputada a responsabilidade do Estado de indenizar os danos causados a pessoas que foram infectadas[49].

Desconhece-se na jurisprudência brasileira, entretanto, casos em que se tenha discutido fora do âmbito do direito público a responsabilidade civil pelos danos decorrentes de doenças vetoriais. Trata-se de um dado contrastante com a compreensão expressada pela população brasileira, na pesquisa já referenciada, de que ela é a principal responsável pela propagação dos agentes vetores e, por corolário lógico, pelos danos decorrentes. Conjectura-se até que ponto as respostas fornecidas pela população foram sinceras ou se o problema estaria no abismo gnoseológico[50] entre o que a população compreende por "medidas de combate ao mosquito" e os meios realmente eficazes ao controle dos artrópodes. Alia-se às interrogações expostas uma compreensão que parece ser replicada em contextos sociais os mais diversos: a ideia de que, em verdade, se todos se consideram responsáveis, na verdade ninguém efetivamente o é[51]. Sob a máscara de uma assunção coletiva de culpa, estariam sujeitos que não se responsabilizariam por suas ações ou omissões individuais, cuja natureza não permitem ser destacadas como a razão real em um conjunto de possíveis motivos para o surgimento de um dano.

Busca-se nesta investigação, por conseguinte, no contexto delineado acima, verificar se a responsabilidade coletiva, que parece desaguar em uma irresponsabilidade individual, poderia ser encarada pelo direito da responsabilidade civil extracontratual de forma distinta, de modo a responsabilizar as pessoas que mantivessem focos propícios ao desenvolvimento dos agentes vetores pelos danos sofridos por aqueles acometidos pelas doenças metaxênicas.

---

49. No caso, tratava-se de contaminação por bactéria transmitida partir do *Amblyomma cajennense* ou popularmente conhecido como "carrapato-estrela", agente vetor da febre maculosa. Em regiões do Brasil onde há notificação de casos da doença, o Ministério da Saúde impõe aos Municípios específicas ações de controle e de informação da população, que foram consideradas descumpridas, em razão da contaminação sofrida pelos demandantes em: BRASIL. Tribunal de Justiça do Estado de São Paulo. Apelação Cível nº: 0069578-92.2006.8.26.0114, Relator: Des. Luis Ganzerla, Data de Julgamento: 17/09/2012, 11ª Câmara de Direito Público, Data de Publicação: 17/09/2012

50. Ideia que exprime que a tentativa de apreensão e controle da realidade, nem sempre semelhante àquela alcançada pelas demais pessoas, se dá através da coerência dos critérios de validação da comunicação, ou seja, da linguagem sobre os relatos, nunca sobre os próprios eventos, estes últimos tidos por únicos, irrepetíveis e inapreensíveis em sua totalidade, inalcançáveis em razão da própria limitação biológica do homem, cf.: ADEODATO, João Maurício. *Uma teoria retórica da norma jurídica e do direito subjetivo.* São Paulo: Noeses, 2011, p. 136

51. "*the result of this spontaneous admission of collective guilt was of course a very effective, though unintended, white-wash of those who had done something: as we have already seen, where all are guilty, no one is.*" (ARENDT, Hannah. *Responsibility and judgment.* New York: Schocken Books, 2003, p. 28)

Se é certo que a sociedade compreende o papel fundamental desenvolvido por cada um de seus integrantes no controle das doenças vetoriais, indaga-se se seria possível vincular os danos decorrentes de uma arbovirose a uma pessoa que descumpre o seu *role responsibility,* a partir de uma ação/omissão apta a implicar uma lesão ao direito absoluto à saúde de outrem.

Sabe-se que não é possível comprovar a origem exata do agente vetor que transmitiu a doença, porém, em algumas situações, é possível delimitar os focos reprodutores capazes de emissão dos artrópodes. Imagine-se uma pessoa que contraiu a doença e comprovadamente não saiu de seu domicílio durante o período em que o vírus pode ter sido inoculado em si e restado incubado. Se tal indivíduo residir em uma casa vistoriada e certificada pelas autoridades, na qual não se verificou nenhum foco de reprodução dos agentes vetores, exclui-se a participação do lesado na formação do dano. Se a referida casa encontrar-se no centro de um grande condomínio (fora do raio de ação de insetos oriundos de focos vetores existentes para além da área condominial), cuja área comum também não possui focos com larvas de insetos vetores, restam ainda duas possibilidades para a origem do artrópode responsável pela transmissão: uma extremamente incomum "boleia" pega por um inseto em um veículo que adentre no condomínio[52] ou um dos vizinhos manterem, em suas casas ou perímetro peridoméstico privado, espaços de reprodução dos insetos. Caso se comprove, nessa hipótese, que um ou mais vizinhos recusaram-se a receber a vistoria das autoridades de saúde a procura de focos de reprodução, ou que sabidamente mantêm espaços capazes de fomentar a reprodução dos insetos (uma piscina seca e desprotegida, que passou a acumular água de chuva, por exemplo), poderiam ser responsabilizados pelos danos sofridos pelo vizinho infectado, mesmo sem restar provada a vinculação naturalística entre a ação/omissão do suposto agente lesante com a inoculação do vírus no lesado?

Ao olhar para o problema a partir do prisma da responsabilidade civil extracontratual, seria, então, possível configurar o fato jurídico (manutenção de um ambiente emissor de agentes vetores de doenças que expõem a perigo aqueles que se encontrem no raio de ação dos insetos) como um dano-evento (lesão ao direito absoluto à saúde de uma pessoa infectada no raio de atividade possível dos artrópodes), juridicamente relacionado aos danos consequentes do acometimento da doença pelo lesado? Mesmo na

---

52. Seria necessária a coincidência de ser um inseto infectado, fêmea e que adentrasse no carro destinado ao condomínio durante o seu horário de ação (o *Aedes Aegypti*, por exemplo, possui hábitos diurnos e costuma estar mais ativo no início da manhã e no fim da tarde, horários de temperaturas mais amenas) e chegasse a picar o lesado.

situação de indeterminação da origem real da doença e, por consequência, dos agentes lesantes, seria possível estabelecer, em algumas situações que se mostrem menos complexas no que tange à delimitação dos fatores envolvidos e à prova da edificação do vínculo entre o lesado e as ações dos possíveis lesantes, uma relação de responsabilidade?

A exemplo da situação acima imaginada, há inúmeras outras hipóteses em que é possível delinear com maior ou menor precisão as possíveis origens dos agentes vetores ligados aos danos sofridos por pessoas acometida pelas doenças que transmitem[53]. Tratam-se de situações nas quais a ação ou omissão[54] de múltiplos agentes poderiam levar ao surgimento do dano sofrido pela pessoa infectada, porém apenas um deles efetivamente a gerou, sendo incerto qual deles: situações, portanto, possível de serem enquadradas nas hipóteses de causalidade alternativa incerta.

Passar-se-á, por conseguinte, a perquirir quais as possíveis soluções para a causalidade alternativa incerta, se implicam ou não a formação de uma relação jurídica de responsabilidade, e qual alternativa melhor responde ao específico problema aventado nesta investigação acerca dos danos decorrentes de doenças vetoriais, compreendidos a partir da teleonomologia do instituto da responsabilidade civil.

3. AS RETÓRICAS DO NEXO DE CAUSALIDADE E SUA (IN)ADEQUAÇÃO À REALIZAÇÃO JUDICATIVO-DECISÓRIA: O PROBLEMA DA CAUSALIDADE ALTERNATIVA INCERTA

É cediço que o ônus de alegar e provar os fatos que subjazem à pretensão indenizatória, no âmbito da responsabilidade civil extracontratual, é imposto ao lesado, exceto quando existente alguma presunção legal. Trata-se, pois, do encargo da prova da causalidade fundamentadora da responsabilidade, que se torna especialmente problemática nas hipóteses em que

---

53. Imagine-se, também, uma pessoa que ingressou no porto de Lisboa e desenvolveu Zika Vírus alguns dias após transitar em área próxima a uma carga de pneus usados transportados por três navios oriundos de regiões endêmicas da América Latina, sendo certo que foram os únicos navios que atracaram durante o período da visita e que testemunhas atestaram a existência de mosquitos e água parada entre os pneus. Dada a inexistência de notícias de casos da doença na cidade portuguesa ou outros possíveis focos de agentes vetores encontrados na zona portuária, seria possível responsabilizar (para além de outras possíveis configurações de responsabilidade, como a do operador portuário) os afretadores e/ou donos das cargas pelos danos decorrentes da doença?

54. Consubstanciadas na recalcitrância em permitir a fiscalização de propriedade pelos agentes de saúde, ou na manutenção de um foco de reprodução por omissão do dever de cuidado esperado para evitar a criação do ambiente adequado aos insetos e do dever de cuidado necessário para exterminar os focos evidenciados.

não se pode conhecer o nexo causal, e o direito precisa definir quem deve suportar os riscos do desconhecimento[55].

A incerteza quanto ao encadeamento das ações que conduzem à formação do dano e a multiplicidade de possíveis lesantes a quem se pode reconduzir os danos constituirão características que implicarão conclusões as mais diversas, a depender de como se pensem os pressupostos do juízo de formação do vínculo jurídico que enforma a responsabilidade civil extracontratual.

Passa-se, pois, primeiramente, a discorrer acerca de algumas das principais teorias que partem de um pensamento condicional ou da definição de um nexo de causalidade para configurar a relação jurídica de responsabilidade pelos danos, e como abordam o problema da causalidade alternativa incerta. Delineadas as propostas teóricas, verificar-se-á a recepção das referidas correntes pela jurisprudência e se constituem a resposta mais adequada ao problema da causalidade alternativa incerta.

3.1 As bases da concepção causalista: a teoria da *conditio sine qua non*

A causalidade como um requisito para o surgimento do dever de indenizar era conhecida, porém um pressuposto pouco elaborado pelos romanos[56] e apenas recentemente a relação de causalidade despertou o interesse doutrinário, no âmbito do *civil law*[57]. Inicialmente, encontrava-se intimamente ligada a um pensamento determinístico de causa e efeito, típico das ciências naturais, constituído no juízo condicional, que era formado sem considerar o sentido específico do direito e a teleonomologia da responsabilidade civil[58].

Esta primeira teoria, intitulada de *conditio sine qua non* ou da equivalência das condições[59], surgiu em meados do Século XIX[60] e dispõe que

---

55. O alerta é feito por LARENZ, cf. descreve BARBOSA, Ana Mafalda Castanheira Neves Miranda. Op. cit., Vol. II, 2013, p. 1065, nota de rodapé 2253
56. KASER, Max. *Direito privado romano*. 2. ed. Lisboa: Calouste Gulbenkian, 2011, p. 212
57. YÁGÜEZ, Ricardo de Ángel. Op. cit, p. 125
58. VARELA, João de Matos Antunes. *Das obrigações em geral*, vol. I. 10. ed. Coimbra: Almedina, 2015, p. 883
59. Há quem distinga a teoria da *conditio sine qua non* da teoria da equivalência de condições e afirme que aquela seria um expediente de limitação desta, conforme anota BARBOSA, Ana Mafalda Castanheira Neves Miranda. Op. cit., Vol. II, 2013, p. 1071.
60. "*Esta doctrina fue forjada, especialmente para el Derecho penal, por VON BURI en 1855 y parece haber recibido la influencia de las ideas relativas a los métodos científicos, especialmente de JOBS y de S. MILL. Es científica porque rompe con cualquier connotación teológica o metafísica y establece un examen de los fenómenos en si mismos considerados.*" (DÍEZ-PICAZO, Luis. *Fundamentos del derecho civil patrimonial*, Vol. V: la responsabilidad civil extracontractual. Cizur Menor: Aranzadi/Thomson Reuters, 2011, p. 360)

as distintas condições para o surgimento de um dano são equivalentes e consistem em causas do prejuízo todos os antecedentes que concorreram de alguma maneira para a sua realização. Não apenas do ponto de vista lógico-formal a construção é questionável[61], como também juridicamente finda por gerar iniquidades, especialmente em situações de concorrência causal, quando mais de um ato é realizado e todos são igualmente aptos a causar o dano[62], ou quando não resta provada a vinculação determinística do fato jurídico perpetrado pelo pretenso lesante que foi erigido à condição sem a qual o dano sofrido pela vítima não teria ocorrido.

O corte realizado no curso causal para definir os agentes responsáveis por essa teoria e, assim, evitar o regresso ilimitado dos fatores condicionantes do dano é, a nosso ver, arbitrário, fruto de uma narrativa que oculta premissas[63] do raciocínio desenvolvido e, assim, realiza uma construção

---

61. Para evitar um regresso *ad infinitum* na perquirição das causas de um determinado evento e ampliar ilimitadamente o dever de indenizar, demanda um corte feito pela narrativa do caso no curso condicional, pois, sob uma ótica fisicista, as séries causais são infinitas: "A causalidade natural não pode fundar-se em si mesma, ou por via lógico-formal. Por mais que se dê M como antecessor causal de N, a interatividade não abrange exaustivamente a experiência que é infinita. Por isso, com uma ocorrência advinda "o", não se fecha o campo de possibilidades: ocorreria "o"+1, que falsearia a lei causal empiricamente comprovada. Essa lei repousa no postulado (empiricamente inverificável) da uniformidade da repetição do devenir" (VILANOVA, Lourival. *Causalidade e relação no direito*. 5. ed. São Paulo: Noeses, 2015, p. XI-XII).
62. É o exemplo de escola dos dois atiradores que disparam contra um terceiro. Uma vez que ambos os tiros são mortais, a nenhum deles se pode conferir a pecha de condição sem a qual a morte não teria ocorrido. Apenas mediante entendimentos que configuram verdadeira criação de exceções à regra, pode tentar-se superar a disfuncionalidade da teoria. Nesse sentido: BARBOSA, Ana Mafalda Castanheira Neves Miranda. Op. cit., Vol. II, 2013, p. 1157; VARELA, João de Matos Antunes. *Op. cit.*, p. 884
63. A omissão deliberada de fatores condicionais da produção do dano não é, entretanto, expressamente admitida pelos adeptos da teoria, mas sim inferida a partir da secção realizada na narrativa do problema e no uso de conceitos acessórios artificiais, como a distinção entre causa e mera condição para o surgimento da evento danoso. Apesar de pautados em correntes de pensamento distintas, o que resultará da aplicação da teoria da *conditio sine qua non* à formação do juízo decisório não irá, portanto, diferir substancialmente daqueles resultados obtidos pelos que compreendem o direito sob o prisma do realismo jurídico: ambos vão consistir na formação de um silogismo arbitraria e artificialmente criado, com a diferença que os realistas expressamente manifestam entenderem ser contraproducente e ilusória a apresentação de todas as premissas do juízo decisório. Nesse sentido, é a observação de Sobota sobre o juízo decisório: "*What we can in any event note is that a rhetorical text like a judgement contains many allusions to syllogisms, but does not actually contain any complete and explicit syllogism. What is it then that gives one the feeling of completeness and logical coherence? I suggest that this is the effect of a specific grammatical construction and modality of a sentence, often linked with words like "thus", "so", "therefore", etc., and with textual or contextual hints to the realm of general propositions. So, normative syllogisms in legal texts appear, if at all, in fragments and intimations. Mostly their major premises and their conclusions are concealed.*" (SOBOTA, Katharina. Don't mention the norm! In *International Journal for the Semiotics of Law*, Vol. IV/10, 1991, p. 52). Sob a linguagem do direito anglo-saxônico, a *conditio sine qua non* é verificada a partir do *but-for test*, e, naquele contexto, é igualmente sujeito a críticas. A afirmar que a definição da relação causal está intrinsecamente vinculada à descrição

silogística entimemática[64] da relação de condicionalidade para se alcançar as soluções desejadas, a partir de artifícios como a distinção entre causa e meras condições do evento danoso, a identificação da causa do evento lesivo como a "mais eficaz", "mais próxima" ou a "condição decisiva do dano"[65]. Destarte, uma descrição mais ou menos detalhada do encadeamento dos eventos vinculados ao dano não apenas influi na verossimilhança da narrativa das partes[66], como também delimita o âmbito da controvérsia probatória e reflete no próprio juízo decisório, que na construção narrativa da *story of the trial*, realiza um corte na cadeia causal que pode ou não abarcar os fatos provados e que o juiz considera, nesta relação naturalística-determinística entre os fatos observados da "realidade", condição sem a qual o dano não teria ocorrido. Ao "recortar" a realidade[67], edifica narrativisticamente um nexo

---

espaço-temporal realizada e a questões de política judiciária, vide: MARKESINIS, Basil; DEAKIN, Simon; JOHNSTON, Angus. Op. cit., p. 245. Consignando a relevância das crenças ideológicas e do enredo narrativo construído para a observação do problema na definição da responsabilidade civil: BALKIN, Jack M. La retórica de la responsabilidad. In ROSENKRANTZ, Carlos F. (Compilador). *La responsabilidad extracontractual*. Barcelona: Gedisa, 2005, p. 143. Para Coleman, "*Determining which activity is the proximate cause of an event's ocurrence will depend on considerations of policy and principle.*" (COLEMAN, Jules. *Risks and wrongs*. Oxford: Oxford University Press, 2003, p. 271). A arbitrariedade verificada nesse juízo é realçada também por RIPSTEIN, Arthur; ZIPURSKY, Benjamin C. Op. cit., p. 245

64. Os entimemas são considerados silogismos retóricos dada a sua imperfeição lógica ou formal, pois suas conclusões não decorrem necessariamente de suas premissas, ao revés do que se verifica em silogismos apodíticos, porém são pragmaticamente úteis, quando se visar a persuasão sem as amarras de uma rigidez coerência lógica, da qual nem sempre é possível ou estrategicamente desejável dispor. Para uma exposição minudenciada acerca dos silogismos retóricos (ou entimemas) na construção da argumentação judicial, vide: ADEODATO, João Maurício. *Ética e retórica*: para uma teoria da dogmática jurídica. São Paulo: Saraiva, 2002, p. 261-283

65. Acerca das inúmeras distinções conceituais criadas no âmbito da teoria da *conditio sine qua non*, vide: VARELA, João de Matos Antunes. Op. cit., p. 886. Também no âmbito da *common law*, a quebra da cadeia de causas é apoiada em conceitos semelhantes e igualmente desprovidos de cientificidade ou sentido lógico: "*Judges ask whether a particular event 'broke the chain of causation', and use terms such as 'direct', 'proximate', 'foreseeable', or (alternatively) 'remote' to describe the relation between an act or omission and its consequences. (...) Certainly, the terms used, such as 'direct' or 'proximate', have no precise scientific or logical meaning.*" (MARKESINIS, Basil; DEAKIN, Simon; JOHNSTON, Angus. Op. cit., p. 244-245)

66. Acerca de uma teoria de apoio aos julgamentos em casos de incerteza, que assevera que descrições mais detalhadas de um evento são consideradas mais prováveis: FOX, Craig R.; BIRKE, Richard. Forecasting Trial Outcomes: Lawyers Assign Higher Probability to Possibilities That Are Described in Greater Detail. In *Law and Human Behavior*, Vol. 26, n. 2, Abr. 2002, p. 160. Disponível em: http://link.springer.com/journal/10979/26/2/page/1. Acesso em 02/05/2016

67. Acerca destes recortes causáis como soluções encontradas em França para lidar com a incerteza causal, "*VINEY señala que, la contradicción entre el deseo de dar satisfacción a la víctima y la resistencia a abandonar pura y simplemente el principio de responsabilidad individual, conduce a la jurisprudencia a remontarse en la cadena de causas del daño a fin de descubrir en ella una que sea individualmente imputable: siendo anónimo el disparo, causa directa del accidente, los jueces computan la causa anterior, en este caso, la falta de precauciones del organizador.*" (LAFUENTE, Virgínia Múrtula. *La responsabilidad civil por los daños causados por un miembro indeterminado de un grupo*. Madrid: Editoral Dykinson, 2005, p. 35)

causal, ainda que o "fascismo científico"[68] insista em configurar o método da causalidade sob o prisma da *conditio sine qua non* como o fruto de uma *episteme* e não de uma *doxa*. A tautologia da teoria da *conditio sine qua non* é, outrossim, evidente: mais que para "comprovar" se um fato é causa de outro, a citada teoria serve para ratificar aquilo que aquele que a utiliza já sabe o que é, pois a causa naturalística que relaciona dois fenômenos deve ser demonstrada previamente, uma vez que a fórmula, *de per si*, é uma simples proposição lógica, insuscetível de comprovar o que acontece ou deixa de acontecer quando suprimido mentalmente um determinado fato[69], e cujos resultados são manipuláveis para se obter o resultado que se pretender, bastando-se incluir na descrição do resultado a(s) circunstância(s) que para as quais determinada pessoa, cujo comportamento se pretende considerar causal para o resultado, põe uma condição necessária[70].

Também a compreensão de que tanto os atos omissivos quanto os comissivos podem configurar o suporte fático de hipóteses normativas de configuração de responsabilidade, assim como a percepção da existência de hipóteses em que não há relação causal entre o sujeito e o dano (casos em que a norma realiza a ligação ao configurar a responsabilidade objetiva), evidenciam que a causalidade é, em verdade, tecida pelo sistema jurídico e inexiste sob a ótica naturalística, sendo manifestamente normativa a conexão entre o fato jurídico omisso e o evento[71].

A teoria da *conditio sine qua non* resta condenada, por conseguinte, a duas saídas: ou mantém-se firme em seus pressupostos determinísticos e abdica da adequação à teleonomologia da responsabilidade civil e do sentido do direito enquanto direito, ou entrega-se à artificialidade e à retórica na construção do juízo condicional, através de desvios à teoria e cortes no

---

68. "Para o cartesianismo, o entimema produz um distanciamento estereotipado com o real, que nos afasta da verdade e nos aproxima da dominação. No entanto, o constante policiamento epistemológico que se pretendeu efetuar sobre o discurso da ciência não afasta a possibilidade de construir, na prática científica contemporânea, entimemas mais sofisticados e apoiados nas seduções acadêmicas dos cientistas, no senso comum, nas crenças alimentadas por uma comunidade de intelectuais que, reprimindo suas paixões, reificam seus discursos. A verdade científica não deixou de ser um grau de verossimilitude, uma forma de dominação e persuasão muito mais difícil de ser contestada. Estamos diante do fascismo da ciência, por meio do qual se procura reprimir o homem, persuadindo-o de sua ignorância. Assim a positividade do saber da ciência é uma proposição retórica fundante do discurso teórico e aceita popularmente." (WARAT, Luis Alberto. *O direito e sua linguagem*. 2. ed. Porto Alegre: Sergio Antonio Fabris Editor, 1995, p. 89)
69. Cf. LÓPEZ, Fernando Peña. *Dogma y realidad del derecho de daños*: imputación objetiva, causalidad y culpa en el sistema español y en los PETL. Cizur Menor: Editorial Aranzadi / Thomson Reuters, 2011, p. 43
70. PINTO, Paulo Mota. Sobre condição e causa na responsabilidade civil (nota a propósito do problema de causalidade da causa virtual). In Op. cit., Vol. III, 2008, p. 946
71. VILANOVA, Lourival. Op. cit., p. 37 e 91

curso causal realizados com o auxílio de distinções conceituais cunhadas artificialmente para tentar garantir maior coerência e justeza na aplicação do pensamento da *conditio sine qua non*.

3.2 A teoria da causalidade adequada

Ainda que vinculada a uma concepção naturalística, buscou-se, então, ultrapassar o pensamento condicional da relação entre o fato jurídico e o dano que era considerado sua consequência, radicalmente enredados em uma relação de causa-efeito típica das ciências naturais, a partir da construção de um nexo de causalidade norteado por critérios probabilísticos (um princípio de normalidade)[72] e uma lógica de adequação[73] mais compatível com a intencionalidade problemática do direito. Surge assim, a teoria da causalidade adequada.

Não obstante os inúmeros critérios distintos elaborados pela doutrina, sobrelevam-se as definições acerca do que se entende por causa adequada, tal qual aduzidas por duas correntes doutrinárias[74]. De um lado, os que aduzem a adequação causal como a verificação de que o dano é uma consequência normal de um determinado fato, ou seja, que a lesão é um efeito natural ou consequência provável de um fato[75]. De outro, encontram-se os defensores de uma concepção mais alargada da causalidade e que entendem que o fato condicionante do dano apenas não será considerado a causa adequada se for indiferente para a ocorrência do dano, tendo-o provado apenas em razão de circunstâncias excepcionais, anômalas ou ex-

---

72. TRABUCCHI, adepto da teoria da causalidade adequada, afirma que é necessário considerar a consequência "che in base alla comune esperienza era oggetivamente presumibile derivassero dall'azione." (TRABUCCHI, Alberto. *Istituzioni di diritto civile*. 38. ed. Padova: Cedam, 1998, p. 199)

73. O que se entende por "adequação", entretanto, foi objeto de inúmeras teorias distintas, que são valoradas de formas distintas em cada país: "*In Germania, ad es., si sono consumati numerosi tentativi di definizione dei caratteri di "adeguatezza" di una causa, ora considerata come prevedibilità soggetiva del danno, ora derivata dal giudizio ex post, ora riscontrata in assenza di circostanze eccezionali, ora valutata alla stregua dell'efficienza sociale della condotta.*" (ALPA, Guido. *La responsabilità civile*: principi. Torino: UTET Giuridica, 2015, p. 134) Para GNANI, por exemplo, ao revés do que se compreende majoritariamente no pensamento português (conforme adiante restará minudenciado), a teoria da causalidade adequada pressuporia o critério da previsibilidade subjetiva: "*Certo, nella formula di prevedibilità viene a sintetizzarsi il portato metodologico della causalità adeguata: la conseguenza "normale" di un dato evento, generalmente, è anche prevedibile dal soggeto agente.*" (GNANI, Alessandro. *Sistema di responsabilità e prevedibilità del danno*. Torino: G. Giappichelli Editore, 2008, p. 200)

74. Cf. dualidade exposta por: VARELA, João de Matos Antunes. Op. cit., p. 890-891

75. GALGANO que, em relação à problemática do nexo causal, adota o critério da regularidade estatística, pode ser enquadrado nessa corrente. De acordo com o autor italiano, "*un dato fatto è considerato, giuridicamente, come causa di un evento se questo sulla base di in giudizio di probabilità ex ante, poteva apparire come la conseguenza prevedibile ed evitabile di quel fatto.*" (GALGANO, Francesco. *Diritto privato*. Padova: Cedam, 1988, p. 345-346)

traordinárias que intercederam na situação, conhecida como a formulação negativa da causa adequada[76]. Nesta visão, para configurar o fato jurídico como causa adequada de um dano, não é imprescindível que a produção do dano tenha sido realizada sem a colaboração de outros fatos, apenas que ele seja a condição, dentre as demais, considerada adequada à realização do evento danoso[77].

A causalidade adequada, ao nortear a questão do nexo causal por um juízo de probabilidade[78], permitiria, para Calvão da Silva, a preponderância da evidência, equiparada a uma presunção de causalidade[79]. Por conseguinte, possibilitaria a ampliação das hipóteses de responsabilidade a situações em que o liame, dada a natureza dos fatos e a intencionalidade problemática do caso, não permitem ao lesado reconduzir o fato do agente à lesão por razões geradas pela atividade do suposto lesante. Nesse contexto, parte da doutrina e jurisprudência portuguesas compreendem ser desnecessária a vinculação do juízo probabilístico[80] a um certo patamar

---

76. Solução considerada adotada no quadro do sistema português, quando a lesão for proveniente de um ilícito contratual ou extracontratual, cf.: VARELA, João de Matos Antunes. Op. cit., p. 900-901

77. Ibidem, p. 894-895

78. "a introdução do advérbio "provavelmente" faz supor que não está em causa apenas a imprescindibilidade da condição para o desencadear do processo causal, exigindo-se ainda que essa condição, de acordo com um juízo de probabilidade, seja idónea a produzir um dano" (LEITÃO, Luís Manuel Teles de Menezes. *Direito das Obrigações*, vol. I. Coimbra: Almedina 2000, p. 305-306). Trata-se de compreensão sujeita, entretanto, a severas criticas. A necessidade de se abdicar da racionalidade matemática para assumir a racionalidade prática específica do direito é registrada por MOTA PINTO, para quem, "em termos matemáticos é igualmente arbitrário conceder a indemnização quando a probabilidade é de 90% ou de 10%". Lembra o autor a disfuncionalidade da racionalidade matemática ao asseverar que "são obrigadas a admitir a existência de um "*ponto de viragem*" ("*tipping point*") a partir de um limiar relevante, a partir do qual um pequeno acréscimo (ou diminuição) terá um efeito *desproporcionalmente favorável* (*ou desfavorável*)." (PINTO, Paulo Mota. *Op. cit.*, vol. II., 2008, p. 1104-1105).

79. SILVA, José Calvão da. *A responsabilidade civil do produtor*. Coimbra: Almedina, 1990, p. 712. Acerca das presunções de causalidade, Sinde Monteiro afirma que WAHRENDORF "Chega assim à conclusão de que por detrás da presunção de causalidade (*Kausalitaetsvermutung*) de que fala a jurisprudência se esconde uma verdadeira inversão do ónus da prova, que de seguida procura justificar como expressão de um 'princípio de probabilidade' e tendo como fundamento o 'princípio geral de protecção'." (MONTEIRO, Jorge Ferreira Sinde. *Responsabilidade por conselhos, recomendações ou informações*. Coimbra: Almedina, 1989, p. 284). Para uma Síntese das técnicas presuntivas e de facilitação probatória surgidas no contexto da adoção da teoria da causalidade adequada no direito português, vide: BARBOSA, Ana Mafalda Castanheira Neves Miranda. Op. cit., Vol. II, 2013, p. 1089, nota de rodapé 2302. A concluir que, em França, a melhor doutrina entende que a presunção de causalidade em favor da vítima do dano fundamenta a responsabilidade dos membros de um grupo de onde se originou o dano: LAFUENTE, Virgínia Múrtula. Op. cit., p. 39

80. BARBOSA anota que a mesma consciência da dificuldade em se fixar critérios probabilísticos cujo alcance implicaria a fixação da responsabilidade civil levou à teorização do dano da perda da chance, que busca mensurar ressarcimentos proporcionais à chance que se perdeu: BARBOSA, Ana Mafalda Castanheira Neves Miranda. Op. cit., Vol. II, 2013, p. 1110, nota de rodapé 2327

matemático e optariam por apelar a conceitos de naturezas distintas, a exemplo das ideias de "superação de toda a dúvida razoável" ou "convicção assentada em um juízo de probabilidade o mais elevado possível"[81].

A compreensão de que a causalidade é normativamente criada a partir da definição dos critérios de adequação e definição de relevância dos fatores condicionantes da produção do dano permite surgir no âmbito da teoria da causalidade adequada um maior espaço para a discussão das hipóteses de concorrência de causas[82]. Se – em situações que concorrem duas ações para a produção do mesmo resultado, e qualquer uma é suficiente para alcançá-lo – a consequência lógica da aplicação da teoria da *conditio sine qua non* é a irresponsabilização dos lesantes, sob o pálio da teoria da causalidade adequada, a resposta é distinta. Realiza-se um desvio à compreensão de causa e efeito para adequar as respostas atribuídas ao problema à intencionalidade normativa, de modo a considerar ambas as ações causas do dano[83].

A multiplicidade de critérios para a compreensão da adequação causal da ação a um dano permite, outrossim, distintas abordagens acerca da causalidade alternativa incerta, sob o prisma de um pensamento causalista. Parte da doutrina lusitana consigna que, em razão da inexistência de um texto semelhante ao inserto no §830, I, do BGB no quadro legal português e de uma suposta inadequação da aplicação analógica do art. 490º do Código Civil, não é possível responsabilizar os agentes, quando inexistente a prova da configuração do nexo de causalidade entre suas ações e o dano[84]. Outra

---

81. COSTA, Paula Cordeiro da. *Causalidade, dano e prova*: a incerteza na responsabilidade civil. Coimbra: Almedina, 2016, p. 36

82. Limitar-nos-emos, frise-se mais uma vez, a discorrer com mais vagar acerca da hipótese de causalidade alternativa incerta, dados os limites materiais desta investigação.

83. VARELA, na esteira de entendimento de VAZ SERRA, PEREIRA COELHO, TRIMARCHI e BYDLINSKI, assevera que "O evento que interessa à determinação da causa real, como condição s.q.n., não é o evento abstracto (morte da vítima), mas o evento concreto (a morte, tal como ela realmente se registou) e que, nesse sentido, qualquer das causas cumulativas constitui condição s.q.n. do dano" (VARELA, João de Matos Antunes. Op. cit., p. 884). Na mesma toada é a posição de PINTO, Paulo Mota. *Op. cit.*, vol. I., 2008, p. 656 e 674, nota de rodapé 1920.

84. A ironizar a solução germânica, que, no entender do autor, responsabiliza pessoas sem a prova de sua participação efetiva no ato lesivo e, assim, sacrifica alguns para não deixar a vítima sem compensação: VARELA, João de Matos Antunes. Op. cit., p. 923. Para Menezes Cordeiro, a indeterminação causal é anterior à indeterminação do agente culpado, razão pela qual é contrário à aplicação por analogia do art. 490º CC às situações de causalidade alternativa incerta: "face à inexistência de norma semelhante ao 830 BGB, é impossível a aplicação do artigo 497º. O lesado não consegue demonstrar a culpa de algum dos agentes, nem sequer é capaz de demonstrar o comportamento danoso. Mesmo que haja presunção de culpa, ela não pode funcionar, por não ser possível elucidar contra quem funciona tal presunção." (CORDEIRO, António Menezes. *Direito das obrigações*, vol. II. Lisboa: AAFDL, 1999, p. 415). Também contrário, por considerar que "fica

corrente compreende que, uma vez provado serem os pretensos lesantes prováveis responsáveis pelo dano, na medida em que todas as condições venham a ser presumidas como causas adequadas do dano, devem ser solidariamente responsáveis pelos danos sofridos pela vítima[85].

Na esteira da doutrina tradicional, a jurisprudência portuguesa compreende, maioritariamente[86], que o quadro dogmático lusitano recepcionou, no art. 563º do Código Civil Português (CC), a teoria da causalidade adequada[87], especificamente na sua formulação negativa[88], ainda que com alguns desvios à pureza teórica deste pensamento teórico[89]. Ressalta, ou-

---

por demonstrar quem, em concreto, causou o dano – pressuposto que está na base do sistema de responsabilidade civil nacional" é o entendimento de: COSTA, Paula Cordeiro da. Op. cit., p. 168. Ao tratar da causalidade alternativa, PROENÇA afirma que "a falta de outras bases jurídicas favoráveis (presunção de culpa ou de causalidade) fazem imputar o dano ao próprio lesado, não se justificando uma solução salomónica ou outra tutela mais protectora." (PROENÇA, José Carlos Brandão. Op. cit, p. 431)

85. PINTO, Paulo Mota. Op. cit., vol. I., 2008, p. 654, nota de rodapé 1859; FRADA, Manuel A. Carneiro da. *Direito civil. Responsabilidade civil. O método do caso.* Coimbra: Almedina, 2010, p. 102-103. Na mesma toada, assevera OLIVEIRA: "defendemos já que, no ordenamento português vigente, a criação ou aumento do risco, a avaliar em abstracto, desencadeia o funcionamento de uma presunção de imputação. Ou seja, sempre que nos encontrarmos perante um caso de causalidade alternativa, por definição, o juiz deve presumir a imputação quanto a todos os sujeitos que aumentam (pelo menos em abstracto) o risco de lesão. I.e., quanto a todos os potenciais agentes presume-se a causalidade e todos serão, em suma, responsáveis." (OLIVEIRA, Ana Perestrelo de. *Causalidade e imputação na responsabilidade civil ambiental.* Coimbra: Almedina, 2007, p. 110-111)

86. Há, entretanto, precedente que busca compatibilizar o texto do art. 563º CC com mais de uma compreensão teórica acerca do nexo de causalidade, nomeadamente a teoria da causalidade adequada, a teoria do escopo da norma violada e a teoria da imputação objetiva (conforme a concepção delineada no marco teórico deste trabalho): PORTUGAL. Acórdão do Supremo Tribunal de Justiça no processo 368/04.0TCSNT.L1.S1, relatado por Maria Clara Sottomayor, julgado pela 1ª Secção e datado de 30/09/2014.

87. Recepção questionada por parte da doutrina. Nesse sentido: CORDEIRO, António Menezes. *Tratado de Direito Civil Português*, Vol. II, T. III. Coimbra: Almedina, 2010, p. 542

88. Na esteira de uma dezena de recursos de revista neste mesmo sentido, conclui: PORTUGAL. Acórdão do Supremo Tribunal de Justiça no processo 1749/06.0TBSTS.P1.S1, relatado por Fernando Bento, julgado pela 2ª Secção e datado de 18/12/2013.

89. Nesse sentido, consigna: PORTUGAL. Acórdão do Supremo Tribunal de Justiça, no processo 817/09.8TVLSB.L1.S1, relatado por Serra Baptista, julgado pela 2ª Secção e datado de 18/10/2012. Em outro acórdão, também do Supremo Tribunal de Justiça (processo 488/09.4TBESP.P1.S1, relatado por Helder Roque, julgado pela 1ª Secção e datado de 05/02/2013, reitera-se a adoção da teoria da causalidade adequada e utiliza-se de forma sinonímica os termos "causalidade adequada" e "imputação normativa", assim como também menciona (porém não a aplica) o pensamento referenciado pelas expressões "causalidade jurídica" e "imputação objectiva" (estes, à semelhança da compreensão espanhola de imputação objetiva, que trata o pensamento como hipóteses de restrição dos casos de responsabilidade). Acolheu-se, nesse acórdão, a teoria da perda da chance para imputar a um advogado (e respectiva seguradora) a obrigação de indenizar um cliente em 50% do valor pretendido em uma ação cujo patrono não apresentou o rol de testemunhas arroladas pelo seu mandante e estaria, assim, vinculado à perda da chance de sucesso da demanda. Em relação ao desvio à doutrina tradicional da causalidade, afirma-se neste acórdão que "Enquanto a teoria geral

trossim, ser desnecessária uma vinculação direta e imediata entre o fato jurídico tido por causa do dano, ao asseverar que seu comportamento pode ser considerado o causador de uma condição de ordens as mais diversas (um fato natural, de terceiro, do lesado...) que se configurou apenas instrumentalmente no desencadeador do dano e que seria normalmente provável consequência de seu ato[90]. Desconhece-se, entretanto, nas bases jurídico--documentais da jurisprudência portuguesa disponível *on line* (www.dgsi.pt), acórdãos que observem o problema da causalidade alternativa incerta na configuração dos pressupostos da responsabilidade civil extracontratual sob o prisma tradicional da teoria da causalidade adequada[91].

A compreensão das hipóteses de causalidade alternativa incerta à luz da teoria da causalidade adequada não apresenta, por conseguinte, uma solução uniforme a ser adotada na realização judicativo-decisória. São os critérios escolhidos pelo magistrado que irão permitir ou não concluir-se pela responsabilização dos lesantes. Configura-se, assim, uma imprevisibilidade e insegurança jurídica que podem acarretar tratamentos distintos a situações semelhantes, de todo incompatíveis com a teleonomologia da responsabilidade civil.

A teoria da causalidade adequada há muito foi severamente criticada por parte da doutrina (v.g., Hebraud, Esmein, Houin)[92], que não aceitava a incerteza provocada pela adoção de critérios probabilísticos e reputava-a marcada por uma desmedida discricionariedade para a definição do vínculo causal, cuja consequência seria uma inevitável aproximação com o juízo retórico enformado pela teoria da *conditio sine qua non*[93]. Também

---

    da causalidade, no âmbito da responsabilidade contratual, tem subjacente o princípio do "tudo ou nada", porquanto obriga a que o risco de incerteza da prova recaia em conjunto sobre um único sujeito, a teoria da "perda de chance" distribui o risco da incerteza causal entre as partes envolvidas, pelo que o lesante responde, apenas, na proporção e na medida em que foi autor do ilícito.". Ressalte-se, desde logo, conforme se verá no capítulo seguinte, que a concepção imputacional pressuposta por marco teórico nesta investigação (e já diferenciada, no primeiro capítulo deste trabalho, do pensamento referenciado no acórdão *retro*) para a formação do nexo entre o comportamento do agente e o dano sofrido pelo lesado também já encontra guarida em alguns precedentes.

90. PORTUGAL. Acórdão do Supremo Tribunal de Justiça no processo 2398/06.8TBPDL.L1.S1, relatado por Mário Mendes, julgado pela 2ª Secção e datado de 15/11/2011

91. Conforme se verá adiante, os precedentes verificados na jurisprudência portuguesa acerca da matéria desviam-se da percepção tradicional da causalidade para formular respostas compatíveis com a teleonomologia da responsabilidade civil.

92. Cf.: PEREIRA, Caio Mário da Silva. *Responsabilidade civil*. Rio de Janeiro: Forense, 1999, p. 79.

93. A inexistência de critérios precisos para a definição da causa adequada ensejou críticas da doutrina que asseveravam permanecer incólumes os problemas verificados desde a teoria da *conditio sine qua non*, pois ambas "...gerariam resultados exagerados e imprecisos, estabelecendo nexo de causalidade entre todas as possíveis causas de um evento danoso e os resultados efetivamente produzidos,- por se equivalerem ou por serem abstratamente adequadas a produzi-los – ainda

Von Tuhr[94] afirmava a superficialidade da teoria, dada a ausência de critérios infalíveis para afirmar quando determinada causa é ou não adequada a propiciar tal resultado, sendo o bom senso do magistrado o único critério para resolver a questão, relegada, em maior ou menor medida, ao livre arbítrio, vez que sua conclusão acerca da configuração ou não do nexo de causalidade seria fundamentada tão somente na ideia de adequação causal ou não no caso concreto, guiada pelo seu sentimento jurídico, evidentemente difícil de ser analisado. Das objeções às teorias da *conditio sine qua non* e da causalidade adequada surge, entre outras, a teoria da causalidade direta ou imediata, que, apesar de não receber guarida em Portugal, influenciou sobremaneira a experiência jurídica brasileira[95].

3.3 A teoria da causa direta e imediata

Ainda compreendida dentro de um quadro teórico arrimado em esquemas causais de pendor naturalístico, a teoria da causalidade direta ou imediata afastaria o *damnum remotum* e limitar-se-ia àquele considerado consequência direta e imediata de seu comportamento[96]. A acepção original da expressão causalidade "direta e imediata", ao mesmo tempo que excluía o dano indireto ou remoto, resultava em injustiças patentes em determinadas situações, razão pela qual desenvolveu-se a subteoria da necessariedade causal, que passou a entender aquela expressão a partir de um nexo de necessariedade, e não de simples proximidade – entre a causa e o efeito, porém implicou a abertura das portas à incerteza que tanto criticaram seus adeptos em relação às teorias precedentes[97].

---

que todo e qualquer resultado danoso seja sempre, e necessariamente, produzido por uma causa imediata, engendrada e condicionada pelas circunstâncias específicas do caso concreto." (TEPEDINO, Gustavo. Notas sobre o nexo de causalidade. In *Revista Trimestral de Direito Civil*, vol. 6, abr./jun. 2001 p. 7) Em sentido semelhante, são as críticas de YÁGÜEZ: "*la teoría de la causalidad adecuada (...) igual que otras que la precedieron (...) está sujeta a la servidumbre de la apreciación personal de cada juez, y en cada caso, sobre lo que es o no explicación adecuada de un acontecimiento o serie de acontecimientos. Expresado de otra manera, la causalidad adecuada está sujeta a una considerable dosis de subjetividad.*" (YÁGÜEZ, Ricardo de Ángel. Op. cit. p. 10)

94. TUHR, A. Von. *Tratado de las obligaciones*. Granada: Editorial Comares, 2007, p. 57

95. Passa-se a discorrer acerca da teoria e de sua recepção no Brasil, pois, conforme adiante restará evidenciado, ainda que sob influência de teorias diversas, a realidade jurisprudencial brasileira, igualmente marcada pelo pensamento forjado a partir de esquemas causais, não difere da lusitana em diversos aspectos e reforçará as conclusões adiante esposadas, as quais justificam o salto das retóricas da causalidade para a concepção imputacional da responsabilidade civil, mormente quando considerados os novos desafios que o direito vem a defrontar no Brasil e que não são de todo estranhos à realidade europeia: os danos decorrentes das doenças vetoriais.

96. BEVILAQUA, Clóvis. *Código Civil dos Estados Unidos do Brasil Comentado*, Vol. IV. Rio de Janeiro: Paulo de Azevedo LTDA, 1958, p. 175

97. Cf. leciona SCHREIBER, Anderson. *Novos paradigmas da responsabilidade civil*. 6. ed. São Paulo: Atlas, 2015, p. 61-62

A teoria da causalidade direta e imediata restou refletida no texto legal de diversos ordenamentos (a exemplo do art. 1.223 do Código Civil italiano[98] e do art. 403 do Código Civil brasileiro). Muitos autores brasileiros entendem, mesmo diante do disposto no art. 403 do Código Civil, que a teoria da causalidade adequada está mais apta a colmatar a causalidade jurídica no sistema de direito brasileiro[99], mesma compreensão já aplicada em alguns arestos até mesmo de tribunais superiores[100], apesar do dissenso doutrinário[101] e jurisprudencial[102] ser manifesto e incluir também os partidários da teoria do escopo da norma violada[103], verificados tanto na doutrina[104] quanto na jurisprudência[105] brasileiras.

Há quem defenda[106] prevalecer na jurisprudência brasileira a aplicação da teoria do dano direto e imediato, posicionamento do qual discordamos, uma vez que a afirmativa se dá apenas pela colação de alguns

---

98. *"Maggiormente sommaria, in confronto, è la disciplina assegnata al rappporto di causalità nel campo civile, ove l'unica preocupazione del legislatore sembra consistere nel restringere il nesso di causalità giuuridica ai anni immediati e diretti."* CUPIS, Adriano De. *Il danno*. Milano: Giuffrè, 1979, p. 217

99. Entre outros, vide: TARTUCE, Flávio. *Direito Civil*. 8. ed. São Paulo: Método, 2013, p. 379; PEREIRA, Caio Mário da Silva. Responsabilidade civil. Rio de Janeiro: GZ, 2012, p. 78; DIAS, José de Aguiar. *Da responsabilidade civil*. 12. ed. Rio de Janeiro: Lumen Juris, 2011, p. 695

100. BRASIL, Superior Tribunal de Justiça. REsp 545.752/RS, Rel. Ministro Raul Araújo, Quarta Turma, julgado em 17/12/2015, *DJe 24/02/2016*; BRASIL, Superior Tribunal de Justiça. REsp 1067332/RJ, Rel. Ministro Marco Buzzi, Quarta Turma, julgado em 05/11/2013, *DJe 05/05/2014*;

101. Pela aplicação da teoria do dano direto e imediato, inclinam-se, entre outros: TEPEDINO, Gustavo; BARBOSA, Heloisa Helena; MORAES, Maria Celina Bodin de. *Código Civil Interpretado*, Vol I. 2. Ed. Rio de Janeiro: Renovar, 2007, p. 343; SAMPAIO, Gisela. *O problema do nexo causal na responsabilidade civil*. Rio de Janeiro: Renovar, 2005, p. 107; ALVIM, Agostinho. *Da inexecução das obrigações e suas consequências*. 2. ed. São Paulo: Saraiva, 1995, p. 362

102. Pela defesa da teoria do dano direto e imediato, já se manifestaram os tribunais superiores em diversas oportunidades, por exemplo: BRASIL, Superior Tribunal de Justiça. REsp 1557978/DF, Rel. Ministro Moura Ribeiro, Terceira Turma, julgado em 03/11/2015, DJe 17/11/2015; BRASIL, Supremo Tribunal Federal. RE 130764, Relator(a): Min. Moreira Alves, Primeira Turma, julgado em 12/05/1992, *DJ 07-08-1992*, p.11782; BRASIL, Superior Tribunal de Justiça. REsp 1113804/RS, Rel. Ministro Luis Felipe Salomão, Quarta Turma, julgado em 27/04/2010, *DJe 24/06/2010*

103. Para uma compreensão crítica desta teoria, que visaria o afastamento do pensamento causalista para centrar o problema da delimitação dos danos indenizáveis na indagação da norma violada, bem como a compreensão dos distintos sentidos (amplo e restrito) que pode configurar, vide: BARBOSA, Ana Mafalda Castanheira Neves Miranda. Op. cit., Vol. I, 2013, p. 131-141

104. NORONHA, Fernando. *Direito das obrigações*. 4. ed. São Paulo: Saraiva, 2013, p. 639

105. Adotou a teoria expressamente nos fundamentos do acórdão: BRASIL, Tribunal de Justiça de Santa Catarina. AC: nº 153635 (2008.015363-5), Relator: Des. Ronei Danielli, Data de Julgamento: 08/07/2011, Sexta Câmara de Direito Civil. Sem nominá-la expressamente, porém a utilizar os preceitos: BRASIL, Superior Tribunal de Justiça. REsp 1232795/SP, Rel. Ministra Nancy Andrighi, Terceira Turma, julgado em 02/04/2013, *DJe 10/04/2013*.

106. FROTA, Pablo Malheiros da Cunha. *Responsabilidade por danos*: imputação e nexo de causalidade. Curitiba: Juruá, 2014, p. 94

julgados de órgãos fracionários de tribunais superiores[107], e não pela realização de um trabalho exaustivo de análise jurisprudencial[108], de estatística ou pela apresentação de súmula, ou de julgados oriundos das composições plenárias dos sodalícios. Afastamos, pois, a conclusão de existir, na jurisprudência brasileira, um posicionamento mais firme em uma ou outra teoria[109], mormente por se verificar julgados que realizam, inclusive, a fusão das duas teorias[110].

A causalidade alternativa incerta é outro tema tormentoso no quadro do ordenamento jurídico brasileiro, desde as críticas à própria denominação usualmente utilizada para a questão no Brasil ("causalidade alternativa"[111]), ao âmbito de incidência da categoria jurídica em ques-

---

107. Principalmente quando não há um entendimento pacificado nas cortes superiores, a asseverar a existência de um posicionamento uniforme em todas as dezenas de Tribunais Estaduais e Federais brasileiros é afirmação que está sujeita a maiores questionamentos.

108. A exemplo do que tivemos oportunidade de realizar acerca da visão do Superior Tribunal de Justiça quanto à compreensão da improbidade administrativa dolosa, ao investigar se, na visão daquela Corte, era considerada uma questão de fato ou questão de direito apta a ser objeto de recurso. Na oportunidade, analisamos qualitativamente os quase trezentos acórdãos até então publicados para poder lançar as conclusões alcançadas em: MUNIZ, Francisco Arthur de Siqueira. *As retóricas na história da (in)distinção conceitual entre questão de fato e questão de direito*: análise do juízo de cognição do conceito indeterminado de improbidade administrativa dolosa nos recursos especiais. 2013. 432 f. Dissertação de Mestrado – Centro de Ciências Jurídicas – Universidade Federal de Pernambuco, Recife.

109. No mesmo sentido aqui defendido é a lição de SCHREIBER: "A observação das decisões judiciais revela que as cortes têm empregado ora uma teoria, ora outra, sem que se possa definir sequer um padrão de julgamento a partir dos diversos precedentes emitidos em um determinado ordenamento. Neste particular, a experiência brasileira é, infelizmente, emblemática." (SCHREIBER, Anderson. Op. cit., p. 63)

110. BRASIL, Superior Tribunal de Justiça. REsp 1307032/PR, Rel. Ministro Raul Araújo, Quarta Turma, julgado em 18/06/2013, *DJe 01/08/2013*

111. SCHREIBER, ao analisar a questão sob o contexto dos casos em que a lesão decorre de comportamentos individuais não identificados e inseridos dentro em um grupo de pessoas, compreende uma imprecisão linguística na expressão causalidade alternativa. Para o autor, a unicidade da causalidade que se vincula ao dano não se confunde com a sua impossibilidade de ser precisada, de modo que alternativa seria não a causalidade, mas sim a imputação de responsabilidade aos agentes, por não se conseguir determinar qual deles, individualmente, produziu o dano (SCHREIBER, Anderson. Op. cit., p. 75). Discordamos do entendimento do autor, não apenas por adotarmos o prisma imputacional, mas também porque a incerteza não é relativa apenas aos agentes lesantes, mas também quanto à compreensão dos eventos individuais que se podem reconduzir à origem da lesão, razão pela qual se realiza uma ampliação metonímica para se responsabilizar solidariamente a totalidade de participantes (responsabilidade "do grupo") por ações individualmente realizadas naquele contexto. Assim, a questão tradicionalmente conhecida por "causalidade alternativa", quando acrescida do termo incerteza, assume uma precisão linguística compatível com a sua significância (feitas aqui, em razão dos pressupostos gnoseológicos do quadro imputacional que assumimos, expressa e alertada concessão linguística à utilização do termo "causalidade" para facilitar a configuração de uma situação comunicativa discursiva efetiva, sendo este expediente um instrumento para alcançar a sua finalidade, que é o mútuo entendimento. Para uma melhor compreensão das estratégias de "ligação" e "diferenciação" enquanto recursos

tão[112], recepcionada pela doutrina[113] e jurisprudência, ainda que no quadro legal brasileiro não se verifique um dispositivo geral análogo ao §830, I, do BGB[114].

Encontram-se julgados no quadro jurisprudencial brasileiro que adotam a causalidade alternativa nas hipóteses mais diversas. No Rio Grande do Sul, foi aplicada a teoria para responsabilizar solidariamente os envolvidos na gravação de um vídeo de sexo explícito, dada a captação e divulgação não autorizada de imagens da adolescente que teria sido constrangida a realizar o ato, mesmo sem a identificação daquele(s) que efetivamente

---

dialógicos para a constituição de um discurso capaz de reduzir um *dubium* conflitivo, vide: FERRAZ JUNIOR, Tercio Sampaio. *Direito, retórica e comunicação*: subsídios para uma pragmática do discurso jurídico. 3. ed. São Paulo: Atlas, 2015, p.195). A preferir o termo causalidade disjuntiva: FROTA, Pablo Malheiros da Cunha. Op. cit., p. 175. A utilização do termo "intervenção disjuntiva ou alternativa" para se referir às situações de causalidade alternativa incerta é verifica em: LAFUENTE, Virgínia Múrtula. Op. cit., p. 68

112. A doutrina diverge quanto à inserção da responsabilidade de grupos nas hipóteses de causalidade alternativa. NORONHA nega a similitude dos problemas, por considerar que, na "... responsabilidade grupal o problema não é de causalidade, é de determinação das pessoas que devem ser tidas como responsáveis pelo dano, em relação ao qual se ignora a autoria, mas cuja causa é bem determinada: enquanto a causalidade alternativa diz respeito à causa do dano (como a própria designação revela), na responsabilidade grupal não existe dúvida quanto a essa causa; a dúvida é relativa às pessoas a quem tal causa (e causa única) pode ser atribuída." (NORONHA, Fernando. Op. cit., p. 683). No mesmo sentido: FROTA, Pablo Malheiros da Cunha. Op. cit., p. 182. Em sentido contrário, vide, entre outros: CAVALIERI FILHO, Sergio. *Programa de responsabilidade civil*. 10. ed. São Paulo: Atlas, 2012, p. 65; TEPEDINO, Gustavo. O nexo de causalidade na jurisprudência do Superior Tribunal de Justiça – Comentários ao acórdão no REsp 620.777 (rel. Min.Aldir Passarinho Junior, Dje 18.12.2009). In FRAZÃO, Ana; TEPEDINO, Gustavo. *O Superior Tribunal de Justiça e a reconstrução do direito privado*. São Paulo: RT, 2011, p. 486

113. Em sentido contrário, por compreender que as hipóteses de causalidade alternativa, se admitidas, violariam o art. 333, I, do Código de Processo Civil, que impõe o ônus da prova do nexo causal ao lesado, pois seria este o fato constitutivo de seu direito: NORONHA, Fernando. Op. cit., p. 652. O autor admite, entretanto, exceções a esta conclusão, nos casos de dano pela perda da chance e responsabilidade de grupo.

114. Há, no entanto, diversos dispositivos em legislações especiais e no Código Civil que imputam responsabilidade solidária em situações muitas vezes caracterizadas pela incerteza. É o caso do art. 942, segunda parte e parágrafo único, do Código Civil (dispõe sobre a solidariedade pela reparação da ofensa perpetrada por mais de um autor e faz menção ao rol de pessoas solidariamente responsáveis pelos atos de outras, a exemplo do curador pelo curatelado), o art. 938 do mesmo Código (responsabilidade do condomínio pelas hipóteses de *effusum et deiectum*, ou seja, de queda de coisas provenientes de imóveis. Este dispositivo pode ser considerado a consagração normativa da causalidade alternativa em uma hipótese específica) os arts. 3º, 14 e 19 da Lei 10.671/03 (Estatuto do Torcedor. Equipara as entidades desportivas detentoras do mando de jogo e as entidades organizadoras do evento ao conceito de fornecedor do Código de Defesa do Consumidor, para responsabilizá-las solidariamente pelos prejuízos causados ao torcedor em decorrência de falhas de segurança ou inobservância de determinadas obrigações legais) e o art. 7º, parágrafo único, do CDC (responsabilidade solidária de todos os autores de danos previstos nas normas de consumo).

realizou(aram) a postagem na internet[115]. Mais clássicas são as hipóteses de incidência para responsabilizar os integrantes de uma torcida organizada de clube de futebol pelos danos decorrentes de uma briga[116] e para responsabilizar os motoristas envolvidos em um acidente automobilístico pelos danos causados às vítimas, mesmo sem a compreensão exata da contribuição de cada automóvel no dano gerado[117]. Em sentido diverso, também já se negou a responsabilidade solidária, quando não configurado um concerto de vontades entre os agentes e apenas um deles podia ter causado o dano, sendo incerto qual efetivamente o causou[118].

Da análise dos precedentes citados, percebe-se que a configuração da existência de vínculo entre fatos jurídicos caracterizados pela nota da incerteza e os danos surgidos em seu contexto é realizada intuitivamente. Infere-se do inteiro teor dos julgados que a fundamentação lastreia-se não em determinada teoria, mas na compreensão de que, no caso concreto, o nexo de causalidade é presumível ou provável, ou de que o suposto agente lesante assumiu o risco de se encontrar em meio a uma situação de incerteza. Lança-se mão de um ecletismo teórico e de construções narrativas entimemáticas que mais parecem buscar esconder tentativas de, a qualquer custo, não deixar a vítima desamparada, ainda que certas transferências de ônus e créditos realizadas pelas decisões judiciais não necessariamente respeitem a intencionalidade normativa do instituto da responsabilidade civil.

3.4 Em arremate: a problemática compreensão do nexo de causalidade como pressuposto da responsabilidade civil

Da observação da realidade jurisprudencial lusófona, é perceptível que, tanto em Portugal quanto no Brasil, a compreensão do nexo de causa-

---

115. BRASIL, Tribunal de Justiça do Rio Grande do Sul. AC nº 7005894169, Relator: Miguel Ângelo da Silva, Data de Julgamento: 25/11/2015, Nona Câmara Cível, *Diário da Justiça do dia 02/12/2015*. O referido recurso de apelação foi confirmado pelo seguinte acórdão em embargos de declaração: BRASIL, Tribunal de Justiça do Rio Grande do Sul. ED nº 70067718445 RS, Relator: Miguel Ângelo da Silva, Data de Julgamento: 16/03/2016, Nona Câmara Cível, Data de Publicação: *Diário da Justiça do dia 23/03/2016*

116. BRASIL, Superior Tribunal de Justiça. REsp 26.975/RS, Rel. Ministro Aldir Passarinho Junior, Quarta Turma, julgado em 18/12/2001, *DJ 20/05/2002*, p. 142

117. BRASIL, Tribunal de Alçada do Rio Grande do Sul. Apelação Cível n. 195116827, Quinta Câmara Cível, Relator: Rui Portanova, Julgado em 23/11/1995

118. Nesse sentido, foi o voto vencedor do Min. Rodrigues Alckmin, em um acórdão do STF que consignou ser inadmissível a responsabilidade solidária pelo corte indevido de pinheiros, quando apenas um dos agentes envolvidos no ato pode ter realizado o corte em desconformidade com o estabelecido: BRASIL. Supremo Tribunal Federal. RE 86446, Relator(a): Min. ANTONIO NEDER, Primeira Turma, julgado em 14/06/1977, *DJ 02-12-1977, p. 08748*. Frise-se que se trata de precedente relativamente antigo, assentado em contexto histórico e normativo diverso do atual.

lidade na realização judicativo-decisória é problemática. Não raramente, configura-se o referido pressuposto da relação jurídica caracterizador da responsabilidade civil com o apoio de mais de uma concepção teórica diante de um mesmo problema, um temperamento doutrinário que se reflete em um quadro ainda mais amplo, por também ser verificado em outros ordenamentos europeus[119].

Há quem compreenda a multiplicidade de critérios doutrinários para a definição do nexo de causalidade como um arriscado convite à arbitrariedade judicial[120], que já teria sido aceito pelos magistrados[121]. De outra banda, há a percepção de que o sistema da responsabilidade civil é carac-

---

119. Acerca da realidade italiana, VIOLANTE afirma que "*Come si può constatare, dottrina e giurisprudenza non hanno sostenuto in modo rigido l'una o l'altra tesi sulla causalità, próprio per non incorrere in soluzioni univoche che di per sé sole sarebbero risultate verisimilmente irrazionali rispetto alle fattispecie concrete produttive di eventi dannosi, ma hanno fatto ricorso sempre a temperamenti delle teorie assunte per cercare di proporre critri più ragionevoli per risolvere nei casi concreti la problematica della causalità.*" (VIOLANTE, Andrea. *Responsabilità oggettiva e causalità flessibile*. Napoli: Edizioni Scientifiche Italiane, 2001, p. 59). SCHREIBER menciona em sua obra a análise da jurisprudência francesa realizada por Camille Potier, que utiliza a expressão "presunções clandestinas de causalidade" para ressaltar a atuação criativa dos tribunais à margem de qualquer previsão legislativa que a sustente (SCHREIBER, Anderson. Op. cit., p. 67). Também a respeito da questão no direito francês, asseverou YÁGÜEZ: "*Como hice notar en otro trabajo, la misma tendencia, un tanto escéptica, a rehusar las teorías y poner el acento en la observación de las circunstancias propias de cada caso, fue característica de la jurisprudencia francesa. Carbonnier afirmó que 'se tiene una idea bastante exacta de la jurisprudencia, si se afirma que se decide por una causalidad moral, más bien que material.'*" (YÁGÜEZ, Ricardo de Ángel. Op. cit., p. 134). Também a ressaltar que a doutrina francesa sugere que a definição do nexo causal se resolve a partir de sua valoração equitativa: CAPECCHI, Marco. *Il nesso di causalità: da elemento dalla fattispecie "fatto ilecito" a criterio di limitazione del risarcimento del danno*. 2. ed. Padova: CEDAM, 2005, p. 278

120. A demonstrar esse receio, verifica-se o pensamento de YÁGÜEZ: "*son los problemas de causalidad los más expuestos al riesgo de que, en presencia de tantas interpretaciones doctrinales sobre lo que debe entenderse por causa, los tribunales sucumban a la tentación de resolver al amparo del "manto" (muchas veces tan peligroso) de la discrecionalidad (o "arbitrio judicial").*" (YÁGÜEZ, Ricardo de Ángel. Op. cit., p. 13) Frise-se que o autor utiliza neste trecho de forma sinonímica os termos "discricionariedade" e "arbitrariedade", quando se tratam de questões distintas. Conforme lembra Castanheira Neves, "o arbítrio seria desde logo logicamente contraditório com o sentido comum (cultura geral) de 'discricionariedade' já porque seria a negação pura e simples da Ideia de Direito, ou porque uma vinculação normativa vai imposta pela própria ideia do Estado-de-Direito e pelos seus princípios constitucionais..." (NEVES, A. Castanheira. O problema da discricionariedade. In *Digesta*, Vol. 1º. Coimbra: Coimbra Editora, 1995, p. 539).

121. "o uso equivocado (ou não) das mencionadas teorias do nexo causal serve tanto para imputar a responsabilidade àquele que deve reparar o dano, como para espancar tal possibilidade. Salvo melhor apreciação, as decisões parecem amparadas em juízos discricionários..." (FROTA, Pablo Malheiros da Cunha. Op. cit., p. 71). Em sentido semelhante, conclui YÁGÜEZ, após análise de precedentes de distintos quadros jurídicos europeus: "*En definitiva, concluyo por mi parte, el "panorama" de la jurisprudencia de los países europeos contemplada en el resumen conclusivo de SPIER Y HAAZEN puede ser todavía más condensado diciendo que el problema de la causalidad está sometido a formas de enjuiciamiento cuyo denominador común es la discrecionalidad judicial.*" (YÁGÜEZ, Ricardo de Ángel. Op. cit., p. 137)

terizado por uma flexibilidade quanto ao nexo de causalidade em razão de uma escolha sábia do legislador, que o estruturou de forma a enviar o problema da definição da causalidade ao intérprete do texto legal e, assim, manter o sistema apto a garantir a sua adequação aos distintos desafios do devir[122], o que poderia ser, portanto, uma justificativa para a causalidade constar expressada largamente no quadro legal europeu das mais diversas matrizes, mas não ser definida em parte alguma[123].

Independentemente da maneira como se entendam as razões e consequências da indefinição dos critérios de formação do vínculo entre a conduta do agente e o dano amparados sob o prisma causalista, percebe-se que a configuração do nexo de causalidade na realização judicativo-decisória, sob o prisma de qualquer das teorias tratadas neste capítulo, é realizada a partir de critérios mais ou menos aproximados de uma concepção naturalística dos fatos, casuística e subjetivamente definidos pelos magistrados a partir das narrativas[124] fático-probatórias que constituem o caso concreto.

Em qualquer de suas vertentes teóricas, a etiologia vinculante do comportamento do agente ao dano sofrido pelo lesado, quando caracterizada por um nexo de causalidade, finda por restar definida pelo magistrado a

---

122. Nesse sentido, VIOLANTE afirma que "*A bem vedere, nel sistema normativo della responsabilità civile tutte le norme che regolano forme di responsabilità soggetiva ed oggetiva – tanto quelle contenute nelle leggi speciali – sono da considerarsi "norme elastiche" con riferimento al requisito dle nesso di causalità tra azione ed evento dannoso (...) La parte elastica è costituita proprio dal requisito dela sussistenza nel nesso eziologico; di ciò si trae conferma dalla lettura delle norme piú significative sulla causalità.*" (VIOLANTE, Andrea. Op. cit., p. 59) Conclui mais adiante (p. 61) que "*In definitiva il legislatore ha rinviato il problema della causalità all'interprete; l'aver concepito come parte elastica della norma il nesso di causalità è scelta saggia, perché in tal modo si assicura un'applicazione evolutiva della normativa sulla responsabilità civile e si realizza l'esigenza di adeguarla al momento ed al contesto storico in cui il fatto dannoso si verifica.*". TARUFFO também vai concluir se tratar de uma questão resultante da atuação do Poder Legislativo, porém, ao contrario de VIOLANTE, critica a opção escolhida: "diversos conceitos de causalidade são frequentemente utilizados de maneira superficial e instrumental para justificar critérios de alocação da responsabilidade que correspondem a finalidades de política legislativa – perseguidas mais ou menos conscientemente – em detrimento de critérios conceituais claros e rigorosos." (TARUFFO, Michele. Op. cit., 2014, p. 277)

123. YÁGÜEZ, ao tratar do Draft Common of Frame Reference, cita comentário ao artigo 4:101, que trata desta constatação: "*que aunque el término causalidad" se usa en todos los sistemas europeos de responsabilidad, no se ha definido en ninguna parte; se encuentran criterios que proporcionan alguna indicación sobre cómo se determina la causalidad, pero eso ocurre raras veces.*" (YÁGÜEZ, Ricardo de Ángel. Op. cit., p. 207)

124. Para uma compreensão da interpelação da semântica narrativa trazida ao processo e que compõe a *story in the trial* e da narrativização da pragmática (*story of the trial*) realizada pelo intérprete do caso, vide: LINHARES, José Manuel Aroso. *Entre a reescrita pós-moderna da modernidade e o tratamento narrativo da diferença ou a prova como um exercício de "passagem" nos limites da juridicidade:* imagens e reflexos pré-metodológicos deste percurso. Coimbra: Coimbra Editora, 2001, p. 577-578

partir da sua persuasão[125] e compreensão individual sobre o que configura a justiça no caso concreto, ainda que o resultado do juízo decisório encontre-se mascarado em critérios de "adequação", "necessariedade", "proximidade", "probabilidade", dentre tantos outros expedientes linguísticos, como a decomposição narrativistica da cadeia causal, de modo a criar uma história a partir da qual se possa inferir que determinado resultado é mais ou menos provável[126].

O nexo de causalidade, visto em seus primórdios como um espelho da realidade naturalisticamente observada, ulteriormente passa a ser normativamente compreendido como uma pintura jurídica que tenta (em vão) conciliar uma assimilação e, ao mesmo tempo, uma construção dos vínculos e dos fatos jurídicos que compõem o caso. As aporias das doutrinas tradicionais da causalidade acabam, entretanto, por formatar o juízo decisório em uma casuística narrativa entimemática e desvinculada da axiolologia exigida pela teleologia última da responsabilidade civil: retoricamente construído, portanto, sem uma uniformidade metódica, a partir de premissas nem sempre confessáveis pelo magistrado e, muitas vezes, para chegar a resultados dissonantes da intencionalidade predicativa da juridicidade.

Urge, pois, superar a compreensão causalista do fenômeno da responsabilidade civil para responder adequadamente aos problemas com os quais se depara, a exemplo da problemática que enforma os danos decorrentes das doenças vetoriais, e, em última instância, às exigências de sentido do instituto da responsabilidade civil e do direito enquanto direito.

---

125. WEIR compreende a necessidade de configurar o discurso das partes não em termos probabilísticos, mas sim em termos narrativisticamente persuasivos, ao asseverar que: "*The essential thing is to persuade the judge that the harm would probably have been avoided if the defendant had acted properly: it does not matter whether he is easily persuaded, because it is obvious, or is persuaded only with difficulty, because the matter is far from clear. The tendency to state the matter in terms of percentages is to be avoided. 'More likely than not' is a matter of persuasion not of proof.*" (WEIR, Tony. Tort law. Oxford: Oxford University Press, 2002, p. 75)

126. "*una frammentazione della catena causale possa giungere a far ritenere eccezionale qualsiasi evento e quindi porrebbe nel nulla la responsabilità civile.*" CAPECCHI, Marco. Op. cit., p. 31. Mais adiante (p. 31-32), Capecchi exemplifica como a narrativa construída pelas partes ou magistrado, quando seccionado e enfatizado determinado momento do encadeamento dos fatos, pode fazer aparentar mais ou menos provável determinada situação marcada pela incerteza probabilística: "*il meccanismo logico che è alla base dei giochi a estrazione successiva: prendiamo la differenza tra un ambo e una terna al gioco del lotto. Se ci poniamo nei panni di colui che ha già un ambo, abbiamo una possibilità di 1 su 90 (tanti sono i numeri del lotto) che la successiva estrazione di un numero possa trasformala in una terna. Ma la differenza da un punto di vista statistico tra l'ambo e la terna non è di 1 a 90 ma di uno a 720900! L'esempio, perquanto volutamente provocatorio, credo sia utile per cercare di comprendere come posse operare il ricorso alla scomposizione della catena causale e quali conseguenze possa comportare sulla responsabilità civile.*"

4. A SUPERAÇÃO DA CAUSALIDADE PELO MODELO IMPUTACIONAL: UM CAMINHO PARA A DELIMITAÇÃO DAS HIPÓTESES DE RESPONSABILIZAÇÃO DOS MANTENEDORES DE FOCOS VETORES DE DOENÇAS

Há muito passou-se a admitir a impossibilidade de se captar uma sequência de fatos interligados a partir da linearidade causal[127], porém ainda não se logrou um consenso metódico acerca dos pressupostos do juízo de construção das relações jurídicas que pressupõem a responsabilidade civil.

As teorias causalistas posteriores à formulação da teoria da *conditio sine qua non* compreendem que as relações de causalidade são formadas pelo sistema jurídico e que e que as *story in the trial* e a *story of the trial* não são o espelho de entidades empíricas objetivamente determinadas, mas sim narrações relativas a fatos[128] construídos e delimitados dentro do próprio sistema jurídico[129], porém não se libertaram das amarras dos esquemas naturalísticos. Tenta-se, assim, reconstituir os eventos e observar suas consequências a partir de juízos probabilísticos e conceitos vagos como o de adequação, necessariedade, etc., para, então construir o vínculo pressuposto da relação responsabilidade civil, uma pretensa causalidade jurídica[130]. A fragilidade deste método de configuração do nexo de causalidade tido por pressuposto da responsabilidade civil extracontratual resulta, entretanto, patente, quando colocado a prova em situações marcadas pela complexidade e incerteza, tão comuns atualmente. Carece, conforme se buscará demonstrar adiante, de consistência lógico-normativa uma causalidade jurídica que se assente em análises empírico-explicativas de causa-efeito ou probabilísticas, tal qual tradicionalmente pensada a partir das teorias causalistas como as analisadas no capítulo anterior.

---

127. A compreensão do nexo de causalidade no quadro do pensamento causalista contemporâneo, ainda que vinculado a um esquema de causa-efeito, não releva o fato de que "*nunca un conjunto de elementos de juicio, por abundante y rico que éste sea, permitirá alcanzar certezas racionales sobre la ocurrencia de ningún hecho y, por tanto, tampoco de la relación causal.*" (BELTRÁN, Jordi Ferrer. La prueba de la causalidad em la responsabilidad civil. In PAPAYANNIS, Diego M. (Coord.) *Causalidad y atribución de responsabilidad*. Madrid: Marcial Pons, 2014, p. 224)

128. TARUFFO, Michele. *Simplemente la verdad*: el juez y la construcción de los hechos. Madrid: Marcial Pons, 2010, p. 226

129. Idem. *A prova*. São Paulo: Marcial Pons, 2014, p. 274

130. "*Questa selezione delle conseguenze risarcibili, giova ripeterlo, va sotto il nome di causalità giuridica.*" (CAPECCHI, Marco. Op. cit., p. 23). Também TRIMARCHI ressalta a seleção das causas relevantes para a configuração da causalidade jurídica: "*Naturalmente, l'esistenza del nesso di causalità naturale non è sufficiente, poiché ai fini giuridici occorre ancora operare, in base al criterio della adeguatezza o in base ad altri criteri, una selezione delle cause rilevanti.*" (TRIMARCHI, Pietro. Condizione sine qua non, causalità alternativa ipotetica e danno. In *Rivista trimestrale di diritto e procedura civile*. Milano: Giuffrè, 1964, p. 1437)

Ao partir-se da compreensão de que a causalidade é uma relação de implicação entre a hipótese fática e a consequência jurídica, resta evidente que é a causalidade um nexo normativamente estatuído e, portanto, orientado axiológica e deonticamente[131]. O fato jurídico que compõe a hipótese fática implicada na consequência jurídica é, outrossim, constituído pelo sistema normativo, que define quais fatos são jurídicos e possuem consequências jurídicas ou deixam de sê-los (juridicização/desjuridicização do fático)[132]. A causalidade jurídica não pode, portanto, ser uma relação física, psicossocial ou causal: é uma relação deonticamente firmada[133] e distingue-se, pois, da causalidade natural, a qual configura uma relação necessária ou, ao menos probabilitária entre o fator causal e o respectivo fator efeitual[134].

O direito constrói, portanto, relações de causalidade, atribui relevância jurídica a determinados fatos, ou seja, liga-os a efeitos que só existem no mundo do direito[135]. A relação de causalidade jurídica é o dever-ser nexo, vínculo não causal natural, mas sim implicacional-deôntico: uma implicação que não é efetivamente ou probabilitária, mas sim um dever-ser norteado pela axiologia e teleologia do sistema jurídico[136]. A causalidade jurídica, assim considerada, assemelha-se, pois, à concepção imputacional[137] que se busca defender nesta investigação[138].

---

131. VILANOVA, Lourival. Op. cit., p. XXII. Passa-se aqui a seguir de perto os preceitos das estruturas lógicas do sistema jurídico, tal qual compreendidos pelo jurista ora referenciado.
132. Ibidem, p. 27
133. Ibidem, p. 33
134. Ibidem, p. 36
135. Ibidem, p. 91
136. Ibidem, p. 143-144
137. "Nos termos de nossa tese, a causalidade natural pode ou não (dependendo da valoração) ingressar no suporte fáctico como elemento determinante do efeito. (...) O que importa não é a causa que A representa. Importa A como autor, quer dizer, se a ele deve ser *imputado* o resultado de sua ação ou omissão. (...) O jurista, observa Antolisei, não busca a causa, mas o autor de uma modificação do mundo externo, modificação esta que se faz servindo-se da causalidade natural (não contra ela, acrescentemos). Em linguagem kelseniana: a imputação (*Zurechnung*) é uma relação de dever-ser (deôntica) entre uma *Rechtsfolge* e um *Tatbestand* (*Tatbestand* em cuja composição haja ação humana)." (Ibidem, p. 144). A concepção de Vilanova parte, destarte, (mas a ela não se limita) da ideia kelseniana de que condições e consequências não podem ser vistas pelo direito a partir de uma ideia de causalidade, mas sim por um prisma de imputação, cfr.: KELSEN, Hans. Causality and imputation. In *What is justice? Justice, law and politics in the mirror of science*. 6. ed. New Jersey: The Lawbook Exchange, 2008, p. 328. Nas palavras do próprio Kelsen: "A imputação que se exprime no conceito de imputabilidade é a ligação de uma determinada conduta, a saber, de um ilícito, com uma conseqüência do ilícito. Por isso pode dizer-se: a conseqüência do ilícito é imputada ao ilícito, mas não é produzida pelo ilícito, como sua causa. É evidente que a ciência jurídica não visa uma explicação causal dos fenômenos jurídicos: ilícito e conseqüências do ilícito. Nas proposições jurídicas pelas quais ela descreve estes fenômenos ela não aplica o princípio da causalidade mas um princípio que – como mostra esta análise – se pode designar por imputação." (Idem. *Teoria pura do direito*. 6. ed. São Paulo: Martins Fontes, 1998, p. 58)
138. Prefere-se, pois, manter a expressão causalidade limitada à compreensão naturalística, conforme já defendia LARENZ, ainda que as justificativas não sejam as mesmas daquelas defendidas neste

Compreende-se, a partir dos pressupostos aqui assumidos, que a realidade jurídica não é um dado apreendido da realidade, mas sim a construção de um sistema de relações coordenada em razão de um sentido específico constituinte do próprio direito, e que recobre a realidade com a qual se articula. A responsabilidade civil extracontratual estabelece e implanta relações jurídicas que previamente não existiam ou não eram caracterizadas pelos atributos específicos do sistema jurídico a partir da configuração de um nexo de imputação.

A ausência de necessariedade correlacional entre a causalidade dita natural e a compreensão de causalidade jurídica que consubstancia o nexo de imputação dissocia a solução imputacional da responsabilidade civil extracontratual, tanto na intenção quanto na operacionalidade, das soluções que convocam a análise econômica do direito para resolver os problemas marcados pela complexidade e incerteza a partir de uma razão probabilística ou estocástica[139]. Estas soluções que buscam colonizar funcionalmen-

---

trabalho. O jurista alemão asseverava que "*El concepto natural de causa no contiene ciertamente dicha limitación de las consecuencias, tal como lo exige la idea de responsabilidad. De ahí que hayan fracasado todos los intentos para derivar esa limitación del mismo concepto causal. También es equivocado el intento de crear un concepto "jurídico" especial de la causa. La "causalidad" es una categoría fundamental de nuestro pensamiento (junto a otras); y no puede ser empleada sin hacer distinciones en todos los ámbitos de la vida, pero allí donde la apliquemos su significación será siempre la misma. En nuestro ejemplo no falta la relación causal entre la primera lesión y la muerte en accidente de aviación, sino la imputabilidad de esta relación causal desde el punto de vista de la responsabilidad.*" (LARENZ, Karl. Derecho de obligaciones, Tomo I. Madrid: Editorial Revista de Derecho Privado, 1958, p. 199)

139. BARBOSA, Ana Mafalda Castanheira Neves Miranda. Op. cit., Vol. II, 2013, p. 1242. Em sentido diverso, a tentar compatibilizar, também sob um prisma imputacional, a intencionalidade predicativa do sistema jurídico aos paradigmas do planejamento econômico, é o pensamento de JACOISTE: "*la objetividad de la imputación se encuentra en trance de añadir a los paradigmas estrictamente jurídicos otros nuevos procedentes del planteamiento económico. (...) las contradicciones entre la eficiencia y la equidad pueden salvarse. Dejan de entrar em conflicto y se diluyen – y es ésta la apreciación probablemente más medular a inquirir en la complejidad de la referida doctrina – al quedar englobada y superada la distribución equitativa por las consecuencias positivas derivadas de una eficiencia generalizada.*" (JACOISTE, José Javier López. Op. cit., p. 598) Discordamos do autor porque entendemos que os influxos do sistema econômico para a construção de um vínculo de responsabilidade arrimado na imputação objetiva são recobertos e depurados pelo sistema jurídico à semelhança dos dados fáticos apreendidos da realidade social e de outros sistemas. Não se encontram, portanto, em um mesmo patamar, os pressupostos da intencionalidade da economia e a intencionalidade predicativa do direito. O próprio autor, mais adiante em sua obra (p. 601), vai findar por ressaltar a supremacia dos critérios últimos do direito: "*la estricta racionalidad económica no puede suplantar ni sustituir los criterios últimos del orden jurídico, el cual insta a elevar la consideración de la persona y se informa por el "logo de lo razonable", en cuya interpretación ha de emplear principios axiológicos que lleguen en lo posible a la singularidad existencial del caso concreto.*". A compreensão de que os vínculos constituintes da responsabilidade civil não estão amarrados aos paradigmas econômicos e científicos está longe de ser, entretanto, plenamente alcançada, conforme pode ser denotado também pelo reverbero dos precedentes que insistem nesta relação para a construção de um nexo de causalidade. Nesse sentido, para um panorama jurisprudencial estadunidense e percepção do âmbito de influência da *law and economics*, a partir das teorias da responsabilidade estocástica

te[140] o direito e transformá-lo em mero instrumental são, portanto, desde logo afastadas para preservar a autonomia e sentido do direito[141].

Na concepção imputacional aqui seguida e na qual vão pensadas as soluções para os problemas da responsabilidade civil, não se vai exigir uma prova da relação causal, mas tão somente a possibilidade de o dano ser oriundo da assunção ou incremento de um risco, ou seja, que reste provada pelo lesado a construção de uma esfera de risco pelo lesante e a configuração do evento lesivo[142], à semelhança do quanto preconiza-se no quadro jurídico alemão[143]. Considerações de índole logicista e contrafactual na análise dos problemas são, assim, substituídas por um juízo direcionado à indagação da intencionalidade da ação livre das pessoas e das esferas de risco que edificam e relacionadas com o evento lesivo: quando uma consumir a outra, afasta-se a responsabilidade solidária, que irá existir quando as duas se afirmarem quanto ao mesmo dano[144].

O comportamento das pessoas não é compreendido pelo direito de forma mecânica, em uma análise determinística/probabilística da realidade fática, mas sim a partir do sentido ético-axiológico que os fatos jurídicos constituídos pelo próprio direito devem implicar, ou seja, na intelecção dos deveres de cuidado em relação ao outro que são exigíveis por um princípio

---

(*market share liability*) e da responsabilidade empresarial (*enterprise responsibility*), bem como do afastamento da "teoria da causalidade por qualquer exposição" (*the "any exposure" theory of causation*) por considerá-la "não-científica", do cotejo destas e outras teorias com o problema dos danos causados pela asbestose, vide: SCHWARTZ, Victor E.; BEHRENS, Mark A. Asbestos litigation: the "endless search for a solvent bystander". In *Widener Law Journal*, Vol. 23, Issue 1, 2013, p. 59-95. Disponível em: http://widenerlawjournal.org/files/2014/05/BehrensSchwartz_V23I1.pdf. Acesso em 02/04/2016

140. LINHARES, José Manuel Aroso. O logos da juridicidade sob o fogo cruzado do *ethos* e do *pathos*: da convergência com a literatura (law as literature, literature as law) à analogia com uma *poiêsis-technê* de realização (*law as musical and dramatic performance*). In Boletim da Faculdade de Direito da Universidade de Coimbra, n. 80, 2004, p. 133

141. LINHARES, José Manuel Aroso. A "abertura ao futuro" como dimensão do problema do direito: um "correlato" da pretensão de autonomia? In NUNES, António José Avelãs; COUTINHO, Jacinto Nelson de Miranda. *O direito e o futuro – o futuro do direito*. Coimbra: Almedina, 2008, p. 424-425

142. BARBOSA, Ana Mafalda Castanheira Neves Miranda. Op. cit., Vol. II, 2013, p. 1125

143. Apesar de a metódica não ser idêntica àquela aqui seguida de perto, que parte do cotejo das esferas de risco do lesante, do lesado e a esfera de risco geral da vida. A sintetizar o modelo de compreensão do ônus probatório no sistema alemão a partir da esfera de risco que se prova controlada pelo lesante, é a lição de CASTRONOVO: "*orientamento del diritto giurisprudenziale (giudiziale e dottrinale) tedesco, che non ripartisce l'onere della prova in corollario della distinzione tra fatti costitutivi e fatti estintivi o impeditivi ma secondo il principio delle sfere di rischio, dal cui controllo si fa derivare l'onere di prova dei fatti che in esse si verificano.*" (CASTRONOVO, Carlo. *La nuova responsabilità civile*. 3. ed. Milano: Giuffrè, 2006, p. 788)

144. BARBOSA, Ana Mafalda Castanheira Neves Miranda. Op. cit., Vol. II, 2013, p. 1280, nota de rodapé 2618

de confiança[145] e respeito, os quais regem a dialética entre a autonomia individual e a responsabilidade comunitária[146] pressuposta à ideia de pessoa[147]. A responsabilidade por um dano vai, então, ser imputada solidariamente àqueles que, em comportamento consertado ou não, desde que inseridos em um mesmo nicho de atividade, projetarem esferas de risco aptas a produzi-lo[148].

A realização judicativo decisória na construção da relação obrigacional de responsabilidade civil extracontratual, nos moldes aqui seguidos, satisfaz-se com a mera possibilidade de o dano inserir-se na esfera de risco erigida pelo comportamento do lesante, e assume a prescindibilidade da certeza fática de que o dano foi "causado" pela conduta imputada ao agente, uma vez que determinados campos de indeterminação são comuns a todo conhecimento[149]. No quadro do pensamento causalista, entretanto, esta certeza também não era garantida[150]: estava meramente pressuposta, mascarada em ficcionismos, probabilidades e recortes narrativos de um discurso entimemático para a construção do nexo de causalidade, em uma mera "fantasia cognitiva"[151] da causalidade. O pensamento imputacional

---

145. Ibidem, p. 1281
146. LARENZ, Karl. *Metodologia da Ciência do Direito*. 7. Ed. Lisboa: Calouste Gulbenkian, 2014, p. 479
147. Para a compreensão da ideia de pessoalidade como a matriz ética do sentido do direito e sua estruturação em uma dialética entre responsabilidade e liberdade, entre outros, vide: NEVES, A. Castanheira. Entre o legislador, a sociedade e o juiz ou entre sistema, função e problema – os modelos actualmente alternativos da realização jurisdicional do direito. In *Boletim da Faculdade de Direito*, vol. LXXIV. Coimbra: Coimbra Editora, 1998, p. 18; BARBOSA, Mafalda Miranda. Reflexões em torno da responsabilidade civil – teleologia e teleonomologia em debate. *In* Op. cit., p. 558; BRONZE, Fernando José. *Lições de introdução ao Direito*. 2. ed. Reimpressão. Coimbra: Coimbra Editora, 2010, p. 463; Ainda que não partam necessariamente dos mesmos pressupostos metodológicos e gnoseológicos, neste ponto, também é semelhante o pensamento de: ARENDT, Hannah. Op. cit., p. 79; PRAGA, MILAGROS OTERO. La libertad. Uma cuestion de axiologia jurídica. *In Boletim da Faculdade de Direito da Universidade de Coimbra*, Vol. LXXV. Coimbra: Coimbra Editora, 1999, p. 179
148. BARBOSA, Ana Mafalda Castanheira Neves Miranda. Op. cit., Vol. II, 2013, p. 1281
149. "*Ma ocorre non dimenticare che una certa indeterminazione è propria dei principi di ogni scienza (...) per ogni problema pratico vi è un margine di indeterminazione che è torellabile.*" (TRIMARCHI, Pietro. *Rischio e responsabilità oggettiva*. Milano: Giuffrè, 1961, p. 272)
150. BARBOSA, Ana Mafalda Castanheira Neves Miranda. Op. cit., Vol. II, 2013, p. 1168
151. Percebida quando se pensa a causalidade, e o problema de sua prova, a partir de racionalidades empírico-explicativas e/ou analítico-teoréticas, assentadas em dualidades fantasiosas que não se coadunam com a construção do direito como o fruto de uma racionalidade prática especificamente jurídica: "A concepção de uma *fantasia tecnológica*, ao ser pensada no rigor desta oposição – justificação/descoberta, metodológico/heurístico – reproduz (e em termos ainda mais radicais) as tensões despedaçantes de uma *fantasia cognitiva*." (LINHARES, José Manuel Aroso. Regras de experiência e liberdade objectiva do juízo de prova: convenções e limites de um possível modelo teórico. In *Sep. do suplemento ao Boletim da Faculdade de Direito da Universidade de Coimbra*, vol. 33, 1988, p. 301)

abdica da ficção narrativa da causalidade para arrimar-se na certeza judicativa[152] da relação de responsabilidade como uma decorrência da prova da inserção de um dano no campo da esfera de risco do lesante, e a ele imputado quando o lesado provar que o agente edificou tal esfera de risco.

Abre-se, assim, caminho para pensar os problemas da complexidade dos eventos danosos contemporâneos sob um prisma distinto daquele que tradicionalmente analisa a causalidade alternativa incerta. Ao se perceber a responsabilidade civil a partir da teoria da imputação objetiva tal qual compreendida nesta investigação, lança-se um distinto olhar sobre a intencionalidade problemática de dispositivos do Código Civil, aqui ressaltados os que relevam para a formação da esfera de responsabilidade em caso de incerteza quanto à origem do dano, quando múltiplas esferas de risco englobam-no.

Defende-se, nesta investigação, que a solução do problema, sob um prisma imputacional, passa por uma interpretação de índole sistemático-teleonomológica para impor a condenação solidária dos agentes que edificaram as múltiplas esferas de risco e concorreram, portanto, para a configuração da incerteza e complexidade da situação que originou a lesão, ainda que no direito português não se verifique a positivação de um dispositivo que disponha diretamente sobre a causalidade alternativa incerta[153].

Interpreta-se, assim, o art. 497º CC não como uma imprescindível exigência pluralidade de condutas ilícitas naturalística ou probabilisticamente comprovadas[154], mas sim de imposição de existência de dois ou mais responsáveis que, por edificarem esferas de risco que se somaram, titulam solidariamente uma esfera de responsabilidade quanto aos danos inseridos em seu âmbito (exceto se um deles provar que a real origem do dano, já que é do pretenso lesante o ônus da prova na gestão de risco que ele colaborou para criar)[155].

A compreensão imputacional aqui delineada também encontra reverbero na jurisprudência portuguesa, inclusivamente nas hipóteses de causalidade alternativa incerta de que aqui se trata, conforme evidenciam os precedentes adiante referidos.

---

152. BARBOSA, Ana Mafalda Castanheira Neves Miranda. Op. cit., Vol. II, 2013, p. 1229 e 1233

153. Ibidem, p. 1239 e 1302. No direito espanhol, onde também não há um dispositivo específico para lidar com a questão, também reverbera na doutrina e jurisprudência a defesa da responsabilidade solidária nestas hipóteses, cf. alude (ainda que apegada a um pensamento de índole causalista) LAFUENTE, Virgínia Múrtula. Op. cit., p. 111

154. Pressupostos já afastados por serem lógica e normativamente espúrios à construção dos fatos jurídicos, das relações de implicação e das consequências juridicamente determinadas na relação obrigacional que constitui a esfera de responsabilidade.

155. BARBOSA, Ana Mafalda Castanheira Neves Miranda. Op. cit., Vol. II, 2013, p. 1239

O Supremo Tribunal de Justiça[156] foi instado a apreciar recurso *per saltum* contra sentença que havia negado o direito à indenização do lesado, sob o fundamento de que, de acordo com a aplicação da teoria da causalidade adequada, não restaria comprovado o nexo de causalidade entre os danos sofridos e as ações perpetradas pelos pretensos lesantes que integraram um grupo envolvido em uma rixa. Afirmou-se na sentença recorrida que, por não ser possível determinar concretamente quem e quais foram as condutas que produziram as lesões, não seria possível responsabilizá-los solidariamente (faz-se menção, inclusive, à inexistência, no direito português, de regra semelhante ao art. 830º do BGB). O acórdão revogou a sentença recorrida e deu parcial provimento aos pleitos apresentados pelos autores, por entender que todos os lesantes concorreram grupalmente para erigir uma situação de perigo e, com esteio no art. 497º do CC, foram considerados solidariamente responsáveis pelos danos sofridos pelo lesado e imputados ao grupo.

Do Tribunal da Relação de Coimbra extrai-se julgado[157] que expressamente invocou, para a fundamentação do juízo de responsabilidade, a necessidade de se verificar a edificação de esferas de risco pelos comportamentos dos pretensos lesantes, aos quais se poderiam reconduzir os danos sofridos pela vítima. Compreendeu-se configurado no caso uma situação de causalidade alternativa incerta, dada a incerteza quanto aos comportamentos que efetivamente implicaram a lesão patrimonial sofrida pelo autor (corte indevido de pinheiros de sua propriedade): se o vendedor teria se enganado na identificação dos pinheiros a serem vendidos, ou se o responsável pelo corte que teria percebido mal as instruções e cortou os pinheiros errados. Ambos foram, assim, considerados solidariamente responsáveis pelos danos imputados às esferas de risco que erigiram.

Não se descura das inúmeras e autorizadas vozes mencionadas no capítulo anterior que objetam a imputação objetiva e configuração de uma responsabilidade solidária nas hipóteses de causalidade alternativa incerta com base no art. 497º CC, bem como as objeções à teoria da imputação objetiva referenciadas no capítulo introdutório. Por não se comungar, entretanto, dos mesmos pressupostos que motivam aqueles posicionamentos contrários à teoria, mas sim da compreensão imputacional[158] acima es-

---

156. PORTUGAL. Acórdão do Supremo Tribunal de Justiça no processo 154/10.8TBCDR.S1, rel. Júlio Gomes, 19/05/2015.
157. PORTUGAL. Acórdão do Tribunal da Relação de Coimbra no processo 293/13.3TBCDN.C1, rel. Maria João Areias, 05/05/2015.
158. Não há, portanto, também na teoria da imputação objetiva, uma unidade metódica, conforme se comprovou a partir da distinção entre o pensamento imputacional aqui defendido e aquele veiculado, por exemplo, na Espanha. Neste campo teórico, até compreensões mais atualizadas

posada, é que se permite inclinar-se favoravelmente ao entendimento ora exposto e aplicá-lo à problemática que envolve as hipóteses de pesquisa do presente trabalho.

Conforme concluído no segundo capítulo desta investigação, é possível enquadrar o contexto que origina os danos decorrentes de doenças vetoriais em hipóteses de causalidade alternativa incerta. Com esteio na compreensão adotada acerca da teoria da imputação objetiva, é cabível o delineamento da edificação de esferas de risco nas quais podem ser inseridas as lesões oriundas de doenças metaxênicas e assim, gerar esferas de responsabilidade: basta que o lesado consiga comprovar que uma ou mais pessoas contribuíram, dolosa ou culposamente, para a formação dos agentes vetores e a infecção geradora dos danos subsequentes tenha ocorrido dentro do possível raio de ação dos artrópodes. Não é, portanto, pela incerteza quanto à origem exata do inseto transportador da doença que se deixará de imputar responsabilidades àquele(s) que se desincumbiram do dever de cuidado para com o próximo e contribuíram para a proliferação de mazelas de consequências nefastas.

Em relações de vizinhança, contexto em que se desenvolvem a maioria dos casos enquadrados nos danos referidos na hipótese desta investigação, comportamentos adotados na esfera privada assumem especial potencial lesivo, razão pela qual os hábitos individuais, por mais prosaicos que sejam (como o cuidado que se deve ter em não acumular água parada nos vasos de plantas), tomam especial relevância na edificação de esferas de risco que podem transpor as fronteiras de sua propriedade e configurar uma emissão lesiva ao direito absoluto de outrem. Ao se perceber que um vizinho comporta-se de modo a permitir, dolosa ou culposamente, a proliferação de focos de agentes transmissores de doenças graves, e faz pouco caso de alertas do poder público ou de vizinhos para modificar o quadro fático com potencialidade lesiva, é evidente, desde logo, a possibilidade de comprometimento do direito geral de personalidade[159] daqueles que estão inseridos dentro do raio de ação dos insetos emitidos pelo foco de repro-

---

dos pressupostos da responsabilidade civil, e que visam garantir respostas às situações de indeterminação causal mais condizentes com o *ethos* da sociedade contemporânea, ainda se perdem nas ideias de presunções e probabilidades, mesmo aquelas que tentam construir uma ideia de "imputação sem nexo causal" baseada na "causalidade complexa", como a defendida na tese de doutoramento de FROTA, Pablo Malheiros da Cunha. Op. cit., p. 262

159. O enquadramento da situação em tela como uma hipótese de violação ao direito geral de personalidade no direito português justifica-se por seu caráter ilimitado, solidário e pelo desconhecimento dos bens que integram a natureza humana, razão pela qual não podem ser aprioristicamente enumerados de forma exaustiva sem que sejam passíveis de discussão, cf. defende SOUSA, Rabindranath V. A. Capelo de. *O direito geral de personalidade*. Coimbra: Coimbra editora, 2011, reimp., p. 152

dução. Configura-se o dano, inicialmente, pela perda da tranquilidade e de um ambiente de vida sadio, o estresse e receio de que, a qualquer instante, a pessoa pode ser infectada ou ver qualquer um de seu núcleo comunitário dentro de um determinado raio de ação ser acometido por uma moléstia grave[160]. A manutenção de um ambiente propício à formação de focos emissores de agentes vetores de doenças é, portanto, de per si, um ilícito caracterizado não apenas pela configuração de abuso ao direito de propriedade (que não compreende a possibilidade de permitir, em seus domínios, a proliferação de pragas que possam afetar terceiros, comportamento que pode vir a ser, em algumas hipóteses, vinculado aos danos decorrentes das doenças metaxênicas), mas pela própria configuração da violação de direitos absolutos, quando a emissão de insetos pelos focos surgidos em imóveis de terceiros causar danos à esfera jurídica[161] da pessoa, seja pela violação ao direito absoluto de propriedade[162] ou da personalidade (expletivo, pois, enveredar na senda do abuso de direito para restar configurado o ilícito, dada a disposição expressa do art. 1.346º CC, que veda a emissão de "(...) quaisquer factos (...) [que] não resultem da utilização normal do prédio de que emanam", bem como a possibilidade de se restar maculado o direito geral de personalidade previsto no art. 70º CC).

O conceito de emissão, que expressa a ação de lançar, produzir, entregar à circulação, era percebido como uma ação potencialmente lesiva desde o Digesto, de onde surgiu a compreensão de que são abusivas as emissões que exorbitem atividades comuns ou permitidas a todos os cidadãos[163]. O

---

[160]. A compreender que uma organização somático-psíquica integra cada personalidade humana e é traduzida na ideia de "personalidade física" tutelada pelo art. 70º CC, constituída, entre outros elementos pelos estados como o de saúde, prazer e tranquilidade: Ibidem, p. 200. O autor assevera, outrossim (p. 231), que "os danos afectivos são também ressarcíveis autonomamente, em situações de não existência de lesões corporais, por exemplo, nos casos de violação do sentimento religioso, do sentimento, da honra, da paz e da tranquilidade espiritual, etc." (destacamos) Também ressaltar o mesmo autor (p. 295) que a quebra do equilíbrio ecológico necessário para um ambiente de vida sadio afeta o equilíbrio existencial humano e pode configurar uma violação ao direito geral de personalidade.

[161]. "el conjunto de todos sus derechos o bienes jurídicamente protegidos, se puede denominar de su "esfera jurídica". (...) la persona no puede ser pensada como absolutamente separada de su esfera jurídica." (LARENZ, Karl. Derecho Civil: parte general. Madrid: Editorial Revista de Derecho Privado, 1978, p. 47)

[162]. Emissões de insetos podem findar por violar o direito absoluto à propriedade de terceiros, v. g., pela diminuição do valor econômico do imóvel vizinho, pela mitigação do direito do vizinho de dispor do bem de forma livre, ou a geração de dano patrimonial (podem-se exemplificar estas hipóteses pela necessidade de manter portas e janelas fechadas para evitar a entrada de insetos, realizar gastos para a colocação de telas de proteção, etc.).

[163]. Compreensão que transcendeu o direito privado romano e foi acolhida nos mais distintos ordenamentos, conforme evidenciam as posições semelhantes de: PENTEADO, Luciano de Camargo. Direito das coisas. São Paulo: RT, 2008, p. 335; JACOISTE, José Javier López. Op. cit., p. 132

emissor desconsidera o mais elementar dever de vizinhança, que é não gerar incômodos insuportáveis aos vizinhos, e normalmente realiza tal fato de forma consciente ou intencional, ainda que, muitas vezes pense estar a atuar de forma lícita, e que olvida ou faz pouco caso das admoestações realizadas no sentido de cessar ou tornar tolerável a atividade desenvolvida[164]. Emissões capazes de se vincularem a uma lesão ao direito absoluto da propriedade ou da personalidade geram, portanto, uma esfera de risco que implica um dever de indenizar os lesados nela inseridos[165], assim como o abuso de direito de propriedade também é apto, juntamente com a lesão de direitos subjetivos e das normas legais de proteção de interesses alheios, a configurar responsabilidade civil[166] dos responsáveis pelos focos de procriação de insetos, ainda que, para a hipótese em questão, baste a violação dos direitos absolutos já referidos.

Ressalte-se que a posição ora defendida não vem em suporte ao fomento de uma *blame culture*[167] ou em busca de soluções casuísticas de compromisso com um vitimismo pelos males que afligem a sociedade. Compreender que a pessoa deve ser responsável pelos seus comportamentos aptos a gerar lesões ao direito absoluto à saúde de seu semelhante é nada mais que reafirmar a sua própria condição de pessoa[168]. Busca-se, sim, um equilíbrio

---

164. Nesse sentido: CASTILLO, Agustín Macías. *El daño causado por el ruido y otras inmisiones*. Madrid: La Ley, 2004, p. 353-354

165. "são ilícitos os actos de terceiros que, de qualquer modo, lesem ou ameacem lesar o corpo humano de outrem, nomeadamente, através de (...) infecções..." (SOUSA, Rabindranath V. A. Capelo de. Op. cit.., p. 219). Não é dissonante a *ratio* ora desenvolvida daquela que fundamenta o Acórdão do Supremo Tribunal de Justiça de Portugal, no processo 2209/08.0TBTVD.L1.S1, relatado por Granja da Fonseca, julgado pela 1ª Secção e datado de 30/05/2013. Neste precedente, a Corte considerou que a emissão de ruídos provocados por aerogeradores de uma fábrica, embora dentro de uma atividade regular, impunha limitações ao desenvolvimento da atividade fabril, quando conflitantes com os direitos ao repouso, ao sono e à tranquilidade (emanados dos direitos fundamentais da personalidade) e a um ambiente sadio da vizinhança. O direito à propriedade e ao desenvolvimento da atividade empresarial seriam, no caso concreto, limitados por direitos consagrados quer em Convenções Internacionais, como a DUDH (art. 24.º) e a CEDH (art. 8.º, n.º 1), encontrando-se também constitucionalmente consagrados, nos arts. 17.º e 66.º da CRP.

166. COSTA, Mário Júlio de Almeida. *Direito das obrigações*. 12. ed. Coimbra: Almedina, 2011, p. 564

167. Uma cultura na qual as pessoas seriam incentivadas financeiramente pelo sistema jurídico a culpar os outros pelas perdas, mortes ou lesões pessoais que sofressem, cf. problematiza ATIYAH, Patrick S. *The damages lottery*. Oxford: Hart Publishing, 1997, p. 138

168. *"En su esencial sentido, la responsabilidad supone intimación a la persona para que dé cuenta de su proceder. Le reafirma así su condición de tal, le recuerda y actualiza las exigencias de su propria dignidad; concita al orbe de sus relaciones e incumbencias, le urge a recapitulaciones y previsiones sobre sí misma. De ese modo su significación es intensamente configuradora y actualizadora de su respectiva vida personal y de su identidad. Al responder, reconozco y afirmo el tú del otro, y así me constituyo en yo. Así opera la dinámica de la responsabilidad em la estructura de la persona. E en su virtud, los humanos, de contar sólo como gentes, pasan a venir conceptuados como personas. Es ése el contraste entre indivíduo y persona que tan patente se hace al encontrarse informante*

entre as posições dos lesantes e das vítimas em defesa da intencionalidade predicativa do direito e da teleonomologia da responsabilidade civil, de modo que não restem impunes ações lesivas acobertadas pelo manto da incerteza e complexidade, e que o direito da responsabilidade civil possa dar respostas aos problemas sociais em consonância com o sentido específico que o enforma[169].

5. CONCLUSÕES: A IMPUTAÇÃO OBJETIVA COMO UMA RESPOSTA TELEONOMOLOGICAMENTE ADEQUADA DA RESPONSABILIDADE CIVIL AOS PROBLEMAS DOS DANOS DECORRENTES DE DOENÇAS VETORIAIS

O traçado desenvolvido no presente trabalho permite chegarmos às conclusões adiante enumeradas:

I – O desenvolvimento científico acerca da etiologia das doenças permite pensar em uma relação de responsabilidade pelos danos sofridos por uma pessoa acometida por determinadas doenças em contextos específicos.

II – É perceptível o ecletismo teórico e o raciocínio entimemático na construção das narrativas acerca do nexo de causalidade na realização judicativo-decisória. As teorias causalistas buscam aparentar uma objetividade na construção do nexo de causalidade ao arvorarem-se em uma pretensa racionalidade empírico-demonstrativa permeada por critérios fisicalistas e juízos probabilísticos, porém desaguam em decisionismos que se verificam pela ausência de critérios objetivos e seguros para a definição, v. g., do que se pode compreender por causa "adequada", bem como pela conclusão de que é a construção da narrativa mais ou menos detalhada (seccionada ou não a narrativa em determinadas questões reputadas relevantes na formação da narrativa do problema concreto) que irá definir a necessariedade de determinado fato para se alcançar um resultado específico.

III – Carece de consistência lógico-normativa uma causalidade jurídica que se assente em análises empírico-explicativas de causa-efeito ou assen-

---

la perspectiva de la responsabilidad." (JACOISTE, José Javier López. Op. cit., p. 49-50). No mesmo sentido, sintetiza LARENZ: "*Tener responsabilidad y ser hecho resposable es un privilegio y una carga de la persona.*" (LARENZ, Karl. Op. cit., 1978, p. 50)

169. A asseverar a relevância da responsabilidade como um ineliminável *constituens* do direito/justiça e que também constitui o sentido: BRONZE, Fernando José. A responsabilidade, hoje (algumas considerações introdutórias). In CORREIA, Fernando Alves; MACHADO, Jónatas E. M.; LOUREIRO, João Carlos (Orgs.). *Estudos em homenagem ao prof. Doutor José Joaquim Gomes Canotilho*, Vol. I. Coimbra: Coimbra Editora, 2012, p. 205

tadas em expedientes linguísticos vagos, tal qual tradicionalmente pensada a partir das teorias tradicionais.

IV – A relação de causalidade jurídica é o dever-ser nexo, vínculo não causal natural, mas sim implicacional-deôntico: uma implicação que não é efetivamente ou probabilitária, mas sim um dever-ser norteado pela axiologia e teleologia do sistema jurídico. A causalidade jurídica, assim considerada, assemelha-se, pois, à concepção imputacional, a ser objeto de um raciocínio eminentemente prático, e não mascarado por uma pretensa racionalidade epistêmica de índole fisicista ou analítica.

V – é possível enquadrar o contexto que origina os danos decorrentes de doenças vetoriais em hipóteses de causalidade alternativa incerta: emissões decorrentes de focos de criação de mosquitos que, no caso concreto, se mostrem capazes de se vincularem a uma lesão a um direito da personalidade ou ao direito à propriedade geram uma esfera de risco que podem implicar um dever de indenizar os lesados nela inseridos.

2

RESPONSABILIDADE PRESSUPOSTA[*]
Evolução de Fundamentos e de Paradigmas da Responsabilidade Civil na Contemporaneidade

PROF. DOUTORA GISELDA MARIA FERNANDES NOVAES HIRONAKA[1]

"Em todo o mundo jurídico, de sistemas ocidentalizados especialmente, tem se buscado alcançar este desiderato, quer dizer, a construção ou consolidação de uma noção que seja um *portador geral*, ou um *denominador comum*, ou um *critério suficiente*, mas que seja capaz de assegurar a reparação efetiva e adequada aos danos sofridos em razão das especificidades do *modus* contemporâneo de atuação humana, exatamente porque – o diz João Baptista Villela em extraordinária síntese –, '*na teoria da responsabilidade civil, o que se procura obter, em última análise, é a restauração de uma igualdade destruída; qualquer que seja o fundamento que se lhe dê – culpa ou risco –, é a um resultado igualitário que se objetiva*'"[2].

SUMÁRIO • Primeiras palavras: as razões de se buscar a estrutura de uma *responsabilidade pressuposta* – 1. A posição da responsabilidade civil no direito brasileiro entre 1916 e 2002: de Clóvis Bevilaqua a Miguel Reale – 2. O instituto da responsabilidade civil e o percurso entre a culpa e o risco: um importante passo na evolução – 3. O *passo além* que tem sido intentado pelos doutrinadores contemporâneos e a admissão de um fundamento distinto a justificar a responsabilidade civil, hoje – 4. Em síntese: qual seria o perfil de uma *mise en danger otimizada*, e qual seria, por consequência, o perfil do critério que se tem intentado buscar?

---

[*] Este estudo corresponde a um extrato da tese de livre-docência defendida pela autora, junto à Faculdade de Direito da Universidade de São Paulo, em maio de 2003, tese esta que se encontra publicada, sob o título *Responsabilidade pressuposta*, pela Editora Del Rey, Belo Horizonte: 2005. A autora conta com a especial autorização de sua editora para a publicação deste extrato. Para a verticalização ou aprofundamento dos estudos, recomenda-se a leitura da obra original.

[1] Professora Titular do Departamento de Direito Civil da Faculdade de Direito da Universidade de São Paulo. Doutora e Livre-Docente em Direito pela Universidade de São Paulo (USP).

[2] João Baptista VILLELA, "Para além do lucro e do dano: efeitos sociais benéficos do risco", *Repertório IOB de Jurisprudência*, São Paulo, n. 22, 2ª quinz., nov. 1991, cad. 3:490-489.

PRIMEIRAS PALAVRAS: AS RAZÕES DE SE BUSCAR A ESTRUTURA DE UMA *RESPONSABILIDADE PRESSUPOSTA*

O presente artigo tem por escopo ordenar uma breve síntese do pensamento contemporâneo acerca da busca doutrinária que se faz – em boa parte do mundo jurídico ocidental, principalmente – de um *novo critério* que seja capaz de fundamentar e de justificar uma proposta voltada à organização de um novo sistema de responsabilidade civil, ao qual se denomina, pioneiramente, *responsabilidade pressuposta*.

A grande questão, em sede da responsabilidade civil contemporânea, a se envolver nas dobras do pensamento jurídico da pós-modernidade, afinal de contas, é aquela que mostra a atual tendência de revolta contra as torrentes de construções doutrinárias e jurisprudenciais que visaram, precipuamente, *dar menos* à interpretação dos textos legais, no sentido do favorecimento do direito das vítimas, para *dar mais* a essa interpretação que correu no sentido de melhor favorecer o interesse do demandado em não reparar o dano causado.

Não sem estar coberto de razão, já havia escrito, ao final do século anterior, o eminente civilista brasileiro Caio Mário da Silva Pereira que "a evolução da responsabilidade civil gravita em torno da necessidade de socorrer a vítima, o que tem levado a doutrina e a jurisprudência a marchar adiante dos códigos, cujos princípios constritores entravam o desenvolvimento e a aplicação da boa justiça"[3]. A lúcida razão do autor se encontra nessa imperiosa necessidade de se definir, de modo consentâneo, eficaz e ágil, um sistema de responsabilização civil que tenha por objetivo precípuo, fundamental e essencial a convicção de que é urgente que deixemos hoje, mais do que ontem, um *número cada vez mais reduzido de vítimas irressarcidas*.

Mais que isso. O momento atual dessa trilha evolutiva, isto é, a realidade dos dias contemporâneos, detecta uma preocupação – que cada vez mais ganha destaque – no sentido de ser garantido o direito de alguém de *não mais ser vítima de danos*. Esse caráter de *prevenção da ocorrência de danos* busca seu espaço no sistema de responsabilidade civil, em paralelo ao espaço sempre ocupado pela *reparação dos danos já ocorridos*.

Há um novo sistema a ser construído, ou, pelo menos, há um sistema já existente que reclama transformação, pois as soluções teóricas e jurisprudenciais até aqui desenvolvidas, e ao longo de toda a história da humanidade, encontram-se em crise, exigindo revisão em prol da mantença do justo.

---

[3]. Caio Mário da Silva Pereira, *Instituições de direito civil*, 10. ed., vol. III, Rio de Janeiro: Forense, 1999, p. 362.

Estrutura-se, paulatinamente, um sistema de responsabilidade civil que já não se sustenta mais pelos tradicionais pilares da antijuridicidade, da culpabilidade e do nexo de causalidade, apenas. Organiza-se, já, um sistema que não recusa – como outrora se recusava, por absolutamente inaceitável – a existência de um *dano injusto*, por isso indenizável, decorrente de *conduta lícita*. Apresenta-se, nos dias de hoje, um sistema de responsabilidade civil que já não se estarrece com a ocorrência de responsabilidade independentemente de culpa de quem quer que seja.

As perguntas que insistem em latejar na mente do pesquisador e do observador social e jurídico são: Qual é a efetiva razão de ressarcir? Qual é o verdadeiro pressuposto do dever de indenizar? Qual é o novo contorno e conteúdo da reparação? Qual é, então, o marco teórico da responsabilidade civil, neste tempo das primeiras pegadas do novo milênio?

Sobre isso discorre o que se tem chamado de *responsabilidade pressuposta*, enquanto uma responsabilidade de novo perfil, que se descortina por meio de um critério que a fundamente e justifique, como já se disse antes, isto é, um verdadeiro critério de *imputação* da responsabilidade sem culpa, elevado à categoria de *règle à valeur d'ordonnancement juridique*.

Não é simples encontrar um critério assim, que seja portador de qualidades que o permitam posicionar-se como um denominador comum de variadas hipóteses danosas, já ocorridas ou não, bem como seja um critério que tenha qualidades e atributos tão suficientes que possam arrebanhar as hipóteses todas, subsumindo-as à sua determinação de responsabilização. Não é simples encontrar um critério assim porque não se busca apenas um critério tão geral que possa, sob um padrão de melhor segurança, constituir-se em fundamento essencial e intrínseco de um sistema de responsabilização por vir. Mas se busca um critério que pudesse, perfeitamente, determinar-se em prol dessas intenções e exigências primordiais, quais sejam, que o número de vítimas de danos que permanecem irressarcidas fosse um número – a cada vez, e sempre – significativamente *menor*.

O contorno fundamental da principiologia de amparo e o matiz de sustentação do viés axiológico de resguardo de tal reestruturação sistemática deverá estar, por isso mesmo, indelevelmente vinculado ao respeito à dignidade da pessoa humana, esta que é, enfim, o sentido e a razão de toda e qualquer construção jurídico-doutrinária ou jurídico-normativa. Tudo exatamente para que o direito, pensado em sua gênese, cumpra seu papel mais extraordinário, o papel de responsável pela viabilização da justiça e da paz social.

1. A POSIÇÃO DA RESPONSABILIDADE CIVIL NO DIREITO BRASILEIRO ENTRE 1916 E 2002: DE CLÓVIS BEVILAQUA A MIGUEL REALE

Antes de ingressar propriamente no desdobramento analítico do tema central deste artigo, é útil mostrar, ainda que com brevidade, qual a situação do direito positivo brasileiro na trajetória de seus dois Códigos Civil, e como ele tratou (ou não) as preocupações que agora geram estas reflexões sobre o que se tem denominado *responsabilidade pressuposta*.

Como se sabe, o Código Civil de 1916 filiou-se à teoria subjetiva para a composição das regras jurídicas acerca da responsabilidade civil, como se verificava do art. 159, do qual se dizia ser o *habitat legal* da responsabilidade derivada da culpa[4]. Mas tal posicionamento não impediu que o legislador, em passagens esparsas, houvesse considerado a adoção da responsabilidade objetiva, baseada no risco e não na culpa. Ambas as posições coexistiram pacificamente no corpo do Código anterior, sendo que a responsabilidade objetiva – posto que obrigação legal de indenizar – esteve, como não poderia deixar de ser, invariavelmente prevista na lei, imputando a responsabilidade de ressarcir o dano a certas pessoas, independentemente da prática de ato ilícito, pessoas estas a quem não se admite qualquer escusa subjetiva no sentido de pretender demonstrar a sua não culpa.

No momento atual, sob a égide do novo Código Civil Brasileiro[5], observa-se, sem dúvida, a presença de certo avanço que o Projeto de Código Civil, conhecido como Projeto Miguel Reale, do ano de 1975, pôde produzir, há cinco lustros. Nem perfeito, nem retrógrado. Nem ambicioso, nem descomprometido com a realidade, mas com certo viés de coragem, caso se considere a inserção de um sistema geral de responsabilidade objetiva ao lado do sistema geral de responsabilidade subjetiva, ou caso se considere a abertura cometida em nome da *equidade*, assunto que absolutamente não habitou o sistema do Código Civil de 1916 ao tempo de sua promulgação, no início do século anterior.

O Código Civil de 2002, e no cerne da estruturação legislativa da responsabilidade civil, introduziu uma regra geral bem distinta daquela que

---

4. Art. 159 CC/1916: "Aquele que, por ação ou omissão voluntária, negligência, ou imprudência, violar direito, ou causar prejuízo a outrem, fica obrigado a reparar o dano".

5. O novo Código Civil Brasileiro, Lei n. 10.406, de 10 de janeiro de 2002, entrou em vigor no dia 10 de janeiro de 2003. Este capítulo foi escrito em março de 2002, e tomou por base as considerações já expendidas pela autora do presente estudo, no ano anterior, quando proferiu a palestra "*Tendências atuais da responsabilidade civil:* marcos teóricos para o direito do século XXI, proferida no Congresso Jurídico Brasil 500 Anos, promovido pelo Instituto de Direito Comparado Luso-Brasileiro", coordenado pelo Prof. Francisco AMARAL, no Rio de Janeiro, entre os dias 13 e 16 de setembro de 2000, em homenagem póstuma ao Professor Rubens Limongi FRANÇA, da Faculdade de Direito da USP.

se continha na legislação anterior. Vale dizer, introduziu a imputação do dever de indenizar por atribuição meramente objetiva, sendo que não o fez pontualmente, em situações individualizadas, delimitadas, mas o fez como sistema geral, transmudando o caráter da responsabilidade objetiva – até então meramente excepcional – em regra, isto é, em preceito legal geral. O art. 927 e parágrafo único do novo Código[6] destacam assim, em vivas letras, aquilo que é uma necessidade crescente entre nós: o dever de indenizar *independentemente de culpa*, nos casos especificados em lei, ou quando a atividade normalmente desenvolvida pelo autor do dano implicar, por sua natureza, grande risco para os direitos de outra pessoa.

Obviamente, apesar dessa marcante tendência objetivista da responsabilidade civil na Lei nova, não se encontra abandonada a responsabilidade por culpa, continuando consagrada na Parte Geral, entre os dispositivos que formatam o Título relativo aos *atos ilícitos*[7], repetindo-se adiante, no arcabouço da responsabilidade civil propriamente dita[8].

Relativamente à responsabilidade do *incapaz*, avançou o novo Código[9], ao prever que ele responde pelos danos a que der causa, se seus responsáveis não tiverem a obrigação de indenizar ou se o patrimônio destes, desde que responsabilizados, não for suficiente para atender ao reclamo da vítima. Trata-se de interessantíssimo avanço já conhecido de outras legislações estrangeiras, e que atende rigorosamente a esse paradigma da pós-modernidade que aponta o foco de atenção do direito e da lei para a pessoa da vítima e para a imprescindibilidade de refazimento de sua circunstância jurídico-patrimonial afetada pelo dano sofrido, mas, especialmente, pelo refazimento de sua condição de titular do direito à dignidade constitucionalmente plasmada enquanto valor máximo da pessoa humana, pela imposição do dever indenizatório ao causador do dano. Ainda que incapaz. Embora o atual Código Civil não estabeleça expressamente essa consignação, a oportunidade da inserção legislativa se sobreleva naquelas hipóteses em que o incapaz causador do dano é, na verdade, um relativamente capaz e titular de patrimônio suficiente.

---

6. Art. 927. [...] *Parágrafo único*. Haverá obrigação de reparar o dano, *independentemente de culpa*, nos casos especificados em lei, ou quando a atividade normalmente desenvolvida pelo autor do dano implicar, por sua natureza, risco para os direitos de outrem (g.n.).
7. Art. 186. Aquele que, por ação ou omissão voluntária, negligência ou imprudência, violar direito e causar dano a outrem, ainda que exclusivamente moral, comete ato ilícito.
8. Art. 927. Aquele que, por ato ilícito (arts. 186 e 187), causar dano a outrem, é obrigado a repará-lo.
9. Art. 928. O incapaz responde pelos prejuízos que causar, se as pessoas por ele responsáveis não tiverem obrigação de o fazer ou não dispuserem de meios suficientes. *Parágrafo único*. A indenização prevista neste artigo, que deverá ser equitativa, não terá lugar se ela privar do necessário o incapaz ou as pessoas que dele dependem.

Cuidadoso, o legislador não deixou de avisar que a aplicação dessa regra tem como pressuposto inafastável a certeza de que a cominação do dever de indenizar não promoverá a privação do incapaz relativamente àquilo de que minimamente necessita para si próprio. O bom senso do magistrado zeloso – que aplicará a nova forma de expressão legislativa do direito civil no que respeita à responsabilidade civil e ao dever de indenizar danos causados – levará em conta essa bipolarização de interesses, conjugando-os *equitativamente*, conforme convém à nova arquitetura legislativa.

Por outro lado, e ainda sob a consideração do Código Civil de 2002, destaca-se essa especialíssima questão referente à expansão dos critérios endereçados à quantificação ou mensuração dos valores indenizatórios por dano moral. Equilibrada e moderna, além de justa, a nova legislação civil eleva e destaca valores éticos imorredouros, tais como a probidade, a boa-fé e, principalmente a *equidade*. Todo esse novo perfil normativo traz enormes mudanças na aplicação do direito, exatamente porque confere ao magistrado uma saudável responsabilidade na composição pecuniária da indenização, tornando-a equânime e, por isso, mais justa, atuação esta que é inovadora entre nós, mas que tem por paradigma a moldura da *common law*. Contudo, o que mais se destaca, talvez, como novidade a ser considerada é a revolução provocada pela nova Lei em matéria de responsabilidade por fato de outrem, pela adoção da *teoria do risco-proveito* e pelo consequente abandono, enfim, do *frágil estratagema da inversão do ônus da prova*. E, assim, o colossal art. 933 do novo Código[10], em caráter coadjuvante, determina que as pessoas indicadas no artigo antecedente (os pais, o tutor, o curador, o empregador) responderão pelos atos daqueles indicados e a eles relacionados (os filhos menores, os pupilos, os curatelados e os empregados), *ainda que não haja culpa de sua parte*. Trata-se da tão ansiada transição da *culpa presumida* e do ônus probatório invertido para uma *objetivação efetiva* dessa responsabilidade *in casu*.

Indo além, o legislador do novo Código estabeleceu a solidariedade[11] entre as pessoas responsabilizadas pelos danos causados por terceiros e estes

---

10. Art. 932. São também responsáveis pela reparação civil: I – os pais, pelos filhos menores que estiverem sob sua autoridade e em sua companhia; II – o tutor e o curador, pelos pupilos e curatelados, que se acharem nas mesmas condições; III – o empregador ou comitente, por seus empregados, serviçais e prepostos, no exercício do trabalho que lhes competir, ou em razão dele; IV – os donos de hotéis, hospedarias, casas ou estabelecimentos onde se albergue por dinheiro, mesmo para fins de educação, pelos seus hóspedes, moradores e educandos; V – os que gratuitamente houverem participado nos produtos do crime, até a concorrente quantia.

    Art. 933. As pessoas indicadas nos incisos I a III do artigo antecedente, *ainda que não haja culpa de sua parte*, responderão pelos atos praticados pelos terceiros ali referidos (g.n.).

11. Art. 942. [...] *Parágrafo único*. São solidariamente responsáveis com os autores os coautores e as pessoas designadas no art. 932.

próprios, situação não presente na Lei Civil anterior, mas muito discutida doutrinária e jurisprudencialmente, no curso da vigência do Código de 1916.

Sem pretender a análise pontual dos dispositivos que compõem o Título IX do Livro I da Parte Especial do Código Civil de 2002 – arts. 927 a 954 –, anotam-se os fundamentais plexos ou paradigmas da responsabilidade civil na nova legislação, à guisa de reconhecer as tendências de outrora já fixadas na Lei nova, como ponto de partida e reflexão para o evolver do novo século: a) reparação do dano causado por culpa do agente, ou independentemente de sua culpa[12]; b) reparação do dano moral[13]; c) repressão ao abuso do direito[14].

2. O INSTITUTO DA RESPONSABILIDADE CIVIL E O PERCURSO ENTRE A CULPA E O RISCO: UM IMPORTANTE PASSO NA EVOLUÇÃO

A crise do sistema clássico de responsabilidade civil está a exigir uma revisão crítica que se fará obrigatoriamente por intermédio da releitura da própria história dos povos, da reedição do diálogo entre o direito e a sociedade e da reapreciação dos fatos da vida como se apresentam hodiernamente e como influenciam a trajetória e a esfera jurídica dos homens. A era da globalização, "mais do que qualquer outra antes dela, é exigente de uma interpretação sistêmica cuidadosa, de modo a permitir que cada coisa, natural ou artificial, seja redefinida em relação com o todo planetário"[15].

Ao longo do século XX, dezenas de teorias foram desenvolvidas para explicar ou para criar parâmetros fundantes de um sistema de responsabilidade civil distinto daquele que até o anterior século pareceu bastar. Os pensadores do direito, jusfilósofos e jus-sociólogos, buscaram critérios de identificação para as novas ocorrências e exigências da vida dos homens, como se buscassem – diga-se assim – um *padrão de fundamentação*, ou uma *tábua de pressupostos*, ou ainda um *denominador comum* que fosse capaz de se expressar, enfim, como fonte e fundamento do dever de indenizar o dano que alguém injustamente sofra.

---

12. Art. 927. Aquele que, *por ato ilícito* (arts. 186 e 187), causar dano a outrem, é obrigado a repará-lo. *Parágrafo único*. Haverá obrigação de reparar o dano, *independentemente de culpa*, nos casos especificados em lei, ou quando a atividade normalmente desenvolvida pelo autor do dano implicar, por sua natureza, risco para os direitos de outrem (g.n.).

13. Art. 186. Aquele que, por ação ou omissão voluntária, negligência ou imprudência, violar direito e causar dano a outrem, *ainda que exclusivamente moral*, comete ato ilícito (g.n.)

14. Art. 187. Comete ato ilícito o titular de um direito que, ao exercê-lo, excede manifestamente os limites impostos pelo seu fim econômico ou social, pela boa-fé ou pelos bons costumes.

15. Milton SANTOS, *Por uma outra globalização:* do pensamento único à consciência universal, Rio de Janeiro: Record, 2000, p. 171.

Ao lado dessa prodigalidade de formulações teóricas se instalaram, também, e de modo igualmente pródigo, as mais diferentes tendências jurisprudenciais, com respostas distintas para casos semelhantes, com respostas semelhantes para casos distintos e com idênticas respostas para casos semelhantes ou não, mas oriundas de fundamentação diversa. O século XX – não há como negar – produziu uma verdadeira torre de Babel em termos de apreciação, análise e aplicação da responsabilidade civil.

O espaço de tempo de cem anos, se contado desde 1899 e até 1999 – quer dizer, o lapso temporal que liga e relaciona Clóvis Bevilaqua a Miguel Reale[16] – pode dar bem a noção do quanto se alterou, em termos doutrinários e em sede jurisprudencial, a maneira de tratar a responsabilidade civil.

Olhando para esse passado relativamente recente, no Brasil e fora dele, resta sempre, ao investigador, a dúvida, tão bem traduzida por Luiz Edson Fachin, se o passo à frente que se esboça é uma mudança efetiva ou tão só a última fronteira de um sistema moribundo que agoniza, mas ainda não esgotou[17].

Ora, todo tema investigatório que pertença ao contexto geral da ciência jurídica, como é o caso do instituto da *responsabilidade civil*, trará consigo as mesmas preocupações e as mesmas angústias acerca de desvendar qual o melhor percurso para definir, a contento, a cientificidade da investigação por ele levada a efeito, assim como se faz, *a priori*, com a própria ciência que o contempla.

A ciência do direito é uma inquietude ante o problemático, afirma Maria Helena Diniz[18], e, por isso, a escolha do método de investigação se torna imprescindível à delimitação do objeto a ser investigado e à certeza do investigador acerca do que realmente tenciona fazer e do lugar aonde efetivamente deseja chegar.

É certo que a escolha de um método não exclui, obrigatoriamente, a interferência positiva de outro, desde que não conflitem os espectros e os paradigmas perseguidos, sempre em prol da qualidade, da validade e da segurança dos resultados que se visa obter. Pode ocorrer de ser o método selecionado um método histórico, ou um método de concepções analíticas,

---

16. Referência aos dois projetos de Código Civil de maior destaque em toda a história do Direito no Brasil, isto é, o Projeto de 1899, de *Clóvis Bevilaqua*, que se transformou no primeiro Código Civil Brasileiro, em 1916, e o Projeto n. 624-B/75, supervisionado por *Miguel Reale*, que atualmente, já sancionado pela Presidência da República, aguarda o prazo da *vacatio legis* para entrar em vigor como novo Código Civil Brasileiro.
17. Luiz Edson Fachin, *Teoria crítica do direito civil*, Rio de Janeiro: Renovar, 2000, p. 16.
18. Maria Helena Diniz, *Compêndio de introdução à ciência do direito*, São Paulo: Saraiva, 1995, p. 29.

ou um método de experimentação do cotidiano em busca das estruturas positivadas. Pode ocorrer de ser uma mistura possível de dois deles, como uma simbiose, ou uma infiltração oportuna de um em outro. Importa, verdadeiramente, a justificação do recurso metodológico e a sua adequação ao quanto se tem em vista perseguir e demonstrar. Tarefa não exatamente simples, não exatamente fácil.

De toda sorte, não há como negar, o instituto da *responsabilidade civil* é instituto que pertence ancestralmente à estrutura geral do direito civil, e é parte desse sistema global de experiências sociais unidas de modo pleno, coerente e dinâmico. O movimento próprio desse sistema jurídico é responsável pela impossibilidade de seu fechamento em si mesmo, ou da cristalização de seus cometimentos, ainda que justamente em face de alguns de seus princípios e de alguns de seus valores historicamente imutáveis. A renovação, pois, não prejudica a ordenação sistemática, mas a revitaliza e lhe concede – ou visa conceder – uma perene adequação aos novos anseios e às novas necessidades, oriundas de um novo tempo, mas sempre sob a mesma tábua valorativa maior que é a que busca, eternamente, a realização do justo e do equânime.

O fundamento e a justificação do instituto, assim como o fundamento e a justificação da própria ciência do direito, encontram sua base de sustentação e de reflexo na clássica e dicotômica concepção filosófica do fenômeno jurídico que o desvenda, ora sob as luzes do *jusnaturalismo*, ora sob o tecido do *positivismo jurídico*. Assim, e se a sistematicidade é o principal argumento a favor da cientificidade do conhecimento jurídico, como bem registra Tércio Sampaio Ferraz Júnior[19], entre outros importantes jusfilósofos nacionais e estrangeiros, epistemologicamente o assunto se desenlaça por meandros discrepantes entre si, mas que, diferentemente do que se possa imaginar, não infertilizam essa seara de busca do objeto da investigação jurídica e de sua cientificidade, mas, contrariamente, denotam o fortalecimento filosófico da ciência jurídica.

Em face do saber jurídico, várias posições epistemológicas se alinham, tendentes a delinear o seu âmbito, a desenhar os seus vieses, a matizar os seus contornos com os princípios e valores de uma ciência que não se amalgama ou se confunde com outra ciência.

A análise mais paciente de algumas dessas variações tendentes a teorizar a origem, a natureza e os limites da ciência jurídica, assim como a especificidade de seu objeto e seu método de especulação, pode enca-

---

19. Tércio Sampaio Ferraz Júnior, *A ciência do direito*, São Paulo: Atlas, 1977, p. 13.

minhar à revisão de certas direções filosóficas que se afirmam ao longo da história do direito dos homens, uma após as outras, mas repetindo-se, às vezes, em diferentes momentos dessa mesma trajetória. A exemplo de Colombo, descobrindo de longe as costas da América, quem escolheu se interessar pela filosofia do direito ignora ainda que está a ponto de abordar um continente misterioso.

Mas é justamente, quiçá, essa ousadia do pesquisador, que, sendo salutar, pode permitir uma imersão mais eficiente do pensamento jurídico na busca da concreção da ideia de justiça, deixando acontecer o confronto – nem sempre bélico – entre o relativo e o absoluto, para deixar exposta, como o faz Frédéric Rouvillois, a questão de indagar *quais podem ser os vínculos do direito com a coação, a razão, o tempo e a ética*[20]. Reclama, e com razão, o autor que a omissão de um viés prático do direito, pelo filósofo tendente a encastelar-se *na torre de marfim da ideia pura*, pode causar a dissociação indesejável das verdades que se perfilam em par, impedindo a consagração do direito em sua mais extraordinária concreção, qual seja, como se disse, essa busca eterna, ainda que renovável, da realização do justo e do equânime.

Talvez a mais significativa de todas as teorizações jurídicas seja a que se denomina *jusnaturalismo*, segundo a qual – por tendência natural humana, ou por princípio norteador da vida honesta – o homem não deve lesar o seu próximo. *Neminem laedere*, é a arcaica regra, simplificada regra, na verdade, do preceito maior originado nos *Jura Praecepta* do direito romano, conhecido como *honeste vivere, neminem laedere, suum cuique tribuere*. Desde sempre – e como exigência do modo honesto de viver[21] – em hipótese de lesão a outrem causada, haveria de se devolver o que dele é, ou o que perdeu, por meio da reparação do dano. Assim agir decorre da natural noção de que o dever de reparar o dano derivado da injusta invasão da esfera jurídica alheia integra a completude do *honeste vivere*.

Afinal, *o direito não é apenas uma técnica; é uma ciência e é uma arte; é a virtude na perseguição do justo*[22].

---

20. Frédéric Rouvillois, *Le droit*, Paris: GF Flammarion (Collection Corpus), 1999, p. 11-16.
21. Aqui, a concepção referida independe da concepção cristã de honestidade, mas tem aquele caráter teorético mais amplo, conforme convém.
22. João Baptista Villela, mencionado verbalmente em aula do curso de Mestrado da Faculdade de Direito de Bauru/ITE, no 2º semestre de 1999. As ciências, em sua acepção mais ampla, podem ser classificadas em três modalidades fundamentais; algumas se limitam a investigar "o que é" – são as chamadas ciências *teóricas* ou *especulativas*; outras procuram orientar as condutas humanas indicando-lhes "como agir" – são as ciências *éticas* ou *morais*; e, finalmente, aquelas que orientam a atividade produtiva ou as realizações externas do homem, indicando-lhe "como fazer" – são as

De um lado o dever. De outro lado o direito. A dualidade eterna, o verso e o reverso, o côncavo e o convexo. Mesmo sem intentar a recuperação das teorizações à volta de direito subjetivo e de direito objetivo, não parece reclamar dúvida que ao direito da vítima à reparação do dano que injustamente sofra corresponde um dever de recuperação, ou ao menos de reaproximação, do estado anterior à lesão causada.

Norberto Bobbio se pronunciou[23] – a respeito de se constituírem os direitos do homem numa classe variável – dizendo que "o elenco dos direitos do homem se modificou, e continua a se modificar, com a mudança das condições históricas, ou seja, dos carecimentos e dos interesses, das classes no poder, dos meios disponíveis para a realização dos mesmos, das transformações técnicas, etc. [...] Não é difícil prever que, no futuro, poderão emergir novas pretensões que no momento nem sequer podemos imaginar, como o direito a não portar armas contra a própria vontade, ou o direito de respeitar a vida também dos animais e não só dos homens. O que prova – conclui o filósofo – que não existem direitos fundamentais por natureza"[24].

De acordo, ou não, com as conclusões de Bobbio, o que é inegável é esse caráter variável dos direitos humanos ou fundamentais, e o que é completamente verdadeiro, conforme o depoimento da própria vida e da própria História, é o fato de que *novas pretensões*, a respeito das quais nem se cogita, poderão surgir, impondo a geração de novos direitos. É assim, exatamente assim, que ocorre no plano da responsabilidade civil, cuja trajetória, ao longo do tempo, certamente abona a afirmação. Gustavo Tepedino se expressa, sobre essa longa estrada de construção, variação e transformação das relações privadas sob o matiz da responsabilidade civil, da seguinte forma:

> "A responsabilidade civil derivada não do ato ilícito, mas de fonte legislativa (*ex lege*) ampliou-se sobremaneira na atualidade, expressão de tendência que se solidifica, no caso brasileiro, com a Constituição de 05 de outubro de 1988, que projeta o dever de reparação para além dos confins da conduta culposa dos indivíduos"[25].

---

ciências *técnicas*. O direito pode ser considerado, exatamente como o faz João Baptista Villela, sob a tríplice perspectiva da teoria, da técnica e da ética, o que o torna complexo e belíssimo.

23. Pronunciou-se assim Norberto Bobbio no discurso de abertura levado a efeito no Simpósio Internacional dos Direitos do Homem, realizado entre 1º e 3 de dezembro de 1967, em Turim, por iniciativa da Sociedade Italiana para a Organização Internacional, discurso este publicado em sua obra *A era dos direitos*, cit., sob o título "Sobre os fundamentos dos direitos do homem". Norberto Bobbio, A era dos direitos, Rio de Janeiro, Campus, 1992, p. 15-24.
24. Idem, ibidem, p. 18
25. Gustavo Tepedino, *Temas de direito civil*, Rio de Janeiro: Renovar, 1999. O autor refere-se especificamente aos "princípios da solidariedade social e da justiça distributiva, capitulados no art.

> "Foi efetivamente a insuficiência de soluções, modernamente registradas, para atender aos milhares de distintos casos de danos – que perpetrados, transmudam-se em fatores de atribuição de responsabilização pelos prejuízos deles advindos – que se pôs a exigir uma significativa reformulação do atual sistema bipolarizado de responsabilidade civil, isto é, a responsabilidade decorrente do descumprimento contratual (responsabilidade contratual) e aquela consequente da prática de ato ilícito (responsabilidade extracontratual)."[26] "O ingresso, no campo de repercussão e de aplicação da responsabilidade civil, de fatores objetivos mostrou-se como incomensurável avanço, quando a questão de fundo, a mira central, o interesse crucial a ser atendido – como se consagra indiscutivelmente hoje – é o interesse da vítima."[27]

Afinal, "a responsabilidade nada mais é do que o dever de indenizar o dano, que surge sempre quando alguém deixa de cumprir um preceito estabelecido num contrato, ou quando deixa de observar o sistema normativo que rege a vida do cidadão"[28]. Ou seria possível também compreendê-la, em sua extensão mais vasta, e como ela se desenha e recorta, hoje, no cenário jurídico brasileiro, especialmente, como sendo "a aplicação de medidas que obriguem uma pessoa a reparar o dano moral ou patrimonial causado a terceiros, em razão de ato por ela mesmo praticado, por pessoa por quem ela responde, por alguma coisa a ela pertencente ou por simples imposição legal"[29].

> "A responsabilidade subjetiva fundamenta-se na existência de culpa do agente. Não havendo culpa, não há responsabilidade, ainda que presente o dano, pois a imputação da responsabilidade derivada de sua causação depende da conduta culposa do agente. A *culpabilidade*, também denominada culpa em sentido amplo, poder-se-ia definir como uma conduta do agente desaprovada pela lei, ou seja, uma conduta caracterizada pela reprovabilidade ou censurabilidade legal. E é assim que a doutrina mais apurada e destacada a define, como o faz, por exemplo, entre nós, Maria Helena Diniz[30]: 'A culpa em sentido amplo, como violação de um dever jurídico, imputável a alguém, em decorrência de fato intencional ou de omissão de diligência ou cautela, compreende: o dolo, que é a violação intencional do dever jurídico, e a culpa em sentido estrito, caracterizada pela imperícia, imprudência ou negligência, sem qualquer deliberação de violar um

---

    3º, incisos I a III, da Constituição, segundo os quais se constituem em objetivos fundamentais da República, a construção de uma sociedade livre, justa e solidária, bem como a erradicação da pobreza e da marginalização e a redução das desigualdades sociais e regionais, não podem deixar de moldar os novos contornos da responsabilidade civil" (p. 175-176).

26. Giselda Maria Fernandes Novaes HIRONAKA, *Tendências atuais da responsabilidade civil*, passim.
27. Giselda Maria Fernandes Novaes HIRONAKA, *Tendências atuais da responsabilidade civil*, passim.
28. Álvaro Villaça AZEVEDO, *Teoria geral das obrigações*, 6. ed., São Paulo, Revista dos Tribunais, 1997, p. 272.
29. Maria Helena DINIZ, "Indenização por dano moral: a problemática da fixação do *quantum*", *Revista Consulex*, ano I, n. 3, mar./1997.
30. Maria Helena DINIZ, *Curso de direito civil brasileiro*, vol. 7, responsabilidade civil, 10. ed., São Paulo: Saraiva, 1996, p. 35.

dever. Portanto, não se reclama que o ato danoso tenha sido, realmente, querido pelo agente, pois ele não deixará de ser responsável pelo fato de não ter-se apercebido do seu ato nem medido as suas consequências'. São estas, pois, as tradicionais formas de culpabilidade, ou culpa em sentido mais amplo: o dolo e a culpa propriamente dita. Insistentemente se tem registrado a ausência de significado desta distinção para o direito civil, em que pese sua absoluta importância para o direito penal, eis que, neste campo, a distinção influi decisivamente na determinação da pena e da sua extensão."[31]

Modelo insuficiente, capaz de deixar lacunas a respeito da reparação ou indenização de danos causados, a teoria da culpa não podia continuar atuando solitária no cenário da responsabilidade civil. Carlos Alberto Ghersi[32] não parece demonstrar qualquer constrangimento por exagero quando afirma que, "así como la destrucción de la Bastilla simbolizó el fin del antiguo régimen monárquico, o la demolición del muro de Berlín representó la caída del comunismo, la insuficiencia de la responsabilidad subjetiva para dar solución a los miles de damnificados por las más diversas causas, sin duda puede servir como paradigma de la alocada construcción de máquinas que marca el final de un método, de una filosofía, de una historia".

A ampliação do campo de abrangência da responsabilidade acabou, então, por provocar certo declínio da culpa enquanto elemento imprescindível à sua configuração; no entanto, não desapareceu completamente a culpa, e nem desaparecerá, já que a evolução não equivale à substituição de um sistema por outro. Essa advertência já houvera sido considerada por Savatier, que previu que, "se uma responsabilidade fundada no risco se justifica plenamente em nosso direito moderno, é preciso não lhe atribuir nem função única, nem mesmo o primeiro lugar"[33]. Culpa e risco, anunciou o renomado jurista, devem deixar de ser considerados *fundamentos* da responsabilidade civil para ocupar o lugar que efetivamente ocupam, isto é, a posição de *fontes* da responsabilidade civil, sem importar se uma delas tem primazia sobre a outra, sem a preocupação de que uma aniquila a outra, mas importando saber que, embora tão mais frequentes os casos de responsabilidade subjetiva, embasada na culpa, persistem existindo os casos em que se registrará a insuficiência dessa fonte, quando, então, abrir-se-á a oportunidade da reparação do dano pelo viés da nova fonte, a do risco. Convivem, portanto, as duas teorias, e conviverão provavelmente por lon-

---

31. Giselda Maria Fernandes Novaes HIRONAKA, "Responsabilidade civil – aspectos fundamentais, capítulo 3, Quarta Parte", in *Direito civil* – estudos, Belo Horizonte: Del Rey, 2000, p. 293-316, especialmente p. 294.
32. Carlos Alberto GHERSI, *Teoría general de la reparación de daños*, Buenos Aires: Astrea, 1997, p. 2.
33. Mencionado por Caio Mário da Silva PEREIRA, *Responsabilidade civil*, Rio de Janeiro: Forense, 1996, p. 271.

go tempo. Tem razão absoluta Caio Mário da Silva Pereira[34] quando afirma que, em nosso sistema jurídico, *convivem as duas teorias: subjetiva como norma geral e objetiva como preceituação especial*[35].

Foi a partir da segunda metade do século XIX, então, que se iniciou o vasto movimento de expansão da responsabilidade civil, fomentado por ideias, doutrinas e concepções cujos efeitos se prolongaram por todo o século XX. Patrice Jourdain menciona que um duplo fenômeno de *objetivação* e de *coletivização* inverteu o curso – inclusive o subjetivo, estruturado sobre a base da culpa – da evolução[36].

Ao mesmo tempo em que se multiplicaram as atividades perigosas, o homem passou a aceitar menos conformadamente os golpes do destino. Patrice Jourdain escreve, com razão, que o ser humano *recusa o azar*, e exige a reparação de todo dano sofrido, sempre em face de uma apreciação cada vez mais intensa da *valorização da pessoa humana*, o que contribuiu para que os cidadãos passassem a exigir sempre mais providências do Estado. Escreve esse autor:

> "Os hábitos de proteção e de assistência os quais a sociedade mantém aumentam a necessidade de segurança do indivíduo e os encorajam a serem mais exigentes: a reparação dos danos torna-se um direito. Nesse contexto, a compaixão social que até então favorecia, sobretudo, os responsáveis de suas próprias culpas volta-se, repentinamente, ao lado das vítimas. A culpa, como fundamento único da responsabilidade civil, parece ser, então, um vestuário bem apertado para indenizar todas as vítimas. Quando a função indenizatória do instituto se afirma, os fundamentos espiritualista e individualista que o Código Civil havia lhe dado parecem cada vez mais inadequados. A partir de 1870, alguns autores, preparando a evolução seguinte, recomendaram 'deixar a culpa à margem' e substituí-la pela ideia de risco. Em seguida, as pessoas não seriam mais somente responsáveis por suas culpas, mas também pela realização dos riscos que criaram. Em vez de se ligar ao comportamento do sujeito responsável, o direito se orientava com o objeto da responsabilidade civil: a reparação dos danos"[37].

> "A responsabilidade objetiva, embasada na teoria do risco, advoga exatamente nesse sentido, quer dizer, que todo dano é indenizável e deve ser reparado por quem a ele se liga por um *nexo de causalidade*, independentemente da culpa. A teoria do risco – que não anulou a teoria da culpa, mas convive com ela – cobre inúmeras circunstâncias geradas pela atividade normalmente desenvolvida pelo autor do dano, mas que, a par desta normalidade, representa, de alguma forma, risco para o direito de terceiros.

---

34. Caio Mário da Silva PEREIRA, *Responsabilidade civil*, p. 273.
35. Assim já havia se expressado a autora do presente artigo na palestra citada, *Tendências atuais da responsabilidade civil*, passim.
36. Patrice JOURDAIN, *Les principes de la responsabilité civile*, 5. ed., Paris: Dalloz, 2000 (Coletion "Connaissance du Droit"), p. 10.
37. Patrice JOURDAIN, *Les principes de la responsabilité civile*, passim [tradução livre].

'Campo fértil aos debates e litígios, a responsabilidade civil tem procurado libertar-se do conceito tradicional de culpa. Esta é, às vezes, constritora, e embaraça com frequência a expansão da solidariedade humana. A vítima não consegue, muitas vezes, vencer a barreira processual e não logra convencer a Justiça dos extremos da imputabilidade do agente. Desta sorte, continuando, embora, vítima, não logra o ressarcimento. É verdade que a tendência é o alargamento do conceito de culpa, e consequente ampliação do campo da responsabilidade civil, ou do efeito indenizatório'[38].

Como se vê das palavras de Caio Mário da Silva Pereira, a evolução histórica sobre a responsabilidade civil processou-se de sorte a deslocar a fundamentação exclusiva da culpa, para o risco. A esse respeito, informa *Carlos Roberto Gonçalves*[39] que a teoria do risco procura demonstrar que 'toda pessoa que exerce alguma atividade cria risco de dano para terceiro. E deve ser obrigada a repará-lo, ainda que sua conduta seja isenta de culpa'. A corrente de pensamento conhecida como objetivista, e que teve *Saleilles* como um de seus maiores criadores, procurou desvincular a obrigação de ressarcir o dano da ideia de culpa".[40]

"Segundo esta teoria, todo risco deve ser garantido, visando a proteção da pessoa humana. De um modo particular, esta proteção jurídica buscou alcançar, primeiro, os trabalhadores e as vítimas de acidentes do trabalho, para livrá-las da insegurança material decorrente. A indenização, neste caso, decorreria não da culpa, mas se assentaria no conceito material do fato danoso. Trata-se, exatamente, da evolução da responsabilidade em razão do seu fundamento, vale dizer, em razão do motivo pelo qual alguém passa a ser titular do dever de indenizar. Os autores são unânimes ao se referirem à insuficiência da culpa como origem do dever de indenizar, descrevendo, todos eles, as mudanças dos tempos, suas novas exigências, a tecnização crescente, o uso cada vez maior de máquinas e as consequências danosas daí geradas, como as fundamentais razões desta reformulação da teoria da responsabilidade civil, humanizando os seus contornos".[41]

Maria Helena Diniz, a respeito dessa reformulação, assim se refere:

"[...] representa uma objetivação da responsabilidade, sob a ideia de que todo risco deve ser garantido, visando a proteção jurídica à pessoa humana, em particular aos trabalhadores e às vítimas de acidentes, contra a insegurança material, e todo dano deve ter um responsável. A noção de risco prescinde da prova da culpa do lesante, contentando-se com a simples causa externa, bastando a prova de que o evento decorreu do exercício da atividade, para que o prejuízo por ela criado seja indenizado" [42].

---

38. Caio Mário da Silva Pereira, *Responsabilidade civil,* passim.
39. Carlos Roberto Gonçalves, *Responsabilidade civil,* São Paulo: Saraiva, 1995, passim.
40. Giselda Maria Fernandes Novaes Hironaka, "Responsabilidade civil – aspectos fundamentais", passim.
41. Giselda Maria Fernandes Novaes Hironaka, "Responsabilidade civil – aspectos fundamentais", passim.
42. Maria Helena Diniz, *Curso de direito civil brasileiro,* vol. 7.

As causas da evolução objetiva podem ser agrupadas em três blocos de justificativas, segundo a proposta de Patrice Jourdain[43], referindo-se o primeiro deles à transformação radical pela qual passou a sociedade ao longo do século XX, como, por exemplo, a revolução industrial e a mecanização das atividades humanas, responsáveis pela multiplicação e pelo agravamento dos danos. A evolução técnica corre em paralelo à geração dos chamados *riscos tecnológicos*, e faz nascer a noção jurídica de *dano acidental,* que, conforme Patrice Jourdain, é o "dano essencialmente inesperado correspondente a nada mais, nada menos, que à realização de um risco nascido da atividade humana"[44].

Esse autor francês, professor da Université Panthéon-Sorbonne – Paris I, em sua obra sintética, mas extremamente proveitosa no que diz respeito à recuperação dos passos dessa evolução – mormente no assento de seu país, mas que, afinal, desenham o que ocorreu na maior parte dos países de sistema jurídico romano-germânico –, registra que foi a jurisprudência, inicialmente, que desencadeou esse movimento de expansão da responsabilidade civil, ao admitir que esta se estabelecesse independentemente da culpa do responsável. Já em 1885, na França, a Corte Suprema concedia, independentemente da culpa provada, às vítimas de danos causados por animais o direito à reparação, restringindo muito a possibilidade de exoneração do dono ou do guarda do animal, excepcionando-se essa hipótese para praticamente apenas os casos de caso fortuito ou de força maior. A decisão *Teffaine,* de 1896, e a decisão *Jand'Heur,* de 1930, a respeito dos vícios ocultos da coisa e a respeito da responsabilidade pela guarda da coisa, respectivamente (a segunda generalizando a solução pela presunção da culpa que a primeira implantou), são mencionadas pelo autor em comento como precedentes importantes dessa trajetória de objetivação da responsabilidade civil, na primeira metade do século passado, na França.

A primeira decisão fundamental da Corte de Cassation foi dada em 16 de junho de 1896, e ficou conhecida, então, pelo nome de "*l'arrêt Teffaine*". Dizia respeito à morte acidental de um operário em decorrência de uma explosão num rebocador a vapor. A Corte Suprema desencadeou, à época, um novo princípio segundo o qual a pessoa era responsável pela coisa que lhe pertencia. O proprietário do rebocador não pôde, portanto, exonerar-se da responsabilidade, provando a culpa do construtor do rebocador, e indenizou a viúva e as crianças do operário morto. Essa decisão fundamental costuma ser referida como o primeiro passo em direção, pela via jurisprudencial francesa, da noção de risco social, porque absorveu a ideia de

---

43. Patrice JOURDAN, *Les principes de la responsabilité civile*, p. 10.
44. Patrice JOURDAN, *Les principes de la responsabilité civile*, p. 10 [tradução livre].

que, com o progresso técnico e o avanço de enigmas perigosos, o exclusivo campo de atuação da culpa individual estava diminuindo.

Silvio Rodrigues informa que esse percurso não foi fácil nem simples, e que "essa jurisprudência, de certo modo tumultuada e que se formou à base de vários e subsequentes julgados, foi-se afirmando sempre na mesma direção, embora sem muita nitidez quanto aos pormenores, até que um outro marco se fixou [...]"[45]. Os partidários da teoria do risco, como Saleilles e Josserand, viram nessa decisão de 1896 um avanço significativo e sintomático em prol da teoria do risco, mas, por outra parte, os partidários da teoria da culpa, como os irmãos Mazeaud, não demonstraram tanto beneplácito a favor da sentença, continuando a ver nela os indícios da presença da culpa.

Somente trinta e cinco anos depois, em 13 de fevereiro de 1930, é que outra decisão solene da Corte de Cassation – que ficou conhecida pelo nome de "*l'arrêt Jand'Heur*" – confirmou a proposição, no caso dos acidentes de automóvel, dessa marcha irresistível em direção à noção de garantia social, abandonando, na interpretação do art. 1384, 1ª alínea, do Código Civil francês, a expressão *présomption de faute [déjà inconciliable avec la jurisprudence]*[46] por *présomption de responsabilité*, independentemente da culpa.

Em seguida, Silvio Rodrigues se refere à construção legislativa francesa, que já dava mostras de cuidado desde o final do século XIX, criando os regimes especiais de responsabilidade sem culpa do responsável. São leis sobre os acidentes do trabalho, ou ligadas à utilização de coisas perigosas como aeronaves, teleféricos, energia nuclear, ou relativas a transporte e acidentes de tráfego, ou referentes a produtos defeituosos, ou no domínio dos danos ao meio ambiente, ou, ainda, que dizem respeito à responsabilidade por atos médicos e por riscos terapêuticos. Mais de cem anos de proliferação legislativa marcam essa evolução, na França.

3. O *PASSO ALÉM* QUE TEM SIDO INTENTADO PELOS DOUTRINADORES CONTEMPORÂNEOS E A ADMISSÃO DE UM FUNDAMENTO DISTINTO A JUSTIFICAR A RESPONSABILIDADE CIVIL, HOJE

A objetivação da responsabilidade civil diante das atividades que, embora lícitas, são perigosas – e, por isso mesmo, geradoras de prejuízos

---

45. Silvio RODRIGUES, *Direito civil* – responsabilidade civil, vol. 4, 19. ed., atualizada com o novo Código Civil (Lei n. 10.406, de 10-1-2002), São Paulo: Saraiva, 2002.
46. Conforme SAVATIER, *Le risque general du fait des coses*, mencionado por Silvio RODRIGUES, *Direito civil*, vol. 4.

ou danos – é uma realidade em países de perfis legislativos derivados do sistema romano-germânico e do sistema da *common law*. No Brasil, igualmente, o assunto já tem conformação doutrinária bem assentada, especialmente em face da obra de Carlos Alberto Bittar[47], assim como já se insculpe, no direito positivo, a previsão legal de determinados casos de imputação do dever de indenizar como obrigação legal, quer dizer, independentemente de culpa do imputado ou de quem quer que seja, como, por exemplo (e são bem parcos os exemplos), a Lei n. 6.453/77, que estabelece a responsabilidade civil do executor de atividade nuclear, independentemente da existência de culpa, pela reparação de dano causado por acidente nuclear[48].

No entanto, se é verdade que houve um tempo em que a insuficiência da culpa como critério norteador ou como fundamento certeiro do dever de indenizar se fez claramente sentir, é bem verdade, outrossim, que apenas aguardar a previsão legal, caso a caso, para a conformação do viés objetivo da responsabilização é circunstância que tantas vezes tem atado a percuciência do direito, tem engessado seu exercício em face do dano concretizado e tem, insuportavelmente, deixado sem resultado a situação prejudicial enfrentada pela vítima de danos. Pensar em tal circunstância faz voltar à tona do pensamento contemporâneo a reflexão tão lúcida do jurista do século passado que inspira as conclusões deste tempo presente: "Fosse possível traçar normas jurídicas perfeitas, que delimitassem, dentro de contornos inconfundíveis, as prerrogativas conferidas aos indivíduos; se a inteligência e a sabedoria humanas pudessem enfeixar nos preceitos legais as diretrizes a seguir no exercício dos direitos, a solução dos conflitos jurídicos seria, sem dúvida, tarefa menos árdua e não caberia à doutrina e à jurisprudência o papel tão preeminente, que ora desempenham, na solução do problema da responsabilidade civil"[49].

---

47. Carlos Alberto BITTAR, *Responsabilidade civil nas atividades nucleares*, São Paulo: Revista dos Tribunais, 1985.
48. Lei n. 6.453/77, art. 4º. Será exclusiva do operador da instalação nuclear, nos termos desta Lei, independentemente da existência de culpa, a responsabilidade civil pela reparação de dano nuclear causado por acidente nuclear: I – ocorrido na instalação nuclear; II – provocado por material nuclear procedente de instalação nuclear, quando o acidente ocorrer: *a)* antes que o operador da instalação nuclear a que se destina tenha assumido, por contrato escrito, a responsabilidade por acidentes nucleares causados pelo material; *b)* na falta de contrato, antes que o operador da outra instalação nuclear haja assumido efetivamente o encargo do material; III – provocado por material nuclear enviado à instalação nuclear, quando o acidente ocorrer: *a)* depois que a responsabilidade por acidente provocado pelo material lhe houver sido transferida, por contrato escrito, pelo operador da outra instalação nuclear; *b)* na falta de contrato, depois que o operador da instalação nuclear houver assumido efetivamente o encargo do material a ele enviado.
49. Alvino LIMA, *Culpa e risco*, São Paulo: Revista dos Tribunais, 1960, p. 218.

É o tempo de iniciar um desvendar – quem sabe o desiderato não é precoce ou frágil demais, ainda – de rumos novos, à busca de tentar imaginar, para o sistema da responsabilização civil, neste momento atual, aquele *padrão de fundamentação*, ou daquela *tábua de pressupostos*, ou aquele *denominador comum* (aos quais já se referiu antes, na abertura deste estudo), mas que fossem capazes, enfim, de se expressarem como *fonte ou matriz*, como *fundamento ou causa*, do eterno dever de indenizar o dano que alguém venha de sofrer.

Essa tendência do pensamento jurídico contemporâneo já é observada na reflexão cuidadosa de doutrinadores estrangeiros, aqui e ali, e no âmago de outros sistemas ocidentais de direito.

Dentre os doutrinadores estrangeiros contemporâneos, destaca-se seguramente Geneviève Schamps, excepcional jurista belga da contemporaneidade[50] que logrou avanços em sua pesquisa, especialmente no que respeita aos contornos do direito europeu – italiano, neerlandês e suíço – e do direito anglo-saxão, sempre em correspondência com os direitos belga e francês, definindo bem o percurso e afinando suas conclusões à volta do *padrão* que preferiu denominar *mise en danger*[51]. Ela produziu um sistema de estudo do direito estrangeiro, comparando-o ao direito belga, especialmente, e buscando a verificação da existência, ou não, desse padrão de caracterização de determinadas situações que expõem as pessoas a determinado risco, desnudando e fragilizando as vertentes da exclusão de responsabilidades e buscando apresentar, isso sim, os responsáveis pela ocorrência de danos absolutamente ressarcíveis.

---

50. Geneviève Schamps, *La mise en danger:* un concept fondateur d'un principe general de responsabilité (analyse de droit comparé), Bruxelles-Paris: Bruylant/LGDJ, 1998. Esta obra situa-se, no contexto geral do arcabouço bibliográfico utilizado para a minha tese de livre-docência na Universidade de São Paulo, em 2003, como fonte de fundamental importância. Depois que logrei suficientemente entender a pesquisa, a intenção e as conclusões de Mme. Schamps, tive o prazer de ser recebida por ela, em Bruxelas (dezembro/2001), para uma preambular conferência de identidade de pesquisas, em dezembro de 2001. Dessa minha tese de livre-docência resultou, enfim, a obra *Responsabilidade pressuposta*, publicada pela Editora Del Rey, e da qual este artigo é rigorosamente um extrato.

51. *Mise en danger:* o verbo *mettre*, no francês, significa pôr, colocar. Seu particípio passado é *mis--mise*; no entanto, quando vem acompanhado de um complemento, passa a ter um sentido de expressão idiomática, indicando uma ação. Ex.: *mise en scène* = encenar uma peça de teatro, significando a organização material do espetáculo, o *script* dos atores, a decoração, enfim, uma situação fática nova. Vale dizer, significa uma ação rápida que passa a uma situação ou estado novo. É o ato de pôr, porém mudando de posição em relação à anterior. Portanto, *mise en danger* pode ser traduzido como a ação de pôr em perigo ou em risco (*danger*), como indicativo de perigo ou de atenção. Neste artigo, contudo, prosseguirei usando a expressão em língua francesa (*mise en danger*), por entender que permanece bem melhor referido o sentido do que se quer dizer.

A pesquisadora escreveu, ao longo de seu excelente estudo, mas também em suas conclusões: Muitos mecanismos podem melhorar a indenização das vítimas de *mise en danger*, de certa intensidade, notadamente o seguro direto, a previdência social, ou a responsabilidade sem culpa. No entanto, não se tratava de focalizar as vantagens e inconvenientes de cada um, mas de determinar um conceito de *mise en danger* justificando uma responsabilidade civil, derrogando o direito comum. Os dramas que se produziram a partir do fim do século passado até nossos dias, em razão das novas *mises en danger* ligadas ao progresso da ciência e da tecnologia, deram nascimento a movimentos tendentes à melhoria da proteção da vida humana, valor essencial prevalente sobre a liberdade individual. Esse cuidado se reflete igualmente na concepção atual da responsabilidade civil, em que a ênfase está muito mais sobre o papel de prevenção e de compensação dos danos, mais que sobre aquele da sanção de um comportamento, em um contexto de generalização de seguro.

Segundo se pode apurar da visão de Geneviève Schamps, afinal, a dificuldade de identificar uma *mise en danger* como o elemento constitutivo primordial do exercício de uma atividade perigosa pode residir no estabelecimento do critério que desenhará um limiar de periculosidade, isso é certo.

Mas também parece seguro afirmar que a definição desse limite e a fixação desse potencial de perigo é que poderão muito bem servir de pano de fundo para que se alcance, no futuro, um *padrão de caracterização das circunstâncias prejudiciais* que justifiquem a imputação de um dever de indenizar, *além do sistema subjetivo* e além do *sistema de prefixações objetivas de responsabilidades*, tendo em vista a impossibilidade de eliminar, em todas as hipóteses consideradas, o perigo, por meio da adoção das medidas de precaução razoáveis.

A esse nível de otimização talvez seja possível chegar, em tempo nem tão distante, quiçá, de sorte a obter, enfim, um critério geral de fundamentação do regime objetivo de responsabilidade civil, situado além da solução legal casuística, critério este que visasse atender mais eficientemente os direitos das vítimas de danos, levando em conta, precipuamente, os princípios constitucionais da *solidariedade social* e da *dignidade humana*, e que se portasse, enfim, como um verdadeiro – e suficientemente abrangente – *autocritério de justificação da responsabilização civil na contemporaneidade*.

Toda a base de identificação dessa *mise en danger*, conforme o recorte que dela faz Geneviève Schamps, encontra-se, primordialmente, no famoso art. 2050 do Código Civil italiano de 1942, que dispõe que "qualquer um que causa um dano a outrem no desempenho de uma atividade perigosa por sua natureza, ou pela natureza dos meios adotados, deve repará-lo, se não provar ter adotado todas as medidas adequadas para evitá-lo"[52].

A respeito do art. 2050 e dos artigos dele avizinhados (especialmente os posteriores), certo segmento doutrinário (minoritário, infelizmente) entendeu que as hipóteses legisladas eram alcançadas pelo mesmo espírito da *mise en danger* que organizou, nesse mesmo art. 2050, uma responsabilidade por exposição a perigo, cujo alcance é tão geral que equivale, quanto à importância e em termos de efetiva abrangência, à própria responsabilidade por culpa prevista no art. 2043, inaugural, naquele Código, do sistema de responsabilidade civil. Mas entendeu esse segmento doutrinário ainda mais longe, para considerar que nem mesmo seria preciso esperar que outras leis específicas viessem regular certas *mises en danger*, para que se as pudesse invocar, e que aquelas normas expressamente citadas pelo legislador seriam *normas de aplicação específica*[53].

A maior crítica que receberam os partidários dessa opinião diz respeito ao fato de defenderem que, se houvesse mesmo um critério geral e unitário no bojo do art. 2050, isso seria desproposto, tendo em vista a sobreposição das demais normas.

Outro segmento doutrinário entendeu que o art. 2050 conteria simplesmente uma importante *função residual*, o que outorgaria ao dispositivo legal a potencialidade de *reger toda a situação nova* que não se relacionasse especificamente aos arts. 2051 a 2054, distanciando-se completamente da regência da responsabilidade por culpa, do art. 2043. Essa posição de identificação com uma função residual, no entanto, não foi igualmente aceita pela jurisprudência que considerou, de outra parte, que o dispositivo organiza uma hipótese particular de responsabilidade ligada ao exercício de uma atividade perigosa para terceiros, que não se sobrepõe às outras, mas coexiste unicamente com elas. Assim foi, por exemplo, que o legislador italiano regulamentou hipóteses de responsabilização oriundas de *mises en danger* que são hipóteses particulares, sem nenhum alcance geral, como a referente ao domínio automobilístico previsto no art. 2054.

Mas, certamente, o maior movimento deflagrado acerca de identificar outras hipóteses de ocorrências danosas que possam advir de uma *mise en*

---

52. Art. 2050 do Código Civil italiano: (Responsabilità per l'esercizio di attività pericolose) – "Chiunque cagiona danno ad altri nello svolgimento di un'attività pericolosa, per sua natura o per la natura dei mezzi adoperati, e tenuto al risarcimento, se non prova di avere adottato tutte le misure idonee a evitare il danno" [tradução livre].
53. Pensa assim, por exemplo, M. COMPORTI, que escreveu *Esposizione al pericolo e responsabilità civile*, já mencionado antes e citado por Geneviève SCHAMPS, *La mise en danger*, p. 91, nota n. 348.

danger, no Código Civil italiano, foi aquele liderado por Trimarchi na década de 1960, que concebeu a responsabilidade dos comitentes (art. 2049) e a responsabilidade pelo fato das coisas (arts. 2051 e 2053) como uma noção fortemente influenciada pela *teoria do risco de empresa*.

De acordo com essa concepção, a presunção de culpa cedia um passo a favor da responsabilidade objetiva, cujo *denominador comum* para tais hipóteses seria o *risco de empresa*, baseada em uma teoria econômica de distribuição de custos e benefícios, condicionando as escolhas de produção.

Pois bem. Os opositores da colocação de um critério, como a *mise en danger*, capaz de sustentar a fundamentação de um sistema geral de responsabilização objetiva (ou, dito de outro modo: que a ideia de apresentar a exposição a um perigo como um critério geral de justificação do dever de reparar) argumentam que isso continuaria a reproduzir uma ideia de sanção, uma ideia de comportamento antissocial, e que, por isso, a *mise en danger* corresponderia, implicitamente, a uma *conduta reprovável*. Rebate, vigorosamente, Geneviève Schamps, argumentando que esse raciocínio é falho e passível de crítica, pois a aplicação desse artigo, pela jurisprudência, volta a submeter a realização da *mise en danger* prevista por essa disposição a uma responsabilidade objetiva[54].

Afinal de contas, seria um absurdo pensar que a ordem jurídica entendesse que toda hipótese de realização de uma atividade humana com exposição ao perigo fosse nefasta à sociedade em princípio, e que o banimento de toda ingerência perigosa fosse a meta de uma ordem perfeita.

O que se procura, com um sistema aperfeiçoado de responsabilidade civil, *não é, obviamente, evitar todo perigo*, o que seria impraticável, inviável e inimaginável; a finalidade objetivada seria, isso sim, a *diminuição do dano*. A partir do momento em que a impossibilidade de evitar o dano é aceita, a disciplina jurídica da responsabilidade civil deveria visar a redução do custo social que ele representa, seja por meio da adoção de medidas de prevenção, seja porque alguém responderá por ele, por força de uma *responsabilidade pressuposta*, fundada num *critério-padrão de imputação*.

A grande questão, em sede da responsabilidade civil contemporânea, a se envolver nas dobras do pensamento jurídico da pós-modernidade, afinal de contas, parece mesmo revoltar-se contra as torrentes de construções doutrinárias que visaram, precipuamente, dar menos à interpretação dos textos legais, no sentido do favorecimento do direito das vítimas, para

---

54. Conf. Geneviève Schamps, *La mise en danger*, p. 125, item 137 [tradução livre].

dar mais à interpretação que corresse no sentido de melhor favorecer o interesse do demandado em não reparar o dano causado.

Provavelmente será necessário revisar, reler, reconsiderar sem demora, e em tempo já não tão distante de chegar, aquelas mesmas objeções que foram levantadas, ao longo da segunda metade do século que findou, contra uma efetiva possibilidade de se fundar, sobre a noção de *mise en danger* – *ou sobre outra noção que se desenhe, a partir desta* –, um mecanismo de reparação de danos cometidos às vítimas que não fosse simplesmente um mecanismo assentado sobre a velha noção de culpa, mas que fosse um mecanismo no qual a exposição ao risco pudesse representar algo além da mera identificação causal do dano reparável, apresentando-se, como já se mencionou no início deste estudo, como um verdadeiro critério de *imputação* da responsabilidade sem culpa, elevado à categoria de *règle à valeur d'ordonnancement juridique*.

Ora, a pretensão de chegar a ter um regime específico de responsabilidade civil derivado da utilização de substâncias perigosas – ou, mais amplamente, de uma *mise en danger* – se deve, sempre, ou às *lacunas da lei*, ou à *pesada carga probatória da culpa* ou do vício. Mas parece, mesmo, que, se de um lado vibra a coragem do legislador em estabelecer ou regras casuísticas específicas, ou – quando mais ousado e corajoso – princípios gerais de imputação de responsabilidade sem culpa, por outro lado, remanesce à espreita o fantasma da culpa e de sua quase sempre traumática prova.

Tem sido assim nas legislações que apresentaram dispositivos "inovadores", até aqui.

O que se quer é, certamente, algo mais aproximado do que produziu o legislador no direito suíço, que cuidou de introduzir um *princípio geral*, ou, como preferiram denominar, uma *cláusula geral* de responsabilidade sem culpa, derivada de uma *mise en danger* bem definida.

A cláusula geral de responsabilidade por *mise en danger* estruturada na legislação suíça recebeu um alcance, assim, bem geral, identificável em extensão e importância, em relação àquele reconhecido ao campo da responsabilidade baseada na culpa, admitindo ao intérprete e ao aplicador da lei uma flexibilização bastante significativa no momento de sua concretização. A cláusula geral apresenta um substrato de *risco qualificado*[55], e

---

55. "Os autores do anteprojeto escolheram uma solução intermediária entre a teoria da causalidade adequada, que é o direito comum, e a *Schutznormtheorie*. Com efeito, alguns reprovam a primeira de colocar um 'prognóstico retrospectivo objetivo' para qualificar de adequado um encadeamento causal. Para eles, a apreciação da causalidade disfarçaria outra atitude, que consiste em verifi-

só a sua realização justifica a reparação dos danos eventualmente ocasionados às vítimas. Esse *risco qualificado* resulta da periculosidade contida em certa atividade, periculosidade esta que, por si só, seria suficiente para interditar a sua prática, mas, tendo em vista a função social inerente ao seu desempenho, o privilégio atribuído por força da autorização de se realizar a atividade deve estar, então, respaldado pela imputação da responsabilidade objetivada que da cláusula deriva, no sentido da reparação dos danos eventualmente causados.

4. EM SÍNTESE: QUAL SERIA O PERFIL DE UMA *MISE EN DANGER* OTIMIZADA, E QUAL SERIA, POR CONSEQUÊNCIA, O PERFIL DO CRITÉRIO QUE SE TEM INTENTADO BUSCAR?

Segundo a nossa visão, e a partir da incansável reflexão acerca do assunto, até aqui, uma *mise en danger otimizada* tenderia a corresponder ao que chamamos de *responsabilidade pressuposta,* e poderiam ser descritos assim os traços principais que ela contém: 1) **_risco caracterizado_** (fator qualitativo): é a *potencialidade*, contida na atividade, de se realizar um dano de *grave intensidade*, potencialidade essa que não pode ser inteiramente eliminada, não obstante toda a diligência que tenha sido razoavelmente levada a cabo nesse sentido; 2) **_atividade especificamente perigosa_** (fator quantitativo): subdivide-se em: a) probabilidade elevada: corresponde ao caráter inevitável do risco (não da ocorrência danosa em si, mas do risco da ocorrência). A impossibilidade de evitar a ocorrência nefasta acentua a periculosidade, fazendo-a superior a qualquer hipótese que pudesse ter sido evitada pela diligência razoável; b) intensidade elevada: corresponde ao elevado índice de ocorrências danosas advindas de certa atividade (as subespécies desse segundo elemento podem ou não aparecer juntas; não obrigatoriamente).

Portanto, e a partir desta súmula do que se idealiza quanto a uma *mise en danger*, provavelmente seria possível retratar o critério buscado para lhe conferir o *status* de uma *règle de valeur*, da seguinte maneira: 1) esse critério deve descrever a potencialidade perigosa das atividades que podem ensejar a responsabilização pelo viés da *mise en danger*; 2) não deve ser taxativo ou enumerativo, para não fechar as portas para futuros danos, ainda não conhecidos; 3) não deve ser tão elástico que acabe por suportar (ou por deixar entrar) variáveis que não se encaixem na verdadeira potencialidade perigosa de uma atividade; 4) estabelecido o nexo

---

car se o dano é coberto pela norma, justificando a obrigação de reparar" (Geneviève SCHAMPS, *La mise en danger*, p. 406, item 225) [tradução livre].

causal (dano x atividade perigosa), o executor da atividade é considerado o responsável pela reparação (*tout court*); 5) essa responsabilidade civil deve ter como finalidade exclusivamente a reparação da vítima, sem qualquer abertura à exoneração dos responsáveis, em face de provas liberatórias (assemelhadas às contraprovas, nas presunções *juris tantum*); 6) não deve admitir excludente de responsabilidade; 7) pode, eventualmente, admitir o regresso (ação de regresso), mas que se dará pelas provas que o demandado possa fazer nessa outra ação, e que demonstrariam a culpa de outrem, contra o qual regressaria.

Neste breve estudo, então, intentou-se organizar um extrato do pensamento contemporâneo acerca da indiscutivelmente necessária evolução da responsabilização civil, bem como se intentou desenhar a súmula daquilo que a autora tem procurado descrever como *responsabilidade pressuposta*. Renova-se o convite, aos interessados, para a leitura mais detalhada do assunto, por meio da obra referida na nota de rodapé preambular deste presente artigo.

3
NEXO DE CAUSALIDADE: ANOTAÇÕES ACERCA DE SUAS TEORIAS E ANÁLISE DE CONTROVERTIDA CASUÍSTICA NO DIREITO BRASILEIRO

PROF. DOUTOR GUSTAVO TEPEDINO[1]

SUMÁRIO • Introdução – 1. Teorias sobre o nexo de causalidade e o seu tratamento pelos tribunais brasileiros – 2. Concurso de causas – 3. Situações controversas em matéria de causalidade: fortuito interno, causalidade alternativa e perda da chance – 4. Notas conclusivas.

INTRODUÇÃO

A noção de responsabilidade civil, em sua acepção tradicional, associava-se à percepção de que o dano resultante de conduta culposa deveria ser reparado. Eis aí a expressão da responsabilidade subjetiva, no âmbito da qual a culpa servia como critério seguro para a deflagração do dever de reparar. No direito brasileiro, o Código Civil de 1916 consagrou, por meio do artigo 159,[2] a responsabilidade subjetiva como regra geral de todo o sistema, a suscitar reparação de atos *culposos* que causassem dano.[3] Contudo, como se sabe, pouco a pouco se constatou a insuficiência da técnica subjetivista. A explosão tecnológica e a crescente complexidade das práticas industriais, ao mesmo tempo em que trouxeram benefícios para a

---

1. Professor Titular e ex-Diretor da Faculdade de Direito da Universidade do Estado do Rio de Janeiro – UERJ.
2. A regra encontra-se reproduzida no art. 186 do Código Civil de 2002: "Aquele que, por ação ou omissão voluntária, negligência ou imprudência, violar direito e causar dano a outrem, ainda que exclusivamente moral, comete ato ilícito".
3. Esclarece Caio Mário da Silva PEREIRA o conteúdo do preceito, que alçava a culpa a *princípio fundamental* da responsabilidade civil no Código Civil de 1916: "o âmago da responsabilidade estava na pessoa do agente, e seu comportamento contrário a direito. A norma legal aludia ao dano causado, mas não é um dano qualquer, porém àquele que se ligava à conduta do ofensor" (*Responsabilidade civil*, 11.ª ed., Rio de Janeiro: Forense, 2016, 44).

303

humanidade, ampliaram o potencial de danos e acarretaram progressivo incremento dos riscos de acidentes.

Neste cenário, o legislador expande as hipóteses em que se impõe o dever de reparar independentemente da conduta culposa do agente, associando-o não já a seu comportamento contrário à ordem jurídica, mas ao risco provocado pela atividade da qual resultou o dano. Desenvolveram-se, assim, a partir do final do século XIX e por todo o Século XX, teorias de *objetivação da responsabilidade civil*, retirando-se da esfera individual e subjetiva o dever de repartição dos riscos da atividade econômica e da autonomia privada. Tal processo de objetivação não se limita ao crescimento paulatino das hipóteses legais de responsabilidade objetiva, indicando, também, mais recentemente, a formulação, no âmbito da responsabilidade subjetiva, da concepção normativa da culpa,[4] vale dizer, da valoração do ato ilícito não a partir de elementos intencionais do agente, senão com base em padrões de comportamento considerados razoáveis para o fato concreto – *standards* de conduta.[5]

O Código Civil, como expressão da longa evolução jurisprudencial levada a cabo no regime anterior, consagrou sistema dualista de responsabilidade civil, ao fixar, juntamente com a cláusula geral de responsabilidade civil subjetiva, que tem como fonte o ato ilícito (artigos 186 e 927, *caput*, do CC),[6]

---

4. Para o panorama da evolução do conceito de culpa, v. Maria Celina Bodin de MORAES, "Risco, solidariedade e responsabilidade objetiva", *Revista dos Tribunais*, 854, 2006, 21). No que se refere à culpa normativa, esclarece Anderson SCHREIBER: "A apreciação em abstrato do comportamento do agente, imune aos aspectos anímicos do sujeito, justifica a expressão *culpa objetiva*, sem confundi-la com a responsabilidade objetiva, que prescinde de culpa. Para evitar confusões, contudo, parte da doutrina passou a reservar tal concepção a denominação de culpa normativa, por fundar-se em juízo normativo entre a conduta concreta do sujeito e o modelo abstrato de comportamento. Seja qual for a terminologia empregada, a ideia de culpa como desnível de conduta, aferido em abstrato, afigura-se, hoje, como a mais amplamente aceita na maior parte dos ordenamentos jurídicos" (*Novos paradigmas da responsabilidade civil*: da erosão dos filtros da reparação à diluição dos danos, 6.ª ed., São Paulo: Atlas, 2015, 35).

5. Verifica-se, como observa Anderson SCHREIBER, a fragmentação dos modelos objetivos de conduta: "vislumbra-se significativo distanciamento dos referenciais positivistas e cientificistas que influenciaram o desenvolvimento do método abstrato de aferição. De fato, a construção jurisprudencial de uma comparação estritamente racional entre o comportamento do agente e um parâmetro único de conduta vem substituída por uma orientação mais pluralista, e mais efetiva sob o ponto de vista da realidade prática. A prova da culpa, passando a contar com parâmetros mais específicos de aferição, afasta-se, por certo, do método abstrato singular, que resultava em um juízo individual do magistrado. O método de verificação da culpa perde, então, em abstração e generalidade, mas ganha em objetividade, estimulando o efeito dissuasivo, sem as deficiências de um standard unívoco, que, correspondendo simplesmente à moralidade judiciária, acabava por projetar um homem médio desconhecido para a média dos homens" (*Novos paradigmas da responsabilidade civil*, 42-43).

6. Veja-se a dicção do art. 927, *caput*, do Código Civil: "Aquele que, por ato ilícito (arts. 186 e 187), causar dano a outrem, fica obrigado a repará-lo".

cláusula geral de responsabilidade civil objetiva (parágrafo único do artigo 927),[7] a qual convive com as hipóteses específicas de responsabilidade civil objetiva, previstas pelo legislador especial. No regime atual, considerando-se ambos os regimes de responsabilidade – subjetiva e objetiva – pode-se identificar, como requisitos da responsabilidade civil: i) ato culposo ou atividade objetivamente considerada; ii) dano; iii) nexo de causalidade, o qual consiste em elemento de ligação entre a atividade do agente – responsabilizado por culpa ou por determinação legal – e o dano produzido.

Tais considerações não parecem ociosas. Ao revés, evidenciam que, diante do desprestígio do papel da culpa, inapta a servir de critério seguro ao julgador na determinação do dever de reparar, o conceito de nexo de causalidade assume extraordinária importância no estudo da responsabilidade civil. Na medida em que a demonstração da ocorrência da atividade danosa, do dano e do nexo de causalidade configuram pressupostos para a deflagração do dever de reparar – fenômeno que resulta em notória expansão de danos ressarcíveis – a identificação da causalidade torna-se o cerne da reflexão. A causalidade torna-se, assim, o pilar crucial do sistema, ainda que se admita a sua contemporânea flexibilização, notadamente nas hipóteses em que, por política legislativa ou judiciária, se decide alocar o risco de certas atividades a seu titular, quer por conta da repercussão social e existencial dos danos provocados, quer em razão da preponderância de certas atividades empresariais na causação de danos provenientes de causas múltiplas.[8]

Com efeito, a relevância da matéria torna-se evidente em face das hipóteses de *causalidade múltipla*, tecnicamente denominadas de *concausas*.[9] Na complexidade da vida contemporânea, torna-se difícil estabelecer uma única causa para os danos considerados injustos, e, portanto, ressarcíveis,

---

7. "Haverá obrigação de reparar o dano, independentemente de culpa, nos casos especificados em lei, ou quando a atividade normalmente desenvolvida pelo autor do dano implicar, por sua natureza, risco para os direitos de outrem".

8. Sobre o ponto, v. Anderson SCHREIBER, Novas tendências da responsabilidade civil brasileira, *Direito Civil e Constituição*, 1.ª ed., São Paulo: Atlas, 2013, 161; Caitlin Sampaio MULLHOLLAND, *A responsabilidade civil por presunção de causalidade*, 1.ª ed., Rio de Janeiro: GZ, 2009, 57-65.

9. A questão encontra-se exposta na feliz síntese de Ana Mafalda Castanheira Neves de Miranda BARBOSA: "Ao nível de causalidade múltipla, podemos ser confrontados com diversos cenários hipotéticos, a reconduzirem-se a um tríptico, no seio do qual é possível estabelecer outras diferenciações. Assim, podemos falar em causalidade cumulativa não necessária (há duas causas para um dano; qualquer uma delas, por si só, seria suficiente para a produção do resultado); causalidade cumulativa necessária (há duas causas para um dano; são ambas imprescindíveis para que o dano possa ocorrer); causalidade alternativa incerta (há duas causas para um dano; apenas uma o causou, mas não se consegue determinar qual delas foi efetivamente causa da lesão)" (*Lições de responsabilidade civil*, 1.ª ed., Cascais: Princípia, 2017, 276-277).

sendo comum a associação de determinado evento danoso a múltiplas fontes possíveis.[10] Por consequência, afigura-se indispensável estabelecer a relação de causa e efeito entre o evento ao qual se pretenda imputar o dever de reparação e o dano.

1. TEORIAS SOBRE O NEXO DE CAUSALIDADE E O SEU TRATAMENTO PELOS TRIBUNAIS BRASILEIROS

Muitas são as teorias que pretendem definir os limites do nexo causal na ordem jurídica. Definiu-o Adriano De Cupis como "vínculo que se interpõe entre dois fenômenos distintos, assumindo um a posição de efeito em relação ao outro: quando um fenômeno existe em razão da existência de um outro fenômeno, aquele se diz 'causado' por esse, a indicar que uma relação de causalidade se estabelece entre ambos. Mais precisamente, relação de causalidade é o nexo etiológico material (ou seja, objetivo e externo) que liga um fenômeno a outro; no que concerne ao dano, esse se constitui no fator da sua imputação material ao sujeito humano".[11] A clareza da definição contrasta com as numerosas dificuldades práticas que surgem na aferição do nexo causal. A respeito da matéria, advertiu Caio Mário da Silva Pereira que o nexo de causalidade consiste no "mais delicado dos elementos da responsabilidade civil e o mais difícil de ser determinado".[12]

Com o escopo de estabelecer os limites da noção jurídica de causa, desenvolveram-se diversas teorias, de maior ou menor aplicação prática, dentre as quais se destacam: (i) a teoria da equivalência das condições, (ii) a teoria da causalidade adequada, (iii) a teoria da causalidade eficiente, e (iv) a teoria da causa direta e imediata, também denominada teoria da interrupção do nexo causal que, sob a vertente da subteoria da necessarie-

---

10. Cite-se, à guisa de exemplo, hipótese elaborada por Caio Mário da Silva Pereira: "Quando um indivíduo vai desmontar um revólver e o detona, ferindo alguém, ocorre um fato simples, e a relação causal é estabelecida da maneira direta, entre o fato e o dano. Mas nem sempre as coisas se passam de maneira tão singela. O dono da arma retira-a da gaveta, e a empresta a outrem que a deixa sobre a mesa; um terceiro a encontra e, supondo-a descarregada, vai manuseá-la; o cômodo está vazio, porém um quarto personagem entra inopinadamente e pretende assustar o que está segurando o revólver; este se volta e no momento aciona o gatilho; a arma dispara e o projétil, através da porta, vai ferir a sua secretária na sala ao lado" (*Responsabilidade civil*, 108).

11. Adriano De Cupis, Il danno, vol. I, Milano: Giuffrè, 1979, 215, tradução livre. No original: "*(...) il legame che intercede tra due diversi fenomeni, per cui l'uno assume figura di effetto rispetto all'altro: quando un fenomeno sussiste in ragione dell'esistenza di un altro fenomeno, esso si dice 'causato' da questo, ad indicare che un rapporto di causalità si inserisce tra entrambi. Più precisamente, rapporto di causalità è il nesso eziologico materiale (ovverosia, oggettivo od esterno) che lega un fenomeno ad un altro; esso, per quanto concerne il danno, costituisce il fattore della sua imputazione materiale al soggetto umano*".

12. *Responsabilidade civil*, 105.

dade, prevalece na jurisprudência brasileira que, não raro, trata a matéria de forma intuitiva.

Pela teoria da equivalência das condições, formulada pelo penalista alemão Von Buri, em 1860, reputava-se como causa, para fins de responsabilização, qualquer evento considerado, por si só, capaz de gerar o dano. De acordo com esta teoria, o dano não teria ocorrido se não existisse cada uma das condições que foram identificadas anteriormente ao resultado danoso (*conditio sine qua non*).[13] Não se considera a maior ou a menor proximidade ou importância de todas as condições das quais dependeram a produção do resultado, haja vista que todas são consideradas, para fins de responsabilidade, equivalentes. A crítica que se faz a tal construção funda-se na ilimitada ampliação da cadeia causal, em infinita espiral de concausas, por ela gerada, de maneira a imputar a um sem-número de agentes o dever de reparar, levando a exageros inaceitáveis e soluções injustas.[14] Nesta direção, afirmou-se, com fina ironia, que a fórmula tenderia a tornar *cada homem responsável por todos os males que atingem a humanidade*.[15]

Já nos termos da teoria da causalidade adequada, concebida no final do século XIX pelo filósofo alemão Von Kries, procura-se identificar, na presença de mais de uma possível causa, qual delas, em tese, independentemente das demais circunstâncias que também operam em favor de determinado resultado, é potencialmente apta a produzir o efeito danoso. A causalidade adequada, portanto, "não indaga qual a causa do dano, mas olha-se para o comportamento do lesante para ver se, em abstrato, ele é ou não idôneo a produzir um dano daquele tipo".[16] Segundo Agostinho Alvim,[17] para saber se a causa é ou não adequada a produzir determinado efeito, questiona-se se tal relação de causa e efeito existe sempre, em casos daquela espécie, ou se existiu naquele caso, por força de circunstâncias específicas. Se a relação existir sempre, considerar-se-á que a causa foi adequada a produzir o efeito. Se, ao contrário, somente uma circunstância especial explicar essa

---

13. *Responsabilidade civil*, 108.
14. Sobre o tema, v. Gisela Sampaio da Cruz GUEDES, *O problema do nexo causal na responsabilidade civil*, Rio de Janeiro: Renovar, 2005, 37-47.
15. Agostinho ALVIM, *Da inexecução das obrigações e suas consequências*, 4.ª ed., São Paulo: Saraiva, 1972, 369-370.
16. Ana Mafalda Castanheira Neves de Miranda BARBOSA, *Lições de responsabilidade civil*, 260. Paulo MOTA PINTO anota que, "seguindo esta doutrina, a jurisprudência do Reichsgericht afirmou que existe um nexo de causalidade adequada "se um facto era em geral adequado, e não apenas em circunstâncias particularmente originais, totalmente improváveis e negligenciáveis segundo o curso normal das coisas, para a realização de um resultado" (*Interesse contratual negativo e interesse contratual positivo*, vol. II, Coimbra: Coimbra Editora, 2008, 931-932).
17. Agostinho ALVIM, *Da inexecução das obrigações e suas consequências*, 345.

causalidade, dir-se-á que a causa não era adequada.[18] A construção, embora reduza consideravelmente o espectro de causas a ser considerado pelo magistrado, também foi, em sua essência, afastada, já que nem sempre a causa que em abstrato se mostra a mais apta revela-se, no caso concreto, como a geradora do dano. Ademais, o caráter *adequado* da causalidade associa-se ao grau de probabilidade do dano; o que não representa certeza para fins de imposição do dever de reparar.[19]

Tais teorias foram expressamente rejeitadas pelo Código Civil de 1916 porque, conforme se afirmou em outra sede, "gerariam resultados exagerados e imprecisos, estabelecendo nexo de causalidade entre todas as possíveis causas de um evento danoso e os resultados efetivamente produzidos, – por se equivalerem ou por serem abstratamente adequadas a produzi-los – ainda que todo e qualquer resultado danoso seja sempre, e necessariamente, produzido por uma causa imediata, engendrada e condicionada pelas circunstâncias específicas do caso concreto".[20]

A teoria da causalidade eficiente, por sua vez, sustenta que as condições que concorrem para certo resultado não são equivalentes, existindo sempre um antecedente que, em virtude de um intrínseco poder qualitativo ou quantitativo, elege-se como verdadeira causa do evento. Não obstante os esforços de seus defensores, entre os quais, Birkmeyer, Stoppato e Kohler, a teoria da causalidade eficiente jamais contou com critérios objetivos que permitissem selecionar, entre as diversas causas de um dano, aquela que teve o poder intrínseco de produzi-lo.[21] A teoria, portanto, não logrou encontrar defensores na doutrina ou jurisprudência nacionais.

O codificador pátrio consagrou, através do art. 403 (que reproduziu a redação do art. 1.060 do Código Civil de 1916),[22] a teoria da interrupção do nexo de causalidade, também conhecida como teoria da causalidade direta e imediata. Embora topograficamente inseridos no âmbito da responsabilidade contratual, aludidos dispositivos foram estendidos pela doutrina para

---

18. Agostinho ALVIM, *Da inexecução das obrigações e suas consequências*, 345.
19. Caio Mário da Silva PEREIRA, *Responsabilidade civil*, 109.
20. Gustavo TEPEDINO, "Notas sobre o Nexo de Causalidade", *Revista Trimestral de Direito Civil – RTDC*, 6, 2001, 7.
21. Daí a crítica de Roberto BREBBIA: "Al no poder fijar la teoría de la eficiencia un criterio objetivo para determinar la fuerza causal intrínseca de un fenómeno, cae necesariamente en un empirismo que le resta todo valor científico" (*La relación de causalidad en derecho civil*, Rosario: Juris, 1975, 35).
22. Eis o teor do dispositivo: "Ainda que a inexecução resulte de dolo do devedor, as perdas e danos só incluem os prejuízos efetivos e os lucros cessantes por efeito dela direto e imediato, sem prejuízo do disposto na lei processual".

a responsabilidade extracontratual.[23] A partir da interpretação dos mencionados artigos, apenas se consideram causas aquelas vinculadas ao dano *direta e imediatamente*, sem a interferência de qualquer causa sucessiva. Nesta perspectiva, estaria excluída a ressarcibilidade do chamado dano indireto ou *dano por ricochete*. No entanto, o ressarcimento por danos reflexos era vastamente reconhecido pela jurisprudência, em especial para condenar também à prestação de alimentos o responsável por homicídio cuja vítima deixara dependentes, hipótese que restou positivada no art. 948, II, do Código Civil, que prevê, no caso de homicídio, indenização consistente "na prestação de alimentos às pessoas a quem o morto os devia, levando-se em conta a duração provável da vida da vítima". Trata-se, portanto, de hipótese de dano indireto ressarcível, haja vista que o dependente econômico da vítima de homicídio se torna vítima *indireta* do crime.[24]

Diante da insuficiência desta construção doutrinária para explicar a aludida admissibilidade, pelo texto legal, do dano indireto ou remoto, formulou-se construção evolutiva da teoria da relação causal imediata, denominada de *subteoria da necessariedade da causa*, segundo a qual "suposto certo dano, considera-se causa dele a que lhe é próxima ou remota, mas, com relação a esta última, é mister que ela se ligue ao dano diretamente. Ela é causa necessária desse dano, porque ele a ela se filia necessariamente; é causa única, porque opera por si, dispensadas outras causas. Assim, é indenizável todo o dano que se filia a uma causa, ainda que remota, desde que ela lhe seja causa necessária, por não existir outra que explique o mesmo dano".[25] Em síntese, o dever de reparar surge quando o evento é efeito necessário de certa causa.

A despeito das teorias nominalmente adotadas pelos tribunais brasileiros,[26] as decisões revelam-se substancialmente fundamentadas

---

23. Gustavo TEPEDINO / Anderson SCHREIBER, *Código Civil comentado*, vol. IV, São Paulo: Atlas, 2008, 376; Judith MARTINS-COSTA, *A boa-fé no direito privado*: critérios para a sua aplicação, 1.ª ed., São Paulo: Marcial Pons, 2015, 384.

24. Confira-se decisão sobre o tema: "No caso de homicídio o responsável deve pagar os alimentos a quem o defunto os devia, sendo razoabilíssima a fixação em 0,75% de 1 (um) salário mínimo, que como o próprio nome indica é a quantia de menor limite a permitir a sobrevivência humana" (BRASIL. Tribunal de Justiça do Estado do Rio de Janeiro. *Apelação Cível n.º* 1999.001.10545. 10.ª Câmara Cível. Julgado em 11.4.2000). Anderson SCHREIBER menciona, ainda, o exemplo do chamado dano sexual, "consubstanciado na privação da possibilidade de relacionamento sexual de um dos cônjuges após erro médico de que vem a ser vítima o outro. Em hipóteses assim, a conduta negligente do médico afeta, reflexamente, o cônjuge da vítima, mas não há dúvida de que a ressarcibilidade deste prejuízo autônomo, embora passível de discussão, não deve ser excluída sob o argumento de que se trata de dano remoto" (*Novos paradigmas da responsabilidade civil*, 61).

25. Agostinho ALVIM, *Da inexecução das obrigações*, 356.

26. Conforme anteriormente observado, "para se entender o panorama da causalidade na jurisprudência brasileira, cumpre ter em linha de conta não as designações das teorias, não raro tratadas

na *teoria da necessariedade da causa*, demonstrando que o dever de reparar advém da *necessariedade* existente entre o dano e a atividade. Em termos práticos, os tribunais brasileiros costumam invocar a causalidade adequada, investigando, contudo, *em concreto*, qual a causa mais adequada ou eficiente – ou seja, necessária – para a produção do dano, distanciando-se, portanto, inteiramente, da construção antes exposta relativamente à causalidade adequada. Nessa direção, o Superior Tribunal de Justiça, em interessante precedente, embora referindo-se à inexistência de *causalidade adequada*, investigou qual a causa direta e imediata de determinado dano. No caso, uma montadora de veículos foi acionada por uma vítima de acidente automobilístico que buscou responsabilizá-la pela utilização de *vidro temperado* no para-brisa de seu veículo, não já de *vidro laminado*. O *vidro temperado* rompeu-se com o acidente, ferindo gravemente o motorista, e, segundo o autor, o *vidro laminado* lhe teria sido menos danoso. Entendeu-se pela não responsabilização da empresa ré, devido à inexistência de liame causal de necessariedade entre a utilização de *vidro laminado* (fato) e os danos sofridos pela vítima em decorrência do acidente automobilístico. Com efeito, a utilização daquela espécie de vidro não foi a causa necessária dos danos sofridos pela vítima, para os quais concorreram fatores humanos imprescindíveis e decisivos na deflagração do evento danoso.[27]

A invocação da teoria da causalidade adequada associada à investigação da causa direta e imediata (e da subteoria da necessariedade) evidencia-se em julgado recente do STJ, no qual se afirma que "a doutrina endos-

---

de modo eclético ou atécnico pelas cortes, mas a motivação que inspira as decisões" (Gustavo TEPEDINO, "Notas sobre o Nexo de Causalidade", 9).

[27] BRASIL. Superior Tribunal de Justiça. *Recurso Especial n.º* 2.821. 3.ª Turma. Julgado em 16.10.1990. Veja-se excerto da ementa da decisão: "Acidente caracterizado por violenta colisão de automóvel com anteparo fixo. O recorrente ressalta a conduta do fabricante do veículo em face da relação de causalidade no campo da responsabilidade objetiva, fato irrelevante para a produção do evento por inexistência de causalidade adequada". Em seu voto, assinala o Ministro Nilson Naves: "torna-se difícil, senão impossível, o estabelecimento da causalidade; a propósito, disse, e corretamente, o acórdão recorrido: a conduta do fabricante do veículo está muito longe de uma relação de causalidade mercê da qual, mesmo no campo da responsabilidade objetiva (não é o caso) se justificasse o dever de reparação". V., ainda, BRASIL. Superior Tribunal de Justiça. *Recurso Especial n.º* 776.732. 2.ª Turma. Julgado em 8.5.2007. Ressalte-se, contudo, que há, no âmbito deste Tribunal, alguns julgados que se afastam do critério da necessariedade, aplicando a teoria da causalidade adequada em seu sentido estrito. Nesse sentido, confira-se: "Nesse contexto, o ato ilícito praticado pela concessionária, consubstanciado na ausência de corte das árvores localizadas junto aos fios de alta tensão, permitindo seu contato com a rede elétrica, possui sim a capacidade em abstrato de causar danos aos consumidores, segundo o curso natural das coisas e a experiência comum, restando, portanto, configurado o nexo de causalidade nos moldes pretendidos pela teoria da causalidade adequada" (BRASIL. Superior Tribunal de Justiça. *Agravo Regimental no Agravo n.º* 682.599. 4.ª Turma. Julgado em 25.10.2005). V., ainda, BRASIL. Superior Tribunal de Justiça. *Recurso Especial n.º* 729.732. 4.ª Turma. Julgado em 21.9.2006.

sada pela jurisprudência desta Corte é a de que o nexo de causalidade deve ser aferido com base na teoria da causalidade adequada, adotada explicitamente pela legislação civil brasileira (CC/1916, art. 1.060 e CC/2002, art. 403), segundo a qual somente se considera existente o nexo causal quando a ação ou omissão do agente for determinante e *diretamente ligada ao prejuízo*. A adoção da aludida teoria da causalidade adequada pode ensejar que, na aferição do nexo de causalidade, chegue-se à conclusão de que várias ações ou omissões perpetradas por um ou diversos agentes sejam *causas necessárias e determinantes à ocorrência do dano*".[28] Com orientação semelhante, a Corte já se manifestou no sentido de que "o ordenamento pátrio adotou a teoria da causalidade adequada, segundo a qual devem ser considerados os fatos e condições que concorreram para o evento danoso, *selecionando aqueles que contribuíram de forma necessária e determinante para a ocorrência do prejuízo*".[29]

Também com a invocação da teoria da causalidade adequada, o Tribunal de Justiça do Estado Rio de Janeiro identifica, em seus votos, a *causa mais adequada em concreto*, não em abstrato, estabelecendo o *nexo causal necessário* para o surgimento do dever de reparar. Confira-se, a título exemplificativo, ementa que identifica a teoria da causalidade adequada com a teoria do dano direto e imediato: "Ninguém responde por aquilo que não tiver dado causa, segundo fundamental princípio do direito. E de acordo com a teoria da causa adequada adotada em sede de responsabilidade civil, também chamada de causa direta ou imediata, nem todas as condições que concorrem para o resultado são equivalentes, como ocorre na responsabilidade penal, mas somente aquela que foi a mais adequada a produzir concretamente o resultado".[30] O mesmo Tribunal decidiu, em outro julgado, pela configuração do vínculo de necessariedade entre a morte do paciente durante sua remoção a outro estabelecimento hospitalar e a autorização concedida pelo hospital para tal transferência. Comprovando-se ter a clínica permitido a remoção em condições precárias e que o dano irreversível não teria ocorrido

---

28. BRASIL. Superior Tribunal de Justiça. *Recurso Especial n.º* 1.615.971. 3ª Turma. Julgado em 27.9.2016. Grifou-se.
29. BRASIL. Superior Tribunal de Justiça. *Embargos de Declaração no Agravo Regimental no Agravo em Recurso Especial n.º* 790.643. 3ª Turma. Julgado em 23.6.2016. Grifou-se.
30. BRASIL. Tribunal de Justiça do Estado do Rio de Janeiro. *Apelação Cível n.º* 1995.001.00271. 2.ª Câmara Cível. Julgado em 7.3.1995. Tal entendimento permanece em vigor, como se dessume de decisões mais recentes: "Ação de responsabilidade civil. Execução de serviços em cabo telefônico de via pública, o qual vem a ser atingido por caminhão que trafegava pelo local. (...) Aplicação à espécie da teoria da causalidade adequada, segundo a qual, dentre as condições que concorrem para o resultado, somente aquela que foi mais adequada a concretamente produzi-lo deve ser considerada" (BRASIL. Tribunal de Justiça do Estado do Rio de Janeiro. *Apelação Cível n.º* 2006.001.51750. 1.ª Câmara Cível. Julgado em 29.4.2008).

se a paciente ainda estivesse no hospital, concluiu-se pela presença de *causalidade necessária* entre a permissão para a transferência e o falecimento.[31]

Emblemática, ainda, recente decisão do Tribunal de Justiça do Estado Rio de Janeiro, a ilustrar que a nomenclatura adotada quanto às teorias do nexo de causalidade não impede a efetiva aplicação da teoria da causa direta e imediata. No caso, os autores da demanda, privados do serviço de energia elétrica em sua residência por mais de 36 horas, pretendiam obter da empresa responsável pela prestação do serviço reparação pelos danos causados em virtude de incêndio provocado pelo uso de velas. Segundo o Tribunal, os autores da demanda, "ao requererem a condenação da concessionária ré ao pagamento de dano emergente derivado de incêndio que decorreu, não de uma explosão num transformador, não de um curto circuito na rede de distribuição de energia, não diretamente de um fato imputável à ré, mas apenas remota e mediatamente, pois decorreu do uso de 12 velas e, mesmo assim, do descuido de seu uso, estão formulando um pedido que tem por pressuposto lógico a adoção da desprestigiada teoria da equivalência dos antecedentes para fins de responsabilização civil". Nessa esteira, afirmou-se: "Parece evidente que não há nexo causal e, portanto, responsabilidade do fornecedor, na medida em que o incêndio – causa eficiente desse dano – não constitui efeito nem próximo, nem direto, nem imediato, nem natural, nem necessário, nem adequado da simples indisponibilidade do serviço. Para se chegar à ocorrência de um incêndio, é preciso que, ao uso de velas como alternativa de iluminação por carência de energia elétrica, se acresça algum grau de desmazelo dos próprios usuários ou de terceiros no manejo ou posicionamento dessas candeias, cujo acendimento, por si só, não basta para ocasionar esse trágico desdobramento".[32]

---

31. BRASIL. Tribunal de Justiça do Estado do Rio de Janeiro. *Apelação Cível n.º* 1997.001.1528. 2.ª Câmara Cível. Julgado em 29.4.1997. Eis a ementa da decisão: "Se o evento não teria ocorrido sem a conduta praticada pelo agente, quer seja essa relação apreciada no plano concreto, quer no plano abstrato, impõe-se concluir pela existência do nexo causal. Assim, provado ter a clínica médica permitido que familiares da paciente a removessem em condições precárias para outro hospital, vindo esta a falecer no curso da remoção, resulta inquestionável que essa autorização foi a causa adequada do evento, posto que sem ela o resultado não teria ocorrido. Resulta também evidenciada a negligência do estabelecimento hospitalar porque, ciente da gravidade do estado da parturiente, jamais poderia permitir a sua remoção em condições precárias". A referência expressa ao critério da necessariedade da causa para o dano é marcante na jurisprudência deste tribunal. É o que se extrai, dentre outras, da decisão proferida em BRASIL. Tribunal de Justiça do Estado do Rio de Janeiro. *Apelação Cível n.º* 2008.001.04862. 12.ª Câmara Cível. Julgado em 15.4.2008: "O sistema de responsabilidade civil acolhe a *teoria da causalidade adequada*, segundo a qual somente causas ou condutas relevantes para a produção do dano são capazes de gerar o dever de indenizar. Busca-se, desse modo, o antecedente *necessário* e adequado à produção concreta do resultado, a causa mais eficiente e idônea à produção do dano".

32. BRASIL. Tribunal de Justiça do Estado do Rio de Janeiro. *Apelação Cível n.º* 0118975-42.2012.8.19.0038. 27.ª Câmara Cível e do Consumidor. Julgado em 18.5.2016.

Nota-se, assim, a prevalência, na jurisprudência pátria, da subteoria da necessariedade. De fato, além dos julgados que, como visto, apropriam-se dessa noção ao invocar a teoria da causalidade adequada, diversas outras decisões adotam a teoria da causa direta e imediata, referindo-se expressamente à causalidade necessária. Nesse sentido, voto do Ministro Moreira Alves no julgamento do Recurso Extraordinário n.º 130.764, em que se discutia a responsabilidade do Estado por danos advindos de assalto cometido por quadrilha da qual fazia parte preso foragido vários meses antes: "em nosso sistema jurídico, como resulta do disposto no artigo 1.060 do Código Civil [de 1916], a teoria adotada quanto ao nexo de causalidade é a teoria do dano direto e imediato, também denominada teoria da interrupção do nexo causal. (...) Essa teoria, como bem demonstra Agostinho Alvim (...) só admite o nexo de causalidade quando o dano é efeito necessário de uma causa, o que abarca o dano direto e imediato sempre, e, por vezes, o dano indireto e remoto, quando, para a produção deste, não haja concausa sucessiva".[33] Vê-se, no caso em tela, que o assalto não decorrera *necessária, direta* e *imediatamente* da fuga. A rigor, várias outras causas intervieram neste percurso, como a compra das armas, a organização do plano e a própria agregação dos assaltantes.[34] Assim, o Estado do Paraná não foi responsabilizado pelo assalto praticado, ao demonstrar-se a inexistência de nexo causal direto e imediato entre a fuga e o assalto, praticado meses após a evasão do fugitivo.

2. CONCURSO DE CAUSAS

Uma vez estabelecida a adoção do vínculo de necessariedade causal para que seja deflagrado, em regra, o dever de reparar, há de se enfrentar

---

33. BRASIL. Supremo Tribunal Federal. *Recurso Extraordinário n.º* 130.764. Voto do Ministro Moreira Alves. Julgado em 12.5.1992.

34. Acontecimentos similares ensejam amplo debate no âmbito do Supremo Tribunal Federal, resultando, por diversas vezes, na invocação da teoria da causalidade direta e imediata. Nesse sentido, veja-se o seguinte julgado, em que se discute a responsabilidade estatal decorrente de estupro praticado por indivíduo que, por desídia do Estado, ainda desfrutava de regime prisional aberto, apesar de sete evasões consecutivas. Na hipótese, entendeu o Tribunal, nos termos do voto vencedor, pela responsabilização do Estado, pois, ao contrário do caso acima aludido (*Recurso Extraordinário n.º* 130.764), não se verificou nenhum elemento capaz de descaracterizar a causalidade direta. Assim, reconheceu-se "a imediatidade da conexão entre o ato omissivo dos agentes estatais e o grave episódio danoso (...). Aqui, se os agentes do poder público houvessem antecipadamente cumprido com suas atribuições, o apenado deveria estar encarcerado na noite em que agrediu mãe e filha. A omissão se coloca, portanto, como causa material suficiente a permitir que o evento danoso ocorresse" (BRASIL. Supremo Tribunal Federal. *Recurso Extraordinário n.º* 409.203. 2.ª Turma. Julgado em 7.3.2006). Na mesma direção, o STF também afirmou a responsabilidade civil do Estado no caso de latrocínio cometido por foragido: "a negligência estatal na vigilância do criminoso, a inércia das autoridades policiais diante da terceira fuga e o curto espaço de tempo que se seguiu antes do crime são suficientes para caracterizar o nexo de causalidade" (BRASIL. Supremo Tribunal Federal. *Recurso Extraordinário n.º* 573.595. 2.ª Turma. Julgado em 24.6.2008).

a hipótese, certamente tormentosa, de concurso de causas. Ao propósito, percebe-se que a variedade de soluções trazida pelos tribunais decorre da diversidade de situações contempladas, embora nem sempre esclarecida, entre as hipóteses de concausas sucessivas e de concausas concomitantes. Cuidando-se de pluralidade de causas concomitantes e, portanto, diretas, resulta implícito o vínculo de necessariedade entre as causas e o evento danoso. Diante de múltiplas causas concomitantes, ao juiz caberá: (i) identificar qual dessas causas é preponderante, de modo a excluir as demais (especialmente no caso de atividade econômicas com potencial de risco para terceiros); e (ii) quando mais de uma causa tiver relevância decisiva para a produção do resultado, ou quando se mostrar impossível a determinação de qual delas foi verdadeiramente preponderante, repartir o dever de indenizar, ocorrendo então (só nesta específica circunstância) o que se convencionou denominar *culpa concorrente*.

A título ilustrativo, confira-se decisão proferida no Tribunal de Justiça do Rio de Janeiro, na qual o motociclista, tendo colidido contra uma Kombi que se encontrava parada em lugar inadequado, ingressou com ação de reparação de danos em face do motorista do veículo. Note-se que a colisão teve, ao menos, duas causas: (i) parada da Kombi em local irregular; (ii) imperícia do motociclista. Ressalte-se que no momento do acidente havia sinalização adequada e perfeita visibilidade, de modo que nenhum outro veículo se chocou com a Kombi, evidenciando-se, portanto, diante de causas concomitantes, a preponderância da causa *imperícia do motociclista*. Consignou-se no acórdão: "(...) Se visto o acidente na sua dinâmica, a colisão da moto com a Kombi se constitui num grandioso absurdo, porquanto, em condições de normalidade, o condutor da motocicleta jamais poderia, com habilidade e lucidez, projetar-se contra a Kombi parada, iluminada e sinalizando".[35]

Em caso distinto, não se mostrando possível afirmar a preponderância de uma das causas para verificação do dano, entendeu o mesmo Tribu-

---

35. BRASIL. Tribunal de Justiça do Estado do Rio de Janeiro. *Apelação Cível n.º* 1999.001.19227. 14.ª Câmara Cível. Julgado em 23.5.2000. Em outro caso julgado pelo mesmo Tribunal, analisou-se concurso de causas em atropelamento que gerou o falecimento da vítima, filho dos autores. No caso, a vítima atravessou rodovia federal à noite, sob chuva e em local sem qualquer iluminação, somando-se a isso a ausência, na localidade, de faixa de pedestres. O Tribunal considerou a preponderância da conduta da vítima, afastando a responsabilidade do motorista, que não estava em alta velocidade: "forçoso reconhecer que a travessia da vítima, sob as condições acima explicitadas, e sem a observância do mínimo dever de cuidado, demonstra que assumiu o risco do resultado, sendo certo que sua conduta foi determinante para o ocorrido, constituindo fato exclusivo seu e, nesse sentido, causa de exclusão do próprio nexo de causalidade, isentando a apelada da responsabilidade civil" (BRASIL. Tribunal de Justiça do Estado do Rio de Janeiro. *Apelação Cível n.º* 0003232-26.2007.8.19.0210. 7.ª Câmara Cível. Julgado em 29.3.2017).

nal por repartir o dever de reparação, aplicando a culpa concorrente.[36] Na mesma direção, o STJ examinou caso em que se postulava a condenação de hospital em virtude do falecimento do filho dos autores, que, durante o período de internação para tratamento de doença grave, evadiu-se do estabelecimento hospitalar durante a noite, fugindo para a residência dos pais. O menor, que contava com 15 anos de idade, apresentou grave recaída, vindo a falecer 3 dias depois. O STJ, considerando que o comportamento dos pais, concomitante à fuga do hospital, concorreu diretamente para o evento danoso, reduziu a indenização devida pelo hospital. Segundo a Corte, "não se pode perder de vista a existência de concorrência de causas na espécie, pois o ato de evasão do paciente durante noite chuvosa foi, em importante medida, tacitamente corroborado pelos pais. A atitude negligente dos genitores do menor também constituiu causa direta e determinante para o trágico evento danoso. Isso, porque receberam o filho ainda doente em casa, na noite do dia 9.fev.1991, (...), deixando de fazer, como seria prudente, contato imediato com o nosocômio, comunicando a ocorrência, e de conduzir prontamente o interno de volta ao eficiente tratamento médico que até então vinha recebendo. Ao contrário, optaram por deixar o filho em repouso noturno residencial e, mesmo após grave recaída durante a madrugada, decidiram levá-lo a outros hospitais, e não àquele onde recebia tratamento que se mostrava eficiente".[37]

Situação inteiramente diversa se configura quando a multiplicidade de causas é sucessiva, ou seja, quando uma delas constitui causa direta do dano, ganhando autonomia em relação às mais remotas. Ao contrário do cenário delineado na concomitância de causas, aqui as diversas causas aparecem sucessivamente na linda do tempo, de tal modo que o dano surge após o encadeamento de fatos cronologicamente distintos. Sendo, portanto, sucessivas, deve-se analisar se há necessariedade entre a causa a que se pretende atribuir o dever de reparar e o evento danoso. Se não houver, exclui-se o dever de indenizar. Por outro lado, em se tratando de pluralidade de causas necessárias, ainda que sucessivas, só então a solução

---

36. É ver-se: "Responsabilidade civil. Atropelamento na linha férrea. Vítima fatal. (...) Caracterização da desídia da empresa de transporte, pois, pelo que deflui do depoimento de seu preposto, o local onde se verificou o acidente na linha férrea é utilizado como passagem sem adoção de quaisquer das medidas de segurança, como sinalização adequada, aviso, cancela ou passagem de nível. Nexo causal comprovado. Ausência de cautela no atuar da vítima. Dano provocado por dualidade de causas de tal sorte que ambas as partes – autor e réu – concorreram adequada e eficientemente para o resultado, devendo ser consideradas na determinação da responsabilidade ressarcitória. Concorrência de culpa" (BRASIL. Tribunal de Justiça do Estado do Rio de Janeiro. *Apelação Cível* n.º 2000.001.07689. 14.ª Câmara Cível. Julgado em 26.9.2000).
37. BRASIL. Superior Tribunal de Justiça. *Recurso Especial* n.º 1.307.032. 4ª Turma. Julgado em 18.6.2013.

levará em conta o critério antes aludido da preponderância das causas ou, considerando-as equivalentes, da repartição do dever de reparar.

Remeta-se, a título de exemplo, ao já mencionado caso paradigmático julgado pelo STF, no qual fugitivos de uma penitenciária, anos depois da evasão, assaltaram a joalheria. Não há dúvida que ocorrera, faticamente, ato imputável, em tese, ao Estado do Paraná, tornando possível a fuga da penitenciária. Todavia, a prática do assalto não decorreu *necessariamente* da omissão do Estado, pois que a causa indireta, nessa espécie, não se vincula ao resultado danoso por liame de *necessariedade*. De fato, a interferência de inúmeras outras causas relevantes mais próximas, em conexão direta com o dano, afastou a responsabilidade do Estado.

Outra hipótese de concausas sucessivas extrai-se da jurisprudência do STJ, em caso no qual foi movida ação de reparação de danos em face de administradora do estacionamento de um aeroporto, sob a alegação de inadimplemento contratual, vez que autorizou o filho da proprietária do veículo a retirar o automóvel sem a apresentação do comprovante contratual, que ficara em poder da autora. Dias depois, em outra cidade, o filho, que retirara o veículo após convencer o funcionário quanto à perda do comprovante, acidentou-se na estrada, causando lesões físicas nos passageiros e no veículo, suportadas pela autora. Nesse caso, parece inegável que, sem a liberação irregular do veículo, o acidente não teria ocorrido. No entanto, o inadimplemento contratual, causa remota, não se vincula necessariamente ao dano, para o qual concorreram fatores supervenientes e decisivos para o acidente.[38]

Como se percebe, não raro os magistrados se deparam com situações de difícil solução no campo da responsabilidade civil. Verifica-se, em muitos casos, diante do inequívoco fracasso das políticas públicas, a adoção de critérios para a responsabilização que não os referentes à causalidade técnica, mas à investigação daquele que mais amplamente poderá restituir à vítima o prejuízo sofrido, procurando-se obstinadamente assegurar a efetividade da reparação. Entretanto, sem os pressupostos técnicos indispensáveis ao dever de reparar, notadamente o dano e o nexo de causalidade, qualquer solução acaba por representar grave ameaça à segurança jurídica

---

38. "Responsabilidade Civil. Proprietária de veículo, que o deixa em estacionamento de aeroporto e viaja para outra cidade, levando o respectivo comprovante. Sua retirada, no mesmo dia, por seu filho e companheiros, sob alegação de que haviam conduzido a mãe ao aeroporto e tinham perdido o 'ticket' do estacionamento, o que foi confirmado pela avó paterna. Abalroamento de um poste pelo veículo à noite, em outra cidade, com perda quase total e lesões físicas nos passageiros" (BRASIL. Tribunal de Justiça do Estado do Rio de Janeiro. *Apelação Cível n.º* 2000.001.06528. 7.ª Câmara Cível. Julgado em 8.8.2000).

e à iniciativa econômica privada. Além disso, pelo volume das indenizações que chegam aos tribunais, as decisões que prescindem de fundamento técnico reduzem, na prática, os valores das indenizações, banalizando e pulverizando a responsabilidade civil.[39]

3. SITUAÇÕES CONTROVERSAS EM MATÉRIA DE CAUSALIDADE: FORTUITO INTERNO, CAUSALIDADE ALTERNATIVA E PERDA DA CHANCE

Revela-se necessária, diante deste quadro, a busca da fixação de parâmetros para a configuração da causalidade que atendam às inúmeras demandas apreciadas pelos tribunais, assumindo a análise jurisprudencial especial relevo neste processo.[40] O intérprete deve examinar, em cada caso, os pressupostos da responsabilidade civil, promovendo ponderação – pautada na axiologia constitucional – entre os interesses eventualmente conflitantes, a evitar arbitrariedades e exageros na fixação do dever de reparar. O exame crítico dos casos apreciados em sede jurisprudencial oferece valioso subsídio no processo de construção de critérios substanciais, nota-

---

39. Conforme advertido em doutrina, "a indenização imposta sem a observância dos seus pressupostos representa, a médio prazo, o colapso do sistema, uma violência contra a atividade econômica e um estímulo ao locupletamento. Há de se conjuminar a técnica indenizatória própria da responsabilidade com o sistema de seguros privados, ao lado dos mecanismos impostos ao Poder Público para a promoção da solidariedade constitucional. Aos estudiosos da responsabilidade civil apresenta-se, portanto, o desafio de garantir o ressarcimento amplo, de modo compatível com a locação de riscos estabelecida na sociedade atual, sem que se pretenda transferir para a reparação civil os deveres de justiça social desdenhados por insuficientes políticas públicas e deficitária seguridade social" (Gustavo Tepedino, "O futuro da responsabilidade civil", *Revista Trimestral de Direito Civil – RTDC*, 24, 2005, v).

40. Tem se destacado em doutrina a importância de promover diálogo franco entre a teoria e a prática, buscando o resgate dos elos imprescindíveis ao desenvolvimento do direito, que não deve se circunscrever em hermenêutica de apriorismos. Nessa perspectiva, Carlos Edison do Rêgo Monteiro Filho propõe a construção de observatório de jurisprudência: "do jogo do poder político à alteridade, do doutrinador *voyeur* ao colaborativo, do magistrado *bouche de la loi* ao dialógico, da subsunção ao desenvolvimento de uma cultura hermenêutica, da prática da peça judicial superlativa ao rigor metodológico, destacam-se nesse breve estudo perfis fundamentais à reconstrução da unidade sistemática. Os parâmetros apresentados, além de seus entrelaçamentos funcionais, constituem enumeração aberta, insuscetível de aprisionamento em *numerus clausus*. Isso porque a perenidade do projeto suscita a necessidade de revisão permanente de seus critérios. E a doutrina assume, assim, papel renovado à reconstrução e ressignificação das relações entre lei e prática, constituindo a sede por excelência do resgate dos elos perdidos. Dito diversamente, somente por meio de privilegiada integração, é possível se falar na nova perspectiva em que se pretende inserir os operadores do direito, em linha de superação das desavenças e disputas de poder, por meio da força transformadora ínsita aos processos de educação. Ensino e pesquisa deverão atuar como agentes indutores da intercomunicação entre os protagonistas do universo jurídico, a caminho da superação das dificuldades na realização dos valores supremos do ordenamento. Com a concepção do observatório de jurisprudência, dá-se o primeiro passo" ("Reflexões metodológicas: a construção do observatório de jurisprudência no âmbito da pesquisa jurídica", *Revista Brasileira de Direito Civil – RBDCivil*, 9, 2016, 24).

damente no campo da responsabilidade civil, em que prevalecem cláusulas gerais e conceitos indeterminados.[41]

Nessa perspectiva, destacam-se três cenários cuja complexidade desafia o intérprete, a começar pela identificação da causa de exclusão de responsabilidade apta a, atuando sobre o nexo de causalidade, modificá-lo.[42] Consolida-se, nesse contexto, a noção de fortuito interno, que se refere a eventos que, embora imprevisíveis, consideram-se compreendidos no risco da própria atividade desempenhada, não se mostrando suficientes para a exclusão do nexo causal. Conforme já assentando em doutrina[43] e jurisprudência,[44] somente quando o fortuito não guardar conexão com a atividade empreendida, poder-se-á excluir o dever de reparar.

---

41. "Particularmente no que tange à responsabilidade civil, é de se ressaltar uma certa tradição na brevidade das disciplinas normativas e o amplo emprego de conceitos gerais, como 'culpa', 'estado de necessidade', 'exercício regular de um direito', 'dever geral de cuidado', 'abuso do direito', e assim por diante. A própria noção de dano, entendida como lesão a um interesse merecedor de tutela, converte-se, a partir da libertação das amarras do direito subjetivo, em uma cláusula geral de impressionante amplitude" (Anderson Schreiber, *Novos Paradigmas da Responsabilidade Civil*, 156).

42. Indicam-se difusamente em doutrina três causas de exclusão de responsabilidade, quais sejam, i) o fato exclusivo da vítima, verificado quando o dano foi causado, direta e imediatamente, pela atuação exclusiva da vítima que o suportou, sendo o agente, no caso, mero instrumento para que sobrevenha o prejuízo; ii) o fato exclusivo de terceiro, que, assim como o fato da vítima, exime totalmente de responsabilidade o agente, desde que tenha sido sua causa direta e exclusiva; e iii) o caso fortuito (equiparado pelo legislador de 2002 à força maior), que, para interromper a cadeia de causalidade, deve configurar-se em acontecimento extraordinário, imprevisível, inevitável e atual (no sentido de que não se pode alegar fortuito que ainda não ocorreu). Ver, dentre outros, Gustavo Tepedino *et alii*, *Código Civil interpretado conforme a Constituição da República*, vol. II, 2.ª ed., Rio de Janeiro: Renovar, 2012, 813-814.

43. Cfr. Anderson Schreiber, *Novos Paradigmas da Responsabilidade Civil*, 68-72, para quem a teoria do fortuito interno reflete a atual tendência da flexibilização das excludentes de responsabilidade, tendo sido desenvolvida "no âmbito das relações de consumo, a fim de evitar a exclusão da responsabilidade do fornecedor por acontecimentos que, embora imprevisíveis e irresistíveis, se verificam anteriormente à colocação do produto no mercado".

44. Em julgado recente, o Tribunal de Justiça do Estado do Rio de Janeiro considerou fortuito interno da rede social "Facebook" a criação, por terceiro, de perfil falso em que se utilizava a imagem da vítima associada a conteúdo ofensivo de cunho sexual. No caso, decidiu-se que a tese segundo a qual teria ocorrido causa excludente da responsabilidade "mostra-se descabida na medida em que, ao sequer identificar esse terceiro a quem busca imputar responsabilidade exclusiva pelas páginas ofensivas, a empresa revela, no mínimo, que a criação de perfis prescinde de qualquer controle efetivo e seguro de sua parte. Essa forma de atuação, que negligencia o controle na criação de perfis sem identificação segura, deixa evidente que pouco importa à empresa tal fato, sendo aceito como normal, a ponto de poder ser considerado como fortuito interno – risco inerente ao negócio da empresa, não pela natureza mesma de sua atividade, mas em razão do *modus operandi* por ela adotado –, que, como tal, não exclui o nexo de causalidade" (Brasil. Tribunal de Justiça do Estado do Rio de Janeiro. *Apelação Cível n.º* 0098167-16.2012.8.19.0038. 27.ª Câmara Cível e do Consumidor. Julgado em 15.2.2017). No Superior Tribunal de Justiça, v. Brasil. Superior Tribunal de Justiça. *Recurso Especial n.º* 685.662. 3.ª Turma. Julgado em 10.11.2005; Brasil. Superior Tribunal de Justiça. *Recurso Especial n.º* 774.640. 4.ª Turma. Julgado em 12.12.2006; Brasil. Superior Tribunal de Justiça. *Recurso Especial n.º* 473.085. 3.ª Turma. Julgado em 14.06.2004.

Ilustrativamente, vale destacar o entendimento do Tribunal de Justiça do Estado do Rio de Janeiro, que admite a responsabilidade civil da empresa transportadora por danos sofridos pelo passageiro em decorrência de assaltado praticado no interior do veículo, mesmo que o assalto, do caso concreto, não pudesse ser evidentemente previsto, sendo certo que outras causas poderiam ter contribuído para a sua ocorrência. Segundo o TJRJ, "cuida a hipótese de fortuito interno, baseado no risco inerente ao exercício da própria atividade desenvolvida pela Apelada, não afastando a sua responsabilidade pelos danos causados aos consumidores, passageiros".[45] O Superior Tribunal de Justiça, valendo-se igualmente da noção de fortuito interno, considerou que a Empresa Brasileira de Correios e Telégrafos seria civilmente responsável por danos causados ao consumidor assaltado no interior de uma de suas agências.[46]

Outro debate recente no âmbito do nexo de causalidade refere-se à aplicação, pelos tribunais, da causalidade alternativa, que paulatinamente ganha espaço diante de inúmeras hipóteses nas quais não é possível identificar o agente responsável pelo dano, mas apenas o grupo de pessoas de onde se originou o fato que o produziu.[47] Contudo, para que se possa atri-

---

A doutrina corrobora tal entendimento. Cite-se, por todos, Caio Mário da Silva PEREIRA, segundo o qual, para os autores "que se atêm à *doutrina do risco*, o simples caso fortuito não exime o agente. Somente estará liberado este se ocorrer o acontecimento de força maior, ou seja, 'o caso fortuito externo'" (*Responsabilidade civil,* 394).

45. BRASIL. Tribunal de Justiça do Estado do Rio de Janeiro. *Apelação Cível n.º* 0019539-76.2012.8.19.0211. 26.ª Câmara Cível e do Consumidor. Julgado em 29.9.2016. Na mesma direção, destacando que "diante da constância de assaltos nos meios de transporte o fato já se tornou corriqueiro, eliminando o elemento imprevisibilidade da excludente de caso fortuito", v. BRASIL. Tribunal de Justiça do Estado do Rio de Janeiro. *Apelação Cível n.º* 0315024-36.2013.8.19.0001. 27.ª Câmara Cível e do Consumidor. Julgado em 10.10.2014.

46. Segundo a Corte, "o serviço prestado pelos Correios foi inadequado e ineficiente, porque descumpriu o dever de segurança legitimamente esperado pelo consumidor, não havendo falar em caso fortuito para fins de exclusão da responsabilidade com rompimento da relação de causalidade, mas sim fortuito interno, porquanto incide na proteção dos riscos esperados da atividade empresarial desenvolvida" (BRASIL. Superior Tribunal de Justiça. *Recurso Especial n.º* 1.183.121. 4.ª Turma. Julgado em 24.2.2015).

47. Ana Mafalda Castanheira Neves de Miranda BARBOSA trata da questão sob a denominação "causalidade alternativa incerta", no já aludido cenário das hipóteses de causalidade múltipla (*Lições de responsabilidade civil,* 276-277). Na arguta percepção da autora, "o dilema é, então, claro: ou se nega a imputação, pela falência da prova do que tradicionalmente ia pensado como causalidade, deixando a vítima entregue à sua sorte; ou se transforma a incerteza em verdade, correndo-se o risco da condenação de inocentes, com a consequente repristinação da pena privada" (*Lições de responsabilidade civil,* 284). Na doutrina brasileira, Anderson Schreiber afirma que a expressão *causalidade alternativa* encerraria "certa imprecisão linguística: a causalidade é única, embora imprecisável, sendo alternativa, a rigor, a imputação de responsabilidade aos agentes, justamente pelo fato de não se lograr determinar qual deles, individualmente, produziu o dano" (*Novos paradigmas da responsabilidade civil,* 75).

buir responsabilidade a determinado grupo, afigura-se imprescindível a demonstração de que o dano decorreu efetivamente da atividade por ele desenvolvida.[48] Exemplo eloquente de causalidade alternativa se traduz no art. 938 do Código Civil, o qual dispõe que "aquele que habitar prédio, ou parte dele, responde pelo dano proveniente das coisas que dele caírem ou forem lançadas em lugar indevido".

Destaque-se, ao propósito, interessante caso ocorrido em desfile de carros alegóricos na cidade gaúcha de Flores da Cunha. Um dos carros do desfile trazia pessoas portando espingardas, com o propósito de alvejar pombos, na encenação de uma caçada, com balas de festim. Contudo, um dos integrantes utilizou balas verdadeiras, de chumbo, e atingiu um espectador, causando-lhe perda de visão e problemas pulmonares. O Tribunal de Justiça do Rio Grande do Sul responsabilizou todo o grupo que portava espingardas pelo dano.[49] Neste caso, mostrou-se possível a configuração da causalidade alternativa, por restar evidenciado que o disparo

---

[48]. A título ilustrativo, cita a doutrina exemplo no qual alguém é ferido por tiro proveniente de determinado grupo de caçadores, sem que se possa precisar, com segurança, qual arma efetuou o disparo. Em casos como este, divergem os autores quanto à atribuição da responsabilidade, já que, se, por um lado, tem-se certeza de que o projétil partiu do grupo de caçadores, por outro, há incerteza quanto à autoria do disparo. Aqueles que propugnam pela liberação de todos os caçadores, entendem ser a individualidade característica essencial da responsabilidade, sendo, portanto, mais razoável não reparar o dano a condenar quem para ele não concorreu. Em contrapartida, propõe-se a responsabilidade solidária de todos os caçadores, valorizando a injustiça sofrida pela vítima, à luz do princípio da solidariedade social. Para aprofundamento da discussão, v., por todos, Gisela Sampaio da Cruz GUEDES, *O problema do nexo causal na responsabilidade civil*, 269-271. Na experiência portuguesa, Ana Mafalda Castanheira Neves de Miranda BARBOSA destaca que "em dois acórdãos de 2015, os tribunais portugueses vieram pronunciar-se sobre a questão da causalidade alternativa incerta. Em acórdão datado de 5 de maio de 2015, o Tribunal da Relação de Coimbra considerou que 'provado o facto ilícito – invasão de terreno alheio e corte de árvores propriedade de um terceiro não interveniente no negócio – e o dano – árvores cortadas e destruição de um muro aí existente – e que tais factos ocorreram na sequência de um negócio de venda de árvores que o 1.º réu fez ao 2.º réu, tendo sido este quem procedeu ao respetivo corte, a falta de prova sobre qual deles se terá enganado na indicação ou percepção da estrema não poderá acarretar a isenção da responsabilidade de ambos os réus'. E mais acrescenta, apelando a uma ideia de esfera de risco para edificar a imputação (que não causalidade) de que se cura, que, 'encontrando-se em causa a alienação de pinheiros existentes no prédio do 1.º réu até à estrema com o prédio confinante do autor, e sendo obrigação do Réu vendedor proceder à identificação precisa dos pinheiros a vender, e ainda que encarregando outrem do respetivo corte, se vêm a ser cortadas árvores do prédio vizinho por erro na identificação das estremas, tal dano situa-se ainda dentro da esfera de risco ou de responsabilidade criada pelo negócio de alienação dos pinheiros', pelo que, conclui, ambos deverão ser responsabilizados nos termos do artigo 497.º CC. Também o Supremo Tribunal de Justiça, num acórdão datado de 19 de maio de 2015, vem admitir a responsabilização solidária no caso de uma participação em rixa da qual resultaram danos, não sendo possível imputá-los à conduta de cada um dos participantes. Embora continue a fazer apelo a uma ideia de *conditio sine qua non*, abre a possibilidade de responsabilização sem que esta seja provada" (*Lições de responsabilidade civil*, 295).

[49]. BRASIL. Tribunal de Justiça do Estado do Rio Grande do Sul. *Apelação Cível n.º* 11.195. 1.ª Câmara Cível. Julgado em 25.11.1970.

se originou do carro alegórico. Também merece menção caso paradigmático no qual várias empresas especializadas em corte de pinheiros operavam, sucessivamente, na mesma região. O problema ocorreu porque uma quantidade muito superior àquela prevista no contrato foi abatida, sem que se pudesse saber qual das empresas contratadas era a responsável pelo excedente. A Terceira Câmara Cível do Tribunal de Justiça do Rio Grande do Sul entendeu que, "desconhecendo-se qual dos réus praticou o ilícito, há solidariedade".[50]

Do mesmo Tribunal colhe-se ainda julgado em que se aplicou expressamente a teoria da causalidade alternativa. No caso, a autora postulava reparação por danos morais em virtude da divulgação na internet de vídeo íntimo em que fora filmada mantendo relações sexuais com um dos réus, tendo sido realizada a gravação "em aparelho celular de um dos réus e partícipe do malsinado evento". Sendo inviável a comprovação quanto a qual dos rapazes envolvidos havia divulgado o vídeo, causando danos morais à autora,[51] afirmou o TJRS: "a causalidade alternativa remete à responsabilização solidária de todos os integrantes de determinado grupo de agentes que tenham causado um dano injusto a outrem, prescindindo-se da análise da ação individualizada de cada um no evento e da perfeita identificação do causador do ilícito, quando todos participaram da atividade de que resultou o evento lesivo. Nesse contexto, na espécie sob exame, da análise globalizante e totalizadoras dos fatos em causa à luz da teoria da causalidade alternativa, é possível concluir: ainda que a tentativa de ato sexual tenha sido consentida, todos os réus participaram ou contribuíram de algum modo aos eventos que culminaram na exposição indevida da imagem da autora, em face da divulgação do vídeo contendo a cena de sexo explícito. Desimporta para o deslinde da causa, portanto, identificar precisamente a conduta específica de cada um dos réus. Todos respondem pelas conse-

---

50. BRASIL. Tribunal de Justiça do Estado do Rio Grande do Sul. *Apelação Cível n.º* 21.062. 3.ª Câmara Cível. Julgado em 8.11.1973. Confira-se, ainda, na jurisprudência, BRASIL. Tribunal de Justiça do Estado do Rio Grande do Sul. *Apelação Cível n.º* 591047451. 6.ª Câmara Cível. Julgado em 10.12.1991; BRASIL. Tribunal de Justiça do Estado do Rio Grande do Sul. *Apelação Cível n.º* 593008808. 5.ª Câmara Cível. Julgado em 1.4.1993.

51. Destacou-se no acórdão que "a filmagem do ato sexual e posterior propagação do vídeo, por iniciativa de um dos corréus partícipes do evento danoso, causou grave constrangimento à demandante, menor com 15 anos de idade, sendo o fato divulgado na pequena comunidade interiorana onde reside. Natural a situação vexatória a que submetida, bem como os seus familiares. (...). A prova carreada aos autos indica que a filmagem do ato sexual foi realizada pelo codemandado R., com seu próprio aparelho celular, e a divulgação do vídeo igualmente foi ato de iniciativa dele ou de um de seus parceiros nessa 'empreitada' de divertimento à custa do sofrimento alheio" (BRASIL. Tribunal de Justiça do Estado do Rio Grande do Sul. *Apelação Cível n.º* 70058941691. 9.ª Câmara Cível. Julgado em 25.11.2015).

quências do evento danoso, pelo vazamento das imagens da cena sexual constrangedora na internet, porque participaram dos fatos".[52]

Nesses casos, destaca-se a louvável construção da causalidade alternativa na medida em que permite a reparação da vítima do dano injusto na hipótese de indeterminação do agente causador,[53] imputando-se o dever de reparar solidariamente aos agentes que participaram da atividade que necessariamente causou o dano.[54] Por outro lado, há de se ter cautela ao se admitir a causalidade alternativa, que poderá ser cogitada se (e somente se) ficar demonstrada a necessariedade entre a atividade jurídica na qual se inserem a conduta dos múltiplos autores (alternativamente tratados), apta a unificar seus comportamentos, e o evento danoso.[55]

Destaque-se, ainda, por sua relevância para o estudo do tema, em especial no que tange às normas de aplicação do nexo de causalidade, a teoria da perda de chance. Cuida-se de situações nas quais alguém, mediante conduta culposa, faz com que outra pessoa fique privada da chance de evitar certo prejuízo ou de amealhar certo lucro, com os quais a perda da chance, em si considerada, não se confunde.[56] O ato culposo não é o res-

---

52. BRASIL. Tribunal de Justiça do Estado do Rio Grande do Sul. *Apelação Cível n.º* 70058941691. 9.ª Câmara Cível. Julgado em 25.11.2015.

53. Na perspectiva de Anderson Schreiber, "o expediente representa uma significativa extensão da ideia de responsabilidade solidária entre coautores, já que coautoria, a rigor, não se verifica, ao menos em relação ao dano, sendo possível, no máximo, falar em uma coautoria ou compartipação da situação de risco que resultou na lesão à vítima" (*Novos paradigmas da responsabilidade civil*, 77).

54. A construção remete à proposta de Ana Mafalda Castanheira Neves de Miranda BARBOSA quanto ao nexo de imputação objetiva. Segundo a autora, "a imputação objetiva, distando da imputação subjetiva, deve ser entendida à luz da pressuposição ético-axiológica da juridicidade e das exigências de sentido comunicadas pela intencionalidade problemática de cada caso concreto", partindo-se da concepção da conformação societária como "comunidade de risco" e considerando que, sendo o risco "imanente ao *modus vivendi*, não será possível ajuizar causalmente abstraindo do contexto relacional de esferas que se cruzam". Desse modo, sustenta a autora que "será com base na assunção de uma esfera de risco e no cotejo dela com outras esferas de risco (tituladas pelo lesado, por um terceiro ou pela própria realidade natural e social) que conseguiremos dizer quando deve haver imputação objetiva do dano-lesão ao comportamento do agente" (*Responsabilidade civil extracontratual*: novas perspectivas em matéria de nexo de causalidade, 1.ª ed., Cascais: Princípia, 2014, 24-26; 286).

55. A causalidade alternativa não deve, portanto, ser concebida como nova teoria que afasta a teoria da causalidade necessária, sendo, a rigor, "insuscetível de generalizações" (Otavio Luiz Rodrigues Junior, "Nexo causal probabilístico: elementos para a crítica de um conceito", *Revista de Direito Civil Contemporâneo*, 8, 2016, 135).

56. No direito brasileiro, v. Sérgio SAVI, *Responsabilidade civil por perda de uma chance*, São Paulo: Atlas, 2006, 7. O autor invoca exemplo clássico de PACCHIONI: "um jóquei que deverá montar um cavalo de corrida que lhe foi entregue pelo proprietário não chega, por sua culpa exclusiva, a tempo de participar do Grande Prêmio; um pintor envia pelo correio um quadro a uma exposição, mas, por culpa do correio ou de outros, o seu quadro é destruído ou não é entregue a tempo de participar da exposição; um advogado deixa transcorrer *in albis* o prazo para interpor um

ponsável pelo prejuízo ou pela ausência de lucro, que têm suas próprias causas, identificando-se, contudo, com o dano (autônomo) em que se consubstancia a perda da oportunidade de evitar o prejuízo ou granjear algum proveito.[57] O dano decorrente da perda de chance não se identifica, repita-se, com o dano sofrido em decorrência do evento em si considerado e, por esse motivo, ainda que se trate de perda da oportunidade de aferição de lucros ou de vantagens patrimoniais, a hipótese caracteriza dano emergente (a chance perdida), não já lucro cessante.[58]

Torna-se oportuna, ao propósito, a análise de caso referente a popular programa televisivo brasileiro, o "Show do Milhão", no qual foi exibido concurso de perguntas e respostas cujo prêmio máximo era de R$ 1.000.000,00 (um milhão de reais). Tendo o participante atingido a última etapa do jogo e, portanto, acumulado o montante de R$ 500.000,00 (quinhentos mil reais), restava responder a última pergunta, a chamada "pergunta do milhão". Neste momento, o participante poderia optar por responder ou parar de jogar. Se respondesse corretamente, abocanharia o prêmio de R$ 1.000.000,00 (um milhão de reais). Por outro lado, se errasse, perderia os R$ 500.000,00 (quinhentos mil reais) acumulados durante nas fases anteriores do programa, recebendo apenas o valor de R$ 300,00 (trezentos reais) pela participação. Caso optasse por não responder a última pergunta, permaneceria com a quantia de R$ 500.000,00 (quinhentos mil reais) relativas às demais etapas. A autora da ação, havendo chegado à "pergunta do milhão", decidiu não a responder. Posteriormente, ingressou com ação de perdas e danos em face da emissora, sob o fundamento de que a pergunta, a rigor, não poderia ser respondida nos termos em que foi formulada. O Superior Tribunal de Justiça, em sede de Recurso Espe-

---

recurso de apelação, privando o seu cliente da possibilidade de obter a reforma ou a cassação da sentença que lhe foi desfavorável".

57. Analisando-se a doutrina francesa da perda da chance, Antonino Procida Mirabelli DI LAURO / Maria FEOLA destacam: "La certezza del danno va individuata nella sola circostanza che 'non esista, in futuro, una *chance* ragionevole che il danno non si produrrà'. Non si potrà mai sapere se l'evento favorevole alla vittima si sarebbe verificato, 'poiché è divenuto impossibile'. Ma è certo 'che la *chance* di realizzare un guadagno, o di evitare una perdita, che era nell'ordine possibile – se non probabile – delle cose, non potrà più realizzarsi'. La perdita di una *chance* reale e seria è, dunque, una certezza. 'Questa certezza giustifica un risarcimento'" (*La responsabilità civile*: contratto e torto, 1.ª ed., Torino: Giappichelli, 2014, 329).
58. Ainda segundo Sérgio SAVI, "a simples mudança de enquadramento do dano da perda de uma chance, de lucro cessante para dano emergente, torna a admissão de sua indenizabilidade muito mais tranquila". Para tanto, há que se compreender que aquilo que se perde não é, propriamente, o lucro (já que este se tratava de acontecimento futuro incerto), mas a oportunidade de, talvez, auferi-lo. Com essa mudança conceitual, "eliminam-se as dúvidas acerca da natureza do dano e da existência do nexo causal entre o ato danoso do ofensor e o dano" (*Responsabilidade civil por perda de uma chance*, 11).

cial, entendeu que o equívoco na elaboração da pergunta, de fato, obstava a oportunidade da autora de ganhar o prêmio máximo e fixou a indenização com base no percentual das chances que ela teria de acertar caso a pergunta estivesse corretamente formulada.[59] Entretanto, por não se confundirem o ganho que se poderia obter caso não houvesse o ilícito (no valor de R$ 500.000,00 – quinhentos mil reais) e o dano decorrente da perda da chance, procurou liquidar este último com base na probabilidade de acerto. Cuidando-se de resposta com 4 alternativas, a decisão atribuiu à perda da chance a quantia atinente a 25% do restante do prêmio não acumulado pela autora, ou seja, 125.000,00.

O Superior Tribunal de Justiça também garantiu indenização com base na teoria da perda da chance no caso em que determinada empresa, contratada para coletar o material genético do recém-nascido no momento do parto, não o fez, deixando de recolher as células-tronco embrionárias. O STJ considerou que a criança teve frustrada a chance de ter suas células embrionárias colhidas e armazenadas para, se eventualmente fosse preciso, fazer uso delas em tratamento de saúde. A Corte asseverou que "não se exige a comprovação da existência do dano final, bastando prova da certeza da chance perdida, pois esta é o objeto de reparação".[60]

---

59. BRASIL. Superior Tribunal de Justiça. *Recurso Especial n.º* 788.459. 4.ª Turma. Julgado em 8.11.2005. A teoria tem sido cada vez mais aplicada pelos tribunais. Veja-se, por exemplo, os seguintes julgados: "Atividade Bancária. Dano moral. Configuração. Não deve banco limitar-se a xerocopiar a documentação apresentada, indiscriminadamente procedendo à abertura de contas. Responde objetivamente a instituição pelo dano causado, independentemente de culpa ou dolo (art. 14 do CDC), pois a verificação da real identidade do cliente constitui uma das premissas da atividade bancária, não podendo o risco imanente ao desenvolvimento do empreendimento lucrativo ser transferido a terceiros. No caso concreto, a contacorrente fraudulentamente aberta em nome do Autor apontava débito, ensejando a negativa do Réu em abrir uma conta-salário. Com isso, a empresa interessada deixou de contratá-lo como empregado. Dano moral, portanto, patente, cujo valor merece majoração, considerando a perda da chance de emprego. Provimento do recurso adesivo" (BRASIL. Tribunal de Justiça do Estado do Rio de Janeiro. *Apelação Cível n.º* 2008.001.16814. 5.ª Câmara Cível. Julgado em 13.5.2008); e "Responsabilidade civil. Demanda indenizatória falsamente proposta. Perda de uma chance. Demonstrado nos autos que a autora outorgou poderes à advogada ré para propositura de ação indenizatória contra empresa empregadora do motorista responsável pela morte de seu marido, e a profissional deixou de cumprir com seu desiderato, agindo por erro, induzida pela empresa empregadora do falecido, também sua cliente, defendendo em juízo somente os interesses dessa sociedade, tem aplicabilidade a teoria da responsabilidade civil pela perda de uma chance, considerando o tempo perdido, o que culminou com a impossibilidade de satisfação do direito indenizatório da viúva reconhecido tardiamente em juízo e da própria inviabilidade de realização de acordo judicial ou extrajudicial, na medida em que a empresa então demandada restou dissolvida irregularmente. Apelo parcialmente provido. Demanda julgada procedente em parte" (BRASIL. Tribunal de Justiça do Estado do Rio Grande do Sul. *Apelação Cível n.º* 70021541628. 10.ª Câmara Cível. Julgado em 29.5.2008).

60. BRASIL. Superior Tribunal de Justiça. *Recurso Especial n.º* 1.291.247. 3.ª Turma. Julgado em 19.8.2014.

4. NOTAS CONCLUSIVAS

A casuística passada em revista demonstra a relevância da investigação do nexo de causalidade na determinação do dever de reparar. No cenário atual, em que emerge a dificuldade do estabelecimento de critérios seguros na liquidação dos danos, nota-se o crescimento da importância do nexo de causalidade na dogmática atual da responsabilidade civil e a imprescindibilidade do delineamento de parâmetros homogêneos para o seu estabelecimento no sistema jurídico brasileiro. Trata-se de tarefa urgente em que ao intérprete, na experiência brasileira, cabe estabelecer o nexo de causalidade necessária entre a atividade causadora e o dano produzido, sob pena de se ameaçar a segurança jurídica, banalizando-se o dever de reparar e, conseguintemente, os valores arbitrados em liquidação de sentença.

Ao mesmo tempo, na complexidade da vida contemporânea, com a sofisticação da produção industrial e a crescente potencialidade de riscos das atividades econômicas, há de se proteger integralmente a vítima por danos delas inerentes, provenientes da condução das respectivas atividades, para as quais o legislador, cada vez mais, exige investimentos em informação, capacitação, precaução e prevenção. Tais atividades, cujo grau de risco pode levar à responsabilidade objetiva (art. 927, parágrafo único), mesmo nas hipóteses de responsabilidade subjetiva, mercê da vitoriosa construção doutrinária da culpa normativa, estão a exigir de seus titulares prudência, perícia e responsabilidade social, sendo preponderante, em regra, a atuação de seus agentes sobre outras causas que, concomitantes ou sucessivas, causam danos injustos, a deflagrar o dever de reparar.

4

A RESPONSABILIDADE CIVIL MARÍTIMA POR DANOS AMBIENTAIS CAUSADOS POR POLUIÇÃO POR ÓLEO

PROF. DOUTORA INGRID ZANELLA ANDRADE CAMPOS[1]

SUMÁRIO • 1. Introdução – 2. A responsabilidade pela danosidade ambiental – 3. O poluidor e a poluição ambiental – 4. As modalidades de contrato de afretamento – 5. Os princípios ambientais – 6. A responsabilidade civil por danos causados por poluição por óleo – 7. A responsabilidade do afretador e a posição do superior tribunal de justiça no brasil – Considerações Finais.

1. INTRODUÇÃO

A Constituição da República Federativa do Brasil de 1988 estabelece a responsabilidade solidária entre o Poder Público e a coletividade na defesa e preservação do meio ambiente, além de estabelecer a responsabilidade tripa do poluidor em face dos danos ambientais.

Da mesma forma, ratifica o desenvolvimento sustentável, como direito fundamental. Ressalta-se que o desenvolvimento sustentável é um dos alicerces do Direito Constitucional e Ambiental, sendo expressamente previsto no *caput* do artigo 225 da Constituição Federal de 1988 como direito fundamental.[2]

O desenvolvimento sustentável tem como fundamentação a busca da ponderação constitucional dos interesses sociais, econômicos e ambientais. Neste vértice, o aproveitamento coerente dos recursos naturais e a conservação ambiental devem andar unidos. Nesse sentido cita-se Ignacy Sachs:

---

1. Professora Adjunta da Universidade Federal de Pernambuco (UFPE) – Advogada
2. Art. 225, CF. Todos têm direito ao meio ambiente ecologicamente equilibrado, bem de uso comum do povo e essencial à sadia qualidade de vida, impondo-se ao poder público e à coletividade o dever de defendê-lo e preservá-lo para as presentes e futuras gerações.

> Nosso problema não é retroceder aos modos ancestrais de vida, mas transformar o conhecimento dos povos dos ecossistemas, decodificado e recodificado pelas etnociências, como um ponto de partida para a invenção de uma moderna civilização de biomassa, posicionada em ponto completamente diferente da espiral de conhecimento e do progresso da humanidade. (SACHS, 2002. p. 30).

Igualmente, as condutas e atividades consideradas lesivas ao meio ambiente sujeitarão os infratores, pessoas físicas ou jurídicas, a sanções penais e administrativas, independentemente da obrigação de reparar o dano.

A Constituição da República Federativa do Brasil de 1988, através da Emenda Constitucional nº 7, de 15 de agosto de 1995, deu nova redação ao parágrafo único, do artigo 178 (cento e setenta e oito), que passou a permitir o uso de bandeiras estrangeiras na navegação de cabotagem no Brasil, desde que afretadas por empresas brasileiras.

Dessa forma o parágrafo único do artigo 178, da Constituição Federal, passou a ter a seguinte redação: "Na ordenação do transporte aquático, a lei estabelecerá as condições em que o transporte de mercadorias na cabotagem e a navegação interior poderão ser feitos por embarcações estrangeiras."

A abertura constitucional à navegação interior por embarcações estrangeiras foi decorrência da afirmação do Estado democrático de direito, igualmente chamado de Estado Constitucional, com a soma das liberdades conquistadas com o Estado Liberal mais a busca pela justiça social, do Estado Social (GOMES, VIGO, 2008, p. 20).

Nesse diapasão, destacam-se a Lei de Ordenação do Transporte Aquaviário nº 9.432/97 e a Lei de criação da Agência Nacional de Transportes Aquaviários (ANTAQ) e do Conselho Nacional de Integração de Políticas de Transportes (CONIT), a Lei nº 10.233, de 05 de junho de 2001.

É comum o transporte de cargas, entre essas de óleo, ser realizada por embarcações estrangeiras afretadas por empresas brasileiras, o que pode representar um óbice quanto a responsabilidade integral por danos ambientais ocorridos em águas brasileiras.

Portanto, a *problemática* do presente artigo cinge-se a identificar a responsabilidade civil marítima por acidentes marítimos e até que ponto o afretador não proprietário, por se constituir como empresa brasileira, pode ser responsabilizado por danos ao meio ambiente ocasionados por embarcações estrangeiras e, ainda, em quais esferas. O objetivo principal é analisar os possíveis responsáveis pelo dano ambiental ocasionado pela poluição marinha decorrente de derramamento/vazamento de óleo.

Para o desenvolvimento deste artigo será imprescindível analisar as modalidades de responsabilização pela danosidade ambiental (cível, administrativa 'marítima' e penal), a questão do poluidor e os tipos de contrato de afretamento.

2. A RESPONSABILIDADE PELA DANOSIDADE AMBIENTAL

A Constituição da República Federativa do Brasil de 1988, institui em seu art. 225, § 3º, a responsabilidade tripla em decorrência do dano ambiental, através da responsabilidade civil, administrativa e penal.

Nesse diapasão, a política nacional do meio ambiente impõe ao poluidor o dever de reparação do bem ambiental, conforme se depreende do art. 4º, inciso VII, da Lei 6.938/81, que estabelece que a Política Nacional do Meio Ambiente visará à imposição, ao poluidor e ao predador, da obrigação de recuperar e/ou indenizar os danos causados e, ao usuário, da contribuição pela utilização de recursos ambientais com fins econômicos.

A responsabilidade civil ambiental, por força da Política Nacional do Meio Ambiente (Lei nº 6.938, de 31 de agosto de 1981), é objetiva por risco integral, não sendo necessário perquirir culta ou causas excludentes de responsabilidade.

O Superior Tribunal de Justiça (STJ) adota a teoria objetiva por risco integral à responsabilidade civil por danos ao meio ambiente, conforme jurisprudência infra colacionada:

> Em relação aos danos ambientais, incide a teoria do risco integral, advindo daí o caráter objetivo da responsabilidade, com expressa previsão constitucional (art. 225, § 3º, da CF) e legal (art.14, § 1º, da Lei 6.938/1981), sendo, por conseguinte, descabida a alegação de excludentes de responsabilidade, bastando, para tanto, a ocorrência de resultado prejudicial ao homem e ao ambiente advinda de uma ação ou omissão do responsável (EDcl no REsp 1.346.430-PR, Quarta Turma, DJe 14/2/2013).
>
> DIREITO AMBIENTAL E PROCESSUAL CIVIL. DANO AMBIENTAL. LUCROS CESSANTES AMBIENTAL. RESPONSABILIDADE OBJETIVA INTEGRAL. DILAÇÃO PROBATÓRIA. INVERSÃO DO ÔNUS PROBATÓRIO. CABIMENTO.
>
> 1. A legislação de regência e os princípios jurídicos que devem nortear o raciocínio jurídico do julgador para a solução da lide encontram-se insculpidos não no código civilista brasileiro, mas sim no art. 225, § 3º, da CF e na Lei 6.938/81, art. 14, § 1º, que adotou a teoria do risco integral, impondo ao poluidor ambiental responsabilidade objetiva integral. Isso implica o dever de reparar independentemente de a poluição causada ter-se dado em decorrência de ato ilícito ou não, não incidindo, nessa situação, nenhuma excludente de responsabilidade. Precedentes.

2. Demandas ambientais, tendo em vista respeitarem bem público de titularidade difusa, cujo direito ao meio ambiente ecologicamente equilibrado é de natureza indisponível, com incidência de responsabilidade civil integral objetiva, implicam uma atuação jurisdicional de extrema complexidade.

3. O Tribunal local, em face da complexidade probatória que envolve demanda ambiental, como é o caso, e diante da hipossuficiência técnica e financeira do autor, entendeu pela inversão do ônus da prova. Cabimento.

4. A agravante, em seu arrazoado, não deduz argumentação jurídica nova alguma capaz de modificar a decisão ora agravada, que se mantém, na íntegra, por seus próprios fundamentos.

5. Agravo regimental não provido. [AgRg no REsp 1412664/SP – T4 – QUARTA TURMA-DJe 11/03/2014].

Inclusive se aplica a responsabilidade civil objetiva ao Estado, confira jurisprudência a respeito da matéria:

> A responsabilidade civil do Estado, por omissão, é **subjetiva**......, enfrenta exceções principais. Primeiro, quando a responsabilização objetiva do ente público decorrer de expressa previsão legal, como na proteção do meio ambiente (Lei 6.938/1981, art. 3º, IV, c/c o art. 14, § 1º). A Administração é solidária, objetiva e ilimitadamente responsável, nos termos da Lei 6.938/1981, por danos urbanístico-ambientais decorrentes **da omissão do seu dever de controlar e fiscalizar, na medida em que contribua, direta ou indiretamente, tanto para a degradação ambiental em si mesma, como para o seu agravamento**, consolidação ou perpetuação, tudo sem prejuízo da adoção, contra o agente público relapso ou desidioso, de medidas disciplinares, penais, civis e no campo da improbidade administrativa. (STJ, REsp 1071741 / SP; 2ª. Turma; Relator Ministro Herman Benjamin; Data do Julgamento; 24/03/2009; DJe 16/12/2010).

Explica Herman Benjamin que a adoção da responsabilidade civil ambiental subjetiva levaria a impunidade do poluidor, pois haveria o risco de ser transferido para a sociedade o ônus de suportar os prejuízos decorrentes do dano ambiental; e a sociedade não dispõe dos instrumentos necessários para inibir a ocorrência de uma lesão ao meio ambiente, seja em razão da dificuldade de provar o nexo causal, seja pela dificuldade de acesso à justiça (BENJAMIN, 1998).

Por sua vez, a responsabilidade penal é subjetiva, pelo que se ressalta, a Lei n° 9.605, de 12 de fevereiro de 1998, que considera, no art. 54, crime causar poluição de qualquer natureza em níveis tais que resultem ou possam resultar em danos à saúde humana, ou que provoquem a mortandade de animais ou a destruição significativa da flora, punível com a pena de reclusão, de um a quatro anos, e multa.

A responsabilidade administrativa é reconhecida como objetiva hibrida, ou seja, caberia a exclusão dessa responsabilidade por fato exclusivo de terceiro, caso fortuito ou força maior. Nesse sentido a Lei nº 9.605/1998, considera infração administrativa ambiental toda ação ou omissão que viole as regras jurídicas de uso, gozo, promoção, proteção e recuperação do meio ambiente, assim a simples conduta infracional já deve ser punida, independente da caracterização ou não do dano ambiental.

O STJ, em 2015, entendeu que a responsabilidade ambiental administrativa é subjetiva, devendo se perquirir dolo ou culpa, ou seja, na esfera administrativa, não se podendo punir uma pessoa, sem que esta tenha agido com culpa, por infração ambiental cometida por terceiro. Portanto, caso não haja conduta culposa por parte do autuado, não deve existir responsabilização no campo administrativo ambiental.

De acordo com o STJ, na esfera administrativa, deverá ser autuado o sujeito que cometeu, diretamente, a infração, o poluidor direto. Entretanto, não poderá ser punido administrativamente terceiro que se relacione com o fato supostamente ilícito de modo indireto e sem culpa. Confira entendimento do STJ:

> ADMINISTRATIVO E PROCESSUAL CIVIL. AGRAVO REGIMENTAL NO AGRAVO EM RECURSO ESPECIAL. VIOLAÇÃO AO ART. 535 DO CPC. INOCORRÊNCIA. DANO AMBIENTAL. ACIDENTE NO TRANSPORTE DE ÓLEO DIESEL. IMPOSIÇÃO DE MULTA AO PROPRIETÁRIO DA CARGA. IMPOSSIBILIDADE. TERCEIRO. RESPONSABILIDADE SUBJETIVA. I – A Corte de origem apreciou todas as questões relevantes ao deslinde da controvérsia de modo integral e adequado, apenas não adotando a tese vertida pela parte ora Agravante. Inexistência de omissão. II – **A responsabilidade civil ambiental é objetiva; porém, tratando-se de responsabilidade administrativa ambiental, o terceiro, proprietário da carga, por não ser o efetivo causador do dano ambiental, responde subjetivamente pela degradação ambiental causada pelo transportador.** III – Agravo regimental provido. (AgRg no AGRAVO EM RECURSO ESPECIAL Nº 62.584 – RJ – 2011/0240437-3)

Importante suscitar que poderá haver a responsabilização administrativa do infrator em sede de processo administrativo marítimo próprio, ou seja, através da responsabilidade perante a Autoridade Marítima e/ou o Tribunal Marítimo.

No que tange a atuação da Capitania dos Portos e Costas em atos afetos ao meio ambiente, a doutrina e a jurisprudência se posicionam de forma pacifica, isso em decorrência de existir previsão legal nesse sentido.

Desse diapasão, cita-se o artigo 14, § 4°, da Lei n° 6.938/1981, que estabelece: "Nos casos de poluição provocada pelo derramamento ou lançamento de detritos ou óleo EM ÁGUAS BRASILEIRAS, por embarcações e terminais marítimos ou fluviais, prevalecerá o disposto na Lei nº 5.357/1967.".

Igualmente, o artigo 70, § 1º, da Lei nº 9.605/1998, o qual estabelece, que são autoridades competentes para lavrar Auto de Infração (AI) e instaurar processo administrativo os funcionários de órgãos ambientais integrantes do SISNAMA, bem como os agentes das Capitanias dos Portos, do Ministério da Marinha.

Neste momento há de ser interpretada a questão da competência do Tribunal Marítimo para o deslinde de acidentes marítimos envolvendo a poluição. O referido Tribunal é disciplinado pela Lei nº 2.180, de 05 de fevereiro de 1954, que estabelece ser o Tribunal Marítimo órgão, autônomo, auxiliar do Poder Judiciário, com atribuições de julgar os acidentes e fatos da navegação marítima, fluvial e lacustre e as questões relacionadas com tal atividade, e com jurisdição em todo o território nacional.

Independente da responsabilidade por atos de poluição ambiental na esfera administrativa, civil e penal, caso esse ato seja configurado como acidente ou fato da navegação, defende-se que poderá haver um processo administrativo marítimo em sede de Tribunal Marítimo, sem qualquer óbice legal, pois, entende-se que um dano ambiental pode ser classificado como acidente ou fato da navegação.

Nota-se que de acordo com a Lei nº 2.180/1954, compete ao Tribunal Marítimo julgar os acidentes e os fatos da navegação, definindo-lhes a natureza e determinando-lhes as causas, circunstâncias e extensão; indicando os responsáveis e aplicando-lhes as penas estabelecidas nesta lei e propondo medidas preventivas e de segurança da navegação.

De acordo com Eliane Octaviano Martins, apesar de se consubstanciar em um órgão administrativo, o Tribunal Marítimo não exerce exclusivamente funções administrativas, mas também, atividades judicantes (MARTINS, 2008, p. 122).

Igualmente, a jurisdição do Tribunal Marítimo se estende sobre todo o território nacional e alcança toda pessoa jurídica ou física envolvida, por qualquer força ou motivo, em acidentes ou fatos da navegação, respeitados os demais instrumentos de Direito Interno e as normas do Direito Internacional (CAMPOS, 2011, p. 103).

No que concerne a competência administrativa, competente ao Tribunal Marítimo manter o registro geral: da propriedade naval; da hipoteca naval e demais ônus sobre embarcações brasileiras; e dos armadores de navios brasileiros.

Desta forma, referida Lei estabeleceu através de um rol exemplificativo os acidentes e os fatos da navegação nos artigos 14 e 15.

De acordo com o art. 14, consideram-se acidentes da navegação: naufrágio, encalhe, colisão, abalroação, água aberta, explosão, incêndio, varação, arribada e alijamento; avaria ou defeito no navio nas suas instalações, que ponha em risco a embarcação, as vidas e fazendas de bordo.

No mesmo sentido, a Convenção Montego Bay, em seu art. 1º, Decreto nº 1.530, de 22 de junho de 1995, no artigo 221, ao tratar das medidas para evitar poluição ambiental resultante de acidentes marítimos, entende que acidente marítimo significa um abalroamento, encalhe ou outro incidente de navegação ou acontecimento a *bordo de uma embarcação ou no seu exterior*, de que resultem danos materiais ou ameaça iminente de danos materiais à embarcação ou à sua carga.

Percebe-se, portanto, que o rol de acidentes da navegação na CNUDM e na Lei de regência do Tribunal Marítimo, é exemplificativo.

Ratifica-se que um dano ambiental pode ser enquadrado, sem grande dificuldade, como uma avaria marítima, que enseja a responsabilidade em sede de Tribunal Marítimo. O mesmo raciocínio deve prevalecer com um defeito ou avaria no navio que coloque em risco a embarcação, as vidas e fazendas de bordo que venha a causar poluição marinha.

Por sua vez, a supra citada Lei, em seu art. 15, determina que se consideram fatos da navegação: o mau aparelhamento ou a impropriedade da embarcação para o serviço em que é utilizada, e a deficiência da equipagem; a alteração da rota; a má estimação da carga, que sujeite a risco a segurança da expedição; a recusa injustificada de socorro a embarcação em perigo; todos os fatos que prejudiquem ou ponham em risco a incolumidade e segurança da embarcação, as vidas e fazendas de bordo; e o emprego da embarcação, no todo ou em parte, na prática de atos ilícitos, previstos em lei como crime ou contravenção penal, ou lesivos à Fazenda Nacional.

Caso uma embarcação imprópria venha a transportar óleo e, consequentemente, a derramar a referida carga em águas jurisdicionais brasileiras, tal fato pode ser tipificado na alínea "a" do art. 15, supracitado. Ou seja, caso uma embarcação (incluindo as plataformas, uma vez em que a Lei nº 2.180/1954, assim prevê) esteja mal aparelhada e venha ocasionar um acidente com carga perigosa, haverá, sem dúvida, um fato da navegação (CAMPOS, 2013).

Vale ressaltar que poluição ambiental é crime, conforme determina a Lei nº 9.605/1998, assim caso uma embarcação ocasione poluição marinha, estaria plenamente configurado o fato da navegação, previsto na alínea "f", art. 15, da Lei nº 2.180/1954.

São inúmeras as situações hipotéticas que podem relacionar a poluição marítima com acidentes e fatos da navegação, ainda, considerando que a Lei no 2.180/1954 traz um rol exemplificativo desses.

Portanto, resta entendido que a competência do Tribunal Marítimo é julgar os acidentes e os fatos, não apenas os descritos na Lei no 2.180/1954, podendo haver uma atuação incisiva em atos de poluição ambiental considerados como acidentes e fatos da navegação.

3. O POLUIDOR E A POLUIÇÃO AMBIENTAL

A Política Nacional do Meio Ambiente (PNMA), em seu art. 3º, define meio ambiente de forma genérica e ampla, como "o conjunto de condições, leis, influências e interações de ordem física, química e biológica, que permite, abriga e rege a vida em todas as suas formas."

Em seguida traz o conceito de degradação e de poluição ambiental, sendo a primeira a alteração adversa das características do meio ambiente; e, por sua vez, a poluição, a degradação da qualidade ambiental resultante de atividades que direta ou indiretamente prejudiquem a saúde, a segurança e o bem-estar da população, criem condições adversas às atividades sociais e econômicas, afetem desfavoravelmente a biota ou as condições estéticas ou sanitárias do meio ambiente e lancem matérias ou energia em desacordo com os padrões ambientais estabelecidos.

Merece nota o fato de que a poluição ambiental é uma espécie de degradação decorrente de atividade humana. Por outro lado, a degradação ambiental pode ocorrer por fatores da natureza ou ocasionados pelo homem.

Por sua vez, a poluição marinha foi conceituada pela Convenção Montego Bay, em seu art. 1º, Decreto nº 1.530, de 22 de junho de 1995, e deve ser entendida como:

> A introdução pelo homem, direta ou indiretamente, de substâncias ou de energia no meio ambiente marinho, incluindo estuários, sempre que a mesma provoque ou possa vir a provocar efeitos nocivos, tais como danos aos recursos vivos e à vida marinha, riscos à saúde do homem, entraves às atividades marítimas, incluindo a pesca e outras utilizações legítimas do mar, alteração na qualidade da água do mar, no que se fere à sua utilização e deteriorização dos locais de recreio.

De forma didática se propõe a divisão da poluição marinha, quanto às fontes geradoras, em dois grandes grupos: advindos de atividades de terra ou de mar. Por sua vez, a poluição marinha decorrentes de atividades marítimas, pode-se dividir em: por alijamento; decorrente de água de lastro; e por derramamento e/ou vazamento de óleo.

As mencionadas formas de poluição advindas de atividades marítimas são controladas por diversos órgãos, como a Autoridade Marítima, Agência Nacional de Vigilância Sanitária, Agência Nacional de Transportes Aquaviários, pelos órgãos integrantes do Sistema Nacional do Meio Ambiente – SISNAMA, com normas preventivas, demonstrando que a poluição pode e deve ser evitada, e que o meio ambiente marinho pode ser utilizado de forma sustentável.

Percebe-se a existência de uma série de regras e obrigações que visam evitar a poluição ou risco e ameaça de poluição por navios e embarcações em geral. Depreende-se que o transporte aquaviário é uma atividade amplamente regulada e fiscalizada, possuindo todos os requisitos para ser considerada uma atividade sustentável sob o aspecto ambiental.

Dessa forma, mesmo com todas as normas de prevenção, caso haja qualquer dano ambiental ao meio ambiente haverá a responsabilização do poluidor, que para a PNMA é: "a pessoa física ou jurídica, de direito público ou privado, responsável, direta ou indiretamente, por atividade causadora de degradação ambiental."

Em seguida, disciplina o artigo 14, § 1o, sem prejuízo das penalidades definidas pela legislação federal, estadual e municipal, o não cumprimento das medidas necessárias à preservação ou correção dos inconvenientes e danos causados pela degradação da qualidade ambiental é o poluidor obrigado, independentemente da existência de culpa, a indenizar ou reparar os danos causados ao meio ambiente e a terceiros, afetados por sua atividade. Instituindo, assim, a responsabilidade objetiva, como anteriormente visto.

Portanto, a PNMA traz a possibilidade de identificação do *poluidor direto e indireto*, onde o poluidor também é aquele que contribui para a poluição com consequente degradação do meio ambiente.

Ao se ponderar acerca da responsabilidade pelo dano ambiental do proprietário, armador e/ou do afretador não armador, deve-se considerar a identificação do poluidor direto e indireto.

4. AS MODALIDADES DE CONTRATO DE AFRETAMENTO

O contrato de afretamento é o acordo pelo qual o proprietário (fretador) de um navio se compromete, percebendo em contrapartida, o frete, a transportar, ou a possibilitar que o afretador transporte, mercadorias em um determinado navio.

Desde já se esclarece que o armador pode ser entendido como pessoa física ou jurídica que, em seu nome e sob sua responsabilidade, apresta a embarcação com fins comerciais, pondo-a ou não a navegar por sua conta.

O contrato de afretamento não se confunde com contrato de transporte, pois o primeiro envolve tanto a locação do navio como a prestação de serviço de transporte, ou seja, se atribui o uso e a fruição do navio. Esse contrato pode ser de três tipos: a casco nu, por tempo e por viagem.

O afretamento a casco nu é o contrato em virtude do qual o afretador tem a posse, o uso e o controle da embarcação, por tempo determinado, incluindo o direito de designar o comandante e a tripulação.

Já no afretamento por tempo, o afretador recebe a embarcação armada e tripulada, ou parte dela, para operá-la por tempo determinado. Por sua vez, no afretamento por viagem o fretador se obriga a colocar o todo ou parte de uma embarcação, com tripulação, à disposição do afretador para efetuar transporte em uma ou mais viagens.

A figura do armador da embarcação pode ser alterada de acordo com o tipo de contrato de afretamento, por se alterar a gestão náutica e a comercial de uma embarcação.

5. OS PRINCÍPIOS AMBIENTAIS

O desenvolvimento econômico em dissonância com a questão ambiental não se mostra mais possível, em face do reconhecimento, pela Constituição Federal de 1988, do meio ambiente não poluído como direito fundamental. Dessa forma, a temática ambiental aparece como conteúdo e como limite das atividades econômicas, diante da supremacia da dignidade da pessoa humana e da primazia do direito à vida.

Nesse sentido, a sustentabilidade ambiental deve ser percebida através da necessidade humana de viver com saúde, dignidade e bem-estar, usufruindo, para tanto, dos bens ambientais dentro dos limites que não comprometam a existência desses recursos e não seja prejudicial ao meio ambiente.

De acordo com José Afonso da Silva a Constituição Federal de 1988 defende a conciliação de dois valores aparentemente conflitantes, em busca de realização do bem-estar e da boa qualidade de vida. Assim, a conciliação desses dois valores versa a promoção do desenvolvimento sustentável, que consistente na exploração equilibrada dos recursos naturais, nos limites da satisfação das necessidades e do bem-estar da presente geração, assim como de sua conservação no interesse das gerações futuras (SILVA, 2009. p. 26).

Nesse contexto, com vistas a justificar a responsabilização civil ambiental do proprietário e/ou do afretador não proprietário pelos danos ambientais, é imprescindível que sejam analisados os princípios ambientais fundamentais de tal possibilidade, com destaque aos seguintes: responsabilização e reparação das condutas e atividades lesivas ao meio ambiente; intervenção estatal obrigatória na defesa ambiental; e poluidor pagador.

Para Álvaro Luiz Valery é essencial a análise dos princípios do Direito Ambiental são os princípios que auxiliam no entendimento e na identificação da unidade e coerência existentes entre todas as normas jurídicas que compõem o sistema legislativo ambiental, e são desses que se extraem as diretrizes básicas que permitem compreender a forma pela qual a proteção do meio ambiente é vista na sociedade (MIRRA, 1996, p. 50).

O princípio da responsabilização e reparação das condutas e atividades lesivas ao meio ambiente, previsto no Princípio 13 da Declaração do Rio sobre Meio Ambiente e Desenvolvimento (1992) estabelece que os Estados devem estabelecer em suas legislações a obrigação de o poluidor reparar o dano ambiental e de promover a indenização das possíveis vítimas.

O Brasil adotou na Lei de Política Nacional do Ambiental a responsabilidade objetiva ambiental (arts. 3º, IV, e14), a qual foi ratificada pela Constituição Federal (art.225, §3º).

Esse princípio preconiza a importância de se responsabilizar os agentes da degradação ambiental. Nestes termos, por um ato poluidor, há possibilidade de responsabilidade simultânea nas esferas civil, penal e administrativa da pessoa física ou jurídica, em relação a um mesmo ato danoso.

O princípio da intervenção estatal obrigatória na defesa ambiental está assinalado no Princípio 17 da Declaração de Estocolmo de 1972, no Princípio 11 da Declaração do Rio de 1992 e no texto da Carta Magna, no caput do art. 225 e nos arts. 23, III,VI, VII, IX e XI, e 24, VI, VII e VIII).

Esse princípio pressupõe que o Poder Público tem a obrigação de atuar na esfera administrativa, legislativa e judicial na defesa do meio ambiente, constituindo um poder/dever, por conta da natureza indisponível desse bem. Contudo, como a própria Constituição Federal prevê que essa atividade estatal não é exclusiva, mas sim compartilhada com a participação direta da coletividade.

Por fim, o princípio poluidor-pagador ou da responsabilização tem sua previsão na Lei da Política Nacional do Meio Ambiente e na Constituição Federal. De acordo com o princípio poluidor-pagador, ou da responsabilização, o poluidor, pessoa física ou jurídica, é obrigado a recuperar ou indenizar o ambiente degradado, independentemente de culpa.

Tal princípio encontra-se presente na supracitada Lei, no art. 4º,VII, e §1º do art. 14, que prescrevem:

> Art. 4º A Política Nacional do Meio Ambiente, visará:
>
> [...]
>
> VII – à imposição ao poluidor e ao predador da obrigação de recuperar e/ou indenizar os danos causados....
>
> Art. 14. [...]
>
> § 1º – Sem obstar a aplicação das penalidades previstas neste artigo, é o poluidor obrigado, independentemente da existência de culpa, a indenizar ou reparar os danos causados ao meio ambiente e a terceiros, afetados por sua atividade. O Ministério Público da União e dos Estados terá legitimidade para propor ação de responsabilidade civil e criminal, por danos causados ao meio ambiente;

A responsabilidade objetiva do poluidor pelos danos ambientais causados é, independentemente da existência de culpa, bastando apenas a ocorrência do fato danoso. Isto importa na reparação integral do prejuízo causado, que tem como objetivo primordial assegurar a recomposição do meio ambiente danificado, na medida do possível, no estado em que se encontrava antes da ocorrência do dano.

Celso Antonio Pacheco FIORILLO (2011, p. 92) identifica o princípio do poluidor pagador através de duas formas, preventiva e repressiva, a saber: busca evitar a ocorrência de danos ambientais e ocorrido o dano, visa à sua reparação.

Também o princípio do poluidor-pagador está expressamente agasalhado pelo art. 225, § 3º, da Constituição Federal. Em nenhuma hipótese esse princípio significa pagar para poluir, seu significado refere-se aos custos sociais externos que acompanham a atividade econômica que devem ser internalizados, isto é, devem ser considerados pelo empreendedor e computados no custo do produto final (GRANZIERA, 2011, p. 70).

6. A RESPONSABILIDADE CIVIL POR DANOS CAUSADOS POR POLUIÇÃO POR ÓLEO

Segundo a Convenção Internacional sobre Responsabilidade Civil em Danos Causados por Poluição por Óleo, de 1969, o proprietário do navio no momento do incidente, ou se o incidente consiste de sucessão de fatos, no momento do primeiro fato, será responsável por qualquer dano por poluição causado por óleo que tenha sido derramado descarregado de seu navio como resultado do incidente.

Ainda, o proprietário não será o responsável por dano de poluição se provar que o dano resultou:

1. de um ato de guerra, de hostilidade, de uma guerra civil, de uma insurreição ou de um fenômeno natural de caráter excepcional inevitável e irresistível, ou

2. totalmente de um ato ou omissão praticado por um terceiro com intenção de produzir danos, ou

3. integralmente de negligência ou de ato prejudicial de um governo ou de outra autoridade responsável pela manutenção de faróis de outros auxílios à navegação, no exercício dessa função.

Para a Convenção em glosa, proprietário significa a pessoa ou pessoas registradas como proprietário do navio, ou em falta de matrícula, a pessoa ou pessoas que têm o navio por propriedade, todavia, nos casos de um navio de propriedade de um estado e operado por uma companhia que, nesse estado, é registrada como operadora do navio, o termo "proprietário" designa essa companhia.

O campo de aplicação da Convenção em comento está prevista em seu Art. 2º, onde será aplicada exclusivamente aos danos por poluição causados no território, incluindo o mar territorial de um esta contratante, e às medidas preventivas tomadas para evitar ou minimizar tais danos.

Destaca-se que o art. 2º, do Decreto nº 83.540/79, que regulamenta a aplicação da Convenção Internacional sobre Responsabilidade Civil em Danos Causados por Poluição por Óleo, de 1969, e dá outras providencias, estipular que a responsabilidade pelo dano ambiental provocado por navio estrangeiro é exclusiva proprietário, nos seguintes termos:

> Art.2º O proprietário de um navio, que transporte óleo a granel como carga, é civilmente responsável pelos danos causados por poluição por óleo no Território Nacional, incluído o mar territorial, salvo nas hipóteses previstas no § 2º, do artigo III, da Convenção ora regulamentada.

Estabelece o Decreto nº 83.540/79, que a ação de responsabilidade civil será proposta pelo Ministério Público da União ou, como litisconsorte, por quem quer que tenha sofrido danos decorrentes da poluição por óleo. E que, a ação de responsabilidade civil deverá ser proposta contra o proprietário do navio ou seu segurador, e, igualmente, quando for o caso, contra a entidade ou pessoa prestadora da garantia financeira. O proprietário do navio ou seu segurador, bem como a entidade ou pessoa prestadora da garantia financeira poderão responder a ação, solidária ou isoladamente.

Como garantia da responsabilidade civil nesses casos, todo navio registrado em Estado contratante, e que transporte mais de 2.000 (duas mil) toneladas de óleo a granel como carga, deverá ter, a bordo, Certificado de Garantia, para que possa trafegar ou permanecer em águas territoriais, portos ou terminais brasileiros. Todo navio registrado em um Estado não contratante está obrigado à apresentação de uma garantia financeira nos termos da Convenção Internacional sobre Responsabilidade Civil em Danos Causados por Poluição por Óleo.

A responsabilidade civil, segundo a Convenção Internacional sobre Responsabilidade Civil em Danos Causados por Poluição por Óleo, deve ser limitada, assim, o proprietário de um navio tem o direito de limitar sua responsabilidade, em relação a um acidente, a um montante total de 2.000 francos por tonelada da tonelagem do navio, todavia esse montante total em nenhum caso poderá exceder a 210 milhões de francos.

Entretanto, se o incidente tiver sido produzido por uma falta pessoal do proprietário, esse não poderá se beneficiar da limitação de responsabilidade civil.

Estabelece a referida Convenção que para aproveitar o benefício da limitação estipulada no parágrafo 1 deste artigo, o proprietário deverá constituir um fundo, cuja soma total representa o limite de sua responsabilidade, junto ao tribunal ou qualquer outra autoridade competente de qualquer um dos estados contratantes.

O fundo pode ser constituído quer por depósito da soma ou por apresentação de uma garantia bancária ou ainda por qualquer outra garantia que seja aceitável pela legislação do estado contratante em que for constituído e que seja considerado adequado pelo tribunal ou por qualquer outra autoridade competente. Assim, o fundo será distribuído entre os reclamantes proporcionalmente aos montantes das reivindicações estabelecidas.

Neste sentido o Decreto n° 83.540/79, estabelece que: "Art. 13 – Caso o total das indenizações devidas ultrapasse o limite de responsabilidade estabelecida na Convenção ora regulamentada, haverá rateio da importância entre aqueles que sofreram perdas ou decorrentes da poluição por óleo."

Desta forma, a responsabilidade civil ambiental em casos envolvendo acidentes com óleo deve ser aplicada ao proprietário do navio de forma limitada em face da tonelagem do navio.

Entretanto, importante analisar a possibilidade de responsabilização do afretador não proprietário de uma embarcação, enquanto poluidor indireto, com vistas a impossibilitar que não haja o restabelecimento da qualidade do meio ambiente.

7. A RESPONSABILIDADE DO AFRETADOR E A POSIÇÃO DO SUPERIOR TRIBUNAL DE JUSTIÇA NO BRASIL

Com vistas a considerar a possibilidade de responsabilidade do afretador por danos ambientais, bem como em quais esferas essa poderia ocorrer, há de se analisar o Recurso Especial, interposto pela PETRÓLEO BRASILEIRO S/A – PETROBRÁS, no 467.212 – RJ (2002/0106671-6), que teve como Relator o Ministro Luiz Fux.

A CECA – Comissão Estadual de Controle Ambiental lavrou auto de infração imputando à PETROBRÁS multa por infringência ao inciso 2.1 da Tabela do Decreto n° 8.974/86 cometida em 22/11/1991, consubstanciada no vazamento de 500 litros de petróleo do navio de bandeira Liberiana fretado pela PETROBRÁS.

Inconformada com a autuação ambiental a PETROBRÁS ajuizou Ação Anulatória de Débito Fiscal em face do Estado do Rio de Janeiro, objetivando ver declarada inexigível a multa ambiental, inscrita na Dívida Ativa, imposta por poluição de água e solo com substância não tóxica, conforme Decreto Estadual n° 8974/86, quando navio de bandeira Liberiana, fretado pela parte autora, transportava petróleo bruto para Angra dos Réis, sob os seguintes fundamentos:

1. O órgão Estadual que não possuía competência para a aplicação da penalidade, *in casu*, mas sim a Capitania dos Portos, por se tratar de embarcação, com base na o § 4°, do art. 14, da Lei n° 6.938/81 e arts. 2° e 3°, da Lei n° 5.357, de 17 de novembro de 1967, vigentes à época do fato (05/12/1990).

2. Que a responsabilidade por danos ambientais é exclusiva do proprietário, do comandante e do armador do navio da embarcação estrangeira, conforme art. 2°, do Decreto n° 83.540, de 04 de junho de 1979.

O juízo monocrático julgou improcedente o pedido deduzido na inicial sob o fundamento de que a responsabilidade em reparação por danos ambientais é objetiva, entre outros, conforme acórdão proferido em sede de Apelação pelo Tribunal de Justiça do Estado do Rio de Janeiro, com a seguinte ementa:

> AÇÃO ANULATÓRIA DE AUTO DE INFRAÇÃO DE DÉBITO FISCAL. Multa ambiental aplicada pela FEEMA, sendo o auto de infração de 25.03.1993. Competência dos órgãos estatais de defesa do meio ambiente para fiscalização, sendo que a

Constituição Federal possibilita aos entes federados a competência legislativa fiscalizatória para proteção ao meio ambiente e combate a poluição. Inexistência na Lei 5357/67 e Lei 6938/81 de impedimento a órgãos estatais para atividade fiscalizadora, sendo certo que o Decreto 99274/90, ao estruturar o SISNAMA, invoca entes estaduais como integrantes deste. Legitimidade da Petrobrás para ser autuada, independentemente do navio poluidor ter bandeira estrangeira, posto que estava por ela afretado sob a sua responsabilidade, não sendo o caso de incidência de convenção internacional. Inexistência de cerceamento, visto conter o auto de infração elementos suficientes a elaboração da defesa da autuada, o que efetivamente ocorreu. Incidência da Lei 6938/81, art. 14, § 1°, tratando-se no caso de responsabilidade objetiva. Sentença que se mantém.

Assim, o Recurso Especial foi interposto, com fulcro nas alíneas "a" e "c", do inciso III, do art. 105, da Constituição Federal, uma vez em que a matéria foi devidamente prequestionada, o recurso foi conhecido, cabendo ao STJ dirimir as seguintes controversas: se é da competência dos órgãos do SISNAMA ou da Capitania dos Portos a aplicação de penalidades pelo dano ambiental ocasionado por vazamento de óleo de navio estrangeiro em águas brasileiras; e se o pagamento da multa ambiental é de responsabilidade do proprietário do navio estrangeiro ou da PETROBRÁS, que o fretou para transportar o petróleo bruto.

Bem, no que concerne a competência fiscalizatória restou evidenciado que o § 4°, do art. 14, da Lei n° 6.938/81, não exclui a competência fiscalizatória e sancionatória dos órgãos estaduais de proteção ao meio ambiente, mas, ao contrário, consoante o art. 2°, da Lei n° 5.357/67, reforçou a referida competência. Desta forma o STJ afastou o pleito de incompetência da autoridade estadual que lavrou o auto de infração e impôs multa administrativa à PETROBRAS.

A segunda problemática, na verdade, trata do objeto central do presente artigo. A questão está diretamente ligada ao fato de art. 2°, do Decreto n° 83.540/79, que regulamenta a aplicação da Convenção Internacional sobre Responsabilidade Civil em Danos Causados por Poluição por Óleo, de 1969, e dá outras providencias, estipular que a responsabilidade pelo dano ambiental provocado por navio estrangeiro é exclusiva proprietário, nos seguintes termos:

> Art.2º O proprietário de um navio, que transporte óleo a granel como carga, é civilmente responsável pelos danos causados por poluição por óleo no Território Nacional, incluído o mar territorial, salvo nas hipóteses previstas no § 2o, do artigo III, da Convenção ora regulamentada.

Como explanado supra a PNMA abraçou a responsabilidade sem culpa ou objetiva, além de prever expressamente o dever do poluidor de recuperar e/ou indenizar os danos causados.

Da mesma, no caso em glosa, restou configurado que o risco da atividade desempenhada pela PETROBRÁS em causar danos ambientais consubstancia o nexo causal de sua responsabilidade, independentemente, de o derramamento de óleo ter ocorrido por culpa da embarcação afretada.

Por fim, entendeu o STJ que merecem tratamento diverso os danos ambientais provocados por embarcação de bandeira estrangeira contratada (afretada) por empresa nacional cuja atividade, **ainda que de forma indireta**, seja a causadora do derramamento de óleo, daqueles danos perpetrados por navio estrangeiro a serviço de empresa estrangeira, quando então resta irretorquível a aplicação do art. 2°, do Decreto n° 83.540/79, quando a responsabilidade seria atribuída ao proprietário. No mais, ainda que, em ambos os casos haveria direito de regresso contra o culpado.

Portanto, 28 de outubro de 2003, o Recurso Especial foi julgado, onde acordaram os Ministros da Primeira Turma do Superior Tribunal de Justiça, os Ministros Teori Albino Zavascki, Humberto Gomes de Barros, José Delgado (voto-vista) e Francisco Falcão, na conformidade dos votos, após o voto-vista do Sr. Ministro José Delgado, por unanimidade, em negar provimento ao recurso, nos termos do voto do Sr. Ministro Relator, com a seguinte ementa[3]:

> ADMINISTRATIVO. DANO AMBIENTAL. SANÇÃO ADMINISTRATIVA. IMPOSIÇÃO DE MULTA. AÇÃO ANULATÓRIA DE DÉBITO FISCAL. DERRAMAMENTO DE ÓLEO DE

---

3. **Confira ementa completa**: ADMINISTRATIVO. DANO AMBIENTAL. SANÇÃO ADMINISTRATIVA. IMPOSIÇÃO DE MULTA. AÇÃO ANULATÓRIA DE DÉBITO FISCAL. DERRAMAMENTO DE ÓLEO DE EMBARCAÇÃO ESTRANGEIRA CONTRATADA PELA PETROBRÁS. COMPETÊNCIA DOS ÓRGÃOS ESTADUAIS DE PROTEÇÃO AO MEIO AMBIENTE PARA IMPOR SANÇÕES. RESPONSABILIDADE OBJETIVA. LEGITIMIDADE DA EXAÇÃO. 1."(...) O meio ambiente, ecologicamente equilibrado, é direito de todos, protegido pela própria Constituição Federal, cujo art. 225 o considera "bem de uso comum do provo e essencial à sadia qualidade de vida". (...) Além das medidas protetivas e preservativas previstas no § 1o, incs. I-VII do art. 225 da Constituição Federal, em seu § 3o ela trata da responsabilidade penal, administrativa e civil dos causadores de dano ao meio ambiente, ao dispor: "As condutas e atividades consideradas lesivas ao meio ambiente sujeitarão os infratores, pessoas físicas ou jurídicas, a sanções penais e administrativas, independentemente da obrigação de reparar os danos causados". Neste ponto a Constituição recepcionou o já citado art. 14, § 1o da Lei n. 6.938/81, que estabeleceu responsabilidade objetiva para os causadores de dano ao meio ambiente, nos seguintes termos: "sem obstar a aplicação das penalidades previstas neste artigo, é o poluidor obrigado, independentemente de existência de culpa, a indenizar ou reparar os danos causados ao meio ambiente e a terceiros, afetados por sua atividade." " [grifos nossos] (Sergio Cavalieri Filho, in "Programa de Responsabilidade Civil")

2. As penalidades da Lei n.° 6.938/81 incidem sem prejuízo de outras previstas na legislação federal, estadual ou municipal (art. 14, caput) e somente podem ser aplicadas por órgão federal de proteção ao meio ambiente quando omissa a autoridade estadual ou municipal (art. 14, § 2°). A ratio do dispositivo está em que a ofensa ao meio ambiente pode ser bifronte atingindo as diversas unidades da federação

EMBARCAÇÃO ESTRANGEIRA CONTRATADA PELA PETROBRÁS. COMPETÊNCIA DOS ÓRGÃOS ESTADUAIS DE PROTEÇÃO AO MEIO AMBIENTE PARA IMPOR SANÇÕES. RESPONSABILIDADE OBJETIVA. LEGITIMIDADE DA EXAÇÃO.

[...]

4. A competência da Capitania dos Portos não exclui, mas complementa, a legitimidade fiscalizatória e sancionadora dos órgãos estaduais de proteção ao meio ambiente.

[...]

8. Merecem tratamento diverso os danos ambientais provocados por embarcação de bandeira estrangeira contratada por empresa nacional cuja atividade, ainda que de forma indireta, seja a causadora do derramamento de óleo, daqueles danos perpetrados por navio estrangeiro a serviço de empresa estrangeira, quando então resta irretorquível a aplicação do art. 2°, do Decreto n.° 83.540/79

[...]

Portanto, percebe-se que o entendimento exarado no caso em comento foi no sentido de ratificar a responsabilidade objetiva administrativa do afretador não armador, no caso a PETROBRÁS, independente da responsabilidade civil objetiva por risco integral, por haver configurado o nexo causal em decorrência do risco da atividade e por ser dispensável a averiguação da culpa.

---

3. À Capitania dos Portos, consoante o disposto no § 4°, do art. 14, da Lei n.° 6.938/81, então vigente à época do evento, competia aplicar outras penalidades, previstas na Lei n.° 5.357/67, às embarcações estrangeiras ou nacionais que ocasionassem derramamento de óleo em águas brasileiras.

4. A competência da Capitania dos Portos não exclui, mas complementa, a legitimidade fiscalizatória e sancionadora dos órgãos estaduais de proteção ao meio ambiente.
5. Para fins da Lei no 6.938, de 31 de agosto de 1981, art 3o, qualifica-se como poluidor a pessoa física ou jurídica, de direito público ou privado, responsável, direta ou indiretamente, por atividade causadora de degradação ambiental.

6. Sob essa ótica, o fretador de embarcação que causa dano objetivo ao meio ambiente é responsável pelo mesmo, sem prejuízo de preservar o seu direito regressivo e em demanda infensa à administração, inter partes, discutir a culpa e o regresso pelo evento.

7. O poluidor (responsável direto ou indireto), por seu turno, com base na mesma legislação, art. 14 – "sem obstar a aplicação das penalidades administrativas" é obrigado, "independentemente da existência de culpa", a indenizar ou reparar os danos causados ao meio ambiente e a terceiros, "afetados por sua atividade".

8. Merecem tratamento diverso os danos ambientais provocados por embarcação de bandeira estrangeira contratada por empresa nacional cuja atividade, ainda que de forma indireta, seja a causadora do derramamento de óleo, daqueles danos perpetrados por navio estrangeiro a serviço de empresa estrangeira, quando então resta irretorquível a aplicação do art. 2°, do Decreto n.° 83.540/79

9. De todo sorte, em ambos os casos há garantia de regresso, porquanto, mesmo na responsabilidade objetiva, o imputado, após suportar o impacto indenizatório não está inibido de regredir contra o culpado.
10. In casu, discute-se tão-somente a aplicação da multa, vedada a incursão na questão da responsabilidade fática por força da Súmula 07/STJ.

11. Recurso especial improvido.

Ainda há de se perquirir se poderia haver a responsabilidade administrativa marítima, principalmente em sede de Tribunal Marítimo. Como visto, o caso envolveu o derramamento de óleo por embarcação estrangeira afretada por empresa brasileira, em águas jurisdicionais brasileiras.

De acordo com a Lei no 2.180/1954, compete ao Tribunal Marítimo julgar os acidentes e os fatos da navegação, definidos através de um rol exemplificativo os acidentes e os fatos da navegação nos artigos 14 e 15 da referida lei.

O artigo 10 da Lei em glosa disciplina as hipóteses e casos em que o Tribunal Marítimo exercerá jurisdição, assim, o Tribunal Marítimo tem competência, entre outros, para julgar acidente e fato da navegação envolvendo embarcação mercante de qualquer nacionalidade em águas brasileiras estrangeira; locatários de embarcações estrangeiras mercantes; toda pessoa envolvida, por qualquer forma ou motivo, em acidente e fato da navegação; e, ilhas artificiais, instalações estruturas, bem como embarcações de qualquer nacionalidade empregadas em operações relacionadas com pesquisa científica marinha, prospecção, exploração, produção, armazenamento e beneficiamento dos recursos naturais, nas águas interiores, no mar territorial, na zona econômica exclusiva e na plataforma continental brasileiros.

Questão envolvendo a vertente ambiental foi abordada recentemente pelo Tribunal Marítimo no Processo nº 27.050/12, que trata do caso do vazamento de óleo durante operação de perfuração de poço, no Campo de Frade, pela plataforma "SEDCO 706". Inclusive, este posicionamento pioneiramente defendido que o referido Tribunal pode atuar em questões ambientais foi reconhecido pelo Tribunal Marítimo, tendo, inclusive, sido citado na decisão emanada em 15/10/13 pelo juiz Marcelo David, no Processo nº 27.050/12, da seguinte forma:

> Como cabe ao Tribunal Marítimo julgar o acidente da navegação, determinando sua natureza, extensão, causas e responsáveis, configurada a competência do Tribunal para o julgamento da poluição, mais uma vez. **Inclusive esse foi o posicionamento doutrinário defendido com brilhantismo pela Dra. Ingrid Zanella, especialista na matéria, no III Workshop do Tribunal Marítimo, recentemente realizado.** (G.N.)

Portanto, o entendimento que o rol dos acidentes e fatos da navegação é exemplificativo é, ainda, uma interpretação conforme a Constituição Federal, por possibilitar que o Tribunal Marítimo atue de forma incisiva em questões ambientais marítimas.

CONSIDERAÇÕES FINAIS

Contatou-se que a responsabilidade civil ambiental em casos envolvendo acidentes com óleo deve ser aplicada ao proprietário do navio de forma limitada em face da tonelagem do navio, conforme estabelece a Convenção Internacional sobre Responsabilidade Civil em Danos Causados por Poluição por Óleo, 1969.

O Superior Tribunal de Justiça – STJ, para possibilitar uma responsabilização ambiental ampla e efetiva em face da ocorrência de dano ambiental, bem como a sua reparação, entendeu que merecem tratamento diverso os danos ambientais provocados por embarcação de bandeira estrangeira contratada (afretada) por empresa nacional cuja atividade, **ainda que de forma indireta**, seja a causadora do derramamento de óleo, daqueles danos perpetrados por navio estrangeiro a serviço de empresa estrangeira, quando então resta irretorquível a aplicação do art. 2°, do Decreto n° 83.540/79, quando a responsabilidade seria atribuída ao proprietário.

Desta forma, os danos ambientais decorrentes da poluição marinha por derramamento ou vazamento de óleo podem ensejar a tripla responsabilização ambiental, inclusive, de acordo com a jurisprudência do STJ, do afretador brasileiro de embarcação estrangeria, enquanto poluidor indireto.

Assim, a depender do tipo de contrato de afretamento, da área de navegação e da nacionalidade da embarcação, a responsabilização poderá ocorrer no âmbito civil, penal e administrativo, incluindo a responsabilidade administrativa marítima em sede de Autoridade Marítima e/ou de Tribunal Marítimo.

Portanto, o afretador pode ser amplamente responsabilizado por danos ambientais, nas esferas civil e administrativa, em decorrência do nexo causal estabelecido pelo risco da atividade, pela responsabilidade objetiva e por se configurar como poluidor indireto.

Adverte-se que a possibilidade da responsabilidade administrativa do afretador enquanto poluidor indireto deve ser aplicada na medida de sua culpabilidade, considerando que o atual posicionamento do STJ é que esta responsabilidade é subjetiva, devendo-se perquirir dolo ou culpa.

A aplicação da possibilidade de responsabilização civil do afretador não proprietário por danos ambientas causados por óleo, pelo STJ, no Brasil, foi uma interpretação visando uma maior proteção ao meio ambiente, considerando que os danos ambientais haviam sido provocados por embarcação de bandeira estrangeira contratada (afretada) por empresa nacional cuja atividade, ainda que de forma indireta foi a causadora do derramamento de óleo. Ainda, com base na adoção no Brasil da teoria objetiva do risco integral na responsabilidade civil envolvendo o meio ambiente.

A diferenciação criada pelo STJ está embasada nos princípios ambientais analisados neste artigo, como desenvolvimento sustentável, responsabilização e reparação das condutas e atividades lesivas ao meio ambiente e poluidor-pagador.

Isso não implica afirmar que a Convenção Internacional sobre Responsabilidade Civil em Danos Causados por Poluição por Óleo deva ser esquecida, d'outro vértice, deve-se aplicar a responsabilidade civil ao proprietário da embarcação, inclusive no Brasil, entretanto se deve primar pela preservação e reparação ambiental.

5
RESPONSABILIDADE CIVIL POR VIOLAÇÃO DO DIREITO FUNDAMENTAL À BUSCA DA FELICIDADE: REFLEXÕES SOBRE UM NOVO DANO.

PROF. DOUTOR MÁRIO LUIZ DELGADO[1]

SUMÁRIO • 1. Notas introdutórias – 2. A felicidade como valor jurídico (e não como um direito subjetivo) – 3. A busca da felicidade como princípio normativo: *the right to pursuit of happiness* – 4. O princípio da busca da felicidade na legislação comparada – 5. O reconhecimento da força normativa da busca da felicidade nas cortes brasileiras – 6. Uma proposta de positivação da busca da felicidade no ordenamento jurídico brasileiro – 7. Responsabilidade civil pela quebra do projeto de felicidade: pressupostos e casuística: 7.1 Da violação do direito à busca da felicidade; 7.2 Dano ao projeto de busca da felicidade. Um novo dano?; 7.3 Culpa e relação de causalidade – 8. Ponderação de interesses e exclusão do dever de indenizar – Referências.

Todas as pessoas são titulares do direito inalienável de buscar a sua felicidade e ninguém pode obstar essa busca, sob pena de cometer ato ilícito.

1. NOTAS INTRODUTÓRIAS

A evolução da responsabilidade civil na sociedade contemporânea é marcada pelo escanteio dos direitos subjetivos patrimoniais em prol da dignidade da pessoa humana, priorizando-se, assim, os interesses existenciais, assegurando às vítimas, em qualquer hipótese lesiva, a possibilidade de pleitear a reparação integral. Derrogando o patrimonialismo oitocentis-

---

1. Doutor em Direito Civil pela Universidade de São Paulo – USP. Mestre em Direito Civil Comparado pela Pontifícia Universidade Católica de São Paulo -PUC-SP. Advogado. Professor da Faculdade Autônoma de Direito de São Paulo – FADISP. Presidente da Comissão de Assuntos Legislativos do – Instituto Brasileiro de Direito de Família-IBDFAM. Diretor de Assuntos Legislativos do Instituto dos Advogados de São Paulo – IASP. Membro da Academia Brasileira de Direito Civil –ABDC e do Instituto de Direito Comparado Luso-Brasileiro –IDCLB.

ta, a responsabilidade civil pós-moderna pretende reposicionar o ser humano e os valores imateriais no vértice do ordenamento jurídico[2].

Partindo desse patamar evolutivo, o Direito enfrenta o desafio de assegurar a reparação de novas modalidades de danos sem conteúdo econômico e que antes estavam abrangidos na denominação genérica de "dano moral". Como diz Paulo de Tarso Vieira Sanseverino, o atual estágio do direito brasileiro "já permite um debate mais amplo acerca da existência de diferentes modalidades de prejuízos extrapatrimoniais de molde a se alcançar um ressarcimento mais completo e mais preciso em favor das vítimas, valorando-se concretamente os danos efetivamente sofridos em toda a sua extensão, o que constitui função do princípio da reparação integral"[3].

Esse é caso do dano pela violação do direito à busca da felicidade ou, simplesmente, dano pela quebra do "projeto de felicidade". Trata-se de um novo dano extrapatrimonial, de cujo enquadramento não nos ocuparemos neste momento[4].

Há quem considere a busca da felicidade um direito natural, independente de qualquer inserção no ordenamento jurídico positivo, e que impedir uma pessoa de ser feliz violaria a Moral e o Direito. Não seguiremos esse caminho, pois entendemos que essa positivação já ocorreu, ainda que de forma implícita. Existe, na Constituição de 1988, um princípio constitucional implícito de busca da felicidade, que confere faculdades jurídicas aos sujeitos, com esteio nas quais se poderá falar, também, em um direito subjetivo fundamental à busca da felicidade.

A partir do momento em que se admitiu a força normativa do princípio da busca da felicidade, como fez o Supremo Tribunal Federal do Brasil em

---

2. É o que chamamos de "novo antropocentrismo", pois o centro do ordenamento não é mais o "homem individual", mas sim o homem inserido no complexo das relações sociais, e cuja atuação é funcionalizada em favor da coletividade universalizada.
3. SANSEVERINO, Paulo de Tarso Vieira. *Princípio da reparação integral*. São Paulo: Saraiva, 2011, p. 302.
4. São diversos os critérios de catalogação dos prejuízos extrapatrimoniais. Uma divisão bastante utilizada parte da diferenciação entre dano moral e dano existencial, o que só faz algum sentido para quem identifica o dano moral com a dor, o sofrimento ou o abalo emocional. Não é essa a orientação que seguimos. Dano moral, em poucas palavras, corresponde à violação de direitos da personalidade, incluindo a integridade fisicopsíquica, ainda que entre os seus efeitos mais comuns se coloquem o padecimento físico e a perturbação emocional do lesado. Como bem pontua Marco Aurélio Bezerra de Melo, "o caminho mais correto para a conceituação do dano moral e o único que se harmoniza com o modelo constitucional brasileiro presidido pela proteção à dignidade da pessoa humana é o de compreender essa figura como uma ofensa aos direitos da personalidade". (MELO, Marco Aurélio Bezerra de. *Curso de direito civil. vol. IV*. São Paulo: Atlas, 2015, p.131).

julgamento paradigmático – Recurso Extraordinário nº 898.060, existindo, inclusive, quem proponha a alteração do texto constitucional para explicitação desse direito fundamental (PEC nº 19/2010), não seria delírio imaginar hipóteses lesivas decorrentes da violação do direito, a justificar a incidência do arcabouço da responsabilidade civil e o seu tratamento como dano autônomo, diverso do dano moral ou do dano existencial, inclusive nas manifestações de "dano ao projeto de vida" e de "dano à vida de relação". Nessa primeira modalidade de dano existencial, o lesado tem frustradas as suas expectativas em relação ao futuro, principalmente no campo profissional, como a perda dos dedos das mãos de um pianista ou de um cirurgião, ou a perda das pernas de um jogador de futebol. Na segunda, o ofendido perde a possibilidade de manter as suas atividades cotidianas e de reinserir-se nas relações sociais, como é o caso, por exemplo, da vítima de abuso sexual que não consegue mais se relacionar sexualmente com ninguém[5].

No dano pela quebra do projeto de busca da felicidade, a vítima se vê impedida (ou restringida) de concretizar escolhas pessoais que poderiam conduzir ao estado emotivo de bem-estar a que chamamos de felicidade.

Os pressupostos tradicionais da responsabilidade civil se encontram nucleados nos arts. 186 e 927, *caput*, do Código Civil Brasileiro, a impor que todo aquele que "violar direito" e "causar dano" assuma a obrigação de reparar. Logo, quando se reconhece um "direito à busca da felicidade", forçoso anuir que o seu descumprimento ou violação, ainda que na órbita das relações privadas, interfere na ordem jurídica e, sempre que causar dano ou prejuízo, caracteriza ato ilícito, obrigando à reparação. Se a violação do direito se deu pelo Estado ou pelo particular, tornou-se pouco relevante, desde que se passou a aceitar a aplicação direta dos princípios constitucionais e dos direitos fundamentais positivados na Constituição à horizontalidade das relações privadas (*DRITTWIRKUNG dos direitos fundamentais*)[6].

---

5. Cf. MELO, Marco Aurélio Bezerra de. *Curso de direito civil cit.*, p.167. Entretanto, nem a divisão entre "dano ao projeto de vida" e "dano à vida de relação", nem o conteúdo dessas duas modalidades de prejuízo, afiguram-se pacíficas na doutrina. Há quem reconheça apenas a segunda modalidade, ainda assim identificando-a com danos corporais cujas sequelas resultem "prejuízo de lazer", "prejuízo sexual" e "prejuízo juvenil". Ver, por todos, SANSEVERINO, Paulo de Tarso Vieira. *Princípio da reparação integral*. São Paulo: Saraiva, 2011, pp. 303/305.

6. Essa é uma discussão que tem origem na Alemanha no âmbito das relações trabalhistas, a partir da afirmação de Hans Carl Nipperdey que os direitos fundamentais não devem garantir a liberdade somente perante o poder estatal, mas também no tráfego jurídico privado. Não obstante o próprio Nipperdey tenha refluído em sua posição original, reconhecendo que nem todos os direitos fundamentais podem ser aplicados diretamente nas relações privadas, o fato é que essa corrente doutrinária fez escola no Brasil, transformando-se no principal ferramental de um ativismo judicial que contaminou todas as esferas judiciárias, especialmente a corte constitucional.

Constata-se, tanto na doutrina, como na jurisprudência brasileiras, um progressivo consenso sobre a auto aplicabilidade dos direitos fundamentais nas relações entre particulares e sobre a possibilidade de se exigir, em juízo, tutela que assegure a satisfação daquelas prestações vinculadas ao mínimo existencial. Argumenta-se que ao cidadão deve ser assegurado o acesso direto à Constituição e que o Legislativo não pode ser o seu único intérprete. De fato, se os direitos fundamentais vinculam o Estado nas suas relações com os privados, por que não vinculariam os privados entre si?

No Rio de Janeiro, recentemente, um hospital foi condenado ao pagamento de compensação à gestante que teve recusado o direito de abortar feto anencéfalo, justamente com fundamento no direito fundamental à saúde. Consta do acórdão que "impor à mulher o dever de carregar por nove meses um feto que sabe, com plenitude de certeza, não sobreviverá, causa à gestante dor, angústia e frustração, resultando em violência às vertentes da dignidade humana, liberdade e autonomia da vontade, além de colocar em risco a saúde, tal como proclamada pela Organização Mundial da Saúde."[7]

O julgado aludido retrata bem a quadra em que vivemos e o paradigma hodierno da responsabilidade civil. Onde houver a violação de um direito e um dano decorrente dessa violação, patrimonial ou extrapatrimonial, quer seja um direito fundamental ou não, quer a violação seja perpetrada pelo ente público ou pelo privado, tem que haver reparação ou compensação, salvo presente alguma excludente do dever de indenizar.

A felicidade, em si, não é um direito, mas um estado de espírito. Não se pode transferir a ninguém o ônus de alcançá-lo ou a responsabilidade pela sua frustração. Mas a todos assiste um direito à busca desse estado emotivo. A Constituição nos assegura o direito de buscar a felicidade e ninguém pode obstar essa busca, sob pena de cometer ato ilícito.

Essa é a reflexão a que nos propomos no presente estudo.

2. A FELICIDADE COMO VALOR JURÍDICO (E NÃO COMO UM DIREITO SUBJETIVO)

De início, convém especificar e restringir o sentido da palavra "felicidade", para os fins propugnados neste trabalho.

A busca da felicidade remonta às origens da civilização, com raízes nas mais diversas tradições culturais e religiosas. Na opinião de Heródoto e

---

7. Apelação Cível nº. 0399948-43.2014.8.19.0001.

dos seus contemporâneos da Antiguidade Clássica, a felicidade não seria um sentimento, nem um estado subjetivo, mas "a caracterização de uma vida inteira que só pode ser avaliada na morte"[8]. O iluminismo alterou essa ideia antiga, concebendo a felicidade como algo que todos os seres humanos poderiam aspirar nesta vida[9].

Não se pode definir a felicidade, como não se podem definir sentimentos, mas tão somente senti-los[10]. O que chamamos de felicidade, do ponto de vista individual, guarda direta relação com a sensação de bem-estar que experimentamos em decorrência de diversos componentes da nossa vida cotidiana, desde a percepção ou cognição que temos do sucesso ou da realização profissional até o sentimento de satisfação afetiva no âmbito dos diversos arranjos familiares[11].

É um ideal, um anseio humano natural e um objetivo a ser por todos buscado[12].

Segundo McMachon, "a democracia ateniense foi a causa do surgimento da felicidade como um novo e aparentemente realizável desígnio humano, foi apesar de tudo em Atenas, na Atenas democrática, que indivíduos propuseram pela primeira vez esse grande e sedutor objetivo, ousando sonhar que poderiam procurar – e alcançar – a felicidade sozinhos"[13]. Vale dizer, sem a interferência das divindades.

Para o Direito, a felicidade, além de sentimento, é igualmente um valor jurídico, ou seja, um valor com força normativa, porque veiculado por meio de um princípio constitucional (o da busca da felicidade), como veremos no tópico seguinte. Em outras palavras, e de forma muito sintética: "felicidade" é o valor, enquanto a "busca da felicidade" é o princípio normativo. Jones Figueiredo Alves alude à felicidade para além do estado de espírito, sonho humano ou sentido de realização pessoal, afirmando que "a felicida-

---

8. MCMAHON, Darrin M. *Uma História da Felicidade*. Portugal: Edições 70, 2009, p. 25.
9. Cf. MCMAHON, Darrin M. Op. cit., p. 30.
10. O que seria a felicidade? O balanço do prazer e da dor? O prazer contínuo? A euforia sem fim? O benefício puramente material? (Cf. MCMAHON, Darrin M. Op. cit., p. 31)
11. Para a medicina, essa sensação de bem-estar é provocada por quatro substâncias químicas naturais do corpo humano, popularmente definidas como o "quarteto da felicidade": endorfina, serotonina, dopamina e oxitocina.
12. Aristóteles, no Livro I da Ética a Nicômaco, trata a felicidade como o bem supremo (o sumo bem) por todos desejado e buscado, o fim de toda atividade humana, o nosso *telos* natural – uma atividade da alma que exprime a virtude. (Cf. ARISTÓTELES. *Ética a Nicômaco*. São Paulo: EDIPRO, 2002).
13. Op. cit., p. 39.

de é a concretude ideal da pessoa humana em sua existência. Intrínseca e imutável à própria dignidade das pessoas, a felicidade também é um valor social e uma questão política de educação pública".[14]

Habermas distingue normas e valores, sob dois aspectos principais: primeiro quanto ao sentido deontológico das normas, a traduzir um agir obrigatório, em contraponto ao sentido teleológico dos valores, a expressar "preferências tidas como dignas de serem desejadas em determinadas coletividades". Em segundo lugar pela pretensão de validade binária das normas, que somente poderiam ser válidas ou inválidas, ao contrário dos valores, que expressam apenas relações de preferência, sempre referenciadas a determinada cultura: "Normas diferentes não podem contradizer umas às outras, caso pretendam validade no mesmo círculo de destinatários; devem estar inseridas num contexto coerente, isto é, formar um sistema. Enquanto valores distintos concorrem para obter a primazia; na medida em que encontram reconhecimento intersubjetivo no âmbito de uma cultura ou forma de vida, eles formam configurações flexíveis e repletas de tensões"[15]

Não sendo "normas", o que são valores? O que é a felicidade como valor jurídico? A resposta a essa indagação preambular é a própria negativa da pergunta, pois os valores não "são", eles simplesmente "valem". Eles não "são", nem "existem" sozinhos, autonomamente, mas "valem", uns mais que outros, ou, valem *para uns* mais que *para outros*[16].

Um valor não tem, portanto, uma dimensão ontológica própria e autônoma. A felicidade, a bondade, a beleza, a sabedoria, o sagrado, a liberdade, a justiça, a segurança, são valores, mais ou menos estimados (valorados) de acordo com os juízos de cada um, quando referidos a alguma coisa. Valem para alguém ou para algo. A referência a um sujeito, segundo Hessen, é característica própria do valor: "Valor é sempre valor para alguém. Valor– pode dizer-se – é a qualidade de uma coisa, que só pode pertencer-lhe em função de um sujeito dotado com uma certa consciência capaz de a registrar"[17].

---

14. ALVES, Jones Figueiredo. *Direito à felicidade deve ter a família como base normativa*. Revista Consultor Jurídico. Disponível em: http://www.conjur.com.br/2013-dez-01/jones-figueiredo-direito-felicidade-familia-base-normativa. Acesso em 13/04/2017.

15. Cf. HABERMAS, Jurgen. *Direito e democracia: entre facticidade e validade*, vol. I. Trad. Flavio Beno Siebeneicheler. Rio de janeiro: Tempo Brasileiro, 1997, p. 316-317. Muito embora, adverte o autor, "nenhum valor pode pretender uma primazia incondicional perante outros valores."(p. 315).

16. Para um esteta a beleza física valerá mais do que a sabedoria, enquanto que para o hedonista o prazer vale mais que o conhecimento.

17. HESSEN, Johannes. *Filosofia dos valores*, Trad e prefácio de L. Cabral de Moncada. 2ª ed. corrigida. Coimbra: Armênio Amado, 1953, p.45.

Esse "sujeito", no entanto, ensina Hessen, não é "o sujeito individual que julga, mas sim um sujeito em geral, um sujeito mais abstracto (um *Subjekt überhaupt*). Não é o indivíduo, mas o gênero homem, pura e simplesmente, que aqui entra em causa. Os valores acham-se referidos ao sujeito humano, isto é, àquilo que há de comum em todos os homens. Referem-se àquela mais profunda camada do ser que se acha presente em todos os indivíduos humanos e que constitui o fundamento objectivo do seu 'serem homens'".[18]

Mesmo não possuindo existência autônoma, os valores podem se tornar realidade quando realizados, suportados ou veiculados pelos objetos aos quais atribuem uma especial qualidade. Todos os objetos são portadores de valores. E é por intermédio deles que os valores adquirem dimensão existencial.

Normas, direitos e interesses jurídicos veiculam valores. Todo "dever--ser" representa a realização de um valor, que constitui o seu fundamento. O nascimento de uma norma, e de um consequente interesse jurídico tutelado, é precedido de uma decisão, fundamentada em valores. Positivar é sempre decidir, levando em conta juízos de valor.

Esse julgamento, quer se faça pelo sujeito individual, quer se faça pelo sujeito abstrato de Hessen, será necessariamente dotado de certa carga subjetiva, que não pode ser afastada, posto que a ação de valorar é sempre um "algo subjetivo".

Talvez a principal característica dos valores seja exatamente esse relativismo, em outras palavras, a impossibilidade de uma só apreensão do seu conteúdo (*monismo axiológico*). A felicidade pode ter conteúdos diversos, a depender do intérprete e de seu respectivo *juízo de valor*. A fortuna ou o infortúnio jamais serão sorte ou azar para todas as pessoas. Sempre haverá alguém que achará pontos positivos em situações que, para outras pessoas, terão a aparência da mais repugnante e absoluta tragédia. Todos os valores são relativos. Aquilo que para uns é valor pode ser para outros desvalor. Não há valores absolutos.

Essa característica plural dos valores (*pluralismo axiológico*) é que permite que em uma mesma ordem jurídica possam conviver em perfeita harmonia valores contrapostos.

Segundo Hessen existiria igualmente uma hierarquia entre os valores, os quais "não só se distinguem uns dos outros, como se acham ainda entre si numa determinada relação de hierarquia. São, com efeito, da essência do

---

18. HESSEN, Johannes. *Filosofia dos valores*, p.47.

valor não só a característica polaridade que os faz distinguir em positivos e negativos, de que já falamos, como ainda a sua distinção entre valores mais altos e valores mais baixos"[19].

Nesse contexto, a felicidade pode se situar no topo da hierarquia dos valores, pois derivada do valor mais fundamental da pessoa humana, que é a sua dignidade. A felicidade é um valor que compõe, integra e complementa a própria dignidade.

Destaque-se, por fim, que não existe um direito subjetivo à felicidade, pois se assim o fosse, haveria um dever contraposto a todos os outros de proporcioná-la. Felicidade é apenas um estado emotivo que adquire valor para o Direito. Porém, não se pode negar a existência de um direito à busca desse estado de graça[20]. McMahon, com apoio em Locke, destaca o deslocamento do "ônus da busca para os ombros dos homens e das mulheres, aliviando os seus governos. Proporcionar espaço livre para que pudéssemos tentar alcançar os nossos objetivos era uma coisa, garantir esses objetivos era outra"[21]. O mesmo autor relata que "quando um americano descontente se queixou de que seu país não lhe estava a proporcionar a felicidade – não cumprindo assim o prometido – Benjamin Franklin terá respondido – A Constituição só te dá o direito de buscar a felicidade. Tens de ser tu a apanhá-la"[22].

Todas as pessoas são titulares do direito inalienável de buscar a sua felicidade e ninguém pode obstar essa busca, sob pena de cometer ato ilícito. Locke, ao tratar da felicidade política, enfatiza que, se estamos destinados pelo nosso criador à busca da felicidade como uma lei natural, não devíamos ser impedidos no nosso trajeto, nem desviados do nosso caminho pelo poder de qualquer força exterior[23].

Em suma, a busca e a conquista são coisas bem distintas. E aqui, como bem nos leva a refletir Camus, no Mito de Sísifo, a busca se sobrepõe à chegada[24].

---

19. HESSEN, Johannes. Filosofia dos valores, p.118.
20. Hobbes rejeitou a ideia da felicidade com fim último. A felicidade desta vida não consiste no repouso de uma mente satisfeita., comentou: Pois não existe qualquer *Finis ultimus* [fim último] nem *Summum Bunum* [bem supremo] como os referidos nos livros dos antigos filósofos da moral. A felicidade era antes um progresso continuo do desejo, de um objeto para outro, sendo a obtenção do primeiro apenas o caminho para o segundo. (Cf. MCMAHON, Darrin M. Op. cit., p. 193)
21. Op. cit., p. 196.
22. Op. cit., p. 331.
23. *Apud* MCMAHON, Darrin M. Op. cit., p. 195.
24. Je laisse Sisyphe au bas de la montagne ! On retrouve toujours son fardeau. Mais Sisyphe enseigne la fidélité supérieure qui me les dieux et soulevé les rochers Lui aussi juge que tout est bien Cet

3. A BUSCA DA FELICIDADE COMO PRINCÍPIO NORMATIVO: *THE RIGHT TO PURSUIT OF HAPPINESS*

Se a felicidade é um valor jurídico, o direito de persegui-la configura direito subjetivo fundamental de matriz principiológica. Nas lições de Jones Figueiredo Alves, "a felicidade, ou mais precisamente a sua busca, apresenta-se como um direito social de primeira relevância, em magnitude de um escopo constitucional que a coloca ao lado de direitos socialmente expressivos como o direito à moradia digna, à educação, à saúde, ao trabalho, à segurança, e muitos outros (artigo 6º da Constituição), essenciais a atuarem, uma vez arregimentados, como indicadores fundantes de uma felicidade coletiva"[25].

As normas jurídicas, quanto à sua estrutura, podem ser enquadradas em duas principais categorias: regras e princípios[26]. Já é entendimento assente na dogmática atual a dissociação estrutural entre normas-regras e normas-princípios[27].

Alexy nos ensina que tanto "regras como princípios são normas, porque ambos nos dizem o que deve ser. Ambos podem ser formulados por meio das expressões deônticas básicas do dever, da permissão e da proibição. Princípios são, tanto quanto as regras, razões para juízos concretos de dever-ser, ainda que de espécie muito diferente"[28].

---

univers désormais sans maître ne lui paraît ni stérile ni fertile Chacun des grains de cette pierre, chaque éclat mineral de cette montagne pleine de nuit, à lui seul, forme un monde La lutte elle-même vers les sommets suffit à remplir un cœur d'homme **Il faut imaginer Sisyphe heureux**. (CAMUS, Albert. Le Mythe de Sisyphe. Paris,Gallimard, 1942)

25. ALVES, Jones Figueiredo. *Direito à felicidade deve ter a família como base normativa*. Revista Consultor Jurídico. Disponível em: http://www.conjur.com.br/2013-dez-01/jones-figueiredo-direito-felicidade-familia-base-normativa. Acesso em 13/04/2017. Para o autor, a partir do momento que "a felicidade ganha uma dimensão ético-normativa, e seu direito de busca apresenta-se como direito social à dignidade das pessoas, sinalizando-se uma urgente conveniência de efetiváEros-lo como um direito estatuído e regulado, nada melhor que o *locus* da família, como primeiro universo normativo desse referido direito".
26. Alguns autores falam, ainda, em outras categorias normativas, além das regras e princípios: "fins" (Dworkin), "máximas" (Alexy), "valores" (García de Enterria, Manuel Aragon e Ricardo Lobo Torres) e "postulados" (Humberto Ávila).
27. A respeito da natureza normativa dos princípios, ver BOBBIO, Norberto. *Teoria do ordenamento jurídico*, 10ª ed. Brasília: Universidade de Brasília, 1999, p. 158. Também Ricardo Lorenzetti quando afirma: os princípios são normas, conforme já destacamos. Possuem uma estrutura deontológica, posto que caracterizam um dever ser, mas são distintos das regras porque estas podem ser cumpridas ou descumpridas de um modo claro. O princípio expressa a ordem de cumprir com um mandado na medida do possível". (LORENZETTI, Ricardo Luiz. *Teoria da decisão judicial: fundamentos de direito*, Trad. Bruno Miragem. São Paulo: Revista dos tribunais, 2009, p.125).
28. ALEXY, Robert. *Teoria dos direitos fundamentais*, p. 87.

Portanto, hoje em dia não há mais qualquer dúvida de que os princípios são normas jurídicas, dotadas de imperatividade e eficácia. Fala-se, até, que estaríamos a vivenciar a "idade de ouro" dos princípios.

O consenso sobre a normatividade dos princípios constitui fenômeno relativamente recente, havendo percorrido um longo caminhar histórico, desde o jusnaturalismo onde plasmavam fora do direito, no campo da ética e dos valores, passando pelo positivismo, quando são incorporados ao direito objetivo como fontes subsidiárias para a colmatação de lacunas, até chegarmos ao pós-positivismo (fase atual), em que os princípios são finalmente equiparados às demais categorias normativas.

Ressalte-se, finalmente, que nem sempre os princípios estarão positivados expressamente no ordenamento. Muitas vezes estão encobertos por trás de outros princípios. A busca da felicidade é um deles.

São princípios implícitos[29], que ainda não foram *descobertos* ou *resgatados* pelo intérprete. Os princípios podem ser descobertos pela indução a partir de valores, de fatos históricos, de dados sociológicos, das práticas sociais e das práticas jurídicas, especialmente o comportamento dos Tribunais.

A busca da felicidade constitui um princípio constitucional implícito, que integra e complementa o princípio da dignidade da pessoa humana, princípio matricial do constitucionalismo contemporâneo. Devemos, por isso, extrai-lo do art. 1º, III, da Constituição, que coloca o ser humano, seu projeto de vida e a persecução das suas vontades particulares, na centralidade do ordenamento jurídico-político.

Assim sendo, o princípio de busca da felicidade têm sua base e substrato nesse princípio maior de dignidade. Ressalta Ingo Sarlet que todo o sistema de direitos fundamentais, aqui incluído, por óbvio, o direito fundamental à busca da felicidade, "repousa na dignidade da pessoa humana, isto é, na concepção que faz da pessoa fundamento e fim da sociedade e do Estado, razão pela qual se chegou a afirmar que o princípio da dignidade humana atua como o *'alfa* e *omega'* do sistema das liberdades constitucionais e, portanto, dos direitos fundamentais".[30]

---

29. Ninguém nega a existência, dentro do ordenamento jurídico, de princípios ditos "implícitos", que ainda não foram descobertos ou resgatados pelo intérprete. Eros Grau afirma que os "princípios são descobertos ou resgatados (e o ato de descobrir é declaratório e não constitutivo) no interior do próprio ordenamento jurídico, onde já se encontravam em estado de latência". *(Ensaio e discurso sobre a interpretação/aplicação do direito*, 3ª ed. São Paulo: Malheiros, 2005, p. 44). Entre os princípios implícitos já "descobertos" pela doutrina, pelo menos no âmbito do direito civil, destaca-se o princípio da afetividade.

30. SARLET, Ingo W. "Dignidade da Pessoa humana e Direitos Fundamentais na Constituição Federal de 1988". 3ª ed. Porto Alegre: Livraria do Advogado. 2004. p.77.

A Constituição brasileira de 1988, à semelhança do que fizeram a maioria das constituições do segundo pós-guerra, coloca a dignidade da pessoa humana como fundamento do Estado Democrático de Direito. Ou seja, a pessoa e sua dignidade passam a ser considerados como razão de ser do direito, seu último fundamento (*ratio e telos*).

Nessa direção, Anderson Schreiber destaca que "a aplicação direta da norma constitucional de tutela da dignidade humana veio abrir caminho à proteção de outros interesses existenciais que, há muito, demandavam reparação. Por exemplo, doutrina e tribunais brasileiros passaram, mesmo à margem de previsão legislativa específica, a considerar como dano ressarcível o dano à imagem, o dano estético e o dano à integridade psicofísica. Consolidou-se, na experiência brasileira, a efetiva tutela reparatória destes aspectos da personalidade, constitucionalmente protegida"[31]. O autor ainda esclarece que "a dignidade humana não se limita, nem poderia se limitar, como cláusula geral que é, aos interesses existenciais acima mencionados. O seu conteúdo inclui aspectos diversos da pessoa humana que vêm se enriquecendo, articulando e diferenciando sempre mais. Abre-se, deste modo, diante dos tribunais de toda parte o que já se denominou de 'o grande mar' da existencialidade, em uma expansão gigantesca, e, para alguns, tendencialmente infinita das fronteiras do dano ressarcível"[32].

A vinculação entre a busca da felicidade e a dignidade humana é tamanha e tão simbiótica, a ponto de se poder afirmar que a felicidade, ou melhor, a possibilidade de buscá-la ou de projetá-la, constitui o mínimo imprescindível para o ser humano desenvolver-se dignamente.

Tanto a dignidade da pessoa humana, como o princípio da busca da felicidade, abarcam um mandamento comum, segundo o ministro Luiz Fux, da Suprema Corte brasileira: "o de que indivíduos são senhores dos seus próprios destinos, condutas e modos de vida, sendo vedado a quem quer que seja, incluindo-se legisladores e governantes, pretender submetê-los aos seus próprios projetos em nome de coletivos, tradições ou projetos de qualquer sorte"[33].

Buscar a felicidade é o direito de fazer as escolhas (em grande parte afetivas) que darão sentido à nossa existência. É o direito de projetar, no

---

31. SCHREIBER, Anderson. *Novos paradigmas da responsabilidade civil: da erosão dos filtros da reparação à diluição dos danos*. 6ªed. São Paulo: Atlas, 2015, p. 91.
32. Op. cit., p. 92. O autor adverte, no entanto, para os riscos em se declarar ressarcível qualquer prejuízo ou desfavor que, na falta de possibilidade de aferição precisa, afete alegadamente a personalidade do ofendido, o que poderia dar ensejo a demandas absurdas ou bagatelares. (Op. cit., p. 126).
33. Voto proferido no RE nº 898.060.

exercício de nossa liberdade e no âmbito de nossa personalidade, o estado pessoal e afetivo que pretendemos alcançar com a finalidade de dar sentido à vida. O projeto de felicidade é a liberdade pura, a autonomia de uma escolha diante das oportunidades apresentadas, visando à realização das vocações da pessoa humana (e da personalidade) em todas as suas possibilidades de manifestação (família, sexualidade, religião, saúde etc), para atingir um estado interior de bem-estar.

Esse direito será violado sempre que uma intervenção externa frustrar ou prejudicar essas escolhas, privando a pessoa humana do poder de agir e de concretizar o seu projeto de realização pessoal e afetiva.

E a violação, que implica a renúncia involuntária pelo lesado às suas escolhas, como veremos adiante, normalmente, ocorre no bojo do desrespeito a outras manifestações da personalidade, como liberdade, imagem, integridade psíquica, opção sexual, direito ao próprio corpo, liberdade religiosa, entre tantos do catálogo, sempre em expansão, de direitos personalíssimos.

4. O PRINCÍPIO DA BUSCA DA FELICIDADE NA LEGISLAÇÃO COMPARADA

O princípio da busca da felicidade não é criação brasileira e está positivado no ordenamento jurídico de alguns países. A própria Organização das Nações Unidas (ONU), a partir da Resolução de 13 de julho de 2011, reconheceu a busca da felicidade como direito humano fundamental e objetivo fundamental de toda e qualquer política pública a ser adotada pelo Estado[34].

Os Estados Unidos da América são sempre citados, como marco inicial dessa positivação, pois, desde a sua Declaração de Independência de 4 de julho de 1776, já consagraram, pela pena de Thomas Jefferson, como um direito inalienável, tão importante quanto o direito à vida ou à liberdade, o direito à busca da felicidade. As Constituições de diversos estados federados americanos contêm preceitos semelhantes[35] e a Suprema Corte estadunidense, em vários julgamentos, reconheceu a força normativa do princípio, dando origem a um direito constitucional à busca da felicidade[36].

---

34. O texto da resolução consigna que a busca da felicidade é uma **meta fundamental humana** e que, enquanto **meta e aspiração universal**, personifica o espírito das Metas de Desenvolvimento do Milênio.
35. Cf. Virgínia, Massachusetts e Wisconsin.
36. Cf. Meyer v. Nebraska, de 1923 (262 U.S. 390) e Loving v. Virginia, de 1967 (388 U.S. 1).)

Na França, a datar da Revolução de 1789, a Declaração dos Direitos do Homem e do Cidadão se refere à "felicidade geral" como escopo para o atendimento de quaisquer das reivindicações do povo francês.

A Constituição do Reino do Butão estabelece que o Governo deverá garantir a felicidade e promover as condições necessárias para o fomento do povo. Aliás, esse país se notabilizou pela criação, como indicador social, de um Índice Nacional de Felicidade Bruta ("INFB").

E a Constituição do Japão, por sua vez, muito citada por diversos autores, proclama que todas as pessoas têm direito à busca pela felicidade, cumprindo ao Estado garantir as condições para que os seus cidadãos possam atingir a felicidade[37].

5. O RECONHECIMENTO DA FORÇA NORMATIVA DA BUSCA DA FELICIDADE NAS CORTES BRASILEIRAS

O Supremo Tribunal Federal do Brasil (STF), no julgamento do Recurso Extraordinário nº 898.060, consolidou o entendimento, já assente naquela corte constitucional, que o "direito à busca da felicidade, implícito ao art. 1º,III, da Constituição, ao tempo que eleva o indivíduo à centralidade do ordenamento jurídico-político, reconhece as suas capacidades de autodeterminação, autossuficiência e liberdade de escolha dos próprios objetivos, proibindo que o governo se imiscua nos meios eleitos pelos cidadãos para a persecução das vontades particulares".

O relator daquele julgado, cujo mérito envolvia questões relativas à parentalidade socioafetiva e à multiparentalidade[38], registra, em diversas passagens de seu voto, que o "direito à busca da felicidade funciona como um escudo do ser humano em face de tentativas do Estado de enquadrar a sua realidade familiar em modelos pré-concebidos pela lei. É o direito que

---

37. Artigo 13: Todas as pessoas devem ser respeitadas como indivíduos. Seu direito à vida, à liberdade, e a busca da felicidade devem, à medida em que não interfiram com o bem-estar público, ser de suprema consideração na legislação e em outros assuntos governamentais.

38. Parentalidade socioafetiva, à luz da doutrina e da jurisprudência brasileiras, é o vínculo de parentesco civil entre pessoas que não possuem laços biológicos, mas que convivem como se parentes fossem, em razão do forte vínculo afetivo que se formou entre eles. Já a multiparentalidade é a possibilidade de alguém ter mais de duas pessoas no seu assento de nascimento. Dois pais e uma mãe, duas mães e um pai ou mesmo dois pais e duas mães. Sobre o tema, o STF fixou a seguinte tese: "A paternidade socioafetiva, declarada ou não em registro público, não impede o reconhecimento do vínculo de filiação concomitante baseado na origem biológica, com os efeitos jurídicos próprios" (RE n. 898.060). O STJ, por sua vez, já decidiu que o filho criado por pai socioafetivo, e que deste recebeu herança, também tem direito à herança do pai biológico (REsp n. 1.618.230).

deve se curvar às vontades e necessidades das pessoas, não o contrário, assim como um alfaiate, ao deparar-se com uma vestimenta em tamanho inadequado, faz ajustes na roupa, e não no cliente".

Convém destacar que a Corte Suprema havia se debruçado sobre o tema em outras ocasiões. O voto proferido pelo Ministro Celso de Mello no RE nº 477.554-AgR, de 26/08/2011, já consignara que o princípio constitucional da busca da felicidade "decorre, por implicitude, do núcleo de que se irradia o postulado da dignidade da pessoa humana" assumindo "papel de extremo relevo no processo de afirmação, gozo e expansão dos direitos fundamentais, qualificando-se, em função de sua própria teleologia, como fator de neutralização de práticas ou de omissões lesivas cuja ocorrência possa comprometer, afetar ou, até mesmo, esterilizar direitos e franquias individuais".

O Superior Tribunal de Justiça (STJ), a seu turno, define a busca da felicidade, especialmente no âmbito das relações de família, como a busca da realização de todos os que integram o núcleo familiar contemporâneo procurando, em diversos de seus julgados, assegurar a "efetividade e concreção aos princípios da dignidade da pessoa humana, não discriminação, igualdade, liberdade, solidariedade, autodeterminação, proteção das minorias e *busca da felicidade*".[39] O STJ também vem desconectando as ações de estado de seu conteúdo patrimonial, permitindo, por exemplo, a decretação do divórcio, sem prévia partilha de bens, justamente para que, no exercício da plena liberdade de dissolverem o casamento, as pessoas possam buscar a sua felicidade[40].

Nos Tribunais estaduais, identificamos diversas decisões que se valem do princípio, quer para afastar, quer para reconhecer a obrigação de reparar o dano em situações de rompimento de relacionamento afetivo. Em pretensão de retificação de registro civil, para alteração de prenome, já se entendeu que a lei deve servir de instrumento para manter a

---

39. Cf. REsp 1.302.467-SP, Rel. Min. Luis Felipe Salomão, julgado em 3/3/2015, DJe 25/3/2015.
40. CIVIL. DIVORCIO INDIRETO (POR CONVERSÃO). REQUISITOS PARA DEFERIMENTO. PRÉVIA PARTILHA DE BENS. INEXIGIBILIDADE. NOVA PERSPECTIVA DO DIREITO DE FAMÍLIA. ARTS. 1.580 E 1.581 DO CC/02.1. A regulamentação das ações de estado, na perspectiva contemporânea do fenômeno familiar, afasta-se da tutela do direito essencialmente patrimonial, ganhando autonomia e devendo ser interpretada com vistas à realização ampla da dignidade da pessoa humana. **2. A tutela jurídica do direito patrimonial, por sua vez, deve ser atendida por meio de vias próprias e independentes, desobstruindo o caminho para a realização do direito fundamental de busca da felicidade.** 3. O divórcio, em qualquer modalidade, na forma como regulamentada pelo CC/02, está sujeito ao requisito único do transcurso do tempo. 4. Recurso especial conhecido e não provido. (REsp 1281236/SP, Rel. Ministra NANCY ANDRIGHI, TERCEIRA TURMA, julgado em 19/03/2013, DJe 26/03/2013)

paz social e harmonizar a vida das pessoas, solucionando seus conflitos e propiciando-lhes a *felicidade*.[41]

6. UMA PROPOSTA DE POSITIVAÇÃO DA BUSCA DA FELICIDADE NO ORDENAMENTO JURÍDICO BRASILEIRO

O Senador Cristóvão Buarque é o autor da Proposta de Emenda à Constituição (PEC) nº 19 de 2010, que pretendia alterar o art. 6º da Constituição para incluir o direito à busca da felicidade por cada indivíduo e pela sociedade, mediante a dotação pelo Estado e pela própria sociedade, das adequadas condições de exercício desse direito.

Pertinente ao nosso estudo transcrever os seguintes excertos da justificativa da proposta de modificação da Constituição brasileira:

> Como já exposto, a expressa previsão do direito do indivíduo de perquirir a felicidade vem ao encontro da possibilidade de positivação desse direito, ínsito a cada qual. Para a concretização desse direito, é mister que o Estado tenha o dever de, cumprindo corretamente suas obrigações para com a sociedade, bem prestar os serviços sociais previstos na Constituição.
>
> A busca individual pela felicidade pressupõe a observância da felicidade coletiva. Há felicidade coletiva quando são adequadamente observados os itens que tornam mais feliz a sociedade, ou seja, justamente os direitos sociais – uma sociedade mais feliz é uma sociedade mais bem desenvolvida, em que todos tenham acesso aos básicos serviços públicos de saúde, educação, previdência social, cultura, lazer, dentre outros.
>
> Evidentemente as alterações não buscam autorizar um indivíduo a requerer do Estado ou de um particular uma providência egoística a pretexto de atender à sua felicidade. Este tipo de patologia não é alcançado pelo que aqui se propõe, o que seja, repita-se, a inclusão da felicidade como objetivo do Estado e direito de todos.
>
> A alteração no artigo 6º é reflexo, justamente, do escopo principal previsto nesta Proposta de Emenda à Constituição, sendo os direitos sociais (educação, saúde, alimentação, trabalho, moradia, lazer, segurança, previdência social, proteção à maternidade e à infância, a assistência aos desamparados) essenciais para que se propicie a busca, pelos indivíduos, com reflexos na sociedade como um todo, da felicidade.
>
> (...)
>
> Em recente estudo, dois economistas brasileiros se propuseram a analisar, empiricamente, o que trazia felicidade aos brasileiros. Determinantes como renda,

---

41. Ementa: APELAÇÃO. DIREITO CIVIL. RETIFICAÇÃO DE REGISTRO CIVIL. SUPRESSÃO. PRENOME. O constrangimento que sente o requerente com o seu prenome autoriza a alteração, quando inexistente prejuízo a terceiros, impondo-se propiciar a felicidade do cidadão com o seu nome. RECURSO PROVIDO LIMINARMENTE. (Apelação Cível Nº 70063947675, Sétima Câmara Cível, Tribunal de Justiça do RS, Relator: Liselena Schifino Robles Ribeiro, Julgado em 27/03/2015)

sexo, estado civil e emprego se mostraram diretamente ligadas às respostas dos pesquisados a respeito da felicidade. Concluiu-se, com base nesse estudo, que pessoas com maior grau de renda se dizem mais felizes, assim como aquelas pessoas casadas. A relevância do estudo, destarte, é estabelecer elementos concretos como determinantes da felicidade geral, demonstrando que é possível, sim, definir objetivamente a felicidade.

Todos os direitos previstos na Constituição – sobretudo, aqueles tidos como fundamentais – convergem para a felicidade da sociedade. É assegurado o direito à uma vida digna, direito esse que pode ser tido como fundamental para que a pessoa atinja a felicidade. Também a vida com saúde é fator que leva felicidade ao indivíduo e à sociedade. Uma adequada segurança pública implica em uma vida mais feliz, indubitavelmente. E assim ocorre com um sem-número de direitos encartados na Constituição.

Os critérios objetivos da felicidade podem, no contexto constitucional, ser entendidos como a inviolabilidade dos direitos de liberdade negativa, tais como aqueles previstos no artigo 5º (variantes da vida, ao Estado prestacional – os direitos sociais, como os preconizados liberdade, igualdade, propriedade e segurança), além daqueles relacionados no artigo 6o do Texto Constitucional. O encontro dessas duas espécies de direitos – os de liberdade negativa e os de liberdade positiva – redundam, justamente, no objetivo da presente Proposta de Emenda à Constituição: a previsão do direito do indivíduo e da sociedade em buscar a felicidade, obrigando-se o Estado e a própria sociedade a fornecer meios para tanto, tanto se abstendo de ultrapassar as limitações impostas pelos direitos de égide liberal quanto exercendo com maestria e, observados os princípios do caput do artigo 37, os direitos de cunho social.

Não obstante a proposta não tenha sido aprovada, por questões políticas, a iniciativa bem demonstra a crescente conscientização das esferas de poder quanto ao caráter normativo e cogente desse princípio e sobre a necessidade de se estabelecerem adequadas tutelas garantidoras de sua concretização e repressoras de sua violação.

De qualquer forma, como já antecipamos, a busca da felicidade já é reconhecida como princípio constitucional implícito, que decorre do macro princípio da dignidade da pessoa humana, independendo de qualquer positivação[42].

7. RESPONSABILIDADE CIVIL PELA QUEBRA DO PROJETO DE FELICIDADE: PRESSUPOSTOS E CASUÍSTICA

No Brasil, calha repisar, os requisitos da responsabilidade civil estão nucleados nos arts. 186 e 927, *caput*, do Código Civil Brasileiro, a impor

---

42. Aludimos à dignidade como um "macro princípio" por se tratar da verdadeira *GRUNDNORM*, em sentido lógico, ontológico e deontológico, do ordenamento, a fundamentar todos os demais direitos da personalidade.

que todo aquele que "violar direito" e "causar dano" assuma a obrigação de indenizar. Passemos, agora, à análise desses pressupostos, sob a ótica da tutela do direito à busca da felicidade.

7.1 Da violação do direito à busca da felicidade

Em que consiste a violação do direito à busca da felicidade? Se não conseguimos nem conceituar, nem muito menos mensurar a felicidade, impende questionar a forma pela qual a sua busca será concretizada e assegurada e, lado oposto, em que medida e em que situações esse direito de busca pode ser violado?

As respostas podem ser encontradas na doutrina e nos Tribunais brasileiros, ainda que sem adequada precisão terminológica.

Nas relações dos particulares com o Estado, o direito é violado sempre que houver desrespeito à autonomia e à autodeterminação das pessoas, à sua autossuficiência e à liberdade de escolha dos próprios objetivos, não podendo o Poder Público, em qualquer de suas esferas, se imiscuir nos meios eleitos pelos cidadãos para a concretização de seus desejos ou projetos de vida. Esse, aliás, foi o principal fundamento utilizado pelo STF ao assegurar o casamento de pessoas de mesmo sexo[43].

Enquanto nas relações *interprivados*, ocorrerá a violação do direito sempre que a conduta lesiva privar (ou restringir) a pessoa humana do poder de agir e de concretizar o seu projeto de realização pessoal e afetiva, compelindo o lesado à renúncia de suas escolhas, mediante o desrespeito de outros direitos de personalidade.

Nas relações de conjugalidade, é possível identificar a violação do direito à busca da felicidade em determinadas situações de rompimento do vínculo afetivo. Casamento ou união estável caracterizam-se pela comunhão de vida, são espaços imateriais em que duas pessoas se realizam pessoalmente e buscam a felicidade juntos, um em auxílio do outro. Assim, o abandono ao projeto comum por um deles, pode frustrar a busca da felicidade pelo outro e, se presentes os demais pressupostos da responsabilidade civil, dará ensejo à eventual obrigação de indenizar.

O Superior Tribunal de Justiça (STJ), por exemplo, já reconheceu, com suporte, entre outros fundamentos, no princípio da busca da felicidade,

---

43. "**Direito à busca da felicidade**. Salto normativo da proibição do preconceito para a proclamação do direito à liberdade sexual. O concreto uso da sexualidade faz parte da autonomia da vontade das pessoas naturais. Empírico uso da sexualidade nos planos da intimidade e da privacidade constitucionalmente tuteladas. Autonomia da vontade. Cláusula pétrea". (ADI 4.277)

como dano indenizável, o abalo emocional sofrido por um dos cônjuges em decorrência da infidelidade do outro[44].

Nesse julgamento, o STJ, não obstante tenha pontuado que "a dor da separação, inerente à opção de quem assume uma vida em comum, não é apta a ensejar danos morais de forma isolada" e que "a frustração da expectativa de felicidade a dois não desafia o dever de ressarcimento por danos morais por sua mera frustração", entendeu, no caso concreto, que "a súbita percepção que a pessoa 'amada' faltou com o dever de confiança arruína a construção de uma vida feliz, que o indivíduo pressupunha permanente" e condenou a ré ao pagamento de indenização por danos morais no valor de R$ 200.000,00 (duzentos mil reais).

O rompimento da promessa de casamento (esponsais), a depender das circunstâncias e especialmente da antecedência em relação à data da celebração, é passível, outrossim, de violação injusta do direito à busca da felicidade, como veremos adiante.

7.2 Dano ao projeto de busca da felicidade. Um novo dano?

O dano consiste em uma lesão a um interesse juridicamente protegido, quer seja a destruição ou deterioração de uma coisa inanimada, quer seja a ofensa à integridade física ou moral de uma pessoa.

Já aludimos à aclamada ampliação do espectro dos danos reparáveis, conquista da pós-modernidade e que, segundo Tartuce, decorre da evolu-

---

44. RECURSO ESPECIAL. DIREITO CIVIL E PROCESSUAL. DANOS MATERIAIS E MORAIS. ALIMENTOS. IRREPETIBILIDADE. DESCUMPRIMENTO DO DEVER DE FIDELIDADE. OMISSÃO SOBRE A VERDADEIRA PATERNIDADE BIOLÓGICA DE FILHO NASCIDO NA CONSTÂNCIA DO CASAMENTO. DOR MORAL CONFIGURADA. REDUÇÃO DO VALOR INDENIZATÓRIO. 1. Os alimentos pagos a menor para prover as condições de sua subsistência são irrepetíveis. 2. O elo de afetividade determinante para a assunção voluntária da paternidade presumidamente legítima pelo nascimento de criança na constância do casamento não invalida a relação construída com o pai socioafetivo ao longo do período de convivência. 3. O dever de fidelidade recíproca dos cônjuges é atributo básico do casamento e não se estende ao cúmplice de traição a quem não pode ser imputado o fracasso da sociedade conjugal por falta de previsão legal. 4. O cônjuge que deliberadamente omite a verdadeira paternidade biológica do filho gerado na constância do casamento viola o dever de boa-fé, ferindo a dignidade do companheiro (honra subjetiva) induzido a erro acerca de relevantíssimo aspecto da vida que é o exercício da paternidade, verdadeiro projeto de vida. 5. A família é o centro de preservação da pessoa e base mestra da sociedade (art. 226 CF/88) devendo-se preservar no seu âmago a intimidade, a reputação e a autoestima dos seus membros. 6. Impõe-se a redução do valor fixado a título de danos morais por representar solução coerente com o sistema. 7. Recurso especial do autor desprovido; recurso especial da primeira corré parcialmente provido e do segundo corréu provido para julgar improcedente o pedido de sua condenação, arcando o autor, neste caso, com as despesas processuais e honorários advocatícios. (REsp 922.462/SP, Rel. Ministro RICARDO VILLAS BÔAS CUEVA, TERCEIRA TURMA, julgado em 04/04/2013, DJe 13/05/2013)

ção humana, "à medida que se reconhecem direitos, que são criadas novas tecnologias e que o ser humano amplia os seus meios de conquistas, também surgem novos prejuízos e, sem dúvidas, novas vítimas"[45].

Resta saber se o dano pela quebra de um projeto de busca da felicidade caracteriza um "novo dano" ou apenas uma nova hipótese lesiva ou, ainda, uma simples variante do dano existencial qualificado como "dano ao projeto de vida".

Entendemos tratar-se, inegavelmente, de um novo dano, que não se confunde com o "dano ao projeto de vida", que é bem mais amplo e ainda não encontra amparo, como dano autônomo, no ordenamento jurídico brasileiro. O projeto de busca da felicidade pode ser o mais importante, mas constitui apenas um dos projetos, entre a pluralidade de projetos elaborados pelo ser humano em sua existência cotidiana [46]. Para Carlos Fernández Sessarego, "proyectar la vida es decidir lo que se pretende ser y hacer en el transcurso existencial de la persona. Es libre, apunta Jaspers, 'sólo quien puede decidirse'. El proyecto es la expresión de la suprema decisión del ser libre"[47].

Anderson Schreiber ensina "que algumas destas novas espécies de dano correspondem, a rigor, não aos novos danos, mas simplesmente a novas situações de risco ou a novos meios lesivos, cujo incremento é de fato, inevitável no avançar do tempo. Quem tem sua imagem divulgada de forma vexatória na internet ou transmitida para aparelhos celulares sofre, tecnicamente, dano à honra, o mesmo dano à honra que há muito se repara. Embora a divulgação se dê por meio muito mais sofisticado e quase sempre

---

45. TARTUCE, Flavio. *Direito Civil*. v.2. 12ª ed. Rio de Janeiro: Forense, 2017, p. 437.
46. Cf. SESSAREGO, Carlos Fernández. El daño ao projeto de vida. Portal de Información y Opinión Legal – Revista Foro Jurídico – Faculdade de Derecho da Pontifícia Universidad Católica del Perú, Lima, n. 50, dez 1996. Disponível em: <http://dike.pucp.edu.pe/bibliotecadeautor_carlos_fernandez_cesareo/articulos/ba_fs_7.PDF >. Acesso em: 15 abril 2017).
47. Para o autor, cabe distinguir "entre el 'proyecto de vida', en singular, y los 'proyectos de vida', en plural. Si bien el hombre en tanto ser libertad vive proyectándose es dable distinguir entre los múltiples proyectos que el ser humano diseña en su vida, al menos uno de entre ellos que tiene la característica de su fundamentalidad para la existencia, que es radical, que compromete todo su ser, que es aquel en el que se juega su destino y el que otorga sentido a su vida. Nos referimos, en este caso, al "proyecto de vida" que es, por lo demás, el que nos interesa y al cual venimos refiriéndonos en el presente trabajo. Obviamente, es posible que al lado de este único proyecto de vida pueda existir otro que también adquiere para el ser humano una especial trascendencia. Pero, el 'proyecto de vida' es siempre único, singular, aunque pueda tener alternativas". SESSAREGO, Carlos Fernández. Deslinde Conceptual entre "Daño a la Persona", "Daño al Proyecto de Vida" y "Dano Moral". Portal de Información y Opinión Legal – Revista Foro Jurídico – Faculdade de Derecho da Pontifícia Universidad Católica del Perú, Lima, Año 1, nº. 2, jul 2003. Disponível em: <http://dike.pucp.edu.pe/bibliotecadeautor_carlos_fernandez_cesareo/articulos/ba_fs_6.PDF >. Acesso em: 15 abril 2017.

mais lesivo que os outrora conhecidos, não se pode identificar aqui uma nova modalidade de dano, sob o ponto de vista científico"[48].

Entretanto, pondera o autor, "em outros casos, ao contrário, o que se tem efetivamente é um novo dano, isto é, um novo interesse, que passa a ser reconhecido como merecedor de tutela pelo Poder Judiciário na análise de lesões concretas. Assim, as decisões que invocam dano à serenidade pessoal, à tranquilidade doméstica, à vida sexual, aludem todas, a interesses de que, até muito recentemente, não se cogitava como bens jurídicos tuteláveis pela via ressarcitória"[49].

Podemos aplicar o mesmo raciocínio ao dano decorrente da violação do direito à busca da felicidade. Somente com o reconhecimento, no plano constitucional, da força normativa desse princípio e da fundamentalidade do direito por ele informado, é que o interesse passou a ser juridicamente protegido, passível de violação e de ensejar um dano reparável autônomo. Antes disso, a interferência indevida e obstativa do projeto de felicidade alheia não era adequadamente tutelada, perdendo-se na cláusula geral de dano moral, quando não confundida com "mero aborrecimento".

Com apoio na jurisprudência brasileira, podemos divisar diversas hipóteses lesivas decorrentes da vulneração da dignidade humana e do corolário princípio da busca da felicidade que estariam mais adequadamente protegidas e tuteladas se destacadas do dano moral ou do dano existencial e tratadas como dano autônomo.

Acentua Anderson Schreiber que, "no Brasil, à parte outras figuras controversas de danos, a jurisprudência tem, mais recentemente, se deparado com inúmeros pedidos de indenização em decorrência de ruptura ou desenvolvimento insatisfatório de relações familiares. Confrontam-se, deste modo, as cortes pátrias com demandas de ressarcimento pelo dano moral decorrente do 'rompimento do noivado' da 'separação após notícia de gravidez' e do 'abandono afetivo' de filhos e cônjuges"[50].

Nessas situações é nítido o atingimento a um projeto de busca da felicidade do filho, do cônjuge ou do nubente que é abandonado sem um justo motivo e depois de terem sido criadas expectativas legítimas de uma formação familiar duradoura. A quebra injustificada e precoce da promessa afetiva merece ser reparada tanto quanto a quebra antecipada de um contrato. Seria um contrassenso que, ao mesmo tempo em que a responsa-

---

48. Op. cit., p. 101.
49. Op. cit., p. 102.
50. Op. cit., p. 94.

bilidade civil prioriza o ser humano e os seus interesses existenciais, um direito subjetivo patrimonial estivesse mais protegido pelo ordenamento do que os aspectos afetivos da personalidade.

No caso específico das esponsais, são paradigmáticos os arquétipos trazidos por Pablo Stolze, "do noivo que deixa a sua pretendente, humilhada, no altar, sem razão ou aviso; ou a desistência operada pouco tempo antes do casamento, tendo a outra parte arcado com todas as despesas de *buffet*, enxoval e aprestos, na firme crença do matrimônio não realizado; na mesma linha e não menos grave, o anúncio constrangedor do fim da relação em plena festa de noivado ou chá de cozinha, por vingança; e, finalmente, exemplo extraído de parte da doutrina brasileira, temos a hipótese da noiva que deixa o emprego para casar e, com posterior recusa do prometido, fica sem o trabalho e o marido"[51]. Inegável, nesses casos, o dano pela violação ao direito fundamental da busca da felicidade do nubente abandonado.

Entretanto, os tribunais brasileiros ainda são resistentes em reconhecer a existência de um dano extrapatrimonial sofrido pelo nubente, pelo fato do rompimento unilateral, concedendo, quando muito, a indenização pelos danos materiais comprovados[52]. Salvo quando o rompimento do compromisso e a consequente quebra do projeto de felicidade se fazem acompanhar pela violação de outros direitos da personalidade, como decidiu o Tribunal de Justiça de Minas Gerais: "Todo compromisso amoroso, seja em que circunstância for, tem riscos de desfazimento, e as partes, ao assumirem tal compromisso também assumem os riscos, de modo que o fim do romance, do namoro, do noivado ou do casamento não pode ser imputado como ato ilícito da parte, *a menos que o caso concreto demonstre situações singulares onde o causador do fim do relacionamento tenha, efeti-*

---

51. STOLZE, Pablo. Responsabilidade civil decorrente do noivado. *Responsabilidade civil contemporânea: em homenagem a Silvio de Salvo Venosa*. Otavio Luiz Rodrigues Jr e Outros (Org). São Paulo: Atlas, 2011, p. 519.

52. Ementa: ROMPIMENTO DE NOIVADO – Pretensão objetivando o ressarcimento por danos morais – Descabimento – Ruptura de relacionamento amoroso que, apesar da frustração e tristeza, não pode render ensejo a danos morais, por não caracterizar ato ilícito, mas sim uma faculdade conferida a qualquer nubente – Sentença mantida – Apelo desprovido. (Tribunal de Justiça de São Paulo. APL 9076286902005826. Julgado em 15 de Setembro de 2011). Muito embora, em julgamento mais antigo, o mesmo tribunal paulista havia reconhecido o direito à reparação extrapatrimonial: "Indenização – rompimento de noivado – danos morais e materiais – casamento já agendado, com aquisição de moveis, utensílios, expedição de convites e outros preparativos – ruptura sem motivo justificado – dever de indenizar do noivo. Cabe indenização por dano moral e material, pelo rompimento de noivado e desfazimento da cerimônia de casamento já programada, sem qualquer motivo justo" (TJSP, Ap. 90.262-4 – Ilha Solteira/ Pereira Barreto, 6ª Câm. de Direito Privado, Rel. Testa Marchi. j. 03.02.2000).

vamente, impingido à outra uma situação vexatória, humilhante e desabonadora de sua honra"[53].

Em um caso em que o noivo, às vésperas do enlace, expulsou de casa a noiva grávida, deixando-a ao completo abandono material, e ainda sob acusações injuriosas, o Tribunal de Justiça de Santa Catarina reconheceu a existência do dano extrapatrimonial decorrente do rompimento[54].

Também pode haver dano pela quebra do projeto de felicidade nos casos de *Wrongful conception*[55], que é a concepção involuntária de um filho em decorrência de falha nos métodos contraceptivos. Ou seja, o casal decidiu não ter filhos, porém em virtude de uma falha do profissional de medicina reprodutiva na realização do procedimento de esterilização (laqueadura tubária, vasectomia, etc) ou de um vício do produto (pílula anticoncepcional ineficaz, preservativo que se rompe durante o ato sexual, etc) acabou concebendo um filho não desejado, ainda que posteriormente o concepto venha a nascer com vida e saudável. O dano não diz respeito ao estado de saúde da criança ou da mãe, nem à falha do produto ou do serviço, mas à submissão dos pais a um projeto parental que não desejaram e, mais do que isso, que se empenharam em evitar, o que pode comprometer, em última análise, a felicidade que buscaram realizar sozinhos, como casal.

---

53. TJ-MG – Apelação Cível AC 10145120268548001.
54. RESPONSABILIDADE CIVIL. INDENIZAÇÃO. DANOS MATERIAL E MORAL. SÚBITO ROMPIMENTO DE NOIVADO ÀS VÉSPERAS DO ENLACE. DESCONFIANÇA DO NOIVO ACERCA DA IDONEIDADE DE SUA COMPANHEIRA, À QUAL DIRIGE SÉRIAS E PESADAS IMPUTAÇÕES QUANTO À SUPOSTA PROSTITUIÇÃO E VÍCIO EM TÓXICOS. REQUERIDO QUE, APROVEITANDO ESTAR A AUTORA EM VIAGEM AO EXTERIOR, ENXOTA OS SEUS PERTENCES PESSOAIS DE CASA E OS AMONTOA EM GARAGEM INSALUBRE, OCASIONANDO, INCLUSIVE, AVARIAS EM DIVERSOS OBJETOS. NOIVA EM PERÍODO GESTACIONAL DE ALTO RISCO POSTA EM SITUAÇÃO DE COMPLETO ABANDONO MATERIAL E EMOCIONAL. CIRCUNSTÂNCIA DESPREZADA PELO NOIVO, PAI DO NASCITURO. VIOLAÇÃO DOS PRINCÍPIOS DA BOA-FÉ E DA SOLIDARIEDADE. ATO ILÍCITO CONFIGURADO. DEVER DE INDENIZAR O ABALO ANÍMICO EXPERIMENTADO PELA AUTORA (ARTS. 186, 187 E 927 DO CC/2002). INDEVIDA, CONTUDO, A RECOMPOSIÇÃO DOS PREJUÍZOS MATERIAIS ALEGADOS, PORQUE NÃO SATISFATORIAMENTE COMPROVADOS NOS AUTOS (ART. 333, INC. I, DO CPC). SENTENÇA REFORMADA. RECURSOS DA AUTORA E DO RÉU PROVIDOS. Configura inegável ato ilícito e enseja, de conseguinte, indenização por dano moral, expulsar a companheira e a filha dela do lar conjugal em meio a gravidez de risco – sobretudo se ambas encontravam-se fora do País e não possuíam outra moradia -, inclusive debaixo das mais diversas e abjetas acusações, as quais sequer foram provadas no curso do processo, e, igualmente, por amontoar seus pertences pessoais em garagem insalubre, sem cuidado algum com a integridade dos bens, deixando-as, assim, em completo estado de abandono material e emocional. (TJ-SC – Apelação Cível AC 818738 SC 2010.081873-8. Data de publicação: 06/10/2011)
55. Alguns autores preferem a expressão *wrongful pregnancy* ou *uncovenanted pregnany*, pois os eventuais danos a serem discutidos decorrem da gravidez desenvolvida e não da simples concepção, que poderia ocorrer, inclusive, em laboratório sem jamais evoluir para uma gravidez. Porém a locução *wrongful conception* é majoritariamente empregada, abrangendo tanto as situações de concepção, como de gravidez indesejadas.

Situações de desrespeito ao direito de opção sexual, tratadas pela jurisprudência como "discriminação", "assédio moral" ou "homofobia", da mesma forma, podem caracterizar um dano autônomo ao projeto de busca da felicidade, pois cerceiam o lesado de exercer uma escolha pessoal voltada à sua realização afetiva e sexual.

No Tribunal Superior do Trabalho, localizamos diversas condenações por "dano moral" em razão de tratamento discriminatório e desrespeitoso conferido a empregado que era discriminado e desrespeitado em função de sua opção sexual[56]. Nos tribunais estaduais, a orientação não é diferente, sendo frequentes as decisões que reconhecem o dano moral pela violação ao direito de opção sexual[57]. Todavia, essas situações veiculam um dano de muito maior gravidade, para além da discriminação, por atingir o próprio projeto de busca da felicidade, demandando, por isso, a ampliação das formas de reparação, visando à proteção integral da personalidade da vítima.

---

56. Cf. RR – 1851-10.2011.5.02.0034, Redator Ministro: Hugo Carlos Scheuermann, Data de Julgamento: 08/02/2017, 1ª Turma, Data de Publicação: DEJT 17/02/2017). Vide, ainda, o seguinte julgamento do TST: AGRAVO DE INSTRUMENTO EM RECURSO DE REVISTA INTERPOSTO NA VIGÊNCIA DA LEI Nº 13.015/2014. ASSÉDIO MORAL. **DISCRIMINAÇÃO EM RAZÃO DA OPÇÃO SEXUAL. CONDUTA ILÍCITA DOS SUPERIORES HIERÁRQUICOS E COLEGAS DO AGRAVADO. CARACTERIZAÇÃO. INTELIGÊNCIA DO ARTIGO 5º, INCISO X, DA CONSTITUIÇÃO.** I – Não é demais salientar que o dano moral prescinde de prova da sua ocorrência, em virtude de ele consistir em ofensa a valores humanos, bastando a demonstração do ato em função do qual a parte diz tê-lo sofrido. (...). IX – O Regional entendeu configurado o dano imaterial porque, além da confissão ficta aplicada ao preposto por desconhecer os fatos inerentes à lide, o agravado "sempre tratou seus colegas com respeito, urbanidade e profissionalismo, enquanto seus superiores hierárquicos sempre exploravam a sexualidade do trabalhador, conforme e-mails transcritos". X – Acrescentou, mais, que não havia como acolher a alegação patronal de que as brincadeiras eram iniciadas pelo agravado, uma vez que se extraíra dos aludidos e-mails que ele não tirava qualquer brincadeira com os demais colegas, constando apenas conteúdo relacionado ao trabalho, enquanto os e-mails a ele dirigidos sempre continham conteúdo pejorativo, principalmente com conotação de sexualidade. XI – Com esse exuberante contexto factual-jurídico, intangível em sede de cognição extraordinária, a teor da Súmula 126/TST, sobrevém a certeza de o agravado ter sido vítima de e-mails pejorativos, sobretudo com conotação sexual. XII – Tais circunstâncias são emblemáticas da ocorrência do assédio moral, por conta do atentado ao princípio de respeito à dignidade da pessoa humana, tendo em vista que, daquelas premissas fáticas, corre a convicção de que o agravado se sentira humilhado com a situação desencadeada no ambiente de trabalho. (...)(Tribunal Superior do Trabalho. AIRR – 10129-91.2014.5.15.0079, Relator Ministro: Antonio José de Barros Levenhagen, Data de Julgamento: 09/11/2016, 5ª Turma, Data de Publicação: DEJT 11/11/2016)

57. AÇÃO INDENIZATÓRIA. AGRESSÃO VERBAL. EXPULSÃO DE CASA NOTURNA. **AUTOR QUE FOI RETIRADO DE ESTABELECIMENTO DEVIDO A SUA OPÇÃO SEXUAL. DANO MORAL CONFIGURADO.** Não prospera o recurso que nega a ocorrência de evento narrado pelo autor – expulsão de casa noturna devido a sua opção sexual, bem como agressão verbal e física por parte dos seguranças do estabelecimento – porquanto o fato foi comprovado por prova testemunhal (folhas 63 e 64). Quantum indenizatório, fixado na origem em R$ 12.500,00, que deve ser minorado para R$ 6.000,00, por mostrar-se mais de acordo com o caso concreto e estar em consonância com o usualmente arbitrado por esta Turma Recursal. RECURSO PARCIALMENTE PROVIDO. (Recurso Cível Nº 71003335767, Primeira Turma Recursal Cível, Turmas Recursais, Relator: Leandro Raul Klippel, Julgado em 13/10/2011)

Em vários casos, a pessoa prefere não assumir a sua opção sexual, exatamente por se sentir ameaçada, constrangida ou por receio de se submeter a tratamento discriminatório, hipótese em que fica muito clara a violação ao direito de busca da felicidade e o dano daí decorrente, a merecer consideração como dano autônomo, tendo em vista sua gravidade e consequências, que não podem ser ignoradas pelo Direito.

Com os mesmos argumentos, a violação da liberdade religiosa pode resultar em dano ao projeto de busca da felicidade. Liberdade de crença constitui direito fundamental que, no âmbito individual, garante ao ser humano a livre escolha entre ter ou não ter uma religião ou uma crença, entre participar ou não dos respectivos cultos, sendo livre para manifestar publicamente a sua fé. Assim, qualquer conduta discriminatória em razão da religião pode implicar em restrição ao exercício desse direito fundamental, cerceando uma escolha de vida e comprometendo o projeto de busca da felicidade.

Outra circunstância em que o direito à busca da felicidade é atingido é aquela decorrente do atraso na entrega do imóvel adquirido para residência da família (casa própria). Apesar de os tribunais entenderem que os transtornos decorrentes de atraso na entrega do imóvel não ultrapassam os meros aborrecimentos do dia-a-dia, não se prestando a justificar a indenização por dano extrapatrimonial[58], nos casos em que o imóvel é adquirido para residência da família, na concretização do chamado sonho da "casa própria", existe, claramente, um dano ao projeto de busca da felicidade, a merecer consideração e tratamento autônomo. As cortes reconhecem, nesses casos, de frustração do sonho da casa própria, situação excepcional, de grande angústia e sofrimento, e não apenas de mero dissabor, a ensejar a reparação do dano extrapatrimonial.[59]

---

58. Transtornos decorrentes de eventual descumprimento contratual são conseqüências naturais do risco inerente a qualquer negócio jurídico, sem, contudo, constituir dano moral passível de indenização. Embora o atraso na entrega do imóvel possa acarretar desconforto ao promitente comprador, tal situação não ultrapassa os meros aborrecimentos do dia-a-dia, não tendo a autora comprovado efetivo prejuízo a justificar a indenização por dano extrapatrimonial. Precedentes desta Corte. Modificação da sentença quanto ao ponto. DERAM PARCIAL PROVIMENTO ÀS APELAÇÕES. UNÂNIME. (Apelação Cível Nº 70072122559, Vigésima Câmara Cível, Tribunal de Justiça do RS, Relator: Walda Maria Melo Pierro, Julgado em 12/04/2017)

59. RECURSO INOMINADO. CONTRATO DE ADESÃO AO PROGRAMA DE MORADIA DE INTERESSE SOCIAL. RETARDO NA ENTREGA DA CASA IMPUTÁVEL À RECORRIDA. RECONHECIMENTO DA RESCISÃO PRETENDIDA COM A RESTITUIÇÃO DO VALOR DADO COMO CONTRAPARTIDA. FRUSTRAÇÃO DO SONHO DA CASA PRÓPRIA. INDENIZAÇÃO POR DANO MORAL CABÍVEL. I – O autor aderiu a programa de interesse social destinado à aquisição de moradia própria. Por retardos que a própria demandada admite, mas tenta justificar, houve demora na entrega do imóvel, o que levou o autor a desistir do negócio. Rescisão do contrato que se dá por culpa da ré, que, in-

Nas relações de consumo em geral, os vícios ou defeitos do produto, a depender de sua gravidade e das características do bem da vida adquirido, podem resultar em violação ao direito fundamental de busca da felicidade, uma vez que qualquer bem de consumo, especialmente aqueles que escapam aos limites restritos das chamadas necessidades básicas, são adquiridos para proporcionar satisfação e felicidade.

Em todas essas situações, seria possível o reconhecimento de mais de um dano suscetível de reparação e, consequentemente, a fixação de parcelas indenizatórias autônomas para cada um deles. O princípio da reparação integral não se compadece com o acolhimento de uma só modalidade de dano sempre que um mesmo evento danoso provoca a ocorrência de mais de um prejuízo extrapatrimonial. Por isso, aduz Sanseverino, "o ideal, para efeito de reparação integral do dano, é que cada uma dessas modalidades de prejuízo extrapatrimonial seja indenizada de forma autônoma. Não apenas alcança-se um ressarcimento mais completo do dano efetivamente sofrido, como também estabelece-se, com maior precisão, a avaliação concreta dos prejuízos"[60].

Finalmente, cabe esclarecer que a prova do dano, em regra, manifesta-se *in re ipsa*[61], ou seja, a lesão ao direito fundamental personalíssimo em si já caracteriza o dano. O abalo psicológico, muitas vezes impropriamente confundido com o próprio dano, é a sua consequência mais visível e deve ser adequadamente comprovado, normalmente por laudos médicos, quando interferir na avaliação de sua gravidade e na quantificação da indenização.

7.3 Culpa e relação de causalidade

Questão bastante polêmica diz respeito à aferição da relação de causalidade, de um lado, face à flexibilização desse requisito no cenário atual da

---

clusive, procedeu à devolução do valor de contrapartida alcançado pelo autor via financiamento Construcard. II – Dano moral caracterizado, pois o autor esperava, desde 2009, pela aquisição de sua casa própria, sonho de todo brasileiro, e viu frustrada essa justa expectativa, com o que há de ser indenizado. Quantum fixado dentro dos parâmetros da Turma para casos análogos, pois atende aos critérios de proporcionalidade e razoabilidade. III – Recurso a que se nega provimento. (TJRS – Recurso Cível Nº 71003545449, Terceira Turma Recursal Cível, Turmas Recursais, Relator: Laura de Borba Maciel Fleck, Julgado em 24/01/2013)

60. Op. cit., p. 305. Muito embora, observa o autor, "no atual estágio do direito brasileiro, com exceção da autonomia obtida pelo dano estético, não tem sido aceita parcelas indenizatórias autônomas para cada modalidade de prejuízo. O motivo desse descompasso em relação ao direito comparado é a demora na pacificação do reconhecimento da própria indenizabilidade do dano extrapatrimonial. Assim, as várias parcelas de prejuízos extrapatrimoniais têm sido englobadas na denominação genérica do dano moral. A tendência, no entanto, é que se acompanhe o direito comparado".

61. REsp 922.462-SP, Rel. Min. Ricardo Villas Bôas Cueva, julgado em 4/4/2013

responsabilidade civil, de outro, em razão das diversas teorias que se digladiam pela primazia de justificar e explicar o nexo[62], como pressuposto do dever de indenizar, a se ver pelo aprofundado estudo contido na festejada obra de Pablo Malheiros da Cunha Frota[63].

Deixando de lado as querelas doutrinárias, entendemos que a obrigação de indenizar depende do vínculo de causalidade que se estabelece entre a conduta humana e o resultado danoso. Logo, a discussão da responsabilidade civil pela violação do direito à busca felicidade somente se afigura possível nas hipóteses em que se puder comprovar que o dano sofrido pela vítima decorreu diretamente de condutas atribuídas ao causador.

No que se refere especificamente às relações de família, *locus* mais frequente de violação do projeto de felicidade, agrega-se à relação de causalidade um outro pressuposto necessário: a culpa.

A pretensão de reparação civil, nesses casos, exige uma conduta (ação ou omissão) culposa (negligente ou imprudente) do agente, violadora de direito (busca da felicidade) e causadora de (ou passível de causar) dano. O dano decorre diretamente dessa conduta. Não fosse a ação ou a omissão, o dano não existiria. Não existe, nessa seara, por ausência de previsão legal, espaço para a responsabilidade objetiva.

A investigação da culpa em sentido lato é fundamental. Mister identificar no fato concreto qual foi a ação ou omissão negligente ou imprudente que violou direito à busca da felicidade, demonstrando sua ligação com o dano, bem como a inexistência das excludentes clássicas de responsabilidade civil, como o estado de necessidade, a força maior e a culpa exclusiva de terceiro.

Em alguns eventos, a aferição da conduta culposa e do nexo de causalidade não encontra dificuldades, como é o caso da dissolução do casamento ou da união estável com violação do dever de fidelidade e exposição vexatória da imagem do outro cônjuge, a implicar a vulneração, não apenas da imagem, da autoestima, da intimidade ou da privacidade, mas, igualmente, do direito à busca da felicidade daquele que acreditou na construção de um projeto conjugal duradouro.

---

62. São várias as teorias que procuram justificar o nexo de causalidade. Tartuce, com precisão de síntese, aponta as três principais, quais sejam: a teoria da equivalência das condições ou do histórico dos antecedentes; a teoria da causalidade adequada e a teoria do dano direito e imediato. (Op. cit., p. 371). A teoria adotada no ordenamento jurídico brasileiro foi a do dano direto e imediato, consagrada no art. 403 do Código Civil. Só serão ressarcíveis os danos que se mostrarem como decorrência direta e efeito necessário da conduta do agente.

63. FROTA, Pablo Malheiros da Cunha. *Responsabilidade por danos. Imputação e nexo de causalidade.* Curitiba: Juruá, 2014.

Nesses casos, é evidente que a violação do dever jurídico e o desrespeito aos direitos da personalidade do outro cônjuge ou companheiro deram causa à frustração do projeto familiar de realização da felicidade.

Outros casos demandam uma investigação mais aprofundada, especialmente no que se refere ao interesse lesivo. No rompimento de noivado, por exemplo, é preciso averiguar se havia justo motivo para o descumprimento repentino e vexatório da promessa afetiva. Para Eduardo dos Santos, há justa causa, ou justo motivo, "quando segundo as concepções que dominam a esfera social dos nubentes, a continuação do noivado e a celebração do casamento não podem ser razoavelmente exigidos a um ou a ambos os esposados"[64]. Valéria Silva Galdino Cardin indica, como justo motivo, o padecimento de enfermidade que impossibilite a vida em comum, a infidelidade, o uso de entorpecentes, a prática de crimes, mudança de religião, desonestidade, entre outros[65].

8. PONDERAÇÃO DE INTERESSES E EXCLUSÃO DO DEVER DE INDENIZAR

Não há dúvida de que o reconhecimento da "quebra do projeto de felicidade" como um novo dano reparável depende, em alguma medida, da discricionariedade judicial.

Admitindo-se que a busca da felicidade é um direito fundamental, ele pode entrar em colisão com outros direitos fundamentais, especialmente com o direito fundamental de liberdade. Designadamente no âmbito das relações conjugais, o exercício da liberdade de um dos parceiros pode atingir o projeto de busca da felicidade do outro e causar sofrimento ou abalo emocional, atingindo a integridade psíquica, sem que necessariamente resulte daí um dano indenizável.

A colisão entre princípios ou o conflito entre direitos fundamentais, nesse tipo de conjuntura, quando inexistente um critério de prevalência, devem ser solucionados por meio da "ponderação", que permitirá afastar-se a ilicitude da conduta lesiva no caso concreto.

Trata-se de uma técnica de decisão voltada aos chamados *hard cases* e cujo objetivo, ensina Ana Paula de Barcellos, "é solucionar esses conflitos

---

64. SANTOS, Eduardo dos. *Direito de família*. Coimbra: Almedina, 1999, p. 154.
65. CARDIN, Valéria Silva Galdino. *Dano moral no direito de família*. São Paulo: Saraiva, 2012, p. 87. No mesmo sentido, ver FIGUEIRA Jr, Joel Dias. Responsabilidade civil nas relações de conjugalidade e de filiação – Abandono material e imaterial (Abandono afetivo) e dano moral. *Revista Nacional de Direito de Familia e Sucessões*. vol. 13 (jul/ago 2016) pp. 6/31.

normativos da maneira menos traumática para o sistema como um todo, de modo que as normas em oposição continuem a conviver, sem a negação de qualquer delas, ainda que em determinado caso concreto elas possam ser aplicadas em intensidades diferentes"[66].

Constitui, nas palavras de Heleno Tôrres, medida de solução de colisões entre princípios de natureza constitucional e infraconstitucional, uma vez que "nenhum direito fundamental é ilimitado ou incomensurável, mas, compreendidos a partir do conteúdo essencial e segundo a relativização axiológica que se lhes impõem, toda pretensão jurídica baseada em princípios somente terá êxito nos limites da Constituição. No sopesamento, ou ponderação, os princípios não são excluídos de aplicação, como nos controles de antinomias, com base em hierarquia, sucessão temporal ou especialidade. A ponderação preserva os direitos e liberdades e visa a garantir uma solução amparada na razoabilidade dos valores envolvidos".[67]

Normalmente a técnica da ponderação se desenvolve em três fases. Em um primeiro momento, o intérprete identifica as normas colidentes. (Por exemplo, em uma ação de indenização decorrente de rompimento de noivado, face à existência de relacionamento afetivo paralelo do outro nubente, teríamos um confronto entre o princípio da liberdade de casar ou de não casar de um dos parceiros e o princípio da busca da felicidade e da proteção à honra, à imagem e à integridade psíquica do outro)[68].

Como não existe regra de prevalência entre os interesses conflitantes, o aplicador, em um segundo momento, deve analisar o contexto fático, analisando as justificativas e verificando a repercussão de cada uma das normas ou interesses conflitantes. Ou seja, considerando o caso concreto, o que justificaria e quais seriam as repercussões na hipótese de prevalência

---

66. BARCELLOS, Ana Paula. "Alguns Parâmetros Normativos para a Ponderação Constitucional", em Luis Roberto Barroso (Org.), *A Nova Interpretação Constitucional* cit., p.57.
67. TAVEIRA TÔRRES, Heleno. *Segurança jurídica do sistema constitucional tributário*, p.853-855.
68. Já tivemos a oportunidade de sustentar que entre as diversas manifestações do direito fundamental de liberdade no âmbito das relações de família se situam o Direito de casar ou constituir união estável e o Direito de dissolver o casamento ou a união estável. A Declaração Universal dos Direitos Humanos já estabelece que "*os homens e mulheres [...] têm o direito de contrair matrimônio e fundar uma família [...]*". No mesmo sentido prescreve o art. 17. 2, do Pacto de San José: "*é reconhecido o direito do homem e da mulher de contraírem casamento e de fundarem uma família* ". Tanto o casamento como a união estável são dissolúveis, segundo o desejo dos cônjuges ou dos conviventes. A Declaração Universal dos Direitos Humanos nesse ponto também estabelece que os homens e mulheres gozam de iguais direitos em relação à dissolução do casamento (art. XVI). Não pode, pois, o Estado obstar, em situação alguma, o exercício desse direito. (Cf. DELGADO, Mário Luiz. "Direito da Personalidade nas Relações de Família". In: Rolf Madaleno; Mariângela Guerreiro Milhoranza. (Org.). *Atualidades do Direito de Família e Sucessões*. 2ªed.Sapucaia do Sul: Notadez, 2008).

do interesse conflitante I1 e o que justificaria e quais as repercussões, no mesmo caso, se vier a prevalecer interesse conflitante I2.

Finalmente, a terceira fase corresponde à decisão, ou seja, a escolha que o intérprete fará, atribuindo "pesos" distintos aos interesses conflitantes, para decidir qual norma deve prevalecer e em que intensidade. É nessa fase que o intérprete tentará avaliar o peso individual de cada um dos interesses conflitantes, ou seja, vai realizar o "sopesamento", que corresponde à etapa final da operação de ponderação e concluir se a realização do interesse lesivo (rompimento) justifica, no caso concreto, a desconsideração do interesse lesado.

Ocorre que esse peso não é quantificável, e, sendo assim, cabe indagar: o que se quer dizer quando se fala em "peso"?

Alexy propõe alguns parâmetros pelos quais seriam estabelecidas as condições de precedência, ou seja, as condições cuja presença no caso concreto confeririam maior peso a um interesse do que a outro. O principal deles (ou talvez o único até agora) parece ser o recurso aos postulados da razoabilidade e da proporcionalidade.

O fato é que a ponderação, em cada uma de suas três etapas, envolve uma grande carga de subjetivismo (as valorações são eminentemente subjetivas, influenciáveis pelas circunstâncias pessoais de cada um) e inexistem referências materiais ou axiológicas que orientem e vinculem o intérprete nesse *iter*, o que tem levado à exacerbação da discricionariedade judicial.

Mas esse é um aspecto que deve ser visto como uma patologia da técnica, causada pelo seu *mau uso*, e não como fundamento para o seu *não uso*. Mecanismos de controle devem ser criados e para tanto a *teoria da argumentação*[69] tem prestado relevante contribuição, uma vez que os tribunais, ao reexaminarem as decisões obtidas mediante técnica de

---

69. A grande questão posta pela teoria da argumentação é a de saber como verificar se uma argumentação é melhor ou mais consistente do que a outra. (Cf. BARROSO, Luis Roberto. *Interpretação e aplicação* constituição. 6ª ed. São Paulo: Saraiva, 2004, p. 363). O autor sintetiza os três parâmetros utilizados para o controle da argumentação: *(i) Fundamentos normativos*: "(...) a argumentação jurídica deve ser capaz de apresentar fundamentos normativos (implícitos que sejam) que a apóiem e lhe dêem sustentação... não basta o bom senso... A argumentação jurídica deve preservar exatamente seu caráter jurídico...um conflito normativo deve ser resolvido em favor da solução que apresente em seu suporte o maior número de normas jurídicas..."; *(ii) Possibilidade de universalização dos critérios adotados*: "(...) espera-se que os critérios empregados para a solução de um determinado caso concreto possam ser transformados em regra geral para situações semelhantes". *(iii) Recurso aos princípios constitucionais instrumentais e materiais*: O interprete deverá "percorrer o caminho ditado pelos princípios instrumentais e realizar, tão intensamente quanto possível, à luz dos outros elementos em questão, o estado ideal pretendido pelos princípios materiais". (Op. cit., p. 364-366).

ponderação, têm se valido, basicamente, da análise da consistência dos argumentos empregados.

No exemplo que propusemos acima, relativo ao confronto entre a liberdade de um parceiro afetivo e o direito à busca da felicidade do outro, o Juiz poderá desenvolver uma argumentação lógica e racional, com base nos demais elementos fáticos (p. ex. forma e circunstâncias do rompimento, quebra da confiança, em momento precedente ou concomitante ao rompimento, exposição vexatória de fatos inerentes à vida privada, expectativas legitimamente criadas no outro, etc) para concluir qual o direito fundamental prevalente e afastar, se for o caso, a ilicitude da conduta, ainda que causadora de frustração a projeto pessoal de felicidade.

Essa decisão, que afasta a ilicitude e a consequente obrigação de indenizar, mesmo não conduzindo à única solução possível, deve se mostrar suficiente para angariar a adesão de grande contingente de pessoas bem-intencionadas e esclarecidas, comprovando, assim, a consistência da argumentação e, consequentemente, a legitimidade da ponderação.

REFERÊNCIAS

ALEXY, Robert. *Teoria dos direitos fundamentais*. Trad. Virgílio Afonso da Silva. São Paulo: Malheiros, 2006.

ALVES, Jones Figueiredo. *Direito à felicidade deve ter a família como base normativa*. Revista Consultor Jurídico. Disponível em: http://www.conjur.com.br/2013-dez-01/jones-figueiredo-direito-felicidade-familia-base-normativa. Acesso em 13/04/2017.

ARISTÓTELES. *Ética a Nicômaco*. São Paulo: EDIPRO, 2002.

BARCELLOS, Ana Paula. "Alguns Parâmetros Normativos para a Ponderação Constitucional", em *A Nova Interpretação Constitucional. Ponderação, Direitos Fundamentais e Relações Privadas*. Luis Roberto Barroso (Org.). Rio de Janeiro: Renovar, 2003.

BARROSO, Luis Roberto. *Interpretação e aplicação da constituição*. 6ª ed. São Paulo: Saraiva, 2004.

CAMUS, Albert. *Le Mythe de Sisyphe*. Paris, Gallimard, 1942.

CARDIN, Valéria Silva Galdino. *Dano moral no direito de família*. São Paulo: Saraiva, 2012.

DELGADO, Mário Luiz. "Direito da Personalidade nas Relações de Família". In: Rolf Madaleno; Mariângela Guerreiro Milhoranza. (Org.). *Atualidades do Direito de Família e Sucessões*. 2ªed.Sapucaia do Sul: Notadez, 2008.

FIGUEIRA Jr, Joel Dias. Responsabilidade civil nas relações de conjugalidade e de filiação – Abandono material e imaterial (Abandono afetivo) e dano moral. *Revista Nacional de Direito de Familia e Sucessões*. vol. 13 (jul/ago 2016).

FROTA, Pablo Malheiros da Cunha. *Responsabilidade por danos. Imputação e nexo de causalidade*. Curitiba: Juruá, 2014.

GRAU, Eros. *Ensaio e discurso sobre a interpretação/aplicação do direito*. 3ª ed. São Paulo: Malheiros, 2005.

HABERMAS, Jurgen. *Direito e democracia: entre facticidade e validade*, vol. I. Trad. Flavio Beno Siebeneicheler. Rio de janeiro: Tempo Brasileiro, 1997.

HESSEN, Johannes. *Filosofia dos valores*. Trad e prefácio de L. Cabral de Moncada. 2ª ed. corrigida. Coimbra: Armênio Amado, 1953.

LORENZETTI, Ricardo Luiz. *Teoria da decisão judicial: fundamentos de direito*. Trad. Bruno Miragem. São Paulo: Revista dos tribunais, 2009.

MCMAHON, Darrin M. *Uma História da Felicidade*. Portugal: Edições 70, 2009.

MELO, Marco Aurélio Bezerra de. *Curso de direito civil. vol. IV*. São Paulo: Atlas, 2015.

SANSEVERINO, Paulo de Tarso Vieira. *Princípio da reparação integral*. São Paulo: Saraiva, 2011.

SANTOS, Eduardo dos. *Direito de família*. Coimbra: Almedina, 1999.

SARLET, Ingo W. "Dignidade da Pessoa humana e Direitos Fundamentais na Constituição Federal de 1988". 3ª ed. Porto Alegre: Livraria do Advogado. 2004.

SCHREIBER, Anderson. *Novos paradigmas da responsabilidade civil: da erosão dos filtros da reparação à diluição dos danos*. 6ªed. São Paulo: Atlas, 2015.

SESSAREGO, Carlos Fernández. *El daño ao proyecto de vida*. Portal de Información y Opinión Legal – Revista Foro Jurídico – Faculdade de Derecho da Pontifícia Universidad Católica del Perú, Lima, n. 50, dez 1996. Disponível em: <http://dike.pucp.edu.pe/bibliotecadeautor_carlos_fernandez_cesareo/articulos/ba_fs_7.PDF >. Acesso em: 15 abril 2017.

_____; *Deslinde Conceptual entre "Daño a la Persona", "Daño al Proyecto de Vida" y "Dano Moral"*. Portal de Información y Opinión Legal – Revista Foro Jurídico – Faculdade de Derecho da Pontifícia Universidad Católica del Perú, Lima, Año 1, nº. 2, jul 2003. Disponível em: <http://dike.pucp.edu.pe/bibliotecadeautor_carlos_fernandez_cesareo/articulos/ba_fs_6.PDF >. Acesso em: 15 abril 2017.

STOLZE, Pablo. Responsabilidade civil decorrente do noivado. *Responsabilidade civil contemporânea: em homenagem a Silvio de Salvo Venosa*. Otavio Luiz Rodrigues Jr e Outros (Org). São Paulo: Atlas, 2011.

TARTUCE, Flavio. *Direito Civil. v.2*. 12ª ed. Rio de Janeiro: Forense, 2017.

TAVEIRA TÔRRES, Heleno. *Segurança jurídica do sistema constitucional tributário*. Tese apresentada ao concurso público de títulos e provas para provimento do cargo de Professor Titular de Direito Tributário da Faculdade de Direito da Universidade de São Paulo, São Paulo, 2009.